Valerie Radtke

Jugend

Valerie Radtke

Und wider alle Einsamkeit

Roman meines Lebens

·

Jugend

Buchverlag Der Morgen
Berlin

Herausgegeben und bearbeitet von Annelie Kaduk

ISBN 3-371-00003-6

1. Auflage

Lizenznummer: 48-48/5/88
LSV 7001
Gesamtgestaltung: Hans-Joachim Petzak
Printed in the German Democratic Republic
Gesamtherstellung: Druckhaus Aufwärts, Leipzig · III/18/20 · 385/88
Bestellnummer: 695 600 8
[redacted]

1

Im April neunzehnhundertneunundzwanzig traten wir unsere Reise in die Heimat nach Seestadtl (Böhmen) an, und wir waren über eine Woche unterwegs, denn überall, wo wir hinkamen, mußten wir lange warten. Auf der langen Reise war uns der Vater eine große Last, und noch in Unna auf dem Bahnhof fing es an. Der Zug stand da, aber wir konnten nicht einsteigen, weil der Finanzschreiber, der uns die Karten übergeben sollte, nicht alles klar hatte und deshalb noch mal mit seinem Motorrad wegprasselte. Derweil ging der Vater auf ein Bier, und er ließ sich immer noch nicht sehen, als wir schon unsere Fahrkarten hatten. Mit uns war ein Aufsehn, meine Mutter war aufgeregt und nervös, weil der Bahnsteig schon leer war und es allerhöchste Zeit wurde. Endlich kam der Vater angetorkelt, aber er lief auf einen anderen Bahnsteig, wo auch ein Zug zum Abfahren stand. Von einem Luftzug wurde ihm der Hut vom Kopf gerissen, er rollerte wie ein Rad weg und rollte unter den abfahrenden Zug. Der Vater rannte mit ausgestreckten Armen hinterher, und als der Zug vorbei war, ging der Vater aufs Gleis, sich seinen zusammengequetschten Hut holen. Wir stiegen ein, und meine Mutter beugte sich aus dem Fenster, winkte und rief, Josääf, Josääf, kumm, der Zug fährt ob, und dem Bahnbeamten, der schon das Zeichen zur Abfahrt gab, rief sie zu, Mei Moo, mei Moo ist nuch nich hinne, Sie kenne fei nuch nich wegfahr. Sie sah, daß er geradeso den letzten Wagen erreicht hatte, aufatmend blickte sie die Leute an, die Falten auf der Stirn hatten und sie schief ansahn oder verächtlich an ihr vorbeiblickten, und sagte, Na, Gott sei Dank. Aber gleich darauf war sie wieder in Unruhe, daß der Schaffner dem Vater ohne Fahrkarte nicht glauben würde, und als der kam, rief sie ihm gleich entgegen, Mei Moo is hint'n! Der Schaffner hatte überdies keine schlechte Laune, er lächelte zu allem, und als dann der Zug hielt, war der Vater da, und meine Mutter ließ ihn neben sich sitzen.

Der Vater war Tag und Nacht besoffen, und wenn wir umstiegen und schon im andern Zug saßen, mußten wir wieder aussteigen, weil er noch fehlte, und dann ging sie ihn suchen, und mit lautem Gerede und Geschimpfe und mit Zickzackgang und eingeknickten Knien und Arme-in-die-Luft-Schleudern ließ er sich von ihr schieben, und ich wußte vor Scham nicht, wo ich hinsehen sollte, ihr Kleid, was sie für die Reise gekauft hatte, hatte einen sehr weiten Ausschnitt, daß der Hals ganz kahl war und die abgemagerten Knochen hervorstachen, und sie war schwanger und gab der Mausi, die zwei Jahre alt war, noch immer die Brust, dazu drückte sie sich in die Fensterecke, aber jeder sah doch, was geschah. Ich stand meist am Fenster, betrachtete mir die Landschaft, die Häuser, nur hin und mal machte ich einen kurzen Blick zu den Eltern und Kindern. Der Adolf saß ganz still in Gedanken und hielt das Grammophon auf seinen Knien, aber die anderen nahmen keine Rücksicht auf die vielen fremden Menschen, daß ich lieber wieder zum Fenster naussah. Die Kinder hatten Hunger und Durst und wimmerten, doch erst wenn der Zug auf dem Bahnhof einrollte und wir Glück hatten und eine Wasserleitung fanden, tranken wir uns voll, zu essen konnte sie uns kaum was kaufen, weil sie dem Vater alles Geld überlassen hatte, nur hin und mal bekamen wir eine trockene Semmel. Das Geld mußte sie mit vielem Herum und gutem Getue von ihm verlangen, und er zog dann aus seinen Taschen das bißl Geld, was er noch übrigbehalten hatte. Einmal kaufte sie zwei Apfelsinen, und nicht mal jeder von uns bekam eine halbe. Der Adolf guckte wie ein kleines Kind, als meine Mutter die Apfelsinen schälte, und das war dem Vater zuviel, daß er losbrüllte, So ein großer Kerl, soll sich was schämen, der soll lieber Schnaps trinken und eine Zigarette rauchen, dann wäre er ein ganzer Kerl, und am liebsten wäre er aufgesprungen und über den Adolf hergefallen. Äh, Josääf, lass'n doch sei, hörte ich meine Mutter ihn beruhigen, und der Adolf griff mit Angst und Zögern nach dem Stückl Apfelsine und steckte es in den Mund. Ich hätte gerne verzichtet, aber meine Mutter winkte mit dem ganzen Arm nach mir. Vor den vielen Leuten wußte ich gar nicht, wie ich das Stückl Apfelsine in den Mund stecken sollte. Meine Mutter war einverstanden, daß ich mich von ihnen wegsetzte, aber dem Vater war das nicht recht. Walli, wo bist du, wirst du herkommen, du hast dich zu uns zu setzen, schämst dich wohl, was, wirst du herkommen! Meine Mutter versuchte ihn mit gutem Gerede zu beruhigen, Äh, Josääf, sei doch ruhig, guck nur die Leute, was die sich von uns denken. Die Leute, die sollen denken, was sie wollen, die lecken mich alle in Arsch! Darauf ging ich sofort zu ihnen, es war eine Schande genug.

Der Vater stänkerte und stichelte immerzu und störte die Umgebung, und am schlimmsten war es, wenn es nicht nach seinem Kopf ging. So wollte er zur Nacht hin mit ihr allein sein und sagte, Schick die Kinder fort, die solln nübergehn, dort können sie auf der Bank liegen und schlafen. Meine Mutter zwinkerte mir mit den Augen zu, daß ich sie nicht mit ihm allein lassen sollte, und ich sagte zum Vater, Ich will nicht schlafen, und soviel er auch befahl und laut wurde, mich brachte er nicht los. Meine Mutter zitterte, daß ich sie tröstete, Mami, hab nur keine Angst, wenn er uns verprügeln will, zieh ich die Notbremse, und mit großer Gewißheit stellte ich mich an die Notbremse, dabei hatte ich auch Angst und wünschte mir, daß die Reise bald ein Ende hätte. Das ist doch eine Schande, was wir mit dem durchmachen müssen, ich dummes Luder geb ihm mein ganzes Geld, aber wart nur, wenn wir zu Hause sind, dann wird es endgültig aus sein, nein, so ein Leben, murmelte meine Mutter immerfort. Da sagte sie sehr viel, wenn sie nicht mehr bei ihm bleiben wollte, ich freute mich darüber, nur hatte ich Sorge, daß sie es nicht wirklich tun würde. In einer Nacht war er so wütend und nervös, daß er uns alle aus dem Zug werfen wollte. Zum Glück stiegen paar Männer ein, sie unterhielten sich laut und ernsthaft und achteten nicht auf uns, doch da der Vater immer lauter wurde, schauten sie über die hohe Rückwand zu uns rüber. Ich schmeiß euch alle zum Zug naus, ich brauch von euch niemanden mehr, brüllte er und sprang auf einmal wie wild in die Höh und warf die Tür auf, die gleich bis hinten flog, und wir schrien alle vor Angst um Hilfe. Die Männer sprangen auf und stellten sich neben uns, und das war auch gut, denn der Vater hatte die Mami schon gegriffen. Die Männer drohten dem Vater mit Prügel, daß er sich zurück auf die Bank setzte und meine Mutter schnell wieder die Tür zuziehen konnte, er saß da und rieb sich mit beiden Fäusten die Augen, so war es immer, wenn er verlegen war oder Schiß hatte, und er sagte immerfort, Ja, ja, Kollege, mir ist was in die Augen geflogen, ja, ja, wart nur mal, ich kann jetzt nicht. Mit strenger Warnung an den Vater stiegen die Männer bei der nächsten Station aus, und Leute stiegen wieder zu, zum Glück, so konnte er seine Wut nicht an uns auslassen. Jetzt saß er da wie ein artiger Junge und guckte von einem zum anderen. Meine Mutter lachte in sich hinein, lachend drehte sie ihr Gesicht zum Fenster weg, und sie lachte noch am andern Tag, daß ich frug, Mami, warum lachst du? Wegen dem da, sagte sie und zeigte auf den Vater, für so einen Lämmerschwanz hab ich mein Leben ruiniert, derweil scheißt er sich in die Hosen. Je näher wir der Heimat kamen, um so nüchterner wurde der Vater, er saß kerzengerade neben ihr, guckte mit großen Augen, die nach dem Saufen ringsherum rot entzündet waren, er rauchte nicht mal mehr, er guckte mir ins Gesicht, doch ich sah an ihm vorbei.

In Annaberg mußten wir aussteigen. Ab Grenze hatten wir keine Fahrkarten mehr, wir mußten uns selbst kümmern. Im Dunklen kamen wir an, und keinen Pfennig mehr, und in Sorge, wie wir die Nacht herumbrachten, die Kleinen waren matt vor Hunger und Durst, es war ein Wimmern und Lamentieren, und meine Mutter lamentierte wie die Kleinen und suchte die Polizeiwache. Der Vater überließ alles ihr, lief nur mit, und vor der Polizeiwache blieb er stehen, und sie ging hinein. Ich ging mit vor bis an die Tür und hörte, wie meine Mutter den Polizisten was vorweinte und bettelte, Helfen Sie uns, daß wir nicht mit den Kindern draußen bleiben, mir sein holt orme Leit, wo solln denn mir dös Geld hernehm. Die Polizisten konnten es nicht fassen, was sie von ihnen verlangte, und ließen sich durch ihre Tränen nicht erweichen, sie fertigten sie kurz ab, daß sie für uns kein Nachtquartier hätten, und wollten sie hinausjagen, aber meine Mutter ließ sich nicht abbringen, sie wollte, daß die Polizisten uns in der Gefängniszelle unterbrachten. Da wurden die Polizisten böse und nannten sie eine charakterlose Mutter, und noch mehr sagten sie ihr, und es half nichts, daß sie fast vor ihnen auf den Knien lag. Da stellte ich mich neben sie und sah mit ruhigen Augen auf diese herzlosen Polizisten, nun wurden sie weicher und meinten, daß es eigentlich verboten wäre, aber sie überließen uns eine Zelle, in der wir die Nacht auf Pritschen in Kälte und ohne Dekken verbrachten. Am andern Morgen waren die Polizisten freundlicher, wir Kinder taten ihnen leid, und sie hatten unterdes ein Blitzgespräch mit der Gemeinde Pürstein geführt, die durch die Abstammung von Vaters Seite her für uns zuständig war und sich um uns kümmern mußte. Und dann saßen wir im Zug Richtung Seestadtl, weil meine Mutter nur dorthin wollte.

Von Annaberg ab saß meine Mutter in der Ecke, den Ellenbogen auf das Bein gestützt, und dicke Tränen fielen in ihren Schoß, und der Vater saß neben ihr, guckte umher, als könnte er nicht bis drei zählen. Die Mami tut immerfort weinen, sagte ich besorgt zum Adolf und stellte mich zu ihm ans Fenster. Hm, ich weiß schon, warum sie es schwer hat, sagte er. Ich wußte mir nichts zu denken, ich betrachtete die Gegend, die unsere Heimat war und mir so schön vorkam, der Zug raste an einem schönen Restaurant mit Fenstern und Gardinen vorbei, im Garten standen Tische und Stühle. Oh, Adolf, rief ich, in dieses Restaurant werden wir immer mit der Tanti gehen, nicht wahr, Adolf? Ich hielt die Tanti für eine reiche, verwöhnte Dame, so war sie mir von ihrem Besuch in Westfalen in Erinnerung, und wenn meine Mutter von ihr redete, war es bei ihr wie im Paradies. Ich wartete auf ein Ja vom Adolf, aber er wandte seinen Kopf langsam, sah mich an und verzog seinen Mund ein wenig breit, nicht spöttisch, eher so, als ob ich mir nicht zuviel Hoffnung machen dürfte. Darum begann es in mir zu zweifeln, und ich beschäftigte mich noch mehr damit, was uns erwartete. Adolf, sagte ich, wenn wir zu Hause sind, da gucken wir den Alten nicht mehr an. Hm, brummte er und zog wieder nur den Mund breit, was heißen sollte, wir haben mit dem schon genug durchgemacht. Ich drehte mich um und sah in die rotentzündeten Augen des Vaters und merkte, daß er jedes Wort von unserem Gespräch mitgehört hatte. Ich war erschrocken, und in meiner Verlegenheit beugte ich mich weiter zum Fenster hinaus, ich wunderte mich, daß er über meine Worte nicht einmal böse Augen zeigte, er fühlte wohl, daß er verloren hatte. Zusammengesunken saß er neben meiner Mutter, und sie hatte keine Stimme mehr, weil sie so heftig geweint hatte, und hing ihren Kopf auf die Brust. So saßen sie nebeneinander wie zwei Menschen, die nicht ein noch aus wissen. In Seestadtl stiegen nicht viele Leute aus, und auf dem Bahnsteig waren die ersten Worte meiner Mutter, Kinder, jetzt sind wir hier, was wird nur unsere Mutter sagen, wie wird sie uns aufnehmen, aber ich weiß schon, wir werden unser blaues Wunder erleben.

Gleich neben dem Bahnhof war ein großes Eisentor, durch das es zum Schacht ging, und gleich daneben ein Kaufladen und ein Wirtshaus, dann kam eine Villa nach der anderen, die in sauberen Gärten standen, von hohen Bäumen verschönert. In diesen Villen wohnen die hohen Schachtbeamten, sagte meine Mutter. Sie zeigte auf ein großes Tor. Schaut, Kinder, daß ist der Germany-Schacht. Das Schachttor war mir aus den Erzählungen meiner Mutter bekannt, immer wenn es Geld gab, standen die Frauen an diesem Tor und warteten auf ihre Männer, und dann gingen sie gleich im Konsum einkaufen. Auch meine Mutter hatte sich am Lohntag an das Tor gestellt, der Vater hatte sich den Buckel vollgelacht und war zum Hinterausgang naus ins Wirtshaus gegangen. Aber darüber sagte sie jetzt kein Wort, und ich dachte so bei mir, daß er also hier bei den schönen Kellnerinnen das ganze Geld versoffen hatte, aber ich sagte auch nichts und staunte nur laut über die schönen Villen, Muß es den Leuten aber gutgehn, die hier drin wohnen, und reich müssen die sein, solche schönen Fenster und so schöne Gardinen und Blumen an den Fenstern!

Der Himmel war am Tage unserer Ankunft blau, und es war warm, daß ich meinen Mantel offen trug. Unsere Familie nahm die ganze Straße ein, der Vater ging langsam als erster vorneweg, und ich war die letzte, weil ich mir alles genau ansehen wollte. Hinter den schönen Häusern kamen zu beiden Seiten Felder, die Straße war staubig und schwarz und sehr schlecht, sie hatte tiefe ausgefahrene Löcher, in einigen Löchern stand Wasser. Ich frug meine Mutter, warum der Staub hier so schwarz und warum so viele tiefe Löcher wären, und sie antwortete, Hier ist Kohle, darum der schwarze Staub, und die Schlaglöcher kommen von den Kohlenautos. In der Ferne konnte ich das kleine Städtchen Seestadtl sehn. Langsam wie im Trauermarsch gingen wir der Heimat zu, jeder von uns hatte es vor Erschöpfung satt, die Kleinen taumelten und wagten nicht zu sagen, daß sie Hunger und Durst hatten, wir alle waren still. Der Vater lief steif und guckte geradeaus. Da erinnerte ihn die Mami, Warum müssen wir denn auch zu meiner Mutter und der zur Last fallen, wir können doch auch mal zu deinem Vater nach Brüx, aber davon willst du nichts wissen. Sie stritten und hackten sich, und meine Mutter lamentierte, Ich getrau mich nicht nach Haus, ich habe Angst, was wird sie sagen? Hin und wieder blieb sie stehen, guckte ringsherum, als sähe sie Jahre zurück, dann sagte sie zu uns Kindern, Ihr werdet sie kennenlernen. Und wieder blieb sie stehen und guckte, als getraue sie sich nicht mehr weiter. Kurz vor Seestadtl kamen wir am Friedhof vorbei. Guckt, Kinder, das ist der Friedhof, sagte sie und blieb stehn, rang die Hände. Mei Großmutterle, mei Großvotterle, ich bin hier, ach, wenn ihr doch noch leben würdet, ihr wart so gut zu mir, zu euch hab ich immer kommen können, ihr wart die einzigen, die mich liebhatten, ach, mei Großmutterle, mei Großvotterle! Der Vater war indes ein ganzes Stück vorausgegangen, er stand an der Kreuzung, links kam die schöne saubere Straße, auf der der Omnibus von Seestadtl zum Bahnhof hin- und herfuhr, und rechts führte die Straße direkt in die Stadt hinein, es war die Wasserstraße, die so hieß, weil hier bei Regen das Wasser wie ein Bach hinunterlief. Hier wohnt die Tanti, sagte meiner Mutter, ach, wenn sie nicht so launig wäre, könnten wir zu ihr hingehn, die Mutter wird bestimmt auch bei ihr sitzen. Der Adolf bekam gleich strahlende Augen und sagte, Ja, wir können doch mal zu ihr hingehn. Vor uns lag noch ein kleiner Park, durch diesen Park gingen wir, auf der rechten Seite sah ich die Kirche ohne Turm, von der die Tanti uns nach Deutschland geschrieben hatte, daß der Kirchturm bis hinunten in den Staadtl geflogen war. Die Kirche hatte starke Risse, es war verboten, hineinzugehn, aber die Leute gingen trotzdem, die Stadt lag tief und sank immer mehr, weil die Erde wegen der Kohlenschächte rutschte, und so passierte es eben mit dem Kirchturm, aber die Kirche blieb stehn, und der Staadtl mit der Stadt sank immer tiefer, es kam sogar vor, daß hier und dort ein Haus verschwand, oder ein Baum drehte sich plötzlich und immer schneller, bis er vom Erdboden verschwunden war. Seestadtl sollte einst ein See gewesen sein, darum hieß die

Stadt auch Seestadtl. Wir hätten ja runter zum Staadtl gehn können, und von dort aus zur Mutter, aber meine Mutter wollte, daß wir um die Stadt rumgingen, weil sie mit niemandem zusammentreffen wollte. Wir kamen in eine schmale Straße, in einer Kurve führte sie bergab, zu beiden Seiten standen die Häuser hoch und dicht aneinander, die Straße war mit spitzen, vom Regen ausgespülten Steinen gepflastert, an beiden Seiten ein schmaler, holpriger Bürgersteig, auf dem Grasbüschel wuchsen, die Häuser sahen nicht gut aus, dabei war Seestadtl eine Stadt, Heeren-Werve war keine Stadt und sah gepflegter und ganz anders aus. Ich sah auch, wie einfach die Leute hier alle aussahn, aber ich wagte nichts zu fragen und zu sagen, meine Mutter war so nervös, und wie eilig sie es hatte. Die Straße, die du dort siehst, erklärte sie mir, das ist die Mühlstraße, um die Ecke links das dritte Haus, da wohnt die Mutter, Walli, komm, geh du vorneweg, geh du als erste, geh nur, das dritte Haus, die dritte Tür. Ich ging jetzt vorneweg, und sie alle ließen sich jetzt hinter mir Zeit. Als ich in die Straße einbog, begegnete mir als erstes eine ältere Frau, und es sah gradso aus, als ob es die Mutter wäre. Ich hatte kein gutes Gefühl. O nein, dachte ich, das kann nicht sein, wenn das die Mutter ist, wär's mir nicht recht. Dabei war an der Frau nichts auszusetzen, sie trug ein blaues gemustertes Leinenkleid mit langen Ärmeln, der Rock bis an die Waden, ich sah auch, daß sie schöngeformte Hüften hatte, die Brust hing nicht unten, sie war klein, etwas mollig, sie hatte einen graumelierten Bubikopf mit Dauerwelle, sie hielt auf gutes Aussehen, an der Frau war alles schön. Und trotzdem wünschte ich mir, daß es nicht die Mutter wäre. Die Frau ging mit kurzen, jugendlichen Schritten an mir vorbei, ich hörte hinter mir Lärm und meiner Mutter ihre Stimme, Jässes, die Mutter, das ist doch die Mutter, Kinder, Kinder, die Mutter, geht, Kinder, und sagt guten Tag, nehmt die Mutter um den Hals, habt die Mutter gern. Den ganzen Weg hatte uns die Mami aufgeklärt, wie wir der Mutter entgegenkommen sollten. Ihr müßt sie um den Hals nehmen, ganz fest drücken, das hat sie gern, hatte sie uns gemahnt, und tut sie abschmotzen, dann haben wir gewonnen. Ich hatte mir unterwegs fest vorgenommen, daß ich die Mutter fest drücken und küssen wollte, aber jetzt stand ich mit Abstand da und hörte auf ihre butterfeine Stimme, Jässes, Mariäler und Josääf! Ich hörte einen Ton heraus, der kein Willkommen bedeutete, und meine Mutter redete ohne Pause, und der Vater stand wie ein Stummer daneben. Wo ist denn die Walli, frug meine Mutti, und ihr Kopf flog vor Aufregung hin und her, Walli komm, Walli, komm doch her, das ist die Mutter, schau, Mutter, das ist die Walli. Die Mutter drehte sich nach mir um, musterte mich neugierig aus schmalen Augen von oben bis unten und von unten nach oben. Mutter, was sagst du zu der Walli, sagte meine Mutter mit Stolz in ihrer Stimme, erkennst du sie noch? Walli, nimm die Mutter um den Hals, drück sie und schmotz sie ab. Zaghaft streckte ich der Mutter die Hand hin, ich zwang mich zu einem Lächeln, legte meine Arme langsam um ihren Hals und küßte sie auf die Wange. Mutter, was sagst du zu der Walli? Ich merkte, daß die Mutter nicht viel Worte hatte, sie musterte mal den und mal den, aber ein Lächeln hatte ich bis jetzt noch nicht in ihrem Gesicht entdeckt. Hier auf der Straße frug sie noch nichts, sie war wohl der Meinung, daß unser Gepäck noch auf dem Bahnhof wäre, sie konnte sich nicht vorstellen, daß das einzige Vermögen, was wir mitbrachten, das Grammophon war. Na, da wollen wir nur zurückgehn, sagte sie und drehte sich um, und unsere Familie folgte ihr mit viel Lärm wie eine Schwadron.

Auf der Schwelle der Haustür standen zwei Frauen, die nicht mal meinem Gruß dankten, sie standen, die Arme übereinandergekreuzt, und sahen uns spöttisch hinterher. Ich konnte mir schon denken, daß die eine Frau die Emma Hanl war, von der Mutter die Schwägerin, ihr Mann, der Onkel Päpp, war schon lange Jahre tot. Und die andere Frau hieß Fugner und wohnte mit ihren vier Kindern schon ewig in einer kleinen Stub, in der gekocht, gewaschen, gewohnt und geschlafen wurde. Hinter einer Tür hörte ich eine erregte Frauenstimme, Siedl, Siedl, komm rein zu mir. Später erfuhr ich, daß das Frieda, die älteste Hanl-Tochter war, die krank im Bett lag. Es kam aber zu keiner Begrüßung, es war nur ein Vorbeigehn. Unsere große Kolonne polterte die Treppen hoch in die Wohnung der Mutter. Ich blieb erst einmal auf der Treppe stehen, um mich umzugucken, die Türen standen weit auf. Zur rechten Seite sah ich in ein kleines Zimmer, schräg unterm Dach stand ein

Bett, schneeweiß bezogen, das dem Adolf gehörte, gleich daneben war der Mutter ihre Schlafstub, es war ein sehr kleines Zimmer und mehr eine Wohnküche. Auf den Betten lagen weiße Tagesdecken mit langen Fransen, auf Kante gezogen und glatt wie ein Spiegel, an der schrägen Wand vor dem Fenster stand ein Bett, an der linken Wand ein Glasschrank, dort drinnen standen einige Fotografien, auch ein vergrößertes Brautbild, das die Mutter mit dem Mann aus erster Ehe zeigte, im Glasschrank standen noch zwei Services, ein Tee- und ein Kaffeeservice, das Gold blitzte daran, künstliches Obst lag in einer Schale und erinnerte mich an die Kindheit. Neben der Tür links stand ein weinrotes Plüschkanapee, und rechts vor der Tür stand das zweite Bett, an dessen Fußende ein sehr kleines Tischchen stand, dann war da noch ein ganz kleiner Herd zum Kochen. Die Mutter hatte es gerne schön, das sah ich, und überall die künstlichen Blumen, die sie selbst machte, es sah wie ein Blumenzimmer aus. Vor allem freute sich der Adolf, als er sein Bett sah. Seit du fort warst, hat dein Bett leer gestanden, sagte die Mutter, und ich sah es dem Adolf an, wie er sich gleich heimisch fühlte. Endlich sah die Mutter, daß ich vor der Schwelle stand, sie stellte mir sofort einen Stuhl hin. Die Eltern saßen wie zwei Sträflinge nebeneinander auf dem Kanapee, die Kinder hatten auch noch Platz neben ihnen, ich saß allein von ihnen abseits und konnte jedes Wort und die Gesichter beobachten. Wenn die Mutter den Vater was frug, machte er verlegen, Wo, wo, als hätte er nicht richtig verstanden, er wartete nur, daß meine Mutter für ihn antwortete, und sie tat es auch. Dann zeigte meine Mutter ihren Beinstumpf. Guck, Mutter, mei Fuß, sagte sie, weil sie bedauert werden wollte, und die Mutter verzog ihr Gesicht, als täte ihr das Herz weh. Ich merkte, daß sie immer erregter wurde, daß mein Herz zu klopfen begann und ich bei mir dachte, warum wir nicht nach Pürstein gehen. Die Mami bewegte sich unruhig, hin und wieder rannen große Tränen über ihre welken Wangen. Wie mager sie war, und die Fragen der Mutter, wie peinigend für sie. Die Vorhaltungen der Mutter kamen immer heftiger, erregter, und nun stellte sie Fragen, die meine Mutter nicht weiter als nur mit ja beantworten konnte. Habt ihr euer ganzes Möbel dort gelassen? Und die ganze Wäsche? Und die Federbetten auch? Was, die Federbetten, schrie sie wie eine Wahnsinnige, und da wagt ihr euch so ohne hierher? Wie die Zigeuner seid ihr auf der Landstraße fortgetippelt, und heute kommt ihr zurück wie die Zigeuner, schämt ihr euch denn überhaupt nicht, verlangt ihr denn, daß ich euch mit den vielen Kindern ernähren soll, bringt nichts mit wie ein Haufen Kinder! Die Mutter rang die Hände und begann in ihrer Verzweiflung zu weinen, sie hob ihre Hände und rannte die Treppen hinunter zu ihrer Schwägerin. Wir waren alle stumm, niemand wagte zu atmen, die Mami hatte ihren Kopf auf der Brust liegen und schluchzte. Unten hörten wir die Stimme von Frau Hanl, Das sind deine Kinder, du darfst sie nicht auf die Straße werfen, du hast dich als Mutter um sie anzunehmen! Das war für uns ein Glück, ohne die Frau Hanl hätte uns die Mutter gleich hinausgejagt. Es verging eine Weile, bis die Mutter wieder heraufkam, langsam und still, die Hände über dem Bauch gefaltet, sie sprach nur das Nötigste, als sie für uns Malzkaffee machte, endlich, nach langer Zeit konnten wir etwas Warmes trinken, Malzkaffee mit Ziegenmilch, mit dem Messer schnitt sie vom runden Brot Schnitten herunter, bestrich sie leicht mit Margarine und belegte sie mit Wurst. Jeder von uns bekam eine Scheibe Brot.

Am Abend kam der Wenzel, das der Mutter ihr vierter Mann war, von der Schicht. Er freute sich über uns, er freute sich und lachte immer nur, weil er die Sorgen der Mutter nicht kannte. Der Wenzel konnte nicht viel Deutsch, ich erzählte ja schon, daß er ein Pole war und fünfzehn Jahre jünger als die Mutter, aber man merkte nicht viel von dem großen Altersunterschied. Als es Schlafenszeit war, jammerte die Mutter, Ich bin heute noch gar nicht bei der Miezi gewesen, die wird gewartet haben. Der Adolf hatte sein Bett, ich merkte sein Glücklichsein und wie er sich wohlig ausstreckte, aber ich wurde traurig. Die Eltern und alle anderen mußten auf den Boden, der hinter einer Bretterwand gleich nebenan war, aber zu mir sagte die Mutter mit einem strengen Blick auf die Eltern, Nein, das ist nichts für dich, dort gehörst du nicht hin, für die ist es gut genug, du wirst hier auf dem Kanapee schlafen, solange ihr bei mir sein müßt, ist das dein Platz. Sie machte für mich das Kanapee für die Nacht zurecht, ein schneeweißes Bettlaken mit einer breiten Spitze, ein Deckbett und Kopfkissen, auch schneeweiß bezogen. Bevor ich mich zum Schlafen legte, frug ich die Mutter, ob ich mich waschen darf, und die Mutter stellte mir eine große Schüssel mit Wasser hin, Seife, ein weißes sauberes Handtuch. Die Mutter sah, daß ich außer einem vergrauten Leinenhemd nichts weiter unter dem Kleid hatte, und schüttelte darüber den Kopf, und sie sagte, So läßt die dich rumlaufen, und sie gab mir von sich ein Nachthemd. Ich war müde, daß es kein Ausdruck war, und lag weich und sauber auf dem Kanapee und schlief sofort fest ein, aber in der Nacht stach es mich wie mit feinen Nadeln, daß ich leise stöhnte, und je länger ich lag, um so stärker wurde mein Körper gepeinigt, trotzdem schlief ich immer wieder ein, aber ich warf mich herum, mit Armen und Beinen, und da plötzlich klirrte die Scheibe im Glasschrank, der gleich am Kopfende stand, es klirrte, und ich erschrak fürchterlich. Die Mutter schrie, Jässes, Mann Josääf, was ist denn passiert, und sie sprang aus dem Bett und machte Licht. Meine Mutter stand gleich auf der Schwelle, und die Frau Hanl und Frau Fugner waren auch wach geworden. Mami, das tut immer so stechen, was mag das nur sein? Ich hörte meine Mutter was von Wanzen murmeln, aber sie gab mir keine Antwort, sah nur mit Angst auf die Mutter. Ich schob das dicke Federbett zur Seite, da sah ich wie Sand so viele Tierchen in allen Größen und kreuz und quer rennen. Oh, Mami, was sind denn das für Viecher, guck mal, Mami! Was sei däs fier Viecho, schimpfte die Mutter, is däs ä dummes Ding. Mir brannte mein Arm wie Feuer, und ich hatte Angst vor diesen Tieren und wollte auf den Dielen schlafen. Aber auch da hatte ich keine Ruhe, und am Morgen sah ich aus, als hätte ich Scharlach, und hatte dicke Beulen im Gesicht. Meine Mutter sagte, Du hast süßes Blut, wir haben alle bitteres Blut, uns lassen sie in Ruh. Frau Hanl schimpfte mit der Mutter, weil sie um meinen Arm besorgt war. Dann stand das Kanapee umgekippt da und stank nach Säure. Ich möchte die Mutter auch nicht schlecht machen, sie hatte auf dem Boden und überall Kisten voller Faschingskostüme stehen, die sie selbst genäht und ausgeliehen hatte, sicher waren auf diese Weise die Wanzen in ihre Wohnung gebracht worden. Ich wollte mir den Boden angucken, wo die Eltern und Geschwister schliefen, aber die Mami war vor der Bodentür stehengeblieben und wollte mich nicht reingucken lassen. Ich ließ mich nicht zurückhalten und machte die Tür auf, steckte meinen Kopf hinein und erschrak. Wie gräßlich es hier drin aussah, wüste Unordnung, großer Schmutz, wo ich hinsah, Spinnweben, altes Gerümpel und eine dicke schlechte Luft! Meine Mutter hob traurig die Schultern und sagte, Was wollen wir denn machen, die Mutter hat für so viele doch keinen Platz.

Am nächsten Morgen war die Mutter als erstes zur Miezi gegangen, und wir saßen unterdes bei den Hanls. Ich möchte die Hanl-Familie beschreiben, wie ich sie kennenlernte. Meine Mutter hatte immer sehr viel über ihre Hanl-Verwandtschaft erzählt, sie sprach immer nur von der Hanl-Verwandtschaft oder auch von der verrückten Hanl-Verwandtschaft, so wurde sie in Seestadtl genannt. Ich frug sie, warum denn die Leute verrückte Hanl-Verwandtschaft sagten. Na, weil sie alle sehr nervös sind, die ganze Hanl-Verwandtschaft ist verrückt, oh, die sind nervös, die brüllen gleich, wenn ihnen jemand was nicht recht macht, mit denen will niemand was zu tun haben, deshalb heißen sie die verrückte Hanl-Verwandtschaft, und wenn du nach Seestadtl kommst, brauchst du nur zu fragen, wo wohnt denn hier die verrückte Hanl-Verwandtschaft, da kann dir jeder Bescheid geben, sagte meine Mutter, und es klang, als ob sie sich was drauf einbildete. Frau Hanl, ich nannte sie niemals Tante Emma, weil es mir keiner sagte, war eine schwarzhaarige Frau, schwarze Augen, und sie hatte was Unruhiges an sich und war immer heftig in der Sprache. Ihre Verwandtschaft waren nur Beamte, und das waren früher die feinen Leute. Mit dem Onkel Päpp, das der Mutter ihr Bruder war, hatte sie vier Mädchen, die alle sehr wild waren und mit denen sie ihre Sorgen hatte. Die Frieda war die Älteste, sie war im Alter von Anfang Dreißig, so wie meine Mutter, sie hatte rote Haare, und niemand in der Familie konnte sie richtig leiden. Sie war ledig geblieben, weil ihre Mutter die Heirat mit einem Beamten, mit dem die Frieda neun Jahre verlobt gewesen war, nicht erlaubt hatte, er hatte nichts getaugt, war Säufer und Kartenspieler und hatte zweimal Geld unterschlagen, aber die Frieda hätte ihn trotzdem genommen. Sie wurde gemütskrank und bekam dazu eine Rippenfellentzündung, und ich lernte sie heute nur im Bett liegend kennen. Die Frieda schneiderte für fremde Leute, die Hanl-Mädchen und ihre Mutter waren alle gelernte Schneiderinnen. Die nach der Frieda hieß Emma und hatte eine schlechte Ehe, weil ihr Mann zu seiner Mutter hielt, sie hatte einen Jungen und ein Mädchen. Über ihre schlechte Ehe hatte sie ein leidendes Aussehen, und wenn sie bei ihrer Mutter saß und weinte, brüllte alles auf sie herzlos ein, und besonders die Frieda hatte sich. Die Ella, die dritte, war eine schöne Frau, ganz wie ihre Mutter, groß, eine schöne, stramme Statur, Beine nach Muster und immer gut gekleidet. Sie war ohne Kind und hatte eine gute Ehe und eine gute Schwiegermutter. Und dann war noch ein Nachzügler, die Fini, blond, schöne blaue Augen und beim Sprechen die Lippenbewegungen wie bei meiner Mutter, sie war ein freches Ding, aber für die Großmutter, was für uns die Mutter war, war sie nur ihr Herzibingerle. Alle wurden mit der Fini nicht fertig, und besonders die Fini und die Frieda hatten es miteinander, daß Frau Hanl oft mit dem Ausklopfer dazwischengehen mußte. Und überhaupt war es bei den Hanls so, daß sich die Großen gegenseitig verhohnepipelten, oder eine mußte Spott und Lachen über sich ergehen lassen, es war bei den Hanls wirklich ein rechtes Narrenhaus. Die Hanl-Mädchen freuten sich, daß sie ihre Kusine Siedl wiedersahen, und besonders die Frieda schrie aus vollem Hals, Siedl, komm, komm zu mir rein. Von der Küche ging es in die Schlafstub, die Tür dazwischen war verglast und mit einer dünnen Gardine davor, aber sie stand meistens auf. Weil die Frieda alles hören und mitreden wollte, und hier wurde viel erzählt, weil bei den Hanls Flaschenbierverkauf war, war sie von ihrem Jungfernzimmer in das Schlafzimmer gezogen und lag dort im Ehebett. Als meine Mutter zur Frieda ging, war diese höchst erregt, mit dicken Adern am Hals und die Augen, als könnte sie es nicht erwarten. Oh, Siedl, rief sie und hielt die Hand vorm Mund, die Miez hat dich schlechtgemacht, oh, Siedl, was die alles über dich erzählt hat, wenn du wüßtest, und dann wurde meiner Mutter berichtet, was die Miez, als sie von uns aus Deutschland gekommen war, alles Schlechtes erzählt hatte, daß wir sie bestohlen hätten und noch vieles andere mehr, und vor allem, daß die Miez sich einen Hausfreund zugelegt habe und daß sie für zwei Männer den Abort machen müsse, weil sie mit beiden schliefe.

Als die Mutter von der Miez zurückkam, fing sie an zu klagen und zu weinen, sie hatte es mit der Angst bekommen, daß sie uns nicht mehr vom Halse kriegte. Geht nach Brüx, schimpfte sie, sollen die sich mal eurer annehmen, wie komm ich dazu. Die Eltern hätten sich niemals zu dem alten Vater gewagt, wenn sie nicht von der Mutter hingetrieben worden wären. Den alten Vater hatte ich noch gut in Erinnerung, als er uns neunzehnhundertzwanzig in den Baracken in Brüx-Saaras besuchte, und die Stiefmutter vom Vater lernte ich heute kennen. Ihr Haus stand am Stadtrand, und schon am Gartentürl sah ich peinliche Ordnung und ebenso eine peinlich saubere Wohnung mit schneeweißen Dielen. Der alte Vater war ein großer starker Mann mit etwas Bauch, und die Stiefmutter war ebenso groß und stark wie der Großvater, sie hatte breite Hüften und sprach einen anderen Dialekt, und ich merkte gleich, daß sie Haare auf den Zähnen hatte. Es hieß uns keiner von beiden hereinkommen, die Tür blieb auf, und wir standen vor der Schwelle, und ihre Gesichter machten den Eindruck, als möchten sie uns gleich davonjagen. Ich sah den Vater in der Haustür stehn, sein Vater ging auf ihn zu, stellte sich neben ihn auf die Schwelle und frug, Na, Seff, wo warst du denn die ganze Zeit? In Deutschland, Vater, antwortete der Seff und klopfte seinem Vater auf den Hintern, drei oder vier Klopfer waren es. Und was hast du in Deutschland gemacht? war die nächste Frage, und ich merkte, daß der Vater ängstlich guckte. So wie sie beide auf der Schwelle standen, sahen sie aus wie Rübezahl und Zwerg, und der Zwerg war mein Vater, denn er ging seinem Vater kaum bis an die Brust. Und dann schob meine Mutter mich vor, ja, ich mußte mich immer als erste sehen lassen, wenn es den Eltern zu heiß wurde. Das ist die Walli, sagte meine Mutter, und die eine Stieftochter vom alten Vater, die Hedwig hieß, begrüßte meine Eltern und sah mich freundlich an und sagte, Du kannst mit reinkommen. In der guten Stub drehte ich meinen Kopf nach allen Seiten und staunte, Habt ihr es aber fein. Habt ihr es denn nicht fein gehabt? frug die Tante Hedwig und sah mich groß an. O nein, oh, bei uns ... Weiter konnte ich nichts sagen. Was habt ihr denn für eine Wohnung gehabt? Ein schwerer Seufzer kam aus meiner Brust. Ach, wir … Auf einem Tischchen standen einige Fotos und auch ein Familienbild, auf dem ich meinen Vater als Schuljungen erkannte, er sah klein und dürr aus, Ohren und Nase waren auffallend groß, sein Gesicht hatte sich nicht verändert. Oh, war er aber schwach, sagte ich. Dein Vati ist immer schwach gewesen, Walli. Hat er aber große Ohren, meinte ich noch, und die Tante Hedwig beobachtete mich, was mir alles auffiel. Warum haben wir es denn nicht so fein, mußte ich fragen, weil ich es nicht fassen konnte. Was habt ihr denn für eine Wohnung gehabt, Walli? Verlegen gingen meine Augen im Zimmer umher, aber ich schwieg, ich war nicht fürs Schwatzen. Die Tante Hedwig setzte sich mit mir an einen Tisch und sagte zu mir, Walli, daß du nicht denkst, daß wir mit deinem Vati nicht gut waren, wir waren fei gut mit ihm, wir haben mit ihm was durchgemacht, bis ihn der Vater nicht mehr reinlassen konnte. Ich hörte viele Klagen über den Vater, und sie wartete, daß ich von unserem Leben erzählte, aber ich hörte sie nur an und nickte. Auf dem Tisch stand ein mit Zucker bestäubter Guglhupf, und ich dachte bei mir, warum bieten sie nichts von dem Kuchen an, zuerst hatte ich ja gedacht, daß er für uns gebacken worden war, aber das war nicht so. Die Tante Hedwig ging mit mir zurück in die Küche, sie gab mir eine Schnitte mit Marmelade, und ich wußte nicht mal, was da drauf war. Den Kindern gab sie auch was in die Hand, den Eltern wurde nichts angeboten. Sie alle blieben vor der Schwelle, nur ich als einzige saß in der Küche am Tisch. Die Eltern wollten noch mit dem Hermann wichtig tun, weil er den Namen vom alten Vater trug, aber der alte Vater brauchte die Kinder nicht, sah an ihnen vorbei und auch an Hermann. Die Kleinen guckten traurig zu mir, weil ich am Tisch saß, und deshalb stellte ich mich mit zu ihnen. Das war unser Besuch in Brüx. Wie die Bettler wurden wir vor der Schwelle stehengelassen, und es hieß auch nicht, Kommt wieder, nicht einmal ein Gruß wurde erwidert, nur die Tür gleich zugemacht. Danach erzählte ich meiner Mutter vom Guglhupf und daß die Eltern vom Vater so eine feine Wohnung hätten, und ich wollte von ihr wissen, warum wir nicht so fein lebten. Da wurde sie tüchtig wütend auf mich, weil sie nichts davon hören wollte, sie wollte nur erfahren, worüber mich die Tante Hedwig ausgefragt hätte.

Die Mutter war immer noch die Beste, sie kümmerte sich um uns Kinder, aber nur um uns drei Großen, die Jüngsten, die in Deutschland geboren worden waren, waren für sie keine richtigen Menschen, auf die nahm sie keine Rücksicht, das waren der Päppi, der Hermann und die Mausi. Durch Frau Hanls Verwandtschaft, die Beamte vom Schacht waren, bekam der Adolf dort Arbeit. Und den Albert ließ die Mutter Gärtner lernen. In Seestadtl war eine große Gärtnerei, die dem reichen Fürsten Lobkowitz gehörte, er wohnte oben im Schloß Eisenberg, das man in der weiten Ferne sehen konnte, denn als Arbeiter oder Tagelöhner nahmen sie ihn nicht, weil er zu schwach und klein war, jetzt brauchte er nicht mehr so schwer arbeiten. Die Mutter nahm sich auch meiner an und sorgte dafür, daß ich zu Unterwäsche und Kleidern kam, sie machte meiner Mutter ununterbrochen Vorhaltungen, daß sie mich so hatte rumlaufen lassen, und im Geschäft suchte sie für mich Kleider aus und schickte mich zum Anprobieren. Die Mutter kaufte nur auf ein kleines Büchlein ein, jeder kannte sie, überall konnte sie ohne Geld einholen. Aber die Mutter ließ mich nicht wie den Albert was lernen, ich sollte als Dienstmädchen im Gasthaus »Zur Heimat« arbeiten gehen. Sie brachte mich selbst dorthin, und unterwegs belehrte sie mich, Werd nicht wie deine Mami, mach du es anders, gib nicht Antwort, laß dir was sagen, dann wirst du auch Glück finden, deine Mutter hatte immer den großen Mund, bei der hab ich können nichts Gutes erreichen, mach du es anders. Ich hätte am liebsten geweint, in den paar Tagen, die wir hier waren, hatte ich zu allem den Mut verloren. Die Mami war bös und nervös und wollte mich nicht sehn, sie war damit beschäftigt, die Schwangerschaft wegzutreiben, und weil die Hebamme Hawelka aus der Brüxer Straße im Gefängnis war, wollte sie es allein mit Bohnenkaffee versuchen, und es roch im ganzen Haus danach. Vielleicht hatte die Mutter das Geld dafür gegeben, weil sie ja wollte, daß das Kind abgetrieben wurde. Meine Mutter hatte Angst, daß sie sterben müßte, und wenn die Mutter und die Hanls ihr zuredeten, sagte sie trotzig, Hab ich so viele Kinder, da kommt es auf eines mehr auch nicht an. Der Vater hatte inzwischen Arbeit in der Zentrale gefunden. Ihm kam die Heimat wohl auch verändert vor, er hatte gedacht, daß es wie früher weitergehn würde, aber seine Saufbolde umjubelten ihn heute nicht, sie waren alle arbeitslos, und keiner von ihnen kümmerte sich um den Vater und das frühere Leben. Wenn meine Mutter auf der Straße einen alten Bekannten sah und mir sagte, Dort, das ist auch ein Saufkollesch vom Oltn gewesen, betrachtete ich ihn mir genau, wie gelangweilt, mit leerem Hosenboden, die Hände auf dem Rücken, er dahinschlich. Der Vater war heute einsam, und zu Hause gingen sie an ihm vorbei wie an einem Fremden. Das war der Mutter ihr Einfluß, die den Vater nicht im Haus haben wollte, weil sie ihm an allem Unglück die Schuld gab. Ja, und die beiden großen Jungen waren zufrieden und frugen nicht nach mir, und die drei Kleinen waren den ganzen Tag auf der Straße mit Kindern zusammen. Bei der Mutter gab es auch zu keiner Mahlzeit satt zu essen, mit dem Kaffeetippl in der Hand und Stück trocken Brot saß jeder woanders, beim Mittagessen war es ebenso, und wenn die Mutter böse war, blieb sie von früh bis abends bei der Miez und frug nicht nach uns. Die Mutter stellte mich der Wirtsfrau vor und sagte zu ihr, daß sie mir was beibringen und mich nicht so oft nach Hause lassen sollte. Die soll nur hierbleiben, die soll bei Ihnen was lernen, lassen Sie sie tüchtig arbeiten, da tun Sie mir einen Gefallen, hieß es von ihr. Was sollte ich tun, ich mußte mich fügen, aber so hatte ich mir meine Heimat nicht vorgestellt. Die Wirtsfrau zeigte mir das Zimmer, das mich sofort an traurige Zeiten erinnerte. Oh, in diesem Zimmer haben wir ja einmal gewohnt, sagte ich, und vor mir war das Panorama, wie der Adolf, der Albert und ich in dieses Zimmer von der Miez eingesperrt worden waren, die Miez war damals im Gasthaus »Zur Heimat« Kellnerin gewesen und meine Mutter wieder mal im Gefängnis. Die Wirtsfrau war unterdes gegangen, ich war allein mit all meinen traurigen Erinnerungen, da kam eine mit weißer Schürze rein, daß ich erschrak, weil ich mit ihr das Zimmer teilen mußte. Es gab für mich hier sofort viel Arbeit, und was ich machen mußte, war mir unmöglich. Als erstes Aborte scheuern, was mich ekelte und beleidigte, in mir war es sehr enttäuscht, daß die Mutter für mich weiter keine andere Arbeitsstelle gewußt hatte, und die Wände mußten abgescheuert werden, die waren schlierig, und dann war es der Wirtsfrau noch nicht sauber genug, daß ich noch einmal von vorn anfangen mußte. Mein Essen wurde mir auf den Abwaschtisch gestellt, und alle anderen saßen zusammen am großen Tisch mitten in der Küche, und so war es bei jeder Mahlzeit. Dann mußte ich das Geschirr abwaschen, und wenn ich mir auch noch soviel Mühe gab, die Wirtsfrau hatte immer was auszusetzen, und nach dem Kaffee war der Abwaschtisch wieder voll und am Abend das gleiche. Ich dachte, daß jetzt Feierabend wäre, aber da wurde die große Wäsche ins Waschhaus getragen und eingeweicht, und es wurde Nacht, ehe ich in die Kammer hinaufstieg. Ich lag im Bett und weinte. Spät hörte ich die Kellnerin, der die Männer bis an die Tür nachgerannt kamen, ich hörte sie flüstern, Ich bin nicht allein, und ich tat, als würde ich schlafen. Dann schreckte ich hoch, die Kellnerin war nicht allein, es schlief noch jemand hier drin, und dann kam der Neugierige noch an mein Bett. Und am nächsten Tag wieder viel Arbeit und hauptsächlich Wäschewaschen, und in der zweiten Nacht standen zwei Männer vor meinem Bett und guckten mir ins Gesicht, daß ich mir die Decke über den Kopf zog. Morgens mußte ich die Gaststube saubermachen, und immer noch große Wäsche, und wenn ich dachte, das Stück Wäsche wäre genug gerumpelt und sauber, und ich es auswringen wollte, sagte die Wirtsfrau, Das müssen Sie schon noch reiben. Ich kämpfte mit mir, und auf einmal faßte ich Mut, drehte mich um, griff nach dem Schlüssel und ging ohne Angst in die Kammer hinauf. Von Samstag bis Montag früh hielt ich es in der »Heimat« aus, aber immer nur arbeiten, arbeiten und so streng wie in der Verbannung. Zu Hause sagte die Frieda, daß in der »Heimat« noch kein Mädchen lange geblieben wäre, und die Hanls waren empört und schimpften die Mutter aus, daß sie mich dorthin gebracht hatte. Sie wagte keine Widerrede und sagte, Ich hab es halt gut gemeint, ich wollte, daß sie was lernen tut. Aber doch auf einer ordentlichen Stelle, meinte Frau Hanl. Und meine Mutter sagte, Die Tanti hat ja immer geschrieben, daß sie dich haben will, vielleicht kannst du bei ihr bleiben, und vielleicht wird dann auch ein besseres Auskommen mit der Mutter sein.

Als ich die Tanti heute das erstemal wiedersah, war ich erstaunt, sie war keine feine Dame mehr wie in Deutschland, sie hatte ein verschmutztes, fleckiges Kleid an, trug keine Schürze, in Deutschland hatte sie ihre Haare gelb gebleicht und mit falschen Haaren ausgestopft, jetzt hatte sie Bubikopf und ihre eigene Haarfarbe, die dunkelblond war, ein Stirnband hatte sie sich um den Kopf gebunden, damit die Haare ihr nicht ins Gesicht fielen. Ihre Figur war wie eine gerollte Wäschedocke, sie hatte keine Hüften und war mollig, die Beine waren schön geformt, aber für ihren Körper zu kurz und auch ein wenig gesäbelt. Die Wohnung der Tanti bestand aus zwei Räumen, der eine war die Küche und für alles Drum und Dran, die große Wäsche wurde hier auch gewaschen, der andere die Schlafstub, und in dem Ehebett schlief sie wirklich mit beiden Männern. Der Onkel, was ihr Ehemann war, war sieben Jahre älter als sie und hätte im Aussehen ihr Vater sein können, und ihr Hausfreund war ein großer stattlicher Mann, dunkelblond, ein längliches Gesicht, breite Bratwurstlippen und Tränensäcke unter den Augen, er war keine Schönheit, aber als Ehemann hätte er zu der Miez gut gepaßt. Wenn er einen Anzug anhatte, sah er ganz schneidig aus. Er wußte auch, daß ein Mann der Frau gegenüber zuvorkommend sein mußte, er bediente sie, verwöhnte sie, und wenn sie wohin kamen, half er ihr aus dem Mantel. Das alles hätte ihr Mann nicht gemacht, aber beide Männer beschützten sie. Wenn der eine Frühschicht hatte, hatte der andere Spätschicht. Es gab unter den beiden Männern auch oftmals boshaften Streit, doch da funkte die Miez hinein, oder sie spielte die Ohnmächtige, dann wurde sie vom Hausfreund auf dem Arm ins Bett getragen und wurde von ihm gepflegt, sie blieb paar Tage im Bett, und der Hausfreund schob ihr den Nachttopf drunter. So lernte ich es mit den Tagen kennen. Auf den Hausfreund war die Miez sehr eifersüchtig, er durfte nicht nach rechts und nicht nach links gucken, seine Augen waren nur auf die Erde gerichtet, und gesprochen hat er nur mit ihr. Er konnte ja auch kaum ein Wort Deutsch. Ihre zwei Männer arbeiteten wie die Dienstmädchen, sie machten die ganze Hausarbeit, gingen einkaufen. Der Miez ihre Arbeit war nur Kochen und viel Backen, denn sie hatte alle Tage Besuch, aber es war ein widerwärtiger Besuch, nur Klatschweiber kamen zu ihr. Der Onkel hatte nichts zu melden, er sah schlecht aus, seine Augen lagen ganz tief, meine Mutter sagte, weil er sich mit der Miez so ärgern mußte, aber er selbst hatte ihr den Freund ins Haus gebracht, er durfte ja mit der Miez keinen Geschlechtsverkehr haben, darum hatte er ihr den Hausfreund und die Untreue erlaubt. Ich war nun bei der Tanti für ganz, und immer sollte ich bei ihr bleiben, und meine Mutter war froh, daß ich versorgt war. Geschlafen habe ich auf dem Sofa in der Küche, aber ich habe nichts anrühren dürfen, nicht einmal mein Kaffeetippl durfte ich wegstellen, niemand konnte außer ihren Männern was richtig machen, den ganzen Tag saß ich nur auf einem Fleck, nicht mal wenn sie große Wäsche hatte, konnte ich mithelfen. Sie rumpelte am Waschbrett, und ihre Männer gingen ihr zur Hand. Wenn die Wäsche zusammengelegt und trocken im Korb lag, trug ich sie mit dem Onkel auf die Rolle, die Wäsche brauchte nur abgegeben werden, und fertig konnten wir sie wieder abholen.

Ich hielt es im ganzen bei der Tanti nicht lange aus. Es fing damit an, daß sie immerzu redete, daß ich mir meine Haare wegschneiden sollte. Meine Mutter und der Vater sträubten sich, Laß dir ja nicht deine schönen Haare wegschneiden, die will dich ja nur herrichten! Aber die Tanti war unnachgiebig, Frag deine Mami, daß sie es erlaubt, deine Haare müssen runter, du siehst aus wie eine alte Frau. Und meine Eltern sagten wieder, Laß dir ja nicht deine schönen Haare wegschneiden, du siehst so schön aus mit deinen blonden dicken Zöpfen, niemand hat so schöne Haare wie du. Den Haarreifen mit den glitzernden Perlen trug ich über dem Scheitel, und die Tanti war wütend auf mich, und ihre beiden Männer stimmten mit ein, den ganzen Tag hatten sie was an meinen Haaren auszusetzen, daß sie mir meine Zöpfe derart verekelten und ich sie mir abschneiden ließ. Wenn sie mich zuwenigstens zum Friseur geschickt hätten, aber der Karl, ihr Hausfreund, mußte es machen, weil er ihr lieber Gott war und niemand es so schön wie er machte. Der Stuhl wurde mitten in die Stub gestellt, und die Zöpfe wurden von ihm weggeschnitten. Ich guckte in den Spiegel und gab mir Mühe, meinen Kummer nicht anmerken zu lassen, denn er hatte sie zum Hohn, wie es die Miez wollte, bis zu den Ohren weggeschnitten. Du siehst jetzt schön aus, da wird deine Mami aber gucken, sagte die Miez, und ich beobachtete, wie sie zwinkerte und ihre Freude hatte. Der Karl machte mir noch mit der Brennschere Wellen, der Scheitel mußte auf die andere Seite, weil es die Tanti so haben wollte. Als ich fertig war, schickten sie mich nach Hause. Die Eltern saßen gerade wieder bei den Hanls. Meine Mutter erschrak, als sie mich sah, und schimpfte, Wie siehst du denn aus, wie kannst du es wagen, deine Haare wegschneiden zu lassen, denkst vielleicht, du siehst schön aus. Jesses Mariä und Joseff, haben die dich aber zugerichtet, geh mir aus den Augen. Auch der Vater war außer sich und schüttelte den Kopf, aber gesagt hat er nichts. Am liebsten wäre ich gleich von Tanti weggegangen. Aber meine Mutter hatte kein Verständnis und sagte, Jetzt bist du bei der Tanti und bleibst dort, was kommst du immerfort hierher, ich hab soundso keine Ruhe, denk immer nur, die Miez könnt mich anzeigen, weil die Strafe noch nicht verjährt ist, wir werden schon sehen, wie es weitergeht, jetzt weiß ich nicht, wo mir der Kopf steht. Wo ich hinkam, überall war Klatsch und Geschrei, daß ich es nirgendwo lange aushielt. Meine Mutter saß von früh bis zum Schlafen bei den Hanls, und den meisten lebhaften Klatsch hörte ich von meiner Mutter über die Miez und ihre beiden Männer, sie erzählte, daß die Miez ein Hexensackl hätte, das wäre ein Geheimnis, hätte damals die Miez zu ihr gesagt, als sie 1922 bei uns in Deutschland zu Besuch gewesen war, und die Miez hätte ihr anvertraut, daß es in eine Hand reinginge, und wenn sie das Sackl in die Hand nähme und sich was Böses wünschte, dann ginge es in Erfüllung. Da sagte die Frieda, und die Adern am Hals schwollen ihr dabei, Die hat zwei Männer, da kann sie von jedem den S... in die Hand nehmen, da hat sie in jeder Hand einen tüchtigen S... und soll sich was Gutes wünschen. In der ersten Zeit hatte meine Mutter die Tanti immer grüßen lassen, denn sie wollte gerne mit ihr zusammenkommen, aber die Miez ließ ihr keinen Gruß und kein Wort ausrichten, sie wußte zu gut, daß ihre Schwester Hilfe brauchte, so wollte sie es haben. Und bei der Tanti war ebenso Klatsch und Geschrei, aber meine Mutter hätte ihrer Schwester am liebsten die Füße geküßt. Einmal war meine Mutter ganz außer sich vor Freude und erzählte, daß in der Nachbarschaft ein älteres Ehepaar sich aufgehängt hätte und die Wohnung zu haben wäre, und die Möbel sollten billig verkauft werden. Wenn ich jemand hätte, der mir das Geld borgt, sagte sie, ich würd sehn, daß ich die Möbel kaufen kann. Möbel von Erhängten bringen Glück, so hieß es im Aberglauben, und die Mami war ganz dafür, weil wir dann zuwenigstens auch einmal Glück hätten. Die Mutter hat ja Geld, sagte sie, die hat ein Sparbüchl, die könnte uns die Möbel kaufen, ich getrau es mir nur nicht, ihr zu sagen, ach, wenn ich nur mit der Miez gut wäre, dann wäre auch die Mutter gut, wenn die Tanti wenigstens mal gesagt hätte, daß ich hinkommen soll, aber sie sagt ja nichts, nicht mal, daß du grüßen sollst, sie will ja böse bleiben. Mami, können wir nicht nach Pürstein machen, frug ich, die müssen sich um uns kümmern und uns Wohnung und Arbeit geben, Mami, vielleicht sind dort Fabriken, ich möchte so gern in die Fabrik. Aber meine Mutter wollte davon nichts hören und erzwingen, daß sie in Seestadtl bleiben konnte. Es fiel ihr schwer, vor der Mutter von den Möbeln anzufangen, denn die Mutter guckte schon so unfreundlich aus schmalen Augen. Es sind Möbel von erhängten Leuten, die bringen Glück, fing meine Mutter an, deshalb möchte ich sie gerne haben, ich würde dir das Geld einmal wieder zurückzahlen. Aber die Mutter kannte keine Barmherzigkeit. Du willst zurückzahlen, du lieber Gott im Himmel, lamentierte sie, von was willst du denn zurückzahlen, hat man denn von dir schon überhaupt mal einen Dank bekommen, was du von uns schon alles gekriegt hast, und jetzt redest du von zurückzahlen, willst etwa mit deinen vielen Kindern, die du in die Welt gesetzt hast, zurückzahlen? Ihr liegt mir zur Last, hast du dir denn schon mal Gedanken gemacht, was aus deinen Kindern werden soll, hast sie dir von deinem besoffenen Kerl anhängen lassen, wir haben dich immerfort von ihm wegnehmen wollen, und du bist ihm nachgelaufen, bis er dir wieder eins angehängt hat, du hast ja gar nicht an die Kinder gedacht, die du in die Welt gesetzt hast, die können nichts, die haben nichts, von euch haben sie nichts Gutes gesehen und gelernt, die werden einmal schwer durch die Welt kommen, du kannst von uns nichts mehr kriegen. Für meine Mutter war diese Antwort peinlich, aber am peinlichsten war für sie, daß ich daneben stand und alles hören mußte, vor den Jungen machte sie sich in allem nichts draus, aber vor mir hatte sie Scham und sogar eine böshafte Scham. Von der Mutter hatte sie also nichts mehr zu hoffen, von ihr aus hätten wir ruhig in ein Bruchloch springen können, davon gab es hier durch die vielen Kohlenschächte genug, da hätte die Mutter obendrein ihre Hände gefaltet und zum Himmel emporgesehen und gesagt, Gott sei Dank, das ist das Richtigste, was sie tun konnten.

Für mich war es unerträglich, mit der Tanti und ihren beiden Männern zusammenzusein, ihre spöttischen Redensarten und daß die Tanti den ganzen Tag damit beschäftigt war, mich zu verkuppeln und am liebsten an alte Männer oder blöde, aber da blieb ich Herr über mich, ich sagte dann immer, Von hier will ich keinen Mann, ich möchte wieder zurück nach Deutschland. Dort sind wohl Prinzen, foppte mich der Onkel, und die anderen beiden lachten mit. Ich bin noch jung, sagte ich, und denk an keinen Prinzen und an keinen anderen, und wenn sie wieder mit ihrem Ausschuß von Männern anfingen, lachte ich, und die Miez sagte, Du wirst noch froh sein, wenn dich ein alter Knacker haben will, und ich zuckte nur mit den Schultern und sagte geradezu, Nicht mal so einen will ich. Bei der Tanti wurde es immer unerträglicher, besonders auch wegen dem Onkel. Vor ihm hatte ich ein abstoßendes Gefühl seit meiner Kindheit, und heute war ich kein kleines Kind mehr, und seine Augen waren mir widerlich. Jede Möglichkeit nutzte er aus, daß er neben mich kam, und sooft er an mir vorbeiging, wollte er meine Brust fassen und auch woandershin, ich hatte vor ihm keine Ruhe, und dann die geilen Augen in seinem fahlen Gesicht, und immer wie ein Dieb um mich herum. Ich klagte es jeden Tag meiner Mutter, und ich bekam von ihr keine Hilfe, sie sagte nur, Jesses, wenn er dir auch mal wird bißl an deinem Arsch rumfingern, deshalb brauchst du nicht gleich beleidigt sein, das ist eben mal nicht anders. Aber es blieb ja nicht beim Rumfingern und den geilen Rollaugen. Ich schlief immer auf dem Kanapee in der Küche. Morgens brauchte die Tanti nie aufzustehn, ihre Männer versorgten sich selbst, mal hatte der Karl Frühschicht, mal der Onkel, die Tanti schlief und brauchte sich um nichts zu kümmern, nur vor dem Fortgehn kamen sie in ihre Schlafstube, um auf Wiedersehen zu sagen. Wenn der Karl Frühschicht hatte, nahm er auf mich keine Rücksicht, er klapperte immer herum, aber ich war jung und hatte einen guten Schlaf, wenn er Feuer machte, war ich schon auf, und wenn er der Tanti was sagen wollte, blieb er vorn an der Tür stehen und sprach laut mit ihr. Hatte aber der Onkel Frühschicht, hörte ich ihn keinen Tag, ich wachte nur auf, weil ich immer nackt dalag, ich hatte nur mein einfaches kurzes Leinenhemd an, und erschrocken zog ich das Federbett herauf, das auf dem Fußboden lag. Ich dachte an nichts Schlechtes und schlief sofort wieder ein, wachte aber wieder auf, weil das Federbett wie vorher auf der Erde lag, und mein Hemd war auch hochgeschoben. So ging das jeden Morgen. Wie das nur kommt, dachte ich, und ich nahm mir vor aufzupassen, daß so etwas nicht noch mal passierte, und ich klemmte das Deckbett fest zwischen meine Beine, aber wenn ich aufwachte, lag ich trotzdem nackt da. Der Onkel stand jedesmal neben dem Kanapee und lachte kindisch Hehehehe. Ich bekam dann mit, wie er neben dem Kanapee hockte und langsam das Deckbett von mir zog, er machte sich nicht mal mehr was daraus, daß ich das merkte, und von meiner Mutter bekam ich nicht mal Hilfe. Sie sagte, Mit dem Onkel brauchst du nicht empfindlich zu sein, der meint es nur gut. Das geht zu weit, dachte ich, während ich mit dem ganzen Kopf unter dem Deckbett steckte und mein Herz vor Aufregung klopfte, so ein alter ekliger Kerl, was der sich erlaubt. Er hatte nicht mal Furcht, daß die Miez in ihrem Bett was mitbekam, wer weiß, was er ihr gesagt hätte, bestimmt wäre er mit einem unschuldigen Lächeln zu ihr gegangen und hätte gesagt, Mami, die Walli liegt immer ganz nackig, wenn die schlafen tut. Mir wäre kein Wort geglaubt worden, wie böse Tiere wären sie über mich hergefallen, nein, hier konnte ich nicht länger bleiben, und ich ging gleich am Morgen von der Tanti weg.

Ich traf meine Mutter mit den Kindern auf der Straße, sie war schon früh draußen, weil sie es bei der Mutter nicht mehr ausgehalten hatte. Mit übermüdeten Gesichtern schlenderten sie auf der Straße, mit der Mausi im Sportwagen. Ich bleib nicht mehr bei der Tanti, sagte ich gleich zu ihr, da kannst du machen, was du willst. Meine Mutter zog ein verdrießliches Gesicht, als sie sagte, Wenn du nicht mehr dortbleiben willst, da mußt du eben weggehen, aber mir ist es nur wegen der Mutter, was die sagen wird. Bei der Mami gingen die Nerven bis durch den Kopf, das schlimmste war für sie, daß sie den Vater hatte laufenlassen müssen. Die Mutter hatte ihn einfach nausgeworfen, und meine Mutter hatte ihr versprechen müssen, daß sie mit ihm nicht mehr zusammenkam. Er war ja hier in der Heimat oft krank und konnte nicht mehr richtig arbeiten, und als der Vater mit einem Krankenschein angekommen war, hatte sie ihm gesagt, bei ihr wäre kein Platz für Kranke, sie hätte schon genug am Hals, und ihn nausgejagt, ja, so war es mit dem Vater gekommen. Er bekam bei einer Witwe, die er noch von früher kannte, Unterkunft, sie nahm sich seiner aus Mitleid und Barmherzigkeit an und stellte ihm ein Bett auf dem Boden auf. Die Mami tat, als wollte sie von ihm nichts mehr wissen, aber das sagte sie nur so, weil sie ihm nicht nachlaufen durfte, sonst hätte die Mutter sie auch rausgeschmissen. Ich dachte mir, daß der Vater froh war, daß er seine Ruhe hatte und sich nichts mehr anhören mußte. Wir gingen nebeneinanderher, sie schimpfte, und ich weinte. Ich getrau mich schon so nicht mehr bei der Mutter rein, sagte sie, weiß gar nicht, wo mir der Kopf steht. Dann blieb sie mit einem Ruck stehen, und ihr Gesicht verklärte sich, als wäre ihr etwas besonders Schönes und Gutes eingefallen. Du kannst doch mitmachen, sagte sie, was der Onkel von dir haben will, sei nicht so dumm, och, ich an deiner Stelle tät alles mitmachen, da kämst du wenigstens zu schönen Kleidern, die Tanti braucht doch gar nichts davon merken, sei nicht so dumm, laß dich ruhig mit dem Onkel ein, und dann sagte sie so einfach und mit Triumph im Gesicht, Das tät ich der Miez vergönnen, die tut immer, als ob sie einen Mann hat, der keine anguckt, ich hätte meine Freude, wenn es ihr auch mal so geht, da könnt die Mutter zuwenigstens mit der Miez auch mal was erleben, nicht nur immer mir mir. Meine Mutter war ganz begeistert von ihrer Vorstellung, und sie sprach mit Honigstimme, Schau, du hast es doch schön, brauchst in keinen Dienst, du wirst eine feine Dame sein, och, mach mit, was der Onkel von dir haben will. Ich sah meine Mutter beleidigt an. Aber Mami, wie kann ich nur so etwas mit dem Onkel anfangen, und nur weil die Miez deine Schwester ist. Sie hörte mich nicht, schwärmte nur ohne Pause weiter, als wäre es das größte Glück, was sich mir da bot, und weil ich von alldem nichts hören wollte und sie dran erinnerte, daß der Onkel geschlechtskrank wäre, da wurde sie richtig böse und nannte mich bleedes Vieh und daß ich dann zuwenigstens keine Kinder bekäme. Pfui Teufel, was du von mir verlangst, sagte ich nur, und sie schrie mich auf der Straße an, Elende verfluchte Kanaliä, halt deine Gusch, sonst hau ich dir paar rein, und als ich sagte, Ich lauf nach Deutschland zurück, eure Heimat hab ich genug kennengelernt, fort mach ich, da hatte sie nur eine kurze Antwort, Wegen meiner kannst du gehen, ich halt dich nicht. In diesem Moment wußte ich, daß ich meiner Mutter nicht mehr vertrauen konnte, es lastete sehr schwer auf mir, so allein und so hilflos zu sein und kein Zuhause und keine Arbeit zu haben, nichts zu können und nichts zum Anziehn zu haben, mir fehlte es wieder mal an Hosen, denn ich erinnere mich, wenn die vier Wochen für eine Frau da waren, steckte ich mir mein Hemd mit einer Sicherheitsnadel zusammen. Es kümmerte sich niemand um mich, die Tanti wollte mir nicht mal Paar Schuhsohlen bezahlen, barfuß sollte ich gehn, kein erwachsenes Mädchen sah ich so gehn. Meine Mutter wollte gleich zu ihrer Mutter, und im bösen Ton sagte sie zu mir, Walli, du bleib unten, ich will erst mit ihr selbst reden. Ich hatte das Gefühl, daß ich dabeisein müßte, und ich folgte ihr still und leise. Meine Mutter stand auf der Schwelle, sie hatte nicht mal so viel Charakter, daß ich sie als Zuhörer störte, ich hörte sie sagen, Mutter, denk dir mal an, die Walli will nicht mehr bei der Miez bleiben, weil ihr der Onkel keine Ruhe läßt. Und dann kam etwas, was mich sprachlos machte. Da denk dir mal an, Mutter, was die Miez für eine Ehe hat, ihr tut nur immer, als ob nur bei mir alles so schlecht ist, ich hab ja immer der Miez gesagt, daß der andre hat, und ihr habt gesagt, ich lüge, jetzt seht ihr, wie er es macht. Da meine Mutter der Miez ihre Ehe durch mich nicht zerstören konnte, mußte sie auf diese Art Unfrieden reinbringen. Ich wollte mich einmischen, Och, Mami, was sagst du da, das ist doch gar nicht wahr, was du der Mutter erzählst. Halt nur jetzt deine Gusch, unterbrach sie mich, geh mir aus den Augen, wer weiß, was du mit dem Onkel gehabt hast. Ich konnte keine Worte finden und weinte, Oh, Mami, wie kannst du nur so sein. Die Mutter rannte wie eine Furie auf und ab und verschimpfte mich, Du elende verlogene Kanaille, so ein elendes, nichtstaugendes Mensch, das ist der Dank, daß sie sich deiner angenommen haben, und meiner Mutter stimmte ihrer Mutter bei, und das war für mich das allerschlimmste. Mutter, sagte sie zu ihrer Mutter, ich kann doch nichts dafür, wenn die so schlecht ist, und als meine Mutter obendrein zu mir sagte, Geh mir aus den Augen, ich will dich nicht mehr sehn, konnte ich nur noch weinen, sie war so, weil sie ihrer Mutter zeigen wollte, daß sie zu ihr hielt, was aus mir wurde, war ihr egal, nur wenn sie die Mutter und Miez hätte erobern können, dafür hätte sie alles fertiggebracht. Die Mutter war dann gleich zur Tanti gerannt, die Miez war tüchtig wütend auf mich, sie ließ mir durch die Mutter bestellen, daß sie mir die Haare rausreißen wollte und ich nie wieder über ihre Schwelle kommen dürfte. Ich kam mir vor, als stünde ich im Sturm und Wirbelwind, ich kämpfte um Worte und fand keine, und meine Mutter tat alles, daß das Gerücht über mich und den Onkel in Seestadtl herumging. Einmal erwischte ich sie bei den Hanls, als sie wieder davon anfing, und da sagte ich, Frau Hanl, die Mami lügt, glaubt ihr nichts, wahr ist nur, was ich euch jetzt sage. Meine Mutter blieb ganz still und ließ den Kopf hängen.

Ich fand dann für kurze Zeit immer wieder mal Arbeit und war nicht auf die Mutter angewiesen. Zuerst war ich bei einem Bauern, der mich aber verleumdete, zum Schlafen hatte ich ein viel zu kurzes Bett, ich mußte die Beine raushängen lassen, und als ich mich in der Nacht im Schlaf streckte, weil vom krummen Liegen der ganze Körper weh tat, ging das Bett auseinander, es krachte, als wären die Wände und die Decke eingefallen, vor Schreck blieb ich eine ganze Weile ohne zu atmen liegen, der Bauer ist mit seiner Tochter bald aus dem Bett gefallen. Hierauf sagten sie, ich hätte jeden Abend Kerls im Bett, ich war unglücklich, daß ich mir das gefallen lassen mußte, und meine Mutter blieb dabei ruhig. Aber Mami, da mußt du doch was tun, die dürfen doch nicht sagen, daß ich Kerle mit im Bett gehabt habe, da ist doch nichts Wahres dran, und gestohlen habe ich auch nichts, empörte ich mich, Mami, die haben gesagt, der Apfel fällt nicht weit vom Stamm, was meinen die, muß ich mir denn alles gefallen lassen, daß die Leute Schlechtes über mich aufbringen? Meine Mutter mit ihrem schrägen Mund sagte, Wie willst du den Leuten denn das verbieten, ich kann nichts machen, hör nicht drauf, da steckt niemand anders hinter als die Miez, vor der wirst du keine Ruhe kriegen, die hast du dir zur Feindin gemacht. Über einen entfernten Onkel kam ich dann nach Komotau zu einer Bildhauerfamilie mit Namen Jellinek in Dienst. Drei Wochen war ich dort und wurde behandelt wie ein Aschenputtel und ließ es über mich ergehen, auch daß ich von dem dreijährigen Kind angespuckt wurde. Dann wurde mir von der gnädigen Frau gekündigt. Ich war verzweifelt, weil ich nicht wußte, wohin ich gehn sollte, ich wollte mich unter den Zug legen, aber da kam noch zur rechten Zeit die Postkarte mit nur paar Worten drauf, Walli, komm sofort nach Haus, ich brauch Dich, Deine unglückliche Mami, und ich war froh, daß ich für meine Mutter noch lebte. Schon von der Haustür aus hörte ich Geschimpfe und Weinen und Klagen. Grüß Gott, sagte ich und sah mit großen Augen auf die Mami und die Mutter. Ich sah meine Mutter zusammengesunken auf einer Kiste sitzen, ihr Gesicht war aschgrau, und die Mutter schimpfte auf sie ein, Du hast in deinem ganzen Leben nichts getaugt, hast nur Kinder in die Welt gesetzt, du liegst mir zur Last. Du hast mich noch nie leiden können, klagte meine Mutter, ich bin dir immer im Wege gewesen, schon als Kind hast du mich vergiften wollen. Da sprang die Mutter mit ausgestreckten Krallen auf sie zu. Ich schrie, daß die Mutter zurückfuhr, und sie guckte mich mit den Augen einer Irrsinnigen an. Ich ging zu meiner schluchzenden Mutter und beruhigte sie, und sie sagte, Komm, wir gehn hinaus, dort erzähl ich dir alles. Ich erfuhr, daß sie von der Miez angezeigt worden war wegen der noch nicht verjährten Gefängnisstrafe, und ihre Mutter hatte von alldem nichts hören wollen. Acht Wochen sollte sie noch absitzen, sie wußte mit den Kindern nicht, wohin.

Wir fuhren zusammen nach Brüx, meine Mutter wollte mich mit einem Bittbrief zum Gericht schicken, daß sie ihr noch paar Tage geben, in Brüx saßen wir auf der Bank, dort schrieb die Mami den Brief und sagte, Es liegt jetzt nur in deiner Hand, dann seufzte sie, Du paßt doch überhaupt nicht zu uns, du bist anders, jeder sagt es, deshalb hat die Mutter auch so eine Wut, und die Miez, die vergönnt dir dein Aussehen nicht. Mir tat es leid, was meine Mutter da redete, ich hatte doch nur sie lieb und meine Geschwister. Wie ein Unglückshäufchen saß sie auf der Bank und sah mir ohne Lächeln nach. Ich winkte ihr mit dem Brief zu, um ihr das Herz leicht zu machen und Hoffnung zu geben. Zum erstenmal sah ich einen Gerichtssaal, einen großen Saal mit langen Bänken in der Mitte, ein paar Leute machten sauber, es waren Sträflinge, am Richtertisch saß ein Mann, der mich scharf und neugierig ansah. Er hatte eine schwarze Richterkappe auf dem Kopf und trug ein seidenes schwarzes Gewand, daß ich schüchtern grüß Gott sagte und ihm den Brief reichte. Der Richter ließ mich nicht aus den Augen, er hielt den Brief in der Hand und sah mich erstaunt an. Ich merkte, daß er ein feiner Mann war, ein schönes volles Gesicht und schwarze schöne Augen hatte. Er öffnete langsam den Brief, auch beim Lesen sah er mich hier und da an. Schüchtern schielte ich auf die Sträflinge, ich mußte an meine Mutter denken, und als er den Brief zusammenfaltete, hatte ich Angst, er würde ihr Gesuch ablehnen. Sie sind wohl die Tochter, frug er. Ja, antwortete ich und mußte unwillkürlich tief Luft holen, weil ich daran denken mußte, welche Nachricht ich der Mutter wohl bringen würde. Ihre Mutter kann in vierzehn Tagen kommen, sagte er. Da hellten sich meine Augen auf, und ich sah ihn dankbar an. Sie muß dann aber bestimmt kommen, sagte er. Und als ich durch den Saal ging und die Tür hinter mir zumachte, spürte ich, daß er mir noch immer nachsah. Meine Mutter konnte es nicht fassen, daß sie so lange Aufschub bekam, bis dahin wollte sie sehn, daß sie mit der Mutter wieder gut würde, sie seufzte, Wenn die Mutter wüßte, daß ich meinen Fuß noch haben könnte, laß nur nicht mal verlauten, daß ich mir den Fuß wegen dem hab abnehmen lassen, wenn die Miez und die Mutter dahinterkämen, würde es mir schlecht ergehen, sie würden mir auch die Rente nicht vergönnen. Meine Mutter sah elend aus, und sie hätte doch dem Leid aus dem Wege gehn können, wenn sie gleich in die Gemeinde Pürstein gemacht hätte.

Meine Mutter wurde nicht mit der Mutter einig, die Mutter wollte mit uns nicht mehr gut werden. Bei mir ist kein Platz für deine Kinder, sagte sie, du hast sie in die Welt gesetzt, hast nicht danach gefragt, was aus ihnen mal wird, und jetzt kümmer dich, bei mir bleiben sie nicht, ich will von deinen Kegeln nichts wissen, schmeiß sie ins Bruchloch, aus denen werden sowieso keine anständigen Menschen. Meine Mutter bekam vor ihr kein Erbarmen, an ihrem schwersten Tag sagte sie zu mir, Kinder, ich muß jetzt fort, ich hab sie gebettelt, aber sie läßt sich nicht erweichen, ihr müßt sehn, wie ihr durchkommt, vielleicht behält sie euch doch. Kaum war die Mami weg, standen wir vor der Haustür, und die Haustür wurde hinter uns abgeschlossen, und wir Kinder standen ratlos davor. Nur der Adolf gehörte nicht mehr zu uns. Kümmere dich nicht um dere, war der Mutter ihr Reden, die gehn dich nichts an, und als der Albert von der Arbeit kam, ließ die Mutter auch ihn nicht rein. Den Kleinen fielen vor Müdigkeit die Augen zu, wir setzten uns auf die Steinstufen vor der Haustür, die Mausi hatte ich auf dem Schoß, der Hermann saß neben mir, den müden Kopf an meiner Schulter, auf der anderen Seite saß der Päppi und schlief, und der Albert saß zu meinen Füßen. Die Leute, die vorbeikamen, gingen hastig und sprachen nicht mit uns, weil die Mutter am Fenster stand und ihnen drohte. Keiner traute sich, mit uns Mitleid zu haben, denn im Bösen wollte mit der Mutter keiner sein. Aber ich hörte die Leute sagen, Die armen Kinder, ach, man müßte eben auch so ein kaltes Herz haben. Da wurde plötzlich die Haustür wieder aufgeschlossen, und die Mutter schrie, Schaut, daß ihr von hier fortkommt, los weg, wir brauchen keinen Leierkasten vor unserer Haustür, marsch, marsch fort, marsch, marsch, und die Mutter trat mich dabei mit den Schuhspitzen ins Gesäß. Marsch, marsch, fort von hier, marsch, und sie trat mich ohne Pause, bis sie uns von der Haustür fort hatte, sie trieb uns bis zur Straßenecke. Marsch, fort von hier, ihr habt hier nichts zu suchen. In meiner größten Not fiel mir der Vater ein, und ich frug den Albert, Weiß du, wo der Tati in Logis ist? Der Albert wußte es. O ja, Walli, du hast recht! Lauf, Albert, so schnell du kannst, sage es dem Tati, wie es uns geht. Der Albert fegte fort wie der Wind, und ich setzte mich mit den Geschwistern auf den Bürgersteig und wartete. Schneller, als ich dachte, kam der Albert mit dem Vater um die Ecke. Er hob die weinenden, erschöpften Kinder auf. Meine armen Kinder, weinte der Vater, meine armen Kinder. Die Logisfrau vom Vater war mit uns freundlich und gab jedem ein Stück trocken Brot und ein Tippl Malzkaffee, dann gingen wir auf den Boden, wo der Vater sein Bett zu stehen hatte. Kein Elektrisch war hier oben, aber auch bei Kerzenlicht konnte ich sehen, daß der Boden sauber war und nicht so wie bei der Mutter. Der Vater ließ die drei Kleinen in seinem Bett schlafen, und er legte sich mit uns auf die Dielen. Die Frau hatte uns Dekken und Kopfkissen gegeben. Früh ging der Vater zur Arbeit, und er sagte, daß wir nicht zur Mutter zurückgehen sollten und daß die Logisfrau uns Mittag kochen würde. Wir bekamen von der Frau wieder trocken Brot und ein Tippl Malzkaffee, der Albert mußte auch zur Arbeit, aber vorher wollte er zur Mutter gehen, und er kam freudig zurück, weil er bei ihr bleiben durfte, wir andern sollten aber nicht über ihre Schwelle kommen, bestellte uns der Albert. Am Tage wußte ich mir mit den Kindern keinen Rat, sie weinten und jammerten, da ging ich zurück in die Mühlstraße, daß wir mit der Mutter wieder Anschluß bekamen, sie hatte ja die Rente von meiner Mutter behalten, und der Adolf brachte auch Geld, sie mußte uns versorgen, dachte ich, dem Vater wollte ich keine Sorgen machen, so schlecht wie er aussah. Warum seid ihr nicht bei eurem Alten, empfing die Mutter uns, ich hab euch doch gesagt, daß ihr nicht herkommen sollt! Mutter, wir wollen lieber bei dir bleiben, sagte ich. Da ließ sie uns wieder herein, sicher, weil sie sich schämte, denn die Leute in der Straße, die ganze Stadt redete darüber, wie sie uns behandelt hatte, auch Frau Hanl hatte uns in Schutz genommen und gesagt, Das sind deine Kinder, du hast dich als Mutter um sie zu kümmern! Die Mutter konnte ihr nicht widersprechen, und ich war ihr und den Leuten dankbar, weil sie Mitleid spüren ließen und der Mutter die Wahrheit gesagt hatten. Als der Vater von der Arbeit kam, hörte er, daß wir nicht zum Essen gekommen waren, er schickte ein Kind zu der Mutter und ließ uns sagen, daß wir zu ihm kommen sollten, und die Mutter ließ dem Vater bestellen, daß wir von dem alten Kerl nichts wissen wollten. Mir tat das leid, was die Mutter sagte, aber ich wollte sie nicht erzürnen. Wir hatten es nicht gut bei der Mutter, wir litten bei ihr Hunger, und sie behandelte uns schlecht, auch die Hanls hatten uns über, aber wir hatten ein Recht, bei der Mutter zu wohnen, wenn sie die Rente von der Mami nahm. Am besten lebte jetzt der Albert, er war sorgenfrei, nach uns guckte und frug er nicht, er verstand es mit der Mutter, er war ja schon als Kind so, aber heute war seine Art falsch, je älter er wurde, desto falscher wurde er, und den Adolf sah ich auch kaum, und er kümmerte sich auch nicht um uns. Ich arbeitete in der Zeit in der Fabrik von Kohn-Jud und war den ganzen Tag nicht da, aber wenn ich am Abend kam, warteten die Kleinen auf mich, langsam und taumelig kamen sie mir entgegen. Ich konnte ihnen nicht helfen, nur etwas Trost und Liebe geben.

Die Mutter lief viel aufs Gemeindeamt und klagte dort ihre Sorgen, und ihr fiel ein Stein vom Herzen, als es hieß, die Gemeinde in Seestadtl wollte uns in die zuständige Gemeinde Pürstein abschieben, und als meine Mutter aus dem Gefängnis kam, war Pürstein schon verständigt worden. Die müssen euch Wohnung geben, dort sind Fabriken, dort könnt ihr arbeiten, sagte die Mutter, und mir war es recht, die Zukunft sah für mich gleich schöner aus. Aber meine Mutter wäre lieber mit uns Kindern in das Siechenhaus in Seestadtl gezogen, sie sagte, In Pürstein geben sie uns auch nur in ein Armenhaus, hier habe ich zuwenigstens Bekannte, dort bin ich fremd. I Gott, machte es ihre Mutter, du wirst schnell genug mit den Leuten bekannt werden, die in Pürstein müssen sich um euch kümmern, dort seid ihr besser aufgehoben. Und dann nahmen wir von Seestadtl Abschied, die Mutter redete auf die Mami ein, daß sie sich ja nicht um den Alten kümmern sollte, sie sollte mit uns Kindern allein bleiben, sie würde auch kein Sterbenswort sagen, wenn er nach uns frug, sie sagte, Du hast doch nichts von ihm, der hängt dir nur noch paar Kinder an, und die Mami tat, als wollte sie von ihm nichts wissen. Als wir dann zum Bahnhof gingen und an dem Kaufladen vorbei, schickte die Mami eins von den Kindern hinein, ein Kilo Würfelzucker holen, auf den Namen der Mutter sollte es angeschrieben werden. Der Hermann kam auch mit einer große Tüte aus dem Laden. Die Mutter wird ja auf uns schimpfen, sagte meine Mutter, aber soll sie doch schimpfen, sie gibt ja immer nur Fremden, schade, daß wir nicht zwei Kilo verlangt haben. Und als wir am Friedhof vorbeikamen, jammerte meine Mutter, Wenn das mei Großmutterle, Großvotterle wüßten, was ich alles durchmachen muß, die täten sich ja im Grabe umdrehn.

2

In Pürstein verwies man uns ins Gemaahaus, wie es meine Mutter vorausgesagt hatte, und gleich am Abend, als wir ankamen, führte uns der Gemeindesekretär dorthin. Wir wurden in einem Zimmer untergebracht, in dem eine alte Frau, das Päppl, lebte, die freundlich zu uns war und gleich Decken und Lumpen zusammensuchte, damit wir uns nicht so auf die nackten Dielen legen brauchten. Meine Mutter hatte an das Päppl viele Fragen, und das Päppl vertraute sich ihr an, es weinte über seinen Mann, der vor paar Jahren gestorben war, es sagte immerzu, Mei Seff war so gut, ganz bucklett war mein Seff. Was meint es denn? frug ich meine Mutter. Es sagt, daß sein Seff bucklig gewesen ist. Jetzt bi i gonz olla, weinte das alte Päppl. Meine Mutter spitzte die Ohren, daß sie ja auf alles Jammern eine bedauernde Antwort geben konnte, aber es kam nicht von Herzen, das Päppl machte sie ganz weich, und das Päppl weinte und redete nur von seinem guten Seff und immer wieder dasselbe, daß er ganz bucklig war und es jetzt so allein leben mußte. Die Stub vom Päppl hatte zwei schöne große Fenster, die zur Straße und nicht zum Friedhof hinausgingen, das war für mich eine Erleichterung, denn ich hatte gleich große Angst vor dem Friedhof, und zwischen den Fenstern stand eine Kommode, und an der langen Seite standen zwei Betten hintereinander, sie waren blaukariert bezogen, und ein kleiner Tisch vor den beiden Betten, und an jeder Seite auch ein Stuhl, und ein kleiner Ofen war da, auf dem man kochen konnte, und neben dem Ofen in der Ecke stand noch ein kleiner Stuhl. Meine Mutter fühlte sich heimisch hier, und das Päppl hatte sich ja auch alle Mühe gegeben, es uns für die Nacht gemütlich zu machen, es redete mir zu, daß ich im leeren Bett schlafen sollte, aber ich wollte nicht, weil mir der Friedhof Angst machte und ich lieber mit meiner Mutter und den Geschwistern auf den Dielen schlafen wollte. Durch den Geruch der Lumpen, die wir an unseren Gesichtern hatten, konnte ich nicht einschlafen, und meine Mutter flüsterte, daß sie sich vorgenommen hätte, zur Heiligen Mutter Gottes zu beten, damit wir in dieser Stub bleiben könnten. Vielleicht muß das Päppl sogar die Möbel stehnlassen, meinte meine Mutter, die Sachen gehören bestimmt der Gemeinde. Der Albert und die Kleinen lagen schon in tiefem Schlaf, und bevor ich meine Augen schloß, erinnerte ich meine Mutter, Mami, vergiß nicht, bete zur Heiligen Mutter Gottes. – Nein, nein, ich vergeß nicht!

In aller Frühe kam der Armenvater, der vom Gemeindeamt hergeschickt worden war, das Armenhaus war ihm anvertraut, darum nannte man ihn wohl den Armenvater, aber in Wirklichkeit arbeitete er in einer Fabrik. Als er am Morgen zur Tür reinkam, war die Stub sofort voller Leute, und vor der Schwelle standen auch Neugierige. Er grüßte sehr freundlich, stellte sich vor und sagte, daß ihm die Gemeinde befohlen hätte, frühzeitig hierherzugehen, um uns unsere Bleibe zu zeigen. Meine Mutter klagte ihm ihr Leid, daß wir nur nach Pürstein gekommen wären, weil sie sich von ihrem Mann verstecken müßte, er hätte ihr so viel angetan, ihr ganzes Leben ruiniert, hätte das ganze Geld versoffen und mit den Kellnerinnen rumgehurt, sie sagte, Die Weiber sind ihm auf den Buckl gesprungen, weil er so ein schöner Mann ist, und nun hätte sie die Nase voll von ihm, aber er würde sie überall suchen, und zu den Leuten und dem Armenvater meinte sie dann, Hier findet er mich nicht, hier findet der Teufel nicht mal seine Jungen. Der Armenvater versuchte meine Mutter zu beruhigen, und er sprach für uns und für alle Armen, daß sich die Welt verändern müßte und daß es uns auch mal besser gehen würde. Mami, was ist das für ein Mann, was will er denn von uns, wollte ich wissen, weil ich spürte, daß er hier was zu sagen hatte. Äh, der ist ein Kommunist, er ist für die armen Leute! Was ein Kommunist ist, verstand ich nicht, aber von dem, was er sagte, hellten sich meine Augen auf, und ich ging dichter an ihn heran. Er hatte unseren Namen, Wirth, und er hieß sogar Josef wie mein Vater. Herr Wirth merkte gleich, daß ich mich nicht mit dem Armenhaus abfinden wollte, er merkte, daß in mir was anderes war, und mit trauriger Stimme wendete er sich an mich, Wir Kommunisten sind heute noch zu schwach, wir sind nicht viele, aber wir gehn nicht zurück, und dabei ballte er seine Faust. Und als ich wissen wollte, wie ich Kommunist werden könnte, wurde er ganz mitleidig und seine Augen schmal, und er strich mir mit dem Handrücken über meine Wange und sagte, Fräulein Wirth, Kommunist können Sie nicht sein, dazu sind Sie zu unerfahren, Sie werden sich nur gefährden, aber bleiben Sie so, wie Sie sind, Sie werden einmal gebraucht. Ja, der Kommunist Wirth hatte für mich eine väterliche Sorge, das spürte ich gleich am ersten Morgen.

Alle Leute, die bei uns in der Stub auf der Schwelle standen, hatten sich den Kopf zerbrochen, wo wir hier im Gemeindehaus leben sollten. Eine halbe Treppe höher waren vier Türen, da war je eine Stub, und jede Stub war schon belegt. Später lernte ich alle kennen. In der einen wohnte eine Familie mit zwei Kindern, eine Tochter mit Namen Anne, ungefähr in meinem Alter, der Sohn fünfzehn, ihr Familienname war Rößler, der Herr Rößler war von Beruf Friseur, hier in Pürstein hatte er einen Laden gehabt, heute lebte die Familie nur von paar alten Stammkunden. Die nächste Tür war die Familie Sandrock, die auch eine Tochter in meinem Alter hatte, Paula, sie hatte trotz der Not ein volles Gesicht und dunkelrote Backen, der Sohn ging noch zur Schule, Herr Sandrock war Kirchendiener, wenn sie am Morgen verschlafen hatten, rannten alle drei hintereinander an unserem Fenster vorbei, die Frau schimpfte auf ihren Mann, Du Esel, du dummer, du damischer. Hinter der dritten Tür wohnte die Witwe Ehmich mit drei Kindern, die Frau war lungenkrank, ihre vielen Arzneien stanken bis herunter, sie schlich wie ein Geist, die Schultern mit einem Tuch umhüllt, ich sah sie nie anders, der Tod stand in ihren Augen, und überall hinterließ sie ihren Auswurf und Arzneigestank. Sie hatte zwei Söhne und eine Tochter, die Tochter Bertl war achtzehn und war im Gebirge bei einem Bauern in Dienst, sie war klein und schwach, aber gut gekleidet. Ihr ältester Bruder Seff sah wie seine Mutter aus, auch so leidend, und schlich wie sie, er war zweiundzwanzig und arbeitete als Müller in einem Dorf, der jüngere Bruder Robert war neunzehn Jahre alt und lebte bei seiner Mutter, er war ein kleines dürres Kerlchen mit dunkelrotem Gesicht, er hatte die Stirn immer in dicken Falten gelegt und war sehr nervös. Frau Ehmich lebte von ihrer Witwenrente. Dann kam die vierte Tür, dort wohnten zwei alte Frauen, eine von ihnen war krank, sie lag immer auf ihrem Strohsack, nur wenn der Hunger sie zu sehr quälte, ging sie ins Nachbardorf betteln, oder sie naschte von der anderen ihrem erbettelten Brot, dann prügelten sich die beiden alten Frauen. Und zu diesen Frauen sollte das alte Päppl ziehen, so hatte es der Herr Wirth beschlossen, damit er uns dessen Stub übergeben konnte. Das alte Päppl wollte nicht hinaus, und es wurde sehr böse, weinte und schrie und rang die Hände, mit seinen schwerfälligen Füßen schlurfte es hinaus auf die Straße und schrie jedem, der die Straße hochkam, sein Leid entgegen. Das hergelaufene Volk hat mich aus mei Stiebla gächt! Meine Mutter tat, als hätte sie Sorgen, daß sich das Päppl wegen uns was antäte, sie wollte deswegen sogar weinen, aber Herr Wirth tröstete sie, daß sie sich darüber nur keine Gedanken machen sollte, das Päppl würde sich wieder beruhigen. Als das Päppl seine paar Sachen aus der Stub holte, sagte meine Mutter zu ihm, Päppl, wir wollen doch nicht miteinander böse sein, dieses Mal waren wir bei Ihnen zu Besuch, und jetzt werden halt Sie uns immer besuchen. Aber das Päppl ballte die Fäuste und spuckte sie an und sagte, Hergelaufenes, liederliches Pack, schert euch zum Teufel. Es war nur gut, daß der Herr Wirth hier war, sonst hätte das Päppl meiner Mutter die Fäuste ins Gesicht gegeben, wer weiß, was noch alles passiert wäre, die Leute im Haus wohnten schon viele Jahre zusammen, niemand hatte einen guten Blick für uns. Was werden uns die Leute im Haus alles antun, wir sind fremd hier und können uns gegen niemand wehren, jammerte meine Mutter. Sie brauchen keine Angst zu haben, Frau Wirth, es wird Ihnen niemand was tun, dafür sorge ich, tröstete sie der Herr Wirth. Das Päppl nahm sich seine dünnen Federbetten mit, das Möbelzeug in der Stub blieb stehen. So glücklich hatte das Päppl mit seinem alten Seff hier gelebt, und nun mußte es raus, man konnte es ihm nicht verdenken, daß es so verzweifelt war, und die beiden alten Frauen wollten es auch nicht hineinlassen, wir hörten den Lärm bis in unsere Stub. Als das Päppl sich dann noch seine zwei Strohsäcke holte, sah es mich vor seinem Spiegel stehn, der zwischen den beiden Fenstern über der Kommode hing, der Spiegel war sein Eigentum, aber als es mich davorstehn sah, wurde sein böses Gesicht ganz weich, und es meinte, Das Mädchen guckt gerne in den Spiegel, ich lasse den Spiegel für das Mädchen hier. Nun lag das alte, gute Päppl mit seinem Strohsack im fremden Zimmer auf den Dielen, und bei den drei alten Frauen war kein Tag Frieden, alle Tage hörte ich den Lärm, es polterte über uns, weil sie sich schlugen, ich hörte Hilfeschreie, ich konnte mir denken, daß es die Kranke war. Die drei Alten lebten vom Betteln, aber in den Ort gingen sie nicht, da bekamen sie nicht mal einen Abfallknochen, die Leute in Pürstein haßten die vom Armenhaus, wer im Armenhaus wohnte, war ausgestoßen und durfte sich nicht sehen lassen, Pürstein war ja ein Kurort für bessere Leute mit Hotels und Villen. Nur gut, daß wir in Pürstein im Dunkeln angekommen waren! Wir hatten von der Gemeinde zwei Strohsäcke erhalten, die noch ganz neu waren, und einen Gutschein hatte man uns gegeben, damit wir uns vom Bauern Stroh zum Säckestopfen holen konnten. Die schwarzen, modrigen Decken vom Päppl blieben hier, und das war unser ganzes Nachtzeug. In einem Bett schliefen der Albert und ich und der Päppi und im andern die Mami mit den beiden Kleinen, Mausi und Hermann, zu ihren Füßen. In der Stub fühlten wir uns heimisch, doch wir merkten, daß die Leute im Gemaahaus Neid auf uns hatten, warum, weiß ich auch nicht, gegrüßt hat uns niemand, aber sie gingen ja alle aneinander vorbei, keiner kümmerte sich um den andern, jeder war für sich. Aber meine Mutter redete gerne viel, horchte gerne aus, sie war für lebhafte Unterhaltung, und in paar Tagen wußte sie über jeden Bescheid.

Die Leute hier im Haus sind komisch, meinte meine Mutter verärgert, weil keiner mit ihr zu tun haben wollte. Im Kaufladen dagegen hatte sie lebhafte Unterhaltung, sie wußte immer viel zu erzählen, sie machte die Leute mit ihrem vielen Erzählen besoffen, und dadurch bekam sie auch viel geborgt. Als wir hier im Gemaahaus einzogen, frug meine Mutter im Haus nach, wie es für uns beide Große mit Arbeit stünde, sie frug unsere Nachbarn gleich gegenüber, die Familie Feigl. Das war eine große Familie, der Mann war ein ehemaliger Großbauer und Kapellmeister, durch sein leichtes Leben war die Familie verkommen, sie hatte sehr viele Kinder, die Ältesten waren verheiratet, wohnten aber weitab von ihnen. Unverheiratet waren der Oswald, der beim Militär war, zu Haus hatten sie den Karl, der nicht arbeitete und ein Mädchen mit Kind hatte, von dem er sich ernähren ließ. Das Kind hieß Otto und war zwei Jahre alt und lebte mit in der großen Familie, und man hörte es nur wimmern. Dann war da der Ernst, achtzehn Jahre alt, er hungerte sich auch zu Hause durch, und der Alfons, etwa sechzehn Jahre alt, und der Reinhard, der noch zur Schule ging. Dann waren noch zwei Töchter da, Hilde, siebzehn Jahre alt, und Else, einundzwanzig Jahre alt und sehr schwach. Diese beiden Mädchen mußten immer beim Bauern arbeiten, ihr Geld mußten sie zu Hause abgeben, sie wechselten oft den Dienst, ob guter oder schlechter Bauer, sie mußten hinaus und durften den Lohn nie behalten. Die Feigls lebten alle in einem sehr engen Raum, mir ist nie klargeworden, wie sie alle dort Platz fanden, der Raum war sehr dunkel, und sie alle ließen sich selten draußen sehen. Die Feigls hatten alle aschfahle Gesichter, und wenn sie lachten, dann war es nur aus Schadenfreude oder aus Haß und Neid. Als meine Mutter sich nach Arbeit erkundigte, lachten sie auch und sagten, Aus dem Armenhaus nehmen sie niemand in Arbeit auf, alle im Armenhaus wollen gerne arbeiten. Das sieht ja traurig aus, meinte meine Mutter und klagte es dem Armenvater, aber der sagte, daß wir ruhig nach Arbeit fragen sollten, hier in Pürstein gäbe es einige Fabriken, und für Frauen wäre die Posamentenfabrik. Ich ging dorthin und wurde eingestellt, am andern Tag konnte ich anfangen, und am Bahnhof gab es eine Eisenfabrik, dort konnte der Albert anfangen. Sehr glücklich über unseren Erfolg, kamen wir beide nach Hause, und als die Feigls hörten, daß wir Arbeit bekommen hatten, lachten sie nicht, und meine Mutter meinte, daß sie neidisch wären. Mein Meister hieß Handschmann, der ließ mich durch ein Mädchen als Weiferin einweisen. In der Fabrik arbeiteten alles nur junge Mädchen. Mit großen Augen guckten sie mich neugierig an, immer näher kamen sie heran, um mit mir in intim zu kommen, und ein Mädchen frug, Wo kommst du denn her, du siehst aus wie eine Prinzessin, und die Mädchen guckten mich an, als hätten sie zum erstenmal einen

Menschen mit weißer Haut gesehen, und staunten, Hast du aber schöne Haare, und sie nahmen mein Haar in ihre Finger, um es zu prüfen, jede mußte es anfassen, und ich ließ es über mich ergehen und arbeitete weiter. Den Mädchen war es nicht möglich, daß ich im Armenhaus wohnen sollte, sie sagten, So, wie du aussiehst, kannst du doch unmöglich im Armenhaus wohnen, und sie wollten wissen, warum wir dort wohnten und ob wir immer im Gemaahaus wohnen bleiben wollten. Ich sagte, daß wir nicht immer dort wohnen bleiben, und das sagte ich, weil ich merkte, daß sie es so hören wollten. Meine Arbeit gefiel mir gut, ich gab mir Mühe und sah meiner Anlernerin genau auf die Finger, und in ein paar Tagen ging es bei mir schon so gut wie bei ihr, und ich lernte sehr schnell alles, was noch dazu gehörte.

Im Gemaahaus hatten wir Mädchen uns zusammengefunden, die Sandrock-Paula, die Feigl-Hilde, die Rößler-Anne und ich, wir waren vier Mädchen, mit ihnen konnte ich lustig und glücklich sein. Eingehenkelt gingen wir vergnügt vor dem Armenhäusl auf und ab, bis ich einmal vorschlug, doch auch weiter runter im Ort spazierenzugehen. Die Paula sträubte sich. Nein, nein, im Ort wollen wir nicht gehn, und die Hilde meinte, Ach, die Walli ist doch bei uns, da tut uns niemand was zuleide. Ich sah die Mädchen an und mußte lächeln und frug, Warum können wir nicht runtergehn, wer soll uns denn was antun, kommt nur, wir gehn uns die Schaufenster angucken. Die Paula war traurig und schwieg, nur unwillig ließ sie sich mitreißen. Die Walli ist ja bei uns, da brauchen wir keine Angst zu haben, sagte die Hilde wieder, wer soll uns denn was tun, dem werden wir schon helfen, und wir lachten alle mitnander. Wir gingen eingehenkelt, ich in der Mitte, wir begegneten Leuten, und niemand kümmerte sich um uns. Bis uns ein Schwarm junger Burschen entgegenkam. Sie hatten gute Laune, wir hörten sie schon von weitem, kurz vor uns verteilten sie sich, kreuz und quer zu beiden Seiten, sie gingen an uns vorbei, einer nach dem andern grüßte laut und freundlich, und wir dankten, doch auf einmal schrie einer ganz außer sich, Pfui Teifl, däs sei doch die Gemaahausmaad. Sie kamen zurückgerannt und spuckten uns in die Gesichter und schrien, Pfui Teifl, wie konnten wir nur diese Maad grüßen, ihr elenden Gemaahausmaad, was habt ihr auf der Straße zu suchen, macht, daß ihr nach Hause kommt, für euch ist auf der Straße kein Platz. Als die Burschen verschwunden waren, wischten wir uns die Gesichter ab, und die Mädchen sagten zu mir, daß es ihnen immer so erginge, und die Paula sagte, Ja, die spucken uns an, wenn sie an uns vorbeigehn, deshalb können wir uns im Ort nicht sehn lassen. Das lasse ich mir nicht gefallen, sagte ich und klagte es meiner Mutter, was ich erleben mußte und daß ich nicht in Pürstein bleiben wollte, ich wollte weg, in Dienst, wo mich niemand kannte. Deshalb wollte meine Mutter am andern Tag zum Gemeindeamt gehn und sich über die Beleidigungen beklagen, sie ließ sich von den Mädchen alle Namen geben, die kannten alle Burschen. Der Bürgermeister war empört und bestellte die Burschen ins Gemeindeamt, und wir Mädchen vom Gemaahaus sollten auch hinkommen, und ich ging gleich nach der Arbeit dorthin. Alle waren schon versammelt, die Burschen standen rechts von der Tür in der Ecke, und links von der Tür in der Ecke standen die drei Mädchen. Fräulein Wirth, Sie kommen hierher, sagte der Bürgermeister, und so trat ich neben seinen Tisch. Der Bürgermeister schilderte den Burschen unsere Lage und daß wir keine schlechten Leute wären, er sagte, Das Mädchen kann nichts dafür, daß es im Armenhaus wohnen muß, ihr habt das Mädchen zu achten und nicht anzuspucken. Von den Burschen wurde hin und mal von Entschuldigung gesprochen, ihre Stimmen klangen aufgeregt und verlegen, ab und zu sah ich zu ihnen auf, und dann wußten sie nicht, wo sie mit ihren hängenden Köpfen hinsollten. Der Bürgermeister legte ihnen noch ans Herz, einmal zu bedenken, daß sie auch nicht wüßten, was aus ihnen im Leben einmal würde, und daß es auch möglich sein könnte, daß sie im Armenhaus wohnten. Von den drei Mädchen wurde kein Wort gesprochen, sie standen in der Ecke, zurückgezogen wie ein Häuflein Lumpen. Als die Strafpredigt beendet war, konnten wir gehn. Zu Hause erzählte ich alles meiner Mutter, auch daß die drei Mädchen kein Wort gesprochen hatten, dabei waren sie doch auch beleidigt worden, und meine Mutter meinte, daß man die Leute im Armenhaus beleidigen konnte, wie man wollte, sie würden sich nicht wehren. Aber wir lassen uns ja nichts zuschulden kommen, sagte sie, und du bist ein schönes, geachtetes Mädchen, wo ich hinkomme, wird von dir gesprochen, die Leute sagen, daß es schade um uns ist und daß wir vielleicht mal Glück haben, von hier wieder wegzukommen, aber jetzt müssen wir noch froh sein, wenn sie uns im Armenhaus wohnen lassen. Die Burschen, die uns angespuckt hatten, arbeiteten mit dem Albert in derselben Fabrik, sie kamen zu ihm und waren ganz aus dem Häusl, was er für eine schöne Schwester hätte. Walli, ich kann dir sagen, die sind ganz weg, sagte der Albert, es tut ihnen leid, da sie sich so benommen haben, nie mehr wird es ihnen einfallen, so gemein zu sein, und einer von ihnen hat gemeint, daß sie auch arme Leute sind und nicht wissen, ob sie mal im Armenhaus wohnen müssen, und ein anderer hat gemeint, er hat keinen Vater, und sie sind viele Geschwister, und sie haben nicht viel zu essen.

Als ich eines Tages von der Arbeit nach Hause ging, begegnete ich einem feinen jungen Mann. Wie er mich von weitem merkte, stutzte er und blieb stehn, langsam ging er und sah mir ins Gesicht, daß ich es mit der Angst zu tun bekam, denn vor Männern war ich schüchtern, nur vor solchen nicht, von denen ich angespuckt wurde. Freundlich grüßte er beim Vorbeigehn, und ich dankte leise und sah gradeaus, ich merkte, daß er stehenblieb und mir nachschaute und dann hinterherkam. Da ging ich schneller zum Gemaahaus nauf, und außer Atem kam ich über unsere Schwelle und rief, Mami, mir läuft ein Mann nach, was mag er von mir wollen? Noch nie hatte ich so einen feinen schönen Mann gesehn, groß, gut gebaut, schwarze Augen und ein schönes, gesundes Gesicht, er trug einen Hut und einen braunen Ledermantel, wie ihn nur ein reicher Mann haben konnte, denn Herren in Ledermänteln gab es damals nur selten, wer weiß, in Pürstein vielleicht der Bürgermeister oder der Sekretär. Du wirst es dir halt nur denken, sagte meine Mutter, daß er dir nachgelaufen ist. Nein, nein, Mami, er ist mir wirklich nachgelaufen, wart nur, er muß gleich an unserem Fenster vorbeikommen. Meine Mutter sah den Mann ins Gemaahaus hereinkommen, wir lauschten eine Weile, wo er wohl hingehen mochte, da hörten wir, wie er sich nach dem schönen Mädchen erkundigte, und dann klopfte es an unserer Tür. Der Mann grüßte und gab meiner Mutter und mir freundlich die Hand und stellte sich uns vor. Stamm hieß der junge Mann, und sein Bruder hatte in Klösterle, das eine größere Stadt war und gleich die erste Bahnstation nach Pürstein, ein großes Bekleidungsgeschäft und auch Wäsche, und er ging für seinen Bruder Kunden werben. Wenn was bestellt wurde, brachte er es das nächstemal ins Haus, es wurde auch auf Teilzahlung gegeben. Das bot er auch meiner Mutter an. Aber die wollte nichts davon wissen und sagte, Wir haben kein Geld zum Bezahlen, es reicht uns kaum zum Essen, die beiden Kinder verdienen nicht viel, und wir sind eine große Familie. Aber der Herr Stamm ließ nicht nach, er sagte, Sie haben eine sehr schöne Tochter, sie muß ordentlich gekleidet gehn, damit sie sich unter den Leuten sehn lassen kann, Ihre Tochter braucht gewiß für den Winter einen Mantel. Er hatte ja so recht, der grüne, den ich noch von Deutschland her hatte, sah nach nichts mehr aus. Die hat einen Mantel, sagte meine Mutter, die braucht jetzt noch keinen. Aber Frau Wirth, schaun Sie, mit so einem Mantel können Sie Ihre Tochter doch nicht laufen lassen, ich werde ihr einen mitbringen, Sie können ihn in kleinen Raten abzahlen, und haben Sie mal nichts, ist es auch nicht weiter schlimm. Und dann beguckte er mich genau, wegen der Größe, damit ich den Mantel gleich anziehen konnte. Die ganze Woche über wartete ich, daß der Herr Stamm wiederkäme, und als der Tag ran war, klagte meine Mutter, daß sie keinen Heller Geld hätte und daß er den Mantel wieder zurücknehmen müßte, und sie schimpfte, Warum hat er auch so viel geredet, ich hab es ihm ja gleich gesagt, daß wir kein Geld übrig haben. Dann sah ich den Herrn Stamm mit einem großen Paket unter dem Arm an unserem Fenster vorbeigehen, ich freute und schämte mich zugleich, am liebsten wäre ich gar nicht zu Haus gewesen. Als er zur Tür reinkam, hob meine Mutter nur abweisend den Arm und rief, Ach je, wir ham fei heute kein Geld! Aber der Herr Stamm packte trotzdem gleich das Paket aus, er holte zwei Mäntel hervor. Mir blieb fast der Atem stehn, so feine Mäntel, die konnten sich nur Reiche kaufen, und ich durfte jetzt sogar einen Mantel anprobieren, ich war über so was Schönes erstaunt, es war ein hellgrauer, sehr feiner Wollmantel mit breitem Gürtel, schrägen Taschen, der Kragen schmal und mit Bisam. Herr Stamm hatte nur Augen für mich, er zog mir den Mantel an, er paßte wie nach Maß, den Fellkragen richtete er mit den Fingerspitzen auf. Meine Mutter schimpfte und winkte ab und sagte immerzu, Der Mantel paßt ja gar nicht, Jesses Maria, wie sollen wir den bezahlen, und sie hatte nur was an dem Mantel auszusetzen, weil der Herr Stamm ihn wieder mitnehmen sollte, die Farbe gefiel ihr nicht, er war ihr zu hell, und außerdem würde er zu schnell schmutzig werden. Herr Stamm aber meinte, daß er für mich genau richtig wäre, und er hätte mir nicht nur diesen Mantel mitgebracht, sondern auch einen Hubertusmantel, die waren damals Mode, aber nur reiche Leute trugen ihn, und auch dieser paßte mir nach Maß. Meine Mutter war verzweifelt und warf nur noch die Arme, aber ich wäre dem Mann am liebsten um den Hals gefallen und hätte ihn abgeküßt, als er ohne Anzahlung die beiden Mäntel hierlassen wollte und zu meiner Mutter sagte, So ein schönes Mädchen muß anständig gekleidet sein. Der Herr Stamm kam jetzt öfter, und jedesmal brachte er mir schöne Kleidung mit, die Raten wurden von meiner Mutter selten und nur gering gegeben, aber das machte dem Herrn Stamm nichts aus, er wollte, daß ich gut angezogen ging. Ich hatte einen besonderen Platz für meine Mäntel, weil ich sie nicht verkommen lassen wollte, an der Wandseite, wo die Betten hintereinander standen, war eine kleine Nische, dort hinein hing ich sie und überdeckte sie mit Papier. Ich zog sie immer abwechselnd an, und meine Mutter meinte, daß die Leute im Haus neidisch wären und es uns nicht vergönnten.

Der Albert und ich hatten unsere Arbeit, und meine Mutter hatte ja auch noch ihre Rente dazu, aber zusammen war es dann doch nicht so viel, daß es für uns zum Essen ausreichte, unsere Familie war eben zu groß. Im ersten Winter kümmerte sich der Kommunist Wirth, daß die Gemeinde uns mit Holz und Kohlen versorgte. Herr Wirth sagte aber gleich, daß er sich nur im ersten Winter für uns bei der Gemeinde durchsetzen könnte und mit uns eine Ausnahme gemacht würde, wenn der Winter vorbei wäre, könnte er uns nicht mehr helfen. Eine Petroleumlampe schenkte er uns auch noch. So hatten wir im Winter alle Tage eine warme, gemütliche Stube. Der Herr Feigl steckte immer seinen Kopf zu unserer Tür rein und frug, Frau Wirth, kann ich bißl zu

Ihnen reinkommen, bei Ihnen ist es warm. Aber ja, kommen Sie nur, sagte meine Mutter, und er kam dann mit eingeknickten Knien, die sich vom jahrelangen Herumsitzen nicht mehr graderichten ließen, und nahm am Ofen Platz. Der Feigl wußte, daß er alle Tage rüberkommen konnte, weil meine Mutter ihn gut leiden konnte, sie meinte, er sähe grad so wie ihr Großvater aus, und sie war froh, wenn sie nicht allein war und Unterhaltung hatte. So saß der Herr Feigl hinter unserm Ofen, und die Wärme schläferte ihn ein, und meine Mutter heizte für ihn extra nach, daß er sich richtig wohl fühlen konnte.

Hier im Gemaahaus wurde keine Rücksicht genommen, keiner kümmerte sich darum, wie man lebte und wovon man lebte. Es kamen auch oft verkommene Wanderer, die von der Gemeinde hergeschickt wurden, sie mußten immer bei den Feigls übernachten. In diesem Winter war eines Tages ein alter Mann gekommen, der sollte auch bei ihnen mitwohnen, der Mann war sechzig Jahre alt und hatte einen kahlen Kopf. Vierzig Jahre lang hatte er bei einem Bauern gearbeitet, und als der Bauer ihn in der Arbeit nicht mehr brauchen konnte, hatte er ihn fortgeschickt, er hatte schwer arbeiten müssen, daß sein Rücken und der ganze Oberkörper gebeugt waren. Franz, so war sein Vorname, war bei uns in der Stub gewesen und hatte uns sein Schicksal erzählt, und dabei hatte er geweint. Er hatte eine rote Kastenmatratze und ein kleines weißes Tuch, zu einem Bündel geschnürt, ins Armenhaus mitgebracht, er trug es immer bei sich, vielleicht waren dort auch seine Papiere und sein Gespartes drin. Von den Feigls wurde er gequält, was sie mit ihm machten, wußten wir nicht, wir hörten ihn nur bis rüber weinen und jammern, oft wurde er einfach vor die Tür gesetzt und nicht mehr reingelassen, obwohl es draußen so kalt war. Der Franz mußte auch betteln gehn, ich sah oft seine dunkle Gestalt im weißen tiefen Schnee, meist kam er spätabends zurück, und dann saß er auf seiner Matratze und zählte seine erbettelten Brotstückchen, die er im Säckchen aufbewahrt hielt. Der Franz wurde krank, er taumelte und kam schwer vorwärts, Tränen liefen ihm über seine blassen Wangen, und er wurde von Tag zu Tag schwächer, dann blieb er ganz auf seiner Matratze liegen, Tag und Nacht, und am Abend hörten wir sein Weinen und hin und wieder ein Aufschreien, weil er vor seinen Peinigern keine Ruhe fand, und dazu dieses Lachen von den Feigls. Meine Mutter frug den alten Feigl, Was macht ihr denn mit dem Franz, daß er so jammert und weint, wir hören ihn bis rüber? Äh, unsere Kinder machen sich nur bißl lustig über ihn, war die Antwort. Und eines Morgens lag er vor unserer Tür, auf den kalten Steinen. Ich mußte zur Arbeit, im Flur war kein Licht, so daß ich zuerst nicht merkte, was vor unserer Tür lag, ich flog über den Franz und dachte, er schliefe, und ich fand es von den Feigls garstig, daß sie den armen Menschen nun auch noch nachts vor die Tür gesetzt hatten. Ich sagte es meiner Mutter, daß der Franz vor unserer Tür läge, und sie erinnerte sich, daß sie in der Nacht was gehört hätte, und sie meinte dazu, Da werden sie ihn bestimmt rausgeschmissen haben, die wollen ihn nicht mehr bei sich haben, hier können sie ja mit solchen armen Leuten, die allein auf der Welt sind, machen, was sie wollen, kein Hund kümmert sich drum. Als ich am Nachmittag wieder von der Arbeit nach Hause kam, schrie mir meine Mutter schon entgegen, Walli, der Franz war fei tot, er ist in der Nacht gestorben, und sie haben ihn auf den Flur rausgeworfen, denk dir nur mal an, ich hab gesagt, unsere Walli ist auf ihn draufgefallen, wir haben nichts gemerkt und uns nur gewundert, na, da wird unsere Walli aber horchen, die fürchtet sich doch so. Mich kam ein Grausen an, aber ich beruhigte mich gleich, denn ich dachte an den armen Menschen und an sein Ende, wie konnte ich mich denn vor so einem armen Menschen fürchten, auch wenn er tot war. Vielleicht geht es uns auch mal so, Mami, sagte ich kurz, und meine Mutter staunte und erzählte gleich alles dem Armenvater, und der hörte meine Mutter still an und sah mit väterlichem Gesicht auf mich. Meine Mutter meinte unter uns, daß der Feigl-Karl mit seinem Gespenstergesicht den Tod über den alten kranken Mann gebracht hätte, mit einem Hieb hätte er ihn erledigt, denn der Franz hatte ein Loch im Kopf gehabt, aber die Feigl behaupteten, er wäre von der Matratze gefallen. Niemand frug danach, der Franz kam in einen schwarzen Kasten, die Leichenhalle war ja auch im Haus. Wir wohnten nur ein dreiviertel Jahr im Gemaahaus, in dieser Zeit passierten neun solcher Fälle, und niemand frug nach den Toten, sie wurden einfach an der Friefhofsmauer verscharrt. Meine Mutter bekam über die Feigls das Gruseln, sie hatte Angst, daß sie auch mal von ihnen eins über den Kopf bekam, weil sie doch neidisch waren und Wut auf uns hatten, aber in die Wohnung holte sie die Feigls, deshalb machte ich meiner Mutter Vorhaltungen. Es ekelte mich, wenn der Feigl-Karl hier rumsaß, ich schimpfte, Dieses Gespenst soll in seiner Gefängniszelle bleiben, und ich schimpfte laut, weil ich wollte, daß sie drüben bei den Feigls alles mithörten. Sie kamen dann auch nicht mehr, aber wenn ich jetzt einem Feigl im Flur begegnete, wenn einer aufs Häuschen ging oder von ihm kam, denn sonst kam ja von ihnen keiner aus der Stub, dann wurde ich böse von der Seite angeguckt, und wenn ich am Fenster lag und sie vorbeigingen, sahen sie zur Seite oder auf die Erde. Ich merkte es ihnen an, daß sie mich am liebsten ermordet hätten, aber der Herr Feigl, der meiner Mutter wie ihr Großvater vorkam, der durfte meinethalben reinkommen, aber wenn ich von der Arbeit kam, verschwand er eiligst auf seinen krummen Beinen.

Bald mußte ich von der Arbeit wegbleiben, zehn Tage vor Neujahr rechnete meine Mutter mit ihrer Entbindung, schon paar Tage vorher wimmerte sie und hatte große Angst und Sorgen. Als wir am Abend schlafen gingen, sagte meine Mutter zu uns beiden Großen, Schlaft heute nacht nur mal nicht so fest ein, es kann sein, ihr müßt zur Hebamme. Die Hebamme hatte zu ihr gesagt, sie sollte ja nicht früher als nötig nach ihr schicken, erst wenn der Kopf zu sehen wäre. Ich sagte, Wenn der Kopf zu sehn ist, kann ich ihn doch selbst rausziehen, da brauchen wir die nicht, wenn du vor dere Angst hast. Ich gab meiner Mutter allen Schutz und Liebe, ich gab ihr alles, was ihr die Mutter und Schwester, der Adolf und der geliebte Mann nicht gaben. Ich ahnte schon im voraus, daß mit dem Albert nicht zu rechnen war, der schlief fest und war nicht wach zu kriegen, und wollte man ihn munter kriegen, wurde er grob. In der Nacht rief dann meine Mutter nach mir, Walli, bist du auf, und ich sprang aus dem Bett und wollte den Albert wecken, vergeblich, er rührte sich nicht. Es gab mir einen Messerstich in die Brust, jetzt in der Geisterstunde sollte ich allein raus, und der Friedhof, nein, ich durfte mich nicht fürchten, und ich sagte, Mami, ich lauf ganz schnell. Meine Mutter wand sich und stöhnte, Lauf nur schnell, Walli, du bist halt doch die einzige, auf die ich mich verlassen kann, wenn ich dich in meiner Not nicht hätte, wer würde sich jetzt um mich kümmern. Ich rannte zur Tür hinaus, stockdunkel der Flur, ich blieb Sekunden stehen, drückte vor Angst beide Hände auf die Brust, unheimlich still und dunkel war es, nur das Stöhnen von meiner Mutter drang an mein Ohr. Aber nur nicht lange stehenbleiben und Angst haben, ich muß, ich muß! Also holte ich tief Luft und hielt den Atem an und rannte entschlossen zur Haustür hinaus, die Schultern eingezogen, die Hände und das Kinn auf die Brust gedrückt, so rannte ich die Straße hinunter. Nur nicht nach rechts oder links sehen, dachte ich bei mir, und meine Augen blieben auf die Schuhspitzen geheftet, am liebsten wäre ich mit geschlossenen Augen gerannt. Es war ein weites Stück bis zum Häuschen der Hebamme, ich rüttelte an der Glocke der Haustür, Frau Weiß guckte von oben aus dem Fenster, und ich sah ihr Nachthemd schimmern. Frau Weiß, Sie können jetzt kommen, bei meiner Mutter ist es soweit, rief ich, und sie versprach, daß sie gleich käme. Ich rannte sofort wieder zurück, erschöpft und außer Atem kam ich zur Tür rein, meine Beine zitterten von der großen Anstrengung, denn es lag viel Schnee, so daß es ein schlechtes Vorwärtskommen gewesen war. Was, du bist schon wieder hier, das kann doch gar nicht möglich sein! Ja, Mami, Frau Weiß kommt sofort. Nun mußte ich die Kinder munter machen, und wie abgemacht, mußten wir rüber zu den Feigls, daß die durch uns auch eine unruhige Nacht bekamen. Die Entbindung zog sich bis halb elf vormittags hin, das war ja für uns ein Warten, hinlegen konnten wir uns nicht. Am Morgen mußte der Albert zur Arbeit, ohne ein Stückl Brot, und ich mußte zusehen, wie ich mit den drei unruhigen, nervösen Kindern fertig wurde, es waren unerträgliche Stunden, das Lamentieren und Aufschreien meiner Mutter, ich hatte sie noch bei keiner Entbindung so schreien hören, außer beim Hermann, weil der ja angewachsen gewesen war. Frau Weiß steckte öfter mal den Kopf durch die Tür, meine Mutter wußte, daß ich mich um sie sorgte, und um halb elf hörte ich dann die weiche Stimme des Neugeborenen. Als ich endlich zu meiner Mutter hineindurfte, war ich überglücklich über das kleine Püschl.

Es war ein Brüderchen, sehr klein war es und so schwach. Oh, war das Kind schwach! Die Hebamme, Frau Weiß, war eine sehr barsche Frau, sie drohte meiner Mutter mit dem langen steifen Zeigefinger, daß sie sich ja keine Kinder mehr anschaffen sollte. Wer soll denn für Ihre vielen Kinder sorgen, haben Sie sich denn schon mal Sorgen darüber gemacht, was aus den Kindern werden soll? Sonst war alles gut verlaufen, mir tat nur meine Mutter leid, wie ruhig sie dalag und mit traurigen Augen gradeaus sah, ich konnte mir vorstellen, was in ihr vorging, nun lag sie im Wochenbett und hätte so gerne jemanden gesehen, meine Mutter hatte Sehnsucht nach einem Jemand. Von uns will niemand mehr was wissen, seufzte sie, sie werden uns nicht einmal schreiben, hier, wo der Teufel seine Jungen nicht findet, sind wir nur dem lieben Gott überlassen, ich weiß ja, meinte sie, wenn ich ihnen schreibe, sie kommen nicht, sie tun uns nur auslachen. Sie hatte es ja schon einmal versucht und an den Adolf geschrieben und auch gebettelt, daß er uns mit etwas Geld unterstützen sollte, aber sie hatte einen herzlosen Brief bekommen, in dem stand, daß er ihr nichts schicken kann, und wenn sie Hunger hat, soll sie mit einer Pfauenfeder in der Hand nach Brüx auf den Strich gehen und die Männer damit unter der Nase kitzeln. So hatte der Adolf meiner Mutter geschrieben, aber meine Mutter traute es ihm nicht zu, daß er so boshaft sein konnte, die Mutter und Miez steckten dahinter, hatte sie gemeint. Ich wußte auch nicht, welchen Rat ich meiner Mutter geben sollte, aber ihr fiel dann ein, daß sie es ja mal mit einem Telegramm probieren könnte. Sie sagte, Ich tät halt draufschreiben, Kommt sofort, schwerkrank, die Mutter wird ja tüchtig schimpfen, wenn sie sieht, daß wir sie angelogen haben. Wir lachten über den Einfall, und die Mami mit, und ich frug, was die Mutter dann sagen würde. Äh, is doch scheißegal, die Hauptsache ist, daß sie kommt. Der Albert trug das Telegramm zur Post, und am Abend sagte meine Mutter noch, Kinder, wir wollen morgen nicht so spät aufstehen, wenn doch jemand kommt, daß wir nicht noch in den Betten liegen, die Mutter würde gleich wieder die Türklinke aus der Hand nehmen. Am Morgen fuhr meine Mutter erschrocken in die Höh, weil sie die Mutter mit dem Adolf am Fenster vorbeigehen sah. Kinder, die Mutter kommt mit dem

Adolf! Ich sah am Fenster, sie gingen schon auf die Haustür zu, und wir lagen noch alle in den Betten, keiner war angezogen, eins von den Kindern riegelte schnell die Tür auf und hüpfte wieder zurück ins Bett. Die Mutter kam langsam und mit traurigem Gesicht über die Schwelle, hinter ihr sah ich den Adolf seinen Hals ausstrecken. Die Mutter blieb stehen, voller schwerer Gedanken, sie ließ ihren Blick von einem zum anderen gleiten, der Adolf mußte sich hinter ihr hineinzwängen, weil sie wie angewurzelt stehengeblieben war. Na, wer ist denn hier schwerkrank? frug sie. Wir waren alle so unanständig und lachten mitnander laut auf, daß die Mutter empört war und die Hände zusammenschlug und den Adolf anguckte und sagte, Da hast du es, hat uns die Tanti nicht gleich gewarnt, da tut sie, als läge eins auf dem Sterbebett, und wir haben es geglaubt, und ich hab mir den weiten Weg her gemacht, und da liegen sie wie die Heringe im Bett. Mutter, ich hab es nur getan, weil ich wollte, daß mal jemand kommen soll, sagte die Siedl, meine Mutter, aber ihre Mutter verstand sie nicht und schimpfte, In so eine Behausung, wie ihr lebt, schämst du dich nicht, läßt uns hierherkommen. Die Mutter stand wie auf glühenden Kohlen und wäre am liebsten gleich auf und davon gegangen, auch der Adolf guckte wie enttäuscht von einem zum andern. Unterdes hatten wir uns angezogen, der Hermann trat an die Mutter heran und sagte, Mutter, Mutter, wir haben ein kleines Kind. Da fing sie erst recht an zu schreien, Was habt ihr, ein kleines Kind, schmeißt es in die Mulde, ihr habt Kinder satt genug, habt für euch schon so nichts zu fressen. Dann setzte sie sich ganz erschöpft auf einen Stuhl, in der Nacht hatte sie nicht schlafen können, dazu die reichlich halbe Stunde Fußweg zum Seestadtler Bahnhof, dann vom Pürsteiner Bahnhof zum Gemaahaus immer bergauf, sie war erschöpft und böse und schimpfte in einem fort. Die Mami weinte. Ich hab gar niemanden, ich bin so allein. Was sagst du, du hast niemanden, hast du nicht satt Kinder genug, du bist nicht allein, bleib du mit deinen Kindern zusammen, von uns kannst du keine Hilfe mehr erwarten, du hast nicht gefolgt, du mit deinem eigensinnigen Kopf und deinem großen Mund, hast dir immer wieder eins aufhängen lassen, und heute sitzt du hier mit deinen vielen Kindern, und er kümmert sich nicht um dich, jetzt verlangst du, daß wir dich unterstützen, ja, schämst du dich überhaupt nicht? Ach, die Mutter sagte der unglücklichen Mami die Wahrheit ins Gesicht, und so laut, daß es das ganze Gemaahaus mithören konnte, und die Mami wühlte vor Verzweiflung ihren Kopf in die Lumpen und weinte. Ach, ich bin so unglücklich! Die Mutter kannte kein Mitleid. Das hat so kommen müssen, du hast gedacht, du machst uns was zu Fleiß, jetzt tust du, als ob wir mit dir schlecht sind, du mußt jetzt sehen, wie du allein fertig wirst, du hast uns den Adolf weggenommen, weil du ihn uns nicht vergönnt hast, hast ihn lieber vom alten Kerl zusammenprügeln lassen, was hat denn der arme Junge durchmachen müssen, seine Nerven sind ruiniert, mit ihm ist heute nicht viel anzufangen, und dann getraust du dich noch, von ihm zu verlangen, daß er dich mit den Kindern, die gar nicht seine Geschwister sind, unterstützen soll, ja, hast du denn gar kein Herz im Leibe, was hast du aus dem Jungen gemacht, heute hast du deine Strafe für alles, ach, hätte ich doch nur auf die Miez gehört. Die Mutter schlug die Hände überm Kopf zusammen und klagte ganz leise, Und liegen hier wie Heringe in den Betten, du heiliger guter Gott, du im Himmel, in so einer Behausung, schämst dich nicht, läßt uns hierherkommen. Dann nickte sie vor lauter Überanstrengung und Müdigkeit auf dem Stuhl ein, daß sie bald mit ihm umgekippt wäre, und dann fiel ihr ein, daß sie aufs Häuschen müßte. Unterdes stand der Adolf und zwinkerte mit den Augen, und Nasses blieb an seinen Wimpern wie Rauhreif hängen. Ich mußte den Adolf immerzu ansehen, und nur ich wußte, daß er an seine traurige Vergangenheit dachte, für die Mami war er ein fauler, stinkiger Hund gewesen, der zwei linke Hände hatte, er mußte für uns alle das Bettelbrot besorgen, und der Alte durfte ruhig saufen, ich wußte aber auch, daß nur ich seine Gedanken erriet, sein Gesicht drehte er unruhig mal nach links und mal nach rechts, mal sah er auf, mal ließ er seinen Kopf hängen, er litt und spürte sein schweres Dasein. Meine Mutter versuchte ihn schnell auszufragen, ob er den Brief allein geschrieben hätte, und der Adolf gab zu, daß die Mutter ihn diktiert hätte. Als die Mutter vom Häuschen zurückkam, war sie vor Ekel über das verschmutzte Häuschen ganz außer sich, sie packte den Adolf und verschwand ohne Gruß und ohne sich das Neugeborene anzusehen, ihre letzten Worte waren, Ihr seid keine Menschen, ihr dürft euch nicht unter die Weltöffentlichkeit wagen, bleibt hier, wo ihr hingehört, Jesses, was wird nur die Miezi sagen. Und als meine Mutter den Namen ihrer Schwester hörte, war es für sie wie ein Messerstich. Ich sah am Fenster der Mutter und dem Adolf nach, wie sie von dannen gingen, ohne sich umzusehen, der Adolf hielt sich ganz dicht an die Mutter, er hatte nach uns kein Verlangen mehr, nicht mal die Hand hatte er uns gegeben.

Als die Mutter und der Adolf fort waren, ging es der Mami so schlecht, daß sie den ganzen Tag nicht aus dem Bett konnte, sie atmete laut auf und nieder und kämpfte um Beruhigung. Viele Stunden konnte sie kein Wort sprechen, sie wälzte den Kopf hin und her, hin und mal weinte sie laut, preßte die Hände vor ihren Mund, dann ein unsagbar schmerzlicher Aufschrei. Ängstlich und mitleidig beobachtete ich sie. An diesem Nachmittag war bei uns wie so oft viel Besuch, die Jugendlichen aus dem Haus waren ja jeden Tag bei uns, sobald der Albert und ich von der Arbeit kamen, in der ersten Zeit hatten sie zaghaft angeklopft und gefragt, und wir freuten uns ja auch, die Jugendlichen kamen nicht wegen der Wärme, sie kamen, weil sie sich bei uns nicht langweilten, nur bei uns war immer noch Leben. Ich sah, wie sich meine Mutter quälte, und ich frug sie besorgt, Mami, soll ich den Arzt holen, vielleicht ist es besser, wenn er kommt? Ach nein, wir können keinen Arzt kommen lassen, wir können ihn doch nicht bezahlen, und ins Armenhaus kommt niemand gern. – Mami, wenn du doch krank bist. Ihr Sprechen war nur noch ein schwaches Flüstern. Mir tut mein Kopf tüchtig weh, es wird schon wieder gehn. Besorgt beobachtete ich meine Mutter, aber die Jungen merkten nichts, ihre Unterhaltung war lustig, daß ihnen nicht einmal ihr Stöhnen auffiel. Ich frug sie, ob ich die Jungen nach Hause schicken sollte, aber sie flüsterte, Das kannst du nicht machen, die werden schon von selbst gehen. Aber ich sagte dann doch den Jungen Bescheid, und sie erhoben sich sofort, nickten verständig und gingen still und leise hinaus. Es war auch höchste Zeit gewesen. Wir drehten die Petroleumlampe klein und gingen zu Bett, und ich lag mit offenen Augen und horchte auf ihr Stöhnen und Wimmern. Mami, soll ich den Arzt holen, oder soll ich es der Hebamme sagen? Sie gab keine Antwort, sie jammerte und stöhnte nur. Da erhob ich mich, drehte das Lämpchen auf und sah, wie meine Mutter den Kopf num und rum wälzte, mit allen zehn Fingern sich im Gesicht rauf und runter kratzte, daß es voller blutiger Kratzer war, und sich in die Haare fuhr, daß sie zwischen den Fingern ausgerissene Haarbüschel hatte. Ich erschrak, und so schnell ich konnte, rannte ich zur Hebamme, vielleicht konnte sie Rat geben. Wieder mußte ich in die Nacht hinaus, und wieder mitten in der Geisterstunde, in der kein Mensch draußen sein sollte, weil sonst die Geister aus den Gräbern über die Menschen herfielen, so hieß es damals, und jeder hütete sich vor der Geisterstunde. Ich überwand meine große Angst, vom Gemaahaus rannte ich in Eile die Straße hinunter, von der kalten Luft tat mir die Brust weh, vor Anstrengung sackten meine Beine weg, und ich fiel in den tiefen Schnee, aber ich nahm alle meine Kräfte zusammen und rannte weiter. Ich zog die Glocke an dem Haus der Hebamme. Frau Weiß in ihrem weißen Nachthemd guckte oben aus dem Fenster. In schnellen Worten erzählte ich ihr alles, sie schickte mich zum Arzt, schräg gegenüber in einer feinen Villa wohnte er, ich zog wieder die Glocke. Ich mußte dem Arzt in sein Behandlungszimmer folgen und der Mami ihre Schmerzen schildern, er nahm sich Zeit und betrachtete mich von oben bis unten und wollte wissen, wo ich wohne. Wir wohnen seit Oktober im Armenhaus, sagte ich. Er wunderte sich und sah mich noch neugieriger an, und mir brannte es unter den Sohlen. Dann endlich ging er an seinen Arzneischrank, viel zu langsam erklärte er mir, wie die Medizin eingenommen werden sollte, und langsam reichte er mir die Pakkung, aber er wollte kein Geld. Außer Atem kam ich zurück, schon an der Haustür hörte ich ihr Stöhnen, sie warf ihren Kopf hin und her. Ich gab ihr die Tabletten, und sie wirkten sofort, es war höchste Zeit gewesen, die Milch oder das Geblüt war ihr in den Kopf gestiegen. Jetzt lag sie da wie eine Ohnmächtige, murmelte hin und mal, daß es ihr an den Schlägen ganz heiß herunterlaufen tät, in den Ohren hämmerte es, und im Kopf sauste und brauste es. Ich dunkelte das Licht ab, und den unruhigen Hermann nahm ich ihr vorsichtig aus dem Bett und legte ihn neben den Albert, und es dauerte nicht lange, da schimpfte der Albert. Ich sagte, Sei still, der Hermann liegt neben dir, die Mami ist schwerkrank. Er guckte mit blöden Augen, legte sich zur Seite und murmelte, Herrgott kruzifix, wos is denn däs, und schlief weiter. Ich saß bis zum Morgen an ihrem Bett, die ganze Nacht hatte ich zur Heiligen Mutter Gottes gebetet, Laß meine Mami nicht sterben, hilf meiner Mami, die Mutter hat schuld, wie kann die Mutter nur so hart sein. Als meine Mutter am Morgen aufwachte, ging es ihr schon besser, aber unter ihren Augen waren breite schwarze Schatten, und paar Tage konnte sie nicht aus dem Bett, wir hatten ja auch wenig Essen, und was wir aßen, war ohne Kraft, und das Kind hatte sie an der Brust. Jetzt merkte meine Mutter erst, wie schlecht es um sie gestanden hatte, daß sie ohne Hilfe vom Arzt nicht mehr leben würde oder ins Narrenhaus gekommen wäre. Nur gut, Walli, daß du dich um mich gekümmert hast, sagte sie, die Miez und die Mutter, die hätten sich noch gefreut, wenn mir das passiert wäre.

Bevor der Ernst geboren wurde, hatte meine Mutter geschwärmt, Wenn es ein Junge ist, soll er Ernst heißen, weil ich Ernst mache und keine Kinder mehr kriegen will, und da der Bürgermeister mit Vornamen Ernst hieß und der Sekretär auch, hatte meine Mutter geschwärmt, daß sie den Bürgermeister zum Paten nähme, daß er sich geehrt fühlen müßte, als reicher Mann bei so einem armen Kind Pate zu stehn, und sie hatte geschwärmt, daß er seinem armen Patenkind eine Fuhre Geschenke und einen dikken Geldschein geben würde. Das stellte sich meine Mutter so vor, weil sie sich immer geschmeichelt fühlte, wenn sie hochschwanger ins Gemeindeamt gekommen war und die Männer gelacht und irgendwas Spaßiges zu ihr gesagt hatten, und sie hatte gemeint, Der Bürgermeister wartet bestimmt drauf, daß ich ihn zum Paten nehme, er ist immer so freundlich und spaßt mit mir. Und als dann das Söhnchen geboren war und der Bürgermeister Pate sein sollte, sagte er nicht direkt nein. Bei den Katholischen wird ja gleich in den nächsten Tagen nach der Geburt getauft, und weil meine Mutter noch im Bett liegen mußte, ging die Hebamme allein mit dem Püschl zur Kirche, und es hieß von meiner Mutter, Der Bürgermeister wird schon an der Kirche mit der Kutsche stehn. Der Bürgermeister hatte aber nur seinen dickbäuchigen Sekretär als Vertreter geschickt, und zurück kam die Hebamme mit dem getauften Püschl allein, und meine Mutter machte große Augen, als sie beim Auswickeln des Püschls keinen Geldschein vorfand, das konnte sie überhaupt nicht fassen, daß der Bürgermeister kein Geschenk gegeben hatte, und sie tröstete sich damit, daß er bestimmt noch eins geben würde, wenn sie sich mit dem Kind im Gemeindeamt sehen ließ. Aber auch später tat der Pate nichts dergleichen, auch wenn meine Mutter alles dransetzte, ihn an das Geschenk zu erinnern, sie hielt sogar das Kind über seinen Schreibtisch, als ob er der Vater wäre. Meine Mutter hatte insgeheim auf ein Sparbuch gehofft, die größten Pläne hatte sie damit gemacht, sie hatte es ja auch schon der Mutter geschrieben, mit was für feinen Leuten sie es zu tun hatte, aber es kam auch kein Sparbuch, und es dauerte lange, ehe sie die Hoffnung ganz aufgeben konnte, sie glaubte immer wieder an die ganz große Überraschung, die der Bürgermeister für sein Patenkind bereithielt. Der Bürgermeister hatte aber nie von einem Patengeschenk gesprochen, sie konnte ihm das Kind noch so über den Schreibtisch hin und her werfen, er tat, als ginge es ihn nichts an.

Ich ging wieder arbeiten, und es ging mir gut. Ich war sehr schön und kam alle Tage sauber zur Arbeit, ich wurde ja von einer feinen Herkunft gehalten, und wenn ich sagte, daß das nicht wahr wäre, glaubten mir die Mädchen nicht und meinten, Du willst es nur nicht zugeben, man sieht es dir doch an, daß ihr keine einfachen Leute seid. Meister Handschmann gab mich aus der Weiferei in die Zwirnerei, eine Frau lernte mich an, ich konnte bald die lange, hohe Zwirnmaschine bedienen. Der Meister Handschmann frug mich mit gutem Gesicht, Na, Walli, gefällt es dir hier besser, und ich sagte, daß ich an dieser Maschine Tag und Nacht arbeiten möchte. Aber die Frau, die mich angelernt hatte, sagte mir, daß die Fabrik in nächster Zeit geschlossen würde, da keine Aufträge mehr kämen. Das tat mir sehr leid, denn ich hatte jetzt die beste Arbeit, die ich mir denken konnte.

Kaum war meine Mutter wieder gesund, mußte sie den Leuten wieder alles erzählen. Frau Feigl verzog ihr Geistergesicht zu einem Lächeln und verschwand schnell, die Leute im Haus wollten gar nichts hören, sie hatten ja soundso alles mitbekommen. Meine Mutter wollte bemitleidet werden, und sie klagte dann nicht nur über die Mutter und ihre Schwester, sie fing auch an, sich über uns Kinder zu beklagen, daß sie von uns keinen Dank hätte, daß wir genau wie die Alten wären, sie von uns Kindern nichts Gutes, immer nur Ärger und Sorgen hätte. Owo iech wor immer orndlich, iech ho neer kaa Glück gfundn, mir wor vun meiner Mutter nischt Gutes vogennt, war ihr Reden, und wenn sie merkte, daß die Leute nicht mehr hinhören wollten, weil sie zuviel erzählt hatte, weinte sie, und dann hieß es, Niemand ist auf der Welt, der mich versteht und bißl Mitleid mit mir hat, ich hab kein Glück, Heilige Mutter Gottes, was hab ich denn nur getan, daß du mich so strafen tust, warum läßt du mich nur so leiden, ich kann doch nichts dafür, daß ich so viel durchgemacht hab, ich muß es den Leuten erzählen, ich denk halt immer, sie verstehn mich, aber sie verstehen nichts von meinem traurigen Leben! Meine Mutter nahm sich dann vor, den Leuten nichts mehr zu erzählen, aber sie konnte es doch nicht lassen, und es änderte sich nichts, und wie so immer hatte sie ihre bösen Tage, an denen sie es mich spüren ließ. So wußte sie, daß die Jungen von der Witwe Ehmich mich umschwärmten und daß Frau Ehmich das nicht gern sah, weil sie meinte, daß ich ihre Jungen an der Nase rumführe. Besonders der Robert, der Jüngere, mochte mich gern, obwohl ich gar nichts dazu tat. Eines Tages hieß es, der Robert hätte Arbeit gefunden und machte von Pürstein fort nach Karlsbad. Ich bekam von ihm immer Post. Meine Mutter ging alle Tage hinunter in den Ort und paßte den Briefträger ab, denn wenn ein Brief von ihm kam, mußte sie ihn zuerst lesen, und zu mir sagte sie, daß sie den Briefträger zufällig getroffen hätte, Walli, ich hab den Brief müssen gleich aufreißen und lesen, ich war so neugierig, was er dir schreibt. Und so wie meine Mutter war, ging sie gleich zu der Witwe Ehmich fragen, ob sie auch Post von ihrem Jungen bekommen hätte. Ich sag es ihr zu Fleiß, daß er dir geschrieben hat, ich hab es ihr angesehn, wie neidisch sie war, nicht mal einen Gruß hat er ihr geschickt, sagte meine Mutter und lachte dabei, und dir hat der Robert so schön geschrieben, da hab ich ihr gleich den Brief vorgelesen, damit sie sieht, daß er für dich mehr übrig hat als für sie. So war meine Mutter eben, es war für sie die größte Genugtuung und die beste Gesundheit, wenn sie einen am Bandel hatte und quälen und dann mit Schadenfreude beobachten konnte, da hatte sie gute Laune. Ich machte meiner Mutter Vorhaltungen, daß sie meine Briefe aufriß und sie dazu noch im ganzen Haus vorlas, aber sie sagte im schadenfrohen Trotz, Äh, die schreibt es ihm nicht hin, und wenn, das macht doch nichts, sieht sie doch zuwenigstens, daß er für sie nichts übrig hat, darüber hab ich meine Freude, die ganzen Leute im Haus haben gehorcht, daß er ihr nicht geschrieben hat. Frau Ehmich weinte sich die Augen aus, daß sie von ihrem Sohn keine Post bekam, bei jedem Brief war es das gleiche, es hieß von meiner Mutter, Walli, ich hab fei heute deinen Brief wieder aufmachen müssen, ich hab es nicht aushalten können, sei nur nicht böse. Bis ich sagte, Ich will es nicht haben, daß alle Leute im Haus wissen, was der Robert mir schreibt. Sie hing ihren Kopf, beim nächsten Mal bekam ich den Brief geschlossen, aber er sah zerknittert und halb zerfetzt aus. Die Kinder haben fei deinen Brief in der Hand gehabt, rief sie mir entgegen, ich hab es gar nicht gleich mitgekriegt. Ich schimpfte die Kinder aus, die unschuldig ihre Köpfe hingen. Ein andermal war der Brief mit Mehlkleister zugemacht, ich besah mir den Brief von allen Seiten, während sie mich mit bösen, unruhigen Augen beobachtete und die Kinder im Raum herumschlichen. Den Brief hast du doch aufgehabt, sagte ich, und sie versicherte laut und böse, Das ist nicht wahr, Kinder, ihr wißt es, daß ich am Brief nichts gemacht habe. Die Kinder nickten brav, aber ich lachte, und da wurde sie böse und schlug mit der Faust auf den Tisch und schrie, Leck mich doch in Arsch mit deinen Briefen, was kümmert mich denn, was er dir schreiben tut, ich rühre dere nicht an, mach doch, was du willst, immerfort deine beschissenen Briefe, kann ich schon gar nicht mehr hören. Ich sagte, Alle Morgen hast du was im Ort zu tun, und nur, weil du dem Briefträger auflauerst. Sie brüllte mich an, Schau, daß du mir nauskommst, du elende gottverfluchte Kanaliä, was kümmern mich deine Briefe. Ich sagte, Du machst mit den Briefen im ganzen Haus ein Kino, hast deine Freude, wenn du seine todkranke Mutter quälen kannst. Na, da wollte sie mir die Gusch auseinanderreißen. Der

Albert kam dazu, und sie beklagte sich gleich bei ihm, was ich von ihr glaubte. Der Albert, der alles genauso wußte, brüllte mich an, Wenn es dir nicht paßt, dann schau, daß du nauskommst, du hast bei uns nichts zu suchen. Von so einem Dreikäsehoch mußte ich mir was sagen lassen, dem Albert hätte ich können kräftige Ohrfeigen geben, aber ich tat es nicht, nicht etwa, daß ich Angst vor ihm hatte, ich wußte nur so viel, daß es einen Toten gäbe, und das wär ich. Der Robert schrieb in jedem Brief von großer Sehnsucht nach mir, seine Arbeit wäre sehr schwer, aber wenn ich zu ihm nach Karlsbad käme, würde ihm die Arbeit leichter fallen, ich sollte ihm zuliebe nach Karlsbad kommen, dort gäbe es für mich eine Stelle, und wenn er mich alle Tage sehn könnte, bliebe er auf seinem Arbeitsplatz, wenn ich aber nicht käme, bliebe er nicht dort, nur für mich würde er das große Opfer bringen. Geantwortet habe ich auf keinen Brief, daß meine Mutter immerfort zu mir sagte, Walli, schreib doch dem armen Kerl, brauchst doch nicht mit ihm gehn, aber schreiben kannst du doch, er tut mir so leid, oh, ich wüßte, wie ich ihm schreibe, wenn du ihm nicht schreibst, tue ich es, er muß denken, es ist von dir. Wenn du schreiben willst, sagte ich, da kannst du es ja machen. Nun antwortete meine Mutter mit viel Vergnügen auf seine Briefe. Beim Schreiben hatte sie vor Freude den Mund offen, daß die drei langen Zähne wie Nägel aussahen, sie hatte bestimmt gedacht, Äh, ich kann schreiben, was ich will, er denkt ja, daß der Brief von ihr ist, es war nur gut, daß sie ihren Mund nicht halten konnte und es alle Leute im Haus wissen ließ. Von nun an empfing sie die Briefe wie eine Verliebte mit glänzenden Augen vor Genuß. Das ist schön, ich denke immer, das bin ich, sagte sie, und sie trug die Briefe, die jetzt alle Tage kamen, im Haus rum, und ich ließ meiner Mutter diese Freude, die Leute wußten ja, daß sie die Braut war, der er die Küsse anbot, es war für sie Zerstreuung und ließ sie ihre Sorgen vergessen, ihr war, als wäre sie noch mal jung. Eines Tages hatte Frau Ehmich auch einen Brief von ihrem Sohn bekommen, sie weinte vor Herzeleid, der Robert hatte ihr geschrieben, daß er krank wäre und wieder nach Hause kommen müßte. Dann sah ich den Robert an unserem Fenster vorbeigehen, er sah schlecht aus und war noch magerer geworden, sein ganzes Aussehn kam mir fremd vor. Der Robert ist krank, sagte meine Mutter, für ihn wird auch nichts weiter übrigbleiben wie das Armenhaus, bis ihn der liebe Gott holt. Es sah so aus, als ob der Robert von mir nichts mehr wissen wollte, wenn ich ihm begegnete, grüßte er gezwungen, sein Gesicht sah traurig aus, er wußte ja jetzt, daß die Liebesbriefe von meiner Mutter geschrieben waren. Er war bei der Arbeit ohnmächtig zusammengebrochen, wußte meine Mutter zu erzählen. Seine sterbenskranke Mutter beweinte ihn alle Tage, und so ein großes Leid konnte meine Mutter zum Humor machen. Aber es dauerte nicht lange, da kam der Robert wieder mit zu uns rein, und es war wieder so wie früher, und über die Briefe haben wir nie gesprochen, ich schämte mich, und meine Mutter hatte auch kein reines Gewissen. Nur einmal ließ er mich wissen, Wenn das Fräulein Walli mit in Karlsbad gewesen wäre, da wäre ich nicht nach Haus zurückgekommen. Der Robert wäre aus Liebe zu mir auf seinem Arbeitsplatz gestorben. Er tat mir sehr leid, aber was er sich einbildete, hätte ich ihm niemals gegeben, und als er einmal vor anderen Jungen hören ließ, Das Mädchen, das ich liebe, möchte ich drankriegen, es wird mir schon einmal gelingen, und wenn sie dann von mir ein Kind kriegt, kann sie nicht mehr weg, als er das erzählte und zu mir rüberschielte, tat ich, als hätte ich für die Unterhaltung keine Ohren, aber im Innern ekelte mich seine Meinung an.

Dann wurde ich entlassen. Ich hatte wieder große Angst vor der Zukunft. Wenn ich meine Mutter mit Sorge frug, was aus uns hier im Armenhaus werden sollte, sagte sie leicht, Hier werden wir immer bleiben, wo wollen wir denn anders hin, wir müssen dem lieben Gott danken, daß wir hier sein können, es wohnen so viele Leute hier im Haus und schon viele Jahre und sind nicht verhungert, da können wir uns auch abfinden. Wenn meine Mutter so wenig Hoffnung hatte, bekam ich es noch mehr mit der Angst. Einen Tag, ich hab ihn nie im Leben vergessen können, hörte ich großen Lärm auf der Straße, und immer lauter wurde das Geschrei, daß ich die Straße hinunterschaute. Ein bettelarmes Weiblein kam herauf zum Armenhaus, umzingelt von großen und kleinen Kindern, und die Kinder riefen, Alte Hexe! Alte Hexe! und stachelten mit einer langen Rute unter ihrem Rock und hoben ihr den Kittel hoch, sie wurde von allen Seiten geneckt. Unsere Kinder vom Armenhaus standen stumm auf der Straße. Walli, guck mal, wie die Frau aussieht, sagte Frau Plach, die Frau des Totengräbers, die ihren schwarzen Kopf aus dem Fenster gesteckt hatte, Sie wird hier übernachten wollen, sagte sie mit müder Stimme. Oh, Mami, rief ich, guck mal, wie die Frau aussieht, guck mal, was die Kinder mit der Frau machen. Das Weiblein ging auf das Gemaahaus zu, sie ließ sich von den Kindern alles gefallen, nur wenn es ihr zu arg wurde, rannte sie hinter ihnen her, aber es waren zu viele Kinder, und sie griff vergeblich nach ihnen mit ihren langen dünnen Armen und ihren langen dünnen Krallenfingern, die Kinder stoben dann auseinander und hatten noch mehr Freude. Alte Hexe! Alte Hexe! Als sie näher kam, konnte ich sie richtig betrachten, sie konnte gar nicht so alt sein, wie sie von weitem aussah. Sie hatte langes aschblondes Haar, das lose unter ihrem arg verschmutzten Kopftuch hing, die Frau war sehr hager, ihre Gesichtsknochen nur mit einer dünnen Haut überzogen, sie hatte eine fleischlose Hakennase, und beim Schimpfen sah man ihre verfaulten Zähne, ihr Rücken war gebeugt, einen leichten weiten Rock hatte sie an und eine viel zu große Stoffjacke, einen kleinen Rucksack auf dem Rücken und in der Hand eine schmutzige Stofftasche, sie trug hohe Schnürschuhe, die Absätze waren ganz schief, sie lief fast auf dem Oberleder. Als ich diese Frau sah, kam mir das Schaudern, und zu meiner Mutter sagte ich, Wenn wir für immer hierbleiben müssen, wird es uns nicht anders gehen. Und für mich dachte ich, So wie es dieser Frau hier geht, so wird es mir auch einmal ergehen, kann mir denn niemand helfen. Da ich noch mehr Angst vor meinem weiteren Leben bekam, sagte ich, Ach, Mami, wenn doch nur die Kommunisten recht bald gewinnen, was kann man nur machen, wenn ich nur wüßte, was ich machen muß. Sonst sagte meine Mutter immer, wenn ich mir von den Kommunisten zuviel erhoffte, Die Kommunisten können einen alten Arsch, die machen nur Unruhe, die solln sie alle einsperren, und ich war dann immer böse auf sie, wie sie nur so reden konnte, wo der Kommunist Wirth so viel Gutes für uns getan hatte, ich konnte es gar nicht hören, wenn sie weiterschimpfte, Dem werden sie wegen seiner großen Gusch schon mal den Garaus machen. Aber heute sagte sie ganz ruhig zu mir, Stell dir das nur nicht so leicht vor, wir können nichts machen, kann ja sein, daß sich die Kommunisten durchsetzen und gewinnen. Ich hielt mich an die Worte vom Herrn Wirth, wenn er bei uns vorbeikam und mir mit dem Handrücken zärtlich meine Wangen streichelte und sagte, Haben Sie Geduld, Fräulein Walli. Ach, wenn die Kommunisten doch gewännen! Das arme Weiblein wollte nicht zu der Feigl-Familie rein, sie erschrak sicher vor den vielen Geistergesichtern, sie frug, ob nicht ein Schuppen da wäre, ganz egal, was, sie wollte allein sein. Herr Plach schloß ihr seinen Geräteschuppen auf, und sie war sehr dankbar dafür. Die ausgelassenen Kinder standen vor dem Schuppen und riefen, Alte Hexe, alte Hexe, komm heraus!, und sie rappelten an der Tür und warfen Steine unter den Türspalt und versuchten, mit langen Ruten nach ihr zu stochern. Ich ging zum Schuppen, bückte mich, um zu sehen, was sie so machte. Das Weiblein saß im Handwagen und kämmte ihr langes blondes Haar, sie saß trotz des Lärms ganz friedlich und unbekümmert da. Die Kinder schrien, Die alte Hexe kämmt sich ihre Läuse! Frühmorgens war die Frau verschwunden, niemand hatte sie fortgehn sehn.

Solange wir in Pürstein noch neu waren, konnten wir borgen, aber jetzt war das nicht mehr möglich, meine Mutter traute sich nirgends hin, und die Kinder bekamen mit Bittbriefen auch nichts mehr. Die Kinder schrien vor Magenkrämpfen, lagen gekrümmt auf den Dielen und warfen sich hin und her, und meiner Mutter ging es ebenso. Wenn sie vom Stuhl aufstehen wollte, mußte sie sich erst mit beiden Händen festhalten, beim ersten Schritt bekam sie einen Schleuderich, daß sie aufschrie, Kinder, mir wird schwarz vor den Augen, und sie flog an die Wand oder gegen die Tür und kullerte über die Dielen. Was ist das nur, Kinder, mir ist so schwindlig und schwarz vor den Augen! Sogar der Albert, der sonst mit allem zufrieden war, weinte, er konnte nicht mehr arbeiten gehen, weil er den ganzen Tag ohne Essen nicht arbeiten konnte, er hatte Angst, daß ihm vor Hunger schwindelig und er mit dem Kopf in die Riemen oder in das Räderwerk geraten würde. Was soll ich denn machen, Kinder, ich hab doch auch Hunger und hab nichts, jammerte meine Mutter. Dann kam sie in ihrer Verzweiflung auf den Gedanken, der Tanti zu schreiben. Mit viel Zögern schrieb sie ihr einen Brief, sie weinte dabei und sagte, Ich muß mich halt demütigen, ob ich will oder nicht, sie kann mir antun, was sie will, und ich muß mich vor ihre Füße werfen, muß betteln, ohne ihre Hilfe können wir nur noch verhungern. Ihr Gebet wurde erhört, die Tanti schrieb, daß der Albert am Sonntag kommen sollte, sie gäbe ihm Lebensmittel mit, und sie hatte sogar Geld in das Kuvert gesteckt. Ich hab es ja gewußt, sagte meine Mutter, wenn ich um Hilfe bitte, ist sie gut, ich muß ihr eben zu Füßen liegen, sie will es so haben. Wir konnten den kommenden Sonntag schon gar nicht erwarten, es war gut, daß die Tanti eins von uns Kinder leiden konnte, das war immer das Albertele gewesen.

Zeitig fuhr er am Sonntag weg, und für uns war es ein langer Tag. Wir guckten immerzu die Straße hinunter, ob der Albert nicht schon bald käme, endlich, gegen Abend, sah ich ihn die Straße heraufkommen, schwer bepackt war er, auf dem Rücken einen dicken Rucksack, in jeder Hand eine schwere Tasche. Der Bahnhof war weit, und zum Gemaahaus ging es immer bergauf, der Albert sah erschöpft aus. Ich rannte ihm entgegen und rief, Endlich bist du da, Albert, und ich nahm ihm das Schwere ab. Denkt ihr denn vielleicht, ich kann hinkommen und gleich wieder fortfahren, sagte er, die würden mich schön angucken. Der Albert hatte immer was Unfreundliches im Ton, mit ihm konnte man sich nicht unterhalten, er war wie die Mami, aber heute sah ich ihn voller Mitleid an, sein Gesicht war vor Anstrengung dunkelrot, und der Schweiß lief ihm über das Gesicht, er war ja auch ein zu kleines, schwaches Kerlchen. Bei der Tanti hatte er viel erzählen müssen, alles und sehr genau wollten sie es von ihm wissen, die Tanti hätte geweint, und essen hatte er müssen, so viel, daß er jetzt noch satt war, Lebensmittel von allem brachte er mit, und viel Kuchen, den die Tanti extra für uns gebacken hatte. Wie die Wölfe fielen wir über das Essen her, wir stopften uns die Münder voll, daß es uns die Augen rausdrückte. Kinder, jetzt ist uns wieder aus der Not geholfen, sagte meine Mutter, aber wer weiß, wie lange die Tanti gibt, mit der einen Hand gibt sie, und mit der anderen schlägt sie dir ins Gesicht.

Die Tanti hatte dem Albert sagen lassen, daß er jeden Sonntag kommen sollte, das Fahrgeld wollte sie ihm geben. Von einem Arbeitskollegen bekam der Albert ein Fahrrad geborgt, damit fuhr er jetzt immer nach Seestadtl, und das Fahrgeld bekam er von der Tanti außerdem, sie meinte, das könnten wir verleben. Einmal hatte meine Mutter für die Tanti einen Brief mitgegeben, darin bat sie die Miez, sie sollte der Mutter sagen, daß sie uns ihr altes Grammophon mitschickte. Heute hier in Pürstein bettelte meine Mutter um das alte Grammophon, die Mutter hätte es auf keinen Fall gegeben, aber meine Mutter wußte, wenn die Miez es haben wollte, gab sie das Grammophon. Das war ja eine Freude, als ich den Albert den Berg heraufkommen sah, über seine Schulter sah ich den lila Grammophontrichter ragen, war das eine Freude, das war es, was wir noch brauchten, ein Grammophon mit Musik! Das ganze junge Volk war bei uns, und alle anderen machten ihre Türen weit auf, und ins vergeisterte Gemaahaus kam mit einmal Leben. Aber das Gute sollte nicht für lange Zeit dauern, denn der Frieden zwischen der Miez und meiner Mutter hatte niemals lange gehalten. Als ich wieder mal am Fenster nach dem Albert Ausschau hielt, sah ich ihn den Berg raufkommen, so früh war er noch nie zurückgekommen. Ich wunderte mich und rief freudig, Mami, der Albert kommt, und meine Mutter erschrak. Was, jetzt kommt er schon? Ich guckte noch mal am Fenster und erkannte von weitem, daß er schlechte Laune hatte. Meiner Mutter ihr welkes Gesicht wurde dunkelrot und ihre zittrigen Augen ganz naß. Als ich dem Albert entgegenkam, schimpfte er, Der Mami werde ich helfen, immer muß sie ihre große Gusch haben, und er erzählte, daß er bei der Tanti von ihren beiden Männern rausgeschmissen worden war und sie ihm hinterhergeschrien hatte, Ihr seid es nicht wert, daß man mit euch Mitleid hat! Die Tanti bekam ja immer viel Besuch, und sie tat sich gern groß vor ihm, was sie alles für uns tat, jedem hatte sie über unsere Not im Armenhaus Pürstein erzählt, und sie ließ den Besuch die Bittbriefe meiner Mutter lesen. Du bist schön dumm, hatte da der Besuch gesagt, wo du von ihr so schlechtgemacht wirst, und der Besuch hatte erzählt, was meine Mutter die ganze Welt Schlechtes über ihre Mutter und Miez hatte wissen lassen und noch einmal soviel dazu.

Darüber erzählte der Albert voller Wut, und anstatt still zu sein, schrie meine Mutter, Die haben dich aufgehetzt, die wollen doch nur, daß du zu Hause schlecht sein sollst, die haben mir meinen Mann verhetzt, die sind schuld, daß er mir mein Leben ruiniert, und jetzt fangen die bei meinen Kindern an, die werden es längst gemerkt haben, daß du ganz der Alte bist, drum haben sie dich ja auch am liebsten. Der Albert brüllte zurück, Mich will niemand verhetzen, nur deine elende Gusch ist es, und meine Mutter gab Antwort mit lautem Geweine, und der Albert wieder, Es geschieht dir ganz recht, wenn es dir so schlecht geht, wenn du nicht so eine elende Gusch hättest, würde es ja auch mit der Tanti gehen, aber du machst sie überall schlecht. Meine Mutter drückte ihre beiden Hände an das Gesicht und schrie verzweifelt auf, das den Albert nicht weiter kümmerte. Die tun mir so viel Schlechtes an, jammerte meine Mutter, ich soll mir immer alles gefallen lassen, ich darf mich nicht wehren. Die können sagen, was sie wollen, brüllte der Albert, aber du hast deine verfluchte elende Gusch zu halten, du brauchst sie ja, du lebst von ihnen, du wirst schon sehn, daß du ohne sie verhungerst! Oh, der Albert war so wütend, daß es fast so aussah, als wollte er sie ins Gesicht schlagen. Ich konnte seine Grobheit mit der Mami nicht mehr ertragen, ich wollte sie beschützen, aber da hatte ich ja was gemacht, auf einmal war ich die Schlechte. Was geht das dich bleedes Viech an, du hast deine Gusch nicht reinzurecken, brüllte der Albert mich an, und ich sagte daraufhin, Du hast mit der Mami nicht so grob zu sein, und der Albert, Ich sag nur, was wahr ist, und meine Mutter mischte sich ein, Was ich mit dem Jungen habe, das geht dich gar nichts an, du hast dich gar nicht reinzumischen, das machen wir mitnander selbst aus, und der Albert wurde dann ganz ausfällig, Was willst du eigentlich hier, mach, daß du in Dienst kommst, immerfort hast du deine Gusch, meine Mutter brüllte, Der Junge hat ganz recht, ich brauch deine Verteidigung nicht, mach, daß du mir aus den Augen kommst, such dir eine Arbeitsstelle und komm nicht mehr rein! Da stand ich nun und wurde von beiden verschimpft und verachtet.

In der Nacht hatte meine Mutter wieder schwere Stunden, daß sie es sich wieder mit der Mutter und ihrer Schwester verdorben hatte. Und wieder mußte ich in der Nacht zum Arzt und mußte mit Gruseln in die stockdunkle Nacht, und am Morgen hatte sie schwarzumschattete Augen, und für ihr mageres Gesicht kann ich gar keine Beschreibung geben. Aber am Morgen, als sie beim Feigl die Tür aufgehn hörte, riß sie gleich unsere Tür auf und rief, Frau Feigl, Frau Feigl, haben Sie gestern abend den Lärm bei uns gehört, und sie berichtete über das Vorgefallene und weinte dabei bitterlich. Von unseren Tragödien war ja nichts unbekannt, die Leute blieben stehen, bedauerten, bemitleideten, aber sie blieben gleichgültig, und im Gemaahaus hatte sie keine Zuhörer mehr. Frau Plach war die einzige Frau, die mit ihr noch freundlich war, aber auch mit ihr verscherzte sie es sich, weil sie ihr zu Fleiß sagte, daß sie Totengräber wären, und Frau Plach das Wort nicht hören wollte und immer darauf sagte, sie wären Friedhofsgärtner, aber meine Mutter konnte es nicht lassen, sie mußte streiten und mit geballter Faust aus dem Fenster drohen und schreien, Nähmt eich fei in ocht for mir, iech bi fei aane Gefährliche, iech bi fei aane Rawiadin, iech bi fei aane von do untn, weer mit mir ofängt, der kriecht fei kaane Ruh! Die Seestadtler waren lebhaft und temperamentvoll, und die Leute hier im Gebirge hielt meine Mutter für dumm, ruhig und solide, und deshalb gab sie gerne an und drohte. Aber die Leute waren nicht auf den Kopf gefallen und warfen ihr die Vergangenheit vor, die sie ihnen selbst erzählt hatte, daß meine Mutter kleinlaut wurde.

Ich wollte gerne wieder arbeiten, die jungen Leute im Armenhaus sagten, daß niemand von ihnen in Arbeit genommen wurde und sie mit der Zeit entkräftet waren, sie sagten, daß wir das auch kennenlernen würden. Wir waren ja erst kurze Zeit hier und merkten schon, daß wir dazugehörten. Der Albert war auch ohne Erbarmen entlassen worden, wir hatten hier keine Zukunft. Ich fuhr mit dem Zug nach Kaaden, dort war ein Arbeitsamt, und bekam eine Stelle als Dienstmädchen im Wirtshaus vermittelt, das wollte ich nicht, ich hatte Angst vor den Betrunkenen, und außerdem wäre die Arbeit nicht in Pürstein gewesen. Dann fand ich eine Anstellung als Dienstmädchen im Ort, im Hotel »Fürstenstein«, aber die Arbeit war sehr schwer. Der Albert bekam in seiner Fabrik wieder Arbeit. Meine Mutter war hingegangen und hatte gebettelt, daß sie ihn dort wieder einstellten, sie mußte bitten und Tränen weinen, daß der Albert der einzige Ernährer wäre und für eine große Familie arbeiten müßte. Die Burschen freuten sich, daß sie den Albert wiedersahen, und sie ließen ihn wissen, daß sie auch nichts zu essen hätten, und sie sahen ebenso aus wie er selbst, als ob sie die Schwindsucht hätten, und der Albert sagte, Jetzt weiß ich erst, warum die so schlecht aussehn, wir sind ja nicht die einzigen.

In der Schiefertafelfabrik, hieß es, gäbe es kurzzeitig Arbeit. Meine Mutter erzählte, daß die Rößler-Anne dort arbeitete. Ich wunderte mich, daß die Anne genommen worden war, weil sie ja nirgends Leute vom Armenhaus haben wollten, aber jetzt hatte ich auch Hoffnung, und ich zog mein weißes Strickkleid an und ging zur Fabrik nach Arbeit fragen. Es war ein Vormittag mit herrlichem Sonnenwetter, auf dem Weg dorthin war mir etwas bange. Die Schiefertafelfabrik war schwer zu finden, ich suchte immer nach einem großen Fabrikgebäude, nun sah ich eine Bretterbude, daneben eine feine Villa mit Blumengarten und einigen Bäumen. Ich ging zu der Villa, dabei betete ich im stillen, daß man mich doch einstellen möchte, ich zog die Klingel, es wurde gleich geöffnet, und ein kurzer dicker Mann mit Bauch, dunkelrotem Gesicht und einer sehr kräftigen langen Nase guckte so miesgrämig durch die Tür, daß es mich ganz hilflos machte. Was möchten Sie denn? frug er und sah dabei an mir rauf und runter. Ich bin gekommen und möchte Sie um Arbeit bitten. So, Sie möchten Arbeit, wer hat Sie denn hierhergeschickt, und wo wohnen Sie? Ich ließ ihn ehrlich wissen, daß ich aus dem Armenhaus kam. Er wollte mich nicht einstellen, weil schon zu viele Leute bei ihm arbeiteten. Da ich vor einer Absage Angst hatte, zwang ich mich, ihm in sein miesgrämiges Gesicht zu schauen, und er guckte mich immer von der Seite an, und dann frug er, Können Sie denn arbeiten? Ich sagte ihm, daß ich zuletzt im Hotel »Fürstenstein« gearbeitet hätte und daß ich dort nicht bleiben könnte, weil die Arbeit zu schwer wäre, und ich hielt ihm meine Hände hin. Er sah die großen tiefen Laschen in den Händen, kein Finger war ohne Wunde. Was haben Sie denn dort arbeiten müssen? Ich erzählte ihm von dem vielen Wäschewaschen, vom Dielen- und Steinfußbodenscheuern, und ich zeigte ihm auch meine roten Knie. Der Mann überlegte hin und her, was er für mich tun könnte, alle Arbeitsplätze wären ja schon besetzt. Ich werde für Sie schon noch einen Platz finden, sagte er dann, und in meinem Herzen schrie ich vor Freude. Der Herr ging mit mir in die Baracke, mir meinen Arbeitsplatz zeigen, er führte mich zu einem Tisch, der vor einem breiten Fenster stand, daneben standen einige hohe eingerahmte Schiefertafeln, und er zeigte mir, was ich zu tun hätte, und sagte, daß ich siebenhundert Stück am Tag einzurahmen hätte. Später erfuhr ich von den Mädchen, die auch in der Schiefertafelfabrik arbeiteten, daß er mir seine Arbeit gegeben hatte. Darauf kannst du dir was einbilden, sagten sie zu mir, daß er dich auf seinen Platz gestellt hat. Die Mädchen hatten viel schwerere Arbeiten als ich zu machen, man sah es an ihren verstaubten Kopftüchern und ihrer verschmutzten Kleidung, aber keine war deswegen gegen mich. Am ersten Tag zur Frühstückspause war ich an meinem Tisch stehengeblieben, zu essen hatte ich nichts mit, die Mädchen sahen abwechselnd um die Ecke, dann riefen sie, daß ich zu ihnen kommen sollte. Wie die Spatzen saßen sie in einer Reihe auf den Bretterstapeln. Ich wollte mich zu ihnen setzen, da riefen sie, Nein, nein, setzt dich auf den Tisch, hier ist kein Platz für dich! Aber auf den Brettern wäre noch genug Platz gewesen, und ich wollte mich neben sie setzen. Nein, nein, setz dich auf den Tisch! Und die Mädchen saßen mir gegenüber und schauten mir immerzu ins Gesicht. Dann kam noch ein Mädchen dazu, das mit dem älteren Sohn vom Herrn zusammen arbeitete, und es wurde lebhaft. Die hat es richtig gemacht, sagte sie, hat sich zuwenigstens gleich auf den besten Platz gesetzt, und sie sprang auf und setzte sich neben mich auf den Tisch. Das ist aber ein schönes Mädchen, dachte ich bei mir. Sie hatte ein rotes Kopftuch auf und war die Lebhafteste und Frechste, sie hatte eine laute kreischende Stimme und übertönte alle, die andern machten ihre Späße mit, aber sie ließen ihr den Vorzug. Ich merkte, daß ich dem Mädchen gefiel. Sie hieß Prinz-Fanny, und ganz Pürstein wußte von ihr, daß sie vor drei Jahren von feinen Leuten aus Chemnitz, die zur Sommerfrische dagewesen waren, mitgenommen worden war. Schon bevor ich sie kennenlernte, hatte meine Mutter mir von ihr erzählt. Ganz Pürstein hatte kopfgestanden, als die Fanny mit den feinen Leuten fortfuhr, sie war sechzehn Jahre alt gewesen. Ein Weihnachten war sie zu Besuch bei ihren Eltern gewesen, da war sie mit ihnen im Hotel »Stadt Wien«, so hatte es meine Mutter in den Geschäften gehört, die Fanny war eine Dame geworden, so eine feine Sprache und so ein gutes Benehmen, und ihre Mutter war ganz stolz auf sie, und alles hatte nur Augen für die Prinz-Fanny, und die flatterte herum, machte ein Aufsehn, und als sie mit ihren Eltern zur Garderobe ging, mußte ihr die Mutter den Mantel holen, Muttl, Muttl, ging es immerfort, und sie jagte ihre Mutter hin und her, die Muttl mußte springen und ihr noch in ihren Pelzmantel helfen. Damals hatten nur die feinsten Damen einen Pelzmantel. Der Fanny wuchs das feine Benehmen, wie sie es in Chemnitz bei den Leuten gesehn hatte, oben zum Kopf naus, so sagten es einige in Pürstein. Das ist also die Prinz-Fanny, dachte ich im stillen und beobachtete ihre Lebhaftigkeit. Ich saß zurückhaltend unter den Mädchen, lachte mit und sah von einem Mädchen auf das andere, und weil die Fanny und die andern für mich Interesse zeigten, war ich auch nicht so ruhig wie sonst, und nachher wußte ich, daß sie mich gerne ansahen und sprechen hörten, ich hätte in der Betonung so was Schönes, meinten sie.

Unter den Mädchen freundete ich mich mit der Wirth-Mizzi und der Bartl-Else an. Die Mizzi war ein sehr schwaches Mädchen mit dunkelroten Backen, sie hatte einige Geschwister, die gut gekleidet gingen, ihre Mutter arbeitete als Näherin in einer Fabrik. Von der Else erfuhr ich, daß sie wegen mir zu Hause viel auszustehn hatte, weil sie mit mir nicht verkehren durfte. Es hieß, daß sie lungenkrank war, und hier arbeitete sie im Wirbelstaub und mußte schwere Bretter tragen und heben. Die Bertl-Else war auch ein sehr schwaches kleines Mädchen mit blassem Gesicht und spitzen Backenknochen, sie sah aus, als hätte sie die Schwindsucht. Die Else hatte keine Geschwister und keinen Vater, ihre Mutter war Witwe und handelte mit Gemüse auf den Jahrmärkten bis Komotau. Die Mutter von der Else erlaubte es, daß sie mit mir ging, und wenn ich sie frug, ob sie nicht Angst vor ihrer Mutter hätte, weil sie mit mir verkehrte, lachte die Else nur und sprang vor Übermut in die Höhe und sagte, Ach, meine Mutter, die sagt nichts, ich darf mit dir gehen, ich hab eine gute Mutter. Ich war erschrocken, was die Mädchen hier für schwere Arbeit machen mußten, aber sie nahmen es nicht so schwer und waren lustig, und es wurde viel gelacht, und ich war sehr glücklich, daß ich unter ihnen sein konnte. Nur daß die Rößler-Anne aus dem Gemaahaus ganz allein abseits auf einem anderen Bretterstapel saß, tat mir leid. Ganz still und verlassen saß sie da mit ihrem Stückchen kärglich Brot in Zeitungspapier, ihre Augen gingen auf und nieder wie bei einem scheuen, verängstigten Tier, ich fühlte ihr Weh. Erst zum Feierabend wagte sich die Anne zu mir. Walli, gehn wir zusammen nach Haus? In ihren schönen braunen Augen leuchtete es auf, als ich es ihr versprach, und nach Feierabend hatte sie es sehr eilig und sagte, Komm, Walli, nur schnell fort, bevor die andern kommen. Als wir schon ein Stück weg waren, hörten wir den Lärm, die Mädchen kamen alle aus der Baracke. Am andern Tag gingen die Anne und ich zusammen zur Arbeit, beim Frühstück mußte ich mich auf den Tisch setzen, und die Anne saß verstoßen abseits, und wie gestern hatte sie kein richtiges Frühstück. Mir ging es ja nicht anders, ich hatte auch nichts, aber mittags kam meine Mutter und brachte mir in einem kleinen Krug etwas Suppe. Inselttalg, mit Mehl gebräunt und in Salzwasser aufgekocht, und wenn sie Geld hatte, brockte sie mir Semmel rein, mir reichte es auch mit paar Brotstücken. Meine Mutter wunderte und freute sich, daß ich diese Suppe so gern aß. Ich sah, daß die andern Mädchen auch nicht immer ein Mittagessen hatten. Wenn wir lachten und heiter waren und ich einen Blick zu der Anne tat, sah sie zur Erde, als könnte sie sich nicht ins Gesicht sehn lassen. Die Mädchen stießen sich einander an und flüsterten, da fing die Anne an zu weinen. Ich sagte, Die Anne kann doch auch mit zu uns kommen. Die Mädchen sahen einander an, dann riefen sie mit einmal, Komm her, setz dich zu uns! Aber ihr Ton war irgendwie gezwungen, das merkte ich, ich rutschte vom Tisch runter, ging zur Anne, faßte sie an der Hand und sagte, Komm doch, Anne, die andern wollen doch auch, daß du mit bei uns bist. Dann saß sie mit uns zusammen, die Mädchen sprachen auch mit ihr, und die Anne konnte mit lachen und bekam ganz helle Augen, nur im Sprechen blieb sie zurückhaltend. Es passierte immer wieder mal, daß die Anne vereinsamt auf ihrem Platz saß und ich sie holen mußte, und wenn wir mittags im Gras vor der Bude lagen, war sie oft verschwunden, und wenn ich nach ihr suchte, fand ich sie mit verweinten Augen, und sie sagte mir, daß sie viel lieber allein bliebe. Aber zum Feierabend stand sie pünktlich neben mir. Die Mädchen kreischten und lärmten, und wenn sie mich fortgehen sahen, riefen sie mir hinterher, Walli, bleib bei uns, geh mit uns! Walli, komm fort, bat die Anne, und so blieb ich neben ihr. Am nächsten Feierabend waren die Mädchen früh genug bei mir, sie ließen mich nicht mehr mit der Anne gehn und sagten, Walli, du gehst mit uns nach Hause, laß doch die Alte allein laufen. So kam es dann, daß die Anne mit ihren langen schlurfenden Schritten vor uns machte, daß sie fortkam.

Die Mädchen hatten mich alle lieb, und die Fanny saß jede Pause neben mir auf dem Tisch. Da wir uns angefreundet hatten, wußte ich noch mehr über sie, sie hatte mir erzählt, daß sie vor kurzem ganz nach Hause gekommen war, bei den feinen Leuten in Stellung ging es ihr sehr gut, aber die Familie hatte eine Tochter, die sehr häßlich war und ihr aus Neid das Leben schwergemacht hatte. Sie hatte einen Freund, deshalb wurde alles noch schwerer, bis sie von den Leuten wegwollte. Den Pelzmantel hatte die Fanny geschenkt bekommen, von der häßlichen Tochter hatte sie alle abgelegten Kleider, die Fanny hatte sehr schöne Kleidung, und alles war geschenkt. Von dem Freund aus Chemnitz bekam sie alle Tage viele sehnsüchtige Briefe. Ich frug die Fanny, warum sie ihn nicht heiratete. Wir können nicht heiraten, sagte sie, weil er arbeitslos ist und gar keine Aussicht auf Arbeit hat, wir können uns nur schreiben. Er kam dann mal paar Tage zu Besuch, mit dem Fahrrad war er herübergekommen, zum Frühstück und mittags wartete er schon draußen. Es war schönes Wetter, und wir lagen wieder alle im Gras. Die Fanny legte sich mit ihrem Freund auf das Dach der Schieferbude, sie ließen sich dort braun brennen, bis sie es von dem Herrn verboten bekamen, weil das Dach einbrechen könnte. Die Fanny und ihr Freund legten sich von uns etwas abseits mitnander ins Gras, und sie küßten und umarmten sich. Ich kannte das noch nicht und dachte im stillen, daß das unanständig wäre, so am hellen Tag, und alle sahen es. Vielleicht ist das so, wenn man sich liebhat, dachte ich wiederum, vielleicht ist es gar nicht so schrecklich. Der Freund von der Fanny war ein schöner Bursche, groß, die Fanny ging ihm kaum bis an die Brust, hellblondes, lockiges Haar, sein Gesicht war von der Sonne dunkelbraun, aber ich fand, daß sie gar nicht so recht zusammenpaßten, wenn sie ihre Arme um ihn legte, umarmte sie seine Hüften, so klein war sie gegen ihn. Als er wieder abgereist war, schrieb ihm die Fanny den Abschiedsbrief. Was will ich denn mit einem Arbeitslosen, sagte sie. Ich wunderte mich, daß er ihr gar nicht leid tat, ich sah aber, daß die Fanny keine Sorgen kannte und ihr nichts schwerfiel, sie arbeitete mit dem Sohn des Herrn zusammen, der war dreiundzwanzig Jahre alt, mit dem hatte sie wohl ein Verhältnis, aber sie war nur in der ersten Zeit für ihn begeistert, und als die Arbeit in der Schiefertafelfabrik beendet war, hatte sie ihn noch eine Weile, und dann machte sie auch mit ihm kurzen Prozeß, sie hätte es sich überlegt, daß er nicht der richtige Mann für sie wäre, sie könnte sich mit ihm nicht unter Leuten sehen lassen, da er nur einen Anzug hätte, dazu noch ohne Bügelfalte. Aber Fanny, der ist doch reich, die große Villa und die Schiefertafelfabrik? Oh, Walli, der ist nicht reich, der ist ganz arm, und wenn er Geld hat, dann tut er es vertrinken, war ihre Antwort. Ich staunte, wie korrekt die Fanny war, und ich wünschte mir im stillen, so zu sein wie sie.

Ich kam alle Tage mit guter Laune nach Hause, mit der Bertl-Else und Wirth-Mizzi ging ich zusammen spazieren, und wir waren vergnügt, nur die Wirth-Mizzi hatte manches Mal so was Bedrücktes an sich. Wir hatten auch bei der Arbeit immer viel zu erzählen, und wenn wir den Herrn aus seiner Villa treten sahen, flogen wir auseinander. Der Alte kommt! schrie das Mädchen, das ihn zuerst gesehen hatte, oder der Sohn sagte der Fanny Bescheid, und sie schrie dann um die Ecke, und wenn der Herr über die Schwelle kam, standen wir andächtig jeder am Arbeitsplatz. Das erste war, daß er einen Blick auf die Schiefertafeln machte, seine Lippen bewegten sich dabei. Ich schaffte immer nur vierhundert bis vierhundertfünfzig Stück, ich hatte Schwierigkeiten, die Norm zu schaffen, wegen meiner wunden Hände und weil wir immer so viel rumerzählten. Der Herr aber sagte nichts, er stellte sich neben mich und prüfte meine Arbeit, dann flüsterte er mir zu, Na, wann war es das letzte Mal, das verraten Sie wohl nicht gerne, was, sind Sie immer so still, oder tun Sie nur so? Dabei streifte er mit seinem Arm meine Brust und starrte mich mit seinen scharfen Augen an. Ich achtete nicht auf seine Fragen. Morgen sagen Sie es mir, flüsterte er weiter, ich will wissen, ob es schön gewesen ist. Ich sagte dann, Nichts werd ich Ihnen erzählen, ob es schön war oder nicht schön war. – So, Sie wollen es mir also nicht erzählen, aber schön ist es doch, nicht wahr? Ich machte einen Blick zur Seite, denn ich hätte ihm gerne was Richtiges gesagt, aber ich konnte ja froh sein, daß er mir seinen Arbeitsplatz überlassen hatte, und nach Feierabend arbeitete er an meinem Platz weiter, um die restliche Anzahl Schiefertafeln fertigzumachen, er hatte sich nie beschwert, daß ich zuwenig machte, er sah nur mit saurem Gesicht auf meine wunden Hände.

Meist machte es meine Mutter möglich, daß sie mir meine Suppe bringen konnte, manches Mal kochte sie sie am Abend vor, und ich konnte sie mir früh gleich mitnehmen, sie konnte sich dann den beschwerlichen Weg ersparen. Ich stellte dann den Steinkrug mit Deckel kurz vor Mittag auf den kleinen Ofen, um die Suppe aufzuwärmen. Die Anne hatte ihre Leimtöpfe draufstehen und einen Topf mit Wasser, in dem sie die Pinsel ausspülte. In der letzten Zeit wunderte ich mich beim Mittagessen, daß meine Suppe manchmal einen schlechten Geschmack hatte. Draußen war kein gutes Wetter, so aßen wir in der Bude, und ich frug die Mädchen, Könnt ihr mir sagen, warum mein Essen nach Leim schmeckt, Anne, du hast doch meist die Töpfe auf dem Ofen stehen? Die Anne sah zur Seite, sie wußte nichts, und jedesmal, wenn ich das Essen auf dem Ofen zu stehen hatte, schmeckte es schlecht. Pfui Teufel, sagte ich und spuckte aus, heute schmeckt es ja noch viel schlechter, ich hab so großen Hunger, aber essen kann ich es nicht. Die Mädchen sagten kein Wort, sie verständigten sich nur mit Blicken und sahen zur Anne hin, die auf ihren Brettern saß und Kopf und Augen zur Erde senkte. Die Mädchen meinten, Die wird schon wissen, warum sie sich versteckt, die kennen wir, es wäre besser, sie wäre gar nicht bei uns. Von diesem Tag an kam die Anne nicht mehr zur Arbeit. Meine Mutter sagte, die Anne hätte alle Tage zu Hause geweint, daß sie niemand in der Fabrik anguckte und daß sie verstoßen würde und alle mit ihr so garstig wären, darum hätte sie aufgehört. Ich sagte zu meiner Mutter, daß sie mit uns hätte sein können, aber sie wollte ja lieber allein sein. Dann staunte ich, daß die Anne in die Fabrik kam, um mir meinen kleinen Steinkrug mit Essen zu bringen. Du bringst mir mein Essen, Anne? Ich hab deiner Mutter gesagt, ich will es dir bringen, weil deine Mutter doch so schlecht laufen kann, das hat mir leid getan, sagte sie, und ich freute mich und sagte, Das ist aber schön von dir, Anne, daß du meiner Mutter den Weg abnehmen willst. Aber das Essen war jeden Tag dünn und wäßrig, von eingebrockten Semmeln war kaum mehr was zu sehn, und meine Mutter war alle Tage betrübt, weil ich sie nicht mehr lobte, daß die Suppe wieder so gut geschmeckt hatte, sie gab sich extra solche Mühe, aber ich sagte keinen Tag mehr was, ich hatte sie ja auch meist wegschütten müssen. Meine Mutter wollte wissen, was mit mir los wäre, und ob es mir nicht mehr schmeckte. Jetzt erst ließ ich sie wissen, daß die Anne mit den Fingern in meinem Essen rumgenascht und den Krug mit schmutzigem Leimwasser vollgemacht hatte und sie es jetzt wieder mit was verdünnte. Ich hab es dir nicht sagen wollen, sagte ich, daß ich es alle Tage wegschütten muß, die Mädchen haben die Anne fortgejagt, das ist der Grund, daß sie sich nicht mehr zur Arbeit wagt, ich wollte dir auch nichts sagen, weil du froh warst, daß sie dir den Weg abnimmt, ich hab es können keinen Tag essen. Der Albert meinte, Die hat sich hinter einen Baum gestellt und reingesaacht, damit der Krug wieder voll wird. Meine Mutter war außer sich, und am andern Tag sagte sie es der Anne, und die wurde gleich sehr frech und böse und nannte sie ein hinkendes Frauenzimmer. Meine Mutter konnte ihren Mund nicht halten und schimpfte sie eine elende Sau. Da kam die Anne zugesprungen und schlug ihr mit beiden Fäusten ins Gesicht, faßte sie an den Haaren und beschimpfte sie und warf ihr vor, daß sie im Gefängnis gesessen hatte und so manches andere, was sie ja von ihr selbst wußte. Meine Mutter konnte sich nicht wehren, sie verlor den Halt und stürzte. Der Skandal im Armenhaus spielte sich an der hinteren Seite der Friedhofsmauer ab, es waren Leute auf dem Friedhof gewesen, die alles gesehn und angehört hatten, und im Nu war es in ganz Pürstein verbreitet und gelangte sogar bis in die Schiefertafelbude. Ich war vor Erregung außer mir, als ich davon hörte, und die Mädchen sagten mir, Wir haben dir von ihr nichts erzählt, weil du sie immer nur in Schutz genommen hast, du kennst sie nicht, aber wir kennen die. Ich konnte an diesem Tag den Feierabend nicht erwarten, ich war so aufgeregt, daß ich meine Tafeln ganz schief gerahmt hatte, am liebsten wäre ich auf und davon gerannt. Der Herr kam zur Tür rein, er sah gleich, daß mit mir was nicht stimmte, und frug, und ich erzählte ihm von dem Skandal. Er streichelte meine Wangen und frug, So lieb haben Sie Ihre Mutter? Als ich am Abend von der Arbeit kam, rührte sich im Armenhaus nichts, mein erster Schritt von draußen ins Zimmer war immer zum Spiegel, ich beguckte mir meine Haare, meine Schultern, meine Augen, in den Spiegel gucken, das war für mich nicht Eitelkeit, sondern wie etwas Angeborenes. Als ich vor dem Spiegel stand, war es auffallend still, ich dachte, warum erzählt mir die Mami denn nichts von dem, was heute mit der Anne vorgefallen ist? Ich drehte mich um und frug, Mami, ist das wahr, daß dich die Anne heute geschlagen hat? – Woher weißt denn du das schon? sagte sie mit unsicherem Ton und ganz kleinlaut. Nun wollte ich es der Rößler-Anne heimzahlen, ich war schon an der Tür, wollte die Anne rausrufen und ihr ein blaues Auge geben, da hielt mich meine Mutter zurück und sagte, Bleib mir jetzt hier, es ist heute schon genug Krawall gewesen, sonst hört es überhaupt nicht auf. Aber Mami, wenn sie dich doch geschlagen hat, das können wir uns doch nicht gefallen lassen. Hör nur auf, ich hab von dem Lärm heute genug. Als ich am andern Tag von der Arbeit kam, dachte ich, ich sehe nicht richtig, die Anne saß in unserer Stub bei meiner Mutter, sie unterhielten sich und taten, als bemerkten sie mich gar nicht. Es beleidigte mich, wie einig sie sich waren, langsam ging ich zum Spiegel, eine Weile saß die Anne noch da, und ich galt nichts, dann stand sie auf, meine Mutter sagte, ohne mich anzusehn, Wir haben uns versöhnt. Versöhnt habt ihr euch, wo sie dir so viel angetan hat? Ich wunderte mich sehr, und dann fiel mir ein, daß bei dem gestrigen Skandal die Anne geschrien hatte, Und Ihrer elenden Maad können Sie sagen, daß sie sich auf ihre

Larv nicht mehr lang was einbilden kann, ich zerkralle ihre Larv. Ich sagte meiner Mutter, daß ich der Anne schon die Meinung sagen werde, wenn ich sie treffe. Du hast die Anne in Ruh zu lassen, wehe, du sagst ihr ein Wort, wir haben uns versöhnt, und damit ist es wieder gut. Ich wollte wissen, wie es kam, daß sie sich versöhnt hatten. Der Herr Wirth hat es so gewollt, erzählte sie, er ist bei Rößlers gewesen und hat die Anne geheißen, Abbitte zu tun, und das hat die Anne auch getan. Ja, wenn das so ist, dachte ich bei mir, und es beruhigte mich, daß der Herr Wirth für Frieden und Ordnung gesorgt hatte.

Der Armenvater Herr Wirth hatte meiner Mutter gesagt, daß er den Albert und mich gerne zu einer kleinen Wanderung am Ersten Mai einladen würde, uns beide möchte er gerne mithaben. Der Armenvater hatte auch den andern im Haus Bescheid gesagt, aber mit ihnen war nichts anzufangen, der Herr Wirth wußte, daß sie nicht mitkamen, und war ein wenig traurig darüber, er bat meine Mutter, daß sie zuwenigstens uns beide mitgehen ließ. Meine Mutter war stolz, daß ihm so viel an uns beiden lag, sie schrieb gleich eine Postkarte zum Stamm nach Klösterle, er sollte einen Anzug für den Albert und für mich einen kornblumenblauen Seidenstoff mitbringen. Blau war meiner Mutter ihre Lieblingsfarbe. Der Stamm-Jud machte ihr nie Vorwürfe, er brachte das Schönste mit, und wenn meine Mutter klagte, daß er zu Teures brachte, sagte er, Die Hauptsache ist, daß es Ihrer schönen Tochter gefällt. Ich war ja immer gerne zu Hause, wenn der Stamm am Freitag zu uns kam, um sich seine geringe Rate von fünf Kronen abzuholen, und meist nichts bekam, manches Mal traf ich ihn unterwegs, dann blieb er bei mir stehen, schüttelte mir die Hand und strich mir über mein Gesicht, ich hatte immer etwas Angst vor ihm, daß er mich zu einem Rendezvous bestellen wollte. Meine Mutter warnte mich immer, Der kann dich nicht heiraten, er wird dir nur was aufhängen, und dann sitzt du da. Wenn der Stamm bei uns war, sprach er jedesmal mit meiner Mutter zu Herzen, Wollen Sie denn Ihre Tochter hier im Armenhaus verkommen lassen, jetzt ist es noch Zeit, ich möchte Ihre Tochter glücklich machen, geben Sie mir Ihre Tochter, sie kann in unserem Geschäft mitarbeiten, sie paßt gut dahin. Aber das verstand meine Mutter nicht, und es war immer so mit ihr, daß sie dann spöttisch und streitsüchtig wurde und ihre Stimme immer lauter und derber, daß er sich jedesmal seufzend erhob und mit Gruß davonging. Wenn er hinaus war, dröhnte sie noch lange hinter ihm her, und an mich wandte sie sich mit drohender Hand. Daß du mir nicht mal mit ihm wohin gehst! Als ich von der Arbeit kam, lag der schöne Stoff schon ausgebreitet auf dem Tisch. Die Geschwister groß und klein waren auch alle in der Stub und warteten auf meine Freude. Ich nahm den Stoff in beide Hände und drückte ihn an mein Gesicht. War das ein feiner Seidenstoff! Herr Stamm hatte meiner Mutter gesagt, Für Ihre Tochter ist nichts zu teuer, sorgen Sie, daß sie immer schön gekleidet ist. Für den Albert war ein Anzug dabei, ohne Anzahlung hatte er alles hiergelassen, und auch Paar gute Schuhe für mich, und sie paßten sogar. Vor Freude jubelte ich in der Stub herum, Mami, so was Feines ist für mich, du sagst doch immer, daß es den reichen Leuten gehört, da gehöre ich wohl jetzt mit zu den reichen Damen? Meine Mutter hatte ein trauriges Gesicht und Wasser in den Augen, wenn sie mich sah, sah sie sich in ihrer Jugend, und auch die Geschwister standen da und beobachteten mich, ohne sich zu rühren. Ich wollte meiner Mutter vor Glück um den Hals fallen, aber das hatte sie nicht gerne, sie stieß mich unsanft weg und sagte, Die Hauptsache ist, daß ich für dich einen schönen Stoff bekommen hab und dir damit Freude machen kann, weiter will ich nichts, ich hab für mich nach nichts Verlangen mehr, aber für dich ist die Welt noch offen. Manches Mal war meine Mutter eben eine Mutter. Meine Freude war groß, aber sie war mit ihren Gedanken weit weg, es waren die Sorgen, in denen wir lebten, aber unser Leben war ja nie anders gewesen, und im Armenhaus leben war immer noch besser als zusammen mit dem Vater, der immer betrunken war und lärmte und prügelte. Aber das hörte meine Mutter nicht gerne, und ich wußte, daß sie im stillen auf ihn wartete, schreiben konnte sie ihm nicht, weil sie nicht wußte, wo er sich aufhielt, und im Gemeindeamt Seestadtl nachfragen, das konnte sie auch nicht, das hätte gleich die ganze Stadt erfahren, und sie hätte sich nicht mehr nach Seestadtl trauen können. Manchmal sagte sie, daß sie doch lieber nach Seestadtl zurück möchte.

Der Meister Handschmann hatte eine Tochter, die war Schneiderin und sollte mir das Kleid nähen, meine Mutter hatte sich schon darum gekümmert. Die Tochter war sehr häßlich, und mir gegenüber hatte sie eine große Ablehnung. Ich hab das Fräulein Handschmann halt sehr bitten müssen, sagte meine Mutter. Wie sie es geschafft hatte, die Handschmann-Tochter zu überreden, weiß ich nicht, aber sie nähte mir dieses eine Kleid, ein zweites wollte sie mir nicht nähen. Der Herr Wirth freute sich, daß wir beide auf die Wanderung mitkommen wollten, er hatte immer besondere Sorge um mich und redete oft mit meiner Mutter, Frau Wirth, unternehmen Sie etwas, Ihre Tochter darf nicht hier im Armenhaus untergehn, es wäre schade um so ein Mädchen, Sie können Ihre Tochter nicht vergleichen mit den Leuten, die hier im Armenhaus leben, die Leute hier im Hause können damit leben, aber Ihre Tochter kann sich nicht abfinden, ich bitte Sie, unternehmen Sie was. Es gab auch noch andere Leute, die es meiner Mutter ebenso sagten, daß sie meinetwegen etwas unternehmen sollte. Heute war ich nur glücklich mit meinem Kleid, nun konnte der Erste Mai kommen. Nach Gessle sollte die Wanderung gehen, über den Hutberg, der auf der anderen Seite der Eger lag. Hier von Pürstein sah der Hutberg aus, als ginge seine Spitze bis in den Himmel, ich konnte es mir gar nicht vorstellen, daß man über den Berg gehen konnte. Um den Hutberg war dichter Wald, schon beim Einzug ins Gemaahaus war ich furchtsam gewesen, gleich neben dem Haus der Friedhof, und dann dieser schwarze Berg in der Nähe. Ich sagte meiner Mutter von meiner Angst, aber die wehrte nur ab, Jesses, du bist aber dumm, du gehst doch nicht allein, der Herr Wirth und andre gehn auch mit, was soll dir denn passieren, laß dich nur nicht von den Leuten auslachen. Meine Haare wurden am Abend vorher gewaschen und mit Bandeln eingedreht. Der Herr Wirth hatte extra gesagt, daß alle pünktlich sein sollten, weil es bis zu dem Dorf Gessle ein weiter Weg war, aber wir wurden wieder mal nicht fertig und kamen zu spät. Der Herr Wirth wird sich mit euch beiden nicht zu schämen brauchen, sagte meine Mutter und, als wir beide zum Gehen endlich fertig waren, Walli, du siehst schön aus, du weißt gar nicht, wie schön du bist, die Leute haben ja auch nur alle Sorge um dich, daß du hier im Armenhaus nicht untergehn darfst, der Herr Wirth wird gucken, das Kleid ist grad so blau wie deine Augen.

Wir verließen in Eile das Gemaahaus und liefen die Straße hinunter, über die Hauptstraße und dem Gemeindeamt zu. Glücklich, daß wir beide sehr schön aussahn, gingen wir zum Sammelplatz, wir gingen am Gemeindeamt vorbei und sahen von weitem die hölzerne Brücke über der Eger, die uns der Herr Wirth als geheimen Treffpunkt beschrieben hatte. Da standen sie und warteten auf uns, und der Herr Wirth stand etwas abseits, die anderen verstreut auf dem Weg, etwa zwanzig Personen, Burschen und Mädchen. Ich werde uns bei dem Herrn Wirth entschuldigen, sagte ich zum Albert, daß wir so spät dran sind, und ich ging zu ihm. Ist schon gut, Fräulein Wirth, sagte er, die Hauptsache ist, daß Sie gekommen sind. Er war mit unserem Aussehen zufrieden und gewiß auch stolz. Schüchtern sah ich zu den anderen hin, die den Mund offen hatten und mich anguckten. Der Albert ging sofort zu den Burschen, er war nicht so scheu wie ich, er lief mit ihnen kreuz und quer, aber die Burschen kümmerten sich nicht um ihn, und ich hielt mich an Herrn Wirths Seite, neben ihm fühlte ich mich am wohlsten. Um die Mädchen kümmerte ich mich nicht, aber es dauerte nicht lange, da wurde ich von ihnen gerufen, Komm doch mit zu uns. Ich ging zu ihnen, und sie nahmen mich in die Mitte, so liefen wir den steilen Weg hinauf, der immer steiler wurde, daß wir fast auf der Nase liefen und keuchten. Endlich hatten wir die Spitze erreicht, und alle blieben stehen und besahen sich die Umgebung. Hier oben auf dem Berg war eine ganz andere Welt, alles war eben wie ein Tisch, so weit die Augen sehn konnten, Wiesen, Felder, und hier und da ein kleiner Busch oder Wald, wir sahen auf das Tal, aus dem wir kamen, wie ein gemaltes Bild lag es in weiter Ferne, die Eger neben dem Hutberg sah in der Sonne aus wie ein silberner Strich, die Häuser von Pürstein waren nicht größer als Bausteine, die Dächer blitzten in der Sonne. Zum ersten Male sah ich so eine Romantik. Ich suchte das Armenhaus und fand es, weil die Grabsteine in der Sonne blitzten, es stand verlassen und einsam da, ich sah den weißen Strich, der die Straße war, die zum Armenhaus hinaufführte, das Armenhaus mit dem Friedhof war ein trauriges Bild für mich, aber es war schön zu wissen, daß dort die Mami mit den Geschwistern war. Der Herr Wirth ließ uns nicht viel Zeit, er trieb uns zum Aufbruch und sagte, Sonst versäumen wir das Fest, es ist keine Zeit mehr zu verlieren, ihr könnt es euch ansehn, wenn wir zurückgehen. Wir Mädchen gingen geschlossen nebeneinander, ich ging stolz zwischen ihnen, es war für mich ein feierliches Gefühl, mit dazuzugehören. Die Mädchen flüsterten viel mitnander und sahen mir verstohlen ins Gesicht. Ich merkte wohl, daß ich wie eine Dorne unter ihnen war, ich wagte nicht, sie anzusehen, und hielt mein Gesicht geradeaus, daß ich anständig angezogen war, machte mich zufrieden. Wie heißt du? frug die eine, die mich von dem Herrn Wirth weggerufen hatte. Ich lächelte sie wie erlöst an und sagte, Ich heiße Valerie. Das Mädchen nannte auch ihren Namen, aber die anderen Mädchen wollten ihn nicht sagen, sie senkten ihre Köpfe. Na los, sagte das Mädchen, gebt euch die Hand und sagt euren Namen! Des Mädchens Stimme klang drohend. Es war ein schönes Mädchen, schöne blaue Augen, ein dunkler Bubikopf, Herrenschnitt. Na los, sagt eure Namen! sagte es, aber nur eins nannte seinen Namen, die andern blieben stumm und sahen beleidigt zur Seite. Erst als das Mädchen richtig böse wurde, sagte eins nach dem andern seinen Namen, aber nur zögernd, sie bewegten dabei kaum die Lippen und sahen mich nicht an, und die Hand gaben sie mir nicht richtig, sie tippten mich nur mit ihren Fingerspitzen an, als überliefe sie dabei eine Gänsehaut. Die Burschen liefen verstreut ein Stück hinter uns, ich dachte besorgt an den Albert, der allein und vereinsamt mitten auf der Straße ging, sein Gesicht sah traurig und wie nach Weinen aus. Die Burschen gingen ihm aus dem Weg, ja, sogar über Gräben sprangen sie, dabei war es ein guter Weg. Es ließ mir keine Ruhe, ich blieb stehn und sagte, Mein Bruder ist allein, ich muß mich um ihn kümmern. Wären wir lieber zu Hause geblieben, ein zweites Mal gehen wir nicht mit, sagte ich zum Albert, und er sagte, Walli, hast schon recht, wir hätten doch lieber zu Hause bleiben sollen. Das Mädchen schimpfte auf die Burschen, daß der Albert mit zu ihnen gehörte und sie sich um ihn kümmern sollten. Die Burschen gehorchten dem Mädchen und nahmen ihn jetzt auf, und ich ging wieder zurück zu den Mädchen. Eins von ihnen zog jetzt ein dunkelrotes Tuch aus der Tasche und schwenkte es, auch einige Burschen schwenkten ein rotes Tüchl in der Luft, und gesungen wurde von der blutroten Fahne, vorher hatten sie aber erst den Herrn Wirth gefragt. Der Herr Wirth lief immer als letzter, blieb ab und zu stehn und sah sich nach allen Seiten um, er beschützte uns wie ein guter Vater. Heil frei! wurde von den Mädchen und Jungen geschrien, und der Herr Wirth mahnte, daß sie nicht so laut sein sollten, und als die Dächer von Gessle zu sehen waren, befahl er, die Tücher wegzustecken und nur noch ganz leise zu singen. Er war in Sorge, daß wir beobachtet wurden, wir sollten jetzt ruhig sein und nicht auffallen, mahnte er. Wir kamen in den Ort und gingen gleich zu dem Sportplatz. Aber die Enttäuschung war groß, die Veranstaltung war zum großen Teil schon gelaufen, und der Herr Wirth lamentierte, daß schon fast alles vorbei wäre, nur weil wir zu spät gekommen wären. Unser Hiersein durfte nicht auffallen, wir mußten uns verteilen, es war ja das Jahr neunzehnhundertdreißig, ein sehr gefährliches Jahr, und der Herr Wirth war als Kommunist in der Gegend bekannt. Wir verstreuten uns, und ich blieb allein, das kränkte mich sehr, und ich suchte nach dem Albert, und es kränkte mich noch mehr, daß er so tat, als ginge ich ihn nichts an. Es waren nur noch ganz wenig Zuschauer auf dem Sportplatz. Die Sportlermädchen und -burschen in schwarzen Turnhosen und weißen Trikots machten ihre Künste vor. Für mich war das wenige schon ganz großartig, weil ich im Leben noch nie so was gesehen hatte, ich beneidete die jungen Mädchen, die vorturnten, und ich wünschte mir, mit dabeizusein. Die Schaustücke gingen viel zu schnell dem Ende zu, und der Herr Wirth mahnte in größter Sorge zum Aufbruch. Was, schon nach Hause gehn, dachte ich, ich möchte doch noch so gerne was sehen, ich möchte gerne mehr kennenlernen. Ich verstand unsere Gefahr nicht, ich hatte nicht die geringste Aufklärung, warum es der Herr Wirth eilig hatte und mahnte, daß wir nicht auffallen dürften, ich verstand nichts, mir war es nicht recht, daß wir schon wieder nach Pürstein zurück mußten. Die Mädchen hielten sich alle von mir fern, sahen mir nicht mal ins Gesicht, wollten nicht mit mir gleich sein, das ließen sie mich deutlich spüren. Das eine Mädchen, das sich um mich etwas gekümmert hatte, rief, Walli, komm, wir müssen zurück! In dem Moment sah ich zwei mir bekannte Mädchen aus Pürstein, und ich ging zu ihnen und frug sie, ob sie noch länger in Gessle blieben, und als sie zustimmten, freute ich mich und sagte, Da kann ich ja bei euch bleiben und noch paar Stunden im Dorf spazierengehen. Die beiden Mädchen nickten, ohne zu antworten, und sahen mich neugierig von allen Seiten an. Herr Wirth rief immer wieder nach mir, und das Mädchen gab sich alle Mühe, und der Albert rief von weitem, ich aber machte mir im Moment keine Gedanken und hielt mich an die beiden Mädchen, die ich gar nicht so gut kannte. Der Albert erzählte mir später, daß der Herr Wirth mit den Burschen und Mädchen, kaum daß sie aus dem Dorf waren, von Jugendlichen abgefangen worden waren und es zu einer Schlägerei gekommen war. Neunzehnhundertzweiunddreißig sind in Pürstein alle Kommunisten verhaftet worden, wir wohnten nicht mehr im Ort, aber ich hörte, daß der Herr Wirth auch verhaftet worden war, und darum kann ich meinen Fehler bis heute nicht vergessen, der Herr Wirth hatte für mich so großes Vertrauen und großen Verlaß für die Zukunft, die nur er und wenige durchkämpfen mußten, aber ich war zu empfindlich gewesen. Später erfuhr ich, daß der Herr Wirth fliehen konnte, aber das verstand ich nicht, daß es möglich sein konnte. Er starb sechsundfünfzig.

Der Tag in Gessle kam mir sehr schön vor, die bunten Schleifen und der blaue Himmel mit der gelben Sonne, ich dachte nicht daran, daß mich irgendwas an diesem schönen Tag noch enttäuschen könnte. Ich hielt mich ganz im Schutz der beiden fremden Mädchen, auch wenn sie mit mir kein Wort sprachen, für sich eingehenkelt gingen und mich von der Seite beguckten und mitnander flüsterten. Ich wollte gerne mit ihnen in intim kommen und frug sie, ob sie öfter hier in Gessle wären, ob sie dieses Dorf kannten, ich wußte nicht, was ich sonst sprechen sollte, aber die Mädchen taten weiter nichts, als mich begucken und mit den Schultern zucken. Allmählich wurde es mir bange, und ich bereute, daß ich nicht mit dem Herrn Wirth zurückgegangen war, aber ich verließ mich darauf, daß die Mädchen ja auch irgendwann nach Pürstein zurück mußten. Plötzlich waren sie verschwunden, mit Lachen waren sie einfach davongerannt, und so lief ich allein im

Dorf herum und verließ mich noch immer auf sie, daß wir vor dem Dunkelwerden zusammen nach Hause gehen würden. Als die Sonne unterging, war ich verzweifelt, die beiden Mädchen waren wie vom Erdboden verschluckt, und die wenigen Leute, die auf dem kleinen Dorfplatz herumstanden, waren noch weniger geworden, und von diesen wenigen wurde ich beguckt und mit drehenden Köpfen verfolgt. Nie würde ich allein in der Dunkelheit den Weg nach Pürstein finden, da war es schon besser, ich blieb in Gessle unter den Leuten. Sie dürfen nichts merken, was mit mir los ist, nur nicht weinen, nur nicht weinen, sagte ich mir, und aufrecht und stolz ging ich an ihnen vorbei. In der Schenke am Dorfeingang war Tanz. Nur gut, dachte ich, daß die Mami uns etwas Geld mitgegeben hat, jetzt kann ich zuwenigstens den Eintritt bezahlen. Ich hoffte, daß ich vielleicht dort die Mädchen finden würde, um ihnen zu sagen, daß ich allein nicht zurückfände. Es war ein einfacher Saal mit schlechter Beleuchtung, ich sah einige Paare tanzen, aber die Mädchen, die ich suchte, fand ich nicht, mein Herz wollte vor Angst zerspringen, ich ging trotzdem in den Saal und auf die nächste Bank zu, ich setzte mich neben paar Mädchen und grüßte freundlich. Ich bekam keine Antwort. Als die Kapelle zu spielen begann, blieb ich auf der Bank sitzen, und als die Musik zu Ende war, blieb ich auf einem langen Bankende ganz allein sitzen, denn die Mädchen ließen sich von ihren Tänzern nicht mehr zu ihren alten Plätzen führen. Ich wurde nur ein- oder zweimal geholt, und die Tänzer sahen mir unfreundlich und mit Vorwurf ins Gesicht. Dann endlich sah ich die beiden jungen Mädchen aus Pürstein, aber sie sahen an mir vorbei, und als ich sie mir genauer ansah, fiel mir auf, daß sie betrunken waren. Das gab mir neuen Schrecken, aber die Hauptsache war, daß ich mit ihnen nach Hause gehen konnte. Die Mädchen tanzten jede Tour mit denselben Tänzern, ihre Blicke auf mich waren böse, daß ich mich vor ihnen füchtete, sie waren so betrunken, daß sie von ihren Tänzern nur umhergeschoben wurden. Solche Mädchen waren das also, dachte ich bei mir, hätte ich das gewußt. Nach langer Zeit rutschte ein Mädchen dichter heran und sagte, Ich soll dich fragen, wieviel Puder du in dein Gesicht gestreut hast. Erschrocken guckte ich sie an und sagte, Das hab ich noch nie getan. Die Mädchen lächelten sich verächtlich zu, und das eine Mädchen sagte, Du lügst ja, guck nur, wie du aussiehst, und das soll nicht gepudert sein, wir möchten alle gerne wissen, wie groß der Mehlsack war, in den du dich reingelegt hast, pfui, schäm dich, wie du aussiehst. Mein Herz schlug, als wollte es zerspringen, ich wußte mich nicht anders zu wehren, als nicht mehr auf die Mädchen zu achten.

Am Ende des Tanzabends kam ein Tänzer auf mich zu, ich hatte ihn zur Tür reinkommen sehen, seine Augen waren herübergerichtet, und ich dachte, daß er sich für ein Mädchen an meiner rechten Seite interessierte. Ist das aber ein schöner Kerl, dachte ich bei mir, wo mag er noch so spät herkommen, hab ihn doch den ganzen Abend nicht gesehen. Sein weißblonder Schopf schimmerte, er trug einen schwarzen Anzug aus gutem Wollstoff, seine Gesichtsfarbe war weiß, rundes Gesicht mit starken Backenknochen, sauber und stattlich sah er aus. Ich dachte, daß er nicht in diesen Saal paßte, hier waren alle sehr ärmlich gekleidet. Als die Musik begann, kam er einige Schritte in den Saal, und in einem viel zu weiten Abstand machte er vor mir eine Verbeugung. Den Mädchen zu meiner Rechten riß es die Köpfe und Oberkörper hin und her, und ich ging zu ihm, als hätte ich auf ihn den ganzen Abend gewartet. Ich mußte daran denken, was meine Mutter aus ihrer Jugend erzählt hatte, daß ein anständiges Mädchen mit einem Tänzer nicht tanzte, der mit ihr den ganzen Abend nicht getanzt hatte, von einem anständigen Mädchen bekam so einer den Korb, denn das wäre immer so einer, der sich was zum Nachhausbringen suchte. Ein andermal wäre ich vor Scheu sitzengeblieben, aber wie es heute um mich stand, war es mir einerlei. Seine Augen ließen nicht von meinem Gesicht ab, und als die Mädchen laut tuschelten, sah er streng hinüber zu ihnen, als wollte er mit ihnen abrechnen. Wenn mich auch weiter nichts kümmert, aber er sollte wissen, daß ich ein anständiges Mädchen war, ich sagte zu ihm, Sie schenken mir aber sehr spät Ihre Ehre. Mit unruhigen Augen sah er auf mich und frug, Wie meinen Sie denn das? Ein anständiges Mädchen holt man nicht zu solch später Stunde, war meine Antwort. Und als er ganz hilflos aussah, sagte ich noch, Sie haben mit mir den ganzen Abend nicht getanzt. Ach, so ist das gemeint. Er atmete auf. So empfindlich sind Sie? Ich nickte und lächelte sogar ein wenig, weil ich merkte, wie unbeholfen ihm meine Worte vorkamen. Ich habe den ganzen Tag schwer gearbeitet, sagte er, ich bin eben erst hereingekommen, da hab ich Sie sitzen sehen.

Ich hätte gerne gewußt, was er den ganzen Tag für eine schwere Arbeit getan hatte, wo doch heute der Erste Mai war, aber ich frug weiter nichts, er hatte so ein ernstes, nachdenkliches Gesicht, Falten auf der Stirn, seine großen Augen sahen manches Mal schmal von der Seite auf mich herunter. Er war ein guter und eleganter Tänzer, er konnte gut führen, ich hätte stundenlang mit ihm tanzen wollen, so ein schönes Gefühl war das, und ich wünschte mir, daß er mich zur nächsten Tour wieder holte. Als hätte er meine Gedanken gelesen, sagte er, Ich hole Sie die nächste Tour wieder. Seine ganze Art war nicht schmeichelnd, nicht aufdringlich, er war ernst, denn er wußte, daß er schön war und jedes Mädchen haben konnte. Ich stand schnell auf, als er sich wieder vor mir verbeugte, und im Innern hoffte ich nicht nur, ich betete für eine solide Heimbegleitung. Diesmal frug er, Gehören Sie zu den Mädchen? Nein, antwortete ich ihm, ich gehöre nicht zu den Mädchen, ich bin aus Pürstein und bin ganz fremd hier. Er sah mich groß an, daß sich Wasser in meinen Augen sammelte und ich ihn alles wissen ließ, wie ich hierhergekommen war und wie es um mich stand. Er war sprachlos und schüttelte nur den Kopf. Ich ließ ihn auch von den beiden Mädchen wissen, ich wollte sie aus den tanzenden Paaren heraussuchen, aber sie waren jetzt so betrunken, daß ich sie kaum noch erkannte. Mit diesen Mädchen wollen Sie nach Hause gehen? Er schüttelte lachend den Kopf. Meine Augen füllten sich wieder mit Tränen. Sein Gesicht wurde ernst, und mit schmalen, nachdenklichen Augen sah er auf mich und sagte, Wenn Sie halt gar nicht wissen, wie Sie nach Pürstein kommen, dann muß ich Sie bringen, das heißt, wenn Sie wollen. Ich sage die Wahrheit, in einem anderen Fall hätte ich mich von ihm nicht nach Hause bringen lassen, aber wie es heute um mich stand, sah ich ihn dankbar an. Es ist gut, sagte er, dann bleibt es dabei, ich bring sie nach Pürstein, Sie müssen aber warten bis zuletzt, es wird gleich Schluß sein, ich gebe Ihnen dann einen Wink, daß wir gehen, sind Sie damit einverstanden? Ich nickte nur und setzte mich auf die Bank und wartete nun darauf, daß er mich für den Heimgang abholte. Da sprach mich wieder das Mädchen von vorhin an, Ich soll dich fragen, ob du den kennst, mit dem du getanzt hast. Nein, ich kenne ihn nicht. Das Mädchen ließ es die anderen wissen, dann wandte sie sich wieder an mich, Wir haben gedacht, du kennst ihn, du bist seinetwegen hier. Nein, ich bin doch heute das erstemal in Gessle. Das Mädchen wollte wissen, ob er mich nach Hause bringen wollte. Ja, das will er, ich bin aus Pürstein. Die Mädchen machten jetzt große Augen. Wie kommst du denn aus Pürstein so weit hierher? Nach einer Weile sagte das Mädchen, Ich soll dir sagen, du sollst nicht mit ihm gehen, der ist sehr schlecht, mit dem kommst du nicht gut nach Hause. Aber was soll ich denn machen, ich finde doch den Weg nicht allein nach Pürstein zurück? Die Augen der Mädchen wurden immer größer, und ich ließ sie von meinem Fehler wissen und auch von den beiden Mädchen. Eine unter ihnen, sie sah sehr verhärmt aus, hatte ein besonderes Interesse für mich und frug, Warum hast du uns denn das nicht gleich erzählt? Hilflos sah ich sie an. Das verhärmte Mädchen sagte dann, Kannst bei uns über Nacht bleiben, morgen früh ist es hell. Wir meinen es mit dir nur gut, sagten die Mädchen, wir wollen nicht, daß du sein Opfer wirst.

Der Saal wurde immer leerer und das Licht weniger, auch die Kapelle gab nur einige Takte, die letzten Paare drehten sich auf dem Parkett. Ich mußte wieder an die Erzählungen meiner Mutter aus ihrer Jugend denken. Ein Mann erlaubt sich beim erstenmal, wenn er ein anständiges Mädchen heimbringt, nichts Schlechtes, sie versuchen es beim nächstenmal, aber sie wollen das Mädchen nur auf die Probe stellen, ein anständiges Mädchen zwingen sie nicht, weil sie es von anderen freiwillig bekommen, die Kerle haben eine Hundenase für solche, die sie rumkriegen können. Ich antwortete dem Mädchen, Meine Mutter sagt immer, einem anständigen Mädchen tut keiner was. Die mit dem verhärmten Gesicht sagte, Wir sind alle anständige Mädchen, und er hat nicht danach gefragt. Meine Mutter sagt, ich bin ein anständiges Mädchen, ich brauch keine Angst haben! Die Mädchen blieben eine Weile still, und ich dachte an meine Mutter, die erzählt hatte, daß die

Mädchen einander keine Burschen vergönnten, denn es wäre immer einer, den sie selbst gerne haben wollten, den machten sie dann schlecht, damit man nicht mit ihm gehen sollte, in Wirklichkeit hätten sie nur Neid, auf solche Mädchen sollte man nicht hören. Da laß sie doch gehen, sagte die Verhärmte und erhob sich, kümmert euch nicht mehr um dere, kommt, wir gehn jetzt nach Haus. Nun saß ich ganz allein auf der Bank. Als mein blonder Tänzer winkte, stand ich sofort auf und ging aus dem Saal.

Beim Nebeneinanderhergehn bemerkte ich, wie er seine Ohren spitzte, allweil blieb er stehn und horchte zurück, ich wußte nicht, was ich davon halten sollte, aber ich war froh und glücklich, daß ich noch heute nach Hause kam und daß sich einer gefunden hatte, der mit mir den weiten Weg ging. Wenn er stehenblieb und horchte, blieb ich auch stehn, weil ich Angst in der Dunkelheit hatte. Da stieß er mich mit der Hand in den Rücken, und kaum, daß wir das Dorf hinter uns hatten, faßte er plötzlich mit beiden Händen von hinten meine Schultern, stieß mir seine Knie in den Rücken, so daß ich rückwärts auf die Erde fiel, er warf sich auf mich, und wir balgten uns mitten auf der Straße. Ich wehrte mich mit allen Kräften und weinte laut, was er sich erlaubte, aber es rührte ihn nicht weiter, er wollte nur sein Ziel erreichen. Als meine Kraft fast zu Ende war, fing ich an, laut zu schreien, er stand schnell auf und horchte nach allen Seiten. Ich war froh, als wir weitergingen, aber nur eine Weile hatte ich Ruhe, dann packte er mich wieder und warf mich auf die Erde. Solange wir zusammen waren, hatte er noch kein Wort mit mir gesprochen, er versuchte es nur immer wieder, und auf mein Kleid nahm er keine Rücksicht, er benahm sich wie ein stummes Vieh. Unterdes war es immer heller geworden, und er gab die Rauferei auf. Wir gingen jetzt schnellen Schritts nebeneinanderher, wir sprachen nicht miteinander, und ich sah nur geradeaus. Ich bemerkte, wie er mich immerzu anguckte. Du redest wohl nicht? Ich zuckte nur beleidigt mit den Schultern und sagte, Meine Mutter wird die ganze Nacht auf mich gewartet haben. Ist denn deine Mutter so besorgt um dich? O ja, meine Mutter hat mich lieb. Was sind denn deine Eltern? wollte er wissen. Ehrlich ließ ich es ihn wissen, daß der Vater nicht bei uns war und wir im Armenhaus lebten. Es war ihm alles sehr unwahrscheinlich, was ich sagte. Solche Leute seid ihr, ich habe über dich ein ganz anderes Bild gehabt, da bin ich enttäuscht. Ich blieb stehn, sah ihn groß an und sagte, Enttäuscht, wir sind ordentliche Leute, was kann ich denn dafür, wenn mein Vater nichts wert ist? Seinem Gesicht war anzusehen, daß ihm mein Familienleben was Unbekanntes war, und ich bereute, daß ich ihm die Wahrheit gesagt hatte. Ich glaube dir ja, daß du nichts dafür kannst, wie deine Eltern sind, sagte er und wollte mich küssen, aber ich sträubte mich. Nicht einmal küssen willst du dich lassen, was bist du nur für ein Mädchen? Er ließ mich gehn, seinen Arm wollte er hin und wieder um meine Schulter legen, auch das ließ ich mir nicht gefallen. Jetzt entschuldigte er sich, daß er sich so benommen hatte. Ich werde es nie mehr tun, sagte er, nicht wahr, du bist doch darum nicht böse? Über seine Reue war ich glücklich, weil sie sehr ehrlich klang. Er sah mich immerfort nachdenklich an, dann sagte er, Es ist schade um dich, wirklich schade. Auf einmal wollte er alles wiedergutmachen. Oh, wie deine Haare aussehn! Er hob seine Hand und wollte das Gras heraussuchen, er griff dabei in seine Brusttasche und nahm seinen Kamm und kämmte mir mein Haar. Warte, ich will dir dein Haar auskämmen, so kannst du dich doch vor niemandem auf der Straße sehen lassen. Dabei bemerkte er, wie mein Kleid aussah, und er versuchte den Schmutz abzuklopfen. Was wird nur deine Mutter sagen? Ach, meine Mutter wird nicht viel sagen, ich werde es ihr erzählen, sagte ich. Daß ich es meiner Mutter erzählen wollte, verstand er nicht, aber ich war glücklich, als wir eine Bestellung für den nächsten Tag ausmachten, abends um acht Uhr am Hutberg. Er legte seine Hände auf meine Schultern und gab mir einen Kuß, den ich mir gefallen ließ, denn ich fühlte mich jetzt so glücklich, als blieben wir für immer beieinander.

Unsere Tür war nicht verschlossen, ein Zeichen, daß meine Mutter die ganze Nacht auf mich gewartet hatte. Als ich hereinkam, fuhr sie erschrocken auf, sie hatte sich wirklich Sorgen gemacht. Jesses Maria, wo kommst du denn jetzt her? frug sie mich leise, um keinen aufzuwecken. Na ja, leg dich nur ins Bett und schlaf noch bißl. Mami, ich erzähl dir alles. Na ja, da sei nur jetzt ruhig, und weck die andern nicht auf. Ich schlief sofort ein. Am Morgen dröhnte der Albert mich aus dem Schlaf, er war über mich gestiegen, ohne daß ich was gemerkt hatte, meine Mutter hatte Mitleid mit mir und sagte, Laß nur die Walli noch bißl schlafen. Etwas später rüttelte sie mich wach. Wer hat denn dir die blauen Arme gemacht, wer hat denn dir die blauen Flecke auf deinen Armen gemacht? Die Kinder kamen hinzu. Mami, wo hat die Walli blaue Flecke? Der Albert brüllte, Warum bist du denn gestern nicht mit uns nach Hause gegangen, eine Schande ist das, du kannst ja von den Mädchen was erleben, ich habe mich geschämt, was hab ich mir alles anhören müssen, anspucken wollen sie dich, wenn du ihnen über den Weg läufst, wenn du gehört hättest, was die alles über dich geredet haben, da ständen dir die Haare zu Berge. Ich konnte mich gegen sein Gebrüll nicht wehren, mir war so schlecht, und mein ganzer Körper schmerzte, mein Hals war steif, meine Handgelenke wie gebrochen. Jetzt kam mir die Kränkung wieder in Erinnerung, daß ich den Albert am liebsten geohrfeigt hätte, ich sagte mit Verachtung, Die Mädchen werden mich nicht anspucken oder beleidigen, ich will von denen nicht mal was wissen, und da sollen sie sich nur wagen, und weil der Albert mich mit seinem Brüllen so beleidigt hatte, sagte ich, Von heut ab will ich nicht mehr deine Schwester sein, ich will dich nicht mehr kennen. Aber diese Strafe tat ihm nicht weh, er hörte mit seinem Geschimpfe nicht auf. Ich dachte an meine Bekanntschaft und ließ alles über mich ergehen und dachte bei mir, Euch grüß ich einmal sowieso nicht mehr, ihr seid mir ja doch viel zu grob und unverschämt. Ich fühlte mich geschützt durch meinen Verehrer, von dem ich nicht einmal den Namen wußte, und ich träumte davon, daß ich nun jemanden hätte, der mir gehörte und zu mir hielt. Ich beeilte mich, zu meiner Arbeit zu kommen, ich sehnte mich nach meinen Mädchen.

In der Schiefertafelbude ließ ich gleich alles über meine Bekanntschaft wissen. Den blonden Lockenkopf aus Gessle kannten alle, jedes Mädchen konnte mir von ihm was erzählen, er hieß Brandl-Seff und war von Beruf Bäcker und dreiundzwanzig Jahre alt, jedes Mädchen mochte ihn gerne, aber er nahm es mit keiner ehrlich, jedes Mädchen erzählte mir von ihrem Erlebnis, er bekam keine mehr, weil er alle schon gehabt hatte, es konnte für ihn nur noch ein Mädchen wie ich, jung und so unerfahren, ein Opfer werden. Nimm dich in acht, Walli, warnten mich meine Arbeitsfreundinnen, du bist doch so ein schönes Mädchen, siehst doch, daß ihm alle gleich sind, und wenn es auch das allerschönste Mädchen ist, er nimmt auf keine Rücksicht, für ihn ist jede gleich, Walli. Aber ich nahm ihn in Schutz und sagte, daß es ihm leid getan hätte, mich so zu behandeln, und daß ich mich darauf verlassen könnte, daß das nicht mehr vorkam. Du kannst es ihm ja glauben, Walli, vielleicht bist du für ihn das einzige Mädchen, du bist sehr schön, auf dich kann sich ein Bursche was einbilden, es muß für ihn doch einmal eine geben, mit der er es ehrlich meint, alle wünschen es dir. Ich hatte wie immer auf dem hohen Tisch gesessen und mit den Beinen gebaumelt, zu meinen Füßen saßen die Mädchen. Fragend sah ich ihnen in die Augen, sie wußten doch alle, daß ich eine aus dem Gemaahaus war, selten hatte ein Mädchen von dort Glück. Wie lieb sie mich hatten, wie ehrlich sie es mit mir meinten, ich erkannte es an ihren Augen, daß sie mir das höchste Glück wünschten. Meine Augen füllten sich mit Wasser, die Mädchen merkten es und ließen erschrocken ihre Köpfe hängen, sie hatten ja keine Ahnung, wie wohl mir ihre Liebe tat, und ich zeigte sofort wieder gute Laune. Der Herr bemerkte meine blauen Oberarme und wollte gleich wissen, wer das gemacht hatte. Ich gab ihm keine Antwort und bekam statt dessen vor Scham ein heißes Gesicht. Er wurde aber nicht ungezogen wie sonst, daß er wissen wollte, wann es das letztemal und ob es schön gewesen war, er seufzte nur, Was wird so einem schönen Mädchen noch alles passieren.

Als ich meinen Fuß zu Hause über die Schwelle setzte, saß meine Mutter auf ihrem Platz und rief mir entgegen, Walli, ich hab mir dein Kleid angeguckt, der Kerl hat dich wohl herumreißen wollen? Mit Herumreißen meinte sie vergewaltigen. Ja, antwortete ich verlegen und dachte bei mir, daß ich es mir doch hätte denken können, daß sie sich das Kleid anguckte. Das ist nichts Schlechtes, sagte sie ruhig, wenn dir das passiert ist, ich war siebzehn Jahre alt, da ist mir ähnliches passiert, ich hatte damals auch ein ganz neues Kleid an, ein schönes weißes Seidenkleid, extra von der Schneiderin für diesen Tag genäht, wollt auch mal was besonders Schönes haben, nur schade, daß du dein Kleid nicht mehr anziehen kannst, es paßt dir so gut, ich werde mir Mühe geben, daß es wieder schön wird. Ich war froh, daß meine Mutter auch mal jung gewesen war und ihre Erlebnisse nicht vergessen hatte und mir keine Vorwürfe machte. Wenn ich daran dachte, daß ich am nächsten Abend zum Hutberg bestellt war, klopfte mir mein Herz, und am nächsten Tag glühten meine Wangen, und mein Herz in der Brust war aufgeregt, und ich war stiller als sonst. Meine Mutter beobachtete mich von ihrem Platz aus, wie ich hin und her ging, vor dem Spiegel stand und mir die Haare strich. Hast wohl heute Bestellung? frug sie plötzlich. Erschrocken drehte ich mich herum und nickte. Wohl mit dem, der dich am Sonntag nach Haus gebracht hat? Ja, mit dem, und ich fügte schnell hinzu, Er hat mir versprochen, daß er es nicht wieder tun will. Wenn er es dir versprochen hat, daß er es nicht mehr tut, dann meint er es auch ehrlich mit dir, sagte sie, entschuldigen tun sie sich nur, wenn sie das Mädchen gern haben und es nicht verlieren wollen. Meine Augen weiteten sich vor Freude, und ich fing gleich an zu schwärmen, Mami, das ist ein schöner Kerl, wenn ich ihn länger kenne, bekommst du ihn auch zu sehn, da wirst du gucken, der wird dir bestimmt gefallen. Meine Mutter nickte nur traurig, sie verstand mein Jungsein. Die Hauptsache ist, sagte sie, daß er es mit dir auch wirklich ehrlich meint. Die vertraute Aussprache mit meiner Mutter begleitete mich zum Rendezvous, ich war froh, daß sie alles wußte und daß wir uns so gut verstanden, ihre guten Momente taten meinem Herzen wohl, und alles war so hell um mich.

Als ich über die Holzbrücke ging, unter mir die rauschende Eger, wurde mir unheimlich zumute, die Stille und die Einsamkeit und dazu dieses Rauschen, und der himmelhohe Hutberg mit seinem Gesträuch und Gestrüpp war schwärzer als die Nacht. Langsam stieg ich den beschwerlichen Pfad hinauf, ich lauschte bei jedem Schritt und sah verängstigt in den Wald. Er stand an einer Biegung und hatte beobachtet, wie ich den Pfad heraufgekommen war. Er sah gut gekleidet aus, mit einer braunen Hose und schwarzen Jacke, weißem Oberhemd und Schlips, obwohl ich nichts von seiner Familie und Kinderstube wußte, sah ich gleich, daß er aus anderen Familienverhältnissen kam. Sein Gesicht sah gar nicht freundlich aus. Langsam schritt ich näher, mit glühenden Wangen und gezwungenem Lächeln stand ich vor ihm und wartete auf ein Wort, aber er sagte kein Willkommen und streckte mir auch nicht die Hand zum Gruß hin, unzufrieden ging sein Blick über mein Gesicht und an meinem Körper herunter. Da bist du doch gekommen, war sein erstes Wort. Ich erschrak und sah ihn fragend und empfindlich an. Wie sieht dein Gesicht aus, fuhr er fort. Ich wußte gar nicht, was er meinte. Verstell dich nicht so und tu, als ob es Natur ist, du kannst niemandem was vormachen. Am liebsten hätte ich geweint, daß er mir so unrecht tat. Dann sagte er noch mal, Ich hätte gar nicht gedacht, daß du kommst, und du hast auch gar keine Angst vor mir? Ich kämpfte mit meiner inneren Verzweiflung und tat, als ob alles nur spaßig gemeint wäre. Nein, ich hab keine Angst, du hast es mir ja versprochen, daß nichts mehr vorkommt, das hab ich meiner Mutter auch gesagt, darum hab ich hierhergehen dürfen. So, wenn du denkst, war seine Antwort, und er tat, als beachtete er mich gar nicht. Er ging immer ein paar Schritte hinter mir und nahe am Gesträuch, hin und wieder blieb er stehen, sah und horchte zurück und nach allen Seiten, es kam mir vor, als wäre es ihm sogar vor dem Himmel unangenehm, sich mit einem Mädchen aus dem Gemaahaus zu zeigen, und am liebsten wäre ich davongelaufen. Dann fing er wieder an, Heute kannst du aber niemandem was vormachen, daß dein Gesicht von Natur so aussieht, heute sieht man ganz deutlich, daß du es selbst gemacht hast, und als ich empört stehenblieb, machte er mit der Hand eine verächtliche Bewegung. Wo du hinkommst, fällst du sofort auf, ein anständiges Mädchen bleibt so, wie es aussieht, das beschmiert sich nicht und behauptet, daß es Natur ist. Das war mir zuviel, und ich wollte mich umdrehn und gehn. Na, hast wohl Angst vor mir, was, zurück kannst du nicht, du bleibst jetzt bei mir! Und wieder ging ich vor ihm. Der Weg wurde immer steiler, daß wir bald auf der Nase gingen. Mußt aber viel Geld haben, sagte er. Wieder blieb ich stehn und wollte wissen, wie er das meinte. Daß du dich so schön anziehn kannst, sag mal, woher habt ihr das viele Geld, daß du dich so schön anziehn kannst, kein Mädchen kann sich so schön anziehn, möcht wissen, was für Geld ihr dazu nehmt. Nun erschrak ich und wußte vor Verlegenheit und Beklemmung nichts zu antworten, das Kleid, das ich anhatte, war doch kein besonderes Kleid, ich verstand überhaupt nicht seine Redensarten, und trotzdem ging ich mit ihm weiter den Berg hinauf. Wir keuchten beide, als wir endlich auf dem Gipfel ankamen. Ringsumher war nur dichter Wald, zu meiner Linken eine kleine Anhöhe, durch das Gestrüpp sah ich eine Bank, dahinter einen hohen Baum. Komm, wir setzen uns auf die Bank, sagte er. Ich suchte nach Ausreden, daß ich nach Hause möchte, aber ich setzte mich dann doch mitten auf die Bank. Er stand immer noch und horchte und guckte, dann kam er und setzte ich ans äußerste Ende, ein Bein hatte er über das andere geschlagen, sein linker Arm lag auf der Banklehne, er spielte mit einem Grashalm. Zu einer Unterhaltung kam es nicht, und ich schämte mich zum Davonlaufen, in mir war viel Angst, und ich bereute bitter. Du bist so ruhig, sagte er, und mir stiegen bei seinen Worten die Tränen in die Augen, und ich wünschte mir, daß jemand unverhofft vorbeikäme. Dann sagte er, Dein Gesicht hat eine natürliche Farbe, das sehe ich jetzt, daß nichts daran gemacht ist. Ich sah ihn erleichtert an. Er streckte seinen Arm aus und strich mir mit dem Handrücken über Stirn und Wangen und sagte, Es ist wirklich nichts an deinem Gesicht, du hast so eine Haut, wie kannst du nur so aussehn, so ein Gesicht sieht man nur auf Bildern, wie soll man dir das glauben, man muß ganz nahe dran sein, dein Gesicht ist wie Apfelblüte, weißt du, daß ganz Gessle über dich redet, wo man hinhört, wird nur über dich geredet, oh, wenn du wüßtest, was in Gessle über dich geredet wird. Verängstigt, daß die Leute in Gessle unrecht über mich dachten, sagte ich, Ich kann doch nichts dafür, wenn ich so aussehe. Er gab keine Antwort, sah mir nur ins Gesicht und seufzte, Es ist schade um dich, aber ich kann dir nicht helfen, es wird mal einer sein, der zu dir hält. Ich dachte bei mir, Warum willst du nicht der sein, der zu mir hält, wir kennen uns doch, jetzt bleib du bei mir, dann ist es für mich immer gut. Ringsumher war schwarze Dunkelheit, über uns sah ich den hellen Himmel in einem sehr kleinen winzigen Kreis. Heute kommst du mir aber nicht drumrum, du kannst es heute nicht wie am Sonntag machen, sagte er, denk das nur nicht, wozu bin ich denn mit dir hierhergegangen, heute hab ich mir einen Strick mitgebracht, mit dem werd ich dich auf der Bank festbinden. Und er wühlte dabei in seinen Taschen herum und murmelte, Wo hab ich ihn denn, nun hab ich ihn doch vergessen, dabei hab ich ihn mir extra zurechtgelegt, aber mit einem Tuch werd ich dir den Mund zubinden, damit du nicht schreist und ich mit dir machen kann, was ich will. Ich tat, als machte er nur Spaß und sagte, Da würde dir meine Mutter aber helfen, Was hat denn das mit deiner Mutter zu tun? Oh, meine Mutter, die kann was, du kennst sie noch nicht. Hör mit deiner Mutter auf, was kümmert denn die das, erzähl mir lieber was von den lustigen Fabrikmädchen, wieso bist du so ruhig, zeig mal, was du kannst, du verstellst dich ja nur, in Wirklichkeit bist du eine ganz andere, warum solltest du denn auch anders sein. Und schon fiel er über mich her, und ich mußte mich mit allen Kräften wehren. Wir fielen von der Bank, balgten auf dem Boden weiter, von hier kullerten wir eine kleine Anhöhe hinunter und lagen auf dem schmalen Fußsteig, wir gerieten in das dichte Gestrüpp und rollten einen sandigen Abhang hinunter. Als er sah, daß er nichts erreichen konnte, erhob er sich verärgert und brummte, Na warte nur, dir werd ich helfen, dich binde ich jetzt fest, und morgen können dich die Krähen fressen, aber erst gehörst du mir, und ohne sich weiter um mich zu kümmern, ging er zur Bank zurück. Für Sekunden saß ich auf dem weichen Sandboden, dann raffte ich mich blitzschnell auf und rutschte einfach den Abhang hinab. Nur fort, dachte ich, nur fort, und ihm aus den Augen.

Ich rutschte durchs Gestrüpp, ich wußte überhaupt nicht, wo ich war und wo ich hingelangte, es war mir einerlei, ich mußte nur zusehen, von hier wegzukommen. Schneller und schneller trieb es mich, mit den Haaren blieb ich im Geäst hängen, mein Kleid zog es mir bald über den Kopf. Ich sah von weitem kleine weiße Punkte, langsam rutschte ich darauf zu. Ist es, was es will, dachte ich, sitzen bleiben darfst du nicht. Ich merkte, daß der Wald zu Ende war, die weißen Punkte waren das Licht, das durch die Bäume fiel, und alle Angst und Verzweiflung waren verschwunden, jetzt konnte mir nichts mehr passieren, und ich hoffte, auf ein Dorf oder paar Häuser zu stoßen. Aber zu meinem Entsetzen war da kein Dorf und kein Haus und nicht mal in der Ferne ein Licht, ich sah nur eine steile Tiefe, einen kahlen Hang aus weicher Erde und sonst überall nur schwarzen Wald. Jeder Atemzug von mir war Mami, Mami, ich muß diesen steilen Hang hinunter, und nur vorsichtig rutschte ich auf dem Hintern, dabei mußte ich mich in der Gewalt haben, daß ich nicht kopfüber stürzte, dann endlich weiches Gras. Von unten besah ich mir die Höhe, es war ein steiler, gefährlicher Hang. Ich hörte Rauschen. Ach, die Eger! Meine Angst war weg, jetzt hatte ich es nicht mehr weit nach Hause. Aber sosehr ich den Fluß auch rauf und runter sah, ich konnte keine Brücke entdecken, nicht mal einen Steg gab es. Ich rannte die Eger entlang und suchte nach einer Brücke oder wenigstens einem Balken, und ich fand einen, aber ich getraute mich nicht hinüber. Von weitem hörte ich den Brandl-Seff rufen. Der Balken war so schmal, daß meine Füße nur knapp nebeneinander Platz hatten, er war rund, und der Fluß hatte eine Breite von etwa fünf Metern. Ich weinte laut und verzweifelt, aber seine Rufe trieben mich weiter. Ich zog das Kleid schnell aus, das ja doch kein Kleid mehr war, und warf es ins Wasser, es wurde von den Wellen fortgerissen. Den zerrissenen Schlüpfer warf ich auch ins Wasser. Nur Unterrock und Leinenhemd behielt ich an. Auf den Knien rutschte ich den schmalen Balken entlang, immer in das sprudelnde Wasser sehend. Als ich auf der anderen Seite war, atmete ich auf. Heilige Mutter Gottes, du hast mir einen guten Schutzengel geschickt, das will ich dir nie vergessen. Der helle Mond half mir, daß ich zwischen den Weiden einen schmalen Weg fand und endlich die Straße, die nach Pürstein führte. In jeder Hand trug ich einen Schuh, mein Unterrock hing in Fetzen an mir herunter.

Wo kommst du her, frug meine Mutter halblaut verwundert, als ich über die Schwelle kam, und als sie mich sah, mußte sie sich in ihrer Erregung zurückhalten. Jesses Mariä und Josef, wer hat denn dich so zugerichtet, was ist denn passiert, wie siehst du denn aus! Am anderen Morgen war alles still, nicht wie sonst, daß es wie in einem Affenstall zuging. Ich schämte mich und wagte kaum aufzustehn, und als ich in den Spiegel guckte, erschrak ich, mein Gesicht war schwarz vor Schmutz. Wasch dich, sagte meine Mutter und gab mir Seife, die sie sonst immer vor mir versteckt hielt, weil sie meinte, ich vermanschte zuviel. Ich sagte meiner Mutter nur, daß ich das Kleid in die Eger geworfen hätte, mehr erfuhr sie von mir nicht, und sie frug auch nicht, weil sie sich etwas Schuld gab. Sie kämmte mir die Haare aus, es hatten sich kleine Äste darin verfitzt. Dann ging ich zur Arbeit in die Schiefertafelfabrik, und ich ließ die Mädchen gleich alles wissen. Siehst du, sagten sie, wir haben es dir ja gleich gesagt, du wolltest uns nicht glauben, der macht es mit jedem Mädchen so! Es tat ihnen leid, daß mir das passiert war, und sie waren sehr gut mit mir. Und als wir gemeinsam nach Hause gingen, hatte ich alles vergessen und hatte mit ihnen wieder großen Spaß.

Wenn wir Mädchen am Abend nach Hause gingen, kamen wir immer an einer Konditorei vorbei. Im schmalen Schaufenster waren viele Leckerbissen ausgestellt, ich hatte sonst kaum darauf geachtet, weil ich wußte, daß der liebe Gott sie nur für die Reichen geschaffen hatte, meine Mutter hatte mich immer gewarnt, Daß du nicht in die Schaufenster guckst, dann schimpft der liebe Gott, das ist große Sünde. Niemand von uns Kindern hatte das Verlangen nach etwas Schönem, wenn wir ein Stück trocken Brot hatten, waren wir zufrieden, nur mit mir hatte meine Mutter Ärger, weil ich auf den lieben Gott schimpfte, daß er uns so hungern ließ, sie konnte das an mir nicht leiden, daß ich haben wollte, was der liebe Gott nur für die Reichen geschaffen hatte. Bis auf den heutigen Tag hatte ich auf das Schaufenster nicht geachtet, und dann sah ich die Torten im Schaufenster stehen. Hm, müssen die aber gut schmecken, sagte ich leise, und die Mädchen sprangen und kreischten vor Übermut, wir machten ja immer einen Lärm auf der Straße, als käme ein Wanderzirkus durch die Stadt. Jedesmal wenn wir jetzt an der Konditorei vorbeigingen, zog es mich zu dem süßen Schaufenster hin, und ich hörte die Stimme von meiner Mutter, Wer das gerne essen will, was den reichen Leuten gehört, kommt in die Hölle, weil es der liebe Gott nur für die reichen Leute geschaffen hat, wir armen Leute müssen mit dem zufrieden sein, was wir haben, darum kommen wir ja auch in den Himmel, dort geht es uns dann besser als den Reichen auf der

Erde. Aber an diesem Abend waren Torten im Schaufenster, die waren mit Schrift zum Muttertag verziert, so etwas hatte ich noch nie gesehn. Meinetwegen, soll ich doch in die Hölle kommen, dachte ich trotzig gegen den lieben Gott, jetzt seh ich mir die Torten an, die mit ihren Verzierungen wie gestickt aussahen. Oh, guckt mal, was heute auf den Torten steht, zum Muttertag, oh, wie schön das aussieht! Wir Mädchen standen vor dem Schaufenster und bewunderten die feinen Torten, niemand staunte mehr als ich, ich wußte nicht einmal, ob diese Torten zum Essen da waren. Aber Walli, natürlich sind die Torten zum Essen, sagten die Mädchen, und zu meiner Verwunderung wußten sie alle, wie Torte schmeckt. Ich klagte, daß es nur so große Torten gäbe, eine kleine würde nicht so viel Geld kosten, ich könnte sie meiner Mutter zum Muttertag schenken. Du kannst doch reingehen und eine kleine bestellen, sagten die Mädchen. Am andern Tag staunte ich noch mehr, im Schaufenster standen kleine Torten, und auch auf den kleinsten stand die Verzierung zum Muttertag. Mit fester Bestimmtheit sagte ich, daß ich meiner Mutter eine kleine Torte kaufen wollte. Nun hatte ich Angst, daß die kleine, die mir am besten gefiel, bis zum Geldtag verkauft war. Die wird schon noch dasein, Walli, trösteten mich die Mädchen, und sonst nimmst du eine andere, die haben doch so viele kleine. Nein, ich will aber nur diese eine haben, die hab ich mir ausgesucht, und die gefällt mir am allerbesten. Ich drückte meine Stirn gegen die Scheibe und sagte, Ach, wird sich meine Mutter freuen, wenn ich sie mit einer kleinen Torte überrasche. Voller Verständnis sahen mich die Mädchen an. Und ich zählte die Tage, und jeden Abend rannte ich zum Schaufenster, um zu gucken, ob meine Torte noch da war. Dann kam der Samstag, und ich bekam meinen Lohn in die Hand. Es ist Muttertag, dachte ich, einerlei, ich muß der Mami eine Freude machen, und ich betrat die Konditorei. Die Mädchen blieben auf der Straße und warteten auf mich. Ich war zum allerersten mal in einer Konditorei, der süße Geruch und die feinen Sachen machten mich befangen. Welche möchten Sie denn gerne haben? frug die freundliche Frau. Ich nannte den Preis und wählte einfach eine, die am nächsten stand, weil ich vor Glück vergessen hatte, welche ich mir ausgesucht hatte. Die freundliche Frau tat meine kleine Torte in eine Pappschachtel, das machte mich noch glücklicher, und ich sagte Dankeschön und trug dann stolz meine Pappschachtel. Die Mädchen liefen neben mir her, halb verwundert, halb erstaunt frugen sie, Walli, schimpft deine Mutter nicht, ich darf es nicht wagen, ich muß mein Geld zu Hause abgeben, und du kannst ganz einfach was kaufen? Es ist doch ein Geschenk für meine Mutter, morgen ist doch Muttertag! Zu Hause gab ich die Schachtel meiner Mutter und sagte, Mami, ich schenke dir was zum Muttertag. Sie sah mich groß und verwundert an. Du mir was zum Muttertag? Gerührt nahm sie das Kästchen, und ich blieb neben ihr stehn, bis sie es aufgemacht hatte. Ich sah es ihr an, daß es für sie eine Überraschung war, ihre gesenkten Lider und ihr Gesicht ließen es mich verstehn, was in ihr vorging, so alt wie sie war, es hatte noch niemand mit einer kleinen Liebe an sie gedacht. Eine Torte hast du mir gekauft, hm, kam es nur schwach, ihre Augen blickten wie gebannt auf das Kästchen. Die Kinder waren neugierig. Och, eine Torte, wo hat die Walli die Torte her? Ich wartete darauf, daß sie mich ausschimpfte, ich sagte trotzig, Mir ist es einerlei, soll ich doch in die Hölle kommen. Da zog sich ihr zusammengepreßter Mund breit, als wäre sie über meinen Glauben erschrocken. Jesses Maria, mag sie gedacht haben, die glaubt doch wirklich dran, was ich ihr immer vormache. Sie nahm die kleine Torte aus der Schachtel, ganz schweigsam war sie, sachte zerteilte sie die Torte. Mir wollte sie auch was geben, aber nein, wie könnte ich denn etwas annehmen. Meine Mutter kannte in ihrem Leben nur Hunger, heute kam es mir so vor, als quoll ihr beim Essen die Verzierung zum Muttertag im Mund. Die Kinder machten nur kleine Bisse, damit sie länger was davon hatten, und bei jedem Biß streichelten sie sich den Bauch und sagten, Hm, schmeckt das gut.

Am Sonntag, so sagten mir die Wirth-Mizzi und die Bartl-Else, wäre im »Grünen Baum« Theater, sie luden mich ein, mit ihnen hinzugehn, und sie kamen mich abholen. Dann gingen sie eingehenkelt vor, wie ich es schon jedesmal kannte, wenn sie mich abholten, sie hatten ihre Köpfe zusammengesteckt und tuschelten, und wenn jemand kam, sprangen sie in vorgetäuschtem Übermut lachend davon, es sollte so aussehen, daß ich nicht zu ihnen gehörte. Die beiden Mädchen hatten mich sehr gern, aber die Öffentlichkeit erlaubte es ihnen nicht, daß sie sich mit einem Mädchen aus dem verrufenen Armenhaus verglichen. Waren sie von mir zu weit abgekommen, blieben sie stehen und warteten auf mich, und war ich bei ihnen angekommen, so sprangen sie wieder wie Rehe mit Auflachen und Kreischen davon. Vor dem Gasthaus standen viele junge Leute, die noch nicht in den Saal gehen wollten, auch im kleinen Hausflur war ein Gedränge. Ich kam zum erstenmal in dieses Gasthaus, von der Haustür gerade hinüber gingen Treppen zur Galerie hinauf. Die Mädchen waren schon auf der Galerie, und ich blieb verlegen unten im Flur stehen und mußte mich begaffen lassen, ich wäre gerne wieder nach Hause gegangen, aber ich blieb stehen und tat so, als wartete ich auf jemanden. Da kam die Else paar Stufen heruntergesprungen und rief leise meinen Namen, Walli, komm doch rauf, wo bleibst du denn, komm, Walli, schnell, schnell, komm rauf. Als sie sah, daß ich die Galerie raufkam, sprang sie eiligst wieder davon. Wenn es allein nach der Else gegangen wäre, wäre sie mit mir durch dick und dünn gegangen, aber ihr ging es mehr um die Mizzi, die sehr lungenkrank war und vor ihrer Familie Angst hatte, sie hatte wegen mir zu Hause viel zu leiden. Beide hatten mich lieb, und ohne sie wäre für mich das Leben sehr einsam gewesen. Auf der Galerie war es halbdunkel, die Mizzi und die Else standen dicht zusammen, hatten die Stirn aneinander und sahen in den Saal hinunter, als wären sie nur füreinander. Ich wollte mich neben sie stellen, aber die Else streckte ihren Arm nach hinten und flüsterte, Walli, komm nicht neben uns, stell dich dorthin. Ich ging zwei Schritte zurück. Noch weiter weg, noch weiter, sagte die Else, dort kannst du jetzt stehenbleiben, nicht wahr, Mizzi, ist es so recht? Und wieder drückten sie die Stirn aneinander und guckten in den Saal, als wäre ich für sie nicht da, sie lachten und kicherten und waren lustig. Hin und mal sprach die Else auch ein Wort mit mir, damit ich wußte, daß ich zu ihnen gehörte, einmal kam die Else auch an meine Seite und sagte, Walli, sei nur nicht böse, daß du nicht neben uns stehen kannst, der Mizzi ihr Bruder ist da, sie hat Angst, weil sie nicht mit dir gehen darf. In meiner Nähe standen paar junge Burschen, die immer auf mich sahen. Das Alleinrumstehen beschämte mich und daß sie mich betrachteten und begafften, nur gut, daß ich zuwenigstens fein gekleidet war. Die Vorstellung begann, es wurde dunkel im Saal, und es stürmten viele Menschen hinein, und zu meinem Schrecken sah ich plötzlich den weißen Lockenkopf schimmern. Die Else hatte ihn auch sofort entdeckt. Ich weiß nicht, woher sie ihn kannte, weil sie doch in keinen Tanzsaal kam, aber der weißblonde Lockenkopf aus Gessle war eben bekannt. Der Brandl-Seff, der Brandl-Seff, sprudelte sie übermütig, wie es ihre Art war, und zeigte auf ihn, Walli, guck, guck, dort ist der Brandl-Seff, und sie kam zu mir, und ich tat, als hätte ich ihn noch nicht bemerkt. Das laute Kichern und Geflüster hörte der Brandl-Seff, mit einem Ruck drehte er sich um und guckte die Galerie ab und sah mich. Als der erste Akt vorbei war, erschrak ich, als sich von hinten eine Hand auf meine Schulter legte und ich seine Stimme hörte, Walli, hör mal, ich muß dir etwas sagen. Als ich mich umdrehte und in sein Gesicht sah, blickte ich in unruhige Augen, er war sich wohl nicht sicher, ob ich in Begleitung war, vor allem aber störte ihn der Else ihr kindliches Gekicher. Walli, nach dem Theater muß ich mit dir was sprechen, warte draußen auf mich. Wie elegant und schön er vor mir stand, ein schöner Mensch, es gab keinen Tadel an ihm, er war groß, breite Brust, eine schöne Mannesfigur, er gefiel mir, und ich nickte. Er strich mir zärtlich über mein Gesicht und ging auf seinen Platz zurück. Mein Herz klopfte vor Erregung, aber die Begegnung mit ihm auf der Galerie machte mich auch stolz, sahen sie doch alle wenigstens, daß ich nicht allein hier war. Die beiden Mädchen schielten zu mir herüber und wollten, daß wir zeitig die Galerie verließen. Mir war es recht, aber als der Vorhang zugezogen wurde, sprangen die beiden wieder vor mir zur Tür hinaus, und die Else rief, Komm, und weg waren sie, und ich war beleidigt und fühlte mich vor den Leuten beschämt. Ruhig verließ ich meinen Platz, und als ich durch die Haustür kam, wartete der Brandl-Seff auf mich. Ich sah nach den beiden Mädchen, sie waren schon weit weg, die Else rief nach mir, Walli, komm, aber ich hatte keine Lust mehr, ihnen nachzulaufen. Wo warst du denn eigentlich, frug der Brandl-Seff gleich, du warst fort, ich habe nicht gewußt, wohin du bist, hab dich die ganze Nacht gesucht, ich hab mir große Sorgen gemacht, es soll jetzt wirklich nicht mehr vorkommen, du bist ein ganz anderes Mädchen, als ich sie bisher kennengelernt hab. Er legte seine Arme um meine Hüfte und sagte, Wir gehen jetzt noch ins Café, dort ist Tanz, aber tanzen möchte ich heute nicht, wir können nur so ein bißchen hingehen bis zum Schluß. Ich kann mein großes Gefühl gar nicht wiedergeben, als ich mit ihm zusammen die Hauptstraße hinunterging, mir kam der Gedanke, daß ich erst meine Mutter fragen müßte, ob ich auch ins Café mitgehen dürfte, außerdem wollte ich mich noch umziehen. Dem Brandl-Seff war das nicht recht, aber er ging mit hoch zum Gemaahaus und wartete draußen auf mich. Freudestrahlend erzählte ich meiner Mutter von ihm, die Geschwister wurden munter und hoben neugierig ihre Köpfe. Meine Mutter hatte nichts dagegen, daß ich mit ihm ins Café ging, ich wollte schnell mein rosa Kleid anziehen und stieg auf den Stuhl, um es aus der Wandnische hervorzuholen, mein zweiter Büstenhalter und der Unterrock und mein Schlüpfer hingen auch dort. Ich zog mich um, und meine Mutter und die Geschwister sahen mir zu, die Kleinen mit traurigen Augen, und ich fühlte mich, als ginge ich zu einem feinen Fest. Als ich auf die Straße kam, war der Brandl-Seff sehr verärgert. Wozu ich mir unbedingt ein anderes Kleid anziehen mußte, wollte er wissen, ob denn das andere nicht gut genug wäre. Ich hab vor euren Fenstern gegenüber auf dem Hügel gestanden, ich konnte in eure Fenster sehen, wie du dich ausgezogen hast, ihr lebt aber armselig, wie das bei euch aussieht, da weiß man doch gar nicht, was man denken soll, seid ihr eine große Familie, wieviel Leute seid ihr eigentlich? Ich gab ihm auf nichts Antwort, lief neben ihm her, und mein Gesicht brannte vor Scham. Wieviel Leute seid ihr denn eigentlich, wollte er wissen, ich hab gezählt, aber ich habe immer wieder von vorn anfangen müssen, ich hab weiter nichts erkennen können als nur Köpfe, und die Köpfe haben gar nicht nach Menschen ausgesehen, sind das deine Geschwister, was, so viele Geschwister hast du noch, das kann doch gar nicht sein, ich denk, du hast keinen Vater, und deine Mutter erst, ich hab se mir beguckt, huch, wie die aussieht, die hat doch auch ein kleines Kind neben sich liegen, wem gehört das Kind, deiner Mutter, deine Mutter kann doch gar keine Kinder mehr haben, wenn sie keinen Mann hat, gehören dir die Kinder, was sagst du, mit siebzehn kann man keine Kinder haben, das sagst du nur so! Ich hab dem Brandl-Seff auf seine vielen Worte nichts antworten können, mein Gesicht brannte vor Scham, ich wäre so gerne zurückgegangen, aber dann hätte ich meiner Mutter sagen müssen, warum ich schon wiederkam.

Er ging nicht mit mir auf die Tanzdiele, sondern gleich in ein Hinterzimmer, das ganz schwach beleuchtet war, es war wohl etwas Ähnliches wie eine Weinstub. An einer Seite war der Ausschank, an der anderen hintereinander Nischen mit Vorhängen. Ich sah und kam zum erstenmal in so ein Zimmer, ich merkte gleich, daß es kein guter Ruf war, wenn man sich in so eine Nische setzte, aber ich ging trotzdem mit. Der Ober kam und machte Licht. Der Seff wollte aber das Licht nicht haben, er setzte sich mir gegenüber, und den Vorhang zog er an seiner Seite zu, damit er nicht gesehen wurde. Ich saß so richtig zur Schau, die Gemaamaad in der Nische, ich hätte mich hinter dem Vorhang nicht unsichtbar machen können, da hätten schon beide Vorhänge zugezogen werden müssen. Die Tanzmusik war zu hören, eine kleine Tür führte von der Nische gleich in die hellerleuchtete Diele. Sie stand auf, ich saß hier im Halbdunkeln und sah auf die tanzenden Paare. Wir hatten jeder ein Glas Rotwein vor uns stehn, er frug mich, ob ich was essen möchte, aber ich schüttelte den Kopf und kämpfte mit meiner inneren Verzweiflung und den Tränen und sah nur an ihm vorbei, den Wein rührte ich nicht an. Er nahm das Glas und hielt es mir vor den Mund, ich nippte nur. Du bist halt was Besseres gewohnt als Wein, sagte er, ich bin nicht so reich, wie du sie kennengelernt hast, mit dir kann sich ein Einfacher nichts erlauben, bei dir muß man viel Geld haben, das Kleid, das du anhast, kann dir nicht jeder bezahlen. Ich konnte ihm auf nichts eine Antwort geben, in meinen Augen standen Tränen, die er aber nicht beachtete. Er hatte gemerkt, daß ich auf die Tanzdiele sah, deshalb sagte er, Du kannst tanzen, wenn einer zu dir kommt, geh ruhig mit. Dabei wußte er sehr gut, daß mich von hier keiner holen kam. Am Ausschank stand der Ober und beobachtete mich, auch wenn er hin und her ging, ließ er seine Augen nicht von mir. Plötzlich kam der Erich, der Sohn des Besitzers von der Schiefertafelbude, von der Tanzdiele in die Weinstube, und mit großen Augen sah er auf mich. Ich schämte mich und wäre am liebsten davongelaufen. Der Seff ließ vom Ober eine Schale Gebäck bringen, es war eine große Schale mit Pralinen und gefüllten Schokoladenwaffeln. Zum erstenmal sah ich so was Feines, aber ich rührte nichts an, und er wollte es mir in den Mund stecken. Von mir willst du wohl nichts annehmen, du bist eben was andres gewöhnt, was ich dir gebe, ist dir nicht gut genug? Meine Lippen zitterten vor Herzweh, und als er noch sagte, Wenn du betrunken bist, ziehst du dich nackig aus und tust alles, was ich von dir verlange, heute beim Nachhausegehen kommst du mir nicht davon, antwortete ich ihm zum ersten Male, Für so einen wie dich, da ist mir meine Ehre zu schade, such sie dir nur, wie du sie haben willst. Du wirst doch nicht denken, sagte er, daß ich glaube, du bist unschuldig? Wir hielten uns nicht lange auf, er wollte mich nur betrunken machen, aber ich rührte das Glas nicht an, so trank er meinen Wein aus. Der Ober mußte eine Tüte bringen für das Gebäck. Sehr vorsichtig und freundlich gab er mir die Tüte, voller Mitleid guckte er mir nach. Unterwegs klagte der Seff, daß er nicht wüßte, was ich für ein Mädchen wäre, ich würde nichts von ihm annehmen, was er mir böte, wäre mir nicht gut genug, man sähe es mir ja an, daß ich was anderes haben wollte. Solche Kleider und so ein Aussehen, sagte er, da bist du nicht mit jedem zufrieden. Als wir beim Gemaahaus ankamen, sagte er, Ich bin für dich ja doch nicht der Richtige, du wartest auf einen anderen, eines Tages wird einer zu dir kommen, ein Reiter auf einem Pferd, er wird um deine Hand anhalten, und das wird der Richtige für dich sein. Mit diesen Worten ging er fort, und ich stand da wie eine Säule und sah ihm nach mit dem Leiden in meiner Brust. Meine Mutter ist eine unglückliche Frau, du tust mir Unrecht, hätte ich ihm hinterherschreien wollen, aber aus den Fenstern wurde ich beobachtet, da machte ich, daß ich ins Haus kam. Jetzt ließen sich meine Schmerzenstränen nicht mehr zurückhalten. Im Zimmer merkte niemand, daß meine Augen starr und feucht waren, die Kinder waren alle munter, es war grad so, als wären sie meinetwegen wach geblieben. Ich war froh, daß ich für sie was hatte mitbringen können, ich gab meiner Mutter die Tüte mit den feinen Leckereien. Meine Mutter verteilte sie unter den Geschwistern, und ich tat, als hätte ich im Café viel davon gegessen und sie nur für sie mitgebracht. Das war ein Hunger und ein Schmatzen, sie hielten es im Mund länger als nötig, und ich erzählte begeistert, wie schön es im Café gewesen war. Von der Weinnische und von dem, was ich mir von dem Brandl-Seff alles hatte anhören müssen, sagte ich kein Wort. Walli, bring uns alle Tage was mit, sagten die Geschwister, wann kommt er wieder, wann gehst du mit ihm wieder fort, Walli, das schmeckt so gut. Ihr Armen, dachte ich, wenn ihr wüßtet, was in Wirklichkeit mit ihm und mir ist. Ich ließ es sie wissen, daß ich nicht mehr mit dem Brandl-Seff zusammenkommen möchte, weil er ein schlechter Mensch war. Ich war froh, als ich auf meinem Bettrand liegen konnte und nur noch das Atmen meiner Geschwister und meiner Mutter hörte. Beim Ausziehen hatte ich zu meiner Mutter noch gesagt, Mami, die beiden Fenster müssen ganz zugehängt werden, es kann jeder hineingucken, wir haben unsere Fenster hier so an der Straße und so niedrig. Da meinte meine Mutter, Wer reingucken will, soll reingucken, wenn es ihm Freude macht, ich bin froh, wenn ich in der Nacht den Himmel sehe, da ist es mir immer viel leichter. Mami, ich denk halt, es wäre doch besser, der Brandl-Seff hat drüben auf dem Feld gestanden und alles gesehen, nur Köpfe, hat er gesagt, er hat versucht, sie zu zählen, er hat sich aber immerzu verzählt, er wollte gerne wissen, wie viele wir sind. Mehr sagte ich meiner Mutter nicht, und meine Mutter verhängte dann auch die Fenster.

In der Schiefertafelbude hatte ich die Mädchen nichts wissen lassen. Die Prinz-Fanny kam zu mir und frug, Walli, du warst gestern abend so fein im Café, der Erich hat dich gesehen, mit einem Blonden warst du da, oh, der Erich schwärmt ja so von dir, ist wohl der Blonde aus Gessle gewesen? Ja, wir haben uns im Theater getroffen, und er hat mich ins Café eingeladen, mit unserer Bekanntschaft ist aber kein Ernst, ich will ihn nicht haben, sagte ich. Von allem anderen ließ ich keine Silbe wissen. Die Prinz-Fanny merkte an meinen traurigen Augen, was mit mir los war, und sie strich mir über meinen Arm und sagte, Laß ihn laufen, Walli, und sie ging zurück an ihren Arbeitsplatz. Mir taten ihre letzten

Worte gut. Zu Haus ließ ich mir nichts von meinem Leid anmerken, tat immerfort, als wollte ich von ihm nichts hören, aber meine Mutter schimpfte von diesem Tag an, daß es im ganzen Haus dröhnte. Die beiden Kleider, die soll dir der Kerl gefälligst bezahlen, hieß es von ihr. Ich gab keine Antwort drauf, ich schämte mich vor den Leuten im Haus und vor dem Herrn Wirth, denn schweigen konnte meine Mutter nicht. Der Spiegel, den das alte gute Täppl für mich hatte hängenlassen, war mein einziger Trost. Meine Mutter dröhnte, Dem Kerl werd ich einen Brief schreiben, den zeig ich an. Ich hatte Angst, daß sie es wirklich tat, meine Mutter hatte eine Art, die keine feine war, und wenn sie merkte, daß man etwas gegen sie hatte, schrie sie noch mehr und noch lauter, es war wie ein Feuer, das nicht zu löschen ging. Ich kannte sie schon zu gut und wußte, daß es ihr nicht um die Kleider ging, da ich mit ihm nur Abenteuer gehabt hatte, wollte sie ihn kennenlernen und sehen, wie er aussah, ich wußte noch, wie ich als Kind ihren Erzählungen zugehört hatte, wenn sie mit Lust sagte, Ich war ganz närrisch auf ihn, ich war stolz auf ihn, weil er ein Raufer war, die Prügel, die ich von ihm bekommen hab, haben immer die Liebe aufgefrischt, darum hab ich ja auch so viele Kinder gekriegt, es war nach der Prügel immer sooo schön! Ihre Absicht war, dem Brandl-Seff einen Brief zu schreiben und ihm mit Anzeige zu drohen. Ich antwortete darauf nichts, das hätte nur ihre Wut angefacht, ich sagte, Da mußt du eben schreiben. Nach etwa drei oder vier Tagen sagte sie, Also, ich hab fei heute dem Kerl nach Gessle eine Postkarte geschrieben, daß er mal herkommen soll, ich habe mit ihm zu reden, wenn er nicht dergleichen tut, bekommt er es mit der Polizei zu tun. Das hatte meine Mutter alles auf eine einfache Postkarte geschrieben, mein Herz klopfte, und ich schämte mich jetzt schon, wenn ich daran dachte, daß sie ja mit gar keinem Menschen vernünftig reden konnte. Aber ich lächelte und tat so, als wäre sie im Recht, und ich nahm mir vor, daß ich zur Kartenlegerin gehen würde. Mit der Bartl-Else und Wirth-Mizzi war ich mal dagewese. Wir hatten uns auf das Sofa in die Küche gesetzt, und die beiden Mädchen hatten gelacht, dabei gab es doch gar nichts zu lachen. Die Kartenlegerin war eine große starke ältere Frau gewesen, mit einem ernsten Gesicht, ich hatte gemerkt, daß sie trotzdem eine gute Frau war. Sie setzte sich gleich an den Tisch und legte als erstes der Mizzi die Karten, die Mizzi hatte nichts Gutes erfahren, denn als wir wieder auf der Straße gewesen waren, hatte sie nur geweint, vielleicht war es was über ihre Krankheit. Als nächstes war die Else dran, sie hatte die ganze Zeit gelacht und gelacht, sich die Hände vor den Mund gehalten, mich angestoßen und auf dem Sofa auf eine große Pfütze gezeigt, die von ihr war, sie bog sich vor Lachen hin und her. Mir war nicht danach, ich hatte mich als letzte an den Tisch gesetzt, und wenn ich mich zu ihnen umdrehte, unterdrückten sie ihr Lachen, und die Else zeigte auf die Pfütze. Ich hatte mir auf die Unterlippe gebissen und der Frau ernst ins Gesicht gesehen. Als sie merkte, daß mir unheimlich war und ich nicht mitlachen konnte, sagte sie, Sie können ruhig lachen, mein Gesicht kann nicht lachen. So hatte die Frau zu mir gesprochen, ohne die Augen aufzuschlagen, und sie tat mir leid. Damals hatte schon etwas von einem blonden Lockenkopf in den Karten gestanden, daß ich mich von ihm nicht verführen lassen sollte, aber ich hatte nicht drauf gehorcht und es nicht so genau genommen. Heute kam ich allein zu der Kartenlegerin, und sie setzte sich sofort zu mir an den Tisch, ich staunte, daß sie heute wieder von dem blonden Lockenkopf wußte und daß er von weit her kam, ich sollte mich vor ihm sehr in acht nehmen, er hätte mit mir nichts Gutes vor. Ihr Mann wird einmal ein anderer sein, sagte die Kartenlegerin, aber bis Sie mit Ihrem richtigen Mann zusammenkommen, haben Sie es nicht leicht. Pech werden Sie haben, aber wenn Sie Ihren richtigen Mann gefunden haben, dann wird es Ihnen gut gehn, aber mit dem Blonden hier ist nichts los, lassen Sie sich von ihm nicht verführen, denn er ist auf dem Weg zu Ihnen, es kann sogar sein, daß er heute schon gelootscht kimmt. Und dann sah die Frau wieder in ihre Karten und sagte, Wenn Sie jetzt nach Hause kommen, sitzt er schon da. Die Kartenlegerin war eine freundliche und gute Frau, auch wenn ihr Gesicht tot war, alles glaubte ich ihr, aber das er schon zu Hause sitzen sollte, das konnte nicht möglich sein.

Ich erschrak, als ich die Tür aufmachte und der Brandl-Seff auf dem Stuhl mitten in der kleinen Stub saß, ich merkte, daß ihm der Stuhl mit Anstand hingestellt worden war. Meine Mutter saß am

Tisch auf ihrem Platz, ihren Arm hatte sie auf der Tischkante liegen, den andern im Schoß, sie saß zusammengekauert wie ein Unglückshäufchen, ihre Schultern schräg, der Mund ebenso, Augen und Gesicht wie blöd. Ich sah von einem auf den andern. Der Brandl-Seff hob seinen Kopf und musterte mich von Kopf bis Fuß. Du kommst aber heute spät nach Hause, sagte meine Mutter, wo bist du denn so lange herumgelaufen? Ihre Stimme, ihr Ton klang schlaff, ich konnte dem entnehmen, daß sie in ihrer Unterhaltung mit dem Brandl-Seff keine Haare auf den Zähnen gehabt hatte. Wie ein Polizist sprach er mit ihr. Wovon leben Sie eigentlich? Wovon ernähren Sie die vielen Kinder? Gehören die Kinder alle zu Ihnen? Was machen Sie denn eigentlich, daß Sie so leben? Meine Mutter suchte nach Worten und brachte nichts Vernünftiges raus. Ich war mit den Mädchen noch spazieren, sagte ich. Ich schämte mich für meine Mutter, wie sie nach Antworten suchte, aber daß er die Kleider bezahlen sollte, davon hörte ich nichts. Ich war von der Tür zum Fenster gegangen, sah auf die Straße. Den ganzen Tag hatte sie gedröhnt, und jetzt saß sie da wie ein verdorrter abgebrochener Ast. Als ich mich ans Fenster stellte, drehte sich der Brandl-Seff zu mir um. Jetzt kommst du erst und guckst gleich wieder zum Fenster raus? Und meine Mutter tat lächeln. Was guckste denn zum Fenster naus? Er kam zu mir, und sie saß da mit zufriedenem Lächeln, weil es ihr gefiel, daß er sich mit mir neckte. Dann schob er mich zur Tür naus und sagte, Komm, wir gehn hinaus, was sollen wir denn hier, und zu meiner Mutter einen halblauten Gruß. Draußen atmete er auf und hielt mich mit beiden Händen fest und sagte, Gott sei Dank, daß ich nicht mehr deine Mutter und eure Wohnung sehen brauch, du kannst ja nichts dafür, daß du mit dazugehörst! Wir gingen die Straße den Berg hinauf, und er redete, Ich hab deine Mutter gesehen, du kannst mir nichts mehr erzählen. Meine Mutter? frug ich verwundert, ich verstand überhaupt nicht, was er gegen sie haben konnte. Mit dem Handrücken strich er mir versöhnt über meine Wange und sagte, Es ist für dich bedauerlich, schade um dich, und im nächsten Moment behandelte er mich schon wieder wie eine Scheinheilige. Ich sprach kein Wort mehr mit ihm und ließ mir nicht gefallen, daß er seinen Arm um meine Schultern legte. Was bist du nur für ein Mädchen, sagte er, die andern Mädchen sind ganz anders als du, anfassen darf ich dich nicht, küssen darf ich dich nicht, ich bewundere überhaupt, was du heute schon wieder für ein schönes Kleid anhast, ihr müßt doch Geld haben, wo nehmt ihr das Geld her für die Kleider, aber du brauchst mir nichts sagen, ich weiß es schon selbst. Ich gab auf all sein Sprechen keine Antwort, nur einmal sagte ich kurz, Du beleidigst mich. Vor dem Armenhaus waren wir wieder angelangt, unsere Fenster waren zum Glück verhängt, aus unserer Wohnung hallte Lärm, das Kreischen und Schreien der Kinder und das dröhnende Geschimpfe meiner Mutter, es war wie in einem Affenstall. Seid ihr eine Familie, sagte der Seff, was ist denn überhaupt los bei euch da drinne, mit deinem Leben, wie du es führen tust, kann ich mich nicht vergleichen. Mit diesen Worten wandte er sich ab und ging, und ich stand wie versteinert da und hätte ihm am liebsten hinterhergeschrien, Du tust mir unrecht, ich bin ein unschuldiges Mädchen, das sind meine Geschwister, die ich liebhab, und meine Mutter ist eine unglückliche Frau. Langsam, mit zittrigen Beinen, ging ich auf die Haustür zu, und keine Tränen in den Augen.

Ich schritt gleich zu meinem Spiegel, er war all mein Trost, wenn ich hineinsah, sah ich zwei traurige Augen, von deren Leid ich wußte, ich wagte mich nicht umzudrehn, damit sie mein Stummsein nicht merkten, aber meine Augen starrten nur auf einen Fleck. Was habt ihr denn eigentlich miteinander ausgemacht, wollte meine Mutter wissen, als die Kinder im Bett waren. Wir haben nichts weiter gesprochen. Aber ihr müßt euch doch über etwas unterhalten haben? Das schon, aber ich will von ihm nichts wissen. Warum denn, hat er sich was erlauben wollen, oder hat er was gesagt, was dir nicht recht ist? Nein, erwiderte ich, und meine Augen blieben starr, aber ich will eben von ihm nichts mehr wissen. Das versteh ich nicht, war ihre verdrießliche Antwort. Sonst sagte sie nichts, aber ich wußte, daß er ihr gefallen hatte. Es wurde still in der Stub, für mich die beste Arznei, wie alle Tage lag ich auf dem Bettrand, die Beine übereinander, die Arme unter dem Kopf, und starrte an die Decke. Von diesem Tag an wurde ich noch ruhiger und ernster. Schon am Morgen, als ich in den Spiegel sah, bemerkte ich auf meinen Wangen keine rosa Farbe mehr, mein Gesicht war weiß wie Kalk, meine Augen starr und auf einen Punkt gerichtet. Länger als sonst stand ich vor dem Spiegel, betrachtete mein Gesicht, strich mit der Hand über mein Haar. Am Abend lag ich mit verschränkten Armen am Fenster und sah den vorbeigehenden Kurgästen nach, ihre Haut war von der Sonne rot oder gebräunt. Einmal kam der Herr Wirth mit seinem Töchterchen wie so oft zum Armenhaus herauf, um nach dem Rechten zu sehen. Ich kam gerade vom Holzsammeln aus dem Wald, das ich nach Feierabend übernommen hatte, ihm machte mein krankes Aussehen Sorge, ohne ein Wort strich er mir zärtlich über meine Wange, dann ging er zu unserem Fenster, und meine Mutter steckte ihren zerzausten Kopf heraus. Ich merkte, daß sie über mich sprachen, Herr Wirth sah besorgt zu mir herüber, und meiner Mutter ihr Gesicht sah vor Freude unruhig aus, ihr Mund bewegte sich lebhaft, und manches Mal hörte ich ihr heiseres Auflachen. Ich konnte mir denken, worum es ging. Ich war nur zufrieden, daß dem Herrn Wirth sein Gesicht ernst und besorgt blieb.

Als ich am andern Tag von der Arbeit kam, sah ich den Feigl-Karl auf dem Stuhl vor dem Fenster sitzen. Er hatte vor Lachen ein angestrengtes Gesicht und hielt beide Hände verlegen vor seinen Mund. Ich wunderte mich, denn mit den Feigls waren wir längst nicht mehr intim, sie gingen uns aus dem Weg, und meine Mutter fürchtete sich vor ihnen und hauptsächlich vor diesem Karl. Am Tag ging sie sogar mit den Kindern fort, weil sie sich zu Hause allein vor den Feigls nicht sicher fühlte, und jetzt saß der Feigl-Karl hier wie ein großer Besuch. Kaum daß ich die Tür hinter mir zugemacht hatte, schrie meine Mutter mit verstellter Erregung, und der Karl lachte laut auf, beugte sich dabei vor und zurück, warf seine langen dünnen Arme hin und her. Meine Mutter schrie so laut und tat so erregt, daß ich mit offenem Mund stehenblieb und von einem auf den andern guckte. Heute hättest du können was erleben, schrie sie, du kannst froh sein, daß du nicht zu Hause gewesen bist, das war dein Glück, stell dir vor, wer hiergewesen ist, dem Kerl aus Gessle sein Mensch, die hat dich wollen verprügeln, die ist hochschwanger von ihm, wenn sie dich zu Hause angetroffen hätt, wäre nicht viel übriggeblieben von dir, die hat vielleicht eine Wut auf dich, und was sie über dich gesagt hat, und da willst du immer über alles empfindlich sein, hättest du nur mal gehört, was sie dir alles ins Gesicht hat schleudern wollen, der Karl weiß es, er hat alles gehört, nicht wahr, Karl, das war ja ein gefährliches Mensch, die hat auf dich warten wollen, der Kerl hat sie hergeschickt, er will haben, daß sie dir die Gusch vollprügelt und dir die Meinung sagt, er will seine Ruhe vor dir haben, du sollst dir ja nicht einbilden, daß er dich gern hat, ich hab Angst gehabt, daß sie dir was tut, die wollte ja gar nicht fort, da hab ich zum Schutz den Karl rübergerufen, hab ihr gesagt, daß du ihren Kerl nicht brauchst und nicht nach ihm fragen tust, weil du hier im Armenhaus einen festen hast, hier ist er, hab ich zu ihr gesagt. Als meine Mutter das sagte, hielt ich vor Abscheu den Atem an und starrte meiner Mutter beleidigt ins Gesicht, sie merkte es und tat sofort wie entschuldigend, Ich hab es müssen sagen, sonst hätt ich das elende freche Mensch ja gar nicht nausgebracht, die hat rumgebrüllt, Ich hau der elenden Sau die Gusch kaputt, nich wahr, Karl, gebrüllt hat sie, daß die Leute es bis oben nauf zum Friedhof gehört haben, der Karl hat ihr müssen immerfort die Gusch verbieten, wenn du gehört hättst, was die über dich geschimpft hat, und du, du gibst mir die Schuld, daß wir im Armenhaus wohnen, und bildest dir einen Kerl ein, der ein Mädchen hat und kurz vor der Hochzeit steht, aber auf das Mensch kann er sich nichts einbilden, das war ein häßliches Mensch, sag ich dir, rote Haare, und die ganze Gusch voller Sommersprossen und dicke Negerlippen, pfui Teifl, hat das Mensch ausgesehn, mich hat's richtig geekelt, hab sie gar nicht richtig angucken können, und du bildest dir von so einer Turl den Kerl ein, und der macht sich über dich nur lustig. Na, ist deine Platte abgelaufen, sagte ich, als sie mal nach Luft schnappen mußte, und ich ging langsam und mit verächtlichem Blick auf den Karl zu, daß er sofort sein Lachen anhielt und seine langen dürren Finger vor den Mund hielt und mit unruhigem Gewissen zu meiner Mutter sah. Ich sagte laut und deutlich, Mein Vater hat immer gesagt, Kinder, eure Mutter hat sie nicht alle am Christbaum. Und als meine Mutter beleidigt Augen und Mund aufriß, verfiel ich in einen Lachkrampf, daß mir die heißen Tränen über die Wangen liefen. Meine Mutter fuhr auf, Was lacht denn das bleede Viech, wenn ich mir die Leute zu Hilfe holen muß, nur wegen dem Kerl, der von dir gar nichts wissen will, den du dir einbildest. Ich konnte meine Mutter nicht mehr ansehen, sie war so häßlich und geiferte so, ich drehte mich zum Spiegel und lachte und lachte. Es war einen Moment still, ihre Platte schien wirklich abgelaufen, sie saß zusammengekauert da, und der Feigl-Karl schlich schnell aus der Stub.

Mein Platz war nur noch am Fenster, ich sah den Kurgästen nach oder den Leuten, die auf den Friefhof gingen. Ich erkannte sofort, wenn es jemand war, der ins Gemaahaus zum Übernachten kam, ich erkannte ihn an seiner Armut. Langsam und erschöpft kamen diese Leute die bergige, breite Straße herauf, und am schlimmsten war es für mich, wenn es eine Frau war, dann war in mir ein Gefühl, als wäre das meine Zukunft. Mami, schon wieder kommt eine Frau übernachten, sagte ich mit Angst. Äh ja, laß sie nur, was kümmert dich denn das! Aber ich sah der Frau jedesmal mit großen Augen entgegen, prüfte, ob sie jung, ob sie alt war. Ich hätte mich gerne mit ihr unterhalten, hätte gerne mehr gewußt, wie es gekommen war, daß sie so verarmt war und in der Welt umherzog. Aber wenn die Frau an mir vorbei in der Haustür verschwand, achtete sie nicht auf meine fragenden Augen. Und meine Mutter hatte für so eine kein Mitgefühl, sie wurde von ihr verachtet, sie nannte sie altes Straßenweib oder ehemaliges Puffmensch. Für die alte Tschampe bleibt weiter nichts, als Tippelweib zu sein, sagte sie. Aber so jung ich auch war, was meine Mutter über so eine verkommene Frau sagte, glaubte ich nicht, es konnte nicht richtig sein, denn ich sah mich heute und verglich mein Leben und meine Zukunft.

Als ich an einem Tag von der Arbeit kam, war meine Mutter wie ausgewechselt, auf einmal war ihre Stimme weinerlich und unglücklich, Wenn ich dich so seh, lamentierte sie, wie du rumläufst, da war doch meine Jugend Gold gegen, ich hab können mich nicht beschweren, ich hab alles gehabt, bei mir war nur das eine, daß ich hab nicht glücklich sein können, weil die Mutter und die Miez mitnander zusammengehalten haben, ich hab nicht zu ihnen gehören dürfen, aber sonst hab ich in meiner Jugend alle Freuden gehabt, wenn ich denke, wie lustig ich gewesen bin. Und sie bettelte mich, Walli, du darfst nicht mehr so viel zu Hause sitzen, ich will, daß du was von deinem Leben hast, du wirst jetzt immer tanzen gehn, ich will nicht, daß dein Leben so traurig ist, Sonntag wirst du tanzen gehn, im »Grünen Baum« ist Tanz. Ich sträubte mich mit Händen und Füßen, aber sie wollte, daß ich mit meinen Freunden gehe, ich sollte keine Rücksicht auf sie nehmen, nur glücklich wollte sie mich sehen. Ich frug die Else und die Mizzi, aber die Mizzi sagte, sie wäre krank und hätte nichts zum Anziehen. Weil meine Mutter drauf bestand, ging ich allein.

Einmal erzählte ich der Prinz-Fanny, daß ich immer allein zum Tanz ginge und früher verschwände, damit keiner von mir Genaues erführe, da sagte die Fanny, Walli, das ist gut so, wie du es machst, denn wer hört, wo du wohnst, und dich nicht kennt, denkt unrecht über dich. Die Fanny beobachtete mich, bald kam sie langsam auf mich zugeschlurft, sie konnte bei ihrer Arbeit nicht so fein wie ich angezogen sein, bei ihr war großer Holzstaub und bis an die Wände feine Späne, sie trug ein rotes Kopftuch, Leinenkleid, Arbeitsschürze und alte Schuhe, die Mädchen gingen ja alle mit Kopftüchern und Leinenkleidern. Langsam kam die Fanny auf mich zu, sekundenlang guckte sie mir in die Augen, sie wollte mir etwas sagen, zögerte aber, und nach einer Schweigezeit sagte sie, Walli, du bist ein sehr schönes Mädchen, ich hab darüber nachgedacht, wir beide werden von heute an immer zusammenbleiben, wir gehn mitnander fort, ich nehme dich überallhin mit, die Leute müssen doch erfahren, daß du des Ansehns wert bist, ich werde überall für dich sprechen, also, Walli, ich bring dich unter die Leute. Die Fanny war auch ein schönes Mädchen und ein sehr angesehenes dazu, und sie wagte viel, daß sie mit mir unter die Leute gehen wollte. Sonntag, sagte sie, ist im Hotel »Stadt Wien« nachmittags Tanz, dort gehen wir zusammen hin.

Meine Mutter freute sich, als sie das hörte. Da hast du zuwenigstens jemand, mit dem du zusammensein kannst, sagte sie, da brauchst du keine Angst mehr vor den Leuten zu haben. Meine Mutter war wie umgewandelt, sie wollte nur, daß ich Freude habe. Ich will dich lachen sehn, war immer ihr Reden. Am Samstagabend machte sie mir wieder die Bandeln in meine Haare, und bis zum Fortgehen blieben die Wickel drin. Heute ziehst du aber mal das weiße Kleid an, sagte meine Mutter, aber mir war das weiße Kleid, das ich noch aus Westfalen hatte, zum Tanzen nicht mehr fein genug, es war schon sehr oft gewaschen worden. Meine Mutter bestand darauf, und als ich es anhatte, brachte sie eine lange weiße Perlenkette. Vor ein paar Tagen schon hatte sie diese Kette aus dem kleinen Kolonialwarengeschäft des Meisters Handschmann mitgebracht, dort hatte sie die Kette liegen sehen und gefragt, ob sie sie mal mit nach Hause nehmen dürfte, sie wollte sie mir zeigen und am nächsten Tag wiederbringen. Als ich von der Arbeit kam, zeigte sie mir meine Mutter ganz glücklich und meinte, Hm, wenn sie dir gehört, die würde ja so gut zu dir passen. Mir gefiel die Kette auch, aber ich wußte, daß wir sie niemals kaufen konnten. Aber schön ist sie, meinte meine Mutter, die hat mir so gefallen, ich möchte sie am liebsten behalten, wenn ich nur Geld hätte. Mami, so etwas können wir nicht kaufen, ich will die Kette nicht haben, gib sie den Handschmanns zurück. Meine Mutter machte erstaunt, Und ich hab grade gedacht, ich kann dir eine Freude damit machen, wenn sie dir gehörte, guck nur mal, wie schön die aussieht. Sie hielt die Kette in den Händen und guckte mit glänzigen Augen darauf. Als ich nun das weiße Kleid zum Tanz anhatte, brachte sie mir die Kette wieder an, ich dachte, sie hätte sie den Handschmanns längst zurückgegeben, dabei hatte sie sie die ganze Woche über behalten. Ich möchte gern, sagte meine Mutter, daß du die weiße Kette auf dem weißen Kleid trägst, morgen bring ich sie auch zurück, aber heute kannst du sie ja mal umnehmen, schau, wie schön sie auf dein weißes Kleid paßt, und meine Mutter legte mir die Kette um den Hals. Ich sträubte mich, aber meine Mutter war unnachgiebig. Ach, bist du aber dumm, was du immerfort Angst vor den Leuten hast, es weiß doch gar niemand, daß dir die Kette nicht gehört. Ich legte die Kette um, es war ein sehr schöner Schmuck, aber ich fühlte mich nicht wohl. Hm, du siehst ja wieder schön aus, sagte meine Mutter, wenn heute wieder einer ist, der mit dir gehn will, daß du nicht so dumm bist, wenn dich wirklich einer gern hat, der fragt nicht danach, wo du wohnst. Schau unsere Miez, der Onkel hat sie aus einem Puff geheiratet, er hat nicht danach gefragt, wo er sie gefunden hat. Wenn er sie aus einem Puff geheiratet hat, dann ist er auch nur ein Puffkerl gewesen, antwortete ich, so einen werde ich nie heiraten. Meine Mutter sperrte erschrocken den Mund auf und meinte, Da mach doch, was du willst.

Ich ging eiligst die Straße nach Pürstein hinunter. Die Fanny hatte mich zu sich in die Wohnung bestellt. An ihrer Wohnungstür war ein goldenes Schild mit dem Namen und eine Klingel zum Drücken. Alles hier im Haus war peinlich sauber. Auf mein Klingeln hin machte ihre Mutter auf, sie achtete nicht auf meinen Gruß und ließ mich einfach an der Tür stehen. Die Fanny lief noch in einem kurzen Hemdchen herum, so eine feine Unterwäsche hatte ich noch nie gesehen. Die Fanny rannte zwischen Küche und Wohnstube hin und her, und die Mutter mußte ihr zu Willen helfen. Muttl, Muttl, schrie sie immerfort. Die Fanny musterte mich verstohlen, was ich anhatte und ob ich gut genug aussah. Sie zog ein hellblaues Kleid an, sehr kurz und sehr städtisch. Als ich sah, was die Fanny für ein feines Kleid anhatte, gefiel ich mir in meinem unmodernen Kleid nicht, ich fühlte mich neben der Fanny nicht mehr gut genug. Die Fanny guckte immer auf die Perlenkette, daß es mir gar nicht gut zumute war, aber sagen tat sie nichts. Auch beim Weggehen wurde ich von ihrer Mutter mit keinem Blick beachtet.

Von weitem hörte ich schon die Tanzmusik, und in meiner Brust waren Angst und Aufregung, auch die Fanny bekam ganz rote Backen, wir sprachen kaum etwas. Jetzt werden wir was erleben, sagte sie kurz vor dem Hotel »Stadt Wien«, wenn ich mit dir reinkomme, ich hab es den Mädchen gesagt, daß ich dich heute mitbringe. Die Fanny lachte verlegen, sie wußte, was sie jetzt erwartete. Aber laß sie nur, sagte sie zu mir, ich halte zu dir, ich setze mich neben dich, ich mach mir nichts draus. Wir gingen die Treppen hinauf zum Saal, die Kasse war neben der Saaltür und die Galerie mit der Kapelle über der Tür. Die Stühle und Tische waren ringsherum aufeinandergestellt, weil nicht viel Gäste hier waren. Vor der Tür auf der linken Seite saßen einige Mädchen zusammen, es waren im ganzen etwa zwanzig, und vor der Tür unter der Galerie stand das Dreifache an Jungen. Als ich mit der Fanny in den Saal kam und am Kassentisch stand, hörte ich schon das Tuscheln, und alle Burschen reckten die Köpfe. Als wir miteinander zu den Mädchen marschierten, hatte die Fanny ein verlegenes Lachen im Gesicht und sah ihnen entgegen. Zu meinem Schreck erblickte ich die Handschmann-Tochter. Es ging alles so vor sich, wie ich es mir im Bösen vorgestellt hatte. Die Handschmann-Tochter sah auf die Halskette und redete auf die Mädchen ein, sie rief sie zusammen, und die steckten die Köpfe ineinander und horchten und staunten. Ich hörte die Handschmann-Tochter zornig sagen, Runterreißen müßte man sie der Schlampe, und die Mädchen gaben ihr recht, und die Fanny wurde von ihnen angeherrscht, Und du nimmst diesen Fetzen auch noch in Schutz. Die Fanny ließ es nicht so weit kommen, daß sie mir was taten, das war nur mein Glück, sie beruhigte die Mädchen, aber die führten sich auf wie wildgewordene Gänse. Seit unserem Kommen stand ich drei Schritte von ihnen ab, sie hatten mich nicht näher kommen lassen. Die Fanny wurde von ihnen festgehalten, sie wollten nicht, daß sie sich um mich kümmerte, und die Kapelle auf der Galerie vergaß das Spielen, die Musiker hingen ihre Köpfe herunter und sahen nur zu uns. War das eine Schande, die nicht zu beschreiben ist! Dann fing die Musik an, die Burschen kamen herbeigeeilt und holten die Mädchen zum Tanz. Viele bekamen keine Tänzerin ab und kehrten wieder zurück. Ich wagte mich nicht zu setzen und blieb neben den Tischen stehen. Der Erich von der Schiefertafelbude war auch hier, und er tanzte die erste Tour mit der Fanny. Beim Tanzen kamen die Paare nahe heran und stießen mich, daß ich zwischen die Tische kam, die Stühle polterten herunter, dabei stand ich schon weit genug zwischen den Tischen und Stühlen, und immer noch schoben sie mich, und dabei lachten sie. Als sich die Mädchen wieder auf ihre Plätze setzten, behielten sie die Fanny bei sich und sagten, Daß du nicht zu dem Fetzen gehst, wie du die nur hierherbringen kannst. Ich wäre ja gerne davongelaufen, aber ich schämte mich vor den Burschen, weil ich ja an ihnen vorbei mußte, wer weiß, was die Mädchen hinter mir hergerufen hätten, ach, ich wäre am liebsten in den Erdboden versunken, wenn sich nur ein Spalt aufgetan hätte. Dann erbarmte sich die Fanny meiner und sagte, Komm, Walli, setz dich, du brauchst nicht stehen zu bleiben. Weiter weg, forderten die Mädchen, und am schlimmsten führte sich die Handschmann mit ihrer häßlichen Larve auf. Die Fanny setzte mich nicht allzu weit entfernt von den Mädchen. Mein Mund war wie zugeklebt, ich konnte kein Wort sprechen, und beim Tanzen war es wieder so, daß die Paare absichtlich an meinen Tisch stießen und ihn schoben und dabei lachten. Die Fanny mußte mich noch weiter wegschaffen, sie ging mit mir auf die andere Seite des Tanzsaals, wo die Stühle hochgestellt waren. Die Fanny nahm einen Stuhl vom Tisch und sagte, Walli, setz dich hierhin, ich muß noch mal zu den Mädchen, ich komme nachher zu dir, sei mir nicht böse. Die Mädchen riefen derzeit immer, Fanny, komm rüber, kümmere dich nicht um die Schlampe. Und auf ihre Rufe hin lief die Fanny schnell zu ihnen zurück. Nur nicht weinen, nur nicht weinen, hämmerte es in meinem Kopf, und mit Angst dachte ich daran, daß der Brandl-Seff plötzlich zur Tür reinkäme, oh, ich wüßte nicht, was das für mich wäre. Schwindlig wurde mir, im Mund hatte ich Wasser, vor meinen Augen wurde es dunkel und hell. Ich muß festbleiben, dachte ich immerzu, ich darf nicht ohnmächtig werden. Die Fanny kam nicht mehr zurück, ich nahm mir vor zu gehen, wenn sie alle tanzten, da konnten sie mir nicht so nachsehen, aber ich saß wie angewurzelt da, zum Begucken, zum Belachen, zum Verspotten, dann, zum Glück, kam die Fanny und sagte, Komm, Walli, ich bring dich nach Hause. Ich war froh, als ich die Tür hinter mir hatte. Walli, ich kann dir nicht helfen, sagte die Fanny zu mir, ich bring dich nur ein Stück nach Hause, damit du nicht allein bist, lange kann ich nicht wegbleiben, die Mädchen schimpfen sonst auf mich und wollen für immer auf mich böse sein. Nach einem Stück Weg gab sie mir die Hand. Ich ging wie geschlagen die Straße zum Gemaahaus hoch, ich ging langsam, um zur Ruhe zu kommen. Blamage, dachte ich, Blamage, ist noch schlimmer als geschlagen werden. Als mich meine Mutter am Fenster vorbeikommen sah, rief sie erstaunt, Du kommst schon nach Hause, und als ich zur Tür reinkam, wollte sie wissen, was passiert war. Ich sagte, daß die Handschmann-Tochter im Saal gewesen war und daß sie mich wegen der Kette Schlampe und Fetzen geschimpft hatten. Oh, hab ich mich geschämt, sie haben alle auf mich geguckt und gelacht, nur gut, daß die Fanny zu mir gehalten hat! Meine Mutter nahm es leichthin. Äh, nimm es nicht so schwer.

In der Nacht konnte ich nicht einschlafen. So wird es immer sein, dachte ich und biß meine Zähne zusammen, um nicht zu weinen. Meine Mutter spürte meine Herzensnot. Walli, rief sie halblaut, weinst du? Nein, Mami, ich weine nicht. Es hört sich aber grad so an, als ob du weinst, nimm dir nur nicht alles so zu Herzen, sonst wirst du in deinem Leben nicht froh, sei nur ruhig, und wein nicht mehr, wir werden schon sehn, was wir machen, vielleicht gehen wir doch noch mal von hier fort, schlaf nur jetzt, wir unterhalten uns morgen weiter. Wir beide schwiegen, und dann hörte ich meine Mutter schluchzen. Mami, hör nur du jetzt mit dem Weinen auf, tröstete ich sie, wir machen zurück nach Seestadtl, dann wird der Tati wieder mit bei uns sein, er wird sich bestimmt geändert haben. Da konnte meine Mutter nicht mehr an sich halten und fing verzweifelt an zu weinen. Ich setzte mich auf den Stuhl neben ihr Bett und tröstete sie mit allem, was ihr das Herz leichter machte.

Am nächsten Morgen ließ mich meine Mutter von ihrem Vorhaben wissen, und ich fiel ihr vor Freude um den Hals und drückte sie tüchtig. Sie hatte ja schon lange davon gesprochen, daß sie sich ihre ganze Rente auszahlen lassen wollte, also hatte sie sich doch nicht mit ihrem Schicksal im Armenhaus abgefunden. Am Anfang war die Not auch noch nicht so zu spüren gewesen, sie konnte überall noch Schulden machen, die Gemeinde half uns, wir konnten Holz und Kohlen auf Quittungen holen, aber jetzt gab die Gemeinde nichts mehr, wir bekamen nirgends mehr was geborgt, und die Rente und unser Verdienst waren für unsere große Familie zu wenig. Außerdem konnte sie in Pürstein keinem mehr etwas von sich erzählen, darum fühlte sie sich jetzt vereinsamt, und ihr Herzweh wurde immer schlimmer, sie wollte jetzt unbedingt wieder zurück nach Seestadtl, wo sie ihre Kindheit und ihre lustige, schöne Jugend verbracht hatte. Sie mahnte mich, daß ich keinem was erzählen sollte, warum sie ihren Fuß hatte wegnehmen lassen, sie sagte, Die Miez und Mutter, die täten mich ja auslachen, wenn sie wüßten, daß ich es seinetwegen gemacht habe, und heute sitz ich hier im Armenhaus mit einer Hucke kleiner Kinder, und er läßt nichts von sich hören. Und sie klagte ihr Leid und weinte. Ach, wenn das die Mutter wüßte, warum ich mir meinen Fuß hab abnehmen lassen, wenn sie wüßte, daß ich ihn noch haben könnte, die würde sich vor Verzweiflung die Haare ausreißen, und die Miez, die würde sich totlachen, Walli, daß du ja nie etwas der Mutter oder der Miez erzählst. Sie machte sich ja auch große Sorgen, weil die Rente nicht berechtigt war und nur mein Vater davon wußte, sie hatte immer Angst, daß der Vater mit der Mutter und der Miez zusammenhielt, obwohl das Gegenteil der Fall war, in Wirklichkeit war er krank und zog sich ins Alleinsein zurück, sie hatte aber Angst, daß er ihr die Rente nicht vergönnte und es der Miez sagte. Aber Mami, wollte ich sie beruhigen, die reden doch nicht mit ihm, die würden ihn doch fortjagen, wenn er vor ihrer Tür steht. Oh, was du denkst, so böse sie auf ihn sind, wenn er zu ihnen kommt und sagt, was er von mir weiß, freuen die sich nur, aber wenn ich mir das Geld auszahlen lasse, können sie es meinetwegen erfahren, dann kann mir nichts mehr passieren. Meine Mutter nahm sich vor, wenn sie Geld hatte, alle Schulden zu bezahlen, die Leute sollten sehn, daß sie ehrlich war, und sie sollten ihr in Pürstein nichts Schlechtes nachreden. Vielleicht brauch ich sie noch einmal, sagte sie, da kann ich mich zuwenigstens jederzeit hergetrauen. Mami, willst du denn wieder hierher? Sie hob die Schultern und sagte, Man kann doch nie wissen, wie es noch einmal wird, mir wird nichts anderes übrigbleiben, sie sollen alle ihr Geld kriegen. Meiner Mutter fiel es nicht leicht, sich die ganze Abfindung geben zu lassen, ihr wäre es lieber gewesen, alle Monate paar Kronen zu bekommen, so aber hatte sie das Geld sicher und brauchte keine Angst mehr haben.

In der Schiefertafelbude war ich nur still und wagte meinen Kopf nicht zu heben. Die Fanny war lustig und temperamentvoll wie immer, nur ab und zu beobachtete sie mich verlegen. Ich konnte nicht lachen, meine Augen sahen immer nur auf einen Punkt, und über das Vorgefallene sprachen wir nicht. Noch am Montag war die Frau Handschmann am frühen Morgen bei uns gewesen und hatte die Perlenkette zurückverlangt. Meine Mutter hatte jetzt nur noch im Sinn, sich die Abfindung auszahlen zu lassen, immerzu sagte sie, Ich will jetzt wieder nach Seestadtl, hier bleiben wir nicht, ich will jetzt wieder nach Seestadtl, ich hab mir was ausgedacht, und das will ich durchsetzen, nur daß mir die Rente nicht verlorengeht, und mir war es nach all dem recht so, von Pürstein wegzukommen. Meine Mutter hatte nach Deutschland geschrieben, und sie bekam ihre Abfindung auch zugesagt, und mit dieser Zusage konnte sie geringe Lebensmittel auf Schulden weiter bekommen, da die Kaufleute wußten, daß sie Geld in Aussicht hatte.

Und dann kam das Geld. Siebenundzwanzigtausend Kronen. Der Postbote brachte es, und meine Mutter war so aufgeregt, daß sie ihm gleich hundert Kronen Trinkgeld gab. Das Geld kam am frühen Nachmittag, ich war noch arbeiten. Eine Frau wollte mich sprechen, die Mädchen kamen eiligst zu mir gerannt und erzählten mir, daß wir Geld bekommen hätten, meine Mutter hatte die Frau geschickt, daß sie mir diese Nachricht ausrichten sollte, und sie hatte ihr dafür auch ein Trinkgeld von hundert Kronen gegeben. Am Abend eilte ich nach Hause. Meine Mutter war vor Freude ganz außer sich, zum erstenmal in ihrem Leben hatte sie so viel Geld in der Hand. Sie hatte es im Kleiderausschnitt stekken, um die Hüften hatte sie eine Schnur gebunden, damit ihr das Geld nicht herunterrutschte, und des Nachts lag es unter ihrem Kopf. Als sie sich etwas beruhigt hatte, hatte sie Tag und Nacht Angst, daß sie in ihrer Stub überfallen würde. Was will ich denn machen, sagte sie, wenn jemand reinkommt und mir eins über den Schädel gibt, ich kann dann nicht mehr sagen, wer es gewesen ist. Am meisten fürchtete sie sich vor den Feigls, sie meinte, Dem Karl trau ich es zu. Ich tröstete meine Mutter, daß sie nicht so viel Angst haben sollte, wir wären doch bei ihr, aber sie meinte, Der Feigl-Karl ist zu allem fähig, dem sieht man es an. Außerdem fing meine Mutter an zu klagen, daß die Leute im Haus alle darauf warteten, daß sie von ihrem Geld was verschenkte. Wie die Leute sich nur so etwas einbilden können, was habe ich denn davon, wenn ich ihnen von meinem Geld gebe, was gehn mich die Leute im Haus an! Bei uns hatte jetzt erst einmal die große Hungersnot ein Ende, es duftete alle Tage nach Bratenfleisch, alle Schulden wurden bezahlt, auch der Stamm-Jud bekam sein Geld. Er ließ sich in der letzten Zeit nicht mehr bei uns sehen.

Als ich an einem Tag von der Arbeit nach Hause kam, saß bei uns eine lange hagere Frau am Tisch. Ihr sah man auf den ersten Blick an, daß sie Jüdin war, es war Frau Stamm, die Schwägerin. Sie hatte wohl geweint, und als meine Mutter sagte, Das ist unser Mädchen, wurden ihre Augen ganz groß. Was, das ist das Mädchen, von dem sie mir erzählt haben, haben Sie denn so ein schönes Mädchen? Frau Stamm begann wieder ganz unglücklich zu weinen. Frau Wirth, warum haben Sie es nicht zugelassen, ach, mein Schwager kann es nur ehrlich mit diesem Mädchen gemeint haben, und wir hätten nicht danach gefragt, ob sie arm ist, wir hätten es gerne gesehen, wenn er es zu uns gebracht hätte, dies Mädchen hätte mein Schwager nicht betrügen können, er hätte sie geliebt und wäre glücklich gewesen, ach, Frau Wirth, warum haben Sie meinem Schwager nicht Ihr Mädchen gegeben. Die Frau hielt die Hände ringend in die Höh und weinte und weinte, wenn sie davon früher gewußt hätte, wäre sie selbst hergekommen und hätte mich für ihren Schwager geholt. Ihr Schwager, der Herr Stamm, der jede Woche zu uns gekommen war, so erfuhren wir heute von ihr, hatte in Klösterle ein Mädchen gehabt, die drei Monate schwanger war, er wollte das Mädchen nicht haben, er ging mit keinem Mädchen lange, er warf sie immer gleich weg, da war das schwangere Mädchen auf das Bahngleis gegangen und hatte sich vorn Zug geworfen, und seitdem war der Herr Stamm spurlos verschwunden, niemand wußte, wo er war. Später hörte meine Mutter von den Leuten, daß dieser Stamm sich in den Wald zurückgezogen hatte, er sollte in einer Höhle hausen, die Leute meinten, er wäre nicht normal, er war gesehen worden, in Lumpen gekleidet, langgewachsenes Haar und Bart bis auf die Brust, damit ihn niemand kennen sollte, und er liefe davon, wenn Leute kamen.

Meine Mutter hatte jetzt nur noch im Sinn, mit der Miez gut zu werden. Ich brauche ihre Hilfe, sagte sie, denn ich will wieder zurück nach Seestadtl, ich werde der Miez Geld anbieten, daß sie mir helfen soll. Sie hatte ihr einen Brief geschrieben und gleich viel Geld mitgeschickt, wieviel, das konnte ich nicht erfahren, aber es mußte eine schöne Summe gewesen sein. Nun wartete meine Mutter auf Antwort. Sie hatte die Miez gebeten herzukommen, weil sie sich gern mit ihr aussprechen möchte. Meine Mutter schrieb mehrere Male und erhielt auch einige Briefe, aber sie behielt sie alle für sich. Äh, zu was brauchst du denn zu wissen, was ich geschrieben habe oder was in dem Brief steht, sagte sie, das sind meine Angelegenheiten, du brauchst dich nicht drum zu interessieren. Seitdem meine Mutter das viele Geld bekommen hatte, wartete ich darauf, daß sie sagte, Ich gebe dir paar tausend auf die Kasse, du wirst zusehn, daß du heiratest und versorgt bist und nicht mehr schwer arbeiten brauchst. Daran dachte sie aber nicht, sie ging mit dem Geld leicht um, und ich sah mit Sorge, daß von dem Geld kein Heller mehr übrigblieb. Meine Mutter kaufte und kaufte. Kinder, jetzt könnt ihr euch alles wünschen, jetzt haben wir Geld, jetzt können wir kaufen! Ich war darüber nicht glücklich, ich wartete immer noch, ob meine Mutter selbst daran dachte, dann faßte ich mir ein Herz und sprach in bittendem Ton, Mami, du hast jetzt so viel Geld, gib mir fünftausend Kronen in die Kasse, weißt du, wenn ich mal heirate, dann hab ich wenigstens was. Ich stand am Spiegel, und sie wollte grade durch die Stub laufen, als ich mein Verlangen vorbrachte. Sie drehte sich um und guckte mit offenem Mund und Augen, als ob sie eben aus einem Traum erwachte, sie sagte kein Wort, und mir tat es sofort leid, daß ich ihr Geld in Anspruch nehmen wollte. Ach, hätte ich doch nichts gesagt! Was mag sie sich gedacht haben? Vielleicht hat sie gedacht, von meinen Grieblkreizern soll ich dir geben, daß du mal heiraten kannst, mit meinen Grieblkreizern kann ich machen, was ich will. Im Moment sah ja auch alles gut für mich aus, sie brachte Kleider mit nach Hause, etwas einfache Unterwäsche, zu essen hatten wir jetzt zum erstenmal im Leben genug, aber trotzdem war ich nicht glücklich, denn das würde ja nicht immer so bleiben. Mami, in was für einen Dienst werde ich gehen, wenn wir nach Seestadtl ziehn, frug ich sie besorgt. Äh, laß uns erst mal nach Hause kommen, du wirst schon Arbeit finden, jetzt hab ich andere Sorgen, jetzt will ich erst mal von hier fort. Ihre Art und ihr Ton waren grimmig. Jetzt muß ich erst mal sehn, daß ich mit der Miez gut werde, ohne ihre Hilfe geht es nicht, so wie ich es mir vorgenommen habe, sie muß erst einmal herkommen, daß ich mich mit ihr versöhne.

Und eines Tages saß die Tanti in unserer Stub auf dem Stuhl. Meine Mutter hockte auf dem Bettrand und weinte und klagte und jammerte, und ihre Zunge flatterte. Die Miez war ruhig, sie drückte ihre großen Glotzaugen noch mehr raus, ihr Gesicht sah aus, als ob sie vor Mitleid ganz gerührt wäre. Ich blieb an der Tür stehn und guckte von einer auf die andere und dachte bei mir, Also das ist die Aussprache, die meine Mutter meint, ich hörte nur immerfort, Du hast von mir gesagt, ich tue es ja immer nur, wenn ich Wut auf dich habe, und die Miez antwortete, als wollte sie weinen, Du hast von mir dies und das gesagt, da hab ich dann das gemacht. Die Mami weinte und klagte, was sie in ihrem Leben schon alles durchgemacht hätte, ihr wäre es überhaupt noch nicht gut gegangen. Die Miez saß da und guckte drein wie eine Sünderin. Es mußten für sie paar Semmeln geholt werden, aber sie aß sie nicht, und am selben Tag fuhr sie zurück nach Seestadtl. Von meiner Mutter wußte ich dann, daß die Miez Wohnung für uns suchen wollte und daß sie ihr Geld mitgegeben hätte, daß sie die Wohnung gleich mit Miete festmachte. Nun konnten die Leute auch wissen, daß ihr die Schwester helfen wollte, nach Seestadtl zurückzuziehen, es ging immer noch um ihre Schwester. Dann kam auch die Nachricht, daß die Miez in Seestadtl eine Wohnung für uns gefunden hätte, eine Vierzimmerwohnung. Ich war sehr glücklich darüber, was das für mich hieß, eine richtige Wohnung mit Möbeln, ein Bett für mich allein, das kann ich gar nicht beschreiben. Ich bettelte meine Mutter, daß ich ein Zimmer allein haben möchte. Meinetwegen, sagte sie, kannst ein Zimmer allein haben.

Der Albert war nicht zufrieden, daß wir wegziehen wollten. Warum machen wir denn eigentlich fort von hier, meinte er, es geht uns doch gar nicht so schlecht, von mir aus brauchen wir nicht nach Seestadtl. Ich erschrak, weil ich Angst hatte, daß die Mami es sich mit der Abreise noch anders überlegte. Aber sie wollte auf keinen Fall bleiben, auch wenn die Leute im Ort sich jetzt Mühe gaben, meiner Mutter vorzuschlagen, wie sie ihr Geld anwenden sollte, sie sollte sich in Pürstein eine Wohnung nehmen oder sich ein kleines Häuschen kaufen, sie sollte sich nicht auf die Kinder verlassen, daß die sie im Alter versorgen würden, sie sollte ihr Geld gut anlegen, die Leute meinten sogar, wenn ihr Leben geordneter wäre, würde sie bestimmt einen Mann fürs Leben finden. Sie meinten es gut mit meiner Mutter. Aber sie hatte noch nie in ihrem Leben gute Hilfe annehmen können, auf die Warnungen der Leute hörte sie nicht und meinte, Äh, was gehn mich die fremden Leute an, was die mir sagen, ich mache, was ich will, ich laß mir von niemandem reinreden, die Leit sei jo olle bleed, was geht's denn die an, was ich mit den Grieblkreizern mach, ich hab meine Hax dafür hergegeben, und wenn ich mal wieder nichts zu fressen hab, da gibt mir niemand was, da kümmert sich auch niemand um mich und fragt mich, ob ich was zu fressen haben will oder nicht, ich scheiß auf das, was die von mir wollen, ich will nur nach Seestadtl, und dazu brauch ich denen ihre dummen Guschen nicht. Ich war sehr froh über die Meinung meiner Mutter, denn wenn wir in Pürstein blieben, würden wir auch im Armenhaus wohnen bleiben, dazu kannte ich meine Mutter nur zu gut.

Bald kam die Zeit, da brauchten wir nur noch vom Gemaahaus Abschied nehmen. Zwei Tage vor der Abreise traf ich die Bartl-Else. Ich hatte die beiden Mädchen in der letzten Zeit selten gesehen. Wir waren wohl auf dem Heimweg zusammen, aber zum Spazierengehen holten sie mich nicht mehr ab, ich merkte, daß sie die Köpfe einzogen und mit mir nichts mehr zu tun haben wollten. Als die Else mich heute sah, kam sie mir freudig entgegengerannt, sie war ruhiger geworden, in ihren Augen sah es dunkel und müde aus. Walli, ich hab dich lange nicht gesehn, ich hab gehört, daß ihr von Pürstein fortmacht, ist das wirklich wahr? Ja, das ist wahr, wir machen nach Seestadtl zurück, wir werden eine anständige Wohnung haben und neu mit dem Leben anfangen. Die Mizzi ist krank, Walli, sagte die Else, die muß im Bett liegen, die ist jetzt gar nicht mehr rausgekommen, sie wird aber horchen, wenn ich es ihr sage, daß du fortmachst, wann macht ihr denn fort, Walli? Übermorgen, sagte ich ihr, und die Else wollte gleich zur Mizzi gehen, ihr alles erzählen. Gut, daß wir uns jetzt noch getroffen haben, Walli, sagte sie, wir haben dich oft beleidigt, kannst du uns verzeihn? Ich wollte davon nichts wissen, denn das Erinnertwerden beschämte mich wieder, ich sagte, Aber Miezi, wir haben uns doch so gut verstanden, ich war am liebsten mit euch zusammen. Walli, wir haben dich sehr oft beleidigt, das war nicht schön von uns. Nein, Miezi, ihr habt mich nicht wirklich beleidigt. Da haben wir Dir also nichts getan? Ihr seid immer gut gewesen. Wenn das so ist, Walli, bleibst du mit uns zusammen, sagte die Miez, und wir besprachen uns, daß ich ihnen gleich am ersten Tag schreiben und sie im Frühjahr nächsten Jahres noch besuchen würde. Ich habe ihnen nie geschrieben, und die Miezi ist im andern Jahr gestorben, daß ich mein Versprechen nicht einhalten konnte. Damals hatte ich bei mir gedacht, daß es gut war, daß ich von hier fortmachte, denn in Pürstein wäre ich immer nur das geblieben, was ich war, eine verrufene Asyl-Gemaahausmaad.

Mit meiner Mutter war nicht gut zu sprechen, sie hatte nur noch die Miez im Kopf und daß sie zusehn wollte, immer mit ihr zusammenzubleiben. Und wenn ich frug, was aus mir werden sollte, hatte sie nur eine bissige Antwort, Was geht das mich an, was aus dir werden soll, kümmere dich, bist alt genug dazu. Beim Auszug konnte ich mich vor dem Spiegel, den mir das Päppl überlassen hatte, nicht trennen, denn in ihm blieben ja auch für mich so viel Erinnerungen, aber ich traute mich nicht zu fragen, ob ich ihn mitnehmen dürfte. Ich nahm ihn von der Wand, rannte mit ihm aufgeregt hin und her und konnte mich nicht trennen. Mami, ich nehm den Spiegel mit, sagte ich. Sie wurde böse. Den alten Spiegel läßt du hier, den brauchen wir nicht! Och, Mami, bettelte ich, ich möchte ihn mitnehmen. Da schrie sie gereizt, Zu was brauchen wir den Spiegel, der gehört uns nicht, häng ihn wieder hin, nachher sagt die Alte, wir hätten ihn gestohlen, ich möcht mir nichts nachreden lassen. Ach Mami, bettelte ich, du hast doch jetzt Geld, bezahl dem Päppl den Spiegel, ich möcht ihn so gerne mitnehmen. Nischt wird, für solches Zeug geb ich kein Geld her, möcht wissen, zu was du den Spiegel mitnehmen willst, häng ihn hin, ich brauche von den Leuten kein Zeug. Das Päppl hat ihn mir bestimmt geschenkt, sagte ich. Laß mich jetzt in Ruh mit dem Spiegel, bevor ich erst in Wut komme, und sie fletschte schon ihre drei langen Zähne, und ihre Augen schimmerten wie unruhiges schmutziges Wasser. Es tat mir leid, daß ich den Spiegel zurücklassen mußte. Als meine Mutter als letzte ins Auto stieg, wurde sie noch mal von den Feigls zurückgerufen. Als sie wieder zurückkam und im Auto saß, beschwerte sie sich über sie, weil sie gebettelt hatten, daß sie ihnen das Grammophon lassen sollte. Das sind ja bleede Leute in dem Haus, ich werd denen das Grammophon nicht schenken, das will die Mutter haben, ich behalte es nur, wenn sie es mir läßt, ich war ja so froh, daß sie es uns geschickt hat, und jetzt werde ich es fremden Leuten schenken, die haben alle gewartet, daß ich ihnen von meinem Geld gebe, und jetzt sind sie enttäuscht, das wäre nicht schön von mir, haben sie gesagt, wer gibt denn mir was, wenn ich nichts habe, sei dös owo bleede Leit in dem Haus.

3

Es war im September neunzehnhundertdreißig, als wir nach Seestadtl zurückzogen. Unsere Wohnung war in einem neugebauten Dreieckshaus, und als erstes führte uns die Hausbesitzerin durch die Wohnung. Sie hieß Frau Glaser und war eine ganz einfache, grauhaarige Frau, sie war ledig und lebte mit einem verheirateten, schwerkranken Mann zusammen und besaß zwei Häuser. Das eine war ein großes Haus mit Lebensmittelgeschäft, gleich an der Hauptstraße, und das Dreieckshaus stand in einer Seitenstraße bergein. Eine Tochter von der Frau Glaser wohnte eine Treppe. Gleich vorn an der Haustür wohnte in einer kleinen Stub eine Familie Schobert mit zwei Kindern, Junge und Mädchen, die noch zur Schule gingen. Von der Haustür führte ein schmaler, kurzer Flur gleich geradeaus auf unsere Tür zu. Die erste Stub war länglich mit einem großen Fenster, die zweite Stub war eine Dreiecksstub, etwas größer als die schmale Stub, die Dreiecksstub hatte zwei Fenster, zwischen den beiden Fenstern war eine Doppeltür, durch die man über ein paar schmale Steinstufen auf die Straße gelangte. Hier hinten standen viele kleine Häuschen, einen kleinen Hof hatte das Dreieckshäuschen auch, und unter der Straße floß die Biela durch. Unsere anderen beiden Zimmer waren unten im Keller, das vordere war länglich und hatte ein Fenster, das andere war ein Dreieck wie oben mit zwei Fenstern, aber es waren Kellerfenster. Der Fußboden war aus Zement ebenso wie oben auch. Als wir uns die Wohnung ansahen, sagte die Hausbesitzerin, daß die Miete von der Miez für vierzehn Tage ausgelegt wäre, die andere Hälfte müßten wir noch bezahlen. Meine Mutter war über die Miez enttäuscht, daß sie so sein konnte. Ich hatte Freude am Wohnunganschauen, weil ein Zimmer mir ganz allein gehören sollte. Frau Glaser sah mich gerührt an, sie hatte die Augen immer auf mich gerichtet. Ich war von der Wohnung so begeistert und hatte Freude, und meine Mutter ließ mir meinen Willen, weil sie merkte, daß die Hauswirtin für mich ein weiches Herz hatte. Frau Glaser frug meine Mutter, ob sie denn für die hohe Miete aufkommen könnte. Ich tue es ja nur für die Kinder, sagte meine Mutter, weil sie auf die Frage nichts sagen wollte, das Mädchen will halt gerne mal ein Zimmer für sich haben, na, da soll sie ihre Freude haben, und mich frug sie, Walli, bist du jetzt mit allem zufrieden? Aber das war weiter nichts als Verlegenheit von ihr, sie wollte, daß bei der Frau kein Mißtrauen aufkommen sollte. Frau Glaser stand da und lächelte gerührt und sah mit gutem Herzen in mein Gesicht. Und als wir vom Keller wieder hinaufstiegen, sagte sie, Versuchen Sie es halt, ob Sie die ganze Wohnung halten können, wenn es Ihnen zu schwer wird, sagen Sie es, da können Sie ja die Kellerwohnung abgeben und behalten nur die beiden Zimmer oben, sagen Sie es aber rechtzeitig.

Nun fehlte uns die Einrichtung, die Miez hatte von dem Geld keine Möbel gekauft, meine Mutter mußte sie sich selbst anschaffen, sie machte dabei kein glückliches Gesicht, denn ihr Geld war ja durch die Miez und die Mutter und die Hanl-Familie, bei der sie sich zuerst aufgehalten hatte, schmaler geworden. Alle hatten von ihr genommen, auch wenn sie immer so taten, als wollten sie nicht. Ich hatte beobachtet, wie die Mutter und Frau Hanl sich anschielten und spöttisch über meine Mutter lächelten, und ich hatte gehört, wie die Mutter gesagt hatte, Behalt nur dein Geld, wir brauchen von dir kein Geld, heb es dir nur auf, und meine Mutter darauf sagte, Äh nein, Mutter, ich hab jetzt Geld, da will ich euch auch mal was schenken, ich hab von euch schon gekriegt, und ich hab es euch können nicht danken, aber jetzt sollt ihr alle auch mal was von mir kriegen, ihr wart alle immer gut mit mir, und ich habe immer nur nehmen können, wenn ich euch jetzt was gebe, tue ich es gerne. Jesses Mariä, Josefferle, was sollen wir denn mit deinem Geld, lamentierte dann die Mutter, und Frau Hanl schmunzelte schief, mit breitgezogenem Mund und falschen Schlitzaugen. Meine Mutter merkte von alldem nichts, aber ihr Geld wurde immer weniger. Ich hätte ihr nichts sagen dürfen, da wäre sie mit mir grob geworden.

Es waren sehr altmodische Möbel, die meine Mutter gekauft hatte, aber nicht schlecht, sie waren gelb gestrichen und voller Wanzen. In die Dreiecksstub kamen paar Ehebetten, auch Nachtschränkchen zu jedem Bett, Federbetten und Kopfkissen, ein kleiner unmoderner Schrank, der aber gut aussah, er hatte oben an allen vier Ecken eine dicke runde Kugel, und in der schrägen Ecke stand noch ein Bett. Die längliche Stub war unsere Küche. In unserer Familie hieß es nicht Küche, es hieß immer nur Stub ohne e, es kam vielleicht daher, weil wir immer nur einen Raum gehabt hatten. In der Küche stand ein schmales, recht altes Küchenbüfett, das aussah wie ein Kaninchenstall, auch ein Sofa stand hier und ein Küchentisch und Stühle. In den Kellerstuben war kein elektrisches Licht, man mußte sogar am Tage mit Kerzenlicht umhergehen. Die tiefen Kellerfenster blieben ohne Gardinen, alles Betteln und Verlangen von mir war umsonst. Ich war auch enttäuscht, weil wir keine Matratzen, nur Strohsäcke in den Betten hatten, und ich jammerte darüber, daß meine Mutter grob wurde. Scheiß auf deine Matratzen, ich hab kein Geld mehr dafür übrig, ich muß mir mein Geld einteilen, habe schon viel zuviel ausgegeben, und außerdem täten sie nur verfaulen. Die Jungen sollten in den Ehebetten im Dreieckszimmer schlafen und ich im vorderen schmalen Zimmer. Zum Schlafengehen ging ich keinen Abend allein hinunter, die Kellerwohnung war feucht, und große Wasserpfützen standen, und es war sogar so, daß dicke Kröten dort herumhopsten oder auf meinem Bett saßen, erst mußten die Jungen im Bett sein, dann ging ich auch, oder wir gingen alle zusammen. Die Betten waren mit neuer weißer Bettwäsche bezogen, oben im Dreieckszimmer lag über den Ehebetten eine gelbe Tagesdecke mit Fransen, sie glitzerte wie Gold, wenn die Sonne draufschien. Diese Tagesdecke hatte die Frau Stamm aus Klösterle uns nach Pürstein gebracht. Meine Mutter hatte gesagt, daß sie sie für mich aufheben wollte, nun lag sie hier über die Betten gebreitet. Meine Mutter frug mich nicht, ob es mir recht war, und ich frug sie auch nicht, es genügte mir, daß ich sie liegen sah.

In der ersten Nacht hatte ich in unserer neuen Wohnung gut geschlafen, weil ich mich freute und dachte, ein neues Leben würde für uns beginnen. Ich war stolz darauf, auch mal in einer anständigen Wohnung zu leben, und ich wollte putzen, Staub wischen, reinemachen, ich wollte unsere neue Wohnung sauberhalten, so wie es bei allen Leuten gemacht wurde und wie ich es in anderen Haushalten kennengelernt hatte. Und als erstes verlangte ich von meiner Mutter einen Hader. Zu was willst denn einen Hader? wollte sie wissen. Mami, ich will Staub wischen. Sie guckte mich komisch und fast mit Widerwillen an und gab mir dann einen Fetzen Hader. Am anderen Tag konnte ich den Hader auf seinem Platz nicht finden, und ich schimpfte und verlangte einen neuen. Zu was brauchst denn heute schon wieder einen Hader? Aber Mami, heute ist doch schon wieder Dreck, es ist alles tüchtig staubig, bei den Leuten im Dienst hab ich auch alle Tage Staub wischen müssen. Sie gab mir den Hader, aber sie trampelte unruhig hin und her, sie warf grimmig ihren Kopf zurück und guckte mich mit flimmrigen Augen an, und plötzlich riß sie mir den Hader wieder aus der Hand und schrie, Das machst du nicht richtig, ich mach es mir selbst. Ach, Mami, laß es mich doch machen, ich mach es so gerne. Wie du es bei den Leuten hast machen müssen, gefällt's mir nicht, schrie sie, her den Hader, da könnt ich dir alle Tage einen geben, und überhaupt, ich brauch keinen, ich mach das ganz anders. Sie sprang polternd auf, immer ein Bein nach sich ziehend, und hopste in die Küche, um einen Handfeger zu holen, und dann fuchtelte sie mit dem schmutzigen Handfeger über die Glasplatten der Nachtschränkchen und schimpfte, Siehst du, so mach ich es, ruckzuck bin ich fertig, was geht mich an, wie du es im Dienst hast machen müssen, ich mach mit meinem Zeug, was ich will, ich richte mich nicht nach den Leuten. Sie hantierte mit dem Handfeger und drohte mir, Daß du mir morgen nicht mehr hier reingehst und Staub wischen tust. Heimlich fand ich einen Hader und wischte dann doch über die Möbel, aber da hörte ich gleich ihre Stimme, Walli, was machst du, wirst du rausgehn. Oh, wie sie schreien konnte, und wie nervös ihre Augen funkelten! Ich wollte den Fußboden wischen, weil von den Strohsäcken unter den Betten viel Dreck lag, und vom Rein- und Rausgehen war es vor der Tür auch schmutzig, überall war was zu tun, aber als ich davon anfing, schrie sie wieder, Ich will nicht, daß du alle Tage wischen tust, ich nehme den Besen und kehre, und das ist viel besser als wischen, ich mach mir meine Arbeit selbst, da brauch ich niemanden dazu, ich laß mir nicht reinreden. Und meine Mutter kehrte, daß der Dreck wirbelte. Auch beim Wäschewaschen durfte ich ihr nicht helfen. Ein Waschhaus gab es für die einfachen Leute nicht, der Wäschetrog kam in die Stub auf zwei Stühle. Meine Mutter ließ mich nicht ran, auch wenn ich noch so bettelte, Mami, laß mich doch mit waschen, ich kann es doch auch. Äh, geh mir nur weg, du machst mir zuviel Geschichten, das kann ich nicht leiden, ich mach mir meine Arbeit am liebsten selbst, na, na, iech löß mo nich in meine Orweit neiredn, ich mach, was ich will, der Dreck fliecht bei mir ner ä so, des gefällt mir. Sie bürstete mit einer harten Reißbürste die Wäsche. Ich durfte nichts anrühren, nicht mal Schuhe durfte ich alle Tage putzen, nur meine Schuhe allein konnte ich draußen auf der Treppe vor der Tür machen. Weil ich wollte, daß es wie in einem ordentlichen Haushalt zuging, frug ich sie dann auch, ob sie Mittag gekocht hätte. Ich habe nichts gekocht, war ihre kurze Antwort, ich habe Kuchen gebacken, da kann ich nicht noch Essen kochen, wer Hunger hat, soll Kuchen essen. Sie hatte eine Menge Kuchen gebacken, so viel, daß er paar Tage reichte, und meine Geschwister kamen immerzu rein, es ging den Tag über nur, Mami, ich hab Hunger, Mami gib mir ein Stückl Kuchen, und sie nahm zum Abschneiden gar kein Messer, sondern riß gleich ein großes Stück mit der Hand ab, und es hieß von ihr, Da habt, solang was da ist, wenn es aufgefressen ist, back ich wieder, wir haben lange genug Hunger gelitten, jetzt können wir uns satt essen.

In dem Dreieckshaus wohnten freundliche Leute, aber auch da

gab es bald kein Einvernehmen mehr. Gleich am ersten Tag begann ein großer Streit im Haus. Wenn meine Mutter die Jungen weckte, brüllte sie von oben die Kellertreppe hinunter, sie nahm keine Rücksicht auf die Leute im Haus, und so wurde die Enkelin von der Hauswirtin, ein zweijähriges Mädchen, aus dem Schlaf geschreckt und die Erwachsenen ebenso. Unsere Stubennachbarn Schobert hatten zwei Kinder, aber die rührten sich nicht, Frau Schobert war eine ruhige, gute Frau, sie fürchtete sich vor meiner Mutter, daß sie sich einriegelte, wenn ihr Mann zur Arbeit war, und hörte sie meine Mutter schimpfen, rannte sie in ihre Stub und riegelte auch zu. Wenn ihr Mann zu Hause war, stand ihre Tür offen, und da es meiner Mutter langweilig war, stand sie bei ihnen auf der Schwelle, am Türstock angelehnt, und schwatzte. Schoberts waren tschechische Leute, nur Frau Schobert sprach deutsch. Wenn meine Mutter bei Schoberts auf der Schwelle stand, wurde sie von Herrn Schobert aufgezogen, daß sie nach und nach von seiner Schwelle verschwand und mit verdrießlichem Gesicht zurück in unsere Wohnung kam, den Mund schräg verzerrt, und sagte, Pfeui Teifl, was der einem für Zeug sagen tut, den Mann kann ich nicht leiden, das ist ja ein Schwein. Unsere Kinder waren immerzu unverträglich, sie schrien und zankten, heulend kamen sie und beschwerten sich bei meiner Mutter, daß die Kinder sie nicht in Ruh ließen, und meine Mutter verschimpfte dann arg die Nachbarskinder. Frau Schobert, die aus dem Fenster geguckt hatte, wollte ihr sagen, wer schuld am Streit hatte, aber damit konnte sie meiner Mutter nicht kommen, sie fing gleich mit ihrem derben, unverständlichen Organ an zu schreien, Meine Kinder tun niemandem was, meine Kinder lassen jeden in Ruh, und sie schimpfte und verachtete die Frau Schobert, daß die unglücklich über diese Grobheiten weinen mußte. Frau Wirth, warum sind Sie denn so böse, ich hab Ihnen doch nichts getan, Frau Wirth, ich werde nie mehr was sagen. Frau Schobert wollte mit meiner Mutter im guten auskommen, aber meine Mutter brüllte wie eine Maschine, die nicht mehr aufzuhalten war. Auch die Tochter von der Hauswirtin, deren Töchterchen immer auf dem Hof spielte, beklagte sich, daß unsere Kinder so unverträglich wären und so schlechte Reden im Mund führten, ihr

Töchterchen würde schon nicht mehr folgen und auch schon mit Leck mich doch in Arsch und Bleede Sau antworten. Da kam die Frau bei meiner Mutter aber recht, sie zankte gleich los, was sie dafür könnte, wenn ihre Tochter so schlecht erzogen wäre, und als die junge Frau sagte, daß meine Mutter selbst diese schlechten Reden unter die Kinder brächte, sie würden sie ja von ihr den ganzen Tag hören, da schrie meine Mutter, daß die Wände wakkelten. Von nun an hielten Frau Schobert und die junge Frau ihre Kinder vom Hof fern, und unsere Kinder blieben allein. Manches Mal kam der Hermann herein und beklagte sich, Mami, ich möcht gerne mit jemandem spielen und hab niemanden, ich weiß gar nicht, was ich machen soll. Meine Mutter war dann kurz angebunden und schimpfte auf die Kinder, Ihr elenden Griebeln, ihr taugt nichts, es wär am besten, ich erschlag euch alle, dann hab ich zuwenigstens meine Ruh und brauch mich wegen euch nicht mehr mit den Leuten rumärgern, der Teufel holt euch aber auch nicht, ich muß euch behalten, mich hat der liebe Gott bestraft, ich muß mich mit euch rumärgern, solange ich lebe.

Einmal kam auch die Miez zu Besuch, aber sie hatte nicht mal Zeit zum Setzen, sie blieb an der Tür stehn, und ihre zwei Männer und die Mutter standen oben auf der Brücke mit ihren Fahrrädern. Sie machten immer viele Ausflüge. Es interessierte sie nichts weiter als ein Kleid, das sie an mir gesehen hatte, sie hatte schon meiner Mutter Bescheid gesagt, daß sie dieses Kleid haben wollte, und jetzt war sie gekommen, um daran zu erinnern. Schick mir auch das Kleid von der Walli! Ja, kannst es kriegen, antwortete meine Mutter laut und mit Wohlbehagen, ich schick es dir heute abend mit den Kindern. Am Abend wickelte sie das Kleid ein, und es störte sie nicht, daß ich weinte. Das Kleid gehört jetzt der Tanti, befahl meine Mutter, ich habe es gekauft, ich kann es geben, wem ich will, ich will mich mit der Tanti gut verstehn, weil ich sie noch in manchem brauche. Meine Mutter schickte die Kinder mit meinem Kleid zur Tanti hin, und als die Kinder zurückkamen, erzählten sie, daß die Tanti gefragt hätte, ob ich es gerne hergegeben hätte. Am andern Tag brachten die Kinder von der Tanti einen sehr feinen orangefarbenen Seidenstoff und ein feinseidiges rosa Tischtuch mit zwölf Servietten mit. Mein Erstes in der Aussteuer, jubelte ich, weil Aussteuer mir noch mehr Freude machte als ein Kleid. Meine Mutter riß mir das Tischtuch mit den zwölf Servietten gleich aus den Händen, als hätte ich kein Recht darüber, und meinte, Das heb ich dir auf, das bleibt liegen, bis du mal heiratest, du hast den Kleiderstoff, davon nähe ich dir was. Am andern Tag hatte sie mir das Kleid genäht, und es gefiel mir sehr gut. Sie hatte sich neuerdings eine Nähmaschine zugelegt, was immer ihr Wunsch gewesen war, und sie sagte, Jetzt habe ich eine Nähmaschine, die mir ganz allein gehört, und niemand durfte mit der Hand an ihre Nähmaschine streifen. Geht weg, die gehört mir! So hatte sie mir mal von ihrem Geld eine goldene Armbanduhr gekauft, auf die ich sehr stolz gewesen war, aber kaum waren wir hier eingezogen, gehörte mir die Uhr nicht mehr, sie sagte, Die Uhr hab ich weggelegt, die bleibt jetzt liegen, ich will nicht mehr, daß du sie nimmst, die hab ich von meinem Geld gekauft, wenn du eine Uhr haben willst, kauf sie dir selbst. Mein Jammern nutzte nichts, sie legte die Uhr in ihr Nachtschränkchen, und ich zog jeden Tag heimlich das Schubfach auf, um sie mir anzuschauen. Was meine Mutter mit der Uhr vorhatte, konnte ich mir nicht vorstellen, aber eines Tages erschrak ich, weil die Uhr nicht mehr im Schubfach lag. Vorsichtig frug ich, Mami, die Uhr liegt doch gar nicht mehr in deinem Nachtschränkchen. Was geht dich das an, war ihre Antwort, ich hab die Uhr für Schulden gegeben. Es dauerte gar nicht lange, sagte meine Mutter zu mir, Horch, ich habe das Tischzeug und die Servietten von der Tanti im Kaufladen für die Schulden gegeben, du brauchst es jetzt ja doch nicht, und bevor du mal heiratest, wird sich die Mutter und die Miez schon kümmern. Ich kam gar nicht zum Fragen, sie hatte mir schon den Rücken zugedreht, und ich schluckte und schluckte und wollte wissen, Müssen wir denn schon wieder Schulden machen?

Am Anfang kamen Frauen meine Mutter besuchen, und ich saß bei ihnen und hörte mir ihr Gelache und Geschwappe an. Meine Mutter hatte kein ruhiges Sitzfleisch, sie sprang oft auf, polterte raus in die Küche und polterte wieder zurück, und wenn sie saß, wetzte sie mit ihrem naiven Temperament hin und her, und die

Frauen lachten über ihr lautes Durcheinander. Am schönsten wurde von ihr über die Miez durch die Blume geredet, eine andere Unterhaltung kannte sie nicht. Ich schämte mich wegen ihr vor den Frauen und legte meine Hand auf ihren Arm, da stieß sie grob mit den Ellenbogen hin und her und fuhr mich an, Geh weg, und greif mich nicht an, was willst du denn hier, schau, daß du rauskommst, such dir Gesellschaft, das kann ich nicht leiden, wenn eine so an mir dransitzt, ich will mich bewegen können. Die eine Frau hieß Reigl, sie machte ein mitleidiges Gesicht und sagte, Siedl, du hast so ein schönes Mädchen, sei doch bißl gut mit ihr, dein Mädchen braucht deine Liebe. Aber meine Mutter warf ihren Kopf und sagte, Äh, was geht das mich an, ob die meine Liebe braucht, ich hab auch keine Liebe gehabt, sie soll sehen, wo sie Liebe herkriegt. Die drei Frauen guckten mitleidig auf mich. Ach, Siedl, sei doch nicht so garstig mit deinem Mädchen, wem sieht denn eigentlich dein Mädchen so ähnlich, die sieht dir ähnlich, Siedl. Äh, ich weiß nich, wem die ähnlich sieht, wegen mir soll die ähnlich sehen, wem sie will. Siedl, so hast du mal ausgesehen, du warst auch so schön, aber nach euch Hanls gerät das Mädchen nicht, wem gerät sie denn eigentlich nach, ihr habt alle so ein wildes Blut in den Adern, und dein Mädchen ist so ruhig, ach, ist das ein ruhiges Mädchen, sei nicht böse, Siedl, dein Mädchen kann sich nicht neben euch stellen, sie paßt überhaupt nicht zu euch. Wenn die Frauen so sprachen, nahm meine Mutter das nicht übel, sie hörte viel zu gerne, was die Frauen sagten, sie bildete sich was auf ihr wildes Blut ein. Na ja, meinte sie, meine Gusch hat sie nicht, bei uns haben ja alle große Guschen, ich laß mir von niemandem nischt gefallen, aber die ist bleed, mit dere werden sie machen, was sie wollen, wenn die nicht noch anders wird, im Charakter hat sie von uns allen nichts. Die Frauen saßen in unserer Stub bei Kaffee und Kuchen, ja, meine Mutter wollte auch mal zeigen, daß sie sich Besuch leisten und auftafeln konnte. Mit den Frauen klatschte sie und lachte über die Miez, und am andern Tag konnte sie mit schönem Gesicht zu ihr gehen und mit Gespött und Gelache über die Frauen erzählen. Hätte die Miez nur Mäuslein sein und dem Geschwappe in unserer Wohnung zuhören können, aber die Miez frug auch so nicht nach der Siedl, sie wußte, wie es in deren Herzen aussah, und sie hatte ja die Mutter, und die gehörte ihr allein, und ihre beiden Männer trugen sie auf Händen.

Wenn meine Mutter zu ihrer Schwester ging, nahm sie immer die Kleinen mit, und mich ließ sie allein zurück. In den ersten Tagen bettelte ich noch, sie möchte mich mit zur Tanti nehmen, am liebsten wollte ich Tag und Nacht und immer nur bei ihr sein, aber sie sagte, Äh, bleib du nur hier, was willst du denn dabei, du brauchst nicht zu wissen, was wir uns unterhalten, ich brauch die Miez jetzt, und deswegen muß ich alle Tage zu ihr hingehen, ich will mich mit ihr gut verstehen, ich will von ihr was rauskriegen, und wenn du dabei bist, verrät mir die Tanti nichts. Ich wußte nichts Genaues, was meine Mutter vorhatte, aber nach Hause kam sie jedesmal mit schlechter Laune, ich hörte sie schon jedesmal von der Straße her schimpfen, und immer auf die Kleinen, Ihr elenden Griebeln, verfluchte, wenn ich euch nur umbringen könnt, ich hab doch so nichts von euch wie nur Ärger. Ich frug sie, Mami, hat sie es dir heute gesagt, weißt du es jetzt? Ich hätte mich für meine Mutter gefreut, aber sie wandte ihr Gesicht unzufrieden ab und sagte, Äh nein, ich hab können noch nichts erreichen, es ist nicht so leicht, es wird mich noch viel kosten, aber wenn ich es von ihr gekriegt habe, will ich zu ihr nicht mehr hingehen, mit dere werd ich mich ja nie verstehen, die hat mit mir kein Mitleid, ich könnte für sie alles opfern. Nach dem Geheimnis frug ich sie nicht, ich merkte, daß sie große Sorgen hatte, so still wie sie ihre Lider hing und unruhig hin und her hantierte. Im stillen nahm ich mir vor, morgen mit zu der Miez zu gehen, wer weiß, was sie mitnander hatten. Am andern Tag folgte ich ihr, aber als ich bei der Miez an die Tür klopfte, rührte sich nichts, daß ich wieder nach Hause ging und besorgt den ganzen Nachmittag am Fenster auf meine Mutter wartete. Als meine Mutter kam, gab sie halblaut und mit hängenden Lidern, als könnte sie vor schlechtem Gewissen keinem in die Augen sehen, die Antwort, Ja, heute hat sie es mir gegeben, das hat mich aber auch was gekostet. Es schien, als befaßte sie sich nur mit ihrem Geheimnis, von dem niemand was erfahren durfte und von dem nur noch die Miez wußte. Ich dachte an das Hexensäckchen, von dem bei den

Hanls immer die Rede war, als wir im vorigen Jahr aus Deutschland zurückkamen, es hieß, die Miez sollte eins besitzen. In Pürstein hatte meine Mutter von Rache und Büßenlassen gesprochen, und ich wußte nur so viel, daß es dem Vater galt. Warum kann die Mami heute nicht glücklich sein, frug ich mich, alle Tage sehe ich sie stumm, in Gedanken versunken, sie hört nicht mal den Lärm und das Gekreisch der Kinder, sie kommt mir so ganz anders vor. Bei der Miez machte meine Mutter keine Besuche mehr, es blieb unter ihnen so böse, wie es immer gewesen war.

Mir fehlte ein Arbeitsverhältnis, und ich wartete auf Hilfe von meiner Mutter, aber sie kümmerte sich nicht und sagte auch nichts von einer Arbeit. Es sah ja auch für mich schlecht aus. Haushalte, die sonst ein Dienstmädchen hatten, nahmen sich heute nur eins für paar Stunden und gaben wenig Heller dafür, die Fabriken waren geschlossen, oder nur ganz geringe Leute arbeiteten dort und auch nur für paar Heller. Wenn ich meine Mutter mal besorgt frug, Mami, was werde ich nur machen, wie soll ich eine Arbeit bekommen, konnte sie mir keine vernünftige Antwort geben, Äh, was weiß ich, was du mal machen sollst, mußt dich halt kümmern, ich hab mich früher auch kümmern müssen. Ihre Worte waren für mich wie Nadelstiche, es tat weh, daß ich von ihr keinen guten Rat bekam. Auch der Albert lief mißgelaunt herum, weil er nicht wußte, wie er zu einer Arbeit kommen sollte. Nur mit dem Adolf beschäftigte sich meine Mutter.

Seitdem wir wieder in Seestadtl wohnten, hatte der Adolf wieder Unterkunft bei uns, die Mutter wollte ihn nicht mehr haben, und wären wir nicht nach Seestadtl zurückgekommen, hätte sie ihn wohl zu uns nach Pürstein geschickt. Sie war zu uns in die Wohnung gekommen und hatte auf einem Stuhl gesessen, in ihr Taschentuch geweint und über den Adolf geklagt, Nimm ihn her zu dir, dein Kerl hat dem armen Jungen seine Nerven zerdroschen, was soll nur jetzt aus dem Jungen werden, er macht doch nur mehr krank, als wie er arbeitet, ich will ihn nicht mehr, ich fürchte mich vor ihm, ich getrau mich ja früh nicht, ihn zu wekken, wie wütig er mich dann ansieht. Die Mutter klagte und weinte, und meiner Mutter ihre Augen sahen schadenfreudig drein, ihre untere Mundpartie zog sie schräg hin und her, sie bemitleidete ihre Mutter nicht, sie vergönnte es ihr, und noch mehr hätte sie ihr vergönnt, wenn er sie geprügelt hätte. Als die Mutter fort war, hatte meine Mutter sich mit dem Adolf unterhalten, und der hatte verärgert gesagt, Äh, das ist doch gar nicht wahr, die macht es schlimmer, als es ist, ich bin halt ein kranker, bedauernswerter Mensch, habe zu hohen Blutdruck und darf mich nicht aufregen, hat der Doktor Steiner zu mir gesagt, bin ich denn schlecht, wenn ich nicht auf Arbeit gehn kann, ich tät es ja gerne, aber gebt mir die Gesundheit. Die Mami spürte nicht, daß seine letzten Worte an sie gerichtet waren, es gefiel ihr nur, daß der Adolf ihr jetzt ganz gehörte, sie sagte, Die hat der liebe Gott bestraft, daß sie kein Verlangen mehr hat, daß du dich von mir absetzen sollst. Und sie kaufte dem Adolf ein Fahrrad, damit er zur Arbeit nicht laufen brauchte, aber er klagte frühmorgens immer nur, daß sein ganzer Körper weh tut, und wie ein alter Greis machte er sich zur Arbeit fertig. Die Leute, die ihn dann von weitem auf seinem Fahrrad kommen sahen, hielten sich die Augen zu, oder sie sprangen weit genug von der Straße weg, weil sie glaubten, er bräche sich das Genick, wie ein Rennfahrer saß er auf dem Fahrrad, den Kopf nach vorn gebeugt, die Brust auf der Lenkstange, und vor Anstrengung standen ihm die Augen aus dem Kopf, und der Mund stand weit offen. So raste der Adolf mit dem Fahrrad zur Arbeit. Da meine Mutter stolz darauf war, daß ihr der Adolf heute allein gehörte, kaufte sie ihm für teures Geld Fotoapparate, oder sie gab ihm Geld, damit er sie sich selbst kaufen konnte. Der Adolf war ja kein Fotograf, aber er wollte ein ganz großer werden, und die Mami war der gleichen Meinung, sie schwärmte mit ihm von einem Fotohaus, das sie besitzen würden, Ich hab es ja immer gesagt, der Junge kann was, aus dem Jungen wird mal was werden, hab ich das nicht immer gesagt, und heute kann ich ihm Geld geben, daß ich aus ihm was machen kann, wenn ich früher gesagt habe, der Adolf wird mein Ernährer sein, da hat der Olte mich immer gefoppt, siehst du, Adolf, jetzt ist es soweit. So redete meine Mutter, und im Geiste sah sie sich schon als große Fotografenmutter. Adolf, du mußt sehen, daß du gut fotografieren kannst, wir werden ein Haus und ein Fotografengeschäft haben, du mußt der Mutter und der Tanti zeigen, daß wir sie nicht brauchen, da werden sie Wut auf uns haben, grade ihnen zu Fleiß müssen wir es machen!

Wenn der Adolf die Fotos entwickelte, hatte ich keine Langeweile und interessierte mich für dies und für das. Für den Anfang machte er ganz schöne Bilder. Er hatte auch einen Fotoapparat mit Blitzlicht. Einmal mußte ich mit ihm in das Kellerzimmer gehen, dort verdunkelte er die Fenster, daß es wie Nacht wurde, und er erklärte mir deutlich, daß ich über das Licht, das aus dem Fotoapparat kommen sollte, nicht erschrecken sollte. Auf dem Bild sah ich dann aus wie eine Heilige Madonna. Ich war doch erschrocken gewesen, meine Augen waren nach oben gerichtet, weil sie dem Feuerschein gefolgt waren, mein Mund war etwas geöffnet, die blonden Haare hingen um die Schulter, ich hatte ein blaues feinseidenes Kleid angehabt, das von dem Feuerschein glimmrig blitzte. Der Adolf machte mit meinen Aufnahmen große Geschäfte, überall zeigte er sie herum, und die Burschen vom Schacht liefen zusammen, weil sie es nicht fassen konnten, daß der Adolf so eine schöne Schwester hatte, sie wollten alle ein Foto haben, sie bezahlten sogar im voraus, damit er es nicht vergaß, noch mehr Abzüge zu machen. Die sind ganz närrisch auf deine Fotos, erzählte er zu Hause, die können es gar nicht erwarten, wenn ich zur Arbeit komme, warten sie schon auf mich und fragen. Auch in unserer Wohnung wimmelte es von Burschen, sie kamen, um sich von ihm fotografieren zu lassen, aber der eigentliche Grund war, daß sie die Schwester vom Adolf sehen wollten. Die Tanti wollte sich auch gerne fotografieren lassen, sie war extra zum Friseur gegangen und hatte sich ein neues Kleid angezogen, aber sie gefiel sich auf keinem Bild. Wenn der Adolf mit den Fotos kam, schimpfte sie ihn jedesmals aus, daß er sich keine Mühe gäbe. Du hast kein Interesse, meinte sie, wenn nur zuwenigstens einmal ein schönes Bild dabei wäre, aber die Walle, sie nannte mich immer so, aber die Walle, die triffst du auf jedem Bild gut, bei dere gibst du dir Mühe, so schön wie auf deinen Fotos sieht sie in Wirklichkeit gar nicht aus. Der Adolf lachte über die Tanti. Ich kann sie nicht anders machen, als sie aussieht, sagte er, ich getrau mich mit den Bildern gar nicht mehr zu ihr hin. Jesses Maria, schrie meine Mutter vor Spaß auf, als sie die Fotos von der Tanti sah, sie kann nichts dafür, sie sieht eben so aus. Aber auch meine Mutter hatte jetzt Lust, sich bißl schön zu machen. Sonst hatte sie niemandem gefallen wollen, jetzt brachte sie sich mehrmals Kleiderstoff mit und nähte sich etwas auf ihrer neuen Nähmaschine. Schon oft hatte ich ihr gesagt, sie sollte sich ihren dünnen kurzen Zopf wegschneiden lassen, davon hatte sie nie etwas hören wollen. Jetzt durfte ich das tun, und ich drehte ihr noch das Haar lokkig ein, wie ich es bei mir machte, und kämmte es leicht durch. Es kamen in dieser Zeit zwei Hausiererinnen zu uns, die wollten es nicht glauben, daß ich ihre Tochter und sie meine Mutter war, sie dachten, wir wären Schwestern, so gut sah meine Mutter aus, und so schnell hatte sie sich von ihrem Elend erholt. Noch einige Male ließ sie sich ihre Haare von mir frisieren, aber bald hatte sie es wieder satt. Äh, ich sehe auch so schön genug aus, sagte sie, wem ich nicht gefalle, der soll es bleiben lassen.

In Pürstein hatte der Albert immer so einen großen Mund gehabt, als hätte er zu bestimmen, aber jetzt sah ich ihm nur mit hängendem Kopf, ich hörte am Tage kaum mal seine Stimme, er brauchte nötig ein Arbeitsverhältnis. Albert, sagte ich manchmal zu ihm, wo werden wir Arbeit finden, da hob er langsam seine Schultern und antwortete niedergeschlagen, Ich weiß auch nicht, was wir machen werden. An einem Tag fiel dem Albert ein, daß er in der Gärtnerei des reichen Fürsten Lobkowitz, in der er im vorigen Jahr als Gärtnerlehrling angefangen hatte, wieder um Einstellung bitten könnte. Der reiche Fürst Lobkowitz hatte oben auf dem Eisenberg sein Schloß, er besaß viele Gärtnereien und große Güter. Voller Freude kam der Albert nach Haus, er sollte als Tagelöhner anfangen, er hatte nicht viel Lust, in der Gärtnerei zu arbeiten, aber arbeiten wollte er und mußte er. Nach seinem ersten Arbeitstag war er wieder still und traurig wie vorher, daß ich wissen wollte, Albert, gefällt dir deine Arbeit nicht, und er antwortete traurig, Es ist ja nicht die richtige Arbeit für mich, aber es ist besser als gar keine Arbeit. Da der Albert mir von Tagelöhnerinnen in der Gärtnerei erzählte, bettelte ich ihn, daß er für mich fragen sollte, ob ich auch dort Arbeit bekommen könnte. Ach, Walli, seufzte der Albert, das ist keine Arbeit für dich, die müssen alle schwer arbeiten, ich weiß, daß du das nicht kannst. Ach ja, Albert, ich kann es bestimmt, wenn es Frauen machen, kann ich es auch. Er frug den Inspektor, und der sagte auch, daß es keine Arbeit für mich wäre, er sah mich ja immer, wenn ich meinem Bruder das Essen in die Gärtnerei brachte, aber ich ließ durch den Albert bestellen, daß ich den Willen dazu hätte. Der Inspektor stellte mich für kurze Zeit in Akkord ein, denn nur im Frühjahr und Herbst wurden Frauen eingestellt. Ich arbeitete von früh bis abends in der Gärtnerei, ich wollte was fertigbringen und was verdienen, der Inspektor hätte mich am liebsten ins Büro genommen, aber was sollte ich da, mir fehlte ja alle Schulbildung. Zu Hause machte ich meiner Mutter deswegen Vorwürfe, daß sie keine Sorge um uns gehabt hatte, damit wir in der Schule was lernten. Ich bin nicht schuld, sagte meine Mutter, woher sollte ich das Geld nehmen, und ich sagte, Aber für den Alten hast du gesorgt, daß er alle Tage Schnaps zu Hause hat. Sie fuhr in die Höh. Hältst du ja deine Gusch, sonst dreh ich dir deine Gurgel um! Der Albert konnte dann auf dem Seestadtler Meierhof als Kutscher arbeiten, als erstes hatte er ein Ochsengespann, weil er ein williger Arbeiter war, bekam er auf seinen Wunsch paar starke Pferde. Von diesem Tag an war sein Leben glücklich. Jetzt hab ich Pferde und Wagen und Peitsche, freute sich der Albert, er war ja dafür geboren, und wenn er jetzt morgens aufstand, pfiff er ein Liedchen, und er pfiff unterwegs auf dem Weg zum Meierhof, und jeden Abend sah ich seine hellen Augen. Ich bettelte den Albert wieder, daß er für mich um Arbeit fragen sollte, denn auf dem Hof waren ja auch Frauen und paar junge Mädchen, sie arbeiteten das ganze Jahr, vom Frühjahr bis in den Spätherbst, es waren slowakische junge Leute, die zusammen im Haufen blieben, sie hatten ihren Aufseher mit. Ich wußte, daß trotz der großen Arbeitsnot die Leute aus Seestadtl selten auf den Meierhof arbeiten gingen, und die paar Tagelöhnerinnen, die Sommer wie Winter auf dem Hof arbeiteten und besonders die Mädchen von ihnen waren ausgestoßen, es hieß, sie wären verrufen. Unter ihnen hab ich es auch nur einen halben Tag ausgehalten, dann mußte mir der Albert mein Arbeitsbuch wieder mitbringen, ich konnte mich den Frauen nicht anpassen.

Mit dem Adolf war es eine große Not, er hätte ein ruhigeres Leben gebraucht, aber dafür wollte die Mami kein Verständnis haben, sie wollte ihre Hoffnung und ihre großen Pläne nicht aufgeben. Er wurde immer nervöser, die Bilder wurden nicht, wie er sie wollte. Mal fehlte ihm Fixiermittel und mal was anderes, mal ging ihm ein Fotoapparat kaputt, mal war er ihm zu klein, und es mußte ein neuer, größerer gekauft werden. Was da für Geld ausgegeben wurde! Es wurde im hohen Bogen über die Straße in die Biela geworfen, wirklich, die Apparate flogen einer nach dem anderen in den Fluß, und einmal war er so wütend und nervös, daß er die ganze Apparatur hinterherwarf. Brauch ich mich zuwenigstens nicht mehr ärgern, wenn man nicht haben kann, was man braucht, sagte er und meinte damit im Grimm die Mami, die ihm kein Geld mehr geben wollte. Sie hatte ihm Vorwürfe gemacht, daß er nichts konnte, und der Adolf wollte nichts davon hören, halb wütend und halb weinend sagte er zu ihr, Was kann ich dafür, wenn das Zeug nichts taugt, zum Lernen braucht man eben lange Zeit. Da aus dem Adolf kein Fotograf mit großem Schaufenster wurde, kam meine Mutter auf einen anderen Gedanken. Einige Male sah ich den Adolf mit einem unnatürlich großen Buch am Tisch sitzen, und als ich zur Tür hereinkam, schlug er es schnell zu und legte es unter den Tisch. Was versteckst du? Äh, geh nur weg, du brauchst nicht alles wissen. Er wechselte heimlich Blicke mit der Mami. Aber ich wußte ja doch Bescheid, ich konnte mich von Hemmerde her genau an das Buch erinnern, und ich sagte meiner Mutter, Aus dem Buch hast du Hexerei und Hypnotisieren studieren wollen, und sie riß die Augen erschrocken auf, daß ich das Buch wiedererkannt hatte. Zuerst fand sie aus Verlegenheit keine Antwort, dann wollte sie nichts zugeben und behauptete, daß der Adolf es sich von einem Kollegen geborgt hätte, ich wußte aber, daß es ihr Buch war. Nun sah ich den Adolf in dem Buch studieren, er hatte vor, es zu lernen und bestimmt zu können. Die Mami machte ein glückliches Gesicht, sie waren sich wieder einig und unterhielten sich halblaut. Der Adolf hatte Freude, daß er die Pläne der Mami ausführen sollte, er lachte, daß sein ganzes Gesicht dunkelrot anlief, verstohlen machte er zu mir einen Blick, und ich verstand nur, daß sie der Miez eine auswischen wollten. Ich werde sie in meinen

Händen haben, sagte meine Mutter, die werden nicht wissen, wo es herkommt, ich will nicht, daß es denen nur gut geht. Und die Walli verhexen wir in eine Kröte, weil sie sich vor Kröten fürchtet.

Dem Adolf machte das Ganze Spaß. Manchmal kam ich dazu, wenn der Adolf seine Versuche an Fliegen machte oder wenn er auf der Straße Sperlinge, die um einen Haufen Pferdeäpfel hockten, hypnotisieren wollte. Gebückt schlich er mit ausgestreckten Armen und geballten Fäusten um die Vögel herum, dabei drückte er seine Glotzaugen noch weiter raus, die Vögel ließen sich durch ihn nicht stören, flogen höchstens mal kurz auf und setzten sich auf einen anderen Haufen. Der Adolf fluchte und wetzte mit den Zähnen seine Unterlippe. Das andere Mal behauptete er, er hätte die Fliegen und die Sperlinge in seiner Gewalt, in dem Buch stünde, man müßte mit kleinen Tieren anfangen, und das hätte er geschafft. Auf dem Schacht hypnotisierte er auch, und zu Hause erzählte er begeistert, daß seine Kollegen sagten, daß er es schon könnte. Die Mami strahlte, und sie steckten ihre Köpfe zusammen und lachten. Wer den Adolf sah und ihn kannte, rief nur noch, Herr Hypnotiseur, und mich nannte man das Fräulein Hypnotiseur. Ich getraute mich schon gar nicht auf die Straße, weil es dann immer hieß, Fräulein Hypnotiseur, ich möchte mich hypnotisieren lassen, Fräulein Hypnotiseur, ist der Herr Hypnotiseur zu Hause? Ich weinte deswegen zu Hause, und meine Mutter lachte darüber, und sie trieb ihn an, Adolf, sieh nur zu, daß du es schon bald kannst. Einmal mußte ich auf seinen Wunsch hin mit einem Eimer auf die Straße gehen, er wollte ihn mir aus der Hand hexen, aber der Eimer fiel mir nicht aus der Hand, daß er wütend wurde und schimpfte, Ich will, daß du den Eimer fallen läßt. Aber Adolf, sagte ich, der Eimer fällt mir nicht aus der Hand, ich kann ihn doch nicht wegwerfen, wenn er doch in meiner Hand bleibt. Das kann doch nicht sein, schrie er, ich will, daß der Eimer aus deiner Hand fällt. Ich ging zurück ins Haus und sagte, Ich kann den nicht wegschmeißen. Bei den andern geht es doch auch, meinte er wütend, warum soll es grad nur bei dir nicht gehn. An einem Abend ging ich vor ans Staadtl, da sah ich von weitem an der Melzerecke einen Haufen Menschen stehen, ich merkte, daß sie sich amüsierten. Was mag dort nur los sein? Warum stehen die da alle und lachen? Als ich mich auf die Fußspitzen stellte, um den Leuten über die Schulter zu gucken, sah ich den Adolf und mit ihm im Kreise einige Burschen, die sich wie Würmer auf dem Boden wanden und lamentierten, Adolf, Adolf, du hast mich ruiniert, und andere standen da und hatten die Hände gefaltet und lamentierten, Adolf, Adolf, was hast du aus mir gemacht, ich kann nicht mehr, ich kann nicht mehr, Adolf, Adolf, rette mich, du siehst doch wie ich leide. Ich sah den Adolf mit Faxen rumhantieren, Glotzaugen, das Kinn hing schlaff herunter, dabei bog er sich vor Freude, wie gut er das Hypnotisieren verstand. Paar Sekunden sah ich dem Schauspiel zu, dann rannte ich schnell nach Hause und rief, Mami, komm doch mal vor ans Staadtl, der Adolf ist von vielen Leuten umkreist, er hypnotisiert und macht Faxen, und die Kerle liegen auf dem Boden, was glaubst du, wie die über ihn lachen. Da machte sich meine Mutter auf die Beine, und sie nahm ihren Handstock mit, mit großem Geschimpfe teilte sie den Kreis, aber die Burschen wollten ihren Spaß nicht aufgeben, sie machten sich lustig über meine Mutter und verspotteten sie als Frau Hypnotiseur und spuckten sie sogar an. An diesem Tag steckte sie das Zauberbuch in den Ofen.

Manchmal durfte ich mit meiner Mutter und den Geschwistern spazierengehen, und wenn wir durch Seestadtl gingen, erinnerte ich mich oft an meine Kindheit, ich hatte mir alle Orte und Plätze gemerkt, und das konnte meine Mutter an mir nicht leiden. Einmal gingen wir durch den Jägergarten, vorbei an den hohen düsteren und uralten Bäumen, die wie zur Begrüßung hier standen. Paar Schritte weiter war Leben, dort kugelten und wälzten sich auf dem Rasen die Arbeitslosen, die sich mit Kartenspiel beschäftigten oder schliefen, auch Frauen liefen herum und vertrieben sich den Hunger. Meine Mutter traf im Park eine Frau aus der Mühlstraße, sie hieß Frau Bier und war Witwe ohne Kinder, meine Mutter hatte sie schon als junges Mädchen gekannt. Frau Bier war eine große, starke Frau, breite Hüften, sie trug ein einfaches Kleid, Schürze darüber, von meiner Mutter wurde sie immer nur die dreckige Bierin genannt, weil sie meinte, die würde stinken, wenn man neben ihr säße und sie die Beine bewegte. Mit wem meine Mutter auch zusammenkam, sie klagte und sprach nur über ihre Schwester und die Mutter, daß sie mit ihr so garstig wären und von ihr nichts wissen wollten, daß sie von ihnen ausgestoßen wäre. Frau Bier tröstete sie. Ich kümmerte mich derzeit um die Kinder, die verstreut die Straße einnahmen, dann ging ich wieder zu den beiden Frauen zurück. Da kam uns von vorn ein feiner Herr entgegen, mit grauen Schläfen, weißem Sommerhut, hellem Sommeranzug, Aktentasche, er kam direkt auf uns zu, blieb vor uns stehen, ich weiß nicht mehr, ob er gegrüßt hatte, und frug die Frauen, wem dieses schöne Mädchen gehörte. Frau Bier wies mit der Hand auf meine Mutter, und meine Mutter warf ihren Kopf und ihre unruhigen Augen in die Höh und sagte, Mir gehört sie. Ihnen gehört dieses schöne Mädchen, wissen Sie, das ist ein selten schönes Mädchen, das Sie haben. So sprach der Mann zu meiner Mutter, und ich weiß heute nicht mehr, wie viele Worte er sprach, ich weiß nur noch ganz deutlich, daß dieser ältere Herr sich an meine Mutter wandte, um mich für sein Abenteuer zu haben, und ihr viel Geld dafür geben wollte. Geben Sie mir das Mädchen, sprach er zu meiner Mutter, sie kann von mir haben, was sie will, ich kann ihr alle Wünsche erfüllen. Er dachte, daß er meine Mutter sehr betteln müßte, aber meine Mutter war gleich mit dem Geschäft einverstanden, sie war Feuer und Flamme, ihre Augen zitterten vor Gierde, und wenn es erlaubt gewesen wäre, hätte sie mich ohne meinen Willen wie eine Sklavin verkauft. Sie antwortete dem Mann lebhaft, Das ist das beste für sie, ja, ja, ja, ach, die soll nur mitmachen, und ihre Zunge bewegte sich lebhaft, und sie erzählte auch gleich von ihrer Schwester, die ja auch nur davon gelebt hatte. Und die lebte heute noch davon und ist schon verheiratet, sagte sie dem Mann, och, meine Schwester, ich kann ihnen sagen, die ist früher als ganz junges Mädchen schon als Kellnerin gegangen, die hat nie arbeiten brauchen, und die hier soll auch nicht so dumm sein. Im Befehlston wandte sie sich an mich, Walli, der Mann hier will was von dir, daß du ja nicht nein sagst, und an ihn wandte sie sich, daß er mit mir selbst reden sollte. Nun stand er vor mir und ließ mich seine Absichten wissen. Ich war tief beleidigt und sah ihn nur mit Empörung ins Gesicht, das schlimmste für mich war, daß meine Mutter mich mit diesem Herrn allein stehenließ, und Frau Bier ging neben ihr her, und ich sah ihnen hilfesuchend nach. Der feine Herr stand dicht vor mir, daß ich nicht an ihm vorbeikam, er redete aufdringlich, daß ich doch ja sagen sollte. Sie sind jung und schön, es soll Ihnen nichts passieren, ich will für Sie sorgen und will für alles aufkommen, was haben Sie denn sonst von Ihrem Leben, bitte, geben Sie mir Ihr Wort. Ich ging rückwärts, und er folgte mir mit seinen Fußspitzen, vor Angst wollte ich nach meiner Mutter rufen, aber ich wagte es nicht, sie wollte ja erzwingen, daß ich mich an diesen fremden Herrn verkaufte. Als er einsah, daß nichts zu machen war, ließ er von mir ab, er wollte meiner Mutter seine Adresse geben, falls ich es mir doch anders überlegte. Meine Mutter verachtete mich den ganzen Weg über, So bleed, wie du bist, kannst dir dein Geld leicht verdienen, sagst doch immer, daß dir die Arbeit zu schwer ist, daß du die Arbeit nicht machen kannst, lamentierst mir den Kopf voll, daß du keine Arbeit findest. Oh, sie verachtete mich, und sie sprach von der Miez, wie die es verstanden hätte. Bis Frau Bier mitleidig sagte, Ach, Siedl, du kannst doch dein Mädchen nicht mit eurer Miez vergleichen, die Miez ist eine andere als dein Mädchen. Aber meine Mutter schimpfte und tobte weiter. Mir tut dein Mädchen leid, Siedl, sagte Frau Bier, was du von ihr verlangst, du siehst doch, daß sie nicht will. Aber meine Mutter, die schon wieder große Pläne im Kopf gehabt hatte, wie sie mit den Kindern von mir leben könnte, sagte kurz, Ich muß für die elenden Kegeln immer dasein, aber wenn die mal für mich was machen solln, ist es zuviel, und ich mein es doch nur gut mit ihr. Ich sagte darauf, Du hast bis jetzt mit mir noch nie etwas gut gemeint, und ich hielt ihr vor, daß es die Frau Bier hören konnte, wie sie sich die Singer-Nähmaschine zugelegt hatte und mich nicht zum Nähkursus anmelden wollte, der sogar unentgeltlich war, aber für ein Freudenhaus wäre ich gut, daß sie mit ihren vielen Kindern von mir ernährt würde. Ihr vieles Geld hatte sie sich von der Miez aus den Taschen ziehen lassen, weil sie von ihr die Hexerei abkaufen wollte, und die Miez hatte es verstanden, sie am Gängelbandl zu halten, bis sie das ganze Geld von ihr hatte, dabei hatte sie nur einen Hexenspruch von ihr bekommen.

Meine Mutter sprach ein paar Tage nicht mit mir, es war für mich ein trauriges Dasein voller Sorgen. Dann mit mal, wie aus heiterem Himmel, fiel es ihr wieder ein, sich um mich zu sorgen. Walli, du bist immerfort zu Haus, wie du das nur aushältst, geh doch mal bißl fort, such dir Gesellschaft, tanzen sollst du gehn. Sie hatte zwei Mädchen aus der Mühlstraße, der Fugner-Hanny und der Seifert-Erna, Bescheid gegeben, daß sie mich zum Tanztee nach Kunnersdorf mitnehmen sollten, beide Mädchen kamen aus geordneten Verhältnissen. Frau Seifert kannte ich etwas, sie war eine einfache, nicht ganz saubere Frau mit einem losen Mund, aber das fiel hier nicht weiter auf, sie war ja eine Böhmische, ihr Mann war Deutscher, ein ruhiger Mann, die Erna hatte zwei Brüder, der eine davon war Elektriker, ich hatte von ihm gehört, daß er in seinem Beruf tödlich verunglückt war. In der Mühlstraße war gearbeitet worden, und er sollte auf eine Telegrafenstange steigen, aber er hatte sich geweigert, weil er sah, daß sie es nicht aushalten würde, er mußte gehorchen, wenn er nicht arbeitslos werden wollte, und als er oben ankam, stürzte er mit dem Gerüst ab und blieb auf der Erde tot liegen. Frau Seifert war bald irrsinnig geworden und hatte die Hände zum Himmel geworfen und geweint und geschrien, Was mag sich der arme Junge nur so gedacht haben, als er mit dem Gerüst runtergeflogen ist! Die Seifert-Erna und die Fugner-Hanny hielt ich für zwei solide Mädchen, und deshalb ging ich mit ihnen. Aber ich suchte kein Vergnügen, mein Herz wünschte sich was anderes, ich mußte immerzu daran denken, daß meine Mutter mir fünftausend Kronen für die Aussteuer auf die Kasse hätte geben können oder daß sie mich zu dem unentgeltlichen Nähkurs hätte schicken können, nichts ließ sie mir für mein weiteres Fortkommen, aber mich an fremde Männer verkuppeln wollen, und auf einmal hatte sie es mit dem Tanzengehen, sie hatte mir extra ein neues Kleid genäht. Der Adolf sagte besorgt, Ich sehe die Walli nicht mehr lachen, was ist denn mit der Walli, und meine Mutter meinte leichthin, Die soll sich nur einen anschaffen, der sie überall mit hinnimmt, daß sie rauskommt unter Leute. Pünktlich standen die beiden Mädchen draußen, um mich abzuholen, und sie nahmen mich gleich in ihre Mitte. Es war ein sehr schöner warmer Herbstsonntag, und wir gingen nur in unseren Kleidern, ich merkte, daß ich den beiden Mädchen gefiel, und war froh und glücklich.

Von da an kamen die Seifert-Erna und die Fugner-Hanny öfter bei uns vorbei und riefen nach mir, ich ging von nun an jeden Sonntag mit ihnen nach Kunnersdorf zum Tanztee. Die Hanny arbeitete am Schacht, und als ich auch dort arbeiten wollte, sagte sie, Walli, das ist nichts für dich, wir müssen schwer arbeiten, für solche Arbeit bist du nicht gebaut, sieh lieber zu, daß du einen reichen Mann findest und heiratest, du bist schön, du kannst großes Glück haben, und meine Mutter sagte, Schaff dir einen Kerl an, der bezahlt deinen Eintritt, da kannst du jeden Sonntag tanzen gehen. Ich hatte auch den Wunsch, einen festen Verehrer zu haben, der immer bei mir blieb, der mit mir am Sontag spazierenging oder wochentags am Abend, so wie ich es von den vielen Liebespärchen sah und auch von der Hanny und der Erna, die beide zu meinem Staunen schon einen Schatz hatten. Die Erna hatte ihren Gobbi-Heini schon seit der Kindheit, und die Hanny hatte ihren Wallender-Karl aus Neudorf. Ich konnte an so ein Glück nicht denken, ich dachte an meine Verwandtschaft und an meine Mutter, ich merkte ja schon an den beiden Burschen von der Hanny und der Erna, daß sie mich nicht achteten und keinen Gruß für mich übrig hatten. Jeden Sonntag nahm ich mir vor, heute muß ich einen finden, der mich liebhat und immer bei mir bleibt, es ist so schön für ein Mädchen, einen Verehrer zu haben, aber was sollte ich denn in Kunnersdorf finden. Tänzer hatte ich genug, ich hatte auch hier und da mal einen, der mich nach Hause brachte, aber für was anderes waren sie mir zu jung, oder andere waren mir zu intelligent, ich hätte mich doch vor der Mutter und Miez nicht sehen lassen dürfen, die hätten mich erniedrigt, und zu Hause hätte ich auch keinen reinbringen können. Ich machte manchmal ein Rendezvous aus, aber ich ging nie hin. Mit allem Drum und Dran konnte ich mir keinen anschaffen. Bald fing meine Mutter an zu resignieren, sie wollte mir kein Eintrittsgeld geben, aber wenn ich wußte, irgendwo ist Tanz, war es für mich ein Leiden, und ich ging dann heimlich fort, und nicht immer hatte ich Gesellschaft und nur selten eine Freundin, mit der ich zusammen hinging. Manchmal war ich mit einem Mädchen zusammen, die Goschulap-Mantschi hieß, ich kannte sie noch von der Arbeit aus der Gärtnerei, sie gab mir manches Mal das Eintrittsgeld. In der Gärtnerei arbeitete sie nicht mehr, sie war das einzige Kind und hatte gute Eltern, und auch für mich hatten ihre Eltern viel Liebe. Die Goschulap-Mantschi verdiente sich zu Hause etwas Geld mit Nähen und Haareondulieren, sie hatte von allem etwas gelernt, eine Zither konnte sie auch gut spielen, und sie sang mit schöner Stimme dazu. Ihre Eltern waren streng mit ihr, auch zum Tanzen mußte sie die Erlaubnis der Eltern haben. Wenn sie mit mir ging, mußte ich immer mitkommen und fragen, ob die Mantschi tanzen gehen darf, die Eltern hatten große Achtung für mich. Ihre Mutter hatte eine Aufwartung in dem Elektrogeschäft Musch am Staadtl, schon viele Jahre, sie war Deutsche und eine flinke, saubere Frau, ihr Vater war Pole und stammte aus Warschau, er war in dieser Zeit in Pension gegangen. Es kam auch vor, daß ich bei den Goschulaps übernachtete, wir schliefen dann alle vier in den Ehebetten, sie hatten auch nur eine einzige Stub, ihre ganze Wohnung war sauber und immer in Ordnung. Da ich dies meine Mutter wissen ließ, haßte meine Mutter die Familie, sie konnte es nicht ertragen, wenn mir was bei anderen Leuten gefiel, und deshalb wurde sie noch launischer und unerträglicher.

Einmal wollten die Fugner-Hanny und die Seifert-Erna mit mir nach Neudorf, dort war von der Feuerwehr aus Tanz, es stach mir wie mit Nadeln in der Brust, daß ich kein Geld hatte und von meiner Mutter auch keins bekam. In den Stunden bis zum Abend zerbrach bald mein Herz vor Unruhe, wie ich es anstellen sollte, mit ihnen zu gehen. Der Adolf ging an diesem Abend auch nach Neudorf tanzen, aber er achtete mich nicht, und alle Geschwister durften an diesem Tag mal wieder nicht mit mir reden. Meine Kleider hielt meine Mutter verschlossen, auch die Unterwäsche, ich trug nur wie früher ein Kleid und ein Leinenhemd, und mein einziges Paar Schuhe durfte ich nicht anziehen, an den Füßen trug ich Latschen. Still und leise ging ich herum, und als es soweit war, zog ich in der Dreiecksstub meinen Mantel an und steckte heimlich die Schuhe darunter, und ohne Worte ging ich zur Tür naus. Meine Mutter saß auf einem Hocker am Ofen, der Adolf stand neben ihr, schon in Anzug und Schlips, und ich ging wie eine Ausgestoßene an ihnen vorbei und war glücklich, als ich die Tür hinter mir hatte. Aber ich hatte kein Geld, und der Eintritt in Neudorf war teuer, fünf Kronen. Auf der Brücke warteten die Mädchen auf mich, ich sah sie glücklich im Laternenschein herumhüpfen, sie konnten es schon gar nicht erwarten, und ich stand hier vor der Haustür. Ich warf die alten Latschen neben die Treppe und zog meine Schuhe an, ein einfaches Kleid trug ich, und es war nicht mehr ganz sauber und paßte nicht zum Festtanz, meine Haare waren auch nicht in Ordnung, ich durfte nicht mal eine Lockenschere ins Feuer legen. Ich wußte, wenn ich nach Hause kam, war für mich die Tür verriegelt, und ich mußte bis zum Morgen auf der Kellertreppe sitzen, trotzdem ging ich zu den Mädchen. Ich beneidete sie, und wir wurde schwer ums Herz, ich hoffte darauf, daß ein Verehrer für mich das Eintrittsgeld bezahlen würde. Als ich sah, wie sauber sie angezogen waren, hatte ich dazu keinen Mut mehr und drehte mich mit einem Ruck um und rief, Ich hab mein Geld vergessen, ich muß schnell zurücklaufen, ich komme nach. Ich klingelte bei Frau Glaser, sie kam heraus und frug mich freundlich, was ich möchte. Frau Glaser, sagte ich, meine Mutter schickt mich her, Sie sollen mir fünf Kronen borgen. Frau Glaser holte das große Schuldenbuch und schrieb fünf Kronen ein, dann gab sie mir das Geld. Sie möchten wohl heute gerne tanzen gehen? frug sie freundlich. Ja, Frau Glaser. Na, dann amüsieren Sie sich nur recht schön. Freudig nahm ich die fünf Kronen, dankte, und dann rannte ich, was meine Füße hergaben. Die beiden Mädchen sagten nichts, sie guckten nur komisch an mir runter, und im Tanzsaal saß ich dann auf der Mauerblümchenbank, ich bereute, daß ich hergekommen war, ich wußte, daß ich mich mit meinem Aussehen schämen mußte, und das Unehrliche in der Brust tat mir weh, und dazu die Gewißheit, daß unsere Türen verriegelt waren. Ich sah die Erna und die Hanny zusammenstehen, sie lachten und waren lustig, und ich merkte, wie sie sich über mich unterhielten. Der Adolf war auch auf dem Tanzsaal, verdutzt und fremd sah er auf mich. Walli, du hast doch gar kein Geld gehabt, wer hat dir denn den Eintritt bezahlt? Und die Mädchen frugen mich, Walli, ist es denn wahr, daß du nicht reinkannst, wenn du am Abend fortgehst, was ist denn eigentlich los bei euch? Ich konnte keine Antwort geben und brauchte es auch nicht, weil die beiden Mädchen leicht und unbesorgt gleich wieder loskicherten. Der Adolf, der nicht einmal getanzt hatte, war plötzlich verschwunden, und ich wußte, daß er nach Hause gegangen war, um die Neuigkeit schnellstens der Mutter zu überbringen. Ich schämte mich auf einmal so sehr, daß ich den Saal verließ und den Weg von Neudorf nach Seestadtl rannte, ich bereute meinen Fehler und weinte, bis ich zu Hause ankam. Ach, ich wäre jetzt meiner Mutter gerne um den Hals gefallen! Mami, jammerte ich, sei doch nur ein bißl gut mit mir, was hab ich euch getan. Mit großer Angst zum Ohnmächtigwerden ging ich durch die Haustür, ich schlich leise in den Keller, leise drückte ich die Klinke nieder, och, die Tür war offen, der Adolf hatte vergessen, den Riegel vorzuschieben. Es geschah ja oft, wenn ich ohne ihren Willen tanzen oder mit den Mädchen spazierenging, daß sie die Wohnungstür verriegelt hatte, dann mußte ich mich müde auf die Stufen setzen und bis zum Morgen warten, ich hörte sie poltern und herumstampfen, und endlich drehte sich der Schlüssel, und wenn sie mich auf der Treppe sitzen sah, sagte sie, Was machst du hier, marsch weg von hier, hab ich dich geheißen, vor meiner Tür zu sitzen, flammendere draußen rum, hier gehörst du nicht mehr hin. Beim Aufstehen mußte ich mich anstrengen, meine Beine und mein Körper waren steif vor Kälte, und ich winselte, Mami, laß mich doch rein. Wie ein verkommenes Mädchen schlich ich über die Schwelle, ich schämte mich vor den Leuten, auch wenn ich wußte, daß ich von ihnen bedauert wurde. An diesem Morgen wurde ich durch Lärm geweckt, der Adolf wäre am liebsten mit Fäusten auf mich losgegangen. Wie ist die elende Sau reingekommen! schrie er, und meine Mutter dröhnte, Die elende Kanailliä ist reingekommen, aber wart nur, das Glück wirst du nicht mehr haben! Wegen der fünf Kronen wurde ich von ihr tüchtig verflucht und verwünscht, und sie verbot der Frau Glaser, mir noch mal Geld zu geben, und meine Schuhe schloß sie ein. Für mich war es ein sehr hartes Leben, aber nicht, weil ich nicht mehr zum Tanzen gehen durfte, alles drumherum, so wie mein Leben war, konnte ich es nicht mehr ertragen, meine Geschwister achteten mich nicht, mit mir wurde nur geredet, wenn sich ihr Rappel mal gelegt hatte. Einmal las ich einen Brief von einem Tanzverehrer, da begann es gleich zu flimmern, es machte meine Mutter unruhig, daß sie nicht wußte, was drin stand, und deshalb sagte sie in hartem Ton zu mir, Nur daß du es weißt, wenn du fortmachst, geb ich dich in polizeiliche Aufsicht, dir werd ich schon helfen, du sollst in deinem Leben keine Ruhe finden, dafür sorge ich. Ich sagte, Die Polizei hat keinen Grund, daß sie hinter mir herlaufen muß. Aber ich sorge dafür, brüllte sie, ich bin deine Mutter, ich kann von dir sagen, was ich will, mir wird alles geglaubt, du wirst mich schon kennenlernen! Ich habe meiner Mutter niemals viel geantwortet, weil sich meine Brust krampfte, ich sagte nur, Ich habe Zeugen, daß du mich an ein Freudenhaus verkaufen wolltest, jeder weiß, daß ich ein anständiges Mädchen bin, ich würde mich freuen, wenn ich mit der Polizei zusammenkäme. Oh, da fing meine Mutter an zu brüllen, und böse schwor sie, daß ich durch sie in meinem Leben kein Glück und keine Ruhe finden würde, dabei war nur ihre größte Wut, daß der Brief in meine Hände gekommen war und sie nicht wußte, was drin stand. Lachend ließ ich den Brief vor ihren Augen im Ofen verbrennen, dann setzte ich mich hin und schrieb einen Brief, klebte ihn zu und sagte, Den werf ich aber nicht in Seestadtl in den Briefkasten, sonst gehst du noch und willst ihn haben. Meine Mutter schrie mir hinterher, Schau mir ja, daß du rauskommst, hier hast du nichts mehr zu suchen, ich jag dich mit dem nackigen Arsch raus! Mit meiner Mutter konnte ich kein ruhiges Wort sprechen, nur dröhnendes Geschimpfe hörte ich bis in den Keller. Den ganzen Tag wurde ich mit Sau beschimpft, ich hörte weiter nichts als das. Ich sagte zu ihr, Sag nicht Sau zu mir, ich bin keine Sau! Du bist keine Sau, du bist noch mehr als eine Sau, wenn ich will, bist du noch was ganz anderes, du kannst mir nichts verbieten, brüllte sie, deine Empfindlichkeit treib ich dir schon noch aus. Einmal, als der Lärm immer unerträglicher wurde und sie nicht aufhörte, mich zu beschimpfen, antwortete ich ihr, Na, dann sind eben meine Eltern auch Sau gewesen, ich brauch nur an Hemmerde denken, ich hab's nicht vergessen. Meine Mutter schnappte nach Luft, ihre Augen sahen groß auf mich. Hiernach war sie einige Tage stumm und ließ den Kopf hängen.

Die große Not war mittlerweile bei uns eingezogen, wir hatten wieder nur trocken Brot zu essen, und Feuerung war nicht im Haus. In diesem Winter wurden alle Nachtschränkchen zerhackt, auch von den Bettbrettern wurden Holzscheite runtergeschnitten, daß die Bretter schmal wurden und die Strohsäcke durchrutschten. Unsere Wohnung, die so aussehen sollte wie bei allen anständigen Leuten, verkam immer mehr. Die Betten stanken vor Nässe, weil sie sie morgens nicht richtig austrocknete, und alle taten, als wüßten sie nichts, es war aber faule Angewohnheit, weil keiner sich im Schlaf stören ließ. So war es mit unserer neuen Wohnung, mit der ich gute Hoffnung verbunden hatte, es war alles beim alten geblieben, und an einem Abend im Dezember stand Frau Glaser bei uns auf der Schwelle und mahnte meine Mutter, daß sie schon den vierten Monat die Miete schuldig wäre. Ich sah erschrocken auf meine Mutter, sie hatte sich also überhaupt nicht ums Mietebezahlen gekümmert, hohe Schulden standen nicht nur bei der Hausbesitzerin im Buch, sie hatte ja auch versucht, auf Schulden einzukaufen. Ich sagte ja schon, daß sie mit allem, Armbanduhr, Tischdecke, die Schulden bezahlte, wenn man ihr zu nahe auf den Leib rückte. Ich hatte sogar gesehen, wie sie einmal mit Bettwäsche aus dem Dreieckzimmer gekommen war, die sie dem Kaufmann geben wollte, die Wäsche war grau und nicht gebügelt und gerollt. Das ist keine neue Wäsche, sagte der Kaufmann, sie mußte sie wieder mit nach Hause nehmen. Auch die Nähmaschine, die sie haben mußte, um über der Miez zu stehen, hatte sie nicht mehr, siebenhundertfünfzig Kronen hatte sie gekostet. Meine Mutter hatte einen Käufer gesucht, der sie ihr für zweihundert Kronen abnahm, es hatte sich keiner gefunden, weil die Leute auch kein Geld hatten, und so hatte die Miez die Nähmaschine als Pfand für zweihundert Kronen genommen, dabei brauchte sie sie gar nicht, weil sie sich alles nähen ließ. Daß meine Mutter keine Miete bezahlt hatte, davon hatte ich nichts gewußt. Frau Glaser machte meiner Mutter große Schimpfvorwürfe, und meine Mutter schwieg dazu, ich wunderte mich, daß sie alles über sich ergehen ließ, aber sie wußte, welche Gefahr ihr drohte, daß sie mit den vielen Kindern auf die Straße gesetzt werden konnte. Nur gut, daß Frau Glaser die Augen wegen der Kinder zudrückte.

Ich wollte unbedingt raus, eine Arbeit finden, auch wenn es um Weihnachten herum noch schwerer war, weil sich dann die Dienstmädchen ihre Stellen hielten, um die Weihnachtsgeschenke zu bekommen, die die Herrschaft ihnen nicht geben und sie deshalb herausbeißen wollte. Ich machte mich am dreißigsten Dezember neunzehnhundertdreißig auf den weiten Weg nach Brüx zum Arbeitsamt. Es war eine schwere Strapaze, denn es lag viel Schnee, und ich ging den Weg das erstemal. Mit großem Herzklopfen kam ich dort an, ich ging in einen Vorraum, links war das Büro, aus einem kleinen Schalter guckte eine ältliche Dame mit einem blassen Gesicht heraus. Verschüchtert ging ich zu ihr und sagte, daß ich eine Stelle suchte. Die Dame war sehr freundlich und beguckte sich mein Gesicht und frug, Können Sie kochen, können Sie Wäsche bügeln? Nein, davon kann ich nichts, aber ich habe viel Lust dazu, war meine Antwort. Die Dame sagte, daß sie eine schöne Stelle für mich hätte, in einem Arzthaushalt, da müßte ich kochen und Wäsche bügeln. Ich hob meine Schultern und sah ihr hilfesuchend ins Gesicht und sagte, Wenn ich eine gute Stelle habe, möchte ich gerne alles lernen. Da griff sie nach einem weißen Zettel und sagte, Ich werde Ihnen die Zuweisung für einen Arzthaushalt geben, ich werde dafür sorgen, daß die sie Sie nehmen. Meine Augen strahlten vor Glück, ich wäre der Beamtin am liebsten um den Hals gefallen.

Als ich von Brüx nach Hause zurückkam, war unsere Tür verschlossen, meine Mutter hielt sich jetzt viel bei ihrer Tante Emma auf, so ging ich in die Mühlstraße. Mit großer Freude machte ich bei Hanls die Tür auf und ging über die Schwelle, Mami, rief ich und ging auf sie zu, ich habe eine Stelle gefunden in Obergeorgenthal in einem Arzthaushalt, Kaum hatte ich diese Worte in Freude ausgesprochen, blieb ich wie vom Blitz getroffen stehen. Sie schrie, Du närrisches Vieh, du willst in einem Arzthaushalt arbeiten, wo du überhaupt nichts kannst, du bist jo bleed, du und in einem Arzthaushalt arbeiten, die jagen dich ja gleich am andern Tag wieder naus. Frau Hanl stand ohne ein Wort, beschämt sah ich auf sie, da sprach Frau Hanl mit einem derben Organ zu meiner Mutter, Was schimpfst du denn über das Mädchen, hast du denn einen Grund dazu? Das Mädchen ist kein Vieh und auch nicht blöd, statt daß du froh bist, daß das Mädchen Willen hat, in einem ordentlichen Haushalt zu arbeiten, tust du sie noch verachten. Und als sie noch hörte, daß ich nach Brüx hin und zurück laufen mußte, sagte sie, Das Mädchen gibt sich Mühe und läuft so weit nach einer Arbeitsstelle. Frau Hanl streckte streng ihren Arm aus, Guck mal, was das Mädchen für nasse Füße hat, bis an die Knie ist sie naß, das Mädchen wird ja krank, hast du denn keine Sorge um das Mädchen, daß ihr was passieren kann, geh sofort nach Haus mit ihr und sorg, daß sie trockene Füße kriegt! Mit hängendem Kopf saß meine Mutter da, ich wunderte mich im stillen, daß sie schwieg, aber ich bekam es von meiner Mutter zu spüren, solange sie lebte. Im Innern mag sie gedacht haben, wart nur, dir werd ich schon helfen, die Hanlin hat mich nicht umsonst wegen dir ausgeschimpft, das wirst du mir büßen. Los, steh auf, geh mit dem Mädchen nach Haus, sagte Frau Hanl. Glücklich, weil ich Arbeit hatte und was lernen würde, ging ich neben meiner Mutter. Nach Obergeorgenthal wollte ich am andern Tag gehen, mich vorstellen. Wie wirst du denn dort hinkommen, meinte meine Mutter, weil es mit Laufen umständlich war, aber ich dachte an die Kschiwanek-Rosl, die auch schon mal in Obergeorgenthal im Dienst war, die Rosl war immer ein gutes Mädchen, sie würde mich auf einer Abkürzung begleiten. Die wird so bleed sein und geht mit dir nach Obergeorgenthal, meinte meine Mutter und wunderte sich dann, wie hilfsbereit die Rosl für mich war.

Als ich mich am zweiten Januar auf den Weg machte, durfte ich nur so viel mitnehmen, wie ich in ein Stück Zeitungspapier einwickeln konnte, alles andere hielt meine Mutter schon lange im Schrank eingeschlossen, sogar Unterwäsche hatte ich nicht mehr. Wenn du einen Monat dort bist, kommst du zu Besuch nach Hause, sagte meine Mutter, den Mantel schenke ich dir auch nicht, den mußt du mir auch bezahlen, das ist mein Mantel, den habe ich von meinem Geld bezahlt. Bis jetzt hatte meine Mutter nur herumgebrüllt, aber ohne Abschied und ohne ein gutes Wort fiel mir das Weggehn schwer, darum blieb ich an der Tür stehn, sah in alle Gesichter, aber die Geschwister hoben nicht einmal den Kopf, so ging ich hinaus und machte die Tür hinter mir zu. Als ich den Jägergarten hinter mir hatte, begleitete mich wieder das rauschende Wasser, Ach, hier wär ich reingesprungen, wenn ich die Stelle nicht gekriegt hätte. Keiner hatte einen Blick für mich gehabt. Den Trubel noch in den Ohren, weinte ich mich aus in dieser Einsamkeit. Aber warum weine ich denn, dachte ich mitmal, ich habe doch Arbeit, aber was werden denn nur die Leute denken, wenn ich nichts zum Anziehn mitbringe, ich betete laut zur Heiligen Mutter Gottes, daß sie bei mir bleiben und mich nicht verlassen soll.

Frau Doktor Bayer machte mir die Tür auf, sie hatte ein gutes Gesicht für mich, und das machte mein schweres Herz leichter. Der Doktor Bayer war ein großer, schlanker Mann und hieß Florian, er hatte dunkles, glattes Haar mit Scheitel, ein längliches, blasses Gesicht mit dunkelbraunen, unruhigen Augen. Das Töchterchen hieß Ruth und war neun Jahre alt, sein ganzes Ebenbild und auch im Charakter so wie er. Die Wohnung der Bayers bestand aus drei Zimmern, ohne Korridor und ohne Bad, die Praxis war unten parterre. Dort wohnten eine alte hagere Jungfer und ihr alter Vater, es waren wohl die Hausbesitzer. Wenn man in die Wohnung des Doktor Bayer kam, stand man gleich in der Küche, das nächste war die Wohnstube, und dann kam ein kleines Zimmer, in dem das Töchterchen schlief. Die Küche hatte ein Fenster, weiße Möbel, die ich jede Woche mit Schlämmkreide waschen mußte, und wenn man wie ich diese Arbeit nicht kannte, war sie schwer, und man brauchte viel Zeit dazu. Als Waschtoilette stand in der Küche ein hoher Ständer mit drei gebogenen dünnen Beinen, auf dem eine Schüssel stand, Spiegel und Handtücher hingen an der Wand. Meine Schlafstelle, ein Klappbett mit dünnem Federbett, war in der Küche unterm Fenster. Jeden Abend mußte ich den Abwaschtisch vom Fenster abziehen und mein Bett aufklappen. Und gleich neben dem Fenster und dem Abwaschtisch stand für mich ein sehr kleiner schmaler Schrank, dort konnte ich meine Wäsche reintun. Ich schämte mich, als Frau Bayer mir beim Auspacken zusah, darum sagte ich, Meine Mutter hat mir meine Sachen nicht mitgegeben, wenn ich mal zu Besuch bin, will ich sie mir geben lassen. Achtzig Kronen waren mein Lohn. Ich hätte hier viel lernen können, wenn Frau Bayer eine gute Hausfrau gewesen wäre, aber sie hatte kein Interesse dafür, sie war viel unterwegs und nahm Musik- und Gesangsunterricht, und wenn sie nach Haus kam, übte sie am Klavier ihre Stimme, sie wollte zum Film. Ihr Elternhaus stand nur einige Schritte von hier ab, ihr Vater hatte ein Ledergeschäft und die größte Gärtnerei in Obergeorgenthal. Eine Mutter hatte Frau Bayer nicht mehr, und ihren Vater hab ich nie im Haus zu sehen bekommen. Der Doktor Bayer stammte aus Teplitz-Schönau, das bei Brüx liegt. Als er nach Obergeorgenthal kam, war er ledig und ein armer Arzt gewesen, er hatte seine Frau des Geldes wegen geheiratet, so wurde es mir erzählt. Die Ehe der Bayers ging nicht, das hatte ich sofort gemerkt, ich könnte nicht sagen, daß Frau Bayer schuld war, aber doch wohl am meisten. Am schlimmsten war es mit dem Essenkochen, der Herr Doktor wollte pünktlich um zwölf Uhr sein Mittag haben, Frau Bayer kam aber erst kurz vor zwölf nach Hause, sie rannte durch die Wohnung und rief, Walli, Walli, was kochen wir schnell, und der Doktor stand schon auf der Schwelle und sagte immerfort, Marie, überleg es dir, jetzt ist es noch Zeit, Marie, überleg es dir. Als ich das alle Tage erlebte, nahm ich das dicke Kochbuch, ich hatte von ihr gesehen, daß sie reinguckte, und ich kochte dann etwas nach dem Buch. Zum Einkaufen waren zwei Bücher da, eins für den Fleischer und eins für das Kolonialwarengeschäft, es wurde eingekauft, und wenn der Monat um war, zusammengerechnet und bezahlt. Die Bayers aßen viel und besonders gern Dillsoße mit Rindfleisch und Knödeln, in Böhmen waren ja das Hauptgericht Knödel. Wenn Frau Bayer fünf Minuten vor zwölf hereingestürzt kam, konnte ich sagen, daß ich schon gekocht hätte. Da freute sie sich und lobte mich, Walli, das ist aber gut von Ihnen. Mein Platz zum Essen war in der Küche am Abwaschtisch, um in der Wohnstube mit ihnen am Tisch zu essen, war ich nicht sauber genug. Das sah ich ein, am liebsten hätte ich es nur immer dunkel um mich gehabt. Einen Monat lang auf den Lohn zu warten ist schlimm, ich dachte gar nicht daran, ihn meiner Mutter zu geben, nein, sie sollte mich auch mal anders kennenlernen. Ich hätte jeden Sonntag nach dem Mittagessen nach Hause gehen und bis Montag früh bleiben können, aber ich ließ mir was zum Lesen geben. Und als ich endlich meinen Lohn hatte, kaufte ich mir von einem fahrenden Händler mit Bauchladen Unterwäsche, Strümpfe und Schürzen, ich konnte mir nicht gleich alles kaufen, denn so viel Geld hatte ich nicht, und mein schmutziges Leinenhemd steckte ich gleich in den Ofen. Ich hatte mir auch eine Gummischürze gekauft, die kostete mich schon fünfzehn Kronen, aber es war eine schöne Schürze mit Trägern und Bändern, ringsherum eine schmale gekräuselte Rüsche, die Farbe war kornblumenblau mit duftigen Wiesenblumen gemustert, darum war sie auch so teuer gewesen, Paar ganz billige Schuhe mußte ich mir auch kaufen, weil mir in den Schuhen meiner Mutter die Füße weh taten. Als der Doktor Bayer mich so sah, machte er große Augen. Frau Doktor Bayer wollte ihm mit Lachen erzählen, daß ich die Wäsche bei einem Hausierer gekauft hätte. Der Doktor machte ein ernstes Gesicht, er verstand mich und wollte mir helfen, und seine Frau, die sich über mich lustig machen wollte, bekam von ihm Salz zu spüren. Meine Gummischürze gefiel ihm, aber er meinte, Wenn Sie sich wieder mal was kaufen wollen, sagen Sie es mir, ich fahre Sie im Auto nach Brüx. Sie sind jung, Sie brauchen Hilfe, daß man Sie nicht betrügt.

An einem Montagvormittag klopfte es, ich war grad allein, und das war gut so, denn der Adolf stand vor der Tür. Es lag tiefer Schnee, aber er hatte keinen Mantel an, keine Kopfbedeckung auf, unterm Arm trug er ein Päckchen aus Zeitungspapier. Ich sah ihn nicht gerade erfreut an, sein erstes Wort war auch, Walli, warum bist du nicht nach Hause gekommen, du läßt doch überhaupt nichts von dir hören. Ich hob meine Schultern und sagte, Die Mami hat doch gesagt, ich soll nicht nach Hause kommen, und da komm ich auch nicht mehr. Die Mami schickt dir hier deine Kleider, du mußt mir aber erst dein Geld geben, die Mami hat gesagt, daß ich sie dir nur lassen darf, wenn du das Geld gibst. Ich sagte, Nackt hat mich die Mami fortgeschickt, sag ihr, ich will ihre Kleider nicht haben, mein Geld hab ich schon ausgegeben, hab mir gekauft, was sein muß, schau, diese Schuhe, und der Mami ihre Schuhe kannst du gleich mitnehmen. Du hast kein Geld mehr, Walli? frug der Adolf enttäuscht. Ich schüttelte den Kopf. Na, da darf ich dir die Kleider nicht hierlassen. Der Adolf wollte gehen, aber dann überlegte er und sagte, Ach, ich will die Kleider nicht wieder mitschleppen, ich laß sie einfach hier, auch wenn die Mami schimpft, soll sie schimpfen, ich hab keine Lust, du mußt aber das neue Geld der Mami geben. Ich aber antwortete ihm, Sag der Mami, ich will ihre Kleider nicht. Als ich das zurückgelassene Päckchen öffnete, sah ich erschrocken auf die Kleider, die waren nicht wiederzuerkennen, eingelaufen waren sie und gingen bis zum Bauchnabel, die Farben waren ausgezogen, und sie hatten große weiße Flecken. Was mag sie nur mit den Kleidern gemacht haben, dachte ich, sicher waren sie schon ruiniert gewesen, als ich noch zu Hause war, deshalb also wollte sie mich nicht in den Schrank gucken lassen, und heute wollte sie mich ohne weiteres um mein Geld betrügen, oh, wie schlecht sie sein konnte, nur gut, daß ich heute nicht mehr so dumm war. Nach Hause ging ich lange Zeit nicht, sie hatte es mir zu schwer gemacht. Hätte ich nur ein Zimmer gehabt, dann wäre es bei den Bayers besser als auf jeder anderen Dienstmädchenstelle gewesen. Wenn sie Besuch hatten, wurde durch die Küche gelaufen, und am Abend wußte ich nichts weiter zu tun, als mein Bett aufzuklappen und schlafen zu gehen, das war für mich der schönste Moment, nichts mehr sehen und hören, und erschöpft war ich ja auch, es war kein leichter Haushalt. In meiner anständigen Unterwäsche fühlte ich mich jetzt wie neugeboren, daß ich meinen Körper lang ausstreckte. Aber wo sollte ich die Unterwäsche, Schürze, Strümpfe waschen? In der Waschschüssel wagte ich sie nicht einzuweichen und zu waschen, also verbrannte ich sie im Ofen, wenn es niemand sah, und wenn ich wieder Lohn bekommen hatte, kaufte ich mir neue. Aber nach Haus ging ich keinen Sonntag. Die wollen von mir ja nur Geld, für was anderes haben sie für mich keine Gedanken! Die ruinierten Kleider hatte ich mit Stöhnen in den Schrank gelegt.

Unterdes war das Frühjahr gekommen, und zu meinem achtzehnten Geburtstag, am sechsten März neunzehnhunderteinunddreißig, ließ ich mir ein feines weinrotes Seidenkleid nähen, lang bis auf die Füße, auf der Brust war eine große weinrote Rose eingestickt und vorn unten am Rock auch, es war ein teures Kleid, ich mußte der Schneiderin sogar bis zum nächsten Lohn etwas schuldig bleiben. Der Adolf kam noch mal nach meinem Geburtstag und wollte Geld für den Mantel, den er mir brachte. Ich sagte ihm, Da soll sie sich nur ihr Geld zurückgeben lassen, wo sie die vielen Tausende hinverschenkt hat, und ich zeigte ihm mein feines Kleid, das ich mir zum Geburtstag hatte nähen lassen. Wenn ich mit dem weinroten Kleid tanzen ging, hatte ich viele Verehrer. Einmal hatte ich auch eine Bekanntschaft, die mich immerzu bettelte, sich mit mir zu treffen. Ich wollte nicht, weil er mir gar nicht so gut gefiel, aber dann dachte ich daran, daß ich mein feines weinrotes Kleid ausführen könnte, und ich sagte ihm zu. Aber er wollte nicht hier in Obergeorgenthal, sondern in Bartelsdorf auf der Glasdiele mit mir ausgehen.

Am Bahnhof trafen wir uns, um mit dem Zug dorthin zu fahren. Es war ein sehr schöner sonniger Sonntag. Ich hatte meinen Wintermantel drauf, und da es warm war, schlug ich ihn zurück, und mein Kleid kam so richtig zum Vorschein. Die Leute auf dem Bahnsteig hatten schon nach uns geguckt, mein Begleiter wagte kaum zu sprechen und wurde immer verlegener, weil er merkte, daß er nicht zu mir paßte. Als wir in Bartelsdorf auf der Diele ankamen, setzte er sich mit mir in eine Nische, dabei waren freie Tische da. Das paßte mir nicht, und ich wurde mißtrauisch, und als es Abend geworden war und mein Begleiter sagte, daß wir nicht so lange hierbleiben und bald nach Hause gehen sollten, wuchs mein Mißtrauen. Ich war ohne ihn nicht allein, es waren Burschen aus Neudorf und Kunnersdorf hier, die mich jede Tour holten, sie nahmen auf meinen Begleiter keine Rücksicht und sagten, Walli, du wirst immer schöner, sie kamen auch mit Stühlen und setzten sich einfach an unseren Tisch. Als mein Begleiter sagte, daß wir nicht mit dem Zug zurückfahren, sondern laufen würden, wußte ich Bescheid, ich sagte ihm, daß ich Angst hätte und lieber mit dem Zug fahren wollte. Da wartete er nicht länger. Für mich war es ein schöner Abend, ich hatte getanzt bis zum Ende, und mit dem einen Tänzer, dem Blum-Seff, verließ ich die Diele, wir hatten noch Lust, woandershin tanzen zu gehen, und als wir in den anderen Tanzsaal gingen, sah ich einen anderen Verehrer, den ich auch gut kannte, den Gossler-Slava. Sein Gesicht wurde hell, als er mich sah. Der Blum-Seff war ein blonder, schneidiger Bursche, aber ich nahm es mit keinem ernst, an meinem Gesicht erkannte

Slava, daß ich für ihn nur hier war, und ich war glücklich, daß er beim ersten Takt gleich zu mir kam. Der Blum-Seff machte ein komisches Gesicht, daß ich ihm verlorengegangen war, ich sah ihn einige Male tanzen, und dann war er weg. Ich hab dich so lange nicht gesehen, Walli, sagte der Slava, und ich ließ ihn wissen, daß ich in Stellung war. Wir blieben nebeneinander, und am Morgen gingen wir zum Bahnhof, und als wir über die Gleise gingen, weil der Zug gleich kommen mußte, sah ich vor dem Bahnhof auf der Bank, die am Häuschen für die Kartenkontrolle stand, einen Mann, der ganz krumm vor Kälte war, bestimmt, weil er auf der Bank übernachtet hatte. Ein kleines Bündel, das nicht größer als sein Kopf war, lag auf der Bank. Ich sah, wie er es nahm und es sich als Kopfkissen zurechtrückte, die Beine hielt er beim Liegen angezogen. Ich wollte nichts sagen, aber es fuhr mir so heraus. Mein Vater! Wo ist dein Vater? frug der Gossler Slava und guckte in der Gegend herum. Dort drüben auf der Bank. Das ist dein Vater? Ja, das ist mein Vater. Wenn es dein Vater ist, können wir doch mal zu ihm gehen. Oh, das kann ich nicht, der Vater ist nicht bei uns, und wir wollen von ihm nichts wissen. Aber deshalb können wir doch mal zu ihm hingehen, meinte der Slava. Zu dem soll ich hingehn, den gucke ich gar nicht an! Der Gossler-Slava verstand mich nicht und sagte, Das ist aber doch dein Vater, hast du denn mit deinem Vater kein Mitleid? Ich lachte. Oh, mit dem Mitleid haben? Das ist nicht schön von dir, Walli, daß du mit deinem Vater so garstig bist. Slava, du weißt nicht, wie schlecht es uns gegangen ist, und er hat mit uns Kindern kein Mitleid gehabt, oh, so etwas kann man nicht vergessen. Aber im stillen dachte ich darüber nach, daß der Slava recht hatte, ich hätte doch mit ihm reden sollen, aber der Zug rollte schon ein. Ich stand am offenen Fenster und sah hinüber zur Bank, auf der mein Vater wie ein verarmter Bettler lag, die Sachen, die er trug, kannte ich nicht, es war so eine braune Pfeffer und Salz gemusterte Hose, die Jacke war aus anderem Stoff, die Ärmel gingen ihm bloß bis zum Ellenbogen, die Hose war ihm auch zu kurz und zu eng, und er war nur noch Haut und Knochen. Er hatte einen Hut mit einem Gamspinsel auf dem Kopf, dabei hatte er bei uns nur Plüschhüte getragen. Er tat mir leid, und ich dachte an seine guten Stunden, ich machte mir Vorwürfe, daß ich ihm nicht zuwenigstens meine Kronen gegeben hatte.

Am kommenden Sonntag ging ich nach Haus. Als ich zur Tür reinkam, guckte meine Mutter mit müden Augen auf. Kommst du auch einmal, sagte sie, und ich spürte Sehnsucht und Leid, ja, das hatte sie sich nicht vorgestellt, daß ich es auch ohne sie aushalten konnte. Ganz still war es in der Stub, die Kinder waren draußen. Verwundert sah sie an mir rauf und runter. Wo ist der Albert, wo ist der Adolf, wollte ich von ihr wissen. Der Albert ist draußen mit seinen Jungen, sagte sie, und der Adolf ist nicht mehr zu Hause, er ist schon paar Wochen von uns fort, ich weiß nicht, wo er rumläuft, er kann nicht mehr arbeiten, früh hab ich ihn nicht mehr aus dem Bett rausgebracht, ganz böse und wild ist er immer geworden, daß ich Angst hatte, er schlägt mich, hab mich nicht mehr um ihn gekümmert, er sagte immerfort nur, Der Doktor Steiner hat gesagt, ich bin schwerkrank, ich darf nicht arbeiten und keine Anstrengung und keine Aufregung haben, ich muß an der frischen Luft sein, und da ist der Adolf auf Wanderschaft gegangen. Auf Wanderschaft? frug ich erschrocken. Meine Mutter hob schwer ihre Schultern und sagte, Was kann ich dafür, was bleibt ihm schon übrig, muß er eben sehen, wie er sich durchschlägt, so ist er zuwenigstens an der frischen Luft. Der arme Junge, dachte ich mitleidig. Bei uns in der Wohnung hatte sich viel verändert. Die Kellerstuben hatte meine Mutter abgeben müssen, sie bewohnte nur die beiden oberen Zimmer, die Betten von den Jungen waren zerhackt worden, die Federbetten hatte sie Frau Glaser für die Schulden gegeben. In der Wohnung war kein elektrisches Licht mehr, weil man ihr den Strom abgeschnitten hatte, meine Mutter mußte mit einer Petroleumlampe oder mit Kerzenlicht auskommen. Sie lebten von dem wenigen Geld, was der Albert brachte. Als die Kinder hörten, daß ich da war, kamen sie schnell hereingerannt, Freude auf das Wiedersehen war es weniger, sie sahen im stillen nur nach dem Mitgebrachten. Ich war froh, daß ich eine Tafel Schokolade und paar Stückchen Kuchen mithatte, ich wußte ja, daß die liebe Not wieder da war, aber gar so traurig hatte ich es mir nicht vorgestellt, die Kinder steckten in Lumpen, und wie mager sie alle wieder geworden waren. Mami, ich muß dir was erzählen, deshalb bin ich heute gekommen, sagte ich, und ich erzählte ihr vom Vater. Sie warf den Kopf in die Höh und riß ihre trüben Augen auf. Du hast ihn gesehen, hast mit ihm gesprochen? Nein, ich hab ihn nicht gesprochen, weil du es doch nicht haben willst, daß wir ihn angucken. Aber da hättest du schon mal mit ihm reden können, hätten wir zuwenigstens gewußt, wo er steckt, hast du denn gar keine Ahnung, wo er sein mag? Ich hob die Schultern, ich konnte ihr nicht mehr sagen, als ich wußte. Es ließ ihr keine Ruhe, wo sie ihn finden könnte. Unterwegs nach Obergeorgenthal drückten mich Sorgen, der Adolf war mein größtes Herzeleid.

Am nächsten Sonntagabend war ich mit Mädchen zum Tanzen verabredet und den kommenden Sonntag darauf auch. Wo sollte ich denn auch meine Zeit verbringen? Nach Hause wollte ich nicht, aber als ich dann doch mal wieder da war, hatte meine Mutter den Vater gefunden. Er arbeitete bei einem Kaufmann auf einem größeren Dorf, abseits von Seestadtl. Wie sie ihn gefunden hatte, weiß ich nicht, sie stand mit ihm jedenfalls in fleißigem Briefwechsel, sie verlangte von ihm Unterstützung, und seine Antworten gefielen ihr nicht, er schrieb nämlich, daß sie seine Briefe zum Arschabwischen nehmen sollte. Mehr ließ sie mich nicht wissen. Sie hatte die Briefe ausgebreitet vor sich liegen und las sie immerfort. Und als ich dann wieder einmal zu Hause war, hörte ich von meiner Mutter, daß sie ihn herbestellt hätte, er sollte ihr aber nicht in die Wohnung kommen. Dann sah ich den Vater mit den Kindern auf der Brücke stehen. Das Gesicht meiner Mutter war vor Wiedersehensfreude wie bei einem jungen Mädchen gerötet, sie eilte aufgeregt hin und her und tat, als wollte sie von ihm nicht gesehen werden, sie guckte heimlich aus dem Fenster, dabei kicherte und lachte sie, es war ein heiseres, zurückhaltendes Lachen, und sie riß den Mund weit auf. Wie der aussieht, guck doch mal, Walli, sagte meine Mutter, wie der aussieht! Sie freute sich über sein erbärmliches Aussehen. Wie der aussieht, wie der aussieht, der sieht aus wie ein Zeisig, Kinder, Kinder, der Zeisig ist draußen, so ist er bei mir nicht rumgelaufen, immer sollten es nur die besten Plüschhüte und Anzüge sein. Die Kinder mußten hin und her laufen und kleine Zettel übergeben, und sie hielt ihren Kopf neben dem Fenster und beobachtete und freute sich. Der Zeisig, der Zeisig, guckt nur, guckt nur, wie der aussieht! Und wenn die Kinder mit einem Zettel zurückkamen, eilte sie polternd an die Tür, sie konnte es gar nicht erwarten, bis sie ihn in den Händen hielt, dabei tat sie immer so, als wollte sie von ihm nichts wissen. Laß ihn doch nicht auf der Brücke stehn, sagte ich, ruf ihn doch rein, wie das aussieht. Äh, soll es doch aussehen, wie es will, kam ihre Stimme gereizt, sollen die Leute doch sehen, wie er aussieht. Ich sah, wie der Vater auf dem Brückengeländer seine Zettel schrieb und meine Mutter beschäftigt war, sie zu lesen und neue Zettelchen zu schreiben. Was sollte ich hier? Ich ging zurück nach Obergeorgenthal. Am nächsten Sonntag traf ich den Vater auf der Haustürschwelle sitzend an, wie ein Osterhase hockte er da und die Kleinen um ihn herum, und es wurden wieder Zettelchen ausgetauscht. Der Vater war betrunken, sein Oberkörper schwankte, und im Gesicht standen steile Sorgenfalten, wie ich es noch von früher kannte. Als er mich kommen sah, tat er, als beachte er mich nicht, seine Augen waren falsch verklärt, er sprach mit den Kindern mit langgezogener Stimme, Joo, joo, sooch neer eurer Mami, di sell mull zu mir rauskumme, daß wir mitnander reden könne, und meine Mutter stand hinter der offenen Tür und horchte, was er sprach, und wartete auf Liebesbriefeln. Ab und zu ließ sie sich ein bißl sehn und zwinkerte den Kindern zu, daß sie ihn ordentlich aushorchen sollten, die Liebesbriefeln genügten ihr wohl nicht mehr. Warum läßt du ihn denn vor der Haustür sitzen, du kannst ihn doch reinkommen lassen, sagte ich zu ihr. Och Gott, na, reikumme brauch er nuch nich. Der Vater wußte wohl, daß er einfach reinkommen konnte, aber er wollte sich bitten lassen. So waren sie eben beide eingestellt, solange ich sie kannte. Dann blieb ich längere Zeit von zu Hause weg, und als ich wieder nach Seestadtl kam, war der Vater für ganz da. Ich wollte von meiner Mutter wissen, warum sie ihn hergenommen hatte, und ihre Antwort war, daß sie von ihm unterstützt werden wollte, und er hätte ihr gesagt, daß er das nur könnte, wenn sie ihn wieder hernähme. Na, da hab ich ihn halt hergenommen, was will ich denn weiter machen. Der Vater hatte auf dem Meierhof eine Arbeit als Tagelöhner angenommen, zu

Hause ging er wie ein Fremder umher, und die Kinder lärmten, daß es kaum zum Aushalten war. Meine Mutter leerte den Mund aus wie ein bissiger, böser Hund, und dem Vater sein Körper zitterte vor Erregung, und er gab wenig Antwort. Das hatte ich an ihm noch nicht gekannt, ich merkte, daß er sich nicht aufregen wollte.

Manchmal hatte ich nicht den besten Umgang. Einmal machte ich im Café Reisig mit einem anderen Mädchen Bekanntschaft, sie war an meinen Tisch gekommen und hatte gefragt, ob sie sich setzen dürfte, und ich war froh, daß ich nicht allein sein brauchte. Ich wußte nichts von ihr, und sie tanzte immer mit einem sehr langen Kerl, der viel älter war, mit einem rotverwetterten und verlebten Gesicht, und betrunken war er auch. Ich staunte, wie sich das Mädchen an so einen häßlichen Kerl werfen konnte, aber sie lag glücklich an seiner Brust und himmelte ihn an. Ich hatte sie gefragt, ob sie den Mann kannte, und sie sagte mir, daß er viel Geld hätte und gut bezahlte. Aber Sie sind doch noch so jung, sagte ich erstaunt, weil mir das gar nicht möglich schien, daß sie sich damit Geld verdiente. Jung bleibt man ja nicht immer, und jetzt kann man sich was verdienen, wovon soll man denn sonst leben? Ich dachte darüber nach und nahm mir vor, immer in gutem Ruf zu bleiben und ein anständiges Leben zu führen. Hin und wieder sah ich, wie das Mädchen mit dem Mann hinter einem Vorhang verschwand, und dann sah ich sie weitertanzen, sie hing an ihm, und er schleifte sie bald wieder hinter den Vorhang. Ich war noch sehr dumm und hatte Angst um das Mädchen, daß sie sich ins Verderben stürzen könnte. An diesem Sonntagabend bekam ich auch noch einen festen Tänzer, er tanzte sehr gut und elegant, darum blieb ich lange im Café Reisig, wenn ich einen guten Tänzer hatte, konnte ich Tag und Nacht tanzen. Werner Trübe war sein Name, und er war sechsundzwanzig Jahre alt und blond und hatte ein schönes Gesicht. Ich tanzte mit ihm am Vorhang vorbei, und ich streckte den Arm aus und schob den Vorhang zurück, ich hielt den Atem an und ließ den Vorhang sofort fallen. Solche Erfahrungen hatte ich noch nicht gekannt, so hatte ich mir ihr Geldverdienen nicht vorgestellt. Ich wollte die Diele verlassen, der elegante Werner Trübe begleitete mich, und ich war froh, daß ich in der Nacht nicht allein gehen brauchte. Die Straßen waren immer schlecht beleuchtet, zur Tür der Bayers ging es von der Straße paar Schritte, weil vor dem Haus ein kleiner Garten war, und hier stand grade eine Laterne. Den ganzen Weg war er anständig gewesen und hatte mich mit Sie angesprochen, aber am Gartentor ließ er mich nicht an sich vorbei und wollte es mit Gewalt erzwingen. Du mußt, sagte er immer, du mußt, du mußt! Er war ein großer, starker Kerl, und ich wehrte mich mit allen Kräften, es war nur gut, daß es geregnet hatte, sonst hätte er mich wohl auf die Erde geworfen. Du kommst mir nicht davon, du mußt, du mußt! Er wurde wie ein Stiebiger, umfaßte mit beiden Armen meine Hüften und hob mich immer wieder in die Höh, und da ich mich gegen ihn nicht anders wehren konnte, nahm ich seinen Hut und warf ihn in eine große Pfütze. Da bekam er Wut und gab mir eine Ohrfeige und ging, um den Hut aufzuheben, und in diesem Moment schloß ich schnell das Gartentor auf, schlüpfte durch und schob schnell den Riegel vor. Ich hörte ihn draußen brüllen, Elende Hure, laß dich ja nirgends mehr sehen, ich mach dir überall Schande! Ich rannte zur Haustür und schloß in aller Hast auf, daß er mich nicht noch erwischte. Ich nahm mir vor, nie wieder fortzugehen, aber wo sollte ich am Sonntag sonst hin. Ich schämte mich, wenn ich so nutzlos bei den Bayers herumstand und mich nicht mal getraute, mich auf den Stuhl neben den Abwaschtisch zu setzen. Ich nahm mir vor, nicht länger in diesem Haushalt zu bleiben, und am Morgen war mein Kopfkissen ganz naß vom Weinen.

Frau Bayer kam lachend in die Küche, ich wußte sofort Bescheid, daß sie in der Nacht am Fenster zugesehen hatte, sie sprach den ganzen Tag von dem, was sie in der Nacht beobachtet hatte, und dann sagte sie, Walli, Sie werden jetzt mal in die Mühle gehen und Mehl holen, wissen Sie, wo die Mühle ist? Ich hatte mich in der Gewalt, keine Verlegenheit war auf meinem Gesicht zu erkennen, ich merkte sehr gut, daß es für sie eine Freude war, mich nach dem Abenteuer dorthin zu schicken, wo der Werner Trübe beschäftigt war, die Mühle gehörte seinen Eltern. Ohne Verlegenheit zog ich mich von Kopf bis Fuß sauber an. Die Ruth, das Töchterchen der Bayers, sollte mit mir gehen, weil ich nicht wußte, wo die Mühle war. Ich hätte mir ja alles im voraus denken können, hinter dem langen Ladentisch stand mein nächtlicher Heimbegleiter, von dem ich die Ohrfeige und ein blaues Auge bekommen hatte. Er tat und bediente mich wie eine Fremde. Aber diesmal ließ ich es nicht über mich ergehen, daß es so aussah, als wäre ich dumm, auf dem Heimweg ging ich zum Polizeiamt. Was willst denn du hier drin machen? wollte die Ruth wissen. Ich habe hier zu tun, sagte ich, wenn du willst, kannst du warten. Ich brachte hier vor, was sich in der Nacht zugetragen hatte, und der Polizist sah auch an meinem Gesicht, was der Werner Trübe mit mir gemacht hatte, außerdem war mein Pelzkragen vom Mantel abgerissen. Der Polizist griff sofort zum Telefonhörer und rief den Werner Trübe herbei. Auf seine Kosten wurde mein Mantel repariert, außerdem mußte er hundertfünfzig Kronen Strafe zahlen. Ich sah Frau Bayer schon am Fenster, sie machte mir mit guter Laune die Tür auf. Aber ich hatte auch gute Laune, nur daß ich nicht lachte. Mir war wohl, daß ich mein Recht verteidigt hatte, und weil ich mich sehr glücklich fühlte, war dieser Tag für mich wie ein Fest, ich zog mich nicht um, sondern band nur eine Schürze über mein Kleid. Frau Bayer guckte mit schiefen Augen auf mich, ihr war das Auslachen vergangen, die Ruth hatte schon vorher erzählt, daß wir bei der Polizei waren. Ich sagte nichts, hob nur stolz meinen Kopf. Damit zeigte ich allen, daß ein armes Mädchen auch eine Ehre hat.

Jeden Abend lag ich im Bett und war froh, daß es dunkel um mich war und mich niemand sehen konnte, ich sah ein, daß ich hier auf meiner Arbeitsstelle nicht mehr bleiben konnte, aber zu Hause hatte ich auch nichts zu erwarten. Wo sollte ich hingehen, was sollte ich arbeiten? Es zog mich wieder nach Hause. Ich sah den Vater ganz allein am Tisch sitzen, mit dem Rücken gegen die Wand, die Beine über Kreuz, mal guckte er in die Weite, mal auf die Kinder, die wie im Irrenhaus schrien und lärmten und achtlos über seine Füße stolperten, und der Vater zog dann nur seine Füße zurück. Er hätte gerne in Frieden gelebt, aber weil er heute gut sein wollte, wollte meine Mutter nicht, und sie ließ es ihn gerne spüren. Heute gab er auch das Geld ab, das er auf dem Meierhof verdiente, aber sie wollte keinen Frieden und brüllte, daß die Wände zitterten, und dazu die unverträglichen Kinder, es wurde sich mit Fäusten geschlagen, sie spuckten sich an, sie bekamen dafür keine hinter die Ohren, meine Mutter brüllte nur mit ihnen zusammen. An diesem heutigen Tag hätte es dem Vater wohlgetan, wenn ihm die Kinder mal einen Blick gegönnt oder ihn Tati genannt hätten, aber die Kinder sahen immer erst zur Mami, sie kannten ihre Augensprache, ob es ihr recht war oder nicht, und wehe, sie hätten mit ihm ein Wort gesprochen, wenn sie es nicht wollte. Diese kleinen Geschwister kannten vor dem Vater keine Angst, und meine Mutter, die Angst vor ihm kannte, hatte heute keine mehr, sie war zufrieden, daß ihr Wunsch in Erfüllung ging und sie ihn büßen lassen konnte.

Ich hab mich dann getraut, meiner Mutter zu sagen, daß ich nicht länger in Obergeorgenthal bleiben wollte. Ich hab nichts zum Anziehen, sagte ich, bin alle Tage schmutzig, ich getrau mich in keinen Laden, weil die Leute mir ausweichen, ich kann dort nichts auswaschen. Na, das muß ja aussehen, wenn du nicht einmal gewaschen hast, sagte sie, bist bald ein dreiviertel Jahr dort und hast nicht mal was ausgewaschen? Aber wenn du zu Hause bist, willst du dir doch immerfort dein Zeug auswaschen, und dort hast du alles so dreckig werden lassen? Erst heute erzählte ich meiner Mutter, daß ich bei den Bayers kein Zimmer hatte und in der Küche schlafen mußte und ich abends und am Wochenende nicht wußte, wie ich meine Zeit verbringen sollte. Heute konnte ich mal wieder verständig mit ihr reden, und sie sagte zu meinem Glück, Da mußt du eben von dort weggehn, wenn es dort so ist, wie du sagst. Meine Mutter hätte ja auch sagen können, wasch dir deine Sachen hier aus, und ich hätte die Stelle bei den Bayers behalten, aber sie dachte an mein Monatsgehalt, das ich bald bekam, und deshalb sollte ich gleich nach Hause kommen.

Ich blieb am Sonntag über Nacht zu Hause und ging gleich früh nach Brüx zum Arbeitsamt, zu Fuß natürlich und dazu in meinem roten Festkleid, daß ich wie eine Bardame auf der Landstraße spazierte. Ich hatte kein Glück auf dem Arbeitsamt, aber die Beamtin am Schalter frug mich, Möchten Sie als Kellnerin gehen, da könnte ich Ihnen was geben. Ich erschrak und sagte, Nein, nein, in einem Gasthaus möchte ich nicht arbeiten. Ich sollte wiederkommen und immer mal wieder nachfragen. Ich ging auf der staubigen Landstraße den weiten Weg zurück nach Obergeorgenthal, meine paar Sachen holen, ich war todmüde und müde über mein Dasein. Doktor Bayer war ganz besorgt, daß mir was passiert sein könnte, er hatte sogar die Gendarmerie angerufen. Frau Bayer horchte verdutzt, daß ich meine Sachen holen wollte, und als ich sagte, Ich hab meiner Mutter erst heute erzählt, daß ich kein Zimmer habe und mir nichts auswaschen kann, machte sie auf der Stirn dicke Falten, und ihre Augen sahen bös von unten herauf, ja, mein plötzliches Weggehen und die Gründe dafür gefielen ihr nicht.

Am nächsten Tag hielt neben unserer Tür ein Motorrad, ein Mann stieg ab, in einem braunen Manchesteranzug und geputzten Stiefeln, er war groß und stark und hatte ein volles, gesundes Gesicht. Meine Mutter riß die Augen auf und machte einen langen Hals und sagte, Jesses Maria, zu uns kommt doch ein Mann, was mag er nur von uns wollen? Er sagte, daß er vom Arbeitsamt Brüx käme und zum Fräulein Wirth wollte, er wäre aus Klösterle und brauchte eine Kellnerin, er könnte mich gleich auf dem Motorrad mitnehmen. Erschrocken sah ich zu ihm auf und sagte, Ich bin doch keine Kellnerin. Wenn Sie Arbeit haben wollen, so können Sie in meinem Gasthaus anfangen, sagte er und sah auf meine Mutter und wartete auf ihr Wort. Meine Mutter war heute unhöflich und sagte, Die kann jetzt nicht gleich mit, es müssen erst ihre Sachen in Ordnung gebracht werden, die hat nichts zum Anziehen. Kellnerin ist auch eine Arbeit, hatte mir die Beamtin in Brüx gesagt, Kellnerin ist sogar eine bessere Arbeit als alles andere. Der Mann, der jetzt hier stand, war mir sympathisch, und er hatte mir auch versprochen, daß es mir bei ihm gut gehen würde, deshalb versprach ich ihm, in fünf Tagen nach Klösterle zu kommen. Er hinterließ mir seine Adresse. Ich hätte gerne Geld verdient und mich ordentlich angezogen, wie der Mann es mir versprochen hatte, aber ich hatte eine große Scheu. In derselben Woche kam auch noch eine Postkarte von einem Kellnerinnenvermittler, der mir auch Arbeit besorgen wollte. Ich bewahrte die Karte auf, vielleicht blieb mir doch mal weiter nichts übrig. Auf dem Arbeitsamt war ich von dem Tag an als Kellnerin eingeschrieben. Heute ging ich zur Goschulap-Mantschi. Sie hatte große Freude, als ich plötzlich zur Tür reinkam, vor Freude fiel sie mir gleich um den Hals und sagte, Walli, ich habe große Sehnsucht nach dir gehabt. Ich sagte ihr, warum ich gekommen war, ich wollte nämlich wieder auf dem Meierhof arbeiten, aber allein hatte ich keinen Mut, deshalb sollte sie mit mir zusammenhalten, aber die Goschulap-Mantschi hatte schon am ersten Tag genug, und allein wollte ich auch nicht. Im Monat August war die Zeit des Hopfenpflückens, aber nicht in Seestadtl, die Mantschi und ich bewarben uns bei einer kleinen Kolonne, und mit acht Erwachsenen zogen wir in die Saazer Gegend zu einem Kleinbauern. Es war eine lustige Zeit für mich, und weil wir sehr fleißig waren, verdienten wir auch gutes Geld, aber es war ja auch nur Saisonarbeit, und ich mußte wieder zurück nach Seestadtl und ging sofort wieder nach Brüx aufs Arbeitsamt. Mittwochs und freitags ging ich immer, da ging man mit Hoffnung, weil Wochenmarkt stattfand. Die Beamtin hatte mir nämlich gesagt, daß die Hausfrauen, wenn sie ein Dienstmädchen brauchten, meist nach dem Wochenmarkt ins Arbeitsamt kämen. Als ich diesmal zur Tür reinkam, erschrak ich im ersten Augenblick, denn ich sah einen großen Haufen Mädchen in der Ecke zusammenstehen und auf mich gucken. Ihre Gesichter sahen erwartungsvoll aus, und auch die Beamtin steckte ihren Kopf aus dem Schalter. Mir kam es so vor, daß einige Mädchen mit ihr in gutem Intim waren, sie nannten sie Fräulein Anna, und beim nächstenmal wußte ich auch, wie ich sie anzusprechen hatte. Kommen denn so viele Frauen und suchen ein Dienstmädchen? dachte ich bei mir. Ich wußte gleich, daß ich zu ihnen gehörte, und stellte mich dazu in die Ecke. Einige von ihnen standen geknickt da wie ich, und andere unterhielten sich. Das Fräulein Anna mahnte, sie sollten still sein, wenn eine Frau reinkäme, würde sie dann gar kein Mädchen nehmen, und wir alle würden doch wohl auf eine Stelle warten. Es blieb ganz still, es wurde höchstens mal geflüstert. Wir jungen verarmten Mädchen standen hier wie die Gänse, jedes Mädchen hatte nur ärmliche Kleidung an, und jede wartete auf eine gnädige Frau. Als eine Frau mit ihren Einkaufstaschen zur Tür reinkam, sagte das Fräulein Anna sehr höflich, Suchen Sie sich nur eine aus. Die Dame wandte ihr Gesicht zu uns, guckte uns nacheinander an, und wir standen alle still, bewegten nur unseren Kopf und warteten, wer es sein würde. Ich hatte mich still nach hinten gestellt und mein Gesicht versteckt, ich hatte Angst und schämte mich auf einmal. Was ist, wenn ich die Auserwählte bin und ich auf all ihre Fragen, was ich im Haushalt kann, nein sagen muß, das kann ich nicht, und dies kann ich nicht? Aber ein anderes Mädchen, klein und schwach, hatte sich ganz nach vorn gestellt und strahlte die Dame an. Zuerst sah die Frau an ihr vorbei, dann vernahm sie wohl das stumme Bitten des Mädchens, bitte nehmen Sie mich, bitte nehmen Sie mich, und die Dame frug das Mädchen, Können Sie das, können Sie dies, und das Mädchen strahlte und antwortete nur ja, ja, ja. Die gnädige Frau guckte immer noch nach einem anderen Mädchen, aber das kleine schwache Mädchen hielt sie fest mit ihren Augen, daß die Dame dann sagte, Ich nehme dieses Mädchen. Das überglücklich strahlende Mädchen konnte von dem Haufen weggehen. So ist es mit dir, dachte ich, da läufst du so weit und in aller Frühe, weil du Arbeit haben willst, und wenn es sein könnte, dann versteckst du dich, weil du davor Angst hast, ausgewählt zu werden. Bis Mittag ging der Wochenmarkt, und bis dahin warteten wir, und dann konnten wir nach Haus gehen und uns bis zum nächstenmal vertrösten.

Der Adolf war nach einigen Monaten Wanderschaft wieder zurückgekommen, aber er fühlte sich zu Hause überflüssig, zu der Tanti durfte er essen gehen, und er ging, weil ihn der Hunger trieb. Die Tanti mit ihren zwei Männern verstand es nicht, wie schwer für ihn das Leben war. Wenn er zu ihnen kam, spotteten sie ihm gleich entgegen, Na, hast wohl wieder Hunger, was, und der Onkel spottete, Ihr kommt nur zu uns, wenn ihr Hunger habt. Natürlich hatte der Onkel recht, denn wir lebten doch nur mit Hunger, und sie kannten keinen Hunger oder Sorgen, und die Tanti machte sich gerne über alles lustig, und weil es ihr gut ging, fühlte sie sich wie der liebe Gott. Der Adolf lief fremd in der Wohnung umher, sich selbst fragend, Wohin soll ich laufen, welche Richtung soll ich nehmen, ich muß wieder fort, so kann es nicht weitergehen, überall bin ich im Wege. Es achtete niemand auf seine Klagen, er hatte sich an den Tisch gesetzt und seinen Kopf auf die Ellenbogen gestützt. Hach, klagte er, ist das ein Lärm hier, hier geht man nur zugrunde, das hört sich ja gar nicht wie bei Menschen an, wie das nur hier zugeht. Aber das wollte die Mami nicht hören, am liebsten hätte sie ihn draußen gehabt, sie hatte keinen Nutzen von ihm, und deshalb nahm sie auch keine Rücksicht mehr. Der Adolf hielt seinen Kopf und jammerte, Hört auf, hört auf, ich werd nichts mehr sagen, ich seh ja, daß ich nicht bleiben kann, ich überleg nur noch, wo ich hingehen kann. Weil es mir nicht besser als dem Adolf ging, nur daß ich gesünder war, sagte ich zu ihm, Weißt du was, Adolf, ich geh mit dir, da bist du zuwenigstens nicht allein. Walli, geh, du wirst mit mir gehen, wie du dir das vorstellst. O ja, Adolf, es ist mein Ernst, ich geh mit dir. Er winkte ab, sein Gesicht war dunkelrot angelaufen, er sagte, Ach, Walli, hör auf, das will ich nicht hören, stell dir das nicht so leicht vor, sei froh, daß du es nicht nötig hast, aber ich muß fort, du weißt, wo du dich schlafen legen kannst, aber ich weiß es keinen Tag, im Sommer kann ich es draußen aushalten, ich kann im Wald oder sonstwo schlafen, aber im Winter, da kann ich nicht über Nacht draußen bleiben, nicht mal Paar gescheite Schuhe hab ich, und was ich anhabe, ist auch nicht viel wert, ach, was werd ich wieder alles durchmachen müssen, und da willst du mitgehen, schlag dir das aus dem Kopf, das ist nichts für dich. Du bist selber schuld, daß du nichts hast, ertönte die kalte Stimme meiner Mutter, du bist selber schuld, wärst nur mal zum Doktor Steiner gegangen, der hätt dir Sachen gegeben. Meine Mutter hatte gewollt, daß der Adolf zum Doktor Steiner gehen sollte, der ja sein Pate war, um abgetragene Sachen zu erbetteln, aber sie hatte den Adolf nicht bereden können, dazu war er viel zu stolz. Wärst nur hingegangen, schrie sie, du könntest schöne Sachen zum Anziehen haben. Da der Adolf sich das nicht mehr anhören wollte, erhob er sich und sagte wie für sich, Na, da werd ich halt jetzt mal gehen, wer weiß, wann ich mal wiederkomme. Er ging langsam über die Schwelle und durch den schmalen kurzen Hausflur zur Tür hin, dort stand er noch eine Weile, die Klinke in der Hand, ein wenig breitbeinig. Ich stand mitten in der Stub und sah dem Adolf nach. Niemand hielt ihn zurück oder kümmerte sich um ihn. Ich spürte, als er fortging, wie ihm die Tränen liefen, auch wenn er sich nicht umsah. Von meiner Mutter wollte ich wissen, wohin der Adolf ging. Äh, der wird schon wissen, so schlimm ist das bei ihm nicht, der weiß sich schon zu helfen. Und am Abend nahm der Albert das Bett vom Adolf ein.

Unterdes war es September, Oktober geworden und gerade Kartoffelernte. Ich traute mich nicht, den Verwalter zu fragen, weil ich schon so oft mit Arbeit angefangen und immer gleich wieder aufgehört hatte, deshalb ließ ich den Vater für mich fragen. Ich sollte gleich am nächsten Tag kommen, aber ich sollte diesmal länger durchhalten, ließ mir der Verwalter durch den Vater bestellen. Ich war mit den anderen Tagelöhnerinnen auf dem Feld, die Stücke wurden nicht abgemessen, wie ich es sonst kannte, die Frauen blieben zusammen und liefen die langen Furchen ab und lasen die Kartoffeln hinter der Maschine auf. Mich hatten sie an den Feldrain gedrängt, dort lagen die Kartoffeln weit verstreut. Im Nu waren die Körbe der anderen Frauen voll, die Körbe mußten von jedem selbst weggetragen und auf den Wagen geschüttet werden. Es waren alles ältere Frauen, die sich gerne von der Jugend unterstützen lassen wollten, für sie war die Jugend kein Mensch, und wenn man wie ich nicht die Kraft hatte, galt man als faul. Sie waren zu mir immer unfreundlich und hatten böse Augen, auch wenn ich ihnen jeden Stein aus dem Weg geräumt hätte, sie wären trotzdem unfreundlich geblieben. Sie hätten es gerne gesehen, wenn ich ihnen die vollen Körbe weggetragen hätte, dabei hatte ich zu tun, daß ich meinen Korb wegbrachte. Solange der Wagen noch leer war, konnte ich ihn gut ausschütten, aber wenn der Kartoffelberg höher und höher wurde und Aufsetzbretter an den Wagen gelegt wurden, schaffte ich es kaum noch, mir fielen viele Kartoffeln aus dem Korb sie fielen mir auf den Kopf. Die Frauen dagegen warfen ihre Körbe mit Schwung auf den Wagen, und keine Kartoffel fiel ihnen herunter. Ganz weit drüben auf dem Kartoffelfeld hantierte mein Vater mit Pferd und Wagen, es war mir peinlich, wenn er beim Vorbeigehen bei den Frauen stehenblieb und sich freundlich mit ihnen unterhielt und er mich mit steifem Hals übersah. Dann merkte ich, daß die Frauen von der Arbeit aufguckten, das Gespann meines Vaters war am Feldrain steckengeblieben, und unter den Männern, die am Wagen herumhantierten, sah ich den Vater, er brachte wohl den Wagen nicht allein von der Stelle, und während andere Männer sich an seinem Wagen zu schaffen machten, stand er dabei und guckte zu. Da konnte ich nicht anders als ihn verachten. Wirst du wohl ruhig sein, sagte eine andere Frau, wie redest du über deinen Vater, dein Vater ist sehr krank, er kann nicht mehr wie ein gesunder Mensch arbeiten. Da ich zu Hause die Mami nur lächeln sah, wenn es hieß, er wäre krank, und sie immer sagte, in Deutschland wäre er auch gesund gewesen, sein Magen würde wohl weh tun, weil ihm das Saufen fehlte, wollte ich es nicht ernst nehmen, was die Frauen vom Vater und seiner Krankheit sagten. Dabei hatte ich doch selbst mitgekriegt, daß er Suppen aß. Weil ich die Meinung meiner Mutter wußte, sagte ich, Der ist nicht krank, der tut nur so, weil er faul ist, wir tun den gar nicht achten. Darüber waren alle Frauen böse, und eine sagte, Dein Vater ist ein ordentlicher Mensch, deine Mutter taugt nichts, die hat noch nie was getaugt, deine Mutter kennen alle, was das für eine ist, die ist ja schuld, daß dein Vater krank ist und daß es mit ihm so geworden ist, deine Mutter, die taugt ja nicht mal, euch Kinder zu Menschen zu erziehen. Zum erstenmal in meinem Leben hörte ich, daß Leute zum Vater hielten und ihn verteidigten. Was fällt denen ein, dachte ich, so etwas über meine Mami zu sagen, na, die wird euch schon helfen, das läßt sie sich nicht gefallen, aber trotzdem schämte ich mich vor den Frauen, daß ich so schlecht über den Vater gesprochen hatte. Die Frauen sagten dann noch, Das werden wir deinem Vater erzählen, wie du über ihn redest. Nun hatte ich auch noch Angst, daß er es erfuhr und mich vor allen ohrfeigte. Es klang mir in den Ohren, wie schlecht mein Vater aussah und daß meine Mutter meinen Vater verdorben hätte. Wenn diese Frauen meine Mutter für alles beschuldigten, hatten sie nicht ganz recht, ich kannte unser Familienleben besser und wußte, daß sie beide nicht für eine Ehe taugten. Ich machte schnell, daß ich nach Hause kam, um meiner Mutter das Vorgefallene zu erzählen, ich dachte, sie würde auffahren und sich verteidigen, aber sie hörte es sich nur ruhig an, daß ich empört sagte, Du darfst es dir nicht gefallen lassen. Ihre Antwort kam sehr langsam und ruhig, Ich werde schon mal mit ihnen reden, wie sie so etwas sagen können. An diesem Abend kam der Vater später nach

Hause, mein Herz klopfte vor Unruhe, was er sagen würde, und als er über die Schwelle kam, sah er sehr matt aus, und seine Augen unglücklich, mir kam es vor, als hätte er geweint. Niedergeschlagen nahm er seinen Platz am Tisch ein und wartete, daß ihm von der Mami das Essen hingestellt wurde. Sie tat es mit hängenden Augenlidern und Geklirr, als ob sie einem Hund was vorsetzte. Langsam und vereinsamt aß er, und danach saß er ruhig da und starrte vor sich nieder, mal richtete er einen traurigen Blick auf mich. Am andern Tag, als er mit der Mami allein war, klagte er es ihr, und sie sagte mir, Du hast ihm sehr weh getan, er hat gesagt, ich soll dir sagen, du sollst nie mehr so etwas über ihn sagen, sag es nie mehr über ihn. Ich hatte jetzt ein unruhiges Gefühl, wenn der Vater zu Hause war und mit stummem Gesicht dasaß. Meine Arbeit auf dem Meierhof hatte ich auch nicht lange, es wurde sehr kalt, und ich hatte keine passende Kleidung. Von den Frauen wurde ich auch links liegengelassen, keine redete mit mir, und die Frauen forderten immer öfter, daß ich ihnen die Körbe wegtragen sollte. Ich ging nicht mehr hin, und zu Hause jammerte ich, Mami, ich tät so gerne arbeiten, glaub mir, ich kann es wirklich nicht. Das war der Moment für den Vater. Abends kam er mit schnellen Schritten von der Arbeit, er streckte seinen langen Arm zur Tür hin und sagte im strengen Befehlston, Walli, du schaust jetzt, daß du nauskommst, du hast hier nichts zu suchen, arbeiten willst du nicht, zu nichts taugst du was, raus, und komm nicht mehr rein. Und du gehst gleich mit, schrie meine Mutter und streckte ihren langen Arm zur Tür hin, du hast hier auch nichts zu suchen, du hast kein Recht, jemanden aus meiner Wohnung zu jagen, hier bestimme ich. Wie vom Schlag gerührt, stand der Vater da, die Hände lagen auf seinen Hüften, so stand er und sah mit seinen großen Augen auf eine Stelle. Es verging eine Weile, bis er langsam zu seinem Stuhl am Tisch ging. Auf jeden Fall war ich an diesem Abend froh, daß der Vater von ihrer Gnade abhing und kein Recht bekommen hatte, mich hinauszujagen. Ich hörte jetzt oft den Streit meiner Eltern dröhnen, ich spürte, daß etwas Besonderes los war, der Vater konnte kaum seine Erregung zurückhalten, ich hörte, wie er ihr vorwarf, Du hast in deinem Leben noch nie was getaugt, bist schon als Kind in die Erziehungsanstalt gekommen, hast deinen Stiefvater ins Zuchthaus gebracht ... Diese Vorwürfe kannte ich ja schon seit meiner Kindheit, aber heute war ich kein Kind mehr und hörte immer noch die gleichen Vorwürfe. Was vorgefallen war, erfuhr ich nicht, ich sah nur, wie meine Mutter erstarrte und auf einmal Ruhe war, und auch am andern Tag war es ungewöhnlich still in der Wohnung. Als ich mit ihr allein in der Stub saß, sie hatte ein Flickzeug in den Händen und hob kaum den Kopf, sagte sie, Walli, ich will dir heute mal erzählen, was er meint, und sie erzählte mir heute zum erstenmal richtig über ihre schwere Kindheit, wie alles gewesen war und wie ich es schon geschildert habe. Sie war zutiefst gekränkt über seinen Vorwurf und sagte, Er hat nie auf mich Rücksicht genommen, mein ganzes Leben hab ich mir durch ihn ruiniert, er hat es nie eingesehen, was ich für ihn getan habe, und heute muß er mir das vorschmeißen, aber wart nur, das wird er mir schwer büßen müssen, der wird leiden, und niemand wird ihm helfen, ich hab nämlich was gemacht, der hat keine Ahnung, daß er mal elendig zugrunde gehen wird, und wenn es mit ihm soweit ist, werde ich lachen und singen, auf diesen Tag wart ich schon, mein ganzes Geld hab ich dafür ausgegeben, der ist ja schon krank. Und dann ließ mich meine Mutter ihr Geheimnis wissen. Es war so, daß sie aus einem Kleidungsstück, das vom Vater getragen wurde, einen Fetzen herausgerissen hatte, nicht herausgeschnitten, und dieses Stück Stoff hatte sie unter eine Dachrinne gelegt, es mußte immer auf demselben Fleck liegenbleiben, und durch die Tropfen und die ständige Feuchtigkeit faulte der Stoff, und so wie der Stoff würde auch ganz langsam die Lunge des Vaters verfaulen, er würde Lungenbluten bekommen und elendig zugrunde gehen. Ein Hexensprüchel mußte dazu gesprochen werden, daß mich meine Mutter aber nicht wissen ließ, sie verriet mir auch nicht, aus welchem Kleidungsstück sie den Fetzen herausgerissen hatte, sie sagte nur, daß das Loch nicht geflickt werden dürfte, sollte der Zauber wirken, und daß nur sie allein den Platz, wohin sie den Fetzen Stoff gelegt hatte, wußte. Über all das, was ich von meiner Mutter erfuhr, machte ich große entsetzte Augen, aber sie merkte davon nichts und wiederholte immerfort, Der ist ja schon krank, früher hat er alle Tage Knödel essen wollen, und jetzt will er nur Supp, bis jetzt hab ich das gemacht, aber dem werd ich helfen, der kriegt jetzt von mir alle Tage nur harte Knödel hingestellt, er soll mich nicht umsonst beleidigt haben.

Ich hielt es zu Hause nicht mehr aus, und deshalb ging ich viel zu der Goschulap-Mantschi, und ihre Eltern freuten sich immer, wenn ich kam. Meine Mutter hatte mir verboten, zu den Goschulaps zu gehen, sie sagte immer, Ich kann die Leute nicht leiden, da wirst du nicht hingehn. Ich war aber gern mit den Eltern zusammen, der Mantschi ihr Vater bedauerte immer unser beider Jugend, daß wir keine Zukunft hätten. Was wird mit euch jungen Leuten nur mal werden? Als ich wieder einmal dort war, hörte ich draußen auf der Straße ein Geschrei, grad, als ob ein Verrückter aus dem Irrenhaus geflohen war, ich guckte aus dem Fenster und sah meine Mutter mitten auf der breiten Straße stehen, mit allen Kindern und dem erbärmlichen Sportwagen. Herr Goschulap kam ans Fenster und sagte im guten Ton, daß sie doch nicht so schimpfen sollte, es wäre kein Grund, aber da wurde sie erst recht ausfallend und grob, daß der Herr Goschulap mich bat, nach Hause zu gehen. Ich wehrte mich, weil ich mich schämte, auf die Straße zu gehen, schon wie sie meinen Namen rief, Walli, elende Bestiä, wirst du von dem Volk rauskommen, ich bring dich heute um, wenn du nicht machst, was ich sag. Dann hörte ich sie mit dem Herrn Goschulap streiten, aufgeregt kam er in die Wohnung und sagte, Die schreit auf der Straße, Sie würden zu uns huren kommen, die schreit, der elende Kerl braucht sie zum Huren, der hurt mit ihr rum, wenn die jetzt von dem Hurenkerl nicht rauskommt, hol ich die Polizei und laß sie rausholen, und den Hurenkerl laß ich einsperren. Ich wußte, meine Mutter ging über Leichen, wenn es nicht nach ihrem Willen ging, ich hörte den Herrn Goschulap aufgeregt sagen, Gott, die Frau ist verrückt, ach Gott, Sie haben eine verrückte Mutter, mit so einem Menschen ist ja nicht zu sprechen, Fräulein Walli, Sie dürfen hier nicht bleiben, Ihre Mutter macht uns auf der Straße große Schande. Ich wollte nicht auf die Straße und weinte, und die Goschulaps streichelten mich, und Herr Goschulap legte seinen Arm um mich und schob mich sanft zur Tür und sagte, Kommen Sie, Fräulein Walli, gehn Sie, Sie können wiederkommen, aber jetzt dürfen Sie nicht bleiben, Ihre Mutter tut uns noch die Schande an und holt die Polizei, die ist ja verrückt, die ist zu allem fähig. Da ich wußte, daß die Goschulaps mich trotz alledem liebhatten und ich immer zu ihnen kommen konnte, ging ich hinaus, und als meine Mutter mich sah, eilte sie mit den Kindern und ihrem erbärmlichen Sportwagen vorneweg, und als ich zu Hause ankam, war nichts mehr von ihrem Zorn zu spüren, als wäre sie überhaupt nicht böse auf mich gewesen.

An einem Tag, es war Winter, und wir waren inzwischen umgezogen, auf dem Meierhof war eine Wohnung für uns frei, es war auch höchste Zeit, sonst hätten mir mit unserem Gerümpel auf der Straße gelegen, an einem Tag kam ein Brief, der an mich gerichtet war. Als der Briefträger ihn brachte, war ich grad nicht zu Hause, und meine Mutter hatte ihn schon aufgerissen und gelesen. Der Adolf hatte mir geschrieben. Er lebte in der Slowakei, er war auf einem großen Gut betteln gewesen, da hatten sie ihn gefragt, ob er nicht Lust hätte, als Schweizer zu arbeiten, er hatte angenommen und lernte nun Schweizer, die Leute waren gut mit ihm, so schrieb der Adolf, aber er hatte Sehnsucht nach mir und schrieb, Walli, du bist die einzige, die mich verstehen kann, du hast mich ja immer schon verstanden, du bist die einzige, die ein gutes Herz mit mir hat. Meine Fotografie hatte er mitgenommen, und er sah sie sich alle Tage an. Er schrieb, Du bist so ein gutes Mädchen, wenn Du nur mal einen guten Mann bekommst. Der Adolf wünschte sich, daß ich ihn besuchen kam, ich sollte sehn, wie gut es ihm ging und wie freundlich die Leute hier waren. Er hatte die Fotografie gezeigt, und die Leute dort waren von mir angetan. Er schrieb, Ich kann mir auf meine Schwester was einbilden, was glaubst Du wohl, wie sie sich hier alle die Augen ausgukken, die sind ganz närrisch geworden, ich habe gar nicht so viele Bilder, wie ich verschenken soll, alle möchten Dich gerne kennenlernen. Wenn die Mami auch tat, als läge ihr nichts daran, daß er nicht an sie geschrieben hatte und für sie nicht einmal ein Gruß dabeigewesen war, ärgerte es sie doch, aber sie wußte auch, warum er es nicht tat. Er schrieb, Denn gerade in der Fremde merkt man, wer gut gewesen ist. Ich hatte große Lust, dem Adolf seinen Wunsch zu erfüllen. Ich werde dir schon helfen, dort hinzufahren, möcht wissen, was du dort sollst, bleib du nur hier, der soll sich anscheißen, schrie meine Mutter. Ich antwortete dem Adolf, daß es zu weit wäre und ich die Sprache nicht verstände, außerdem hätte ich kein Geld. Darauf schrieb der Adolf, ich sollte nur ruhig kommen, er würde mir bis zur Hälfte entgegenfahren, und das Geld wollten alle Schweizer zusammentun und es mir schicken, ich sollte nur schreiben, wann ich kommen wollte. Im nächsten Brief schrieb der Adolf, Walli, die möchten alle, daß Du herkommst, Du kannst hier auch Arbeit bekommen, das Gut hat eine große Küche, das war doch immer Dein Wunsch, komm doch, das wäre so schön, wenn Du hier wärst, es würde mir noch mehr gefallen, Du kannst hier gute Partien machen, hier gibt es zuwenigstens Menschen, mit denen man auskommen kann. Jeder Brief, der vom Adolf kam, wurde von meiner Mutter aufgerissen, und dann bekam ich vom Adolf keine Post mehr zu sehn, meine Mutter behielt sie einfach zurück, und ich durfte ihm nicht mehr schreiben, und wenn ich vom Adolf sprach, zeigte sie ihre drei langen Zähne und ihre unruhigen bösen Augen. Eines Tages, als ich nach Hause kam, hing über der Tür eine Jacke, sie war oben an der Tür eingeklemmt. Ich wollte die Jacke runterreißen, da stampfte meine Mutter mit dem Fuß auf und schrie, Laß die Jacke hängen, die geht dich nichts an! Ich ließ die Jacke hängen und frug, Warum soll denn die Jacke dort bleiben, was hat das zu bedeuten? Meine Mutter sagte kurz, Ich hab sie dort hingehängt und will, daß sie dort hängenbleibt. Mami, warum hast du denn das gemacht? Wie das von draußen aussieht! Das ist eine Jacke vom Adolf, ich will nämlich was probieren, und wenn es mir gelingt, da kann ich was. Nun war der Adolf weit fort in der Fremde, er hatte sein Glück gefunden, daß er von guten Leuten von der Straße genommen war, und nun hatte sie die Jacke in der Tür eingeklemmt, damit er Schmerzen im Herzen bekam, Sehnsucht nach Hause sollte ihn quälen, jedesmal wenn die Tür auf- und wieder zugedrückt wurde, sollte er tüchtig leiden, er sollte es dort, wo es ihm gut ging, nicht mehr aushalten und nach Hause kommen. Oh, Mami, tut dir denn der arme Adolf nicht leid, es geht ihm doch schon so schlecht genug? Das macht doch nichts, sagte sie und lächelte, ich will ausprobieren, ob ich was kann, das muß gehn, ich will, daß er nach Hause kommt, sonst überlegst du es dir noch und fährst hin. Ich kann doch gar nicht dort hinmachen, sagte ich, hab doch nichts zum Anziehen, hab nicht mal eine Hose, ich würd dem Adolf doch nur Schande machen, und mir ist leichter, wenn ich weiß, daß sich gute Leute seiner annehmen, das kann der arme Junge hier nicht finden, hier wird er doch nur verspottet und herzlos behandelt. Vom Adolf bekam ich doch noch einen Brief, sie wollte ihn mir aus den Händen reißen, aber der Brief war schon mein. Der Adolf schrieb sehnsüchtig, Walli, wann kommst Du eigentlich, ich kann es schon gar nicht mehr erwarten, wenn Du nicht kommst, Walli, dann bleib ich auch nicht mehr. Seine Jacke hing Tag und Nacht zwischen der Tür, manchmal nahm meine Mutter die Tür und drückte sie extra auf und zu, und an ihren glitzernden spöttischen Augen merkte ich, wie wohl es ihr tat. Und an einem Abend kam der Adolf zur Tür rein, und er sah, daß seine Jacke in der Tür hing. Die Mami ließ ihn mit lächelnder Miene wissen, was sie an ihm ausprobiert hatte, und sie frug ihn, wie ihm denn zumute gewesen wäre, sie wollte gerne etwas von Herzbeschwerden hören. Adolf, ist die Sehnsucht so und so gewesen? Hm, machte der Adolf schwach, so ist es schon gewesen, ich hab es können nicht mehr aushalten, hab müssen von dort fortmachen, und jetzt ist mir wieder besser, dabei wollten die mich gar nicht fortlassen. Meine Mutter lächelte zufrieden, so überzeugt war sie, daß sie was konnte, und der Adolf saß still da, sah nur mal traurig auf mich.

Ich hielt mich fast nur noch bei den Goschulaps auf. Wo sollte ich anders hingehen, ich war jedesmal froh, wenn ich bei ihnen schlafen konnte. An einem Tag, als ich mittags nach Hause kam, war die Tür verschlossen, und auf mein Klopfen hörte ich, wie der Riegel weggeschoben und die Tür einen Spalt geöffnet wurde. Meine Mutter schob mir ein kleines Bündel heraus und sagte, Hier hast du dein Zeug, geh, wohin du willst, rein darfst du nicht mehr. Ich ließ sie die Tür nicht zudrücken, sondern schob mich durch den Spalt, und das Bündel hatte ich auch nicht genommen. Ich werde wieder nach Brüx auf das Arbeitsamt gehen, sagte ich, vielleicht finde ich etwas, ist es, was es will. Ich mache mich sofort auf den Weg, es war der Monat März und neblig und kalt, aber ich war es ja gewöhnt, weil ich auch im tiefen Schnee in der Woche paarmal zum Arbeitsamt gegangen war. Ich betete und weinte. Daß mich meine Mutter hinausstoßen wollte, das war bitter für mich. Ich kam spät in Brüx an, das Arbeitsamt konnte mir wie immer keine Stelle zuweisen. Ich weiß heute nicht mehr, wie es gekommen war, ich war ja so oft in Brüx, meist war es auf dem Rückweg schon dunkel, ich hatte dann immer viel Angst vor den Autos und versteckte mich im Straßengraben, aber diesmal war es besonders spät geworden. Durch den Nebel war es schon am Nachmittag dunkel gewesen, und an diesem Tag wagte ich mich nicht aus der Stadt heraus, ich sah die dunkle Hauptstraße mit den wenigen Laternen und vom Nebel eingeschleiert und bekam das Gruseln. In meiner Verzweiflung lief ich durch die Straßen, ich weinte leise, es nützte nichts, ich mußte nach Hause. Die Menschen wurden immer weniger, und mein Herz zersprang fast vor Angst. Mami, Mami, wimmerte ich leise und wußte nicht, wohin. Hier in Brüx wohnte ja der Großvater, ich dachte daran, daß ich hingehn und ihn bitten könnte, ob ich über die Nacht bei ihm bleiben dürfte, aber ich faßte dazu keinen Mut. Ich hörte die Turmuhr zehn schlagen, zehn Uhr. Ich lief sehr langsam, weil mich meine Beine nicht mehr tragen wollten, und als ich so ging, sah ich von weitem eine schmale große Gestalt auf der Straße stehn. Zu meiner Erleichterung war es eine Frau, sie war dunkel oder schwarz gekleidet, einen breiten schwarzen Schal hatte sie um den Kopf, das Gesicht war fast bedeckt, weil sie mit beiden Händen den Schal zusammenhielt, sie stand ganz am Rande vom Trottoir. Eine Frau, dachte ich zu meiner Freude, sicher steht sie hier und wartet auf ihren Mann, der von der Arbeit kommt, ich werde sie fragen, ob ich bei ihr über Nacht bleiben kann. Ich ging auf sie zu und grüßte, Guten Abend! Sie drehte ihr verdecktes Gesicht halb herum, ich weiß nicht, ob sie meinen Gruß erwiderte, ich begann sofort mit zaghafter Stimme zu sprechen, Könnte ich bei Ihnen heute nicht schlafen, ich bin aus Seestadtl, ich war auf dem Arbeitsamt, ich habe keine Arbeit gefunden, und es ist so dunkel, ich fürchte mich, nach Hause zu gehn, bitte, sind Sie so gut und nehmen Sie mich mit. Die Frau drehte ihren verhüllten Kopf nun ganz herum und lauschte auf mein Sprechen, sie murmelte etwas, was ich nicht verstehen konnte, und verdeckte mit dem Schal ihr Gesicht. Warten Sie, verstand ich. Ich war glücklich, daß ich eine Frau gefunden hatte, die mich mit nach Hause nahm, aber sie kam mir so unruhig vor. Sie warten wohl auf jemanden? frug ich zaghaft, weil ich mich mit der unbekannten Frau gerne unterhalten wollte, aber sie gab keine Antwort, und weil ich noch mal frug, murmelte sie, Es dauert nicht lange. Dann kam ein Mann, mit dem murmelte sie, aber er ging weiter. Das nächstemal war es dasselbe. Ich bekam jetzt mit, daß an der Ecke ein Restaurant war, das »Der weiße Schwan« hieß. Als wieder ein Mann kam, stürzte sie rückwärts dem Mann an die Brust, flüsterte was, und ich merkte, daß sie sich einig waren, und sie gingen gleich hinter in eine schmale, dunkle Gasse. Jetzt erst kam mir die Besinnung und der Schreck. Eine Strichfrau! Ich wollte weglaufen. Die Frau kam aus der schwarzen Gasse heraus und rief mir hinterher, Bleiben Sie stehn, bleiben Sie stehn, ich nehm Sie mit nach Hause, es dauert nicht lange. Aber ich lief fort. Eine Strichfrau, eine Strichfrau! Ich rannte ohne Pause, so schnell ich konnte. Nach Haus, nach Haus will ich, konnte ich nur denken, ich rannte durch menschenleere Straßen, nur hin und mal sah ich Polizisten stehn, die Hände auf dem Rücken, aber ihnen ging ich aus dem Weg, weil ich dachte, wenn die mich sehen, halten sie mich für eine Strichkatze. Der Glockenschlag vom Kirchturm ertönte, weiter war in dieser großen stillen Stadt nichts zu hören, alle fünfzehn Minuten meldete sich die Uhr, und die Glokkenschläge machten mich fast wahnsinnig, ich eilte und wimmerte, Mami, Mami. Am letzten Haus, bevor die Landstraße begann, blieb ich in meiner verzweifelten Angst stehen und sah in die Dunkelheit hinein. Nein, nein, ich traute mich nicht, allein diese Straße zu gehen. Mami, ich will nach Hause, ich hab so Angst! Ich drehte mich um und rannte wieder zurück. Was sollte ich tun, wo sollte ich hin? Ich fand eine kleine Parkanlage, ungepflegt mit paar Bäumen, Bänke standen hier und dort, in meiner Verzweiflung ging ich in diesen Park, ich lauschte, ob was raschelte, damit ich mich gleich umdrehen und wegrennen konnte. In der Dunkelheit fand ich eine Bank, setzte mich, zu Tode erschöpft. Endlich sitzen, dachte ich. Da die Anlage auf einem Hügel lag, konnte ich von oben auf die Straße schauen und auf die

Häuser, alle Fenster waren dunkel, die Leute lagen in ihren Betten und schliefen. Leise klagte ich, Niemand ist da, der mir hilft, der mich versteht, der mir sagt, was ich anfangen kann, ich will arbeiten, ich will ein ordentliches Mädchen bleiben, aber wer hilft mir? In diesem Monat war ich neunzehn Jahre alt geworden, es hatte niemand nach meinem Geburtstag gefragt. Die Turmuhr schlug, es war zwölf Uhr, und ich konnte mich nicht mehr zurückhalten und fing laut und krampfhaft an zu weinen. Auf einmal schreckte mich eine derbe Stimme auf, ein Polizist stand vor mir. Was ist denn, warum schreien Sie, warum sitzen Sie hier? Ich hatte einen schweren Tag hinter mir und nichts gegessen und getrunken, es war heute einfach zuviel für mich, daß plötzlich noch ein Polizist vor mir stand, machte mich ohnmächtig. Als ich die Augen aufmachte, lag ich auf einer Pritsche, das schreckte mich wieder, aber die Polizisten hatten gute Gesichter. Zitternd erzählte ich von dem Tag, ich ließ sie wissen, daß ich fast alle Tage nach Brüx zum Arbeitsamt ging. Ich getrau mich gar nicht mehr nach Hause, meine Mutter schimpft immerfort auf mich, sagte ich. Meine Augen leuchteten auf, als die Polizisten sagten, ich sollte nach Saaras gehen, Saaras war ein Vorort von Brüx, dort wäre ein Kloster, es hieße Josephsheim, dort würde man mir helfen. Am Morgen machte ich mich auf den Weg nach Saaras. Von weitem sah ich ein großes rundes Gebäude, Menschen traf ich hier kaum. Mit Tränen auf den Wangen betete ich den ganzen Weg über halblaut, Heilige Mutter Gottes, hab mich lieb, Mutter Gottes, hilf mir, nimm mich in dein Haus, ich bin ein armes Mädchen, ich gehöre zu dir, ich habe ja keine Zukunft, ich gehe unter, und davor habe ich große Angst, du meine Heilige Mutter Gottes, nimm mich zu dir, ich habe so Angst vor meinem Leben.

Im Josephsheim hatte ich es nicht schlecht. Im übrigen waren im Josephsheim noch mehr Mädchen aus Seestadtl, auch die Seifert-Erna und die Fugner-Hanny. Sechzig Kronen Lohn bekam ich im Monat, das war nicht viel, aber mir war die Hauptsache, daß ich von der Außenwelt wegkam. Zweimal in der Woche, Dienstag und Freitag, hatten wir abends bei der Klostermutter Religionsstunden, in die Kirche mußten wir jeden Morgen, alle vier Wochen mußten wir zur Beichte und alle Tage zur heiligen Kommunion gehen, und alle sechs Wochen hatte ich einen Sonntag frei, und um halb acht Uhr abends mußten wir wieder im Kloster sein. Am Tag hatte ich meine Arbeit, ich mußte auf die Kinder aufpassen. In diesem Josephsheim waren nur Jungen untergebracht, es waren elternlose Kinder oder auch solche, die keinen Vater oder keine Mutter mehr hatten. Wenn diese Kinder aus der Schule kamen, waren sie vierzehn Jahre alt und konnten einen Beruf lernen, sie hatten im Kloster ihr Zuhause, es war aber meistens so, daß sie Pfarrer oder Missionar wurden und in die unkultivierten Länder geschickt wurden, wo es wilde Stämme gab, die nichts vom Himmel und von Gott wußten, diese Missionare kamen selten wieder zurück, sie sind der Wildnis zum Opfer gefallen, so hieß es hier im Josephsheim.

Gleich am ersten Tag hatte mich die Klostermutter durch einen Gang geführt, der viele Türen hatte, und hinter diesen Türen befanden sich die verschiedenen Abteilungen, in denen die Kinder lebten. Die Klostermutter ging mit mir bis zu einer Tür mit einem weißen Schild, auf dem 1b stand. Die Kleinsten ab zwei Jahre waren in der Abteilung 1c, von sechs bis zehn Jahre waren sie in der Abteilung 1b, und die übrigen bis vierzehn Jahre waren in zwei Abteilungen, das waren die Abteilungen 1 und 1a, und der Abteilung 1 war kein Mädchen zugeteilt, weil keins mit den großen Jungen fertig wurde. Sonst hatte in jeder Abteilung eine Nonne ein Mädchen zur Hilfe. Jede Abteilung hatte ihr Wohnzimmer, ihr Umkleidezimmer und eine Treppe höher einen Waschraum mit Waschbecken für jedes Kind, und jede Abteilung hatte ihr Klo. So erfuhr ich es bei meinem ersten Rundgang. Ich wurde der Schwester Josephine zugeteilt. Sie war eine sehr schöne Schwester, hatte große blaue Augen, eine zarte Haut und Lippen wie reife Himbeeren, sie war für mich wie eine Heilige. Die Seifert-Erna sah ich als erste, sie half bei den Kleinsten in der Abteilung 1c, sie hatte eine Freude, als sie mich sah. Jetzt sind wir zuwenigstens zusammen hier, sagte sie, und als die Schwester Josephine nicht im Zimmer war, kam die Fugner-Hanny rein. Beide Mädchen hatten erholte Gesichter, aber es gefiel ihnen hier in der Stille und Strenge nicht, und besonders die Hanny hatte keine

Lust mehr, sie mag wohl Angst um ihren Schatz gehabt haben, die Erna nahm es leichter, aber ihre Mutter wollte sie wieder zu Hause haben.

In der ersten Zeit wurde ich mit den Kindern überhaupt nicht fertig, sie tobten wie die Wilden und stürzten die langen Bänke und Tische um, sie prügelten sich und warfen sich aufeinander, das war ein Lärm, aber sobald die Schwester Josephine in der Tür erschien, rannten sie auf ihre Plätze und versuchten mäuschenstill ihre Tische und Bänke aufzurichten. Ich klagte der Schwester, daß die Kinder mir nicht folgten, und die Schwester sagte zu mir, daß ich zu gut mit ihnen wäre und ich sie mehr strafen müßte. Ich sagte, Mir tun die Kinder leid, weil sie arme Kinder sind, ich kann sie nicht schlagen. Die Schwester sagte, Das ist schön von dir, Valerie, aber die Kinder werden auf dein Mitleid keine Rücksicht nehmen und machen, was sie wollen, du mußt mit ihnen streng sein und wie ein Polizist sprechen. Die Schwester Josephine hatte recht, denn sobald sie die Tür hinter sich zugemacht hatte, sprangen die Kinder wieder auf, und los ging es. Da war ich gezwungen, den Stock zu nehmen und sie auseinanderzuprügeln, aber das nützte auch nicht viel, nach einer Weile wollten sie wieder toben, und weil sie mir leid taten und ich sie nicht schlagen wollte, hatte ich mir eine andere Strafe ausgedacht. Im Umkleidezimmer, einem länglichen Zimmer mit Schränken und Kleiderhaken für die Schulranzen, hing ein sehr großes Bild, auf dem ein Schutzengel war und hochaufgerichtet eine Schlange, und vor diesem Bild ließ ich die Kinder knien. Von nun an hatte ich keine Sorge, die Kinder hatten ihren Spaß dazu, sie rannten und knieten sich gern vor das Bild. Die Schwester Josephine war über meinen Einfall sehr gerührt, trotzdem bekamen die Kinder von ihr die Ohren langgezogen und Watschen, daß es klatschte. Wenn die Kinder das nächstemal wieder vor dem Bild knieten, weinten sie und bettelten mich, Fräulein, ich will immer artig sein, darf ich auf meinen Platz gehen. Manches Mal ließ ich sie auf ihre Plätze gehen, bevor die Schwester kam, und manches Mal ließ ich mich nicht erweichen. Das Wohnzimmer war mehr ein Schulzimmer, lange schmale Tische und Bänke standen hintereinander, und vorn war ein hohes Pult mit einem Stuhl. Das war der Schwester Josephine ihr Platz, und war sie nicht da, war es mein Platz. Am Abend, wenn die Kinder ihr Abendbrot aßen, mußten sie ganz still sein, es wurde nur geflüstert. Danach knieten sie mit der Nonne vor dem großen Bild des Heilands, dann verließen sie das Wohnzimmer und sangen das Abendlied, Gute Nacht, Herz-Jesu mein. Zu zweit in einer Reihe gingen sie in den Umkleideraum, stumm und still, und die Schwester hielt den Zeigefinger auf den Mund. Die Kinder wurden von der Schwester ins Bett gebracht. Das Schlafzimmer war ein sehr großes Zimmer mit Kinderbetten, die in einer Reihe hintereinander standen, dazwischen immer ein schmaler Gang, die Betten hatten Strohsäcke, ein sehr kleines Kopfkissen und eine Decke mit Bezug darüber. Wenn der Sturm aus dem Wohnzimmer hinaus war, blieb ich dort, von mir wurden dann die Dielen des Wohnzimmers und des Umkleidezimmers tüchtig gebürstet, und die Schwester Josephine hatte darüber große Freude und meinte, so schön wäre es zum erstenmal. Für uns Mädchen war neben der Küche ein kleiner, länglicher Speiseraum, dort kamen wir zu jeder Essenszeit zusammen, und es ging immer sehr lebhaft zu. Nach dem Abendessen saßen wir beim Kartoffelschälen zusammen, ebenfalls in unserem Speiseraum, jede mußte einen Eimer voll Kartoffeln schälen. Die Küchenschwester saß mit einem Buch dabei und las uns heilige Geschichten vor. War das getan, mußte jedes Mädchen in ihr Zimmer, es durfte nicht einmal sein, daß wir uns am Abend zusammensetzten. Wenn ich im Bett lag, wurde im Dunkeln leise die Tür aufgemacht, und mein Gesicht wurde mit Weihwasser bespritzt. Morgens nach dem Wecken machte ich mein Bett und brachte das Zimmer in Ordnung, die Schwester war unterdes schon bei den Kindern und weckte sie. Wenn ich hereinkam, sah ich einige Kinder, die nicht aus dem Bett wollten, ihre Augen sahen ganz müde aus, es waren auch vereinzelte, die naß machten, obwohl über Nacht eine matte Lampe brannte und sie hinausgehen konnten, aber die Kinder sahen so müde aus. Jedes Kind mußte sein Bett selbst machen, die Schwester und ich halfen, wenn es nicht gut genug war, Kopfkissen, Bettlaken und Zudecke mußten glatt wie ein Spiegel sein. Einige Kinder verstanden es, ihr Bett ohne Tadel zu machen, andere begriffen es nie, manches Mal waren sie ja auch noch zu klein.

Aber die Schwester Josephine hatte keine Geduld, wenn sie es nicht so fertigbrachten.

Es gab Kinder, um die kümmerte sich niemand. Da war ein Junge namens Heinrich Löhnert, diesen Namen habe ich mir besonders gemerkt, weil mir das Kind am meisten leid tat. Es war ein großer, starker Junge, dickes dunkles, gelocktes Haar, Schielaugen, ein volles, dunkelrotes Gesicht. Den ließ die Schwester Josephine vorn sitzen, damit er immer ihre bösen Augen auf sich gerichtet sah, der Junge durfte sich nicht bewegen, mußte ganz still auf seinem Platz sitzen. Er gab sich Mühe, zu der Schwester freundlich zu sein, er sprach sie an, rief nach ihr, aber sie hatte keine Achtung für ihn. Als die Schwester Josephine mein Mitleid bemerkte, schimpfte sie mich aus, ich sollte ja nicht mit dem Heinrich Löhnert gut sein, ich sollte ihm keinen Willen geben, nur streng mit ihm sein. Oh, Fräulein Walli, sagte sie, was glauben Sie, was der für schlechte Eltern hat, und so einen Jungen haben sie uns ins Kloster gebracht, seien Sie nicht gut mit ihm, das verdient er nicht, der versteht es, mit Ihnen zu schmeicheln, aber der taugt nichts. So sagte es die Schwester Josephine, und ihre bösen Augen sahen dabei auf den Jungen, daß sein Gesicht noch röter wurde, verlegen sah er von unten herauf zu uns. Sehen Sie, sagte die Schwester, wie er guckt, was für Augen er hat. Ich sagte mitleidig, Schwester Josephine, der Junge kann doch nichts dafür, wenn seine Eltern schlecht sind. Ich mußte an meine Kindheit und Herkunft denken und an meine heutige Jugend, und trotzdem gehörte ich zu den Guten. Oh, Fräulein Walli, denken Sie nicht so, ich will es nicht mehr sehn, daß Sie mit ihm gut sind und sich von ihm beschmeicheln lassen, mit dem können Sie nicht streng genug sein. Ich sah, wie dem Jungen die Tränen tropften, ich konnte in seinen Augen nichts Böses erkennen, aber ich mußte der Schwester Josephine versprechen, daß ich ihn mit Verachtung strafe, doch wenn ich mit den Kindern allein war, strich ich ihm zärtlich über den Kopf. Dann war hier noch ein anderes Kind namens Emil Mayer. Geistesgestörte gibt es vielerlei, aber dieses Kind war blöd. Es hatte starke Schielaugen, schlimmer als beim Heinrich Löhnert, denn bei diesem Emil kam das Blöde mit hinzu, er hatte ein rundes volles Gesicht, weiße zarte Haut und den ganzen Mund voller verfaulter Zahnstumpen, und er piepste wie eine Maus. Die Schwester Josephine war sehr nett zu ihm, und wenn er ihren Namen rief, antwortete sie wie eine gute Mutter, er durfte zu ihr sogar ans Pult kommen. Über diesen Jungen ließ mich die Schwester Josephine wissen, daß er zum Kloster gehörte, sie sagte stolz, Er ist unser Eigentum, und sie erzählte mir von seiner feinen Herkunft und wie unglücklich seine Mutter bei seiner Geburt gewesen war. Sie hatte ihn mit viel Geld dem Kloster übergeben und schickte oft Geld und Pakete.

Wenn ich mal zu der Erna ging und durch die Türscheibe guckte, staunte ich, wie ruhig die Kleinen auf ihren Plätzen saßen und ringsherum kein Spielzeug lag, dabei waren es doch noch so kleine Kinder. Ein kleiner weißblonder Junge fiel mir auf, er saß abseits und weinte und wimmerte. Ich sagte, Deine Kinder sind aber ruhig, wie machst du das nur? Oh, meine Kinder, die müssen parieren, nur der eine hier, der folgt überhaupt nicht, mit dem kann ich machen, was ich will, schimpfte sie, mit dem hab ich den meisten Ärger, und sie schrie das Kind gleich grob an, Wirst du jetzt still sein, und klatschte ihm paar ins Gesicht. Die Erna war sehr grob mit den Kindern, das war mir schon aufgefallen, es klatschte bei ihr immer nur. Was ist denn mit dem Kind, frug ich, vielleicht ist es gar krank, schau nur, wie es aussieht. Ach was, das ist nicht krank, sagte die Erna, das will nur nicht hören, und sie schrie noch grober, Wirst du jetzt ruhig sein! Das Kind weinte, sein Kopf taumelte, mit den Händen tastete es an den Kopf und Ohren, und die Erna klatschte ihm ins Gesicht. Ich habe es nicht ansehn können und bin wieder hinausgegangen, sagte aber noch, Erna, das Kind wird bestimmt krank sein. Am anderen Tag sah ich, wie diese Kleinsten in der Reihe wie immer zum Klo rübergingen, der kleine weißblonde Junge taumelte mit und weinte und wimmerte, sein Gesicht war ganz weiß und die Augen halb zu, und mit seinen kleinen Händen tastete er am Kopf und Ohren, und weil er nicht schnell genug lief, bekam er von der Erna Kopfstücke. Das habe ich sehr oft beobachtet, die Erna sah es von der Schwester, und sie tat es auch, weil sie meinte, es müßte mit den Kindern so umgegangen werden. Dieser kleine weißblonde Junge hatte noch einen Bruder, der bei der Hanny auf der Abteilung war. Diese beiden Geschwister hatten keine Möglichkeit zusammenzukommen. Wenn die Hanny mit ihren Kindern grad an die Tür kam und die Erna auch, dann guckte der Größere sehnsüchtig nach seinem Brüderchen, aber er wagte es nicht, zu ihm zu rennen. Die Hanny war ebenso grob wie die Erna. Diesen zwei weißblonden Jungen war die Mutter gestorben, und der Vater hatte die Kinder hierhergebracht, die Erna sagte, daß die Kinder noch nicht lange hier wären. Mit dem Kleinen ging es nicht mehr lange, eines Morgens lag das Kind ohnmächtig im Bett, da erst wurde der Vater benachrichtigt. Ich sah den weißblonden, schlanken Mann traurig mit einer Schwester heraufkommen, so weit kam sonst niemand, in diesem Fall wurde eine Ausnahme gemacht. Der Vater verlangte, daß das Kind sofort ins Krankenhaus gebracht wurde, ich mußte die Schwester nach Brüx begleiten, sie trug das Kind, das keinen Laut mehr von sich gab, und als wir ins Krankenhaus kamen, war das Kind tot. Dem größeren Bruder war nichts gesagt worden, er rannte am Tage sehr unruhig auf dem Flur hin und her, und ich sah, wie er sich auf die Fußspitzen stellte und durch die Scheibe guckte, um sein Brüderchen zu sehen, und eine Schwester sagte ihm dann, Josef, dein Brüderchen kommt nicht mehr wieder, es ist beim lieben Gott im Himmel. Freudestrahlend sagte es ihm die Schwester, der Junge hätte am liebsten geweint, aber er wußte, daß er nicht weinen durfte. Josef, bei den Engelchen ist jetzt dein Brüderchen, ja, dein Brüderchen kommt nicht mehr zu uns zurück, es ist ein Engelchen geworden. Ich merkte, wie der große Bruder an seinem Brüderchen hing, nur daß er im Himmel war, beruhigte ihn. Der Kleine war an Mittelohrvereiterung gestorben. Ich dachte oft bei mir, oh, daß es nur mir nicht einmal so geht, daß ich meine Kinder hier reintun muß.

Die Kinder bekamen ein anderes Essen als wir, in breiten Kübeln holte jedes Mädchen für ihre Abteilung das Essen heran, die Kinder hatten nur Blechtippl und Blechteller. Das Essen verteilte die Schwester, und alles mußte aufgegessen werden, zum Sattessen war das nichts, aber aufgegessen werden mußte, ob es gutes oder verdorbenes Essen war. Einmal gab es Spinat mit Rührei, und das Rührei stank, es war vom vorigen Tag übriggeblieben, das wurde nun mit Spinat zusammengemengt. Ich hatte die Mädchen schon in der Küche gefragt, Kriegen wir wohl heute verfaulte Eier? Nein, wir kriegen was anderes, die stinkigen Eier kriegen die Kinder. Oh, sagten wir Mädchen zueinander, wie können sie denn den Kindern das stinkige Zeug geben. Als ich das Essen ins Wohnzimmer reinbrachte, sagten alle Kinder, Oh, stinkige Eier. Die Schwester verbot ihnen sofort den Mund, und sie waren ganz still. Kein Kind wollte essen, da befahl ihnen die Schwester, den Teller leer zu essen, und sie stopften, daß es ihnen die Augen rausdrückte, viele aber sträubten sich und weinten. Die Schwester lief von einem zum andern und zwang sie, nichts durfte auf dem Teller liegenbleiben. Bei einigen Kindern wollte es nicht hineingehn, ich sah, wie sich die Schwester dazusetzte und den Kindern das Essen mit dem Löffel in den Mund schob, und wenn sie den Mund nicht aufmachten, klatschten die Kopfstücke, und wenn sie das Essen wieder rausbrachten, kratzte sie es mit dem Löffel zusammen und schob es ihnen wieder in den Mund, sie riß ihnen sogar das Kinn herunter, schob den Löffel hinein und hielt dann mit der anderen Hand den Mund zu. Der Heinrich Löhnert und andere aßen still, ihre Augen quollen bei jedem Biß vor Ekel raus, aber sie schluckten, und ich dachte so bei mir, Wenn manche Mutter wüßte, wie es den Kindern hier erging, wenn ich einmal ein Kind hätte, ich würde es niemals in ein Kloster geben. Aber die Eltern meinten ja, daß ihr Kind in so einem Haus in guten Händen wäre.

Aber mit mir war die Schwester Josephine immer gut, und mit meiner Arbeit war sie zufrieden, sie hatte für mich ein gutes Vertrauen und ließ mich in manches hineinblicken. Da es mein Wille war, im Kloster zu bleiben, sagte sie besorgt zu mir, Fräulein Walli, das müssen Sie sich aber vorher gut überlegen, wenn Sie vor der Pforte stehn, ist es zu spät, dann gibt es kein Zurück mehr, und sie vertraute mir an, daß sie sich nicht von ihrem Ring trennen konnte, als sie ins Kloster ging, er war ein Andenken, ein Geschenk, es war ein guter Ring mit einem sehr guten Stein. Vom Kloster schrieben sie dem Heiligen Vater nach Rom, ob sie den Ring behalten dürfte. Der Heilige Vater erlaubte es. Die Schwester Josephine hat den Ring in ihrer Kommode aufbewahrt und ihn sich alle Tage angesehen und sich gefreut, aber an einem Tag war der Ring nicht mehr da. Ach, ich bin so traurig, sagte die Schwester Josephine, ihre Augen sahen in die Ferne. Wenn sie mir so traurig vorkam, war ich darüber erstaunt, und ich frug mich, sollte sie es denn gar bereuen, daß sie den Schritt aus dem Leben getan hat? Aber ich wagte nicht, sie genauer zu fragen, wie sie ins Kloster gekommen war, ihre Stimme und ihre Augen ließen mich genügend verstehen. Ich war ja im Moment froh, daß ich hier im Josephsheim gut aufgehoben war, und nach der Außenwelt hatte ich kein Verlangen, ich bekam höchstens Angst, wenn ich zurückdachte. Aber an meinem freien Sonntag saß ich im Bus und fuhr mit glücklichem Herzen nach Hause, für mich gab es halt doch auf der ganzen Welt keine andere Sehnsucht, strahlend kam ich über die Schwelle in die graulich verarmte Stub, ich gehörte ja zu ihnen, zu groß und klein. Aber ich erzählte ihnen jedesmal, daß es mir im Kloster gut gefiel und daß ich dort bleiben wollte, ich sagte, Da hab ich zuwenigstens ein Zuhause, mein Leben hat jetzt eine feste Zukunft, und ich brauch nicht mehr bei Wind und Wetter auf der Landstraße zum Arbeitsamt rennen, im Kloster ist mein Leben gesichert. Der Vater saß dann stumm da, vielleicht ging es ihm zu Herzen.

Dann kam das Neudorfer Dornfest, das jedes Jahr im April stattfand, es hat mit dem Tag zu tun, an dem Christus mit der Dornenkrone gekrönt worden war. Neudorf lag am Fuß des Eisenberger Schlosses, das ganz oben auf dem himmelhohen Berg stand, der viele Kilometer weit schimmerte. Ich hatte gehört, daß der Fürst Lobkowitz, dem die Meierhöfe und die Gärtnereien gehörten, im Eisenberger Schloß wohnen sollte und daß dort die Dornenkrone für die Prozession aufbewahrt wurde, eingemauert sollte sie sein, und jedes Jahr zum Dornfest mußte ein Maurer mit verbundenen Augen zu jener Stelle geführt werden und sie holen. Weil es ein heiliges Fest war, bekamen wir Mädchen alle frei und dazu zehn Kronen Vorschuß. Gut gelaunt verließen wir das Kloster. Zuerst gingen wir zur heiligen Messe, und als diese zu Ende war, ließen wir uns von der Pforten-Nonne die Tür öffnen. Oh, wie schön war für uns die Freiheit, wir sangen und hüpften den ganzen Weg über, die Erna kannte keine Sorgen, sie war immer nur glücklich, und die Hanny hatte sicher Sehnsucht nach ihrem

Freund, na, und ich freute mich auch, daß ich die Mami und die Geschwister wiedersehen würde, wo sollte ich meine Freude denn anders hintun, dabei hatte ich Schmerzen in der Hand, weil ich mir am Tag zuvor den Daumen verletzt hatte. Ich putzte alle Tage gründlich Staub, putzte zwischen den Rippen des Heizkörpers, und da war ich mit meinem Daumen gegen etwas Spitzes gekommen, ich mußte die Zähne zusammenbeißen, um den Schmerz zu überwinden, und in der Nacht hatte ich gejammert, daß die Mädchen es auf ihren Zimmern hörten, und als ich der Schwester Josephine meine geschwollene Hand zeigte, lachte sie nur, sie nahm meine Verletzung nicht so wichtig, und ich nahm sie auch nicht so ernst, aber zum Dornfest wollte ich unbedingt. In Seestadtl trennten wir uns, am Abend wollten wir gemeinsam mit dem Bus zurückfahren. Freudig kam ich über die Türschwelle und sagte, Wir haben freibekommen, weil das Neudorfer Dornfest ist, und ich zeigte meiner Mutter den Zehnkronenschein. Ich steckte ihn wieder in meine Manteltasche, und den Mantel warf ich aufs Bett. Ich sah eine Nähmaschine in der Stub stehen und riß vor Staunen die Augen auf. Hatte die Mami denn so viel Geld übrig, daß sie der Tanti die zweihundert Kronen zurückzahlen konnte? Ich frug sie. Nein, sagte meine Mutter, die ist neu, die hab ich auf Teilzahlung genommen, ich wollte gerne wieder eine Nähmaschine haben, soll doch die Miez mit der Nähmaschine machen, was sie will. Wenn es so ist, dachte ich bei mir. Dann ließ meine Mutter gleich hören, daß sie keinen Heller mehr hätte und nicht wüßte, womit sie morgen Brot kaufen sollte, und überall ständen große Schulden, daß sie ohne Geld nirgends was bekäme. Das gab meinem Herzen wieder einen Druck, und ich dachte, wozu dann die Nähmaschine, nun wartet sie also auf meine zehn Kronen. Ich sagte, Mami, was von meinen zehn Kronen übrigbleibt, das geb ich dir, aber ich muß mir unbedingt einen Haarkamm und Seife kaufen, für was brauchst du auch eine Nähmaschine, die steht doch nur rum. Der Vater lief wie ein Fremder im engen Raum hin und her, dann ging er still zur Tür hinaus. Meine Mutter kümmerte sich heute nicht mehr darum, wo er hinging, sie saß da und hatte ein Stopfzeug in den Händen und ließ ihr schräges falsches Gesicht weit runterhängen. Äh, der word holt a zum Neidorfer

Dornfest gieh wullen, sagt sie, wegen meino sello doch hie gieh, wuro will. Plötzlich klopfte es, und die Schanny stand in der Tür, sie hatte gehört, daß ich zu Hause bin, und wollte mit mir zum Dornfest gehen. Nun war mein Herz gleich wieder glücklich. Ich hatte die Schanny beim Tanztee im alten Seestadtler Hotel kennengelernt. Sie war Berufsköchin und kannte kein Arbeitsamt, und sie arbeitete immer in feinen Haushalten in Komotau oder Prag. Die Schanny war ein feines Mädchen und schämte sich mit mir nie, wir schrieben uns oft, und ich freute mich auf jedes Zusammensein. Beim Hinausgehen griff ich in meine Manteltasche, aber mein Geld war nicht mehr da, ich sagte, Meine zehn Kronen sind weg, und rannte zurück zum Bett, weil ich dachte, sie könnten herausgefallen sein. Ich war sehr aufgeregt. Mami, mein Geld ist weg, ich kann es nicht finden. Meine Mutter fuhr gleich in die Höh, Wer weiß, wo du es verloren hast. Aber Mami, du hast den Schein doch gesehen. Na, dann muß er auch dasein, sagte sie, denkst vielleicht, wir nehmen dir Geld aus deiner Manteltasche? Unglücklich stand ich da, Tränen standen in meinen Augen, ich suchte unterm Bett, ich suchte im Bett und wieder in den Manteltaschen, es konnte nur hier weggekommen sein. Meine Mutter sagte, Wenn du weißt, daß du es hier noch gehabt hast, dann wird es halt der Alte rausgenommen haben, der braucht es, der wollte doch zum Dornfest. Das kann doch nicht sein, sagte ich langsam und unglücklich. Da streckte sie ihren langen Hals vor und brüllte, Sag mir ja kein Wort, daß wir vielleicht dein Geld genommen haben, wir brauchen dein Geld nicht. Ich ging zur Tür und sagte, Wenn ich ihn auf dem Dornfest treffe, frag ich ihn. Den wirst du nicht fragen, brüllte sie, denkst vielleicht, er sagt dir, wozu ers braucht! Ich weinte unglücklich. Ich wollt mir einen Haarkamm und Seife kaufen, ich weiß keinen Tag, wie ich mir mein Haar kämmen und mich waschen soll. Sie gab mir keine Antwort, und unglücklich und enttäuscht ging ich zur Tür raus. Im Flur wischte ich mir die Augen, daß die Schanny nichts merkte. Auf der Straße nach Neudorf sah ich den Vater kommen, ich streifte ihn heute mit einem besonders verächtlichen Blick. Als er vorbei war, sagte die Schanny, Das war doch dein Vater, warum hast du nicht mit ihm geredet? Ach, den guck ich nicht an, den achte ich nicht als Vater, sagte ich und dachte bei mir, Der hat mir meine zehn Kronen gestohlen. Aber darüber wollte ich die Schanny nichts wissen lassen, was würde sie denken. Als der Vater hinter uns war und ich mich noch mal umguckte, dachte ich, daß er gar nicht so aussah, als ob er mir meine zehn Kronen gestohlen hätte, er war uns mit offenem, erwartungsvollem Gesicht entgegengekommen, nein, er sah nicht so aus, als hätte er ein schlechtes Gewissen, und mir kam der Gedanke, daß die Mami das Geld genommen und den Verdacht auf ihn geschoben hatte, und dieser Gedanke tat mir noch mehr weh.

In Neudorf gab es viel zu sehn, dort standen an diesem Tag Schießbuden, Kasperletheater und Ringkampfbuden, abseits stand noch eine Bude mit Heiligenbildern und -figuren, aber dafür hatte, glaube ich, niemand Interesse. Die jungen Leute freuten sich auf Tanz, denn am Abend begann die Tanzmusik, darüber wußten sie im Kloster bestimmt nichts. Die Schanny und ich gingen in eine Boxerbude, sie bezahlte für mich, und ich versprach ihr, daß sie es zurückbekommen würde. Vor dem Zelt stand ein dunkelbrauner Neger in einer sehr kurzen Hose, sonst nackt, ich sah zum erstenmal in meinem Leben einen Neger. Die Männer aus dem Publikum wurden vom Budenbesitzer aufgefordert, gegen eine Belohnung mit dem Neger zu boxen. Ganz ruhig und still stand der Neger vor dem Zelt, sah ganz friedlich auf die Menschen, die sich versammelt hatten und ihn alle irgendwie schadenfreudig ansahen, alle, die hier rumstanden, gönnten ihm eine Niederlage. Ich wunderte mich, daß der Neger hierhergekommen war, wo doch seine Heimat am anderen Ende der Welt war, ich beguckte ihn mir, er war noch sehr jung und schlank, und ich dachte daran, was ich von Negern wußte, daß sie wie Tiere von den Weißen verkauft und wie Tiere in Ketten gelegt wurden. Wie gut sein Charakter ist, dachte ich, so ruhig und gelassen, es kann doch gar nicht recht sein, daß sie es nur wert sind, Sklaven zu sein, und daß kleine schwarze Kinder für die Kinder der weißen reichen Leute als Spielzeug verkauft wurden, von so einem schwarzen Kind, das als Spielzeug verkauft wurde und alles über sich ergehen lassen mußte, hatte ich mal gelesen. Vor dieser Boxerbude war Leben, der Neger zog das Publikum an, und dann meldete sich ein großer, starker blonder Kerl zum Boxkampf, es hieß, er käme aus Karlsbad, und ihm folgten seine übermütigen Anhänger. Der Neger war schlank und hatte wenig Muskeln, der Weiße dagegen war stark und groß, mit starken Muskeln. Ich sah zum erstenmal einen Boxkampf. Der Weiße stürmte los wie ein Wilder, und das Publikum feuerte ihn an, Schlag ihn tot! Es war für den Neger ein harter Kampf, schon weil alle für den Weißen waren, beide hascherten nach Atem, der Weiße wurde mit Beifall gehetzt, und der Neger stand allein, dem Weißen lief Blut vom Knie übers Bein, weil er gefallen war und sich das Knie verletzt hatte, aber den Kampf gab er nicht auf, er wollte ihn gewinnen, aber er gewann nicht. Die Vorstellung war zu Ende, und wieder stand der Neger vor dem Zelt, und der Budenbesitzer lockte mit Belohnung. Der Karlsbader ging noch mal in den Ring, sein Knie war verbunden, und über seinen Kopf hatte er einen schwarzen Strumpf gezogen. Warum das sein sollte, wunderten sich die Schanny und ich. Der Kampf ging wieder wie auf Leben oder Tod, aber der Weiße gewann nicht, und als er den Strumpf vom Kopf zog, sah ich, daß er geschwollene und blaue Augen hatte, die Lippen bluteten. Und er meldete sich ein drittes Mal und ging mit allen Kräften auf den Neger los, und der mußte derbe Schläge zurückgeben, und als diese dritte Runde zu Ende war, verlangte der Weiße, der kaum noch atmen konnte, eine vierte Runde. Das wollte der Schiedsrichter nicht zulassen. Der Weiße war wie ein Wilder, und der Neger stand am Seil, seine Haut glänzte, und seine Brust ging auf und nieder, seine schwarzen glänzigen Augen schienen ein wenig erregt, er gab seinem Herrn ein Zeichen, daß er die vierte Runde annehmen sollte. Der Weiße bekam Jubelrufe, es war kein Boxkampf mehr, nur noch ein Prügeln, das der Herr ruhig zuließ. Wie mag dem Neger zumute sein? dachte ich, niemand war auf seiner Seite. Der Weiße blieb auf den Dielen liegen, an ihm war überall Blut, und in den Augen hatte er Wut.

Nachdem wir uns alle Buden angeguckt hatten, mußte ich eilen, damit ich rechtzeitig ins Josephsheim kam, es zog mich auf die Landstraße, denn meine Augen wollten weinen, dort hörte und sah es niemand, nur als der Bus mich überholte, wäre ich lieber rechtzeitig in den Straßengraben hineingesprungen, die Mädchen winkten am Fenster und lachten mir zu. Ich sagte ihnen nachher, daß ich mein Geld verloren hatte und meine Mutter mir nichts geben konnte. Als die Schwester Josephine von mir hören wollte, wie es zu Hause gewesen war, hielt ich mich zurück, damit sie meine Enttäuschung nicht mitbekam. In der Nacht konnte ich nicht schlafen, ich jammerte, weil meine Hand so schmerzte, die Mädchen hörten mich bis zu ihren Betten, und unsere Zimmer waren weit voneinander, aber als ich der Schwester Josephine meine geschwollene Hand zeigte, lachte sie mit ihrer feinen Stimme wie ein Engel, sie achtete nicht weiter darauf, niemand sagte mir, daß ich zum Arzt gehen sollte, und bald war mein Arm bis zum Ellenbogen hin geschwollen. Es kam der Sonntag, an dem die Hanny und die Erna freihatten, sie hatten großes Mitleid mit mir und sagten, Wir gehn zu euch und werden deiner Mutter sagen, daß du mit so einer schlimmen Hand und Schmerzen arbeiten mußt. Zu meinem großen Staunen kam der Vater, es war der Vater, der sich erbarmte und es verstand, er erschrak, als er meine Hand sah. Sicher hatte es ihn immer besorgt gemacht, daß ich im Kloster war und gar davon redete, mein Leben lang hierzubleiben, sicher hatte er sich im stillen traurige Gedanken darüber gemacht, aber heute konnte er mir ja auch nicht helfen. Er ging mit mir sofort zum Arzt, und dieser überwies mich ins Brüxer Krankenhaus. Neun Wochen lag ich mit dem rechten Daumen im Krankenhaus, und in dieser Zeit bekam ich keinen Besuch, nur einmal stand der arme kleine Hermann am Tor und weinte, todmüde von Hitze und Strapaze, sie ließen ihn nicht rein, ich hatte keine Ahnung von seinem Besuch, erfuhr es erst zu Hause. Der Hermann war zu Fuß nach Brüx gelaufen, er war erst sieben Jahre alt und ein unruhiger Junge, sehr böse, aber er war auch ein mitleidiges Kind, das schnell Tränen in die Augen bekam. Die Hanny und die Erna blieben auch nicht länger im Josephsheim.

Als ich aus dem Krankenhaus entlassen wurde, erwarteten mich zu Hause keine freundlichen Gesichter, alle waren matt vor Hunger und von diesem ganzen Leben. Zu Hause war es für mich unerträglich, das Gebrüll und Geschrei, das Aneinandervorbeigehn und Sich-nicht-Angucken, der Gestank und überhaupt alles, daß ich am Tage meist zu der Goschulap-Mantschi ging. Gleich am ersten Tag war mir aufgefallen, daß die neue Nähmaschine nicht mehr dastand, und ich frug danach. Die ist kaputt, sagte meine Mutter, die hab ich müssen fortschaffen zur Reparatur. So eine neue Maschine und schon kaputt, wunderte ich mich, und als die Nähmaschine nach paar Tagen noch immer nicht dastand, meinte ich, daß es mit der Reparatur aber lange dauerte. Äh jo, wos git de dir des o, ich brauch se nich, ich hab ja so kein Geld, daß ichs bezahlen kann, war ihre Antwort. Eines Tages klopfte es an die Tür, und ein großer, stattlicher Mann mit Aktentasche kam herein, nach seinem Gruß wandte er sich an meine Mutter, Frau Wirth, kann ich mal die Nähmaschine sehn? Meine Mutter sprang erschrocken von ihrem Stuhl auf und sagte, Ja, ich zeig sie Ihnen, kommen Sie, ich geht mit Ihnen hin. Sie nahm die Kinder und ging mit dem Mann zur Tür hinaus. Wir andern, der Vater, der Adolf, der Albert und ich, wir standen da und guckten, was das wieder zu bedeuten hatte. Nervös machte der Vater paar Schritte und sagte, die Mami hat bestimmt die Nähmaschine verkauft, die macht immer nur solches Zeug. Nach einer Weile kam eins von den Kindern in die Stub und sagte, Walli, du sollst mal raus zur Mami. Sie stand vor der Tür. Walli, ich muß dir was sagen, die andern brauchen nichts zu wissen, was ich mit dir rede, ich hab die Nähmaschine verkauft, behalt es für dich, der Alte hätte nur seine Freude dran, du bist die einzige, von der ich es verlangen kann. Es war genauso, wie es der Vater geahnt hatte, sie hatte die Nähmaschine auf Teilzahlung genommen und weiterverkauft, immer machte sie solche Sachen, sie konnte nur leben vom Lügen und Betrügen, und wenn sie ertappt wurde, konnte sie nur Wasser weinen und den andern die Schuld zuschieben. Sie hatte sich also eine neue Nähmaschine in die Wohnung stellen lassen, die Unterlagen von der ersten Nähmaschine, die ja noch in bar bezahlt worden war, hatte sie aufgehoben, siebenhundertfünfzig Kronen hatte sie gekostet, die nächste Nähmaschine kaufte sie auf Teilzahlung, mit den Raten von zehn Kronen wollte sie die Firma hin und mal trösten, aber es war nicht ihr Wille, die Nähmaschine zu behalten, sie hatte sich einen Käufer gesucht und auch jemanden gefunden, der die Maschine für sechshundert Kronen abkaufte.

Das war von der Miez angezeigt worden. Da bei Hanls Flaschenbierverkauf war, kam auch der Herr Pohl, der Käufer, der Nähmaschine, dorthin, und so kam es an die Firma. Die Firma ließ sich nicht mit zehn Kronen vertrösten, der Vertreter wollte die Maschine sehen. Meine Mutter mußte ihn zu den Leuten führen, die ihr ahnungslos die Maschine abgekauft hatten, und unterwegs erzählte sie ihm, daß sie in Not die Nähmaschine verkauft hatte. Trotzdem verlangte der Vertreter, daß die Leute sie an die Firma zurückgeben sollten. Die betrogenen Leute wollten meine Mutter verprügeln und die Nähmaschine nicht hergeben, bis sie ihr Geld wieder zurückhatten. Meine Mutter hatte nun große Angst, daß sie für den Betrug bestraft würde. Deshalb hatte sie dem Vertreter gesagt, daß ich alles auf mich nehmen und arbeiten und die Schulden bezahlen würde. Und zu mir sagte sie mit fliegenden Augen, Walli, du sollst nur jetzt im Augenblick alles auf dich nehmen, weil ich mir jetzt keinen anderen Rat weiß, ich werde sonst eingesperrt, geh hin, und gib deine Unterschrift, um alles Weitere kümmere ich mich, die Hauptsache ist jetzt, daß die Pohls beruhigt werden, oh, die sind ja so böse, aber gib nichts auf ihr Geschimpfe, gib nur deine Unterschrift. Die betrogenen Leute wohnten am Ende der Mühlstraße in der in Ruh gesetzten Hammermühle, die ein Brettergehäuse war. Unter der Mühle floß die schmale Biela. Ich kam in eine kleine, saubere Wohnung. Am Tisch stand der Vertreter mit dem älteren Ehepaar, das weinte und gerade dabei war, dem Vertreter zu erzählen, was wir für Leute wären. Der Vertreter sah mich mit großen Augen an, als ich sagte, Ich bin das Fräulein Wirth, meine Mutter schickt mich. Als die Pohls meinen Namen hörten, kam der verzweifelte Mann mit Fäusten auf mich zugestürzt, daß der Vertreter dazwischentreten mußte, er hatte zu tun, den Mann zu beruhigen. Das Fräulein Wirth ist gekommen, um Ihnen das Geld zurückzubezahlen, sagte er, sie will dafür aufkommen. Der Mann in seiner ärmlichen Kleidung kam auf mich zu und frug, Ja, wollen Sie uns das Geld zurückzahlen, wo arbeiten Sie denn? Ich konnte nur meine Schultern heben, da verlor der Betrogene wieder seine Ruhe und schrie, Sie wollen es zurückzahlen, ihr Betrüger, ihr gehört alle ins Gefängnis, ihr Straßengesindel, ihr taugt alle nichts. Als ich meine

Unterschrift machte, schrie er wieder, Womit wollen Sie denn bezahlen, wenn Sie gar keine Arbeit haben, die lügt, die bezahlt nichts. Der Vertreter mußte mich immerzu in Schutz nehmen, damit der Wüter nicht angriff, und ich sah zu, daß ich aus dem Haus kam. Meine Mutter hatte mich schon erwartet, ihre glänzigen Augen flogen hin und her, sie frug, Der Mann hat dir doch nichts getan, die Hauptsache ist, daß es erledigt ist, daß es erledigt ist, du brauchst dich ums Abzahlen nicht kümmern, das mach ich selbst, zuwenigstens werd ich nicht eingesperrt.

Nun mußte ich unbedingt Arbeit finden, zuerst bekam ich eine Anstellung als Dienstmädchen im Hotel am Staadtl, aber bald brauchten mich die Besitzer nicht mehr, und ich verdiente wieder kein Geld , und immer, wenn ich nach Hause kam, stand das betrogene Ehepaar in der Küche und forderte Geld und wollte wissen, wo ich arbeitete. Meine Mutter lachte schadenfroh und tat, als wären es nicht ihre Schulden, sie hatte ihre Freude, daß ich in meiner Unerfahrenheit meinen Namen gegeben und somit die Schulden auf mich genommen hatte. Kümmere dich nur, sagte sie, haha, ich hab mich auch selbst kümmern müssen, um mich hat sich auch niemand gekümmert. Ich lief wieder regelmäßig den weiten Weg nach Brüx zum Arbeitsamt. Es war aussichtslos, eine Zeitlang kam ich wieder auf dem Meierhof unter, in den Fabriken stellten sie keine ein, so konnte ich mich noch freuen, als ich eine Zuweisung für ein Gasthaus in Bartelsdorf bekam. Es graute mich, in einem Gasthaus zu arbeiten, es graute mich, weil ich den Vater als Kind immer so betrunken gesehen hatte. Immer noch besser als gar keine Arbeit, dachte ich jetzt, da war der Weg zum Arbeitsamt zuwenigstens nicht umsonst. Als die Mami davon hörte, daß ich im Gasthaus Zapp anfangen wollte, quiekte sie vor Freude, Zum Zapp-Seff sollst du, zu dem alten angesteckten Hurenbock, oh, der hat Kehlkopfkrebs, das hat er ja nur von seiner Hurerei gekriegt, oh, pfui Teifl, der alte Kerl. Kein Wort brachte ich heraus, so hilflos und unglücklich war ich über ihre Schadenfreude. Geh nur hin, geh nur hin, ich rede dir nicht ab, du kannst getrost hingehen, die nehmen dich bestimmt, du wirst schon erleben, wie der ist, dein blaues Wunder wirst du erleben! Zehn Wochen blieb ich bei den Zapps, es ging mir dort nicht schlecht, die Frau Zapp war gut zu mir, aber der Zapp stellte mir zu sehr nach, meine Mutter hatte recht gehabt, keine Frau und kein Mädchen war vor ihm sicher, und als er merkte, daß er kein Glück bei mir hatte, hieß er mich einfach eine Diebin. Neun Weinflaschen sollte ich gestohlen haben, dabei waren es die Musikanten gewesen, sie waren im Dorf betrunken herumgelaufen, und die neun Weinflaschen hatte man später im Straßengraben gefunden, aber auf mich war der Verdacht gefallen, und ich konnte mich nicht anders wehren, als daß ich den Polizeisekretär Herrn Fleck um Schutz und Hilfe bat, und da war alles ein Irrtum gewesen. Ich hatte einfach kein Glück mit meinen Stellen. Dann bekam ich vom Arbeitsamt Brüx eine gute Stelle in Prag, weil die Beamtin mein Jungsein schützen wollte, aber es war meiner Mutter nicht recht, daß ich weit wegmachen wollte, sie hatte in der Zeitung für mich was Besseres gefunden, ich sollte in Brüx im Restaurant »Der weiße Schwan« als Dienstmädchen anfangen. Ich wehrte mich, Nein, dort geh ich nicht hin, ein Restaurant ist ein Gasthaus, und in einem Gasthaus arbeite ich nie mehr, ich habe eine schöne Stelle in Prag, dort werde ich sticken und nähen lernen, alles werde ich lernen, auch kochen und bügeln. Wehe, es ging nicht nach ihrem Willen, da konnte sie schreien, daß die Wände wackelten, Du wirst morgen dorthin gehen und dich um die Stelle bewerben, ich lasse es nicht zu, daß du nach Prag gehst, das ist nichts für dich, ich bin deine Mutter, ich bestimme über dich. Ich sträubte mich und sagte, Ich gehe dorthin arbeiten, wo ich will und wo ich was lernen kann. Ich übergeb dich der Polizei, brüllte sie, und ich gab ihr Antwort, Oh, ich weiß, was ich der Polizei sagen kann, du treibst kein gutes Leben, auf dich muß die Polizei aufpassen, ich habe in meinem Leben nichts angestellt, ich laufe alle Tage zum Arbeitsamt, daß die Beamtin jedesmal sagt, Haben Sie von Ihrer Mutter nichts lernen können, jedes junge Mädchen lernt doch was von seiner Mutter, und jetzt habe ich endlich eine ordentliche Stelle, du kannst der Polizei sagen, was du willst, die werden dir nicht glauben. Du wirst staunen, was die glauben werden, schrie sie, ich laß es drauf ankommen, du kommst in eine Besserungsanstalt, dort gehörst du hin, nimm dich in acht, wehe, du tust nicht, was ich verlange! Meine Mutter brüllte und verwünschte und verfluchte mich, ach, was sie mir alles für schwere Steine in den Weg legen wollte, und zu guter Letzt drohte sie mir, Für das Geld, um das du die Leute betrogen hast, kannst du meinetwegen ins Gefängnis gehen. Ich sagte, Meine Unterschrift ist ungültig, ich bin minderjährig. Aber ich kannte meine Mutter zu gut und traute ihr alles Böse zu, deshalb tat ich dann doch, was sie wollte.

Die Stelle in Brüx im »Weißen Schwan« trat ich an mit nur einem Kleid, drunter mein einziges Leinenhemd, zum Glück hatte ich noch meine blaue Gummischürze. Den Mantel nahm ich nicht mit, weil ich es nicht mehr hören konnte, daß er ihr Eigentum war. Geschke hießen die Besitzer des Restaurants. Die Frau war eine untersetzte Dame mit schneeweißem Bubikopf, immer gut frisiert, sie trug eine schneeweiße Kochschürze, einen Zwicker auf der Nase, ihr Gesichtsausdruck war derb und herrisch. Ich bekam hundert Kronen Monatslohn. Mit dem Kochmädchen Frieda zusammen hatte ich ein Schlafzimmer auf dem Boden, schräg unterm Dach, in der Kammer war es auch am Tag dunkel, und in der Nacht wimmelte es hier oben von Mäusen, weil nämlich neben meinem Bett eine Würfelzuckerkiste stand. Die Arbeit war ausreichend und schwer. Zwei Gastzimmer hatte das Restaurant, das vordere war ein Speisezimmer, sie hatten jeden Mittag Abonnenten, meist Beamte. Jeden Morgen kam auf jeden Tisch ein sauberes weißes Tischtuch. Ich hatte im Gastzimmer und im Weinstübchen das Parkett zu scheuern, ich lag auf den Knien und bürstete, einen Schrubber mit Stiel kannte man damals noch nicht. Vor dem ersten Frühstück hatte ich schon paar Stunden schwer gearbeitet. Neben der Küche war ein kleines Wohnzimmer, von dort aus konnte man die ganze Gaststube übersehen, hier stand ein Schreibtisch und ein Schaukelstuhl, dort saß die strenge Herrin mit ihrem kleinen schwarzen zittrigen Hündchen, und außer dem Hündchen war noch ein Bernhardiner da. Das kleine Hündchen lag mit der Herrin sogar im Bett. Ich sagte zu ihr nicht gnädige Frau, wie es hätte sein müssen, ich sagte Frau Geschke, und die Frieda sagte Frau, nur so einfach Frau. Die Frau Geschke befahl uns zwei Mädchen, wie wir unsere Haare zu tragen hatten, und weil ihre Tochter Mittelscheitel hatte, mußten wir unser Haar auch so frisieren. Frau Geschke sagte du zu mir. Wir beiden Mädchen guckten uns am Tage nicht an und sagten nicht du zueinander, weil Frau Geschke es so haben wollte. Der Herr Geschke war ein großer, starker Mann mit glänzigem Kahlkopf, einem vollen rosa Gesicht und einem Bauch, er ging etwas nach vorn gebeugt, und er war der Frau Geschke ihr vierter Ehemann, Frau Geschke war zweiundsechzig Jahre alt und dieser vierte Mann sechsundfünfzig Jahre, er war sechs Jahre jünger als sie und noch einmal so groß wie sie. Es kam vor, daß er nicht zu Hause war, dann guckte Frau Geschke alleweil am Abend auf die Uhr, das Hündchen hatte sie dabei im Arm, sie sagte, Das Herrchen ist noch immer nicht zu Haus, und zeigte auf die Uhr, und das Hündchen bellte, als ob es auf das Herrchen schimpfte. In der Küche hatte ich das Geschirr zu waschen, den langen Tisch zu scheuern, auf dem die Knödel und das Fleisch hergerichtet wurden, ich scheuerte den Tisch mit Ata, und die Alte paßte auf, daß der Tisch weiß wurde. Die Küche und der lange Flur wurden alle Tage gescheuert. Der Fußboden war aus Stein, und immer nur auf den Knien bürsten. Viele Gläser mußten jeden Morgen gespült werden. Die großen breiten Fenster mußte ich jede Woche putzen. Dann war bei den Geschkes noch ein jüdisches Schauspielerehepaar in Pension, dessen Wohnung mußte ich alle Tage machen. In dieser Zeit hatte ich immer nur mein einziges Kleid an, das ich jeden Abend auswusch und am Morgen naß anzog, über mein Haar kam ein Haarnetz wie ein Spinngewebe. Und jeden Montag war große Wäsche! Von der vielen schweren Arbeit waren meine Handgelenke wie gebrochen, aber nicht nur die Handgelenke, mein ganzer Körper, ich hätte mir am Abend nicht mal mehr Strümpfe stopfen können, so ausgewaschen waren meine Finger, und immer wieder mußte ich die Zähne zusammenbeißen und weiter ins Wasser greifen. Dann gab es noch die viele Bügelwäsche, auch die Oberhemden hatte ich wegzubügeln. Der Herr brüllte jedesmal und schleuderte sie in den Kohlenkasten, weil ich es ihm nicht richtig machte, und Frau Geschke sagte kein Wort dazu, sie hatte nur ein Lächeln im Gesicht. Auch beim Wäscheaufhängen beobachtete sie mich zusammen mit der Frieda am Fenster und lächelte, weil ich es nicht richtig verstand. Manchmal standen auch die Kellnerinnen dabei. Sie mußten sich von der Frau Geschke aus mit dazustellen, aber sie lachten nicht über mich, weil sie auch Dienstmädchen gewesen waren und selbst vor der Frau Geschke keine ruhigen Stunden hatten. Die Kellnerinnen wurden oft ausgewechselt, weil die Gäste immer Abwechslung haben sollten, es mußte schon eine besonders gut und geschäftstüchtig sein, wenn sie etwas länger bleiben durfte. Da waren die Kellnerinnen Anny und Paula, die ich öfter hier sah. Waren mal paar Tage, wo kein gutes Geschäft war, getrauten sie sich der Frau Geschke nicht unter die Augen, mit hängendem Kopf kamen sie in die Küche und holten sich ihr Essen. Eine richtige Essenszeit gab es nicht, und jeder aß seine Mahlzeit in einem Winkel, und dann wurde schnell weitergearbeitet. Frau Geschke teilte selbst das Essen aus. Ist es genug? frug sie, und die Paula sagte, Es ist schon zuviel. Frau Geschke sah ihr böse nach, wenn sie mit dem Teller in die Gaststub ging, um dort schnell ihre Mahlzeit einzunehmen, Frau Geschke hatte an solchen Tagen harte, böse Augen, und ihr Ton war besonders scharf. Na, was ist, heute kein Geschäft, hieß es immer von ihr. Die Kellnerinnen sollten nicht nur Gäste bedienen, sondern auch noch andere Geschäfte machen, zu zweit im Weinstübchen, hinterm Vorhang und mit Sekt. Im Weinstübchen fehlte oft eine Kellnerin, weil die Kellnerinnen die Launen der Frau Geschke nicht ertrugen und ganz plötzlich davongingen.

Frau Geschke hatte kein Herz, das sah ich auch, wenn in der Mittagszeit im langen schmalen Flur die Bettler standen. Sie guckten ganz verängstigt, weil sie wußten, daß sie erbarmungslos hinausgejagt wurden, wenn es ihr nicht paßte, aber sie kamen immer wieder. Ich konnte sie von der Küche aus sehen, meist kamen sie nicht mal bis zur Türschwelle. Hinaus, sag ich, schrie Frau Geschke schon von weitem, hinaus, aber schnell, sonst mach ich euch Beine, was wollt ihr hier! Wenn das Geschirr aus der Gaststub zurückgebracht wurde, kratzte sie die Essenreste von den Tellern, tat sie auf einen gebrauchten Teller und hielt ihn dem Bettler unhöflich und mit mitleidlosem Lächeln hin. Einmal kam ein abgezehrter Bettler. Na, sind Sie schon wieder hier, sagte der Herr Geschke, der sich gerade in der Küche aufhielt, er stand einem der Ärmsten gegenüber. Was möchten Sie denn? Das will ich gerne mal von Ihnen wissen! Ich habe Hunger, ich bin arbeitslos, sagte der Bettler matt. Herr Geschke beugte sich leicht nach vorn, mit seinem gutgenährten Bauch und seinem vollem rosigen Gesicht, und er guckte auf den Ärmsten nieder, der wie ein Zwerg vor ihm stand. Hunger haben Sie, sagte er, ich habe auch Hunger, ich bin auch arbeitslos, wir gehn mitnander, ja, ich geh mit Ihnen, wie wär's, wenn wir mitnander gehn! Der Ärmste riß seine Augen auf, sah nach oben in das Gesicht und wußte nicht, wie ihm geschah, er sah den Ausgefressenen, der keine Not kannte und über sein Elend spottete. Frau Geschke grinste und sagte, Frieda, guck mal, ob noch was auf den Tellern ist. Aber dann tat sie es lieber selbst und kratzte die Abfälle zusammen. Das war das letztemal heute, wir haben für euch Faulenzer nichts! Ich stand da und verfolgte alles mit meinen Augen. Ach, käme doch mal eine andere Zeit für uns arme Menschen, dachte ich, und ich mußte dabei an den Kommunisten Wirth denken, ach, käme doch mal für die Reichen eine andere Zeit. Besorgt um mein eigenes Leben, machte ich mich an meinen Abwasch, es lag mir auf der Zunge, es ihnen einmal zu sagen, Es wird Zeit, daß für Sie mal eine Wende kommt! Ein Bettler kam, der war blind, er hatte immer einen dunklen Hut auf dem Kopf, einen dunklen, langen Bart, der Mann war sehr schwach und klein, er kam mit Frau und Töchterchen, sie sahen kaum Menschen ähnlich. Ich bin vor Unterernährung blind geworden, sagte der Mann, ich kann nicht mehr sehen, haben Sie Mitleid mit mir, gnädige Frau, geben Sie mir, bitte schön, was zu essen, der liebe Gott soll's Ihnen vergelten. Wenn diese drei Leute zur Haustür reinkamen, begann der Mann schon von der Haustür an zu bitten, bis er vor der Küchenschwelle stand. Küß die Hand, gnädige Frau, sagte er, küß die Hand, gnädige Frau, oder seine Frau flüsterte ihm zu, Sag jetzt, küß die Hand, gnädige Frau, geben Sie mir was zu essen, haben Sie Mitleid mit mir, gnädige Frau. Oft wurde der Herr Geschke grob und jagte die Familie mit Spott zurück. Gnädige Frau, weinte der Alte und stützte sich gegen die Wand, haben Sie Erbarmen. Nichts ist heut mit Küß-die-Hand, schrie Frau Geschke, hinaus mit euch, und kommt mir nicht mehr rein, wir haben nichts für euch! Der Blinde wollte weiter betteln, aber seine Frau zog ihn flüsternd hinaus. Wenn Frau Geschke doch mal die Reste von den Tellern zusammenkratzte, sagte die Frau zu ihrem blinden Mann, Du kriegst was zu essen, und der sagte ununterbrochen, obwohl er das Essen noch gar nicht hatte, Vergelt's Ihnen der liebe Gott. Seine Frau nahm dann von Frau Geschke den Teller entgegen, und sie setzten sich alle drei auf die Steintreppe. Ich hörte das Klappern und Kratzen und das Gestreite, der blinde Mann weinte, er sah ja nicht, was und wieviel auf dem Teller war, meist waren es nur abgenagte Knochen. Das Kind wollte von dem Abfall essen, und der Mann konnte es nicht abwarten, bis er den Teller in die Hände bekam. Gib doch her, gib doch her den Teller, du ißt schon wieder alles selbst auf und läßt für mich nichts drauf! Dann hörte ich die Frau sagen, So, da hast, das gehört dir, das kannst du jetzt essen. Der blinde Mann weinte und schlug nach der Frau und schimpfte, Du hast schon wieder alles aufgegessen, du hast mir nur die Knochen drauf gelassen, das Fleisch hast du abgegessen. Ich hörte, wie die Frau halblaut flüsterte, um ihn zu beruhigen, Sei still, sei nicht so laut, daß sie es nicht hören, sonst geben sie uns nichts mehr. Der Mann konnte sich aber nicht gleich beruhigen, weil er Hunger hatte. Du hast das ganze Fleisch selbst gegessen, und mir gibst du die Knochen. Frau Geschke in der Küche lachte, sie hatte ihre Freude an dem Theater und sagte, Die Alte frißt ihm alles weg, und die Knochen gibt sie ihm, aber der weiß es, der kennt sie schon, die Alte ist eine elende Kracke. Wenn das Ehepaar mit Essen und Streiten fertig war, kamen die Knochen in eine arg verschmutzte Stofftasche, sie mußten mehr als einen Topf darinnen haben, ich hörte das Klirren bis in die Küche. Die Frau brachte den leeren Teller zurück, und der blinde Mann kam noch mal bis an die Schwelle. Vergelt's Gott, gnädige Frau, und er ging den Flur entlang der Haustür zu und wiederholte dabei immer wieder seinen Dank. Als das Ehepaar wiederkam, schrie Frau Geschke spöttisch, Jetzt kommt Küß-die-Hand, heute gibt's nichts, raus mit euch, und die Frau zog schnell ihren Mann davon.

Als ich vierzehn Tage hier war, stand an einem Nachmittag der Hermann auf der Schwelle. Walli, du sollst mal zu der Mami kommen. Warum meine Mutter da war, konnte ich mir denken. Sie sah nicht anders aus als sonst, und ich schämte mich über ihr Aussehen. Ohne guten Tag zu sagen, hieß es gleich, Walli, ich muß

Geld haben, der Mann von der Nähmaschine, damit meinte sie den Mann, den sie betrogen hatte, der Mann will unbedingt sein Geld haben, sonst zeigt er uns an, der hat im Haus laut rumgeschrien, er nennt dich eine Betrügerin, die Leute haben es alle gehört, du mußt dir Vorschuß geben lassen. Mami, ich getrau mich nicht, nach Vorschuß zu fragen, sagte ich, soll er mich anzeigen, wo soll ich das Geld hernehmen, sieh dir meine Hände an, sieh mich an. Meine Mutter wurde böse und sagte, Du hast unterschrieben, jetzt hast du auch dafür aufzukommen, und wenn du mit der Frau nicht reden kannst, mach ich es. Darüber erschrak ich noch mehr, sie kannte keine Zurückhaltung und kein Denken, sie würde mir nur Schande machen, und die Frau Geschke würde mich womöglich fortjagen. Ihre Reden wurden immer erregter und rücksichtsloser, daß plötzlich Frau Geschke zur Haustür herauskam. Wem gehören denn die, das ist wohl deine Mutter? Und die Kinder? Das sind meine Geschwister, sagte ich. So, solche kleinen Geschwister hast du noch? Meine Mutter hatte gleich mit hineinzureden, und ich schämte mich vor der Frau. Man sagt, Armut ist keine Schande, aber wie sahen sie verludert aus, es ist eine Schande. Frau Geschke gab mir Geld und schickte mich nach Zukker in den Laden, obwohl doch in unserer Schlafkammer die Zukkerkiste stand. Ich bangte beim Weggehen, weil meine Mutter keine Zurückhaltung kannte, und als ich wiederkam, merkte ich schon von weitem, daß sie alles erreicht hatte. Walli, ich hab es der Frau gesagt, du bekommst den Vorschuß, ich hab ihr meine Schuhe gezeigt, daß ich Paar Schuhe brauch, und ich hab ihr alles erzählt, wie es uns geht und wie wir leben, die Frau hat gesagt, daß du ein schönes Mädchen bist, die Gäste haben auch schon gesagt, daß sie so ein schönes Mädchen in der Küche hat, sie sagt, wenn wir so arm sind und Geld brauchen, kannst du als Kellnerin gehen, da kannst du deine Mutter und die Geschwister unterstützen, ich hab ihr auch alles mit der Miez erzählt, und nun soll ich mit dir reden, ob du einverstanden bist. Ich stand mit entsetztem Gesicht da, als sie noch sagte: Iech wor immo su bleed, ich hab immer nur auf die schönen Gesichter geguckt, wenn ich noch mal so jung wäre, tät ich es anders machen, su bleed deet iech nimmo sei, und weil ich nichts antwortete, wurde sie hartnäckiger, Jää,

Walli, jää, sei nich su dumm, wenn du als Kellnerin gehen kannst, mach es nicht so, wie ich es getan habe. Meine Mutter redete und redete. Mami, sagte ich, als Kellnerin, das mach ich nicht, ich will arbeiten und mit schwerer Arbeit mein Geld verdienen, ich möchte mal einen Mann heiraten, aber nicht als Kellnerin, dazu bringt mich niemand, nein, nein, ein anständiges Mädchen paßt nicht als Kellnerin. Meine Mutter wurde derb, und ihre Augen funkelten, als sie sagte, Ich will es aber haben, und was ich haben will, das hast du zu machen, und wenn du nicht willst, darfst du nicht nach Hause kommen, überleg es dir, Sonntag mußt du mir sagen, was du machen willst. Damals war es eben so, daß man an den Eltern hing, man kannte es nicht anders, als zu gehorchen, wenn man jung war, hatte man keinen Schutz. Frau Geschke kam und frug, Na werdet ihr denn mitnander einig? Äh, die is jo bleed, die denkt, das ist was Schlechtes, hat Angst vor den Leuten, wenn ich so denk, was meine Schwester für Geld verdient hat. Als meine Mutter fort war und ich in die Küche zurückging, guckte mich Frau Geschke mit kalten Augen an und sagte, Deine Mutter sagt, daß sie nie was zu essen haben, man sieht es ja auch, wie arm ihr seid, bist du denn mit deiner Mutter einig geworden, es ist das beste für dich. Mein Gesicht brannte vor Scham, daß meine Mutter so einfach log, daß sie keinen Tag zu essen hätten, Frau Geschke hatte ja keine Ahnung.

Ich wurde also Kellnerin. Paar Wochen mußte ich noch als Dienstmädchen arbeiten, ich mußte erst was zum Anziehen verdienen, mußte weiße Schürzen und zuwenigstens zwei, drei Kleider haben. Am kommenden Sonntag ging ich nach Hause, und meine Mutter fing gleich wieder an, Sei nicht so dumm, du kannst dir das Geld leicht verdienen, greif zu, die Alten sind auf so junge Mädchen närrisch, du mußt es verstehen, sie an der Nase rumführen, die Alten haben das meiste Geld, da kannst du leben, und vor dem Kinderkriegen brauchst du keine Angst haben, solche Herren sind schlau und wissen, wie sie es machen, die Kellnerinnen haben alle keine Kinder, die haben schon Mittel dagegen. Die Schwärmereien meiner Mutter hörte ich mit Widerwillen an, ich war erst neunzehn und noch unberührt. Für mich war jetzt ganz allein die Freude, daß ich mir was zum Anziehn kaufen konnte, sauber und schön gekleidet ging und mein Haar frisierte. Ich kaufte mir Paar rote Lackschuhe, zwei Kleider und paar billige weiße Schürzen. Hier war ein Hausmeister, Herr Vogel, der und seine Frau arbeiteten auch in der Gaststätte mit, sie wusch für die Kellnerinnen die weißen Schürzen, das machte sie gut und teuer, und er gab Getränke aus und half in der Mittagszeit, weil es die Kellnerinnen sonst kaum schafften. Die gute Küche im »Weißen Schwan« war bekannt, zu jedem Mittag gab es einen langen Speisezettel. Ich sah jetzt nur das Geschäft, in das ich ohne Willen hineingekommen war, aber ich wollte es lernen, und mein Gesicht glühte vor Aufregung, und meine Hände zitterten. Das schwerste war für mich, das Tablett mit den Speisen in das Gastzimmer zu tragen. Es gab vielerlei Speisen, die mir noch unbekannt waren, so vergaß ich oft die Hälfte und mußte bei den Gästen nachfragen. Unterdes kamen neue Gäste, und Getränke wurden verlangt. Das Biereinlassen mußte ich lernen, kassieren mußte ich auch, Frau Geschke legte mir ans Herz, den Schlüssel von der Kasse immer bei mir zu behalten, nicht steckenzulassen oder die Kasse aufzulassen. Von den Fleischgerichten hörte ich zum erstenmal, Kotelett, Beefsteak, Rouladen, das waren Fremdwörter für mich, und ich war neugierig, was auf die Teller kam. Die Gäste aber, die hörten, daß ich aus der Küche kam, hatten alle gute Augen für mich und Achtung. Das ist die gute Köchin, hieß es, und es ging von Mund zu Mund, sie hatten alle Geduld mit mir. Nur der Herr Geschke sah sofort, was mit mir los war. Das wird nichts, sagte er. Die lernt es schon noch, sagte Frau Geschke, und er immer wieder nervös und ungeduldig, Nein, nein, das wird nichts. Am Abend beim Abrechnen blieben Prozente übrig. Siehst du, und das ist dein Geld, sagte Frau Geschke, es wird alle Tage mehr werden, du mußt nur ruhiger werden. Nach solch einem schweren Tag konnte ich nicht einschlafen, ich konnte es einfach nicht fassen, daß ich nun eine Kellnerin war. Dabei ging es mir gut unter den Kellnerinnen, und jetzt hatte ich auch ein Zimmer zum Schlafen und ein ganz anderes Bett, wie ich es bisher nicht gekannt hatte, und schwere Gardinen hingen am Fenster. Es sah so aus, als gehörte eine Kellnerin mit zu den besseren Leuten. Besonders die Kellnerin Anny war gut zu mir und freundlich, ich teilte mit ihr das Zimmer, und sie erzählte mir auch, wie sie zuerst von ihren Leuten verachtet worden war und nicht nach Hause kommen durfte, aber wenn sie jetzt kam, war sie die Beste. Heute bereu ich nichts, sagte sie zu mir. Es gefiel mir, daß die Kellnerin Anny mit mir so vertraut vor dem Einschlafen sprach. Sie war ein großes, starkes Mädchen, sie hatte viel Fleisch am Körper, aber eine gutgepflegte Figur und Brüste wie zwei Kopfkissen. Die Paula hatte meinetwegen den Platz räumen müssen, sie war auch so groß wie die Anny, nur nicht so mollig, sie hatte gelbgefärbte Haare, aber sie war auch ein schönes Mädchen mit gutgepflegter Kleidung.

Nach paar Tagen mahnte mich Frau Geschke, So, Walli, jetzt weißt du, wie es als Kellnerin sein muß, jetzt mußt du auch mal sehn, daß du im Weinstübchen bedienst, du mußt sehn, wie du zu mehr Geld kommst, damit du deine arme Familie unterstützen kannst. Gleich am ersten Tag gab es nicht nur einen Mann, es waren Männer, die sich anboten. Ich hielt mich von ihnen fern. Sie ist noch sehr scheu, sagte dann Frau Geschke zu den Männern, die sich nach mir erkundigten, sie muß sich erst einrichten, Sie müssen noch etwas Geduld haben. Wenn ich schlafen ging, sagte die Anny zu mir, Sie sind zu schade für diesen Beruf, geben Sie es lieber rechtzeitig auf. Sie war für mich zuwenigstens wie ein Mensch, am liebsten wäre ich spurlos verschwunden, im stillen machte ich meiner Mutter Vorwürfe, was sie von mir verlangte. Du mußt dich an den Tisch setzen, belehrte mich Frau Geschke, und dich mit den Gästen unterhalten. Sie hatte recht, das mußte ich tun, aber mir war zum Weinen zumute, und wenn ich am Tisch saß, wurde gleich ein Glas Sekt bestellt. Den Sekt gab nur Frau Geschke aus, den hatte sie in der Hand. Aber ich vertrug keinen Alkohol, beim zweiten Glas wurde ich taumelig, ich lief gegen die Tische und hatte in den Händen keine Kraft mehr. Frau Geschke trug jedes Glas in das dicke große Buch ein, Sekt brachte für sie und mich Geld ein, aber sie meinte es gut, als sie sagte, Du kannst keinen Sekt trinken, ich geb dir Selterswasser, den rechne ich als Sekt ab, das dürfen die Gäste aber nicht mitkriegen. Ich war ihr dankbar dafür, denn ich mußte viel trinken. Und schließlich mußte ich auch in das Rendezvouszimmer, ich wurde gar nicht gefragt, ob ich wollte. Du gehst rüber, sagte Frau Geschke, dort ist ein Gast, eine Flasche Sekt steht drüben, wenn ihr mehr braucht, klopfst du ans Fenster, geh nur gleich. Wer konnte sich meine Aufregung vorstellen, aber ich ging ohne Miene und mit Selbstverständlichkeit hinüber, ich wußte gar nicht, wie er aussah, der auf mich wartete. Es war ein Stammgast, der bis in die Küche Zutritt hatte, ein blonder, junger Mann, der gut aussah. Da er von der Alten wußte, daß ich scheu war, mußte erst der Sekt fließen, und als zwei Flaschen leer waren, war ich erschöpft, alles drehte sich, und ich ließ es über mich ergehn. Ich bin ja eine Kellnerin, dachte ich, muß alles mitmachen. Aber erlauben konnte sich der Gast nichts, es war hier nicht der richtige Platz, und ich war auch nicht zu gebrauchen, ich ging ins Zimmer und schlief meinen Rausch aus. Als ich nach paar Stunden wieder runterkam, war Frau Geschke wie eine Wilde. Wenn du Kellnerin sein willst, mußt du auch eine richtige Kellnerin sein! Einmal war Frau Geschke schon im Bett, und ihr Mann war aufgeblieben, das war selten, er saß im Lehnstuhl in einer dunklen Ecke, nur von der Gaststub her kam ein Lichtschein, es war an diesem Tag nicht viel los gewesen, er rief spätabends nach mir. Ich kam in das kleine Wohnzimmer und wußte nicht, was er wollte. Ich sollte mich zu ihm auf den Schoß setzen, und er leckte mir mein Gesicht ab, daß es ganz naß war, pfui, wie mich das ekelte, ich riß mich mit aller Gewalt los. Ich hörte meine Mutter sagen, Wenn du mal einen hast, der dir nicht gefällt, machst du eben die Augen zu, wenn er auf dir drauf liegt, kommt schon die Liebe. Wenn ich mich durch die Gäste gekränkt fühlte, sagte Frau Geschke hart wie eine Puffmutter, Das hättest du früher wissen müssen, jetzt bist du Kellnerin, jetzt hast du alles mitzumachen.

Es kam ein Abend, an dem ich vor Scham am liebsten davongelaufen wäre. Eine lustige Jägergesellschaft war zur Tür hereingekommen. Ich stand gerade am Büfett und sah gleich, daß sie nicht mehr nüchtern waren und daß sie dann sehr unanständig werden konnten. Als letztes kam ein Mann zur Tür herein, der ruhiger als die anderen war, er drehte mir den Kopf zu, blieb stehen und musterte mich mit ernstem Gesicht, dann ging er den anderen nach. Es war ein schöner Mann, volles Gesicht, mittlere Figur, tiefschwarze Augen und Haare, er kam mir ruhiger und vornehmer als die anderen vor. Er unterhielt sich mal kurz und lächelte mit seinen Leuten, dabei beobachtete er mich auf Schritt und Tritt. Mir kam der feine, ernste Herr bekannt vor, ich zerbrach mir den Kopf und kam nicht darauf. Ich bediente freundlich die Gäste, zu dem ernsten Herrn ging ich zuletzt und mit großer Verlegenheit in der Brust. Er sah mir entgegen, und als ich an seinem Tisch stand, sah er mir ins Gesicht. Ich mußte mich sehr zusammennehmen, die Gäste zu bedienen, mir wurde auf den Hintern geklopft, und noch mehr wurde sich erlaubt, Kellnerin hier, Kellnerin da, hieß es. Unter der Gesellschaft war auch ein ganz Verrückter und noch dazu der Älteste unter ihnen, er war der Lustigste und Ordinärste. In der Gaststub stand ein elektrisches Klavier, und wenn man eine Krone reinsteckte, spielte es sehr laut und für mich sehr schön. Diese wilden Leute wollten Musik hören, und der Alte wollte dazu tanzen. Schon als ich ihm das erste Getränk hinstellte, schrie er laut, Kellnerin, wir gehn mitnander ins Rendezvousstübchen. Ich sagte, Nein, das können Sie nicht von mir haben, ich bin hier nur zum Bedienen. Darüber guckte er verdutzt, dann schrie er, Musik, ich will tanzen. Der Alte kam wie ein Gaasbock auf mich zu und klatschte in die Hände. Es tut mir leid, ich kann nicht tanzen, sagte ich. Er guckte wieder verdutzt und ging wie geschlagen weg. Die anderen Männer tanzten alle mitnander. Es war ein Walzer. Plötzlich stand der vornehme Herr vor mir und machte eine tiefe Verbeugung. Diesem Mann konnte ich nicht absagen, ich legte meine Hand auf seinen Arm, er machte mit mir drei Bewegungen, das waren soviel wie drei Schritte, und mit diesen drei Drehungen kamen wir zu dem Alten, der den tanzenden Männern still zugeguckt hatte, und mein Tänzer machte vor ihm wieder eine Verbeugung und übergab mich ihm, und der packte mich gleich und drehte sich mit mir. Mit einem verlegenen Lächeln hatte ich meine Hand auf seinen Arm gelegt, er aber benahm sich, wie man es sich eben mit einer Kellnerin erlauben konnte, er zog mir hinten mein Kleid hoch, ich mußte es immer wieder herunterziehen, und weil er sich gar so schlecht benahm, sagte ich, Wenn Sie nicht anständig sein wollen, tanze ich nicht. So, warum denn nicht? Na, weil Sie sich unanständig benehmen. Das hatte ihm gewiß noch keine Kellnerin gesagt, er konnte mich nicht verstehn, und er fing immer wieder von dem Stübchen an. Nein, ich geh nicht, war meine Antwort. Sie sind doch Kellnerin? Nein, ich bin keine Kellnerin, ich bediene nur Gäste. Der feine, ernste Herr ließ mich nicht aus den Augen, und doch hatte er mich dem Unverschämtesten in die Hände geliefert. Frau Geschke kam in die Gaststube, um die Gäste zu begrüßen. Der Herr winkte sie zu sich an den Tisch, und ich merkte ganz deutlich, daß sie über mich redeten, ich habe es nie erfahren, was gesprochen wurde. Es dauerte nicht lange, und die Gesellschaft verließ mit viel Lärm das Restaurant. Frau Geschke sagte kein Wort, daß sich die Gäste über mich beschwert hätten. Ich überlegte nur, woher ich diesen Mann kannte und wo ich ihn gesehen haben könnte. Dann wurde mir ganz heiß vor Scham, es war der Richter, dem ich vor drei Jahren den Bittbrief meiner Mutter überbracht hatte. Nur gut, daß mir nicht vorher eingefallen war, woher ich den Herrn kannte, ich wäre davongelaufen. Von da an hatte ich noch mehr Ekel vor diesem Geschäft, in das ich hineingekommen war, ohne es zu wollen. Mein Geld stimmte auch nicht mehr, bei der Abrechnung hatte ich immer zuwenig Scheine in der Kasse und mußte das Geld ersetzen. Da in der Mittagszeit im Speisesaal Hochbetrieb war, es war ein großer und ein kleiner Saal, konnte die Arbeit von keiner Kellnerin bewältigt werden. Frau Geschke schickte darum den Hausmeister, Herrn Vogel, zur Unterstützung in den Speisesaal. Er besorgte die Getränke, und dann fiel mir auf, daß der Herr Vogel sich zu oft an meiner Kasse zu schaffen machte, und einmal sah ich, wie er mit dem Rücken an der Kasse angelehnt stand und mit der Hand ins Schubfach griff. Aber ich sagte zu niemandem ein Wort, ich hatte ja keine Zeugen, niemand hätte mir recht gegeben. Ich hatte dem Vogel zu sehr vertraut und den Schlüssel steckenlassen, ich dachte jetzt an die Paula, die den Vogel nie zur Hilfe haben wollte, und ich war immer froh gewesen, wenn er sich um die Getränke kümmerte. Er wurde sogar so frech, daß er von den Gästen das Geld abkassierte und es mir nicht in die Kasse gab. Nun war ich in große Geldschulden gekommen, und dann sagte Frau Geschke, Walli, weißt du was, du gehst wieder in die Küche und machst deine Arbeit wie immer, das kannst du am besten, eine Kellnerin kannst du nicht sein, du hältst dich von den Gästen zurück, du bist zu empfindlich, mach wieder deine Arbeit, das Dienstmädchen muß weg, mit der ist sowieso nicht viel los, mit deiner Arbeit war ich immer zufrieden, aber du hast Schulden, und deshalb mußt du jetzt einige Monate umsonst arbeiten. Und damit waren wir fertig, und ich war wieder Dienstmädchen. Für mich kam die Paula wieder, die beiden Kellnerinnen hielten zu mir, sie sahen mitleidig auf mich, weil sie das Geschäft kannten, und sagten, Walli, Sie sind zu schade, heiraten Sie lieber, das ist für Sie das beste.

In der Zeit, als ich als Kellnerin arbeitete, war eine Postkarte von meiner Mutter angekommen, daß ich sie besuchen sollte. Auf dem Absender stand Neudorf an der Biela. Meine Familie war wieder mal umgezogen, dem Albert hatte es auf dem Seestadtler Meierhof nicht gefallen, und er hatte sich auf dem Neudorfer Meierhof beworben. Ich war gar nicht erfreut, weil ich zu genau wußte, was meine Mutter von mir erwartete, aber Frau Geschke sagte böse, Du reist am Sonntag zu deiner Mutter, wenn sie dir schreibt, daß du kommen sollst. Frau Geschke hatte ja keine Ahnung. Als ich dann fuhr, hatte ich ein neues, grünes Wollstoffkleid an, es war sehr gut gearbeitet und modisch, und ich konnte zuwenigstens auch mal mit dem Bus fahren. Als ich ins Haus reinkam, begegnete ich auf dem Hof einer Frau, die Weinert hieß, ihr Mann war Pferdeknecht auf dem Meierhof wie der Albert, sie wohnten im Arbeiterhaus, in Seestadtl hieß es Meierhofhaus, und hier in Neudorf sagte man Arbeiterhaus. Als Frau Weinert mich kommen sah, blieb sie stehen und sah mir mitleidig entgegen. Ach, Sie sind bestimmt das Fräulein Walli, gefällt es Ihnen denn als Kellnerin, gefällt es Ihnen, ja? Ich erschrak und war verlegen. Woher wissen Sie denn, daß ich Kellnerin bin? Na, Ihre Mutter hat es uns allen im Haus mit großer Begeisterung erzählt, sie sagt, daß Sie sogar als Freudenmädchen gehen. Das hat meine Mutter gesagt? Ja, ja, sagte die Frau, ganz Neudorf spricht darüber. Ich bin keine Kellnerin, sagte ich zu der Frau, meine Mutter wollte es so haben, aber ich kann es nicht, mich ekelt das alles an. Und an der Haustür traf ich eine andere Frau, die Schmootz hieß, eine ältere Frau, deren Mann als Bierkutscher in einer Brauerei arbeitete, die auch zum Meierhof gehörte. Ist denn das wirklich wahr, Fräulein Walli, daß sie Kellnerin sind? Nein, ich bin keine Kellnerin. Mit Beleidigung in der Brust kam ich über unsere Schwelle. Meine Mutter hatte mich bestimmt schon vom Fenster aus kommen sehen, sie hatte jetzt lange Gardinen vor den Fenstern, die sie gebraucht von der Miez geschenkt bekommen hatte, es kam vor, daß sich der Miez ihr Herz auftat und sie meiner Mutter was schenkte, wenn sie mit Neuigkeiten oder großen Plänen zu ihr kam. Auch Blumentöpfe hatte sie am Fenster, sie hatte jetzt eine Blumenliebe, die ich an ihr noch nicht kannte. Mit leuchtenden Augen und neugierig sah sie mir entgegen. Sie war allein, und zu meinem Staunen war diese Wohnung sauber und gut aufgeräumt. Ich sagte sofort, daß ich keine Kellnerin mehr sein könnte. Sie tröstete mich nicht oder hatte keinen Rat für mich, sie wurde gleich auffahrend und böse, Du bist holt bleed, dich wer ich nie zu was brauchen können. Ich stand vor ihr, als wäre ich ihr was schuldig. Meine Geschwister kamen, sie sahen nichts Mitgebrachtes und hörten unseren Wortwechsel, da gingen sie gleich wieder hinaus. Das tat mir weh, wer weiß, was ihnen die Mami alles vorgeschwärmt hatte. Ich sagte immer wieder, Ich kann es nicht, dazu gehören besondere Naturen. Meine Mutter sagte, Im Weltkrieg hab ich für euch gehurt, daß ihr was zu essen kriegt, ich wollte auch nicht und mußte es machen, sonst wärt ihr verhungert, ich habe nicht danach fragen können, was die Leute über mich reden. Darauf sagte ich, Dann ist es dir bestimmt auch nicht schwergefallen, ich bin eine andere Natur, und im ganzen Dorf hast du bekanntgegeben, daß ich als Kellnerin gegangen bin und mich sogar als Freudendame verkauft habe. Sie fuhr hoch und schrie, Was soll ich den Leuten erzählt haben, du dummes Mensch, du bleedes, die Leute werden dich halt selbst gesehen haben, was bist du denn als Kellnerin gegangen, wenn dir nicht dran gelegen ist, und jetzt die Beleidigte spielen, du dummes Vieh! Ich weinte verzweifelt, denn ihre Stimme wurde immer grober und lauter, es mußte durch die dünnen Türen im ganzen Haus zu hören sein, sie wollte mich vor den Leuten als eine Verkommene darstellen. Ich ging und hörte noch auf der Straße ihr Gebrüll. Nur naus, nur naus, schrie sie, und untersteh dich und komm mir in die Wohnung, wir wollen von dir keine Krankheit haben!

Im »Weißen Schwan« blieb ich nicht mehr lange, Frau Geschke wollte mich loswerden, es stieß sie wohl ab, wenn meine Familie wieder vor ihrer Haustür stände, es war ein gutes Restaurant. Ich konnte ihr nichts mehr recht machen, sie schimpfte so brutal, da hielt ich es nicht mehr aus und ließ mir mein Arbeitsbuch geben, das einzig Gute war, daß sie mir ein lobendes Zeugnis ausstellte. Über drei Burschen, die ich von der Gaststub her kannte, fand ich gleich eine neue Stelle, aber auch nur als Kellnerin.

Café Jung war ein ehemals feines Café in Oberleutensdorf am Markt. In einem schmalen Raum standen Tischchen mit weißen Marmorplatten. Im Café Jung war ich für alle Arbeiten, das Gästebedienen machte ich so nebenbei. Der Haushalt war nicht schwer, weil die Leute sehr einfach waren, aber ich kam immer erst in der Nacht zur Ruhe. Die Hauptsache war mir, daß ich unter einem Dach ein Bett zum Schlafen hatte, ich hatte jeden Tag was zu essen, aber Essen zum Dickwerden war es nicht, ich bekam kein Gehalt, ich mußte von den Prozenten und dem Trinkgeld leben, aber ich war froh, daß ich eine Stelle hatte, weil durch die Arbeitslosigkeit alles nicht einfach war. Zu meiner Mutter wollte ich nie mehr fahren. Mit den Gästen wurde ich gut fertig, es kamen meist Stammkunden. Auch zwei Burschen waren darunter, die fast jeden Abend bei einer Flasche Selterswasser an ihrem Tisch saßen. An einem Tag gestanden sie mir, daß sie arbeitslos waren und den ganzen Tag vor Langeweile nicht wußten, was sie anfangen sollten, es wäre ihnen peinlich, nur bei Selterswasser zu sitzen. Ich sagte, Das tut doch gar nichts, ich freue mich, wenn ich Sie seh. Wenn die beiden Burschen paar Tage nicht im Café waren, frug ich sie, ob sie sich wieder nicht getraut hätten. Sie gestanden es, daß sie manchmal nicht mal so viel hätten, daß es für eine Seltersflasche reichte. Ich sagte, sie sollten ruhig kommen, und ich stellte ihnen auf meine Kosten eine Flasche Limonade hin, und sie konnten so lange sitzen, wie sie wollten. Die Frau Jung hatte durchs Guckloch gesehen, sie beobachtete und belauschte mich ja immer und machte mir Vorhaltungen, Die halten Sie frei, die brauchen wohl nicht zu bezahlen? Ich sagte, daß sie kein Geld hätten, weil sie ohne Arbeit wären. Was haben Sie von diesen beiden arbeitslosen Kerlen, sagte sie, Sie werden von ihnen nur ausgenutzt. Der eine von den Burschen war ein Schöner, Stattlicher mit schwarzen Haaren und Augen, man sah ihm den Hunger nicht an, er hatte ein volles Gesicht und runde, dunkelrote Wangen, seine Hautfarbe war bräunlich, er trug immer einen Schlips und war gut und sauber gekleidet, das war der schöne Rudi, und der andere war der Willi, ein sehr häßlicher Kerl, sein Anzug war grau und unsauber. Ich wunderte mich, daß die beiden mitnander verkehrten. Der Rudi und ich, wir kamen uns so weit in intim, daß wir uns besprachen, zusammen nach Brüx zum Tanzen zu gehen, ich hatte große Lust dazu. Der Rudi sagte zu mir, daß er auch schon sehr lange nicht mehr auf einem Tanzsaal gewesen wäre, weil er sich ohne Geld sowieso kein Mädchen anschaffen könnte, wer keine Arbeit hätte, würde von einem Mädchen nicht angeguckt werden, aber wenn er sich mal ein Mädchen anschaffte, da müßte alles dran sein, das müßte ein ganz besonderes Mädchen sein. So schwärmte der schöne Rudi vor mir. Wir besprachen uns also, daß wir am Sonntagabend nach Brüx tanzen gingen, und weil sie kein Geld hatten, gab ich ihnen zehn Kronen. Ich wollte kein dummes Mädchen sein, aber ich war es eben doch, weil ich so gerne tanzen gehen wollte, und vor allem mit dem schönen Rudi.

Am Sonntagabend an der Straßenbahn trafen wir uns. Frau Jung hatte mit mir noch geschimpft, daß ich mit den arbeitslosen Kerlen losziehen wollte. Zu meinem Wundern waren sie schon vor mir in die Straßenbahn gestiegen, und sie grüßten mich nicht und kamen mir auch nicht entgegen, es sah aus, als möchten sie mich nicht kennen, dabei brauchten sie sich mit mir nicht zu schämen, meine schöne Gesichtsfarbe war Natur, und gut gekleidet war ich auch. Der Rudi sah galant aus, und der häßliche Willi hatte denselben verbrauchten Anzug an wie alle Tage. Als ich zu ihnen ging, drehte mir der schöne Rudi den Rücken zu und der häßliche Willi ebenso. Was soll denn das heißen, dachte ich beleidigt, aber ich stellte mich trotzdem zu ihnen, und als der Schaffner kam, sagte ich, Rudi, bezahle. Verlegen bezahlte er für uns drei von meinem Zehnkronenschein. Als wir in Brüx ausstiegen, merkte ich, daß der Rudi mich nicht gerne an seiner Seite sah, aber ich hielt mich an ihn, weil es doch so besprochen war, und vor der Kasse sagte ich wieder laut, Rudi, bezahle. Seine Backen wurden immer röter und dicker, vor Ungefühl schob er die Schultern hoch und zog den Kopf ein, und auf der Tanzdiele wollte er mich dem häßlichen Willi zuschieben, aber ich hielt mich an beide. Am Tisch ließ er mich neben Willi sitzen, er saß mir gegenüber und am Rand. Ich merkte, daß sie auf was von mir warteten, ich sollte zahlen, aber ich lehnte mich zurück, sah gut gelaunt drein, als kümmerte mich das alles nicht, und als der Ober kam, bestellten sie sich zögernd ein Bier, und ich ließ mir einen Apfelsaft bringen. Als die Musik begann und der Rudi sich beim Sitzen nach hinten beugte, sah er ein schönes schwarzhaariges Mädchen, das ihm gefiel, und er ging es auffordern. Mit mir tanzte der häßliche Willi. Der schöne Rudi tanzte ganz elegant mit dem schönen schwarzen Mädchen und kannte mich nicht, und das beleidigte mich sehr. Nicht mal eine Anstandstour hatte er mit mir getanzt, aber den ganzen Abend wartete er auf meine Tasche, ich war für sie nur eine Kellnerin. Als der Ober wieder kam, warteten sie immer noch auf etwas, aber ich zahlte nichts, dem schönen Rudi blieb in größter Verlegenheit grade ein Heller übrig. Draußen wagten sie auch noch zu fragen, ob ich Geld für die Straßenbahn hätte, ich sagte mit künstlich guter Laune, Ich hab kein Geld. Der schöne Rudi wollte fast verzweifeln, daß er nach Oberleutensdorf zu Fuß laufen sollte, und immer wieder frug er, Walli hast du wirklich kein Geld. Ich lachte und lachte und sagte, Nein, ich hab kein Geld? Und als wir in die Stadt kamen, lief ich ihnen davon, dort stand für mich die Straßenbahn, in die ich hineinsprang und mit der ich nach Oberleutensdorf fuhr. Die beiden wagten sich dann trotzdem bald wieder ins Café, ich ließ sie sitzen, und nachdem sie lange genug gesessen hatten, erhoben sie sich und machten mit langen schnellen Schritten hinaus.

Ein andermal wurde ich von einem schönen Kavalier zu einem Sonntagsspaziergang eingeladen, und ich dachte, daß mir am hellen Tage nichts passieren könnte, wir gingen zuerst nur Hauptstraße und begegneten Spaziergängern, aber dann kamen wir auf ein Bahngleis, ein Güterzug stand dort, und dann war er auch nicht besser als die zwei Lumpen, er wollte mich ins Wärterhäusl ziehen. Mit Schreien und Wehren konnte ich ihm entkommen und rannte ohne Pause nach Oberleutensdorf zurück. Es kamen immer wieder neue Kavaliere, aber ich hütete mich. Als Kellnerin mußte ich mich an die Tische setzen, die Gäste unterhalten, und das tat ich auch, aber wenn sie mich nach der Weinstub frugen, sagte ich, Hier ist keine Weinstub, ich bin nur zum Bedienen da. Ich kam mit allen Gästen gut hin, es waren fast nur Männer, und es gab Unterhaltung und viel zum Lachen und Humor, es wurde sich auch über ernste Dinge unterhalten, und die meisten mochten mich gern, manche wollten mich sogar heiraten, auch wenn ich nur eine Kellnerin war, aber ich dachte mit Schreck an meine Herkunft und sagte, Ich heirate nicht, die Männer taugen nichts. Aber in Wahrheit wollte ich nicht so eine Zukunft. Ich kannte Mädchen in Seestadtl, die lebten unverheiratet mit Männern in einer Stub und hatten Kinder, und der Ernährer war ohne Arbeit, die holten mit dem Handwagen Kohlen von der Halde, auch die meisten Männer, die hier ins Café Jung kamen, verdienten auf diese Weise ihr tägliches Brot, und in so ein Leben wollte ich mich nicht stürzen. Aber auch auf das, was die Cafébesitzer Jung wollten, konnte ich mich nicht einlassen, sie sagten, Hier bei uns können Sie sich gut rausmachen. Sie sind so ein schönes Mädchen, Sie haben so viel Gelegenheit, nur mit den arbeitslosen Kerlen dürfen Sie sich nicht einlassen, an die Geldleute müssen Sie sich halten, die Mädchen, die bei uns waren, waren alle nicht dumm und haben es verstanden. Ich merkte es sehr gut, daß ich von ihnen ausgenutzt werden sollte, und sie rechneten damit, wenn ich kein Geld mehr haben würde, daß ich dann von selbst ins Weinstübchen ging, und sie guckten neidisch, wenn ich mir mal ein billiges Kleid kaufte oder Paar billige Schuhe, sie glaubten mir den billigen Preis nicht, weil alles an mir nach was aussah, und sie waren mißtrauisch, wenn ich zum Frisör ging oder alle Tage ins Bad, weil ich mich bei ihnen nicht ordentlich waschen konnte, und sie dachten, daß ich mir draußen was verdiente, und warnten mich vor diesem und jenem.

Ein Abend im Café Jung bleibt mir unvergessen. Da saßen drei Burschen an einem Tisch, und einer von ihnen trug eine kornblumenblaue Jacke mit Goldknöpfen, er hatte eine dunkle Haut und ganze schwarze Augen und schwarzes glänzendes Haar, nach hinten gekämmt. Als ich an ihren Tisch kam, wurde ich von diesem einen Burschen nicht beachtet, und er sah sehr unfreundlich zur Seite, als ich ihn frug, ob er ein Bier wünschte. Warum ist er so bös, er gibt keine Antwort? frug ich die andern beiden Burschen an seinem Tisch. Er kann nicht Deutsch, sagten sie. Ach, er ist wohl ein Tschech? Nein, er ist ein Russe. Was, ein Russe, ist das wahr? frug ich erstaunt, weil ich mich wunderte, Rußland war doch so weit. Sie sagten, daß er nur paar Tage in Oberleutensdorf wäre, er hätte für eine Firma hier zu tun. Der Russe zeigte zuerst keine Sympathie für mich, und deshalb ging ich vom Tisch weg und streifte sein verächtliches Gesicht nur noch von der Seite. Ich merkte, daß ich von ihnen beobachtet wurde und sie sich über mich unterhielten, und dann riefen mich die Burschen wieder an den Tisch und sagten, Er sagt, Sie sollen sich mal mit an unseren Tisch setzen, er möchte gerne was von Ihnen wissen. Ich nahm Platz und saß ihm gegenüber, und die Burschen übersetzten. Wir sollen Sie fragen, warum Sie hier in so einem Geschäft arbeiten, warum Sie nicht eine andere Arbeit machen. Diese Frage machte mich verlegen und unglücklich, ich hob meine Schultern und sagte, Es gibt ja keine andere Arbeit, ich wäre froh, wenn ich diese Arbeit nicht machen brauchte. Dann übersetzten sie mir, Er glaubt es nicht, daß Sie keine andere Arbeit finden können. Sagen Sie ihm, ich lüge nicht, ich bin gezwungen, so eine Arbeit zu machen, ich vergleiche mich mit keiner Kellnerin, ich bediene nur die Gäste und mache alle Arbeiten, die Prozente beim Gästebedienen sind mein ganzer Lohn, für was anderes gebe ich mich nicht her. Dem Russen sein Gesicht wurde traurig, er sagte, Es kann doch nicht sein, es muß doch noch Arbeit für Sie geben, daß Sie nicht in so ein Leben hineingeraten. Es ist so, sagte ich, und ich ließ sie darüber wissen, daß ich schwerer Arbeit nicht gewachsen war. Wie alt sind Sie? Ich bin zwanzig Jahre alt. Haben Sie Eltern? Ja, ich habe Eltern, aber sie fragen nach nichts. Da sagte er, Sie gehören nicht in so ein Geschäft, ich nehme Sie mit nach Rußland! Ich erschrak und sah ihn mit offenem Mund und Angst in den Augen an und schüttelte den Kopf und sagte, Oh, nach Rußland geh ich nicht mit, oh, ich fürchte mich vor Rußland. Er hatte meine Gesichtszüge beobachtet und wollte sofort übersetzt haben, was ich gesagt hatte. Was haben Sie gegen Rußland? Oh, in

Rußland geht es den armen Leuten sehr schlecht, die Leute, die arm sind, werden nach Sibirien verbannt und als Sklaven verkauft, oh, nach Rußland geh ich nicht. Wer hat Ihnen denn das erzählt? Wer das erzählt, wiederholte ich, na, das ist doch bekannt, daß Sibirien eine Sklavenverbannung ist und wie schlecht es den armen Leuten in Rußland geht, ich möchte dort nie hin. Der Russe sprach mit den beiden Burschen, und ich beobachtete ihre Gesichtszüge, kann sein, daß sie über so viel Grauen in Rußland nichts wußten, oder sie nahmen es nicht so tragisch wie ich, jedenfalls schien der Russe gekränkt oder auch traurig. Dann hörte ich die Burschen übersetzen, daß es so, wie ich über Rußland dachte, nicht stimmte, und der Russe bat mich, daß ich mich ihm anvertrauen sollte, er würde mich mitnehmen und mir ganz Rußland zeigen, aber ich hielt beide Hände auf meine Brust und schüttelte nur den Kopf. In seinen schwarzen Augen war Traurigsein, und er bat mich immer wieder, mich ihm anzuvertrauen, er wollte mich in ein besseres Leben führen, und ich weinte fast vor Angst. Dann sagte ich, daß ich nicht mehr lange diese Arbeit machen wollte. Sie haben doch gesagt, daß Sie keine andern finden? Ja, das ist schon wahr, kam es schwer aus meiner Brust, das ist keine Lüge, aber ich werd mir halt noch mehr Mühe geben. Es würde ihn freuen, meinte er, wenn ich nicht in so einem Beruf bliebe, aber er dächte, wenn ich erst mal dabei wäre, könnte ich mich nicht mehr trennen. Das beleidigte mich. Der Russe blieb drei Tage in Oberleutensdorf und kam jeden Tag ins Café, und seine Augen waren immer nur bei mir, und an seinem Abreisetag kam er ein letztes Mal und hatte etwas in der Hand. Er legte ein Päckchen auf den Tisch und sagte, er wüßte nicht, ob es das Richtige wäre, ob es mir Freude machen würde. Ich war verlegen, ich rührte das Päckchen nicht an und ließ es vor mir liegen. Sie sollen das Päckchen aufmachen, sagten die Burschen, er möchte wissen, ob es Ihnen gefällt. Vorsichtig und langsam wickelte ich das Papier aus, eine Mädchenfigur kam zum Vorschein, und sie sah aus, als wäre ich es selbst, die Figur war etwa zwanzig Zentimeter groß und aus Porzellan, ein junges, sehr schönes Mädchen, dem man am Gesicht die Unschuld und Einsamkeit ansah, rosa Wangen, blaue Augen, blondes gelocktes Haar bis auf die Schultern und den Kopf ein wenig zur Seite, nicht glücklich schauend, das Mädchen war barfuß und nackt, nur um die Hüfte hatte es eine breite weiße Schleife, deren Enden an der einen Hüfte und am Bein bis zum Fuß herunterhingen, die Beine hatte es leicht übereinandergeschlagen, die Hände hielt es nach hinten. Im Moment wagte ich nicht, meine Augen zu heben, ich verstand, warum er mir dieses Geschenk gemacht hatte. Der Russe beobachtete mich, und ich lächelte leicht und stellte die Figur auf den Tisch. Die beiden Burschen haben ja Augen gemacht, ich sah es ihnen an, daß sie es nicht fassen konnten, daß er mir so ein kostbares Geschenk gemacht hatte. In meinem Herzen war keine Freude, diese Figur machte mich erst recht einsam und verlassen, ohne Zukunft, dem Untergang nahe, aber ich sagte dann zu den Burschen, Sagen Sie ihm, daß ich mich für das schöne Geschenk herzlich bedanke, sagen Sie ihm, ich will ihn nie vergessen, sagen Sie ihm, daß ich ihm alles Gute und Glück im Leben wünsche. Es war neunzehnhundertdreiunddreißig, und es wurde vom Krieg gemunkelt. Er horchte und nickte, seine schwarzen Augen sahen mir weich ins Gesicht, und dann ließ er mich wissen, daß er über meine Worte sehr gerührt war, er sagte, er könnte nicht länger in Böhmen bleiben und müßte nach Rußland zurück, sonst wäre er meinetwegen geblieben, bis ich Vertrauen zu ihm gefunden hätte. Sagen Sie ihm, daß ich verspreche, nicht mehr in diesem Beruf zu bleiben. Dann ließ er mich wissen, daß er in zwei Jahren wieder nach Oberleutensdorf käme, und er wollte sich im Café Jung nach mir erkundigen. Ich wußte, daß er mich nie wiederfinden würde, wie denn, und weil mein Leben so ohne Zukunft war, hörte ich an ihm vorbei, ich hätte ihm sagen können, wie wir uns wiedersehen könnten, aber mein Geist war so matt, weil ich nicht wußte, wie es morgen um mich stand. Er frug auch nach einem Foto, aber ich hatte keins bei mir. Er wird Sie auch ohne Foto nicht vergessen, wurde mir übersetzt. Ich merkte, daß sein Geist viel weiter war als meiner, und grade diesem einen Menschen, der mein Herz und meine Seele erkannt hatte, gab ich mein Vertrauen nicht, weil ich Angst vor Rußland hatte. Dann hatte er es eilig, er mußte fort, die Burschen standen schon auf der Straße, er ging langsam zur Tür, sich immer nach mir umschauend. Ich hielt die Figur mit beiden

Händen an die Brust, schritt langsam zur Küchentür, zum Abschied bog ich meinen Kopf herunter, legte die Figur an meine rechte Wange, lächelte und winkte ihm, daß er mich verstehen sollte, es galt ihm, mit Dank und Freude und Nievergessen. Oh, was haben Sie denn da Schönes! rief Frau Jung, kaum daß ich in der Küche war, und sie riß mir die Figur aus der Hand. Ich ließ sie so viel wissen, daß es ein Geschenk war, und nahm es ihr weg, weil sie es so hielt, als gehörte es schon ihr, aber ich hätte es ihr um keinen Preis gegeben. Später ließ ich die Figur bei der Tanti, sie sollte sie mir aufbewahren, sie hat sie mir nie wieder zurückgegeben.

Bald ein Jahr war ich nicht zu Hause gewesen, und ich hatte Heimweh gehabt, dann hielt ich es nicht mehr aus und schrieb nach Hause, daß ich in Oberleutensdorf im Café Jung ohne Lohn arbeitete. Ich bekam von meiner Mutter keine Antwort, und an einem Sonntag fuhr ich nach Hause. Meine Mutter war in froher Laune, nicht wegen meines Besuchs, der kümmerte sie nicht, sie war der Überzeugung, daß sie mich nach Hause gezaubert hätte, und sie freute sich, daß sie es mit der Zauberei verstand. Sie hatte aber noch einen anderen Grund. Der Olte is kronk, sagte sie gleich zu mir, der Olte is kronk, der hot gädächt, der konn sich kronk in mei Bett lehn, dem hab ich aber geholfen, oh, dem hab ich es aber gegeben, der war krank geschrieben, aber den hab ich gequält, da ist er lieber wieder arbeiten gegangen, und der ist schwerkrank, das weiß ich, den hab ich jetzt unter meiner Fuchtel, oh, ich bin wie eine Biene, ich quäle ihn, ich will, daß er elendig zugrunde geht. Ihre Augen strahlten, als sie weitererzählte, daß eine Frau Krov neu ins Arbeiterhaus gezogen wäre, mit vielen erwachsenen Kerlen als Söhne, die alle auf dem Meierhof arbeiteten, diese Frau käme immer zu ihr rein. In der ersten Zeit hätte es so ausgesehen, als wollte der Olte sie für sich haben, aber sie hätte die Frau verhetzt. Die hält zu mir, sagte meine Mutter, die kanns ihm vielleicht geben, oh, ich hab meine Freude dran, und der muß sich alles gefallen lassen. Ich hörte gleichgültig hin, aber Mitleid empfand ich für den Vater auch nicht, ich hatte zuviel schlechte Erinnerungen. Gegen Abend ging ich wieder von zu Hause weg, ohne Abschied zu nehmen. Auf dem Weg zum Bus traf ich den

Vater, er war in Seestadtl auf dem Meierhof geblieben, er war wohl an die Arbeiter dort gewöhnt, die alle zu ihm hielten, er hatte immer nur den weiten Weg zu laufen. Ich erkannte, wie schlecht es um ihn stand, und erschrak über sein Aussehen. Ich ging diesmal nicht wie eine Fremde an ihm vorbei, sondern grüßte, und er ließ nicht wie sonst seinen Kopf hängen und machte auch keinen Bogen um mich, er blieb stehen und warf seinen Kopf herum, er sagte, Ach, die Walli, und ich streckte ihm die Hand hin, und er nahm sie. Wo kommst denn du jetzt her? wollte ich wissen. Ich habe heute gearbeitet. Heute ist doch Sonntag? Es ist zu Hause nicht auszuhalten, sagte der Vater. Du siehst so schlecht aus, bist du denn krank? Hat es dir die Mami denn nicht gesagt, daß ich krank bin? Ja, sie hat es schon gesagt, ich habe nicht gewußt, daß es so schlimm mit dir steht, was fehlt dir denn? Ich bin schwerkrank, Walli, ich habe die Gelbsucht. Warum gehst du denn da arbeiten? Der Vater machte einen schweren Seufzer, und dann redete er, so viel hatte er selten geredet. Ach, Walli, du hast ja gar keine Ahnung, wie schlecht es mir geht, was glaubst du wohl, wie garstig die Mami ist, ich hätte müssen im Bett bleiben, aber ich hatte kein Ruh vor ihr, ich kann bald nicht mehr, aber ich muß, die Mami kümmert sich überhaupt nicht um mich, und die Kinder dürfen mich nicht angucken, früh steht sie nicht auf, ich geh mit kaltem Kaffee und Stückl trocken Brot zur Arbeit, ich kann nicht alles essen, das weiß die Mami, daß ich nur Suppen essen kann, aber ich habe Hunger und esse, und dann kriege ich Schmerzen, und dann kommt so eine schwarze Frau zu ihr, was ich mir von der gefallen lassen muß, oh, Walli, das ist eine dreckige Frau, die Mami hält mit ihr zusammen und lacht und freut sich, wenn die mich beleidigt. Ich sagte, Wirf doch die fremde Frau raus, das brauchst du dir nicht gefallen lassen. Oh, Walli, was denkst du, das kann ich nicht machen, die Mami will es doch so haben, die würde mir helfen. Ich sah dem Vater ins Gesicht, wie schlecht er aussah, seine großen Augen lagen in tiefen Höhlen, er war nur noch ein Gerippe, und Augen und Gesicht waren gelb und bleich und fahl. Vor mir stand er, beide Hände auf die Hüften gelegt, und sah sinnend auf die Erde und sagte, Es wird ja nicht mehr lange dauern. Ich verstand diese Worte nicht und sagte, was ich nie hätte sagen dürfen, es kam eben nur daher, weil ich es nicht anders gewöhnt war, ich sagte, Die Mami ist doch immer so gut. Wie konnte ich, ich hatte es doch selbst oft genug zu spüren bekommen, wie schlecht sie war, ich bereute meine unüberlegten Worte, weil ich sah, wie erschrocken er darüber war. In dem Moment erkannte er wohl, daß wir Kinder für ihn verloren waren und er sich mit seinem schweren Dasein abfinden mußte, er hatte es auf einmal sehr eilig. Walli, ich muß jetzt schnell gehen, sag der Mami nie, daß wir miteinander gesprochen haben, oh, wenn die das erfährt. Und dann lief er mit schnellen, kurzen Schritten, ohne sich umzudrehen, nach Hause. Ich blieb lange stehen und sah ihm nach, ich wollte ihm noch tröstende Worte sagen, ich machte meinen Mund auf und wollte Tati sagen, aber ich brachte es nicht fertig.

An einem Nachmittag kamen zwei Gäste ins Café Jung, die Pferdefleischer waren, und ich kam mit diesen beiden Männern in Unterhaltung, ich erzählte ihnen, daß es mir als Kellnerin nicht gefiel. Da machte mir einer der Fleischer, Grohmann hieß er, ein gutes Angebot, er brauchte in seiner Fleischerei in Görkau eine Verkäuferin. Das war was Schönes für mich. Verkäuferin muß doch gelernt sein, sagte ich. Er meinte, das wäre alles sehr einfach, er hätte eine moderne Waage, die jedes Gramm anzeigte, und in den ersten Tagen der Woche wäre nicht allzuviel Betrieb, erst am Freitag, Samstag, da wäre der Laden voll, und wenn ich am Montag anfangen würde, hätte ich bis Freitag Zeit, mich einzurichten. Der Fleischer redete mir viel Mut zu, daß ich zusagte, er wollte mich mit dem Motorrad abholen und nach Görkau bringen. Ich war sehr froh, daß ich vom Café Jung wegkam, und ich hoffte, daß der Fleischer Grohmann es ehrlich mit mir meinte, doch vorsichtshalber ließ ich nichts wissen. An einem der letzten Abende kam eine Menge Burschen ins Café Jung, und der Wildeste von ihnen schrie, Herr Jung, ich will mir Ihre Kellnerin ansehen, ich hab gehört, Sie haben eine Prinzessin. Der Herr Jung lachte, weil die Gastwirte wollten, daß die Gäste ihr Vergnügen hatten. Dieser Bursche sprang auf mich zu und schrie, Ich muß dös scheene Gusch schmotzn. Wie ein losgelassener Bulle rannte er hinter mir her, und der Wirt lachte mit vollem Gesicht darüber. Ich rannte zur Tür raus, der Wilde hinter mir. Ich konnte mich von ihm wieder losreißen und wollte zurück durch die Tür, da war sie mit mal verschlossen, und der Kerl konnte mich fassen und mich festhalten, und er drückte seinen heißen Mund auf meinen Mund, er biß mich ins Gesicht, in die Brust. Ich konnte mich wieder losreißen und wollte zur Tür am anderen Ende des Durchgangs, aber auch die war verschlossen, und er konnte mich wieder festhalten. Ein Glück, daß die Tochter von den Jungs so neugierig war und ihren Kopf zur Tür reinsteckte, so konnte ich hindurchschlüpfen. Da erschien auf der Treppe die Frau Jung, die durch das Geschrei aufgewacht war, und sie schimpfte, außer sich vor Wut, ich hörte, daß sie mich verfluchte Straßenhure nannte und die Faust zeigte, alte Straßenhure, mehr habe ich nicht verstanden, aber Straßenhure, das habe ich ganz deutlich gehört. Vor dem Kerl hatte ich meine Ruh, und alle waren auf einmal nüchtern, und ich habe dann, als ich im Bett lag, bis zum Aufstehen nur geweint und gebetet, daß der Fleischer Grohmann Wort hält. Die Wirtsleute machten komische Gesichter, als ich ihnen sagte, daß ich wegginge und als Verkäuferin arbeiten würde. Ich ging ohne Abschied, mit meiner Pappschachtel unterm Arm setzte ich mich beim Grohmann hinten auf das Motorrad.

Nun wohnte ich zu Hause, und am Tage ging ich in den Laden verkaufen. Manches Mal brachte ich für die Kleinen Wurst mit. Am Abend kam der Adolf vorbei, weil er gehört hatte, daß ich wieder da wäre. Er saß neben mir auf dem Sofa und freute sich, der Adolf war der einzige, der was Gutes zu sagen wußte, er saß neben mir und rauchte eine Zigarette. Der Vater saß auf seinem Stuhl und sprach kein Wort. Der Adolf machte einen mitleidigen Blick zum Vater hin, stand auf und hielt ihm die Zigarettenschachtel hin. Der Vater sah den Adolf mit großen Augen an, das hatte er von ihm nicht gedacht, daß er ihm etwas anbot und ihn freundlich und versöhnt anlächelte. Er griff sehr langsam und zaghaft in die Schachtel, der Adolf gab ihm Feuer und setzte sich dann wieder neben mich. Ich wunderte mich, daß er keine Angst vor der Mami hatte. Mir tat das wohl, daß er den Vater nicht leiden ließ. Bald erhob sich der Adolf und ging dorthin, wo sein Bett stand, er hatte ja auch kein richtiges Zuhause.

Ich arbeitete nur drei Tage, da sagte mir der Fleischer Grohmann, daß er mich in Kommern seiner Frau vorstellen wollte. Ich kam in eine sehr feine, gepflegte Wohnung, und Frau Grohmann stand in weißer Schürze da, als ob sie uns erwartete. Zum erstenmal saß ich in einem Sessel, und Frau Grohmann setzte sich auch in einen Sessel, mir ganz nahe gegenüber, und als erstes wollte sie wissen, wer ich bin und wer meine Eltern sind. Der Grohmann lief unruhig hinter ihrem Rücken umher und rauchte nervös eine Zigarette. Als die Frau hörte, wer meine Eltern waren, veränderte sich mit mal ihr Gesicht, sie drehte sich um und sah fragend zu ihrem Mann, dann erhob sie sich wortlos, ging in die Küche und rief ihn zu sich. Ich sah sie nicht und hörte kein Wort, mir war es unbehaglich wie nie, ich wäre gern davongelaufen. Nach einer ganzen Weile kam er mit derbem Schritt herein und sagte, Wir fahren, ich bringe dich nach Haus. Am andern Tag, es war Donnerstag, kam am frühen Morgen der Grohmann und sagte, daß er mich nicht behalten dürfte, und als erstes frug er wie erregt, ob die Polizei bei mir gewesen wäre. Polizei, was denn für Polizei und warum? Er sagte, er wäre schnell gekommen, weil die Polizei zu mir wollte, er dürfte mich nicht im Laden behalten, er machte sich strafbar. Walli, du siehst also, ich muß dich fortschicken! Ich sagte, Herr Grohmann, ich gehe, aber was habe ich mit der Polizei zu tun? Er strich über meine Wange und nannte mich heute nicht Walli, sondern mit Kosenamen Lalli. Na, weißt du, Lalli, ich schicke dich nicht gerne fort, du bist ein gutes Mädchen, wer dich nicht kennt, glaubt es nicht, der Polizei ist deine Herkunft bekannt. Er gab mir zwanzig Kronen für die paar Tage, und ich ging wie betäubt meinen Weg nach Hause. Als ich weinend zur Tür reinkam, schrie meine Muter sofort mit Schadenfreude, Ah, die haben dich fortgejagt, das hab ich mir denken können, ha, du und Verkäuferin, was du dir einbildest! Ich setzte mich aufs Sofa und weinte, Was kann ich dafür, was wir für Leute sind. Mir kannst du keine Schuld geben, schrie meine Mutter, iech wor immo orndlich, iech brauch mich nich vosteckn!

Der Vater war indes unterwegs, seine Arbeitspapiere zu holen. Der kann nicht mehr arbeiten, und ich laß ihn nicht krank rumliegen, ich hab ihm sein Packl geschnürt, dort liegt es, sagte meine

Mutter. Das Packl war nicht größer als ein rundes Brot. Ha, rief sie, dem wird es schlecht gehen. Mich hätte sie sicher heute auch hinausgeworfen, aber ich konnte ihr die zwanzig Kronen geben. Sie lauerte auf den Vater, dann kam er, und ich sah, daß er geweint hatte, er sah heute keinem Menschen mehr ähnlich. Der Vater sah mich an und sagte, Na, Walli, bist du auch wieder brotlos. Ich konnte ihm keine Antwort geben, weil sie drohte, daß ich ja nicht mit ihm redete. Hätte ich heute dem Vater Antwort gegeben, hätte sie mir mein Bündel ebenfalls rausgeworfen, ich war auf ihre Gnade angewiesen. Kein Kind wagte, ihm einen Blick zu geben, und er stand ganz ratlos da, und in ihrem Gesicht war ein Lachen, und sie trampelte und hopste, und ihre Augen leuchteten, daß sie ihn mit ihrer Hexerei zugrunde richten konnte. Der Vater nahm sein kleines rundes Packl und ging. Der Albert ließ die Wohnung auf seinen Namen überschreiben und war jetzt mit neunzehn Jahren der Ernährer der großen Familie. Aber für sie kam auch nichts Gutes, meine Geschwister hatten ihr Blut in den Adern. Da ich wieder alle Tage umsonst nach Brüx zum Arbeitsamt laufen mußte, dachte ich in meiner verzweifelten Not ans Josephsheim. Vor Erlösung fing ich an zu weinen. Warum hatte ich nicht schon früher daran gedacht, ich hatte das freie Leben satt und nahm mir vor, ins Kloster zu gehen und Missionsschwester zu werden.

Die Pfortennonne erkannte mich gleich wieder, sie zeigte mir ihr gutes Gesicht und frug, Was willst du? Ich möchte die ehrwürdige Mutter bitten, ob ich hierbleiben kann, ich war schon mal hier im Josephsheim. Ja, ich kenne dich, ich weiß, daß du schon mal bei uns gewesen bist, sagte sie und ließ mich ein und führte mich die breiten Steinstufen hinauf, durch die hohe breite Flügeltür, in das Zimmer der ehrwürdigen Klostermutter. Wieder brachte ich weinend meine Not vor. Wir haben jetzt genügend Mädchen, sagte sie, ich weiß gar nicht, wo ich Sie hintun soll. Die Schwester Josephine von der Abteilung 1b war mit mir sehr zufrieden, sagte ich in meiner Angst, daß ich fortgeschickt würde. Da ging die Oberin und wollte die Schwester Josephine nach mir ausfragen, und ich erwartete großes Lob und wünschte mir, daß ich wieder zu ihr in die Abteilung käme, aber ich wurde enttäuscht, denn die Oberin kam und sagte, Die Schwester Josephine kann sich nicht an Sie erinnern. Darüber erschrak ich, und es gab mir zu denken. Ich werde Sie aber trotzdem hierbehalten, sagte die Oberin, ich weiß nicht, für welche Arbeit, Sie werden alles und überall mithelfen müssen. In meiner Brust war ein wohles Gefühl, daß ich angenommen wurde. Endlich eine Bleibe, hier kann mir nichts passieren! Nie mehr will ich Arbeit suchen gehen! Nie mehr will ich auf der Landstraße laufen! Nie mehr geh ich von hier weg! Ach, ich war ja so froh, daß ich ein Unterkommen gefunden hatte, ich hatte die Welt so satt!

Ich war so überglücklich, daß ich gar nicht merkte, daß Gerüchte über mich verbreitet wurden, ich merkte nur, daß die Schwester Josephine, die so viel von mir gehalten hatte, nichts mehr von mir wissen wollte, sie grüßte mich nicht mal, und wenn wir uns begegneten, sah sie mit bösen Augen auf mich. Einmal traf ich sie, als sie mir mit zwei anderen Schwestern entgegenkam, sie machte um mich einen Bogen und lachte mit Spott, und sie sagte zu einer der Schwestern, Sehen Sie, das ist sie, die eine ganz andere geworden ist, und in den Augen der andern beiden Schwestern sah ich ebendenselben Spott, sie wichen mit Kichern in großem Bogen aus. Ich ging beleidigt weiter und achtete sie nie mehr. Es war hier im Josephsheim nicht mehr wie vor zwei Jahren, daß alle sich lieb und aneinander Freude hatten. Manchmal kam ich aus dem Staunen nicht heraus. Abends beim Kartoffelschälen, wenn die Mädchen um die Schwester saßen, war nur Lärm und Geschrei wie in einem Kindergarten, und neben mich wollte sich keine setzen, und ich mußte mir manches anhören. Besonders ein Mädchen, Mathilde mit Namen, sie arbeitete in der Küche, führte allerlei Redensarten im Mund. Vor zwei Jahren, da hatten wir schöne Lieder beim Kartoffelschälen gesungen, und als ich einmal das Lied vorschlug »Was frag ich nach Gut und Geld«, kreischten die Mädchen auf. Na, da können wir doch mal ein anderes Lied singen, fing die Mathilde an, »Was kann die Hmdadda dafür, wenn sie so schön ist«, und dann sang sie Selbsterdachtes weiter, Ich will heute noch auf den Strich gehen, die Soldaten warten auf mich, und dabei machte sie mit der Hand den Takt und schrie und kreischte, Wo gehen wir heute abend hin, wer geht mit von euch, ich geh lieber allein und stell mich in eine dunkle Gasse und warte, bis einer kommt, dem spring ich gleich auf den Buckel! Die anderen Mädchen lachten zu dem Gesang der Mathilde. Zuerst konnte ich mir nicht denken, daß das mir galt, ich wunderte mich und war gekränkt, daß die Mädchen sich so aufführten und die Küchenschwester dabei ruhig und einig mit den Mädchen blieb. Ein anderes Mädchen kreischte, Gestern abend war ich draußen, das war schön, ich bin zum Küchenfenster raus, ihr habt gar nichts gemerkt, heute früh bin ich wieder rein, heute abend kriech ich wieder raus zum Küchenfenster. So spotteten sie alle Tage, wenn ich in die Küche kam, am Morgen, am Mittag, am Abend. Was kann die Hmdadda dafür, daß sie so schön ist, heute nacht war ich wieder draußen, ich muß raus, ich halt es nicht aus, die Soldaten warten auf mich! Als ich dann merkte, daß es mir galt, war es für mich wie Ohrfeigen. Sie trieben es alle Tage schlimmer. Nach dem Kartoffelschälen ging die Schwester mit den Mädchen in den Garten und las ihnen dort Geschichten vor, mich wollten sie nicht dabeihaben. Ich ging in mein Zimmer und weinte mir die Augen aus. Wenn ich die Mädchen singen hörte und ihr Lustigsein, dann fiel alle Einsamkeit über mich, ganz besonders wenn ich das Lied hörte, »Und so wandre ich mit der Laute traurig hier von Haus zu Haus, spärlich reicht man mir die Gaben, mürrisch heißt man mich gehn, ach, den armen braunen Knaben will kein einziger nicht sehn, ... unterm Schatten der Kastanien möchte ich begraben sein.« Ich kannte dies Lied bisher nicht, aber wenn ich es von hier oben hörte, zerriß es mir bald mein Herz.

Nach ein paar Tagen ließ mich meine Mutter rufen. Sie hatte sich versteckt gehalten, um nicht vor den Fenstern des Josephsheims aufzufallen. Ich sah sie mit den Kindern stehen, sie malte mit ihrem Handstock auf der Erde herum, malte Buchstaben, malte Figuren, malte und malte. Wieder war sie unfreundlich und wollte Vorschuß für den Mann haben, der ihr die Nähmaschine abgekauft hatte, dabei war nicht mal ein Arbeitsplatz frei, und ich war erst paar Tage hier. Sie drohte mir auch wieder mit Anzeige und Gefängnis, weil sie meine Himmelangst kannte, und als sie mir drohte, selbst zur Oberin zu gehen, ging ich zu ihr, weil sie niemals erfahren durfte, was mit mir los war und welche Herkunft ich hatte, dann würde sie mich gleich aus dem Kloster werfen. Aber die Klostermutter ließ sich auf nichts ein, sie schimpfte mit mir, Wie kann deine Mutter sich unterstehen, so eine Mutter ist es nicht wert, daß du Mitleid mit ihr hast, nein, nein, nein, für so eine Mutter geb ich keinen Vorschuß, das ist eine schlechte Mutter, ich hab sie ja gesehen, man sieht ihr die Unehrlichkeit ja von weitem an, deine Mutter lügt! Ich erklärte, Nein, meine Mutter lügt nicht, ich hab mit meiner Mutter und meinen Geschwistern Mitleid, ich habe sie lieb. Da schrie die Oberin noch lauter, Deine Mutter ist eine Lügnerin, deine Mutter ist schlecht, die kenne ich besser als du, die hat kein Erbarmen mit dir! Ich rannte verzweifelt aus dem Zimmer. Meine Mutter merkte von weitem, daß ich kein Geld hatte, da sagte sie ganz einfach, Frag doch mal die Mädchen, ob sie dir Geld borgen. Ich erschrak noch mehr. Oh, die Mädchen, die kann ich nicht fragen, die haben doch selbst kein Geld. Sie sah, daß ich mich auf nichts weiter einlassen wollte, und sagte, Jesses, bist du aber bleed, na, meinetwegen, läßt es eben bleiben, da muß es dir recht sein, wenn der Mann in paar Tagen herkommt und sein Geld verlangt. In vier Wochen kann er Geld verlangen, sagte ich. So lange wartet der nicht, sagte sie bissig, der will es jetzt. Sie hörte auf, mit dem Handstock zu kratzen, drehte sich um und sagte, Kommt, Kinder, wir müssen jetzt gehen, und ohne Abschied und ohne einen Blick stampfte sie davon.

Nach paar Tagen ließ mich die Pfortennonne runterkommen, sie sagte, ein Mann wollte mich sprechen. Ich dachte nicht an den betrogenen Herrn Pohl, und ahnungslos ging ich die Treppen hinunter. Ich sah ihn klein und verarmt dastehen, seinen Hut hatte er auf dem Kopf behalten, und als er mich erblickte, kam er mit Brüllen und geballten Fäusten auf mich zu. Hier sind Sie also, Sie Betrügerin, Sie Verbrecherin, ins Zuchthaus gehören Sie, die ganze Zeit haben Sie mich belogen, schreiben mir Karten aus Karlsbad, und derweil sind Sie hier, Sie elende, verrufene Hure, Ihnen werde ich helfen. Vor Schreck eilte ich die Treppen wieder hinauf, durch das Gebrüll kam die Pfortennonne herbeigeeilt und wies ihn hinaus, denn er war schon dabeigewesen, mir die Treppen nachzusteigen. Ich hatte eine Angst zum Ohnmächtigwerden. Die Pfortennonne wollte von mir wissen, was der Mann von mir wollte, diese Schwester war immer freundlich zu mir, deshalb sagte ich, Ach, das ist durch meine Mutter passiert, er will Geld von mir, und ich habe doch selbst nichts. Über diesen Vorfall schwieg die Pfortennonne, denn sonst wäre ich wohl gleich vor die Tür gesetzt worden. Ich weinte die ganze Nacht und betete zur Heiligen Mutter Gottes, sie sollte mir beistehen, daß die Oberin nichts erführe. Am Morgen kam mir ein guter Gedanke, und ich ließ mir freigeben und ging zum Polizeisekretär Herrn Fleck nach Neudorf, der mir beigestanden hatte, als der Gastwirt Zapp behauptete, daß ich ihm neun Weinflaschen gestohlen hätte. Der Polizeisekretär hörte mich an und war wütend auf den Mann, daß er mich so beleidigen konnte, und er ließ meine Mutter durch den Gemeindediener holen, und er befragte sie, und so kam alles ans Tageslicht. Meine Mutter hatte Karten genommen, die mir die Kostka-Schanny zur Ansicht mal aus Karlsbad mitgebracht hatte, und sie an den betrogenen Mann geschrieben, so als wären sie von mir, auf den Karten hatte sie ihn vertröstet. In diesen zwei Jahren hatte der betrogene Mann nicht eine einzige Krone von ihr bekommen, sie hatte das Geld von mir einfach behalten. Meine Mutter verfluchte und verwünschte mich vor dem Polizeisekretär, aber ich machte mit befreitem Herzen nach Brüx-Saaras zurück.

Im Josephsheim mußte ich mir von der Klostermutter meine Arbeit jeden Tag neu geben lassen, und sie hatte vom ersten Tag an nur böse Augen für mich, und wenn ich eine Arbeit nicht zu ihrer Zufriedenheit machte, war ihr Ton sehr scharf. Wenn die Mädchen Ausgang hatten oder zu einem Fest gingen, nahm mich keine mit, ich war immer allein, und über mich war Klatsch und Verleumdung im Umlauf. An einem Tag wurde es so toll, daß ich zu der Schwester Josephine ging, nicht die Schwester, mit der ich mich so gut verstanden hatte, es war eine andere, ältere Schwester, die als unser Vormund galt, ich beklagte mich bei ihr über die verworfenen Redensarten der Mädchen, das laute Gekreische und Gespött und daß die Küchenschwester alles duldete. Als ich am nächsten Tag in die Küche kam, merkte ich sofort eine große

Veränderung, in allen Gesichern war Respekt und Verlegenheit, allein die Augen der Küchenschwester guckten böser und nur auf die Erde. Von diesem Tag an war alles verändert, die Mädchen redeten sogar mit mir, und beim Kartoffelschälen hielt sich jede still. Aber in den Garten gingen sie weiter ohne mich, ich hörte sie singen, auch mal sorgenlos lachen, und ich warf mich aufs Bett und hielt mir mit dem Kopfkissen die Ohren zu. Und an einem andern Tag sagte die Küchenschwester sogar zu mir, Walli, Sie können mit uns in den Garten kommen, die ehrwürdige Mutter hat gefragt, warum Sie nicht dabei sind.

Mit meiner Mutter war ich nie lange böse, was sie mir auch antat, ich suchte immer wieder nur Halt bei ihr, ich wäre wohl für sie durch einen Löwenkäfig gegangen, wenn ich sie in Gefahr gewußt hätte. Als ich meinen ersten Lohn bekommen hatte, kaufte ich mir Schreibzeug und schrieb ihr, daß sie mich verstehen sollte, ich könnte mir nicht alles gefallen lassen, aber auf den Brief antwortete meine Mutter nicht, da fuhr ich an meinem freien Sonntag mit dem Bus nach Hause. Ich war nicht willkommen, das merkte ich sofort, sie hatte das Schicksal vom Vater im Kopf. Wenn sie so eigenartig lächelte, sich auf die Unterlippe biß, die eine Gesichtshälfte wurde dabei ganz schräg und das eine Auge kleiner als das andere, dann konnte ich ihre Gedanken lesen, sie konnte auch nicht lange etwas für sich behalten. Der Vater wäre hiergewesen, erzählte sie, nicht in der Wohnung, er war zu der großen Wiese hinters Arbeiterhaus gegangen, wo die Kinder spielten, und hatte sich dort an den Rand gesetzt und die Kinder gerufen, er hatte von ihnen Abschied nehmen wollen und sie gestreichelt, auch den Albert wollte er sprechen, die Kinder sollten ihn holen. Auch nach mir hatte der Vater gefragt. Ich habe den Albert aber nicht hintergelassen, sagte meine Mutter, ich hab ihm abgeraten, ich hab zum Albert gesagt, Albert, der will bestimmt wieder herkommen, der ist krank und weiß nicht, wohin, nein, nein, du gehst nicht zu ihm, der soll spüren, daß er nichts mehr gilt. Meine Mutter erzählte weiter, wie erbärmlich die Kinder den Vater beschrieben hätten, und ihr Gesicht hatte dabei eine unmögliche Schadenfreude. Das geschieht dem ganz recht! Aber ich allein wußte, was in ihrem Innern vor sich ging, in ihr war böser

Neid, weil der Vater nicht nach ihr gefragt und nicht ihre Hilfe gesucht hatte.

Am Abend fuhr ich mit dem Bus nach Brüx-Saaras zurück. Ich fand Tag und Nacht keine Ruhe, und an den freien Sonntagen blieb ich im Kloster und betete für den Vater. Ich nahm mir sogar vor, ihn zu besuchen. Die Nächte brachten mir Träume, ganz deutlich hatte ich den Vater vor meinen Augen, wie er den Mund öffnete und nach mir rief, ich sah ihn deutlich in Einsamkeit und Elend. In einem Traum kam der Vater die Treppen zum Josephsheim hinaufgekrochen, es sah aus, als suchte er jemanden, er hob den Kopf, horchte und kroch dann wieder weiter, es war eine Totenstille. Er hatte ganz feuerrote Augen, und ein Auge hing aus der Augenhöhle, wie rausgerissen, stumm und immer wieder horchend kam er näher. Ich fürchtete mich vor ihm und ging rückwärts, es war aber nicht die Furcht wie früher als Kind, nein, heute in meinem Traum war es sein Anblick, er sah aus wie blind, er horchte auf meine vorsichtigen Schritte und kroch dem Geräusch nach, sein Gesicht sah starr wie ohne Leben aus. Ich stellte mich hinter eine Säule. Auf einmal war der Päppi da, im Traum war er noch ein Kind. Der Vater kroch auf ihn zu, nun kroch er mit den Knien und Händen auf dem Päppi herum, mit einer Wange fuhr er dem Päppi ins Gesicht. Ich kam vorsichtig hinter der Säule hervor, der Vater vernahm das Geräusch und kam ganz schnell auf allen vieren auf mich zu. Meine Walli, wo bist du, hörte ich ihn sagen, so daß ich aus dem Traum hochschreckte und schrie, Tati, ich komm zu dir, ich laß dich nicht allein. Ich war so aufgeregt und vom Traum so angegriffen, daß mein Körper schweißnaß war. Ich nahm mir vor, daß ich der Oberin alles von meinem Vater erzähle, sie sollte mir freigeben, damit ich ihn suchen konnte. Aber am Morgen fürchtete ich mich vor ihr, daß sie mich anschreien würde, was wir für eine Familie wären, daß meine Eltern nicht zusammenlebten, aber meine Träume ließen mich nicht in Ruhe. Und dann ließ mich die Oberin eines Tages rufen, sie hielt mir eine Postkarte entgegen und sagte, Du hast eine Postkarte bekommen, es ist jemand gestorben, steht auf der Karte. Dann las ich die Karte, Liebe Walli, wenn du frei hast, komm nach Haus, es ist jemand gestorben, du wirst dir schon denken können, wer, das andere erzähle ich dir mündlich. Hinter dem Wer waren drei Fragezeichen gesetzt. Ich sagte der Oberin, daß mein Vater gestorben ist. Meine Mutter mag gedacht haben, daß ich aus Neugierde sofort nach Hause kommen würde, aber nun hatte ich ja Zeit, dem Vater konnte ich nicht mehr helfen, und von einer Beerdigung stand nichts auf der Karte, demnach war er schon beerdigt. Ich machte mir bittere Vorwürfe, und ich wollte jetzt alle Tage beten und jeden Morgen zur heiligen Messe gehen. Als ich in die Küche kam, war ich sehr überrascht, daß die Mädchen auf mich zukamen und mir die Hand entgegenstreckten und sagten, Walli, wir wünschen Ihnen unser Herz-Jesu-Beileid. Ich mußte sofort weinen. Ich hatte mit den Mädchen nie über meinen Vater gesprochen, ich hatte mich gehütet, unsere Familienverhältnisse preiszugeben, deshalb staunte ich, daß sie es wußten, und mir wurde klar, daß alles über mein Zuhause bekannt war. Ich ging zum Pfarrer und vertraute mich ihm an und ließ ihn auch alles über meinen Vater wissen, wie er gelebt hatte und geendet war und daß mich noch immer seine Hilferufe verfolgten. Ich bestellte für den Vater eine Sterbemesse, und der Pfarrer sprach wie ein guter Vater zu mir, Es werden für Ihren Vater viele beten, der liebe Heiland wird Ihren Vater in sein Reich aufnehmen. Am Sonntagmorgen waren in der Kirche viele schwarzgekleidete Menschen, der breite Gang war voll, andächtig knieten sie auf den harten Steinen, auch die Mädchen waren darunter. Ich dachte an die tröstenden Worte des Pfarrers, daß alle für meinen Vater beteten, daß Gott ihn in sein Reich nahm, und in meiner Brust wurde es auf einmal leicht, daß es so gute Menschen gab, die mit dem Tati Verständnis hatten. In der Kirche sah ich keine Nonnen, die waren alle hinter der Wand vom Altar, nur ab und zu sah man ihre weißen Hauben. Die Mädchen rückten alle zusammen, damit ich zwischen ihnen sein konnte. Der Altar war in Trauer geschmückt, der Pfarrer mit seinen Ministranten in Schwarz mit Weiß, die heilige Messe verlief sehr schweigsam, mit Beten und mal ein Lied singen. Ich hörte, wie die Mädchen alle andächtig beteten, alle Kommunionen wurden meinem Vater geopfert. Als der Pfarrer versprach, Lasset uns beten für Ihren verstorbenen Vater Joseph Wirth, schrie ich auf, konnte mich nicht beruhigen, und niemand störte mich, und niemand hob den Kopf. In meinem Zimmer hatte ich mich auf mein Bett gesetzt, mir war jetzt ruhiger und leichter zumute, ich fühlte, daß ich dem Vater Gutes mit diesem heutigen Sonntag getan hatte.

Anschließend fuhr ich mit dem Bus nach Neudorf. Auf der Landstraße begegnete ich einem Radfahrer. Als er näher kam, fuhr er plötzlich langsam und sah auf mich. Er war ein hübscher Bursche, und sauber sah er aus, er trug einen schönen braunen Anzug, Pfeffer und Salz gemustert, schwarze Augen und schwarze glänzende Haare, nach hinten gekämmt. Ich begegnete meiner Mutter im Dorf, die Mausi kam mir entgegengelaufen, und ohne daß sie wußte, was Trauerkleidung auf sich hat, rief sie, Walli, du siehst heite su schee aus. In den Augen meiner Mutter war kein Haß wie sonst, aber auch kein Lächeln, es war wohl für sie beleidigend, daß ich dem Vater mit meiner Trauerkleidung Achtung zeigte. Mami, der Tati ist gestorben! Ich wollte nicht Olter sagen, wie sie es immer haben wollte. Wir kamen in keine rechte Unterhaltung. Ich wollte von ihr wissen, wo und wann der Vater gestorben war, und ich erzählte ihr, daß ich heute morgen für ihn eine Messe hatte lesen lassen. Meine Mutter gab keine Antwort, sie ließ nur ihren Kopf hängen und stampfte mit ihrem Handstock, und die kleine Mausi verstand nichts und jauchzte und freute sich über mich. Ich wollte wissen, warum sie mich nicht zur Beerdigung mitgenommen hatte. Meine Mutter sagte, daß sie so weit nicht gedacht hätte, sie wäre nur allein bei der Beerdigung gewesen. Sie erzählte mir dann, was mit dem Vater passiert war. Er wurde am dreiundzwanzigsten August neunzehnhundertdreiunddreißig gegen Morgen in Settens bei Teplitz-Schönau auf der Landstraße ohnmächtig aufgefunden, er war von einem Motorradfahrer umgerissen und verletzt worden, ein Auge wurde ihm herausgerissen. Als ich das mit dem Auge hörte, mußte ich meinen Atem anhalten. Der Vater hatte noch gelebt, aber in der Nacht hatte er eine Lungenentzündung bekommen. Zehn Tage lag er im Krankenhaus, und dreimal hatte er einen Blutsturz gehabt. Meine Mutter erzählte das ohne Herz und mit lautem Organ, sie sagte, Der ist besoffen auf der Straße rumgetorkelt. Aber Mami, wo soll er denn das Geld hergehabt haben? Äh, der wird sich schon gekümmert haben. Es beruhigte mich nur, daß er in guter Pflege und wie ein Mensch gestorben war. Die Ärzte hatten immerzu zum Vater gesagt, Herr Wirth, Sie müssen sterben, sollen wir Ihre Familie benachrichtigen. Da soll er gebettelt haben, Nein, nein, tun Sie das nicht, und er soll still und ruhig gelegen haben. Die Todesnachricht hatte der Gemeindediener gebracht, meiner Mutter waren keine Tränen gekommen, sie hatte nur zum Gemeindediener gesagt, Sie dürfen es mir nicht übelnehmen, ich kann um seinen Tod nicht weinen, der hat mir zuviel angetan. Sie hatte sich von der Frau Krov ein schwarzes Kostüm geborgt und war ins Krankenhaus gefahren, aber nur aus dem Grund, so ließ sie es mich wissen, weil sie neugierig gewesen war, ob er über sie gesprochen hatte. Im Krankenhaus bekam sie seine Ausweispapiere, die er im Jackenfutter eingenäht hatte, und sie meinte dazu, das hätte er nur getan, damit sie die Papiere nicht finden sollte, weil er ihr keine Rente gönnte. Die Männer hatten in der Leichenhalle den Sarg bereits zugenagelt, als meine Mutter kam, und sie hatten zu ihr gesagt, daß sie froh sein sollte, ihn nicht mehr zu sehen. Die Männer trugen dann den Sarg schnell zur Grube, daß sie gar nicht hinterherlaufen konnte. Die haben auf mich keine Rücksicht genommen, die sind ja gerannt, ich bin ihnen nachgelaufen und habe geweint, den ganzen Weg über habe ich geweint, siehste, siehste, siehste, Josääf, hab ich geweint, das hast du davon, das hast du davon, was hab ich dir immer gesagt, du hast mir nie geglaubt, und jetzt mußt du so enden, siehste, siehste, ich hab es immer gesagt, du oder iech, und du host missen gieh. Mit diesem Geschrei und Weinen war sie an sein Grab gelangt, aber die Männer hatten den Sarg, ohne auf sie zu achten, schon halb zugeschaufelt. Siehste, siehste, Josääf, das hast du davon, ich hab es dir immer gesagt, du oder iech, du oder iech, un diech hot do liebe Gott bestroft, mir kannst du keine Schuld geben, ich hab es oft gut mit dir gemeint, aber du wolltest ja von mir nichts wissen, und drum ist es so gekommen, du hast mir zuviel angetan, was hab ich wegen dir gelitten, hast mich immer ausgelacht, wenn ich was gesagt hab, hast immer gesagt, ich hab sie nich alle am Christbaum, und ich hab doch immer recht gehabt ... Meine Mutter war ganz allein gewesen, und ohne Kranz hatte sie ihn beerdigen lassen. Auf meine Vorwürfe, daß sie sonst doch immer die Kinder bei sich hatte und an so einem Tag nicht, wußte sie keine richtige Antwort. Nach der Beerdigung war meine Mutter wieder ins Krankenhaus gegangen und hatte die Ärzte und Schwestern ausfragen wollen, ob er über sie gesprochen und sie schlechtgemacht hätte. Die Ärzte und Schwestern sagten ihr, daß kein Wort über seine Familie gefallen wäre, aber meine Mutter konnte sich nicht zurückhalten, sie fing dann an, den Ärzten und Schwestern zu erzählen, was für ein schlechter Mensch der Vater gewesen wäre, sie ging sogar in das Zimmer, wo er gestorben war, und wollte die Leute aushorchen, aber die Sterbekranken dort hatten nur geröchelt, sie hatte nichts erfahren, auch wenn sie ihr Ohr noch so auf deren Münder legte. Nur soviel hatte meine Mutter erfahren, daß er ruhig gestorben war und daß er wie ein alter elender Mann ausgesehen hätte, mit einem weißen Bart und blind. Der Vater starb im August dreiunddreißig mit neunundvierzig Jahren. Meine Mutter hatte über seinen Tod ein zufriedenes Gesicht, nun war sie erst recht im festen Glauben, daß sie ihr Geld nicht umsonst ausgegeben hatte. Aber an ihrer Hexerei ist der Vater ganz gewiß nicht zugrunde gegangen. Ich wollte von ihr wissen, wo ich sein Grab finden könnte. Ihre Antwort darauf war, Ich weiß nicht mehr, wo sie ihn eingeschaufelt haben, ich kann mir nicht alles merken, und als ich meinte, daß der Totengräber das bestimmt wüßte, sagte sie bissig, Der Totengräber kümmert sich nicht um dei Zeich, was du von ihm wissen willst. Dann ließ sie mich noch von Doktor Steiner wissen, daß sie ihm erzählt hatte, ihr Mann wäre gestorben, weil er lungenkrank war, da hatte der Doktor ein ernstes Gesicht gemacht und den Kopf geschüttelt und gesagt, Nein, der Mann war nicht lungenkrank, er ist an was anderem gestorben. Damit hatte er gemeint, daß er die Klagen des Vaters gekannt hatte und um seine böse Frau und die bösen Kinder wußte. Aber sie verstand nichts, weil sie an ihre Hexengewalt glauben wollte, die ihr der Doktor Steiner bestätigen sollte, es machte sie ganz grimmig, daß der Doktor Steiner nicht auf sie hören wollte. Un der wor doch lungenkrank, däs weiß ich doch am besten, seine Lunge wor kaputt, drum kunnto nimmo leem, sagte sie immer wieder. Als ich wieder zurück nach Brüx-Saaras wollte und mich verabschiedete, frug sie mich, Du willst wohl wirklich im Kloster bleiben, hast du dir denn das so ernsthaft vorgenommen? Ich sagte ihr, Für mich gibt es keinen anderen Weg mehr, jetzt bleib ich, wo ich bin, ich will weit, weit weg von hier, ich will Missionsschwester werden. Meine Mutter guckte nur stumm auf die Erde und ging langsam hin und her, dann sagte sie, Komm aber an deinen freien Sonntagen nach Hause. Zum erstenmal sagte meine Mutter so etwas zum Abschied, früher, da hatte sie gewußt, daß ich ohne sie nicht sein konnte, und heute merkte sie, daß ich mich von ihr entfernte. Die Mausi freute sich und umarmte mich, Walli, du bist heute so schön, Mami, guck, wie die Walli schön ist. Am Sonntag darauf gab ich für meinen Vater noch einmal die gleiche Messe. Es war, als ob sich seine Stimme bei mir bedankte, und ich konnte wirklich beruhigt sein und ging nach der heiligen Messe mit so einem wohlen Gefühl aus der Kirche.

Mit den Mädchen im Kloster kam ich so recht nicht unter ein Dach, ich war zu ernst, und sie konnten sorgenlos lachen. In der Nacht konnte ich nicht richtig schlafen, es waren nicht die Träume, die mich störten, es zwackte und stach mich, und am Morgen hatte ich Stiche und rote Beulen am ganzen Körper. Ich beklagte mich bei den Mädchen, bis eine zu mir sagte, daß vielleicht Wanzen bei mir im Zimmer sein könnten. Wir sahen zusammen unter den Bildern in meiner Kammer nach, und ich sah, wie es dahinter wimmelte. Ich mußte der Oberin Bescheid sagen, und die machte böse Augen, noch böser als sonst, und ich erschrak darüber, daß sie mich anschrie und mich beschimpfte, Das haben wir nun davon, daß wir Sie in unser Haus genommen haben, nun verunreinigen Sie es auch noch, in unserem Haus ist noch nie so etwas vorgekommen, sorgen Sie, daß das Zimmer sauber gemacht wird, Sie unverschämtes Ding. Ich stand vor der Oberin wie eine arme Sünderin, ich hatte nur noch Angst, aus dem Haus gejagt zu werden. Mit den Wanzen, das gab mir sofort zu denken. Woher sollte ich Wanzen haben? Ich hatte meine Mutter in Verdacht. Als ich noch jünger war, hatte sie mir mal eine Streichholzschachtel mit drei Wanzen geben wollen, die sollte ich einem Verehrer in die Tasche stecken, weil dann alle ihre Wanzen hinterherrannten und sie sie loswäre. Ich hatte mich nicht damit abgegeben, aber heute mußte ich an meine Mutter denken, daß ich die Wanzen durchs sie ins Zimmer bekommen hatte, weil sie mir in meinem Leben keine Ruh wünschte. Ich hatte den Vater in der Erde beweint und ihn geehrt, dafür sollte ich leiden, leiden, leiden. Mein Zimmer wurde vom Hausmeister Bosbüschel ausgebrannt, aber es wurde nicht besser. Da zog ich jeden Abend meinen Strohsack hinüber in den Baderaum, der zum Glück gegenüber meiner Tür war, dort hatte ich vor dem Ungeziefer Ruhe, aber die Wanzen rannten nun kreuz und quer über den Gang, daß die Nonnen, die nach zehn Uhr vom Beten kamen, erschraken, Huch, huch, was ist denn das! Weil sie es nicht kannten, war es für sie der Teufel. Ich säuberte mein Zimmer, aber mit den Wanzen, das wurde nicht besser, und alle Tage bangte ich, daß ich fortgeschickt wurde. Denn soviel Wille und Dankbarkeit ich auch der Klostermutter zeigte, sie hatte nur böse Augen und bebende Nasenflügel für mich übrig. Wenn ich Fenster putzte, hieß es von ihr, Sind Sie denn noch immer nicht fertig, so lange darf es nicht dauern, und mir liefen bei der Arbeit die Tränen, weil ich ihr nichts gut genug machte.

Da ich hier Mädchen für alles war, schickte sie mich auch zu der Schester Regina ins Waschhaus. Es war schon fünf Wochen nicht gewaschen worden, weil die Hausmeisterin, die das sonst machte, im Krankenhaus lag. Ich kannte die Schwester Regina nicht und wußte auch nicht, wie sie aussah, die Mädchen sagten mir, daß sie noch nicht lange hier wäre und bis vor kurzem noch kein Wort Deutsch sprechen konnte. Die Nonnen waren aus allen Ländern, die Schwester Regina, so erzählten die Mädchen, sollte aus Rumänien sein. Ich bekam keinen Schreck vor dieser schweren Arbeit, sie war mir ja nichts Neues. Das Waschhaus war im Erdgeschoß, mit der Küche auf einem Gang. Die Wäsche war schon eingeweicht, als ich kam, und die Schwester stand am Wäschetrog und rubbelte tüchtig, sie zeigte mir gleich ein gutes Gesicht und frug, Sie wollen mir helfen, wir haben tüchtig Arbeit. Ich merkte, daß ich ihr gefiel. Die Schwester Regina hatte ein sehr schönes Gesicht, rosa Wangen, rosa Lippen, der Mund etwas breit, schöne blauen Augen. Ein zweiter Trog mit Wäsche und Waschbrett stand neben dem ihren, sie hatte schon alles bereitgelegt, und ich brauchte mich nur noch an die Arbeit machen. Eine kleine Wäscheschleuder war auf dem Steinfußboden eingeschraubt, darin wurden die Wollsachen wie Strümpfe und anderes geschleudert. Weil ich noch nie von einer Wäscheschleuder gehört hatte, sah ich interessiert zu, wie schnell sie sich drehte, und ich staunte, wie trocken die Strümpfe herausgenommen wurden, aber alle andere Wäsche mußte mit der Hand gewrungen werden. Ich kannte ja jeden Griff, und es fiel mir auch nicht schwer. Die Schwester Regina ging alle zwei Stunden zum Beten, vorher gab sie mir Anleitung und sagte zum Trost, daß sie nicht lange bliebe, und wenn sie wieder zur Tür reinkam, klappte sie die Hände freudig zusammen und sah erstaunt auf. Was, das ist schon alles gewaschen, oh, Sie haben aber tüchtig gearbeitet. Sie sah meine ausgewaschenen Hände und war erschrocken. Das macht nichts, sagte ich, ich habe schon immer viel Wäsche waschen müssen, meine Hände sind dann immer offen, und ich rubbelte weiter in Eile, ohne mein Gesicht zu verziehen. Die Schwester Regina war gut und unterhaltsam mit mir und guckte ab und zu besorgt auf meine Hände, aber sie sah, daß ich nicht zum erstenmal Wäsche wusch. Ihr selbst ging es nicht gut, ich sah große Schweißperlen in ihrem Gesicht, sie hatte Fieber und taumelte langsam und unsicher und mußte sich sehr zusammennehmen. Schwester Regina, was ist mit Ihnen, frug ich besorgt, sind Sie krank? Sie gab keine Antwort. Ich ging ihr in allem zur Hand und bat sie, sich zu setzen, aber sie tat es nur, wenn es gar nicht mehr ging, und dann setzte sie sich immer mit dem Stuhl vor die offene Tür, um sich an der Luft etwas abzukühlen. Vielleicht hatte sie Angst vor der Oberin, denn im Kloster hieß es immer, alles Leiden hinzunehmen, der liebe Heiland hatte ja noch mehr leiden müssen. Die Schwester Regina konnte sich kaum noch auf den Beinen halten, sie tastete sich an der Wand entlang, ihr krankes Gesicht war voller Fieberperlen. Ich ließ sie keinen Korb mehr allein heben, ich paßte immer auf sie auf, zum Wäscheaufhängen trug ich ihr alles in den Garten, und ich tröstete sie, daß wir ja bald fertig wären. Zum Glück hatten wir für die viele Wäsche Sonnenschein, in drei Tagen waren wir mit allem fertig. Die Nonne sagte mit freudigem Gesicht, Wir haben es nur so schnell geschafft, weil Sie sehr fleißig waren. Schwester Regina nahm mich dann auch in die Bügelstube mit zum Stärkebügeln. Haben Sie das schon gemacht? frug sie. Nein, sagte ich erschrocken. Ich zeig es Ihnen, das können Sie bestimmt auch. In die Bügelstube durften sonst nur Nonnen, und die Mädchen staunten darüber. Ich stand wieder neben Schwester Regina an einem sehr langen Tisch, sie zeigte mir, wie ich die weißen Schleier, Kragen, Manschetten, Halsbündchen zu bügeln hatte. Ich hatte Angst, weil ich dachte, daß ich das nicht kann, aber der Anfang war für mich nur schwer, bald gefiel es mir, ich war ja glücklich, wenn ich was lernen konnte. Die Schwester Regina freute sich über mich und lobte meine Arbeit und sagte mit Bestimmtheit, Sie können alles! Es tat mir leid, als die Hausmeisterin wieder ihre Arbeit aufnahm, ich hätte mit dieser Schwester mein Leben lang zusammenarbeiten wollen. Danach kam für mich etwas Sonne ins Josephsheim, denn es hieß, daß ich eine Stelle in der Küche einnehmen sollte, ich sollte nicht mehr ohne Arbeitsplatz sein, und ich wußte gar nicht, wie ich dem Himmel dafür danken sollte, Küchenarbeit, an einem großen Herd stehen, das war schon als Kind mein sehnlichster Wunsch gewesen. Um so mehr drückte mich meine einzige Sorge, mein verwanztes Zimmer, es war ja nicht besser geworden.

An meinem freien Sonntag fuhr ich nach Hause, ich wollte gar nicht, denn nach der Außenwelt hatte ich kein Verlangen und nach meiner Mutter schon gar nicht, aber sie hatte mir einen Brief geschrieben, daß sie mit mir über was Schönes reden möchte. Es war ein sonniger Sonntagvormittag, und auf dem Weg nach Neudorf begegnete ich wieder dem Radfahrer, der mich freundlich grüßte, und am Fenster hinter den Gardinen hielt meine Mutter nach mir Ausschau, und als ich zur Tür reinkam, war sie allein. Kaum war ich in der Stub, tat sie ganz erbärmlich, sie bedauerte meine Jugend, daß ich noch nichts vom Leben gehabt hätte, und sie klagte mit viel Wasser, wie frei und lustig andere Mädchen wären. Walli, du hast doch noch gar nichts von deinem Leben gehabt, und jetzt willst du auch noch hinter den Mauern bleiben, willst dich zu den Menschenfressern verschicken lassen, du dauerst mich. Sie weinte, aber sie dachte nicht an mein Leben, mit ihren Tränen wollte sie mich nur in ihren Bann bringen. Die Mutter und Tanti, so lamentierte sie, die fragen nach dir, die weinen und schimpfen mich aus, die geben mir in allem schuld, die schlagen die Hände über dem Kopf zusammen. Meine Mutter hatte keine Bedenken, mir was vorzumachen, sie hatte einen Plan im Kopf, und den konnte sie nicht lange für sich behalten, sie sagte, Schau, Walli, ich hab eine gute Idee für dich gedacht, du kannst doch heiraten. Ich riß meine Augen weit auf und sagte, Heiraten, Mami, nein, ich heirate nie, ich hab doch gar nichts, daß ich heiraten kann. Drüber brauchst du dir keine Sorgen machen, wenn du heiratest, kriegst du alles von der Miez und der Mutter, die sagen, ich soll dir das Kloster ausreden, du sollst einen ordentlichen Mann bringen und heiraten, sie wollen dafür sorgen, daß du eine Wohnung eingerichtet kriegst, wenn sie auch oft schlecht sind, aber wenn du es mit ihnen verstehst, sind sie gut, ich kann halt nicht gut sein, das ist mein Fehler, sonst würd ich besser mit ihnen auskommen. Ach, meine Mutter weinte und bedauerte mich und sprach immer wieder von meinem unglücklichen Leben, sie kannte mich zu gut und wußte, daß sie nur zu weinen brauchte, dann hatte sie gewonnen. Dabei hatte sie nur Angst, daß ich ohne sie sein konnte, ich war älter geworden und hatte mehr Verstand, sie wußte, daß ich ihre Gnade nicht mehr brauchte. Ach, sie hielt mir so viele schöne Sachen vor Augen! Wie sich das alles anhörte, was sie redete! Walli, du wirst ein eigenes Heim haben, brauchst dich nicht mehr mit fremden Leuten rumschlagen, brauchst nicht mehr um Arbeit betteln und nicht aufs Arbeitsamt laufen, kannst eine verheiratete Frau sein, kannst ein freier Mensch sein, schau, Walli, wie schön ich es hab, ich brauch nicht arbeiten, iech bi bei unserm Olten ner gäbliem, weil ich nicht arbeiten wollte, ich hätte ja sonst arbeiten müssen, und da hab ich es lieber ausgehalten, die Prügel, die ich von ihm gekriegt hab, die haben mir nicht weh getan, und siehste, Walli, wenn du verheiratet bist, muß sich dein Mann um dich kümmern, du bist versorgt. Ich hörte meiner Mutter zu und stand wie auf einer schwankenden Brücke. Ich hab einen für dich, sagte sie leise, und das ist der Richtige, ich könnte mir keinen andern wünschen, und sie ließ mich wissen, welchen Mann sie für mich ausgewählt hatte. Der zweitälteste Krov-Sohn, der Adolf hieß, hatte von einem schönen Mädchen geschwärmt, dem er auf der Neudorfer Straße begegnet war, meine Mutter, die gerade bei den Krovs war, hatte da gesagt, Das war doch meine Walli. Sie erzählte mir, Er wollte es nicht glauben, da hab ich deine Fotografie geholt, was denkst du, wie närrisch die Kerle sind, sie nennen mich nur noch Schwiegermutter, besonders vor dem Gust, das der Älteste ist, krieg ich keine Ruhe. Wenn die Kerle am Abend von der Arbeit kommen, erzählte sie mir, dann steh ich an der Tür, mir gefallen ihre nackten Oberkörper, wenn sie sich waschen tun, guck ich ihnen gerne zu. Wie können das gute Männer sein, sagte ich, ich habe die Mutter von ihnen zweimal gesehen, das genügt mir. Gewöhn dir nur mal deine Empfindlichkeit ab, fuhr mich meine Mutter an, wenn du weiter so bleiben willst, wirst du es nie zu was bringen, wir sind es doch alle nicht, nur bei dir ist es hinten immer höher als vorn.

Der Adolf, den ich mit dem Fahrrad getroffen hatte, bewarb sich am meisten um mich, er hatte sogar mit seinem Mädchen Schluß gemacht, so erzählte es meine Mutter, und von ihm hieß es, daß er ein guter Arbeiter, sparsam und strebsam wäre. Aber den wollte meine Mutter nicht, sie hatte an den ältesten Sohn, den Gustav, gedacht, der ein Muttersöhnchen sein sollte, sie schwärmte von ihm, daß die Mädchen ihm auf den Buckel sprängen, und wie beliebt der Gustl auf dem Hof wäre, und der Verwalter hätte ihn gern, sie sagte, Ooch, Walli, was denkst du, wie angesehen der ist, und sie ließ mich nur das Beste von ihm wissen. Ich merkte, daß meine Mutter mir mein Herz heiß machen wollte. Wieder zurück im Josephsheim, weinte ich, weil ich ein böses Schicksal ahnte, es war kein Entkommen, und wenn mir meine Mutter Briefe schickte, in denen es hieß, Er wird Dich auf Händen tragen, da dachte ich, daß Heiraten gar nicht schlecht für mich wäre, dann hätte ich ein Zuhause, und das wäre für mich das größte Glück, ich war der Überzeugung, daß zu mir ein Mann nur gut sein konnte, ich wollte mich ja in alles fügen, wenn er nur mit mir lebte und zu mir hielt. Und da meine Angst vor der Klostermutter immer stärker wurde, daß sie mich bestimmt nicht mehr lange dulden und ich diese Demütigung nicht ertragen würde, kam mir der Gedanke, daß es vielleicht besser wäre, vorher zu ihr zu gehen und ihr zu sagen, Ich heirate. Ich brauchte es ja nicht wirklich tun, aber so könnte ich ohne Schande aus dem Josephsheim gehen. Und so ging ich und sagte es ohne Scheu, Meine Mutter will, daß ich nach Hause komme und heirate. Die Oberinmutter guckte komisch und sprach kein Wort, und die Mädchen machten große Augen, denn heiraten war ein schönes Wort. Die Oberin hat mich beleidigt, das darf man nicht sagen, was sie mir dann gesagt hat, das wird ihr der liebe Gott nicht verzeihen!

An meinem Abreisetag ging ich ins Restaurant »Der weiße Schwan«, die Frau Geschke hatte für mich ein so gutes Zeugnis ausgesprochen gehabt, daß ich mal vorbeigehen wollte, um einen guten Tag zu sagen. In meinem schwarzen Kleid sah ich sehr elegant aus. Ich hörte sie schon an der Haustür dröhnen und merkte, daß sie sehr schlechte Laune hatte. Mit einem Grüßgott stand ich auf der Schwelle. Frau Geschke sah mich von oben bis unten an und staunte, daß kein schmutziges Mädchen vor ihr stand, und vielleicht dachte sie sogar, daß ich so fein in ihr Geschäft einsteigen möchte und jetzt zum Gebrauchen war. Ich lächelte, und die Frieda, die auch in der Küche wirtschaftete, riß erstaunt ihre Augen auf und vergaß das Weiterarbeiten und sagte, Oh, sind Sie aber schön. Die Alte kommandierte sie sofort wieder hin und her, und mich frug sie, Wo kommst du her? Ich sagte, daß ich vom Josephsheim aus Saaras käme. Da meinte sie mit hartem Ton, Dort gehörst du auch hin. Aber ich sah ihr an, daß sie staunte, wie fein und gepflegt ich aussah, und ich sagte, Ich hab dort aufgehört, ich mache jetzt nach Hause, ich werde heiraten. Das gab ihr noch mal einen Riß. Was heiraten! Sie machte eine wegwerfende Bewegung zu der Frieda hin und sagte, Die hat auch Heiraten im Kopf, und sie schimpfte auf die Frieda, was sich wie Vorwürfe anhörte, als hätte sie über die Frieda zu bestimmen. Die Frieda machte hinter ihrem Rücken eine Handbewegung zum Kopf hin, was bedeuten sollte, daß die Frau Geschke eine böse Alte sei. Ich ließ die Frau Geschke wissen, daß ich Trauer hatte, weil mein Vater gestorben war, ich sagte, Ich heirate trotzdem, die Tanti und die Mutter wollen mir eine Wohnung einrichten, die sind nicht so arm, die wollen, daß ich ein Zuhause habe. Bei diesen Worten wurden der Alten ihre Augen weicher und voller Achtung und bei der Frieda ebenso. Mit glücklichem Gesicht zum Schein ging ich.

Nun war ich zu Hause, meine Mutter hatte beim Hereinkommen ein glückliches Gesicht, und sie sagte, Ich habe Angst gehabt, daß dir die gute Partie verlorengeht, und jetzt darf nicht länger mit der Heirat gewartet werden. Sie hatte dafür gesorgt, daß ihr zukünftiger Schwiegersohn wußte, daß ich da war, wir sollten uns jetzt kennenlernen. Sie war den ganzen Tag mit Lächeln und offenem Mund umhergelaufen, und ihre Augen waren arg unruhig gewesen, sie hatte gewußt, daß er mir nicht gefallen konnte, darum hatte sie ein Sichvorhersehen verhindert. Am Abend klopfte es zaghaft an die Tür, und dann kam er herein. Er hatte einen dunkelblauen, sehr abgetragenen Anzug an, und ich sah, daß er häßlich war. Er hatte rehbraune Augen mit starren schwarzen Pupillen, eine fliehende Stirn, und wenn er sie in Falten zog, war sie nur zwei Finger breit, und über den Augenbrauen zwei auffallende Beulen, so wie Hörner, sein Haar war dunkel und nach hinten gekämmt, sein Gesicht breit und mit starken Backenknochen, seine Haut war graubraun, und er hatte viele Pickel. Seine Größe war so ungefähr wie meine, aber kleiner als ich war er nicht, er wirkte untersetzt, hatte ein breites Kreuz, keine Hüften und einen leeren Hosenboden und Hände so groß wie Arbeitsschaufeln. Das einzig Schöne an ihm war sein weißes Gebiß. Aber vor allem störte mich, daß er eine Stimme wie eine Frau hatte. Meine Mutter redete sich anschließend die Zunge wund, Walli, wenn er auch nicht schön ist, er ist gut mit dir, und sie sprach wieder von den Mädchen, die ihm auf den Buckel huppten. Walli, alle wollen ihn haben, aber er geht nicht mit jeder. Ich sagte, er sieht dumm aus, der hat was hinter den Ohren, das erkenn ich an den starren Pupillen und am unruhigen Blick, und sein Herumgeschleiche wie ein Kater, das bedeutet nichts Gutes. Meine Mutter war beleidigt. Du närrischer Mensch, du, iech wer ne doch kenne, wie er is, und wenn der Gustl bei uns so herumsaß, sagte sie, Gustl, die gehört Ihnen, dafür sorg ich. Der Gust wurde alle Tage blasser und weniger, jeden Abend saß er still da und sah aus wie das Leiden Christi, und meine Mutter bettelte, Tu ihm doch die Freude und bleib bei ihm, der arme Kerl hat dich doch so gern, wie leid er mir tut. Der mit seinem Herumgeschleiche, sagte ich, das ist nichts Gutes, wo ich steh, steht er neben mir, das Getue wie ein Kater, und weil ich ihn nicht wollte und er so aufdringlich war, wurde ich eben auch mal kindlich und faßte ihm heimlich ins Haar und riß eins aus. Der Gust fuhr zusammen, das tat weh, und er hielt sich die Stelle, wo das Härchen fehlte, und sein Gesicht hatte eine dunkelrote Farbe angenommen, und die Poren waren wie dunkle Punkte, er sagte kein Wort, nur meine Mutter lamentierte, Jesses Mariä, reißt dem armen Kerl die Haare raus, däs tut doch weh, wie konnste ner su wos mochn. Zum Wochenende hin lächelte meine Mutter und sagte verliebt, Mal sehn, ob er heute abend kommt, heute ist doch Freitag, da gehn nur die Rothaarigen und die Bettsaacher aff do Freit. Freit hieß soviel wie Hochzeit, und als er dann kam, jauchzte sie, Gustl, ich war neugierig, ob Sie heute kommen, weil doch heute Freitag ist. Er hatte wohl nie gehört, daß am Freitag nur die Rothaarigen und Bettsaacher auf die Freit gehen, er achtete auch nicht auf die gute Laune meiner Mutter, er setzte sich wie jeden Abend aufs Sofa und schaute mich an. Meine Mutter meinte, Da sieht man, daß er dich gern hat, wenn er sogar am Freitag zu dir kommt. Danach sagte ich nur kurz, Einer, der dumm ist, der weiß nicht, ob Freitag oder Sonnabend ist.

Ich wollte den Gust nicht heiraten, ich dachte daran, daß es andere Männer gäbe, die anders aussähen und mich gern hätten, lieber ginge ich nach Pürstein, ich dachte an die Feigl-Hilde, die mir geschrieben hatte, daß ich mit ihr beim Bauern zusammenarbeiten sollte. Das ließ meine Mutter gleich die Krovs wissen, und zum Gust sagte sie, Anderes Städtchen, anderes Mädchen, Gustl, halten Sie sich dazu, daß sie Ihnen nicht weglaufen tut, dort ist nämlich einer, der auf sie wartet, die kennt noch viele dort, die sie gern haben möchten, aber ich will sie nur für Sie. Und der Gust wurde vor Unruhe bald ohnmächtig, daß er mich verlieren könnte, und er wollte schnell heiraten, was ja die Absicht meiner Mutter war. Weil ich aber im Ernst fortwollte, zeigte sich meine Mutter von der bösen Seite und sagte, Da nehm ich dir den Mantel weg, das ist mein Mantel, den hab ich von meinem Geld bezahlt, kannst gehen, wenn du willst. Daß sie mir den Mantel mal wieder wegnehmen wollte, schreckte mich nicht, aber sie zeigte so viel Boshaftigkeit, daß ich mir vorstellen konnte, wozu sie fähig war. Ich ließ mir nichts anmerken und lächelte und sagte, Daß du es so auf diese Leute abgesehen hast. Sie lächelte zurück und sagte versöhnt, Walli, ich hab für dich einen Mann ausgesucht, und ich will es haben, daß du ihn nimmst, weil ich weiß, daß er der Richtige für dich ist, wenn du ihn auch nicht gern haben kannst, die Hauptsache, daß er dich gern hat. Ich konnte nichts gegen sie machen, unsere Herkunft war zu bekannt, es hätte geheißen, Und da wollen ausgerechnet Sie ein braves Mädchen sein, und vielleicht hatte der Gust mich wirklich lieb, und seine Brüder, die grüßten mich vom ersten Tag an mit großer Achtung, und sie zogen ihre Mützen, ja, mein Herkommen war bekannt und nichts wert, und die Mutter und die Tanti würden sich jetzt auch um mich kümmern ... Wer kann mich da verstehen, immer nur unter fremden Leuten, kein Zuhause, ich fand mich mit allem ab und nahm die Heirat an. Und als die schwarze Krovin merkte, daß es mit der Hochzeit ernst sein sollte, tat sie beleidigt und böse, sie guckte meine Mutter nicht mehr an und kam auch nicht mehr zu uns rein, man sah ihr an, daß sie litt, so breite schwarze Augenränder hatte sie. Äh, laß nur, sagte meine Mutter, die wird schon wieder gut werden, ja, den gibt sie nicht gern her, er hat ihr versprochen, daß er bei ihr bleibt und nicht heiratet, und jetzt fragt er nicht nach ihr, Walli, mach dir nichts draus, die Mutter und Tanti kümmern sich schon, ich sag dir, der hat dich gern, du wirst es gut bei ihm haben. Meine Mutter hatte es mit dem Heiraten eilig. In den ersten Oktobertagen neunzehnhundertdreiunddreißig hatten der Gust und ich uns kennengelernt, und am zweiten Dezember, zu meines Vaters Geburtstag, bestimmte sie den Hochzeitstermin, und daß sie gerade diesen Termin als Hochzeitstag festlegte, hatte nur den Grund, daß sie das Trauerjahr nicht achten und den Vater noch in der Erde mit Steinen bewerfen wollte.

In unserer Hochzeitswohnung wurden winzig kleine Zuckerperlen in allen Farben ausgestreut, daß sie die Dielenfugen ausfüllten. Der vierte Mann von der Mutter, der Wenzel, und der Onkel waren meine Trauzeugen, und der Krovin ihr zweiter Sohn, der Adolf, war mein Brautführer.

Das Ankleiden übernahm die Mutter mit Stolz, Brautkleid und Schuhe brachte sie am Samstagmorgen mit, der Schleier war nur geborgt, aber es hieß von der Mutter, Eine Braut muß was Geborgtes an sich haben, das bringt Glück, und das große eingerissene Dreieck sollte auch Glück bringen. Die Mutter hatte heute für mich ein gutes, weiches Gesicht und zog mich mit Sorgfalt an, und ich ließ alles an mir geschehen. Die Mutter legte mir auch eine goldene Armbanduhr um, sie trug ja gerne guten Schmuck und machte sich gerne hübsch, ich dachte, sie wollte mir die Uhr nur borgen, und staunte, als sie sagte, Walli, das schenk ich dir, das sollst du jetzt haben. Sie griff noch einmal in ihre Rocktasche und hielt eine weiße Perlenkette, mit Gold besetzt, in der Hand, und wieder sagte sie, Diese Kette, Walli, sollst du auch haben, es soll von mir ein Hochzeitsgeschenk sein, weil du ein braves Mädchen gewesen bist, du hast dich gut geführt, hast deiner Mami kein Kind nach Hause gebracht, das schätze ich sehr an dir. Die Tanti indes stand am Ofen, und meine Mutter beobachtete mich mit langem Hals, und die Tanti tat, als hätte sie für nichts Interesse, aber auch in ihrer Seele war Böses, das bemerkte ich an ihrem breiten Mund. Die Mutter sprach weiter mit mir, Die Tanti kam mit sechzehn Jahren mit einem Kind, und deine Mami kam auch ledig mit einem Kind an, aber du hast dich gut geführt, mit dir hat deine Mami keine Sorgen gehabt, dein Leben war nicht leicht, und du hast nichts lernen können, ich schenk dir die Perlenkette, weil du dir nichts hast zuschulden kommen lassen. Diese Worte sollten meine Mutter treffen, das merkte sie wohl, und Haß und Neid bohrten sich noch tiefer in ihre Seele. Die Mutter sprach weiter, Aber ich denke, Walli, in deinem Haushalt wirst du es schon verstehen, du bist ja immer unter Leuten gewesen, und sie legte mir die feine weiße Perlenkette mit dem blitzenden Gold um meinen Hals, und meine Mutter und die Tanti standen da wie arme Sünder. Dann wünschte die Mutter mir noch großes Glück in meiner Ehe, und zum Schluß kam sie dicht an mein Gesicht und flüsterte, Walli, ich muß dir noch was sagen, schaff dir nicht so viele Kinder an, mach es nicht so wie deine Mami, jetzt sind die vielen Kinder da, und niemand kann ihnen helfen …

Indes war die Stub voller Leute, und es war still wie in einer Kirche. Meine Mutter hatte im Kaufladen eine Flasche Rotwein geschenkt bekommen, das war so üblich, daß der Kaufmann bei einer Festlichkeit eine Flasche schenkte, meine Mutter war überrascht, daß sie trotz der hohen Schulden was bekam, und sie stellte die Flasche Rotwein für das Brautpaar auf den Tisch. Die Krovs hatten keine Schulden und bekamen zwei Flaschen, die sie in ihrer Wohnung allein leer machten. Ich wurde in die Schlafstub geschickt, weil der Bräutigam die Braut nicht sehen durfte, und da wir im Arbeiterhaus in den Schlafstuben kein elektrisches Licht hatten, stand ich im Dunkeln neben den Betten hinter der offenen Schlafzimmertür, und ich hörte, wie sie nach dem Gust schickten. Ich hob meine Hände flehentlich zum heiligen Madonnenbild, das hatte ich auch von der Mutter geschenkt bekommen, es hing jetzt über den Ehebetten, und ich flüsterte, Heilige Mutter Gottes, gib mir Kraft, sag mir, welchen Weg ich gehen soll. Aber das Gesicht der Heiligen Mutter Gottes blieb unbewegt, so sehr ich sie anflehte und Halt bei ihr suchte, ich mußte selbst entscheiden, was richtig und was nicht richtig war. Ich hörte, wie der Gust zur Tür reinkam und frug, Wo ist die Walli? Von meiner Seite her klangen die allerlieblichsten Stimmen, Die ist in der Schlafstub, Sie müssen sie holen. Ich merkte an seiner Stimme, daß er sich sträubte, Die kann doch selbst rauskommen, zu was soll ich sie rausholen. Alle Stimmen von meiner Seite in aller Lieblichkeit, Ei joo, Gustl, su muß däs sei, do Breitigam muß dä Braut huln. Er blieb hartnäckig. Die kann ja selbst rauskommen. Ich schämte mich für die Meinen, daß sie so einen Hokuspokus machten. Ich hörte das Gehadere und war voller Enttäuschung und Scham, und am liebsten hätte ich mich aufs Bett geworfen und geweint. Auf einmal hörte ich die Stimme seiner Mutter, Gustl, geh, hol sie raus. Sofort hörte ich seine Schritte näher kommen. Ich machte noch einen hilflosen Blick zur Madonna hin, dann erschien der Gust in der Tür wie ein dunkler Schatten, und es kam von ihm kurz, Na, komm raus, na, komm raus. Keinen Schritt kam er ins Zimmer, und als ich vor ihm stand, schlug mir ein Dunst von Alkohol ins Gesicht. Ich folgte ihm wie ein lahmes Schaf. Draußen standen seine Brüder und sahen schweigend auf uns, und der Adolf, mein zukünftiger Schwager, sah fest in meine Augen, als möchte er mich zurückhalten.

Mitten in der Stub stand eine kleine Fußbank, darauf lag ein Spitzentuch, der Gust und ich mußten uns auf das Bänkchen knien. Mit schnellen, derben Schritten ging er auf das Bänkchen zu, unschlüssig blieb er davor stehen, und so konnte ich ihn mit Abstand in seinem Bräutigamsanzug und dem Zylinder betrachten, und sein Äußeres war kaum zu beschreiben. Er trug einen verschmutzten, viel zu kleinen Anzug, den die Mutter aus ihrer Kiste vom Boden geholt hatte, dazu trug er helle Socken, seine Hosenbeine spannten sich über den Waden, und die Hose ging ihm nicht mal bis zu den Knöcheln, und ganz verbrauchte, schlechtgeputzte Schuhe hatte er an. Ich stand noch immer auf der Schwelle, und alle Augen richteten sich auf mich. Na, Walli, komm, ertönte die Stimme meiner Mutter in aller Lieblichkeit, Walli, knie dich zum Gustl aufs Bankl. Mit einer Überwindung folgte ich, und alle Gesichter von meiner Seite sahen friedlich aus, nur die Krovin schrie etwas, was ich nicht verstand, und ihre Augen blitzten und flogen nervös oder unzufrieden hin und her, und ich merkte, wie meine Mutter zu der Krovin heimliche Handbewegungen machte, alle anderen rührten sich nicht. Ich verstand von allem nichts und war nur im stillen beleidigt, daß er mit mir besoffen zum Altar gehen wollte, aber ich durfte ja keine Empfindlichkeit zeigen, das haßte meine Seite an mir. Ich sah dem Gust in die Augen, und ich merkte, daß sie heute nicht so blöde wie sonst dreinsahen, eher kampflustig. Wir warteten auf unseren mütterlichen Segen. Als erstes stellte sich seine Mutter, die Krovin, vor uns, ihr Gesicht war tiefernst, Worte sprach sie nicht, sicher brachte sie keine heraus, sie machte schnell ihr Kreuzzeichen und drehte sich um und ging weinend, mit dem Schürzenzipfel an den Augen, an die Seite. Dann kam meine Mutter, sie machte den Hokuspokus von der Krovin nach, dann stellte sie sich auch an die Seite und tat, als müßte sie weinen.

In die Kirche wurden wir vom Kutscher des Verwalters gefahren, zwei weiße Schimmel und eine Kutsche hatte er uns gestellt. Als erstes wurde der Bräutigam mit den beiden Trauzeugen weggefahren. Ein Bräutigam geht vornweg, und die Braut muß ihm nachlaufen, kam es naiv aus dem Mund meiner Mutter, sie wollte damit was Schönes sagen. Dann wurde die Braut mit dem Brautführer abgeholt. Als die Kutsche mit uns um das Haus trabte, standen vor der Haustür alle Leute aus dem Arbeiterhaus. Meine Mutter hatte gesagt, Walli, daß du dich als Braut nicht umdrehst, das bringt der Braut kein Glück, aber da hörte ich die Stimme der Aufseherin, Ich schmeiß euch den Reisigbesen hinterher. Ich erschrak, weil ich dachte, es wäre was Böses gemeint. Mein Brautführer sagte, Der Reisigbesen soll auch Glück bringen. Ich machte einen schweren Seufzer, Ach so. Beim Aussteigen vor der Kirche gingen der Adolf und ich wie ein Brautpaar, das sich einander gerne hat, und keiner weiß es vom andern, wir machten uns nur hin und mal einen Blick in die Augen, und in seinen sah ich das Traurigsein, und in meinen war das Unglück. Auffallend langsam gingen wir den Weg zur Kirche, es war, als möchte der Adolf etwas sagen, ach, hätte er es doch gesagt, ich wäre keinen Schritt weitergegangen. Dann kniete ich mit dem Gust vor dem Altar. Der Pfarrer dürfte ihm keine Hostie geben, so betrunken wie er ist, dachte ich, aber der Pfarrer reichte uns in aller Würde die heilige Hostie, er mag gedacht haben, es ist die Sünde für jeden selbst. Als der Pfarrer nach meinem Ja frug, drehte ich mich um und sah auf die Ausgangstür, ich dachte, wenn ich jetzt davonlaufe …, aber es würde dann heißen, die ist närrisch, und die rote Minna könnte dastehn. Ich bekam eine mächtige Angst und sagte ja. Verheiratet fuhren wir nach Hause.

Wenn man auf unsere Haustür zukam, gingen paar Steinstufen hoch, und auf diesen Steinstufen lag ein großes silbernes Ei. Ich wußte nicht, wozu, so daß der Gust sagte, Heb es auf, es ist für dich, der Adolf hat es für dich hingelegt. Ich hob es auf. Dann ging die Tür auf, und ich sah sie alle im Kreise stehen und uns erwartungsvoll entgegensehen, und meine Mutter sagte mit gutgelauntem Gesicht, Kommt nur rein. Da hob ich meinen Fuß über die Schwelle, und in diesem Moment wurde von der Tanti ein Stoß Porzellanschüsseln vor uns niedergedonnert, daß ich erschrak und meinen Fuß zurückzog und von einem zum andern sah, und meine Mutter lachte, und dann lachten sie alle zusammen. Kommt nur rein, sagte meine Mutter, es ist nichts passiert, Scherben bringen Glück. Jetzt wurde uns gratuliert, von meinen Geschwistern und von dem Gust seinen Geschwistern, auch bei ihnen sah es aus, als hätten sie beste Laune, nur die Schwiegermutter lief stumm und tiefbesorgt umher, ihre Augen waren mit Tränen auf ihren Gustl gerichtet, aber das sah nur ich. Die Mutter war glücklich und überreichte mir liebevoll ein kleines Buch und sagte, Walli, in dieses Büchlein schreibst du dir jeden Morgen ein, was du geträumt hast, was du nämlich in deinen Flitterwochen träumst, das geht alles in Erfüllung, wenn du es gleich einschreibst, kannst du es nicht vergessen. Und dann gab sie mir noch ein großes Packl Bücher und sagte, Schau, Walli, hier habe ich dir Bücher mitgebracht, Bücher gehören mit in eine Ehe, du mußt viel lesen, da erfährt man, was in der Welt vor sich geht, wer nicht liest, der weiß nichts von der Welt. Darüber war die Schwiegermutter ganz außer sich, Nein, nein, Frauen, die viel lesen, taugen nichts, die lesen nur und lassen ihren Haushalt verkommen, das lasse ich als Mutter nicht zu. Die Mutter sagte, ohne beleidigt zu sein, sie und die Miez würden viel lesen und hätten immer Ordnung in ihrem Haushalt, man dürfte eben nur lesen, wenn der Haushalt fertig sei. Da schrie die Krovin ohne Scheu vor meiner Mutter, und alle mußten es hören, daß sie es ja an meiner Mutter sähe, was die für eine Ordnung hätte. Gustl, schrie sie, daß du mir das ja nicht zuläßt, daß die Bücher hierbleiben, ich leide es als deine Mutter nicht. Da nehmen wir halt die Bücher wieder mit, sagte die Mutter ruhig, wenn Sie es nicht haben wollen. Meine Mutter stand da wie ein Häufchen Unglück, das Gesicht schräg verzogen, und ihre Wange zuckte, aber aus ihrem Mund kam kein Wort, weil sie ein schlechtes Gewissen hatte. Dabei klebte der Krovin ihr Haushalt selber vor Dreck, sie las nicht, lag dafür im Bett, und gleich mit ihrer Kleidung, die sie den ganzen Tag angehabt hatte, und ihr Gesicht wusch sie sich selten. Ich wunderte mich im stillen, daß meine Seite keine Beleidigung zeigte.

Zwei Tische wurden zusammengeschoben, und die Krovin setzte durch, daß wir an die Tischecke kamen und nicht wie ein ordentliches Brautpaar an die Stirnseite. Meine Mutter sagte, daß das eine böse Schwiegermutter bedeutete. Da schrie die Krovin, Ich bin keine böse Schwiegermutter, ich will nur, was recht ist. Meine Mutter murmelte mit besorgtem Gesicht, Die wird schon wissen, warum sie euch ausgerechnet übereck sitzen läßt, das hab ich ja noch nie gehört. Die Mutter war heute so gut, wie ich sie noch nie gekannt hatte, sie sagte zu meiner Mutter, Siedl, beruhig dich nur, und laß ihr den Willen. Unsere Hochzeitstafel war nicht reichlich, schon gestern abend war nicht mal Stückl trocken Brot zu essen dagewesen, meine Familie hatte sich darauf verlassen, daß die Tanti freigebig sein würde. Der lustige Hermann, der den Hunger nicht ertragen konnte und an Magenkrämpfen litt, hatte sich mit beiden Händen den Bauch gestrichen und mit Humor zu mir gesagt, O, Walli, Walli, iech weer fressn, fressn, oh, fressn weer iech. Er hatte an einen vollen Hochzeitstisch gedacht. Aber die Tanti war nicht freigebig, und mit dem Mittagessen war es so, daß keiner satt werden konnte. Dem Gust seine Brüder wurden heruntergerufen, sie fühlten sich oben wohl am besten, und ich sah, wie einer von ihnen, der Franz hieß, sich beim Essen umdrehte, als ob er noch auf was wartete. Dann wurde jedem ein Stückl Torte auf den Teller getan, paar Stückl Kuchen auf einen großen Kuchenteller. Am traurigsten waren meine vier kleinen Geschwister dran, sie bekamen ein Stückl Kuchen in die Hand und wurden auf den Hof geschickt, es hieß, Geht nur bißl raus, es ist nicht viel Platz hinne. Am Brauttisch saßen nur wir beide, und der Adolf, mein Brautführer, saß in der Ecke ganz still und nachdenklich. Meine Mutter saß auf einem Stuhl an der Seite wie eine Ausgestoßene und hielt ihr Kaffeetippl in der Hand und den Essenteller ebenso. Die Krovin hatte das Geschirrwaschen übernommen, meine Mutter wollte mithelfen, aber die Krovin duldete das nicht. Ich sagte, Mami, komm doch mit zu uns an den Tisch, du bist doch so allein. Och, na, iech bleib do sitzen, mir is dos a recht. Ich sah die Krovin immer nur hin und her flitzen, die Tür zum Schlafzimmer war ausgehängt, sie stand beim Abwasch und sah immer nur zu ihrem Sohn, und ihre Augen sprachen mit ihm. Die Tanti mit ihrem Anhang hatte sich einen Tisch in die Schlafstub gestellt, dort saß die bessere Gesellschaft, die Mutter mit ihrem vierten Mann Wenzel, die Tanti mit ihren zwei Männern, und die Ringelspiel-Glaser-Elli gehörte mit zu ihnen, von ihr war der Schleier geborgt. Die Ringelspiel-Glaser-Elli, so wurde sie in Seestadtl genannt, weil sie mit ihrer Mutter am Sportplatz ein Kettenkarrussell betrieb, hatte ein verwettertes Gesicht und eine rauhe Stimme, aber sie war eine gute, verständige Frau. Von den Männern hatte uns nicht einer gratuliert, dabei war der Onkel Trauzeuge, und um meine Mutter kümmerte sich keiner. Das gab ihr Grund zu trüben Augen, ich an ihrer Stelle wäre hinausgegangen und nicht mehr reingekommen, aber sie saß wie fest auf ihrem Stuhl. Dann kam plötzlich die Krovin ihr Brotbäcker herein. Damals war es so, daß der Brotbäcker mit einem Planwagen in die Orte und ins Haus kam, da schrie sie ins Zimmer, Gustl, gib mir Geld, ich will den Bäcker bezahlen, und er reichte ihr sein Portemonnaie hin. Darüber waren meine Leute fürchterlich empört, denn im Aberglauben hieß es, daß die Mutter das Recht über sein Geld auch in Zukunft behält. Es kam zu gar keiner Stimmung. Die Tanti hatte ihr Radio mit Plattenspieler mitgebracht, Radio hatten in dieser Zeit nur Geldleute, es war von ihnen ganz großmütig, daß sie es mitgebracht hatte, es klappte trotz aller Mühe nicht, der Strom war zu schwach, und so mußte es mit der Musik bleiben. Vielleicht war es für mich gut so. Wir saßen ohne Stimmung am Tisch, der Gust mit seinem Alkoholgestank neben mir, gesprochen hatten wir noch kein Wort mitnander, er saß und ließ den Kopf hängen und folgte mit den Augen seiner Mutter, und seine Mutter sah nur auf ihren Gust und wollte beim Geschirrabwaschen bleiben, und nur allein. Meine Mutter stand eine Unruhe aus, weil die Krovin böse Bemerkungen fallenließ, daß meine Mutter ihre Mutter und Schwester schlechtgemacht und sie als Huren bezeichnet hätte und noch mehr. Dann saßen die Mutter und meine Mutter zusammen am Tisch, und die Mutter hielt ihrer Tochter eine Strafpredigt und tippte sich immer beim Sprechen mit dem Zeigefinger auf die Brust, ich hörte sie sagen, Wir haben es mit dir gut gemeint, wir wollten dich von ihm wegnehmen, aber du hast nicht gefolgt, bist immer wieder zu ihm zurückgegangen, und die Mami saß da mit tränenverschleierten Augen, ich hörte sie sagen, Ich hab für die Walli einen guten Mann ausgesucht, weil ich nicht will, daß sie durchmacht, was ich durchmachen muß, und die Mutter nickte und sagte, Die ist gut versorgt, die hat einen guten Mann gekriegt, das Mädchen hat sich gut gehalten, sie ist zwanzig, wenn ich bedenke ... So hörte ich von weitem die Strafpredigt, und die Mami saß da wie ein sündiges Kind, daß nur noch weinen wollte, und ich fühlte, daß ihr am meisten weh tat, daß sie ihrer Mutter und Schwester nichts galt. Vielleicht dachte meine Mutter an diesem Tag an ihre Hochzeit, sie hatte ja einen Mann geheiratet, den sie mehr liebte als ihr Leben, aber er hatte sie nicht verstehen wollen und hatte von ihr nur alle Opfer angenommen, nicht mal im Sterben hatte er ein Wort für sie, meine Mutter war eine böse Frau geworden, ihr konnte man nicht helfen, sie machte es nur noch allen zum Trotz.

Wir, das Brautpaar, mußten von einem Teller essen, aus einem Glas trinken und auch aus einer Tasse. Und dann kamen Bettelmusikanten, sie hatten von der Hochzeit im Arbeiterhaus gehört und kamen die Steinstufen herauf, sie spielten einen schönen Walzer. Ich wollte mir die Musik nur anhören und ihnen ein gutes Trinkgeld geben, aber der Gust wollte mit mir tanzen. Als Braut zur Musik von Bettelmusikanten tanzen, nein, das wollte ich nicht. Dann läßt du es eben bleiben, meinte der Gust so grob, daß ich es schnell wiedergutmachen wollte und aufstand, aber da wehrte er ab, Naa, nee, läß sei, läß sei, und er sprang auf, und mit Riesenschritten ging er zu seiner Mutter, die wischte sich schnell ihre Hände an der Schürze ab, ihre Augen strahlten, und dann tanzten sie. Ich sah auch den Karl mit der Tanti zusammen tanzen, sie paßte viel besser zu ihm als zu ihrem Mann.

Der Adolf kam und frug, ob es erlaubt sei, daß er die Frieda mit hereinbringe, er möchte sich so gerne unterhalten und wäre so allein. Es war die Lukasch-Frieda aus Neudorf, ein großes, starkes, lebhaftes Mädchen, das zwei dicke Hinterbacken wie Kopfkissen hatte, der Adolf sagte später immer, Die hat einen Arsch wie ein Brauhauspferd, und da hatte er recht. Er hatte sie erst vor paar Tagen kennengelernt, und sie war in meinem Alter, aber sie hatte nie gearbeitet, war immer zu Hause gewesen. Die Frieda kam in einem gewöhnlichen, unsauberen Kleid herein, und sie hatte eine Blechstimme wie die Krovin. Sie brachte mir ein Geschenk mit, über das ich mich sehr freute, es war eine Teepuppe mit einem duftigen rosa Kleid und einer rosa Haube auf dem blonden lockigen Haar, ja, die Frieda verstand was von Handarbeit, und solch eine Teepuppe setzte man zur Zierde auf die gemachten Betten.

Die Frieda hörte ich immer auflachen, mich störte das nicht, aber ich merkte, daß die Tanti schlechte Laune hatte, seitdem die Frieda da war, und ihr war jedes Stückl Kuchen zuviel, was sie mitaß, und sie meinte immerzu, Was die hier will. Aber der Adolf war mit der Frieda glücklich, und ich beneidete sie um den Adolf, ich wäre gerne an seiner Seite gewesen. Ich kämpfte mit meinem Leid, die Tränen wollten kommen, und ich biß mit aller Kraft die Zähne zusammen und dachte, Nur nicht weinen, es würd ja niemand zu mir halten, alles würd auf mir herumhacken, die Mami bangt ja nur, daß der Frieden zusammenbricht. Meine Mutter sah mir an, wie mir zumute war, und heute hatte sie mal Sorge um mich, weil ich ihr leid tat, aber sie hatte auch Angst vor dem Skandal, den die Krovin machen würde, wenn die Hochzeitsfeier platzte, und ihre Augen bettelten, Walli, weine nicht, sonst wein ich auch, Walli, weine nicht, sonst wein ich auch. Es kann sein, daß sie in diesem Moment Reue empfand, sie war es ja gewesen, die zur mir gesagt hatte, daß ich den Gust um den Finger wickeln könnte, und heute am Hochzeitstag sah ich, wie er meine Versöhnung zurückstieß und mich sogar anschrie. Als der Gust vom Tanz zurückkam, ging er an meiner Mutter vorbei, und sie sah zu ihm hoch, besorgt und todunglücklich, und sagte, Gustl, tun Sie sich jetzt aber um die Walli kümmern, sonst kann es passieren, daß alles vorbei ist. Er nahm neben mir Platz wie ein Beleidigter, aber auf den Wink von meiner Mutter fing er an zu sprechen, es waren nur Vorwürfe. Wir hätten als Brautpaar zuerst tanzen müssen, das wird uns kein Glück bringen, das kann ich dir sagen. Ich brachte meine Zähne nicht auseinander. Der Tanti ihr Herz rührte sich, sie sagte, Walli, iß deine Torte. Ich saß aber nur steif da und kämpfte mit meiner inneren Verzweiflung. Wo sollte ich hin, wo sollte ich mich verkriechen, fort, fort wollte ich, aber wohin? Gustl, tun Sie die Walli nur füttern, sagte meine Mutter weinerlich, und er tat es dann auch, und ich ließ mir die Torte mit dem Löffel in den Mund schieben und schluckte, ohne den Mund zu öffnen. Ich sah, daß meine Mutter zum erstenmal Angst um mich hatte. Walli, sei nur wieder gut, lach nur bißl, daß du mir heute nicht weinen tust, sonst leide ich, weil ich es ja haben wollte! Ich gab mir Mühe und wollte wiedergutmachen und tanzte mit dem Gust die nächste Tour, aber er war besoffen, daß das Tanzen mit ihm eine Plage war, er drehte sich nur auf den Fußspitzen, und seine Daumen drückte er mir in den Rücken, daß es weh tat und ich keine Luft bekam, am liebsten hätte ich ihn stehengelassen. Die Musikanten sahen stumm zur Erde, und ich hätte keine zweite Tour mit ihm getanzt, da hätte kommen können, was wollte. Die Musikanten bekamen von der Tanti auf einem Teller je ein Stück Kuchen gereicht, ich war froh, daß ich ihnen so eine armselige Gabe nicht hintragen brauchte.

Und dann lächelte meine Mutter wieder wie ein junges Mädchen, ihre Augen strahlten und glitzerten, und sie hatte ganz unverschämte Späße drauf, auch wenn sie mal traurige Gedanken hatte, die waren in Sekunden über alle Berge, im Grunde nahm sie gar nichts schwer. Mit demselben verliebten Lächeln wie heute morgen sagte sie zu mir, Haa, däs ist grod, als wärs iech. Vielleicht dachte sie an ihre Hochzeitsnacht, oder sie dachte sich an meine Stelle oder dachte an ein anderes dummes Zeug. Ihre Augen flimmerten, und ihr Mund stand offen, und ich hörte sie sagen, Walli, wenn ihr heute abend mitnander ins Bett geht, daß du dem Gustl ä Fußsackl drüberziehst. Meine Mutter tat mir leid, ihr Magen donnerte vor Hunger, aber sie konnte nur an dummes Zeug denken, den Hunger und die Not merkte sie nicht, und wenn sie dummes Zeug reden konnte, war sie die Glücklichste. Ich hatte mir vorgenommen, daß ich mich in die Ehe und alles fügen wollte, es sollte eine gute, ruhige Ehe sein, von meinem Seelischen sollte niemand etwas erfahren, auch wenn meine Mutter mir mein Leben und meine Zukunft verdorben hatte.

Der Adolf und die Frieda waren schon gegangen. Ich hörte, wie meine Leute auch vom Nachhausegehen sprachen, es war doch noch so zeitig, aber ich mußte den Schleier abnehmen, damit er wieder nach Seestadtl mitgenommen werden konnte. Der Tanti ihre beiden Männer gingen hinaus und auch der Wenzel, sie gingen, ohne sich zu verabschieden, und ich hörte nur mal so von weitem den Karl zur Tanti sagen, Wir wollen gehn, ich will essen. Unterdessen ging die Mutter auch ohne Gruß und ohne ein Wort. Was, die Mutter ist fort, das kann doch nicht sein! Ich rannte ihr nach und holte sie am Ende des Dorfes ein und rief, Mutter, Mutter! und umarmte sie. Sie sprach es wie eine Schwerkranke, Werdet glücklich mitnander, das ist die Hauptsache, wir haben getan, was wir konnten, für das Weitere müßt ihr selber sehn. Die Mutter nahm sich weiter keine Zeit, sie wollte die Männer einholen, und ich blieb verlassen stehn und sah ihr nach. Die Tanti war noch hier, aber auch in Eile, sie zeigte mir die Torte, die sie extra für die Gratulanten gebacken hatte, und sagte, Walli, wenn die Leute morgen kommen und dir gratulieren, da gibst du ihnen von dieser Torte. Auch etwas zum Mittagessen hatte sie aufgehoben, und dann ging sie ohne Gruß und ohne Wort hinaus. Auf den Steinstufen holte ich sie ein. Tanti, Tanti, was ist denn mit euch, hat euch jemand beleidigt? Wir wollen nach Haus, ihr braucht uns ja jetzt nicht mehr. Ich war so unglücklich und so einsam und wartete von ihr auf ein gutes Wort, aber sie ließ sich von mir nicht mal umarmen, und mein Bedanken mußte ich ihr nachrufen. Jetzt saßen in der Stub nur noch der Gust und die beiden Schwiegermütter, der Gust mit breiten Armen auf dem Tisch liegend und sein Kinn auf die Arme gestützt, er guckte von unten rauf auf seine Mutter, die sich mit meiner Mutter besprach, daß sie morgen früh die Dielen scheuern wollten. Dann stand der Gust auf, lief langsam umher, als besähe er sich sein Eigentum. Als unsere Mütter zur Tür naus waren, sah ich auf ihn und wartete, daß er mich jetzt in die Arme nehmen und mir seine wahre Liebe sagen würde. Damit hätte er mich glücklich gemacht, aber vergebens, unsere Gedanken und Gefühle waren zweierlei, er fühlte sich von Anfang an als Herr im Hause, er guckte auf die Möbel und all die geschenkten Sachen und sagte, Ich hätte nie gedacht, daß ich mal so viel Zeug haben werde. Ohne ein Wort mitnander zu reden, gingen wir zu Bett, und er machte sich gleich wie ein Tier über mich her. Danach hätte er zuwenigstens ein vernünftiges Wort sagen können, Walli, das werd ich dir nie vergessen. Ich war noch unberührt, aber weil er nicht zu seiner Befriedigung kam, meinte er, ich wäre unnormal gebaut, und weil ich darüber nichts verstand, schämte ich mich und hatte Sorgen, daß es was Schlechtes wäre.

Am Morgen nach unserer Hochzeitsnacht polterte und lärmte die Krovin vor der Tür, und als wir raustraten, sahen wir beide

Schwiegermütter die Dielen scheuern, sie rutschten auf ihren Knien herum, und die Krovin machte ein feindseliges Gesicht, aber meine Mutter hatte gute Laune. Wir beide standen da, als gehörten wir nicht zusammen.

Schon am ersten Tag in unserer Ehe kam es zu keiner Unterhaltung zwischen uns, die einzige Freude war, daß der Adolf, mein Brautführer, am Morgen vorbeikam und mir noch ein Geschenk brachte. Hier hab ich für meine Schwägerin noch ein Geschenk, das soll ihr gehören! Er hielt eine ausgestopfte Eule mit ausgebreiteten Flügeln in der Hand, er hatte sie auf dem Feld gefunden, sie mitgenommen und ausstopfen lassen. Von der Schwiegermutter hatte ich auch ein seltenes Geschenk, eine Zimmerlinde. Aber über all den schönen Geschenken behielt der Gust ein brummiges Gesicht, als wäre es ihm nicht recht, und später gab er die Eule und die anderen Geschenke an seine Leute, sogar das Brautbukett eignete er sich an, er gab es seiner Schwester zum Spielen und die Teepuppe von der Lukasch-Frieda dazu. Auch meine Perlenkette und die Armbanduhr von der Mutter fanden sich nach den Flitterwochen nicht mehr an, ich hatte den Gust in Verdacht, aber ich sagte kein Wort, mir sollte eben nicht das Schwarze unter den Fingernägeln gehören. Nur das Traumbüchl war mir von den Geschenken geblieben, zu dem die Mutter mit allerlieblichstem Gesicht gesagt hatte, Was man da träumt, geht in Erfüllung. Als würden es nur Träume vom Himmel und von den Engeln sein! Von dem Gust bekam ich auch ein Büchl, er hatte es mir gleich als erstes gegeben und gesagt, In dieses Büchl wird alles eingeschrieben, was du einkaufst, nicht daß du denkst, du kaufst und ich brauch nichts zu wissen, ich werde jeden Tag prüfen. An diesem ersten Ehetag hatte er noch gesagt, Ich will, daß es in meiner Wohnung wie in einem Schachterle aussieht, und damit meinte er, daß ich in unserer Wohnung Ordnung halten sollte, alles, was er mir an diesem Sonntag sagte, war für mich beleidigend. Wie hatte der Gust bei der Hochzeit ausgesehen, dieser Anzug, nicht rasiert, wer weiß, ob er sich überhaupt gewaschen hatte, und die Mutter hatte ihm erst mal Unterwäsche nähen müssen. Ich konnte ihm keine Antwort geben, ich wußte nicht, wie mir geschah.

Am Montag begann für mich mein sehr ernster Haushalt, denn ich wollte ein geordnetes Familienleben. Als erstes weckte ich den Gust, ich mußte es viele Male tun, bis er in der letzten Minute aufstand. Er wusch sich nicht, er rasierte sich nicht, er drückte sich mit beiden Händen seine schmutzige Deckelmütze auf den Kopf, seine ungekämmten Haare drunter weg, und so ging er zur Tür naus, und vorher hatte er mit grimmigem Gesicht gedroht, daß ich ja nichts von der Hochzeitstorte weggeben sollte, daß er ganz allein über die Hochzeitstorte bestimmte. Ich machte mich daran, die Dielen zu scheuern, weiße Dielen sind der Frauen Stolz. Dafür machte mich die Krovin später unter den Leuten schlecht, sie verschimpfte mich Putzpuppe, und ein andermal nannte sie mich Weltdame, und sie sorgte auch dafür, daß ihr Gustl sich mit Miststiefeln an den Füßen und Mütze auf dem Kopf zum Trotz ins Bett legte und ich jede Woche Bettwäsche zu waschen hatte. Als ich an diesem ersten Montag meiner Ehe mit dem Dielenscheuern schon bis an die Schwelle war, standen die Meierhof-Weiber verschüchtert da, sie wollten mir gratulieren und von ganzem Herzen Glück wünschen, sie hatten vom Aufseher Erlaubnis. Ich schnitt ihnen ein breites Stück Torte weg und gab jedem davon auf einem Teller. Die Frauen bekamen über das Stück Torte ganz rote Gesichter und meinten, guten Kaffee brauchten sie nicht dazu, das schmeckte auch so, sie wären so etwas überhaupt nicht gewöhnt. Über meiner Freude vergaß ich nicht, daß ich dem Gust mittags was auf den Tisch stellen mußte, ich wollte alles richtig machen, vor allem mit dem Geld auskommen. Gleich am frühen Morgen hatte ich ihn gefragt, Was habt ihr bei euch gegessen? Du mußt selbst wissen, brummte er. Da frug ich seine Mutter, ich sagte, Ich will es richtig machen, und sie antwortete, So wie ich es einteilen muß, ist es bei euch nicht nötig, ihr seid nur zwei Personen, ihr könnt gut essen und gut leben und könnt noch von dem Geld sparen. Unglücklich stand ich in meinem Heim, ich mußte einkaufen und Mittag kochen und hatte vor allem Angst, deshalb wollte ich mich an die Schwiegermutter halten, weil sie ohne Schulden lebte. Meine Mutter hatte schon am Hochzeitstag so leichthin gemeint, Was du dir Sorgen machst, wenn du mit dem Geld nicht auskommst, mußt du eben borgen, wir leben doch auch nur vom Schuldenmachen, und ich hatte ihr erschrocken ins Gesicht gesehen, weil ich nicht wußte, ob sie das im Scherz gemeint hatte. Nun aber ging ich zu ihr und bettelte, mit mir in den Kaufladen zu gehn. In einem Dorf ist alles so Neugier, ich merkte, wie an den Fenstern sich die Gardinen bewegten. Frau Görk war eine freundliche Geschäftsfrau, sie war auch noch jung in der Ehe, sie begrüßte mich gleich mit meinem Ehenamen Krov, und ich wußte gar nicht, wie mir geschah, daß ich nun eine Ehefrau war. Aber mit diesem Unbeholfensein, das ging nicht nur mir so, ich kannte ein tschechisches Mädchen, das vor ihrer Heirat auch große Angst gehabt hatte, weil sie nichts vom Kochen und Wirtschaften wußte, aber dieses Mädchen hatte Halt bei ihrer Mutter. Meine Mutter war an der Tür stehengeblieben und hatte zu Frau Görk gesagt, daß sie nur mitgegangen wäre, und um so freundlicher war Frau Görk zu mir, sie wartete auf meine Wünsche, und ich drehte mich zu meiner Mutter um und frug, Was soll ich einkaufen? Sie hob gelangweilt die Schulter und meinte, Ich weiß auch nicht, äh, kauf, was du denkst. Frau Görk zeigte mir, was ich für den ersten Tag in meinem Haushalt brauchte, sie wollte auch wissen, was ich zu Mittag kochen wollte, und mir fiel ein, daß dem Gust seine Leibspeise Mehlknödel mit heißer Marmeladentunke und brauner Margarine waren. Da lachte sie und meinte, Sehn Sie, Sie wissen schon ganz gut in Ihrem Haushalt Bescheid, und mir wurde es in meiner Brust leichter. Ich ging mit meiner Mutter wieder langsam so wie vorhin nach Hause, gesprochen wurde wenig oder gar nicht, sie sah nur wie abwesend zur Erde und stocherte mit ihrem Handstock nach Steinen, die sie fortstieß, sie ging in ihre Tür rein, und ich mußte um das Haus herum in meine Hinterhauswohnung.

Mein einziger Gedanke war, wie Knödel gemacht werden, wie Marmeladentunke und wie braune Margarine. Bei der Krovin gab es mittags eingehackte Erdäppel mit gehackten Zwiebeln oder mal Kartoffelsuppe oder Kartoffelpuffer, die mit selbstgemachtem Sirup gegessen wurden, das wußte ich von meiner Mutter, die Krovin stellte ihren Kindern was auf den Tisch, weil sie schwer arbeiten mußten, ihre Kerle hätten ihr ja auch geholfen, wenn sie es wie meine Mutter gemacht hätte. An diesem ersten heutigen

Montag in meiner Ehe ging ich zu meiner Mutter und, mit beiden Händen die Türklinke haltend, frug ich sie, Mami, wie muß ich Knödel machen? Wie muß ich die Marmeladentunke machen? Wie muß ich es machen, daß die Margarine braun wird? Mach es so und so, erklärte sie mir. Ach, Mami, komm rüber, und zeig es mir. Sie meinte, daß es doch keine große Kunst wäre, aber sie wollte rüberkommen, ich sollte derweil vorgehen. Und dann kam sie, sie brachte alle vier Kinder mit und auch den Hund Schnuckl. Warum sollten sie auch nicht mit dabeisein, es waren ja meine Geschwister? Aber sie waren alle so unverträglich, und der Ernst mit seiner Mausstimme war am schlimmsten, vor Neugierde und Gier steckte er seine unsaubere Nase in den Teig, mit den schmutzigen Schuhen kniete er auf dem Sofa, und beide Ellenbogen auf das kleine Tischchen, das zwischen Sofa und Herd stand, er griff überall mit seinen unsauberen Fingern rein und leckte, jedes Stückl Papier wurde in die Hand genommen und mit der Zunge abgeleckt, es wurde sich um das Marmeladenpapier gestritten und mit den Fäusten geschlagen. Meine Mutter zerriß das Papier, riß für jeden Stückl Papier zum Ablecken weg, damit jeder was hatte, aber der Ernst mit seiner Mausestimme war wütend und auch die andern, jeder stritt, daß sein Papier kleiner und an seinem Papier nicht so viel zum Ablecken dran wäre. Es war, als ob man einen Sack Flöhe ausgeschüttet hätte. Meine Mutter sagte kein Wort zu allem, und ich wagte nichts zu sagen, weil ich ihre Hilfe brauchte. Die Schwiegermutter hatte die ganze Zeit an der Tür gestanden, sie stand da und guckte dem Trubel zu, und meine Mutter sagte zu ihr, Ich will ihr nur mal zeigen, wie die Knödel gemacht werden. Als der Hefeteig fertig war, mußte er eine Weile stehen, also ging sie mit Kindern und Hund und Lärm hinaus und sagte, Nach einer Weile komm ich wieder und geb die Knödel zum Kochen, und als sie wiederkam und den Teig mit einem Eßlöffel ausstach und ins kochende Wasser legte, stand die Schwiegermutter wieder an der Tür und guckte. Eine gehäufte Schüssel Knödel wurde es. Die Schwiegermutter war unterdes gegangen, und da sagte meine Mutter, Was ihr nicht aufessen tut, das gibst du uns.

Mittags kam der Gust, und seine Augen waren nur auf die Torte gerichtet. Wer hat die Torte gefressen, will ich wissen! Ich wollte seine Art und seinen Ton nicht tragisch nehmen und erzählte freudig von den Frauen vom Meierhof, ich war erschrokken, als er sagte, Die Torte hast du deinen Leuten zum Fressen gegeben, du kannst mir nichts erzählen. Er nahm die übriggebliebene Torte und ging mit langen, derben Schritten zur Tür hinaus und sagte, Bevor deine Leute die Torte kriegen, werd ich sie am besten naufgeben, und damit meinte er seine Mutter und seine Geschwister. Die Schüssel mit den Knödeln sah er erst, als er wieder runterkam, mißtrauisch frug er, Für wieviel Leute hast du denn gerechnet?, und ich wußte nicht, wie mir geschah, als er auch die Schüssel mit den Knödeln hinauftrug. Er verbot mir, daß meine Mutter und auch meine Geschwister in seine Wohnung kamen, und er drohte, den Hund Schnuckl zu erschlagen. Er frug nach dem Einkaufsbüchl, und sein erster Schritt vom ersten Ehetag an blieb der zum Einkaufsbüchl, das war am Mittag und am Abend seine erste Arbeit. Er sah sich die Tüten genau an, er beguckte jedes Stück von allen Seiten, ob es von mir gebraucht war oder ob was fehlte, das Brot guckte er sich mittags und abends an und frug, Hast du das alles gegessen, du hast bestimmt deinen Leuten gegeben. Ich getraute mich vom ersten Tag an nicht, Stückl Brot zu essen, denn er vergönnte nicht einmal mir, daß ich von seinem esse, und immer zählte er das Geld und verglich, und es kam auch vor, daß er mir nicht glaubte und alles zusammenpackte und hinauf zu seinen Leuten ging und seine Mutter sagen sollte, ob es stimmte oder nicht, und wenn er dann wieder zur Tür reinkam, drohte er mir, Wehe, du gibst deiner Mutter was, die kann von mir nichts kriegen, ich weiß, auf was die ausgeht, aber die kommt bei mir nicht an. Es tat mir leid, daß ich meiner Mutter von den Knödeln nichts geben konnte, und ich klagte ihr, daß er den Arbeiterfrauen vom Hof nicht mal Stückl Torte vergönnt hatte. Meiner Mutter ihr Gesicht war verzerrt, doch sie sagte kein Wort.

Am Dienstag scheuerte ich wieder meine Dielen. Ich freute mich, daß meine Mutter so früh zu mir rüberkam, denn ich brauchte sie heute wieder. Mami, wie muß ich Schweinebauch braten? Schweinebauch war am billigsten, und wenn es Sonntag war, roch es hier im Arbeiterhaus aus allen Fenstern nach Schweinebauch, mir hatte die Schwiegermutter ja gesagt, Ihr könnt alle Tage gut essen, gut leben, also gab es heute bei mir am Dienstag Schweinebauchbraten mit Kartoffelknödeln. Deshalb freute ich mich, daß meine Mutter aushelfen kam, aber sie sagte gleich, Walli, ich kann nichts einkaufen, heute früh hat der Albert schon ohne Stückl Brot zur Arbeit gehen müssen, du kriegst im Laden geborgt, borg auf deinen Namen, am Freitag geb ich dir das Geld zurück. Der Albert arbeitete mal in Deputat, wo er monatlich Mehl und Getreide als Monatslohn bekam, und mal für Wochenlohn, und am Freitag war dann für den Albert Auszahlung. Ich wollte meiner Mutter helfen, und wenn ich Schulden machte, so dachte ich, merkte der Gust es nicht, und wie es meine Mutter wünschte, kaufte ich gleich eine Menge ohne Geld ein, daß sie alle Tage satt zu essen hatten. Nur für meine Mutter machte ich Schulden auf meinem Namen, was niemand wissen durfte, sie hatte es ja fest versprochen, wenn der Albert ihr am Freitag Geld brachte, wollte sie es mir zurückgeben. Jeden Tag holte ich meine Mutter zu mir rüber, und immer hatte sie die Kleinen mit und den Hund Schnuckl, ich hörte sie immer schon von weitem, so einen Lärm machten sie, und kaum waren sie herinnen, kam die Schwiegermutter hinterher und blieb an der Tür stehen, die Arme über der Brust verschränkt, und guckte, und von meiner Mutter hieß es nur, Bring es rüber, was ihr nicht aufeßt! Mittags mußte ich lange auf den Gust warten, ich frug ihn dann, wo er so lange gewesen, das Essen wäre fertig. Beim Reinkommen hatte er seine stinkige Mütze tief über die Augen gezogen, und sie blieb die ganze Zeit auf dem Kopf. Ich stellte ihm das Essen auf den Tisch, er rührte nichts an, oder manches Mal aß er eine Kleinigkeit. Ich frug ihn, um mit ihm versöhnt zu bleiben, Gust, schmeckt es heute gut? Ich bekam keine Antwort, oder er brummte, Ich will, daß du das Essen kochst, und wenn du was wissen willst, ist meine Mutter da, ich will es nicht mehr hören, daß deine Mutter in meiner Wohnung war. Aber was war seine Mutter für eine Hilfe, ich bekam von ihr nur rohe Antworten, und es hieß von ihr, bei zwei Personen könnten wir gut essen und dazu noch sparen, und einmal hatte sie mir ein Rezept gegeben, das unmöglich war, daß meine Mutter den Kopf schüttelte und sagte, Da kann man nur sehn, auf was die aus ist. Aber der Gust sah das nicht ein, und er ging jeden Mittag erst zu seiner Mutter, weil die immer zum Fenster rausguckte und ihn hochwinkte, so sagte es meine Mutter. Es war vom ersten Tag an mit mir und dem Gust Haderei. Ich ließ auf meine Mutter und meine Geschwister nichts kommen und er auf seine Mutter nichts. Der Freitag kam, und mein Herz klopfte stärker, als hätte ich was verbrochen, ich getraute mich nicht, meine Mutter an das Geld zu erinnern, und als sich am Samstag auch nichts rührte, ging ich noch vor Ladenschluß, die Schulden zu bezahlen. Der Gust prüfte wie an jedem Tag das Büchl, Tüten und Geld. Hier fehlt doch Geld, wo ist das Geld? fuhr er mich böse an. Ich mußte ihn die Wahrheit wissen lassen. Darauf wurde der Gust noch wilder, So will es deine Mutter haben, die hat gedacht, die kann mit von uns leben, wenn sie uns verheiratet hat, das war ihr Plan, das haben alle gewußt, die Leute haben mich gewarnt vor dieser Heirat, derer werd ichs jetzt zeigen, daß sie sich geirrt hat, und naus war er zur Tür. Jetzt wackelten im Vorderhaus bei meiner Mutter die Wände, und ein Krach war, daß alle mithören konnten, dann hörte ich ihn raufmachen zu seinen Leuten, und meine Mutter kam zu mir, höchst aufgeregt und beleidigt, daß ich es dem Gust gesagt und es alle im Haus mitgekriegt hatten, und der Albert hätte sie auch ausgeschimpft. Ich weinte und sagte, daß ich doch nichts dafür könnte, ich hätte doch sagen müssen, wo das Geld abgeblieben war, aber sie meinte, ich hätte eine Ausrede finden sollen.

In der zweiten Flitterwoche brauchte ich meine Mutter wie in der ersten, und sie kam jetzt immer ohne Kinder, und die Schwiegermutter kam nicht mehr rein, aber sie lauschte an der Tür, das hatte meine Mutter gewußt, ich nicht, aber sie machte sich keine Gedanken, sie hatte zu mir die gleiche Sprache wie in der ersten Woche, sie sagte, Wenn du halt keine Schulden machen willst, dann borg mir Geld, mußt eben eine Ausrede finden, zu was du es ausgegeben hast, und mit Betonung setzte sie hinzu, Ich hab dafür gesorgt, daß du zu einem Heim gekommen bist, da kannst du mir mal aus der Not helfen. Ich gab meiner Mutter das Geld, und wenn der Gust kam, hatte ich den Mund voller Wasser, und vor meinen Augen war es neblig, weil ich wußte, was jetzt kam. Im Vorderhaus wackelten die Wände, der Gust ging hoch zu seinen Leuten, und ich blieb allein zurück, und dann stand meine Mutter auf meiner Schwelle und klagte, daß der Gust ihr im Haus Schande machte.

Da sie den Gust jetzt so recht kennenlernte, wollte sie ihn strafen, daß ich von ihm wegginge, das brüllte sie aus der Tür hinaus. Unterdes war die Schwiegermutter die Treppen heruntergekommen, und meine Mutter war im Schimpfen brutal, sie schimpfte die Krovin einen Schuft. Darüber fiel die Schwiegermutter bald in Ohnmacht, sie weinte und schrie, Ich soll ein Schuft sein, wo Sie mein Kind ausnutzen, er soll sich für Ihre ganze Familie plagen, das laß ich als Mutter nicht zu. Darauf wußte meine Mutter nur eine Antwort, Der Stierbeidl braucht sie ja nur fürs Bett. Die Krovin hielt sich mit beiden Händen den Kopf, rannte die Treppen hinauf und schrie verzweifelt, Mei ormo Gustl säll ä Schtierbeidl sei. Ich hatte nie etwas zu meiner Mutter gesagt, aber sie wußte Bescheid. Der Gust hatte mich ja schon am ersten Tag wissen lassen, daß er mich nur seines unreinen Blutes wegen geheiratet hatte, der Doktor hatte ihm gesagt, er brauche eine Frau, er hätte eine scharfe Natur, und dazu hatte er mich geheiratet, wie sich das anhörte, und wie weh es in meiner Brust tat, als er sagte, Ich hab dich nicht geheiratet, der hot dich gewullt, und dabei zeigte er auf sein Geschlecht. Vielleicht wußte meine Mutter auch von dem Brief, den mir der Gust nach der Hochzeit übergeben hatte. Das war in der ersten Woche gewesen, als er zu mir gesagt hatte, Ich wollte dir was zum Hochzeitstag schenken, aber ich hab es mir nicht getraut, und er nahm einen Brief aus der Tasche, faltete ihn umständlich auseinander, tat, als ob er ihn läse oder auch nicht, und dabei hatte er immer so ein komisches Lächeln. Er reichte mir einen vier Seiten langen Brief hin und sagte, Heute kannst du ihn lesen, der ist für dich, du mußt wissen, wie eine Ehe sein muß, hier hast, lies ihn, und wenn ich heute abend komme, sagst du mir, wie er dir gefällt, und mit einem Lachen wie von einem schüchternen Bürschl zog er den Kopf ein und eilte hinaus. Ich las und las und verstand gar nicht, was das sein sollte, ich war zwanzig Jahre alt, aber was ich hier las, mußte ich paarmal lesen. Ist schade, dachte ich, daß er mir den Brief nicht am Hochzeitstag gegeben hat, da wär aber alles zu Ende gewesen. In dem Brief stand, Ich bin ganz arm in die Ehe gekommen, ich kann Dir nur einen Großen, Starken mitbringen, ich hab einen Großen, Starken, der nur Dir ganz allein gehören soll, mein Großer, Starker soll mein Ehegeschenk sein, und was er noch dazu meinte, kann ich niemandem erzählen, ich hatte noch nie von solchen Sachen gehört. Am Abend kam er mal nicht mit finsteren Augen herein, er tat verschämt und kroch herum, weil er erwartete, daß ich damit anfing, und als ich nichts sagte, frug er, Wie gefällt dir denn mein Brief, den du vor der Hochzeit lesen solltest? Da sagte ich, daß ich ihn nicht zu Ende gelesen hätte und daß für mich eine Ehe was anderes wäre. So einen Brief gibt man keiner Frau! Ich hab gedacht, du wirst dich drüber freuen, sagte er langsam und verwundert. Ich gab ihm keine Antwort drauf und legte ihm den Brief wieder hin. Ich wußte nicht, ob eine Ehe so sein mußte oder nicht, ich hatte ja mit keinem drüber sprechen können, meine Mutter hätte sich lustig gemacht und es unter die Leute gebracht, dabei mußte ich von der ersten Flitterwoche an zum Arzt gehen, und der Arzt meinte, daß das ein Scheidungsgrund wäre, und ich schwieg darüber, weil ich damit noch sehr verschämt war. Trotzdem hatte meine Mutter davon erfahren, vielleicht meinte sie es gut, wenn sie sagte, Geh von ihm weg, jetzt hast du noch kein Kind von ihm, und ich sollte mir alles überlegen. Die Schwiegermutter ließ mir aber keine Ruhe, sie stand mit gefalteten Händen vor mir und bettelte, ich sollte das nicht tun, er hätte mich gern, und sie tat, als würde er daran sterben. Was sie mir vorlamentierte, glaubte ich ihr ebensowenig wie das Gutgemeinte von meiner Mutter, aber was für ein Leben wäre das, wenn ich als verheiratete Frau auf der Landstraße zum Arbeitsamt laufen müßte? Ich versprach, daß ich bei ihm bliebe, dabei wärc ich am liebsten meiner Mutter gefolgt. Doch ich hatte sie in diesen Tagen noch mehr erkannt. Als sie frug, Also, was ist, hast du es dir überlegt, die Ehe geht nicht, ich habe mich getäuscht, sagte ich ihr, daß ich Frau Krov versprochen hätte, bei dem Gust zu bleiben. Ist gut, sagte sie, wenn du denkst, aber ich werd mich nicht mehr um dich kümmern. Es hatte ja alles einen Grund, sie wollte das Möbelzeug haben, denn es hieß, daß die Mutter im ersten Jahr ihr Recht darüber behielt, und wenn wir auseinandergingen, wollte sie alles zurückholen, und meine Mutter glaubte, daß ihr dann allein das Möbelzeug gehören würde. Darüber war dem Gust seine böse Meinung, daß er die Axt nehmen und alles zerhacken tät, wegnehmen ließe er sich nichts mehr. Weil ich meine Mutter gut kennengelernt hatte, konnte sie mich mit allen bösen Beschwörungen nicht von ihm wegreißen, und deshalb schrie sie in ihrem Haß, daß ich nie wieder über ihre Schwelle kommen sollte.

Ich stand da wie im Sturm, denn trotz aller Verwünschungen wollte ich meine Mutter nicht verlieren, ich rannte hinaus, rannte ihr hinterher, wollte zu ihr, aber sie hatte ihre Tür verriegelt. Mit schlappen Beinen ging ich zurück in meine Wohnung, mitten in der Stub blieb ich stehen, ich wußte nicht, welchen Weg ich gehen sollte, ich sah kein Ziel mehr und keinen, der zu mir hielt, ich dachte nur, Sterben möcht ich, nur der Tod ist gut für mich, und ich trank Wäscheblau, weil es hieß, daß dieses blaue Pulver, das man ins Spülwasser gibt, Gift sei, ich verrührte eine große Menge davon in ein Glas Wasser, es ging schwer hinter, aber ich schluckte. Befreit von allem Sturm und Gelebten und mit einem wohlen Gefühl legte ich mich auf das Sofa und wartete, elend war mir zumute, aber der ersehnte Tod kam nicht. Über meinen mißglückten Selbstmord habe ich nie erzählt, nur in meinem großen Brief schreib ich darüber. In meiner Ratlosigkeit hatte ich ihn versucht, er mißglückte mir, die Spuren sah ich in meinem Gesicht. Ich wankte zu meiner Mutter, aber sie hatte kein Herz, sie tat, als wäre mein Leichengesicht ein gemachtes Aussehen, und wollte mich gleich zu der Tanti nach Seestadtl schleppen, mich zum Gespött vorstellen. Die Tanti war nicht da, und so eilte sie von Tür zu Tür und sagte, Ihr müßt euch die mal angucken, wie die aussieht, daß ihr dere ja nicht glaubt, die hat sich ihr Gesicht so gemacht, die denkt, die kann die Leute verdummen, nicht mal meinen Namen sagte sie, sie sagte die. Zu allen Leuten, die sie traf, sagte sie das gleiche, Guck dir die mal an, wie die aussieht, die hat dir einen guten Mann, kann ich dir sagen, und dabei zwinkerte sie so komisch mit ihren Augen und lachte dabei versteckt. Ich ertrug sie in ihrem Hohn und Spottgelächter nicht mehr und wankte zu der Goschulap-Mantschi, die mich mit Mitleid in die Wohnung ließ. Herr Goschulap sagte, Wie sehn Sie denn aus, in Ihrem Körper ist nicht mal mehr ein Blutstropfen.

Von diesem Tag an machte mir meine Mutter das Leben schwer, sie wollte mir nicht verzeihen, daß ich keine Ausrede gefunden und sie damit verraten hatte, und vom Albert wurde ich deswegen gehaßt, und es ist geblieben bis heute. Der Gust hatte seine Mutter, die gut mit ihm war und ihn nicht verließ. Die Schwiegermutter wußte, warum ich meiner Mutter nicht mehr über die Schwelle kommen durfte, aber ich fand bei ihr keinen Schutz, sie ging mit meiner Mutter wieder zusammen und machte mir mit mein Leben unerträglich. Ich trennte mich nicht vom Gust, so wie es meine Mutter haben wollte, und es hieß immer von mir und mit Absicht, daß ich einen guten Mann hätte und deshalb bei ihm bliebe, ich fand es besser, wenn ich das zu ihr sagte, ich wollte stark bleiben. Und wenn es gar nicht mehr ging, befaßte ich mich mit Selbstmord, es durfte niemals sein, daß ich als verheiratete Frau vom Mann weglief und dann auf der Landstraße, nein, dann lieber tot sein!

Unsere Flitterwochen vergingen mit Verdruß. Viele Leute merkten, daß ich in der Ehe nicht glücklich war, sie sahen mir mit Mitleid ins Gesicht, und so mancher sagte, Verliebt, verlobt, verheiratet, jetzt kann nur noch die Scheidung kommen. Aber ich wollte mit ihm leben und verheiratet sein, und über allem tat mir mein Herz nicht mehr weh. Ich kochte jetzt selbst, ich kochte nach Gedanken, und der Gust bekam dicke Backen. Wenn wir aßen, stand die Schwiegermutter in unserer Tür und paßte auf, was wir aßen und ob es ihrem Gust auch schmeckte. Der Schweinebauch war das billigste Fleisch und wurde von jedem gekauft, in der Ofenröhre ließ ich es schön braun braten und Kartoffelknödel, Sauerkraut oder ohne Sauerkraut, dann würzte ich das Fleisch mit Paprika. Paprika am Schweinebraten, tadelte meine Schwiegermutter, das ist nicht gut, das geht auf Blasen und Nieren. Als sie ihren Gust noch bei sich hatte, machte sie mit ihm im Essen Ausnahmen, und nun hätte sie gerne gehört, daß der Gust sich über mein Essen beklagte, aber der Gust sagte, Alles, was recht ist, kochen kann die Walli, und das gefiel meiner Schwiegermutter nicht, und sie tadelte den Paprika am Schweinebauch. Da sagte der Gust, Der Walli ihr Essen schmeckt zuwenigstens nach was, die Walli kocht besser als du. Was sagst du? fuhr seine Mutter hoch, und der Gust sagte es noch einmal, Deine Soße ist ja nur Wasser, dein Essen hat keinen Geschmack, was die Walli kocht, das schmeckt zuwenigstens. Beleidigt und weinerlich schrie seine Mutter, Das sagst du mir, wo ich deine Mutter bin, und die Tür krachte zu. Die Krovin wollte für ihre Jungen immer nur die beste Mutter sein, und jetzt mußte sie sich von ihrem Lieblingssohn das sagen lassen. Im großen und ganzen war der Gust für viel Fleisch und Wurst und Speck essen, das war ihm am liebsten, eine Pfanne Fleisch und eine Frau im Bett, Arbeit brauchte er keine. Als der Gust wieder mal zu seinen Leuten raufging und dann runterkam, war er ganz geknickt, wer weiß, was ihm seine Mutter alles gesagt hatte, daß ich mit dem Geld rumschmeißen konnte, weil wir nur zwei Personen waren, denn von nun an gab er mir noch weniger Geld, und ich frug ihn nach nichts, ich mußte eben mit Schulden anfangen. Als ich doch mal wissen wollte, wieviel er verdiente, sagte er, Das geht dich nichts an, du mußt mit dem zufrieden sein, was ich dir gebe. Nur das eine hatte sich geändert, er zählte kein Geld mehr und kümmerte sich nicht darum, was eingekauft wurde, und das war für mich eine Erleichterung. Aber es war immer nur seine Wohnung, und nur er allein hatte zu bestimmen. Mir war es einerlei, ich wünschte mir nur ein friedliches Leben.

Ich gab mir Mühe mit ihm, er sollte ein anderer Mensch werden, ich putzte ihm jeden Morgen die Stiefel und hatte ihn überredet, sich seine stinkigen Lumpen auszuziehen und dafür den Hochzeitsanzug zu tragen, der ja doch nur im Schrank hing. Waschen wollte er sich nicht, er war wasserscheu wie seine Mutter, früh sprang er in seine Sachen, drückte sich seine Schlappmütze, die ich nicht anrühren durfte, mit beiden Händen auf das ungekämmte Haar. Er hatte immer grimmige Laune, und weil er zu spät zur Arbeit kam, hieß er sie alle in Arsch lecken. Ich scheiß off denen!

In dieser Zeit war ich schon sehr einsam. Meine Mutter kam nicht, weil sie mich strafen wollte, selten kam die Tanti mit ihren beiden Männern, dabei hatte ich eine eigene Freude, wenn ich Besuch bekam. Besuchkriegen fand ich schön, so was Friedliches, so was Feierliches, und die Freude und die Vorbereitung, wenn Besuch erwartet wurde, das wünschte ich mir auch mit schweren Seufzern, aber der Gust war zu allen Leuten unhöflich und wollte keinen in der Wohnung haben. Zu den Krovs kam ein junger Bursche, der Greisl-Sepp, er war ohne Arbeit und kam alle Abende, und in den ersten Wochen kam er auch zu uns rein, aber am dritten Abend verriegelte der Gust die Tür und sagte, Der soll draußen bleiben, der hat hier nichts zu suchen, der denkt wohl, der kann jeden Abend kommen. Ich sagte, Laß ihn doch kommen, Unterhaltung ist auch schön. Ich will aber niemanden in meiner Wohnung haben! Und als es an die Tür klopfte, war der Riegel vorgeschoben. Der Gust wollte mit mir nur allein sein, nur seine Mutter hatte von ihm die Erlaubnis, zu jeder Tageszeit hereinzukommen.

Meine Mutter machte sich über den Gust seine Eifersucht lustig, Das ist nichts Gutes, der ist krank, und du denkst, der hat dich gern, und sie lachte und riß den Mund weit auf, weil Eifersucht keine Liebe ist, wie ich es mir einbildete. Aber ich suchte ja trotz allem Bösen nur das Verstehenwollen. An einem Tag, als ich mit ihm am offenen Fenster lag, ich hatte meinen Arm um seine Schultern gelegt, kam seine Mutter vorbei, sie grüßte uns, aber mit einem Gesicht, daß der Gust mit einer knappen Bewegung meinem Arm herunterschleuderte. Ich trug ihm das nicht nach, aber er ging seitdem an mir vorbei und sagte, Wenn du dir noch soviel Mühe gibst, meine Liebe kriegst du nicht, meine Liebe gehört meiner Mutter, du giltst mir gar nichts! Soviel zu unserem Frieden in der Ehe. Nur zu einem hatte mir meine Mutter zum Glück verholfen, aber sie mag halt wieder mit Belohnung gerechnet haben, denn ich bekam auf meine Arbeitsjahre von der Versicherung eine Auszahlung, das bekam man, wenn man geheiratet hatte. Die Arbeitszeit in Deutschland wurde mir nicht angerechnet, von Deutschland waren ja auch keine Papiere da, weil in unserem Haushalt alles verlorenging, aber für drei Arbeitsjahre zahlte man mir dreihundert Kronen aus, unter dem gab es nichts, und bei mir kamen gerade so drei Jahre zusammen. Der Gust nahm das Geld gleich an sich und trug es wochenlang hinten in der Backentasche seiner Arbeitshose, bis seine Mutter das mitkriegte und ihm sagte, daß er das Geld nicht so lose mit sich rumtragen dürfte. So konnte ich trotz Krach und Spektakel über das Geld verfügen, ich kaufte Kohlen für den Winter und für den Gust einen Anzug und einen Wintermantel. Und an einem Vormittag stand auch meine Mutter wieder in meiner Stub. Walli, du borgst, da kannst du mal was für mich borgen! Sie nutzte mein Alleinsein aus, sie wußte, daß ich ihre Wünsche erfüllte. Und wieder wackelten im Vorderhaus die Wände, und meine Mutter stand anschließend in meiner Tür und verfluchte und verwünschte mich und verbot mir ihre Wohnung.

Wie sehnte ich mich in meiner Ehe nach einem Jemand! Wenn der Gust morgens zur Arbeit ging, heizte ich den Ofen und löschte das Licht, dann legte ich mich auf das Sofa und sah zur Decke. Es war so heimisch, wenn ein Stück Glut in die Asche fiel, und wie es dann aufblitzte, und die Stille dazu, das Feuer im Ofen wurde kleiner und kleiner, die hellen Streifen an Decke und Wand trüber, hin und mal ein Aufblitzen, wenn ein Funke in die Asche fiel … Einmal besuchte ich auch die Mutter, ich dachte, weil sie zur Hochzeit so gut zu mir gewesen war, könnte ich ihr mein Herz ausschütten, mich über meine Ehe beraten lassen. Ich hatte mich auf ihr Kanapee gesetzt. Ihr Gesicht war weich, als sie frug, Sag, was hat dir denn geträumt, hast dir denn alles gemerkt und ins Büchl geschrieben? Ich suchte nach einer Antwort und seufzte, Ach, Mutter, ich weiß gar nicht, was ich in den Tagen geträumt habe, jedesmal wenn ich aufwache, ist der Traum weg, ich kann mich nicht erinnern. Ich konnte sie die Wahrheit nicht wissen lassen, von der Brautnacht an hatte ich nur von Streit und von Sichscheidenlassen geträumt, das hatte mich unglücklich gemacht, weil ich mich nicht scheiden lassen wollte, und die Mutter wartete nur auf glückliche Träume. Sie machte ein komisches Gesicht, aber es wurde wieder hell, und sie sagte ganz lieblich, Sei nicht empfindlich, du hast jetzt ein Heim und einen Mann, der für dich sorgt. Ich hörte ihr stumm zu. Richte dich nach deinem Mann, er ist ein guter, ordentlicher Mensch, wenn er auch mal hadern tut, sei nicht so empfindlich! Ich sah ein, daß ich über unsere Ehe nicht die ganze Wahrheit wissen lassen konnte, sie tröstete mich mit so süßen Worten, was sollte ich ihr darauf sagen?

Viele Leute konnten es nicht fassen, daß ich bei dem Gust blieb, sie sprachen mich auf der Straße an, oder im Geschäft merkte ich, wie wenig ihnen der Gust an meiner Seite galt, wir gingen deshalb wenig an die Öffentlichkeit, und zum Tanzen waren wir schon lange nicht, weil der Gust eifersüchtig war. Im Haus hatten auch viele über unsere schlechte Ehe was mitbekommen, und sicher wurde darüber auch woanders erzählt. So mußte es wohl der Herr Verwalter erfahren haben, der ein stolzer und strenger Herr war. Er kannte mich von früher vom Meierhof her, als ich der Arbeit auf Hof und Feld nicht gewachsen war, schon früher, als ich außerhalb arbeitete, hatte er sich zärtlich nach mir erkundigt. Gleich nach unserer Heirat hatte er den Gust zum Kutscher befördert, daß er Überstunden machen konnte, und wenn der Gust die Familie des Verwalters zu den Schwiegereltern fahren mußte, gab seine Frau ihm für mich immer ein Kuchenpaket mit, aber das ließ der Gust seiner Mutter zukommen. Der Verwalter meinte es noch besser und wollte den Gust nach Billin als Aufseher versetzen. Ein Aufseher hat Arbeitsfrauen unter sich, er gehört mit zu den Beamten, hat Monatsgehalt und mehr Wohnraum. Davon wußte ich nichts, bis der Gust an einem Abend wütend kam und drauflosschimpfte. Ich denk gar nicht daran, wegen dir geh ich nicht von meiner Mutter weg, und er hörte nicht auf meine Bitten, er war wütend auf den Verwalter, daß ich darüber keine Unterhaltung mehr wagte. Von da an hörte ich nichts mehr, und ich frug nichts. Und wütend war der Gust, er war keinen Tag mit seiner Arbeit zufrieden, er fluchte, er schimpfte, daß ich schuld daran wäre, daß er die Kutschenpferde bekommen hatte, alle Tage Kutschen waschen, Pferde waschen, ihnen die Hufe schmieren, und dann noch diese langen Pferdeschwänze, die er auch waschen mußte, und wenn er keine Ausfahrten hatte, mußte er mit den zwei schwachen Schimmeln leichte Arbeit machen, wie Stroh fahren oder nach Keitz in die Mühle Kleie holen oder Jauche fahren. Er haßte die Sauberkeit und weil es noch wegen mir war. Der hatte alle Tage eine Wut!

In mir war es immer traurig, daß ich mit meinem Leben weiterleben mußte, wir kamen aus der Wohnung nicht raus, und zu uns kam niemand rein. Am Anfang unserer Ehe war ich nicht für Kinder gewesen, erst sollte was gespart werden, und ich versprach dem Gust, daß ich im Sommer mitarbeiten wollte, ich wollte auch erst sehen, ob wir Kinder ernähren konnten, meinen Kindern sollte es nicht so ergehn wie meinen Geschwistern. Hierauf hatte der Gust nicht geantwortet, ihn kümmerte es nicht, ob so oder so, und meine Mutter sprach heute zu ihm, Äh, Gustl, Sie müssen sehn, daß Sie mit ihr mal fortgehn, ihr müßt halt was trinken, Sie werden sehn, Sie haben einen Engel im Bett, und die Krovin, was meine Schwiegermutter war, jauchzte dabei vor Spaß.

Im Februar, es war noch Faschingszeit, hatte die Krovin auch mal was Gutes für uns übrig, sie sagte, In Weinerts Gasthaus ist Faschingsball, geht nur mal hin, ihr seid in den Flitterwochen, Brautleute gehören auf den Fastnachtsball, weil ihnen das Glück in der Ehe bringt. Der große Saal war nicht überfüllt, aber als ich mit dem Gust die erste Runde tanzte, spürte ich seinen starken Daumen in meinem Rücken, ich konnte nicht atmen, und was er für eine Figur beim Tanzen hatte, und die starren Augen warf er hin und her, ob einer auf mich guckte, und er drehte sich auf den Fußspitzen, ich kam mit ihm nicht vom Fleck. Ich wollte dann nicht mehr tanzen und stand nur noch auf, wenn mir die Ehre geschenkt wurde. Der Grund-Karl, der auch einmal mein Verehrer war, wagte sich heute als erster zu mir, ohne den Gust zu beachten, kam er an den Tisch. Und dann war einer da, der Hildebrand-Nand. Wir hatten uns lange nicht gesehen. Der Nand war allein, er nahm sich lange Zeit, bis er zu einer Ehrentour kam. Hinter dem Rücken vom Gust blieb er stehen, machte eine Verbeugung, und mir wollten beim Aufstehn und Aufihnzugehn die Augen naß werden, ich stand vor ihm mit dem Gedanken, Er ist verheiratet. Ich legte langsam meine Hand auf seinen Arm, und er stand noch immer, rührte sich nicht, er nahm sich Zeit, bis er seinen Arm langsam um meine Hüfte legte, mit der anderen Hand meine Hand nahm. Ich merkte, wie er meine Hand drehte und auf meinen Ehering sah, so standen wir immer noch, sein fremdes Gesicht sah an mir vorbei. Endlich begannen wir die ersten Schritte, es war ein schöner Walzer, der durch und durch ging. Nur nicht weinen, nur nicht weinen! In seinem Arm fühlte ich mich, als wär was Unrechtes geschehn. Er hatte seine Augen immer auf meiner rechten Hand, sah an meinem Arm hoch, mal einen Blick in mein Gesicht, als wäre ich ihm was schuldig. Wenn ich einen heimlichen Blick in sein Gesicht tat, war in seinen schwarzen glänzigen Augen Vorwurf zu erkennen. Er ist nicht glücklich in seiner Ehe, dachte ich, ich bin auch sehr unglücklich. Endlich sah er lächelnd in mein Gesicht, er sagte, Sie haben geheiratet, und mir wurden die Vermählungswünsche und Blumen ins Haus gebracht, viele Blumen wurden mir geschickt. Ich verstand nicht, was er meinte, und frug, Haben Sie denn auch an diesem Tag geheiratet? Ach wo, ich habe doch gar keine Hochzeit gehabt, Sie haben geheiratet, und mir haben die Leute Vermählungswünsche und die Blumen gebracht. Was hat denn da Ihre Frau gesagt? Was denn, ich habe doch gar keine Frau. Aber Sie sind doch verheiratet! Ich bin nicht verheiratet, wer kann denn so etwas von mir sagen. Ich habe aber doch gehört, daß Sie verheiratet sind und in Komotau wohnen. Wer hat denn so etwas gesagt? Na, alle Leute sagen es. In diesem Moment fuhr ein Schreck in mich, als ich meine Mutter vor meiner Hochzeit nach dem Hildebrand-Nand frug, war es ihr nicht recht gewesen, ich hörte sie sagen, Daß du dich nicht nach ihm erkundigst, der ist verheiratet und geht dich nichts an. Wir sahen einander ins Gesicht, mir kam es vor, als wär er viel schöner geworden, oder es kam mir heute nur so vor, weil ich ihm heute zum erstenmal so lange fest in seine Augen sah. Er wandte sich ab, als könnte er meine Augen nicht ertragen, und sprach wie für sich, Ich habe einmal jemand gehabt, für mich gab es nur dies eine Mädchen, ich habe lange auf sie gewartet, aber sie hat einen andern geheiratet, sie ist für mich verlorengegangen, jetzt gibt es für mich kein Mädchen, für mich sollte nur das eine Mädchen sein. Weil ich es nicht fassen konnte, daß meine Mutter so schlecht war, bat ich ihn, Sagen Sie es mir doch, sind Sie verheiratet? Er schüttelte traurig den Kopf. Ich sagte, Als ich noch im Josefsheim war und meine Mutter wollte, daß ich heirate, habe ich meine Mutter gefragt, ob Sie was von Ihnen weiß, sie sagte, Sie wären schon lange verheiratet. Da sah er mich an und drückte mich ganz fest an sich, so fest, daß ich mich nicht wehren konnte, und ich sah nach allen Seiten, ob die Leute was merkten und schlecht dachten, aber in allen Gesichtern war nur Trauriges. Sogar die Kapelle schien alles zu wissen, sie spielte ohne Pause einen Walzer nach dem anderen, und die schwarzen Augen vom Hildebrand-Nand glänzten wie ein Spiegel. Ach, jetzt geht mir ein Licht auf, kam es plötzlich aus seinem Mund, jetzt wird mir erst einmal alles klar, und dann sagte er nichts weiter, und auch ich war mit meinen Gedanken beschäftigt, weil mir auch ein Licht aufgegangen war. Ich hätte was unternehmen müssen, sagte er, aber das habe ich nicht getan, es wurde so viel Schlechtes geredet, auch, was die alles gesagt haben, und ich habe alles geglaubt, es hat mich zurückgeschreckt, und jetzt sieht alles ganz anders aus, ich hätte heute nicht hierherkommen dürfen, da brauchte ich es nicht zu erleben, was ich mir hab zuschulden kommen lassen, ich werde für diesen Fehler keine Ruhe mehr finden, und jetzt ist es zu spät. Er merkte, daß meine Augen ihn hilfesuchend anflehten. Jetzt muß es so bleiben, wie es ist, sagte er. Während er sprach, sah er an mir vorbei, er konnte meine erschreckten Augen nicht ertragen, denn es war wie ein Schlag auf mein Herz, mit diesen Worten ließ er mich verstehen, daß ich dem Gust für immer überlassen bin, das war ein hartes Wort, und ich dachte an meine böse Mutter, und er, der alles wußte, daß es durch sein Verschulden für mich so kam, weil er nichts unternommen hatte, überließ mich dem irregegangenen Weg, er wollte Neudorf verlassen und nie mehr zurückkommen. Mein Herz war verzweifelt, ich hätte schreien können. Ist denn niemand, der zu mir hält, warum läßt er mich, wo ich bin, warum sagt er nicht, Ich nehm dich mit, warum sagt er, Das werden Sie nie erfahren, wo ich hingehe, dafür sorge ich. Das griff mich an, statt mir zu helfen, überließ er mich dem Fegefeuer, als letztes meinte er, ich sollte zu ihm kommen, er wollte mir die Vermählungskarten zeigen, die Blumen hätte er sehr lange aufgehoben, bis sie schon ganz verwelkt waren, aber die Karten wollte er sich zum Andenken aufheben. Jetzt fehlt mir nur noch ein Bild von Ihnen, das ich mit dazulegen möchte, sagte der Hildebrand-Nand. Er hielt mich fest in seinen Armen, aber weil er mich dem Ungeheuer überließ, war ich bös und wehrte mich und ließ mich auf meinen Platz führen, auch wenn er bettelte, Walli, bleib mal stehen, hör mich doch nur einmal an, ich muß dich noch was wissen lassen. Ich war zu tief verzweifelt, die

Tränen aus meinen Augen tropften herunter, ich konnte ihn nicht mehr sehn, und der Gust hielt nach mir Ausschau. Der Nand griff langsam nach meiner Hand und drückte sie mit beiden Händen wie auf Nimmerwiedersehn, ohne ein Wort blieben wir voreinander stehen, ich tappte auf meinen Platz, und als ich mich setzte, stand er noch immer. Ich hielt es auf dem Saal nicht mehr aus, und so verließen wir sofort das Vergnügen. Ich frug dann noch mal meine Mutter, warum sie mich so betrogen hatte. Ihre Meinung war grob und befehlend, Ich wollte, daß du mit dem Gust zusammenkommst, sei froh, daß du ihn hast. Über diesen Abend wollte ich nun mein ganzes Leben leiden, aber es war, als hörte ich eine Stimme, die mich tröstete, Deine Leute sind sehr schlecht, die würden dafür sorgen, daß die guten Leute Abstoß zu dir bekämen, und so hat der Nand mich als ein gutes Mädchen in Erinnerung und trägt sich mit der Schuld, daß ich ihm verlorenging, und weil meine Mutter mir so grob über den Mund gefahren war, sagte ich ihr, daß ich nichts bereute und sogar sehr froh wäre, der Hildebrand-Nand wäre für unsere Familie viel zu schade gewesen. Nein, nein, so ist es gut! Nach diesem Faschingsabend gingen wir noch einmal in den Nachbarort Keitz zum Tanz, das war das letztemal, daß wir fortgegangen sind. Auf dem Weg nach Hause mußte der Gust mich bald auf dem Rücken tragen. Nach diesem Vergnügen waren am Morgen meine Glieder wie Blei so schwer, und meinen Kopf konnte ich nicht gradehalten.

Als sich herausstellte, daß ich schwanger war, lachte der Gust und sprang um mich herum und stach mir mit gespreizten Fingern in die Rippen, mal hier, mal da, und wieherte dabei und drückte seine Augen auf und zu. Iech sieh nischt, iech sieh nischt! rief er, aber er freute sich nicht auf das Kind, er lachte mich aus und neckte mich, und sein Kichern und Wiehern war geradeso, als ob er seine Pferde quälte. Meiner Mutter sagte ich in aller Ehrlichkeit, daß ich glücklich wäre, ein Kind zu haben. Ich werde nicht mehr allein sein, ich werde ein Kind haben, was mir gehört! Weil meine Mutter es sich anders vorgestellt hatte und es nicht nach ihrer Fuchtel ging, brummte sie, No, do hostä ä wos, wonn dä ä Kind host. Oh, Mami, du weißt gar nicht, wie ich mich freue, ich werde nicht mehr allein sein, ich werde ein Kind haben, das mir gehört.

Mein Körper wurde schlank, mein Gesicht hatte eine siechende Farbe, die Augen lagen in tiefen Schatten, und in meiner Mutter Augen leuchtete die Schadenfreude. Jetzt kann sie sich nichts mehr auf ihre Schönheit einbilden! Die hat es im Kreuz sitzen, das wird eine schwere Geburt, meinte sie. Ja, so wie ich heute litt, so wollte es die Krovin, was meine Schwiegermutter war, und der Gust wollte es so haben und meine Mutter auch. Dabei hatte ich andere Sorgen. Ich hatte nie ein Zuhause gehabt und immer nur nach Arbeit gesucht, und heute in meiner Ehe sah es noch trauriger aus. Der Arzt hatte gesagt, daß ich keinen Verkehr haben durfte, aber das wollte der Gust nicht glauben, er sagte, Du bist grod wie ä Viech, ä Viech hot a mit amull gänuch, aber von ihm weg konnte ich auch nicht, auch wenn er immer sagte, Du bist nur meine Sklavin, du bist mir nur gut im Bett, meine Liebe gehört meiner Mutter. Was sollte aus mir und dem Kind werden? Ich litt sehr, daß sogar meine Schwiegermutter, die mich wohl paar Tage nicht gesehen hatte, erschrocken frug, Was ist denn mit dir los, bist zu kranke?

Es kam zu unserem ersten Auseinandergehn, das aber nur drei Tage dauerte, jeder ging zu seiner Mutter, und die Krovin war froh, ihren Sohn wieder zu Hause zu haben. Er durfte sich noch am selben Tag ein Fahrrad auf Teilzahlung kaufen, und am Abend fuhr er mit seinem blitzenden Fahrrad hin und her, damit ich ihn ansehn sollte, gewaschen, rasiert, geputzte Schuhe und mit dem Anzug, den ich ihm von meinem Steuergeld gekauft hatte. Ihn rührte es nicht, wie es mir ging, er konnte frei und ledig sein, ich war ja schwanger und somit gebunden. Den Schlüssel zu unserer Wohnung hatte er behalten, weil die Mutter ja alle Sachen abholen wollte, aber sie war nicht recht dafür, weil eine geschiedene Frau verachtet wurde und nur der Tod eine Ehe trennen sollte. Die Tanti hatte die gesündeste Meinung, ich sollte mich scheiden und das Kind wegmachen lassen, da wär mir viel Not und Leid erspart geblieben! Im Haus sagten sie zu meiner Mutter, daß die Krovin mit dem Gust Ärger hätte, jede Nacht käme er betrunken nach Haus, und früh wollte er nicht aufstehn und zur Arbeit gehn. In der Nacht, bevor wir wieder zusammengingen, hing er an unserem Schlafzimmerfenster und weinte, Meine Walli, meine Walli, ich will zu dir, meine Walli, komm zu mir zurück. Meine Mutter steckte eiligst ihren Stumpf in die Prothese, und ohne sie festzumachen, trampelte sie eiligst hinaus, und sie tat, als wollte sie nicht, daß die Leute im Haus ihn hörten, und brachte ihn hineingezerrt. Dann saß er auf dem Sofa und weinte wie ein Kind, und meine Mutter hielt ihn an ihrer Brust und zog ein trauriges Gesicht, als müßte sie mitweinen. Den Gust ließ sie über Nacht bei uns auf dem Sofa schlafen, in seiner Betrunkenheit wußte er nicht, wo er war, er wollte schon hin und mal aufstehn und nach Hause gehn, aber meine Mutter hielt ihn fest, und als er am Morgen aufwachte, sah er beschämt umher. Meine Mutter tat sehr lieblich mit ihm, und als es Tag war, ging sie wie eine Pflichtbewußte zu der Krovin, und an diesem Tag gingen wir wieder zusammen.

Im stillen hatte ich mir vorgenommen, nur so lange mit ihm zu leben, bis ich das Kind zur Welt gebracht hatte, wie ich es groß brachte, daran wollte ich noch nicht denken, am liebsten hätte ich mich hinter einem Strauch verkrochen, und meine Mutter redete immerzu, daß das Auseinandergehn die Liebe auffrischt. Du wirst sehn, er wird jetzt mit dir ganz anders sein! Aber er blieb der gleiche, kein freundlicher Blick, keine Wärme, den Kopf gesenkt und unter der schmalen Stirn hervorstierend. Der da will dich hom, owo iech will dich nich!

Der Herr Verwalter meinte es immer wieder gut mit uns, er sorgte dafür, daß im Hof für uns eine Wohnung frei wurde. Der Gust wollte nicht einmal diese Wohnung nehmen, bis der Verwalter mit Entlassung drohte. Da zog er den Kopf ein, daß vom Hals nichts mehr zu sehn war, und schwor mir mit Wut, du änderst an mir nichts. Wir zogen in die Zweizimmerwohnung ein, die nach einem ehemaligen Speicher aussah, große Fenster mit starken Gittern, die erste Stub war so groß, daß unser ganzes Möbelzeug darin verschwand, und die zweite Stub war so klein, daß grade zwei Betten Platz hatten. Ich erinnere mich, daß ich immer das Wasser aus dem Ochsenstall holen mußte und die Braunkohlen von der Molkerei, die draußen im Haufen lagen und von dem ich nehmen durfte, weil wir keinen Keller hatten, und wenn ich den Gust auf dem Hof traf, da ließ er mich ruhig beide Eimer tragen, er lief neben mir her, die Hände in den Hosentaschen. Aber ich sagte nichts und war froh, daß ich von den beiden Müttern weg war. Ich begann wieder als Tagelöhnerin zu arbeiten, wir hatten auf einem Stück Acker für die Rüben zu sorgen, und der Adolf, mein Schwager, und seine Frieda hatten ihr Stück nebenan. Der Gust machte nur am Anfang mit, dann kam er nicht mehr. Ich vergönnte mir nicht viel Ruhe, ich wollte was verdienen, ich dachte an einen Kinderwagen mit Spitzenkissen und Seidendecke und überwand mein Unwohlsein und meine bleiernen Glieder. Der Adolf lobte mich sehr, Arbeiten kann die Walli, das muß man sagen, das hätte ich ihr nicht zugetraut, und er nannte mich Schurteufel, weil ich so flink war und viel schaffte, und das gefiel sogar der Krovin. Als das Rübenverziehn zu Ende war, begannen wir mit dem Hacken, und über Mittag blieb ich immer draußen, Essen und Trinken hatte ich mitgenommen. Beim Rübenhacken fiel ich auf dem Feld in Ohnmacht. Nebenan arbeitete ein junger Mann, er machte für seine Frau, die auch Tagelöhnerin war, nach seiner Arbeitszeit das Rübenhacken, sonst arbeitete er auf dem Schacht, sonntags waren sie zusammen auf dem Feld. Sie wunderten sich, daß der Gust mich allein arbeiten ließ. Als ich ohnmächtig wurde, wurde ich von diesem Mann unter einen schattigen Baum gelegt, und als ich aufwachte, begann ich heftig zu weinen, daß er mich mit guten Worten tröstete, und ich dachte, So ein fremder Mensch ist ganz anders als alle, zu denen ich gehöre, warum bleib ich nur, es ist, als ob mich ein Magnet festhält. Aber das traurigste von allem war, daß ich auf mein Geld kein Recht hatte. Er, der Gust, bestimmte und ließ sich mein Geld auszahlen, ich wollte damit nicht einverstanden sein, da sagte er, Das könnte dir so passen, damit du es deiner Mutter geben kannst. Ich dachte doch gar nicht daran, ich brauchte es für mich, ich hatte nichts mehr zum Anziehn. Du brauchst nichts zum Anziehn, sagte er, zieh das an, was du hast, du bist noch lange nicht nackig, du willst dich immer nur schön machen, das leide ich nicht, du kannst arbeiten, über dein Geld bestimme ich, das ist mein Recht! Von Kinderwäsche wollte er auch nichts hören. Dazu ist noch lange Zeit! Und seine Mutter wagte sich sogar zu sagen, Ein anständiges Mädchen bringt die Kinderwäsche mit in die Ehe, und ich ließ mir das gefallen, weil ich dachte, es muß alles so sein.

Das Rübenhacken im Akkord konnte ich nicht durchhalten, und als ich zu Hause bleiben wollte, sagte der Gust, Bilde dir nur nicht ein, daß du von mir ernährt wirst. Da mußte ich mit anderen Tagelöhnerinnen bei der Ernte aushalten. Die Felder waren weit draußen, und es war eine große Hitze schon am Morgen, manches Mal mußten wir eine Stunde hinlaufen, und immer wie eine Schafherde und vorneweg der Aufseher mit Spazierstock. Wenn wir arbeiteten, lag er die ganze Zeit im Schatten unterm Baum, und wir Frauen wurden von ihm angetrieben. Beim Nachhausegehen um elf Uhr lief er hinter uns, und weil er nicht nachkonnte, schimpfte und wetterte er, Wenn es nach Haus geht, da könnt ihr laufen, aber beim Nausgehn da bringt ihr eure Beine nicht fort, da muß man euch treiben! Jede Frau sah zu, daß sie schnell nach Haus kam, wir mußten ja erst im Ofen Feuer machen und uns mit dem Essen beeilen, damit wir uns pünktlich um dreiviertel eins auf dem Hof versammelten. Wir Frauen bettelten immer, daß er uns eine Viertelstunde früher vom Feld ließ, aber er hätte uns lieber eine Viertelstunde länger arbeiten lassen, weil wir ihm zuwenig machten. Zum Mittagessen hatte ich an Bratkartoffeln gedacht, mit Speckwürfeln, die Kartoffeln hatte ich schon am Morgen gekocht, und den Speck hatte ich mir am Tage vorher gekauft und wollte ihn mir für paar Tage aufheben, denn ich mußte das wenige Geld, das ich vom Gust bekam, einteilen. Die Schulden hatte seine Mutter bezahlt, daß sie es mit seinem Geld tat, ließ sie nicht wissen. Als ich an diesem Mittag vom Feld kam, sah ich den Gust in aller Ruhe auf dem Sofa liegen, die Beine übereinander und das Stück Speck in der Hand, dazu Brot und Messer in der anderen Hand, so lag er da, und der Ofen war noch kalt. Alles, was im Haus war, aß der Gust auf, und draußen auf der Straße sah man ihn auch mit einem Stück Wurst in der Faust. Ich habe niemals was gefragt oder was gesagt, ich kam ihm nicht mit Launen oder Vorwürfen, mein Herz war nur gekränkt, wie er so sein konnte. Er lag mit dem Rücken auf dem Sofa und beobachtete kauend jede meiner Bewegungen, und als ich mich mit meinem schmerzenden Kreuz hinsetzte, um die kalten Kartoffeln mit Salz zu essen, sagte er, Komm her zu mir. Ich ging nicht, da holte er mich, er zerrte mich und sagte, Bei andern kannst du ja auch, mir kannst du nichts vormachen.

Die Arbeit war sehr schwer, aber die Frauen konnten trotzdem sehr ausgelassen sein, oft waren es nur unverschämte Unterhaltungen, daß der Aufseher sagte, Pfui, ihr Weiber, schämt euch. Aber er hörte es gerne, und wenn es so paßte, griff er ihnen unter den Rock, daß sie nur so jauchzten. Seine Frau arbeitete über den Sommer mit im Tagelohn, sie war der größte Schweinigel, sie ließ ihre Furze fahren, wie ich es noch nie gehört hatte, und ihr Mann rief dann immer, Liene, schäm dich. Die Frau des Aufsehers war mit meiner Mutter zur Schule gegangen, sie hatte immer nur zu lachen und war immer ordinär, und die anderen Frauen hielten sich an sie, um bei dem Aufseher gutzutun, sie wurde von ihnen auch nicht mit dem Familiennamen Parte gerufen, sondern Aufseherin. Ich selbst nannte sie auch Frau Aufseher, weil man es nicht anders kannte. Dieses Ehepaar hatte einen Sohn, heute war er noch Schuljunge, er sah ganz wie der Vater aus, in den Wangen runde Grübchen, und als er aus der Schule kam, wollte seine Mutter, die Frau Aufseher, einen Pfarrer haben, eine kurze Zeit war er dabei, dann gefiel es ihm nicht, und er lernte Fleischer, und als der Krieg neununddreißig begann, wurde er ein großer SS-Mann, und seine Mutter war stolz auf ihn, und in der Nacht lag sie am Fenster und betete für ihn, daß ihn der liebe Gott behüten möge. Aber heute ist neunzehnhundertvierunddreißig, da hatten sie nur ihre Schweinigeleien im Kopf. Unter den Frauen waren zwei alte tschechische Frauen, wie alle diese Frauen in einfacher Kleidung, weite, lange blaue Leinenröcke, weiß gemustert, und die Bluse aus gleichem Stoff, eine weite halbe Schürze, die hinten mit zwei langen Schleifen gebunden wurde, dazu das Kopftuch, auch aus dem gleichen Stoff. Diese beiden alten Frauen hielten sich immer für sich, sie waren sehr ruhig und fleißig und mir sehr sympathisch, ich hielt mich an sie, aber in Unterhaltung kam ich selten mit ihnen, weil ich zu ruhig war. Einmal hatte ich mich beim Frühstück, oder war es am Nachmittag beim Vesper, neben sie gesetzt, weil ich Fragen an sie hatte, ich wollte wissen, warum sie in ihrem Alter noch so schwer arbeiten mußten. Die ich angesprochen hatte, verstand Deutsch, und sie antwortete mir freundlich, daß sie in ihrem Leben immer nur schwer gearbeitet hätte, von Kind an, sie wäre es gewöhnt. Ich sah, daß sie sehr schlechte Füße hatte, und wollte wissen, warum, und sie meinte, vom schweren Arbeiten wären die Füße durchgetreten. Warum die Frauen so hohe Bäuche hätten? Ja, das ist vom Kinderkriegen, sagte die Frau, wir haben geboren und mußten gleich wieder schwer arbeiten, davon haben wir Frauen den dicken Bauch behalten. Sechzehn Kinder hatte sie zur Welt gebracht und achtzehnmal selbst abgetrieben. Ich bekam große Augen und frug, Oh, haben Sie denn das ausgehalten? Die andere Frau sprach gar nichts, sie guckte hin und mal fragend auf mich und nickte, wenn die andere mir meine Fragen beantwortete. Diese beiden Frauen waren so alt, daß sie meine Großmütter hätten sein können, und ich wünschte mir, daß meine Mutter mit mir so verständig spräche.

Jeden Dienstag und Freitag mußten wir im Hof Säcke tragen. Der Aufseher bestimmte paar Frauen dazu, und die, die sich untern Rock greifen ließen, waren für ihn die bessere Sorte, die schickte er in die Futterställe zum Schweizer, Grünfutter schneiden oder ähnliches. Ich erschrak, als er mich auch zum Säcketragen bestimmte, mir wurde vor Angst ganz heiß, und nur mit der größten Anstrengung und mit pochender Schläfe und zittrigen Beinen brachte ich einen Sack auf den schmalen Holztreppen hinauf. Bei dieser Gelegenheit griff der Aufseher mir auch noch unter den Rock, und ich brach zusammen und der Sack auf mich drauf. Es kümmerte sich keine von den Frauen um mich, sie trugen die Säcke hinauf wie nichts. Da wurde der Sack von mir heruntergehoben, und zwei gute Hände hoben mich auf, es war ein Slowak, der in der Saison auf dem Meierhof arbeitete, er trug für mich den Sack hinauf und machte dem Aufseher Vorwürfe. Der Gust hatte mit seinen Pferden in der Nähe gearbeitet und alles mitangesehen, er kam hinzugestürzt, und es sah aus, als wollte er den Slowaken verprügeln. Der Aufseher tat, als hätte er nicht gewußt, daß ich schwanger war, dabei hatte er alle Tage zu mir gesagt, Die Ohren werden von mir eingesäumt, es muß doch bald soweit sein, sagen Sie es mir nur, Ohreneinsäumen ist meine Arbeit. Am kommenden Tag darauf bestimmte er mich wieder zum Säcketragen, und die Frauen meinten dazu, Das ist gut, dann rutscht es bei der Entbindung nur so raus. Und wieder brach ich vor Erschöpfung zusammen. Der Aufseher sagte dann einfach, Wenn dir die Arbeit zu schwer ist, dann mußt du eben zu Hause bleiben. Da geh nur zu deiner Mutter, sagte der Gust, ich geh wieder zu meiner Mutter.

Als die Mutter diesmal von unserem Auseinandergehn hörte, kam sie mit der Tanti und ihren beiden Männern und holte alle Möbel ab. Derweil blieb der Gust in der Wohnung, weil er mir im Falle eines Falles die Wohnung nicht vergönnte, aber das war nicht nötig, ich hätte ja arbeiten müssen, um die Wohnung zu behalten. Mein Befinden wurde alle Tage schlechter. Ich lag meiner Mutter zur Last, und Essen hatte sie selbst nicht. Ich war jetzt den siebten Monat schwanger und hatte keinen Heller Geld. Von früh bis zum Abend mußte ich ihr dröhnendes Geschimpfe und ihre Verwünschungen anhören, Hast dir einen Ranzen aufhängen lassen, jetzt scheißt er dich nicht mehr an! Sie dröhnte den ganzen Tag, verfluchte und verwünschte das Kind, Von so einem Judas hat sie sich einen Ranzen aufhängen lassen. Es war ihr so richtig wohl dabei. Sie verlangte von dem Gust, daß er mich mit Geld unterstützte, und er gab ihr zur Antwort, Das könnte dere so passen, nicht arbeiten und von mir Geld haben wollen, daß sie fressen und sich ein schönes Leben machen kann. Damals bestanden die Mutter und die Miez darauf, daß ich die Schwangerschaft unterbrechen ließ. Aber ich hoffte ganz stark auf mein Kind, weil ich auf der Welt nicht mehr allein sein wollte. Da kam meine Mutter auf eine andere Idee, ich sollte das Kind ins Findelhaus geben, sie sagte, Es kommen reiche Leute hin, die keine Kinder haben, die holen sich vom Findelhaus Kinder, und die reichen Frauen suchen Ammen, die wollen ihre Kinder nicht selbst stillen, weil das die Schönheit nimmt, und deshalb suchen sie Ammen. Meine Mutter schmiedete schon wieder Pläne, Oh, was denkst du, was du dir für Geld machen kannst, wenn du als Amme gehst! Als ich Findelhaus hörte, lief mir eine Gänsehaut über. Es wurde für mich fast nicht zum Aushalten, und ich wußte mir nicht anders zu helfen, als daß ich nach Seestadtl zum Doktor Steiner ging, ich ließ ihn alles wissen und mußte viel Wasser weinen. Er verstand mich, weil er meine Familie und Verwandtschaft kannte, aber er könnte mich erst vierzehn Tage vor der Entbindung ins Krankenhaus geben, jetzt war erst September.

Als auf dem Meierhof bekannt wurde, daß der Gust und ich uns getrennt hatten, wurde er von den Meierhofweibern ausgelacht, und sie meinten, Du bist schön dumm, jetzt, wo es umsonst ist, geht ihr auseinander. Das nahm sich der Gust an, er dachte nur an das Umsonstgehn und sagte zu meiner Mutter, Die kann Geld von mir nur kriegen, wenn wir zusammen sind. Da meinte meine Mutter zu ihm, er müßte eben mit zu uns rüberkommen, die Mutter gäbe die Möbel nicht wieder heraus. Der Gust war einverstanden, ihm war es ja einerlei, wo er mit mir zusammenlag. Dabei bettelte ich ihn immer, er sollte zu einer Kellnerin gehn, aber er sagte, daß zwanzig Kronen ihm zuviel wären. Es ist nicht zu schildern, wie es mir erging, ich sah in mein Leben, in meine Zukunft, die Zeit rückte näher, ich hatte keine Bleibe, keine Kinderwäsche, und der Gust frug nicht, was werden sollte.

Ich befaßte mich wieder mit Selbstmord, ich hatte gehört, daß eine Frau in Neudorf sich mit Lysol vergiftet hatte und sofort tot war. Bevor das Kind auf die Welt kam, wollte ich von allem befreit sein, es gab für mich keinen anderen Weg. Eine leere Flasche, die ich mir in der Apotheke mit Lysol füllen lassen wollte, stand auf dem Küchenschrank neben den weißen Porzellanbüchsen mit den blaugemalten Windmühlen drauf, ich saß auf dem Sofa, und meine Augen wurden naß, sooft ich auf die Flasche sah, und ich hatte sie von früh bis zum Schlafengehen vor Augen, aber niemand bemerkte mein Unglück. In meinem Leib bewegte es sich, es wollte leben, ich mußte mich zusammennehmen, denn mit meinem Vorhaben mußte ich warten, bis ich vom Gust wieder Geld verlangen konnte. Morgen war es soweit! Als ich von ihm die paar Kronen hatte, bereitete ich ein gutes Abendbrot, wie es noch nie dagewesen war und er und ich es nicht kannten, Bier, verschiedene geschnittene Wurst, auch Fisch, der nie auf unserem Tisch stand, das waren Delikatessen nur für die Reichen. Dem Gust fiel nichts auf, er aß und griff zu, als wäre alles selbstverständlich, nur meine Mutter machte Augen. Zum letztenmal, dachte ich und weiter nichts, zum letztenmal heute, morgen um diese Zeit bin ich oben im Himmel. Und am nächsten Tag ging der Gust ohne Gruß und ohne ein Wort, wie ich es von ihm nicht anders kannte. Was an Geld übriggeblieben war, war gerade noch so viel daß ich zum Frisör und zum Fotografen gehen und das Lysol kaufen konnte. Als erstes war mein Weg zum Frisör. Wenn die wüßten, wozu ich hier bin! Vom Frisör ging ich zum Fotografen. Im Dezember dreiunddreißig, noch kein Jahr war vergangen, waren wir hier als Brautpaar, und heute war Oktober vierunddreißig. Die Fotografin war eine ältere Jungfer, sie stutzte, als ich zur Tür reinkam, und erschrocken frug sie, Sind Sie denn die Wirth-Walli, die im Dezember geheiratet hat? Ich merkte, wie mein Gesicht kalt wurde, als ich sagte, Ja, das bin ich. Die Fotografin schlug die Hände zusammen und rief, Es kann doch nicht möglich sein, daß Sie das schöne Mädchen sind, die Walli Wirth. Ich blieb die ganze Zeit ohne Antwort. Nicht weit ab war die Apotheke. Ich stellte dem Apotheker die Flasche auf den Tisch und sagte, Ich möchte für zehn Kronen Lysol. Dann beobachtete ich, wie die Flasche mit der schwarzen Flüssigkeit von oben heruntergenommen wurde und wie die Flüssigkeit, dick und schwarz, in meine Flasche lief, ich konnte nicht lange hinsehn, erst als die Flasche eingewickelt dastand. Zu Hause am Tisch schrieb ich einen Brief, und meine Mutter trampelte nervös hin und her, und am liebsten wäre sie hergesprungen und hätte mir den Brief weggerissen, ich mußte auf sie achtgeben, es war spät geworden, und der Gust konnte bald kommen. Ich faltete den Brief zusammen, dann zog ich mein schwarzes Samtkleid an, das ich mir zur Beerdigung des Vaters hatte machen lassen, und ging hinaus. Draußen war es schon dunkel. Ich verriegelte mich im Klosett. Den Brief steckte ich in meinen Kleiderausschnitt, dann nahm ich die Flasche, starker Geruch kam mir ins Gesicht, ich machte meine Augen zu. Ich mußte schnell schlucken, bevor der Hals zu war, meine Schläfen begannen zu hämmern, immer lauter und heftiger, ich merkte, daß mein Kopf schwer wurde, er schaukelte hin und her. Warum lebe ich noch? Wie lange dauert es denn? Im Mund und Hals war alles schon sehr geschwollen, das Lysol wollte nicht mehr hinter. Ich will sterben! Warum lebe ich noch, warum bin ich denn nicht tot! Wie lange dauert es! Meine Schläfen hämmerten zum Zerspringen, ich merkte noch, daß ich keinen Halt mehr fand, und dann wußte ich nichts mehr.

Man hatte den Doktor Steiner aus Seestadtl herbeigerufen, der Krankenwagen brachte mich nach Komotau in Krankenhaus. Ich öffnete die Augen und erschrak, ich lag in einem Dreibettzimmer. Ein Bett war leer, aber am selben Morgen kam eine zweite Vergiftung, auch eine junge Frau und auch wegen Ehestreit, sie hatte Salmiak getrunken. Von dem, was ich jetzt leiden mußte, brauch ich nicht erzählen. Mit geschlossenen Augen befaßte ich mich weiter mit Selbstmord.

Die ersten paar Male kamen meine Mutter und die Tanti zu jeder Besuchszeit, sie verzogen scheinheilig ihre Gesichter. Meine Mutter wurde vom unreinen Gewissen gejagt, über meinen Selbstmordversuch hatte sie ein ungerechtes Zeugnis abgegeben, sie hatte ein Inserat in die Zeitung gesetzt, daß ich es wegen unglücklicher Liebe gemacht hätte, ich würde mir einen einbilden, der von mir nichts wissen will, und dabei hätte ich einen guten Ehemann. So hatte es in der Zeitung gestanden. Aber von dem Inserat wußte ich sehr lange nichts, hätte ich ausgesagt, was ich durch meine Mutter leide, wäre sie bestraft worden, aber ich hätte ihr nie im Leben was tun können, ich wollte sie mit meiner Natur überzeugen, aber das machte sie noch stärker in ihrem Wahn, daß ich von ihr verhext wär, und das alles nur, weil ich den Vater in seinem Tod geehrt hatte. Die hot den Olten in sei Tud geehrt, däs läß ich dere nich geschenkt! Nun saßen sie an meinem Bett, und meine Mutter sprach mit Überzeugung, daß ich ein blindes Kind haben würde. Darauf sagte ich, Das Kind wird nicht blind sein. Ai jo, das Kind wird wirklich blind sein, däs wirst du sehen, und dafür wirst du bestraft. Ich sagte, Das kann niemand zaubern, daß mein Kind blind sein soll. Nach ihnen kam der Gust, ich wunderte mich, daß er sich nicht um die beiden kümmerte und sich auf die andere Bettkante setzte. Sooft meine Mutter und die Tanti kamen, klagten sie mir die Ohren voll, daß das Kind blind sein würde, weil das Gift sich auf die Augen gelegt hätte, auf meinen Zustand nahmen sie keine Rücksicht, sie beschworen, daß Selbstmord mit

Gefängnis bestraft würde. Wenn du gesund sein wirst, holt dich die Polizei, das hast du jetzt davon! Ich merkte, wie sie sich verstohlen in die Augen sahen, wie sie beobachteten, wie ich reagierte, als warteten sie nur drauf, daß ich vor der Polizei Angst hätte und ich es noch mal riskierte und dann weg wäre. Jetzt merkte ich ganz deutlich, daß ich ihnen kein Recht geben und ihnen keine Angst zeigen durfte. Der Gust gab zu allem kein Wort, er guckte nach der andern Seite, als wäre er gar nicht für mich hier, nur einmal sagte er, daß er immer nur am Sonntag kommen könnte, weil er sonst Arbeit versäumte. Meine Mutter und die Tanti kamen danach noch zweimal, und da hatten sie sich etwas anderes ausgedacht, sie verlangten von mir, daß ich den Gust nicht mehr kommen lassen sollte, sie sagten, Wir kommen nur noch, wenn du dich von dem Gust trennst, du muß wissen, wer dir lieber ist, ob du uns lieber hast oder den Gust haben willst, wenn du den Gust haben willst, ziehen wir uns zurück. Weil sie mir wie böse Hexen vorkamen, die nur nach meinem Untergehn trachteten, sah ich ihnen nur hin und wieder mal in die Gesichter und sagte, Wenn er kommt, ist es gut, und wenn er nicht kommt, dann ist es mir auch recht. Da erhoben sich beide wütend und gingen ohne einen Gruß. Die beiden Hexen ließen sich dann lange nicht mehr sehn, und den Gust ließ ich kein Wort wissen, was sie von mir verlangt hatten, ich wußte, daß er trotz allem nicht auf meiner Seite war. An Kinderwäsche erinnerte ich ihn nicht mehr, er kam immer mit leeren Händen, saß mit brummigem Gesicht und Falten auf der Nase da, so wie ich ihn nicht anders kannte, er wußte nicht mal, daß beim Kommen und Gehn die Hand gegeben wurde, und wenn die Besuchszeit zu Ende war, schämte ich mich, daß auf meinem Schränkchen nichts stand. So wie ich ihm nichts sagte, ließ er mich nichts drüber wissen, daß meine Mutter ihm zuredete, mich nicht zu besuchen, ich erfuhr es später, daß sie zu ihm gesagt hatte, Gustl, die ist von Ihnen weggelaufen, Sie müssen es darauf ankommen lassen, daß sie auf den Knien zu Ihnen gerutscht kommt, die weiß doch nicht, wohin, mir darf sie nicht mehr in die Wohnung, Sie müssen die büßen lassen. Und die Schwiegermutter hörte sich alles schweigend an, und der Gust kam nur noch selten zu Besuch.

Hier im Krankenhaus war auch eine Kirche und jeden Morgen eine heilige Messe, dort betete ich und betete, alle Heiligen im Himmel rief ich an, Helft mir, laßt mich nicht allein, gebt mir Rat, was aus mir und meinem Kind werden soll. Wenn es sich im Leib bewegte, konnte ich es dem Kind nicht antun, daß ich mit Selbstmord ihm das Leben nahm. Helft mir, was soll aus mir und dem Kind werden! Ich betete auch in der Nacht, sooft ich vor Unruhe aus dem Schlaf schreckte, und ich hatte großes Herzklopfen, daß ich nach Hause geschickt würde, denn mit der Entbindung war es noch nicht soweit, und als der Doktor sagte, da können wir Sie ja jetzt nach Hause schicken, sah ich ihm mit so erschrockenen Augen und Atemanhalten ins Gesicht, daß er darauf meinte, Aber wir wollen nicht so sein, wir behalten Sie hier. Ich war so froh, konnte ich zuwenigstens noch etwas leben, konnte mein Kind sehn.

An einem Besuchstag staunte ich,da kam der Gust zur Tür rein und brachte mir etwas Kinderwäsche, zwei Hemdchen und paar geringe Windeln und ein ganz dünnes Kopfkissen, in das man das Kleine einwickeln konnte, ein blaues Einbindeband, an jedem Ende war eine Schleife. Das Kissen und das Einbindeband waren der Frau ihr Stolz, an solchen Kissen waren immer rundherum Spitzen, aber das war nur ein verwaschener einfacher Bezug und so dünn, kaum paar Federn drin, und er hatte ein blaues Einbindeband gebracht, dabei wußten wir nicht, ob es ein Junge oder ein Mädchen wurde. Der Gust meinte dazu, daß es von seiner Mutter wäre, sie hätten nur blaue Bänder gehabt, die Farbe wäre ja auch einerlei. Ich war sehr froh, daß er überhaupt was gebracht hatte, das war ja auch Tag und Nacht meine Sorge gewesen.

In dieser Zeit verlor ich schon Wasser, aber es kümmerten sich kein Arzt und keine Hebamme darum, und deshalb sagte ich nichts. Als der Gust diesmal hier war, wir sahn mitnander im Vorraum aus dem Fenster hinunter, erzählte er doch mal etwas, Alle Leute sagen, deine Mutter ist verrückt, oh, was die den ganzen Tag schimpfen tut, du sollst das mal hören, was die über dich alles sagt und laut herumbrüllt, die Leute gehn ihr aus dem Weg, niemand will mit ihr was zu tun haben, an der Miez, damit meinte er meine Schwester, die Mausi, an der läßt sie jetzt die Wut aus, die hat keine gute Stunde mehr, und wenn sie auf sie schimpft, dann sagt sie jedesmal, Du bist grad so eine elende Sau wie die Sau in Komotau. Ich machte einen tiefen Seufzer. Ich wußte ja, was zu Hause los war, mir tat die Mausi von Herzen leid, aber ich konnte ihr nicht helfen, ich lebte ja selbst ohne Ausweg. Ich sah den Gust von der Seite an, er sah wie ein feiner Herr aus, den guten Anzug, den Mantel, alles hatte er von mir, aber Hilfe konnte ich von ihm nicht erwarten. Ich begleitete ihn bis an die Treppe, er sagte nicht, daß er wiederkommen wollte, er sprach nicht, was aus allem mal werden sollte, dabei wußte er doch, daß ich nicht wußte, wohin. Niemand ahnte, wie es in meiner Brust aussah, nur das eine Gute war, daß ich bei der Visite nicht mehr gefragt wurde, Na, wie lange dauert es denn noch.

An einem Sonntag wurde ich von der Hebamme ins Entbindungszimmer geführt, und ich freute mich, daß mein Kind ein Sonntagskind wird. Auf dem Entbindungstisch wurde ich zum erstenmal untersucht, und das machte nur die Hebamme. Da das Kind sich bei mir noch Zeit ließ, mußte ich den Tisch für eine andere Entbindung frei machen, ich wurde in den Waschraum geschoben, dorthin, wo man dem lieben Gott überlassen war. In der Nacht die Stille, dic Einsamkeit, das schwarze Fenster, ich sah den Himmel mit den Sternen und dem Mond. Es ist derselbe Mond, dachte ich, wie er mir in Pürstein im Armenhaus schien. Du bist der einzige, du läßt mich in meinem trüben Leben nicht allein, so sprach ich zum Mond. Am Morgen kam sich alles waschen, es ging schweigsam zu, immer wenn ein Bett dastand, kamen die Frauen mit Scheu in den Waschraum. In meinem Jammer suchte ich in ihren Gesichtern, ob sie ein gutes Leben hatten, denn das Gute ist die Mutter, denn eine Mutter ist das Haupt im ganzen Leben. Wie hätte ich nach ihr rufen können, Mami, Mami, komm zu mir! So verging die Nacht und der nächste Tag, und als die Visite kam, blieben sie nur vor der Tür stehen und machten sie wieder zu, und ich fürchtete mich vor der nächsten einsamen Nacht. Die Dunkelheit brach schon herein, ein schwaches Notlicht brannte. Ich bekam Besuch, sie brachten ein altes Mütterchen, das nur vom Betteln lebte, sie war von der Treppe gestürzt und hatte eine schwere Gehirnerschütterung und schrie immerzu,

Auwähi, mei Kopf. Sie wurde gebadet, weil sie sehr schmutzig war, und kam in ein vergittertes Bett. Sie ließen mich mit der tobenden Frau allein, die immerzu schrie, Auwähi, mei Kopf, und vor Angst vergaß ich mein eigenes Leiden, ich beobachtete im Dämmerlicht nur diese Frau. So lag ich hier mit meinem Schicksal, es war mir, als wäre ich gar nicht mehr auf dieser Welt, ich mußte zusehn, wie die Frau elend sterben mußte. Am zweiten Tag kam die Visite an mein Bett, was sie sprachen, verstand ich nicht mehr, sie gingen wieder hinaus, und ich machte die Augen zu und wollte sie nicht mehr aufmachen, ich merkte, daß mein Bett hinausgeschoben wurde. Vielleicht komme ich in die Leichenhalle. Aber als ich die Augen aufmachte, stand mein Bett im Wochenzimmer, im Körbchen lag mein Söhnchen. Frau Janda, was die Hebamme war, sagte, Ganz der Mutter aus dem Gesicht geschnitten.

Mein Sohn wurde am sechsundzwanzigsten November neunzehnhundertvierunddreißig geboren. Ich konnte mich an nichts erinnern, ich konnte nicht lächeln, ich sah im Körbchen ein kleines Püppchen liegen, so klein, daß man es in eine Schuhschachtel hätte legen können, vier Pfund schwer war es, und es hatte eine weiße Haut wie Milch und weiße lange Haare, und weil es mein Ebenbild war, hatte ich es noch lieber.

Zum Waschen hatten andere Badetücher, mein Kind mußte mit einer Windel abgetrocknet werden, und die Hebamme mußte mir Puder und Seife geben, und alle Tage mahnte sie mich, warum ich kein Badetuch für das Kind hätte. Es war mir peinlich, und ich mußte dem Gust schreiben, ich borgte mir eine Postkarte, es blieb mir nichts anderes übrig, und er kam auch. Wenn ich so die anderen Männer sah, sie beugten sich über das Körbchen, und ihre Gesichter freuten sich, aber der Gust saß wie ein alter Grommlatt hier, so wie ich ihn am ersten Tag kennengelernt hatte. Ich sagte, daß er sich doch mal das Kind ansehn sollte, da meinte er, Ich kann keine kleinen Kinder leiden, wenn sie klein sind, kommen sie mir vor wie kleine Schweineln, wenn sie groß sind, hab ich sie gern, aber kleine Kinder ekeln mich an.

Zehn Tage blieb eine Wöchnerin im Krankenhaus, dann konnte sie nach Hause gehn, und am Tage vorher wurden die Kinder in der Krankenhauskirche getauft, es waren dann alle Angehörigen und Paten da, auch die Hebamme ging feierlich mit in die Kirche. Der Gust hatte gesagt, Du wirst mit zu uns kommen, wir haben ja auch keinen Platz, aber was sollen wir anders tun. Mir klopfte mein Herz, daß er mich auch abholte, aber er kam nicht. Weil es schon Abend war, durfte ich mit dem Kind im Waschraum übernachten. Ich wußte nicht, was werden sollte, ich hatte ja nicht mal eine Decke, und das dünne Kissen war grad, als hätte ich das Söhnchen nackt auf dem Arm, und es war Monat Dezember. Am Morgen wurde der Meierhof angerufen, daß ich im Stich gelassen worden war und ich mit einem Neugeborenen wartete. Da kam der Gust mit seinem Bruder Seff. Ich guckte, als er mit dem Seff ins Zimmer kam, weil ich gewollt hatte, daß mein Bruder Albert der Pate würde. Was soll denn der Junge für einen Namen haben? frug der Gust. Ich hatte an den Namen Franz gedacht, weil es von meiner Mutter Herkunft viele Franzen gab, mir gefiel der Name, und ich hätte gern einen Franz gehabt, und auch eben darum, weil dieser Name in unserer Herkunft so eingebürgert war. Aber da dachte ich an den Krov-Franz, dem Gust sein dritter Bruder, der nichts wert war, darum wollte ich keinen Franz haben. Und weil es kein Albert wie mein Bruder werden konnte, gab ich unserm Sohn ganz einfach den Namen Gustav. Der Gust taugte ja auch nichts, aber mir fiel im Moment nichts weiter ein. Warum soll er denn grad wie ich heißen, brummte der Gust, er war der Vater, und es war ihm nicht einmal recht, daß sein Sohn seinen Namen haben sollte. Wenn der Seff Pate ist, sagte ich, da heißt er eben Gustav Josef, wenn du nicht willst, daß er so wie du heißt, kann er ja auch Päppi genannt werden. Für die Taufe in der Krankenhauskirche war es für mein Kind zu spät, deshalb mußte es in der Stadtkirche getauft werden, das verlangte die Hebamme so, sie sagte auch, daß der Gust mir seinen Mantel zum Anziehn geben sollte und auch seinen Schal, sie sagte, So können Sie Ihre Frau nicht nach Haus nehmen, um Gottes willen, sie holt sich ja den Tod. Er mußte seinen Mantel ausziehn und den Schal runtertun, um meinen Kopf band ich mir eine Windel. Es lag kein Schnee, dafür war es sehr naßkalt, trüb und neblig, und Niesel kam ins Gesicht. Das Kind steckte in dem dünnen Federkissen, und zum Anziehn hatte es nur das dünne Hemdchen und das dünne Jäckchen, kein Kind ging so armselig hinaus. Die Hebamme wollte auch nicht, daß ich das Kind trug, sie sagte dem Gust, Ihre Frau ist zu schwach, sie hat viel durchmachen müssen. Aber als wir draußen waren, gab der Gust mir das Püschl. Hier hast, trag es selbst! So gingen wir zur Taufe in die Stadtkirche. Dem Gust war alles zuviel, und er hatte Wut und brummte den ganzen Weg über. Es war eine riesengroße Kirche und ganz leer und eisige Kälte darin. Ich kniete als einzige, und der Gust und der Seff standen mit dem Püschl auf dem Arm vor dem Altar, ich wollte beten zur Heiligen Mutter Gottes, daß sie mein Kind ein Leben lang behütete, daß aus ihm ein guter Mensch würde, ich wollte beten, aber die Kälte zog mir meinen Körper zusammen, und meine Zähne schlugen klappernd aufeinander, so daß ich zu keinem Gebet kam, und das Kind schrie aus Leibeskräften. Das Kind muß die Kälte gespürt haben.

Mit dem Bus kamen wir in Neudorf an. Also, geh mit Gott hinein, sagte der Gust, als wir vor der Schwelle standen. In seinem Ton klang so was Unsicheres, und in meinem Herzen wurde die Angst noch stärker. Wir kamen mit dem schreienden Kind die Treppe hinauf, der Seff machte die Tür auf, und der Gust blieb hinter mir und schob mich in die Wohnung. Die Krovin kam und bekreuzigte mich, Gott segne dich in deinen Wochen, dann riß sie mir das schreiende, strampelnde Kind aus dem Arm und eilte mit ihm zum Tisch und wickelte es schnell auf und segnete es mit dem Daumen auf der Stirn, Kinn und Brust, und das Kind wälzelte sich und schrie mächtig. Ich war an der Tür stehengeblieben, sah in der Küche das Sofa und das Bett mit bunter sauberer Bettwäsche bezogen, in dem Bett sollten wohl der Gust und ich schlafen und das Kind in einem Wäschekörbchen. Ich sah von einem auf den andern. Niemand gab mir die Hand, die Kerle schlichen ohne ein Wort hin und her, und die Krovin war ewig mit dem Kind beschäftigt.

Das Kind schrie noch immer, es hatte seit heute mittag nichts gehabt, und als ich ihm an diesem Abend die Brust geben wollte, war die Brust hart wie Stein und wund gebissen. Die Krovin sagte, ich sollte meine Brust über die heiße Ofenplatte halten, damit sie auftaut, und ich machte es auch, beugte mich mit meiner nackten, schmerzenden Brust über die heiße Ofenplatte. Mir wurde schlecht und neblig, ich konnte mich noch zur rechten Zeit zurückfallen lassen, ohnmächtig lag ich auf dem Fußboden. Ich spürte, daß kaltes Wasser in mein Gesicht gespritzt wurde, ich machte die Augen auf, da befahl die Schwiegermutter, Das Kind muß die Milch abtrinken! Das Kind biß nur in die Wunde rein und schrie. Die Krovin schickte den Jüngsten, den Karl, zu der Hebamme, um ein Ziehglas zu borgen. Außer Atem kam er zurück, das Ziehglas wurde angesetzt und gepumpt, aber es kam nur Blut. Ich war sehr beschämt, mit der nackten Brust saß ich hier mitten in der Stub und mußte mich von allen ansehn lassen, ich selbst konnte mir nicht helfen. Da ich mit dem Ziehglas keine Milch herausholte, sagte die Schwiegermutter, mit Spott und lachendem Gesicht auf ihre Kerle sehend, Das ist grad wie bei einer Kuh, eine Kuh geht leicht zu melken, und die andere Kuh geht schwer zu melken, und sie jauchzte lustig oben hinaus, und ihre Kerle verzogen die Gesichter zu einem Lächeln. Das Ziehglas wurde der Hebamme zurückgebracht, und da die Hebamme auch nicht weiterwußte, meinte die Krovin, es sollten Topfdeckel auf der Ofenplatte gewärmt und mir auf die Brust gelegt werden. Die beiden jüngsten Burschen, der Karl und der Seff, rannten vom Ofen her zu mir um die Wette und legten mir die Deckel auf die Brust, dann wurden Windeln gewärmt und aufgelegt, und sie rannten hin und her, legten und hielten die warmen Windeln auf meine Brust. Ich saß hilflos auf meinem Stuhl und ließ alles geschehn. Da gab mir die Schwiegermutter wieder einen Stoß ins Herz. Es gibt Frauen, die wollen ihrem Kind die Brust nicht geben, weil sie um ihre Schönheit Angst haben, sie wollen ihre Schönheit nicht verlieren! Ich sah jedem ins Gesicht, was sie darüber dachten, ich merkte zu meiner Beruhigung, daß dem Adolf seine Augen ganz weich wurden, und beim Vorbeigehn sah er mir das erstemal ins Gesicht und auf meine Brust. Oh, man schämt sich, aber wenn es so ist, dann schämt man sich nicht! Die Krovin befahl, daß das Kind an die Brust getan wurde, und es faßte wie ein ausgehungertes Tier zu, und ich krümmte mich vor Schmerz, und aus meinen Augen liefen große stille Tränen, es war fast unerträglich, ich saß hier wie auf einem Folterstuhl. Der Karl rief ganz außer sich, Oh, wie ihm das Blut am Mund runterläuft, oh, guckt mal das Blut! Die Schwiegermutter rührte kein Mitleid, sie hob ihren Kopf und meinte, Das macht nichts, das Kind kann die Milch herziehn, und zu mir sagte sie, Das mußt du schon aushalten. Am andern Tag kam die Schwiegermutter mit einem Hausmittel, Leinsamen wurde in Ziegenmilch gekocht und heiß auf die Brust gelegt, und die beiden Jüngsten gaben sich die größte Mühe mit mir, sie kochten den Leinsamen und legten mir den heißen Brei auf die Brust. Hin und mal erlaubte es die Krovin, daß ich dem Kind die Flasche gab, aber nur, wenn sie es erlaubte, und von einem Nuckel wollte sie gar nichts wissen, es hieß von ihr, Dem Kind gehört die Brust! Weil sich das Kind gar nicht beruhigte und die Kerle deswegen die Augen verdrehten, weil sie die ganze Nacht nicht schlafen konnten, ging ich zu meiner Mutter, ich dachte, daß sie sagen würde, Komm rüber mit deinem Kind. Ich sah sie zusammen mit ihren Klatschweibern sitzen, ich war an der Tür stehengeblieben und wartete, daß sie mir ein gutes Wort sagte, aber ich wurde von keinem beachtet, meine Mutter unterhielt sich weiter, als ob sie mich nicht sähe, und von den Frauen bekam ich böse Blicke zugeworfen. Was ist denn eigentlich los, dachte ich unglücklich, warum tut sie mich nicht ansehn und läßt mich ohne ein Wort hier stehn? Meine Beine zitterten, ich wollte mich auf die Knie werfen und wollte zu ihr hinrutschen und bitten, Mami, sei gut zu mir, du weißt doch, daß ich dich liebhabe, du weißt doch, daß ich ohne dich nicht sein kann. Aber eine innere Stimme warnte mich, ihr nicht die Freude zu machen. Schau ihr Gesicht und ihre Augen an, du erreichst bei ihr nichts! Ich ging ohne ein Wort langsam rückwärts hinaus, vor Mattigkcit lehnte ich mich mit dem Rücken an die Tür, oh, wie war ich unglücklich und von all dem Durchgemachten so entkräftet, und dazu die schmerzende Brust und die Schwiegermutter, die sich freute, mich auch mal unter ihrer Fuchtel zu haben. Ich wollte weinen, aber das durfte die Krovin ja nicht merken. Nur nicht weinen, nur nicht weinen! Langsam wie eine Sterbende ging ich zurück, beide Arme hatte ich über dem Magen zu liegen, denn ich mußte meine schwere, schmerzende Brust stützen, die bis unter die Arme geschwollen war. Als ich wiederkam, sah die Krovin mir neugierig entgegen und frug, Du bist schon wieder hier? Ich sagte, Ach, mir hat es dort nicht gefallen, meine Mutter hat Besuch. Ich bemerkte, daß sie wohl wußte, was mich so schnell wieder zurückgebracht hatte.

Mit meiner Brust wurde es immer schlimmer, und wenn ich das Kind trockenlegte, kam niemand mir zu Hilfe, nur der Greisl-Seff, von dem ich schon mal sprach, der alle Tage bei den Krovs war, kam auch heute noch und sagte, Geben Sie her, Sie können ja gar nicht, und er windelte das Kind. Hin und mal sah die Krovin ein, daß das Kind die Flasche haben mußte, sie gab Zichorienkaffee ohne Milch, sie hätte ihre Kinder auch nur mit Zichorienkaffee großgezogen, und ich kannte es ja auch nicht anders aus meiner Kinderstube, aber es war ihr nicht recht, daß das Kind keine Milch herziehen konnte, und sie sagte wieder mit zusammengeschobenen Augenbrauen, Es gibt Frauen, die um ihre Schönheit Angst haben und dem Kind die Brust nicht geben wollen, weil ihnen mehr an ihrer Schönheit als an einem gesunden Kind liegt, das sind Rabenmütter, die ihrem Kind die Milch nicht vergönnen! Na, deine Mutter will dich wohl jetzt verhungern lassen, sagte sie, und sie tat mit dem Kind mitleidig. Ich gab keine Antwort und ließ mir nicht anmerken, daß ihre Worte mich beleidigten. Durch die Doppelfenster hörte ich die Stimme meiner Mutter bis zu mir herauf, und für mich war es schön, wenn ich ihre Stimme hörte. An einem Tag kam die Türb-Marie, eine Nachbarin, herein, halb weinend stand sie an der Tür und sagte, Ach, ist die Frau Wirth eine garstige Mutter, Ihre Mutter wünscht Ihnen den Krebs in die Brust, Ihre Mutter hat ihren Hexenhut auf und will in die Kirche beten und Kerzen aufstellen gehen, daß sich ihr Wunsch erfüllt, gerade jetzt hat sie geschrien, Die elende Sau hier oben, die muß den Krebs kriegen! Ich drehte mich um, damit mir niemand meine Verzweiflung und meine Enttäuschung ansah, sie wünschte mir den Krebs, weil sie davor am meisten Grauen hatte, ich sollte das Schlimmste haben. Meine Brust wurde alle Tage schwerer, und mir war schwarz vor Augen, mein Kopf war schwer und schmerzend, ich sagte nichts und klagte nicht. Der Mensch kann viel aushalten! Es waren erst fünf Tage vergangen, ich hätte vor Schmerzen wie eine Irre schreien können, aber ich stöhnte nur. Der Doktor muß her, hörte ich wie im Nebel der Türb-Marie ihre langsame Stimme, Herr Krov, wenn Ihrer Frau was geschieht, machen Sie sich verantwortlich. Und dann stand der Doktor Steiner neben mir. Ist denn das die junge unglückliche Frau? Warum wurde so lange gewartet?

Mit dem Krankenwagen wurde ich wieder nach Komotau ins Krankenhaus gebracht. Ich wurde zweimal operiert, und ich lag auf derselben Station und im selben Zimmer wie zu meiner Entbindung. Das alles habe ich ohne zu lamentieren ausgehalten, weil ich von keiner Seite Schutz hatte, mußte ich so stark sein. Wir hatten noch immer Dezember, und im Februar konnte ich wieder nach Hause gehen. Es war in den vielen Wochen kein Lebenszeichen zu mir gekommen, ich hatte nicht einmal so viel, daß ich eine Postkarte hätte schreiben können. Die operierte Brust noch im Verband, in meiner leichten Kleidung, heute hatte ich nicht mal eine Windel um den Kopf, lief ich die zweieinhalb Stunden auf der Landstraße von Komotau nach Neudorf an der Biela. Am Himmel die gelbe Sonne, unter meinen Sohlen knirschte der Schnee. Ich weinte den ganzen Weg, ich frug die Heilige Mutter Gottes, warum ich so Unrecht leiden mußte. Als ich beim Krov über die Schwelle kam, guckte die Schwiegermutter. Bist du mit dem Bus gekommen? frug sie. Nein, ich bin gelaufen, sagte ich zurückhaltend, weil ich mich schämte. Niemand hatte in den vielen Wochen nach mir gefragt, nicht mal eine Karte zu Weihnachten hatte ich bekommen, ich schämte mich, daß ich trotzdem zu ihnen zurückgekommen bin. Wo sollte ich hin, es zog mich zu meinem Kind, das ich so schwer geboren hatte, aber ich sprach kein Wort. Mein erster Schritt von der Tür war zum Körbchen, mit beiden Händen und vollem Glück hob ich das Bündl aus dem Wäschekorb und drückte und küßte es immer wieder und weinte dabei, Ach, mein Jungerle, mein Jungerle, jetzt bin ich wieder bei dir, jetzt hab ich dich wieder, du mein Jungerle! Ich war so glücklich, daß ich mein Kind in den Armen halten konnte, im stillen staunte ich, was es für dicke Backen bekommen hatte, aber zu meinem Schreck liefen Läuse auf der kleinen Stirn herum. Als der

Gust an diesem Tag reinkam, gab es keine Begrüßung. Na, biste wiedo do, das war alles. Ich schlief wieder mit dem Gust in dem Bett, das uns seine Mutter vom ersten Tag an gerichtet hatte, und das Körbchen stand auf einem Stuhl neben mir, und die Schwiegermutter mit ihrem Töchterchen Irma schlief im Bett hinten an unserem Kopfende. Die Lampe wurde wegen dem Kind mit Stück Papier abgedunkelt, die Tür von der Schlafstub stand weit auf, weil sonst die fünf großen starken Kerls in der kleinen Stub keine Luft bekommen hätten, nur wenn das Kind unruhig war, wurde die Tür zugemacht.

An einem Vormittag kam eine Fürsorgerin, die nach dem Neugeborenen sehen wollte. Sie horchte mich aus, was das Kind zu essen bekäme, und ich sagte, Zichorienkaffee und Semmel eingebrockt, in der Flasche Mehlsuppe. Die Fürsorgerin machte erschrockene Augen und klärte mich über die Fütterung auf. Die Schwiegermutter, die am Herd stand und zuhörte, mischte sich mit ihrem bösen Mundwerk ein, Das Kind braucht keine Mütterberatung, ich hab meine Kinder auch ohne großgekriegt. Darauf gab die Fürsorgerin ihr keine Antwort, sie meinte nur noch zu mir, Sie werden ja mal sehn, was Sie aus dem Kind gemacht haben. Das Kind hatte rote Beulen von Wanzenstichen, und die Fürsorgerin wollte wissen, was das ist. Ich konnte doch nicht die Wahrheit sagen und flüsterte, Ich weiß es nicht. Die Läuse auf seinem Köpfchen sah sie auch. Ich sollte mit dem Kind nach Seestadtl zur Mütterberatung kommen. Sie wollen doch ein gesundes Kind haben! Die Krovin fuhr ihr über den Mund, daß sie von niemandem Aufklärung brauchte, wie ein Kind großgebracht wird, wüßte sie selbst, sie hätte Kinder genug gehabt. Als die Fürsorgerin sich verabschiedete, meinte sie noch, daß es ihr leid täte, daß ihr guter Rat nicht angenommen würde. In eine Mütterberatung hätte ich mit dem Kind gar nicht gehn können, es ging heute in den dritten Monat und hatte noch immer dieselben zwei Hemdchen und zwei Jäckchen, die ihm schon viel zu klein waren, daß sein Rücken immer nackt war, und wenn ich mit ihm mal paar Minuten an die Luft ging, war es dasselbe dünne Federkissen und über dem Kopf eine Windel.

Ich hielt es nicht mehr unter diesen Leuten aus, jeden Abend das gleiche, die Krovs blieben meist lange auf, saßen alle am Tisch und spielten Skat. Der Tisch stand mit der schmalen Seite am Fußende von unserm Bett, und hinter dem Tisch stand eine Bank. Die Krovin ging meist früher schlafen, und der Gust lag auch immer schon, er hatte sich nie an irgend etwas beteiligt. Ich war sehr müde, weil ich ja keine Nacht richtigen Schlaf hatte. Und dann diese Langeweile! Da sie alle am Tisch saßen und mir meine Augen zufallen wollten, sagte der Gust, Komm doch rein ins Bett. Ich war jetzt aus den Wochen, und der Gust wollte sich wieder über mich hermachen, aber ich wehrte ihn ab. Die sind doch noch alle hier, sagte ich. Das macht doch nichts, meinte er, deswegen kannst du dich ins Bett legen, die brauchen dich nicht stören. So angezogen, wie ich war, legte ich mich hin, aber sobald ich meine Beine hochlegte, war er über mir, daß ich sofort aus dem Bett mußte. Ich saß dann auf dem Bettrand, und vor Müdigkeit fiel ich bald zur Seite und legte meinen Oberkörper aufs Bett, und aus Vorsicht ließ ich die Beine herunterhängen. Da warf der Gust das Deckbett über mich und wollte ohne Scham wie ein Hund. Ich mußte mich erheben, weil ich nicht mal im Sitzen vor ihm Ruhe hatte. Seine Brüder merkten nichts oder wollten nichts merken, nur der Greisl-Seff machte zu mir verstohlene Blicke, und ich schämte mich vor ihm. Ich vertrieb mir die Zeit am Fenster, die auch nur ohne Gardinen und Vorhang waren, ich sah durch die Scheibe, besah mir den Mond, der auf mich heruntersah, als verstände er mich. Endlich machten sie Schluß und gingen, und ich konnte mich an den Tisch setzen. Komm doch ins Bett, meinte der Gust, er lag auf der Seite, wie immer mit angezogenen Beinen, und guckte jetzt auf mich mit so komischen Augen, ohne mit der Wimper zu zucken, und beide Hände unterm Deckbett. Ich verbrachte die Nächte nur am Tisch, und am Tag machte mir seine Mutter Vorhaltungen, daß ich dem Mann sein Recht lassen müßte, Er plagt sich für dich, das kannst du nicht umsonst verlangen. Ich gab ihr keine Antwort, unsere Meinungen waren zweierlei, und mich graute es vor jedem Abend. Als wir allein wohnten, hatte ich ihm sein Eherecht nicht verweigert, weil ich es nicht verstand und dachte, es müßte so sein, ich ließ mich von ihm quälen, ließ es über mich ergehen. Er dachte immer nur an sich, und da meinte seine Mutter noch, daß er es sich verdient hatte. Ja, plagte er sich denn für mich? Er gab mir nur so viel Geld, daß ich nicht verhungerte, ich wußte, daß er genug verdiente, er hatte ein Fahrrad, einen guten Mantel und einen guten Anzug, und ich konnte mir nicht mal Paar Strümpfe kaufen, das Kind hatte nicht mal eine Mütze, und für einen Kinderwagen war gar kein Geld übrig, und er kaufte sich, was ihm schmeckte, dabei hatte er mit seinen Pferden nur leichte Arbeit, er verdiente auf seinem Kutscherbock mehr als die anderen.

So konnte es nicht mehr weitergehn, es mußte was geschehn! Aber was? Wo sollte ich mit meinem Kind hin? An Selbstmord zusammen mit dem Kind, daran wollte ich nicht mehr denken, das Kind sollte leben. Es bei der Krovin lassen und weggehen? Dieser Gedanke tat so weh. Wenn das Kind bei den Krovs bliebe, würden sie dafür sorgen, daß es nicht mehr wußte, wer seine Mutter war, und doch konnte es nicht mehr so weitergehn. Außerdem gab es bei den Krovs für mich alle Tage große Aufregungen. Hier lernte ich erst einmal den Adolf kennen. Meine Mutter hatte ja immer gesagt, Der Adolf ist in der Familie der Vater, er bestimmt über alles, es muß nach seinem Kopf gehn, sie haben Angst vor seinem Jähzorn, seine Brüder kommen gegen ihn nicht an. Während ich jetzt hier bei den Krovs sein mußte, erlebte ich fast alle Tage Streit, aber worum es eigentlich ging, kann ich nicht sagen. Wenn der Adolf zu Hause war, sprach er kaum, und wenn seine Mutter mit Gänsegeschrei und mit Spott über mich herfiel, guckte sie auf ihn, ob es ihm recht wäre. Seitdem ich verheiratet war und bei ihnen wohnte, sah er an mir vorbei, und wenn er am Tisch saß, las er die Zeitung und guckte nicht auf. Verstohlen beobachtete ich sein Gesicht, ob er feindselig gegen mich war, ich konnte nicht feststellen, ob so oder so, nur in dem einen war ich Zeuge. Die Krovin wollte sich als Mutter und Herr im Hause zeigen und riß den Mund weit auf. Da brüllte der Adolf so, als ob sie nichts taugte, sie war grad beim Geschirrwaschen gewesen, hatte die Hand voll Eßbesteck, das sie auf einmal klirrend auf die Dielen warf, und sie warf sich hin und lag da wie ohnmächtig. Ich sah, wie der Adolf seine Zähne auf der Unterlippe wetzte, wie seine schwarzen Augen vor Zorn blitzten, er stampfte mit dem Fuß auf, als möchte er sie noch am liebsten zertreten, aber er ging mit den Worten, Bleib liegen und verreck! Weil so etwas oft vorkam, wußte ich, daß ich ihr kaltes Wasser ins Gesicht schwappen mußte. Meine Mutter, die ja auch oft dabei war, wenn bei den Krovs was los war, meinte dazu, die Krovin wäre eine Komödiantin. So wie ich es jetzt ansehn mußte, war ihre Ohnmacht mehr ein Wutanfall, und wenn sie wieder auf den Beinen stand, blitzten ihre Augen ebenso wie bei dem Adolf, aber sie mußte schweigen, weil sie gegen ihn nicht ankam. Ihre Kerle waren alle grob mit ihr, sie wurde von ihnen nicht wie eine Mutter behandelt, ich hörte nicht einmal, daß sie Mutter zu ihr sagten. Nur der Gust schlich um sie herum. Ich fürchtete mich immer mehr vor der ganzen Familie.

So konnte es nicht weitergehn! Hier konnte ich nicht mehr bleiben! So ging ich heute das erstemal wieder zu meiner Mutter. Wo sollte ich sonst hin und um Rat fragen? Laß es bei ihm, sagte sie, ich kann es dir nicht aufziehen, wir sind schon so Fresser genug, und der Kerl wird sich zum Zahlen sträuben, laß es bei ihm, und such dir eine Stelle.

Es war ein schwerer Schritt für mich, mein Kind war jetzt drei Monate alt und wußte schon, daß ich seine Mutter bin. Die Krovin hatte am Ofen gestanden und mich beobachtet, als ich mein Kind aus dem Körbchen nahm und es eine ganze Weile an meine schmerzende Brust hielt und es dann ins Körbchen zurücklegte. Ohne sie zu beachten, ging ich. Dann saß ich in der Stub meiner Mutter, niemand war herinnen, ich faltete meine Hände und hob sie zum Himmel und betete, Mutter Gottes, was hab ich getan, warum hast du es zugelassen, daß ich mein Kind dortgelassen habe! Ich bereute sofort, was ich getan hatte. In diesem Moment hörte ich meine Mutter mit der Krovin streiten, dann kam sie, und sie war von dem Streit erregt und durcheinander, daß sie zu mir sagte, Die Krovin hat gesagt, du bist vom Kind weggegangen wie eine Sau vom Trog. Meine Mutter, die mir eben gerade den Rat gegeben hatte, sprach jetzt kalt, Du hast dein einziges Kind im Stich gelassen, ich habe so viele Kinder gehabt und hab nicht eins von euch bei ihm gelassen, ich hab euch jedesmal mitgenommen. Ihre Worte waren wie Messerstiche, daß ich keinen Ton von mir geben konnte, ich verlangte nur nach einem Tippl kaltem Wasser zum Trinken.

Es war im Monat März neunzehnhundertfünfunddreißig, als ich von den Krovs wegging. Noch an diesem schwersten Tag eilte ich nach Brüx zum Arbeitsamt, wie hätte ich es wagen können, bei meiner Mutter zu bleiben. Ich wußte, daß heute Wochenmarkt war und daß man, wenn man Glück hatte, zu einer Stelle kommen konnte, wenn eine Dame mit ihren vollen Gemüsetaschen ins Arbeitsamt kam. Die Beamtin gab mir eine Zuweisung nach Kommern als Wirtschafterin bei einem Bauern, dessen Frau sehr krank war, und ich pflegte sie bis zu ihrem Tod und sorgte für ihre Kinder. Der Sohn war siebzehn Jahre alt, die beiden Töchter zehn und zwölf Jahre alt mit weißblonden Zöpfen. Die ganze Familie war über mein Kommen sehr glücklich, ich wurde der kranken Frau nicht vorgestellt, es wurde auch kein Wort von ihr gesprochen, aber ihr Jammern hörte ich bis in die Küche. Ich ging am zweiten Tag einfach zu der kranken Frau ins Zimmer und stellte mich ihr vor und wollte wissen, warum sie so krank sei. Sie hätte eine Fehlgeburt selbst weggemacht und mit Blutungen gearbeitet, als es nicht mehr ging, hatte sie im Krankenhaus Brüx Bestrahlung bekommen, und dabei wäre ihr das Bauchnetz verbrannt worden, sie läge schon ein Jahr, niemand könnte ihr helfen. Die Frau lag und weste mit einem Leichengestank dahin, Zähne, Lippen und Zunge waren von der inneren Hitze schwarz, Lippen und Zunge dick geschwollen, und des Geruchs wegen bekamen sie nicht mal eine Krankenpflege, der Bauer mußte die Nachtwache selbst übernehmen, und am Tag war er im Feld. Auf der Frau ihren Wunsch übernahm ich die Nachtwache, ein ganzes Jahr schon hatte niemand ihr Gesicht gewaschen, und als ich sie versorgte, stöhnte sie, Ach, wie gut ist es, wenn jemand da ist, der sich kümmert. In der ersten Nacht hätte ich mich an dem Leichengestank fast vergiftet, aber auch der Bauer und das ganze Haus waren eingenebelt. Das schlimmste war für mich, daß ich des Sonntags meiner Mutter ihr Opfer sein mußte, denn ich hatte kein Zimmer, mein Bett stand in einer ehemaligen Vorratskammer des Bauern, deren Wände Felsen waren wie in einer Bärenhöhle. Aber meine Mutter hatte Pläne, ich sollte den Bauern heiraten, ich sollte eine gute Partie machen. Etwa fünf Wochen lebte die Frau noch, dann endete sie mit ihrem schweren Leiden. Am Tage hatte der Bauer keine Annäherung versucht, aber ich konnte meine Bärenhöhle nicht abschließen, und da kam der Bauer wie ein Gespenst an mein Bett, und sein Leichengestank kam in mein Gesicht, und er sagte, Frau Walli, ich bin für Sie da, Sie sind jung, Sie brauchen Liebe. Er war achtundvierzig Jahre alt und ich eben zweiundzwanzig geworden. Ich wagte nicht zu atmen, hätt ich gewußt, wohin, ich wär wie ein Hase davongerannt, ich dankte allen Heiligen, als er mit seinem Gestank wieder vom Bett ging. Da es mehrmals vorkam, wußte ich, daß ich nicht hierbleiben konnte.

Ich ließ mir vom Arbeitsamt in Brüx eine Stelle in der Milchhalle Grauß geben, von der es hieß, daß die Arbeit dort schwer wäre und schlecht bezahlt würde, siebzig Kronen Lohn sollte ich nur bekommen, und die Unterkunft sollte schlecht sein. Bisher hatte sich um diese Stelle keine beworben, aber ich hatte keine Wahl, ich brauchte ein Dach über dem Kopf. Die Arbeit war so schwer, wie man es mir erzählt hatte, und ich hatte wieder kein Zuhause, das Bett stand in einem sehr kleinen Korridor, durch den man zum Klo ging, Kleiderhaken, Stuhl und Waschschüssel, das war alles, was Platz hatte. Wieder habe ich kein Zimmer, dachte ich unglücklich, kein elektrisches Licht und ohne ein Guckloch – zum Ersticken. Ich legte mich jeden Abend mit zerbrochenen Gliedern ins Bett und weinte, bis ich im Schlaf versank. Vor allem mußte ich radfahren können, um die Kunden in der Stadt und draußen in Saaras mit Milchflaschen zu versorgen. Auf meinem Gepäckträger waren in einer weißen Kiste dreißig Milchflaschen. Die Fahrt nach Saaras war unmenschlich schwer, immer bergan, und ich mit meiner Last unsicher, der Schweiß lief über mein Gesicht, in den Schläfen hämmerte es, und wenn ich vor Übelsein nicht mehr weiter konnte, hielt ich hinter einer Haustür und trank ein, zwei Flaschen in einem Zug aus. Das Geld legte ich dazu, aber ohne Milchtrinken hätte ich es nicht ein paar Tage ausgehalten. Weil ich auch beim Grauß kein Zimmer hatte, mußte ich des Sonntags bei meiner Mutter wieder ihr Opfer sein. Mein Abendbrot, das waren zwei Dreieckkäse und zwei Scheiben Wurst, gab ich beim Kommen meinen kleinen Geschwistern, und der Päppi verlangte sofort nach dem Käse und steckte ihn gleich in den Mund, die Wurstscheiben ließ er den anderen. Die rauften sich, jeder wollte sie allein essen, und wenn die Geschwister alles verschlungen hatten, frug keins mehr nach mir, sie ließen mich allein auf dem Sofa zurück, und die Tür blieb auf, daß ich wie zur Schau dasaß. Ich ging dann in den Hof und setzte mich auf die Holzbank. Ich wußte, daß für mich zu Hause kein Platz war und daß es von meiner Mutter hieß, Wie sie dem Kerl nachlaufen tut, und der scheißt se nich mehr an! Einmal saß ich wieder so einsam und allein, da sah ich den Gust mit dem Kleinen auf dem Arm wie ein allerliebster Vater auf mich zukommen. Da hast, sagte er zu mir und gab mir das Kind auf den Schoß, ich wußte nicht, wie mir geschah, und er setzte sich sogar neben mich. Wir sprachen kein Wort, einer wartete auf den andern, und ich drückte mein Kind an die Brust. Nach einer Weile ging der Gust zurück und ließ mich mit dem Kind allein. Es kann sein, daß der Schwiegermutter doch das Herz weich geworden war, denn von diesem Sonntag an brachte mir der Gust jedesmal das Kind, schon wenn ich kam, wartete er auf mich, es tat so gut, daß er mich mit ihm allein ließ. Ich ging hinter das Arbeiterhaus, dort war die Biela und eine große Wiese, und hier war der Spielplatz, aber am Sonntagnachmittag war hier kein Kind zu sehen. Ich setzte mich mit meinem Kind an die rauschende Biela unter den Schatten der hohen Bäume und Sträucher. Ein Pärchen kam, sie gingen hintereinander, das Mädchen vorneweg, und es sah aus, als hätten sie mitnander Ärger gehabt. Das Mädchen zupfte an ihren Fingern herum und lächelte beim Vorbeigehn auf mein Kind, ich sah ihnen nach und fühlte, wie es in der Brust des Mädchens aussah. Es ging am Ende der Wiese bergauf den Häuschen zu, und der Mann machte jetzt schnelle Schritte geradeaus weiter, was heißen sollte, Leck mich in Arsch! Mir tat das Mädchen leid. Dann sah ich auch den Gust vom Arbeiterhaus langsam kommen. Er setzte sich zu mir, und wir sprachen kein Wort zusammen, und er saß mit hier wie ein allerliebster Schatz und unterhielt sich mit dem Kleinen. Wenn er wieder ging, streckte das Kind jetzt nicht mehr die Arme nach ihm aus und weinte, es fühlte sich in meinen Armen geborgen. Und jetzt sprach der Gust davon, daß er sich nicht scheiden lassen wollte, er hätte keinen Grund, und er kam jetzt immer mit dem Fahrrad nach Brüx, er schob es, und wir liefen nebennander, keiner wußte, über was er mit dem anderen reden sollte. Wir leben nicht zusammen, sagte ich zu ihm, du bist frei, und mich hast du freigegeben. Währenddes mußte der Gust sechs Wochen zum Militär, und er hinterließ meiner Mutter, daß ich mir das Kind holen dürfte. Vor Freude und Dankbarkeit, weil das Kind des Sonntags mir gehören sollte, habe ich dem Gust für die Reise drei Schnitzel gebraten, und für seine Mutter ließ ich von meinem geringen Lohn in der Konditorei eine Torte backen, weil sie das Kind gut versorgte. Sehr viele Jahre danach erinnerte mich der Gust an die Schnitzel, daß sie ihm geschmeckt hätten, aber eine Karte in den sechs Wochen hatte er nicht für mich übrig. Ich war sehr traurig darüber, nur das eine war gut, daß mir das Kind gehörte. Wenn ich ankam, lehnte ich das Fahrrad an die Hauswand und eilte als erstes zu den Krovs, ich rannte die Steintreppen hinauf und traf die Krovin, die vor der leichtgeöffneten Tür auf einem Stuhl saß, mit dem Kind auf dem Schoß und traurig in sich gesunken, daß sie mich nicht hörte. Ohne ihr einen guten Tag zu sagen, ging ich auf sie zu und streckte meine Arme aus und rief, Mein Jungerle, mein Jungerle, komm zu deiner Mama. Und er hob mir auch sofort die Arme entgegen, als verstände er, was Mami war, und ich riß ihr das Kind vom Schoß und drückte und küßte es stürmisch. Mein Jungerle, mein Jungerle! Mit meinem Überglück eilte ich die Treppen hinunter zu meiner Mutter, aber sie hatte nur schräge falsche Augen und schräge Lippen, ohne Miene, und die Geschwister ebenso. Und weil mir mein Kleiner die Arme entgegenstreckte und es mich so glücklich machte, sagte meine Mutter verzerrt und mit glitzernden Augen, Äh, der hebt bei jedm dä Händ. Das gab mir wieder einen Stich, daß sie gar so hart sein konnte, und leiden konnte sie das Kind auch nicht, dabei war es ein gutes, liebes Kind. Unverhofft kam der Gust, seine Haut war schwarz, daß ich erschrak, und er sagte mir, er wäre auf der See gewesen. Warum hast du mir denn nicht mal geschrieben? Da hab ich nicht dran gedacht, war seine Antwort.

Als die Tanti hörte, daß ich mit dem Gust wieder einig war, ließ sie mir über meine Mutter sagen, daß ich zu ihr kommen sollte, und ihr erstes Wort war in Sorge, daß es doch so kein Leben wäre, die Mutter sollte uns die Möbel wieder rausgeben, und was die Tanti wollte, das mußte die Mutter machen. Der Gust frug niemals, wie unser Leben weitergehn sollte, er sprach niemals von einem Zusammengehn, aber weil er mir am Sonntag mein Kind gab, überließ ich ihm meinen Körper, und ich steckte wieder meinen Ehering an, meine Finger waren so abgemagert, daß der Ring vom Finger rutschte und auf die Dielen kullerte, aber ich war dankbar, daß ich wieder ein Zuhause hatte.

Die Mutter hatte unterdes eine Wohnung in Seestadtl besorgt, und es gefiel mir, daß wir nicht in Neudorf wohnen mußten. Es war ein kleines Zimmer in der Mühlstraße, die man Affenstraße nannte. Die Menschen wohnten meist in einem Raum, nur im Arbeiterhaus sah ich Wohnküchen und Schlafstuben. Ich hätte mir niemals selbst in dieser Straße eine Wohnung gesucht, aber die Mutter und die Tanti taten alles regieren, und ich durfte keine Wimper zucken. Tantis zwei Männer sollten die Wohnung ausweißen, weil die Wände dort tüchtig verschmutzt waren. Aber der Karl sträubte sich, es wäre schade um die Arbeit, da wir ja doch nicht zusammenblieben. Ihre zwei Männer machten in Seestadtl hier und dort die Wohnungen, und über das Muster bestimmte nur die Tanti, es mußte immer ein Schwarzbeermuster sein, denn dann wartete die Tanti, ob in der Familie jemand stürbe, und wurde gestorben, dann war sie begeistert. Ich hab es ausprobiert! Unsere Wohnung machte dann der Wenzel, der Mutter ihr vierter Mann. Ich war ja froh, als es soweit war. Gleich an der Haustür hatte der Hauswirt seine Wohnung, nach rechts um die Ecke kam ich auf unsere Tür, eine kleine Stub war die ganze Wohnung. Fünfundzwanzig Kronen Miete, das war sehr teuer. Elektrisch war nicht herinnen, ich mußte mich mit Kerzenlicht behelfen. Das Fenster blieb ohne Gardine und Vorhang, ich hing am Abend ein Bettlaken davor. Der Gust hatte die Wohnung vorher gar nicht gesehn, ihn interessierte nichts, nur das eine, daß er jetzt wieder was im Bett hatte. Spät am Abend kam ich mit dem Gust zur Haustür herein. Der Hauswirt hatte seine Tür bis hinten aufstehn, da kam seine Frau gleich über die Schwelle. Däs is wull dei Moo? Sie sagte du zu mir, ich wußte gar nicht, wie sie dazu kommt, sie schlug die Hände ineinander, Jässes, host du owwo a scheenen Moo, un su sympathisch wieo aussieht, und sie meinte, daß man auf den ersten Blick sähe, daß das ein guter Mann wäre. Däs soch ich dir, daß du mit dei Moo gut bist, daß du mir mit dei Moo nich goschtisch bist!

Ich verstand nur das eine, daß ich mich ins neue Unglück gestürzt hatte. Während wir hier an der Tür standen, ließ sich von der Leid herüber ein Kauz hören. Hier, wo die Affenstraße zu Ende war, stand gegenüber die himmelhohe Leid, was ein breiter hoher Berg war, auf dem nur Zittergras wuchs, wenn die Sonne auf die winzig kleinen Perlchen schien, sah es aus wie Tränen, vielleicht nannte man diesen Berg wie eine Welt so hoch und breit des Zittergrases wegen die Leid. Und jetzt ließ sich von der Leid herüber ein Kauz hören, und das nahm kein Ende. Ich hörte so einen Laut das erstemal. Was ist das, frug ich, und ging an die offene Haustür, sah nach dem schwarzen Schatten, lauschte auf die Rufe, die mir wie Warnrufe vorkamen, ich bekam ein gruseliges Gefühl in dieser Einsamkeit und ging gleich in meine Wohnung. Vom Hören wußte ich, wer einen Kauz hört, erwartet Unheil. Wenn der Kauz auch Einsamkeit auf meine Brust drückte, nahm ich mir vor, ich werde immer stark bleiben. Die Mutter sagte ja bei meinem Einzug, Du verstehst dein Leben, du brauchst uns nicht.

Ich hatte wieder mein Kind und hatte ein Zuhause, der Gust fuhr mit dem Fahrrad nach Neudorf zur Arbeit, mittags kam er zum Essen, ich mußte ihm Wurst und Bier vorsetzen, und ich hatte so wenig Geld. Mit der Feuerung das war meine größte Not, und den Gust durfte ich an nichts erinnern, und wenn, dann war seine Antwort, Zu was brauch ich das zu wissen, kümmer dich doch, hast doch gewollt, daß wir wieder zusammengehn, hast wohl gedacht, kannst dir ein schönes Leben machen, aber da hast dich geirrt. Über das neue Drama schwieg ich, aber es mußte mir was einfallen, ich borgte mir einen Handwagen von der Mutter, denn vom Hören und Sehn wußte ich, daß die Leute auf den Halden in der Asche nach Kohlen suchten. Es waren Arbeitslose, die von dieser schweren Arbeit lebten, sie schirrten sich wie Pferde vor den Handwagen und zogen mit den beladenen Wagen nach

Komotau, um die Kohlen dort zu verkaufen, meist hatten sie ihre festen Kunden. Diese Menschen sahen gar nicht wie Menschen aus, manches Mal hatten sie einen Hund mit eingespannt, und der Hund zog wie ein Pferd, wie sein Herrchen. Ich glaube nicht, daß sie es lange aushielten. Mir haben die Tiere mehr leid getan als die Menschen, die Hunde mit so guten Augen gaben alle Kraft, und sie schauten mit haschernden Augen und Schwanzwedeln und Ohrenanlegen auf ihre Herren, aber die Herren sahen geradeaus. Die Halden lagen weit außerhalb der Stadt, von weitem sah ich nichts als unzählige Handwagen stehen, und die Hunde lagen müde da und rührten sich nicht mal. Wo waren denn die Leute? Dann sah ich erschrocken in die Tiefe und sah sie, wie sie auf die Loren warteten, und wenn die Loren gekippt wurden, schossen die Menschen den hohen Ascheberg hinauf, jeder wollte der erste sein, jeder wollte die größten Kohlestücke haben. Wenn die Loren wieder wegfuhren, wurde bis über die Knie in Asche nach jedem Stück Kohle gesucht. Oft kamen Stücke aus der Asche heruntergerollt, die kaum zu schleppen waren. Es kam vor, daß die Asche glühend war, ich habe solche traurigen Unfälle, wie Menschen in der Glut verkohlten, selbst gesehn. Aber darüber gab es kein großes Gerede, es gehörte zum Alltäglichen dazu. Ich stand nun wie starr hier oben und wußte nicht, was tun. Von hier oben ging es steil hinunter, und dann war es noch ein weites Stück zu laufen. Ich hatte mein Kind im Handwagen sitzen, aber ich konnte es doch nicht allein hier oben lassen, ich mußte es mit hinunternehmen. Mit meinem Kind auf dem Arm ging ich den steilen Hang hinunter, aber dann überkam mich Angst, ich überlegte, daß es zu gefährlich war. Ich setzte mein Kind zurück in den Handwagen und sprach mit ihm, Mei kleines Jungerle, bleib schön sitzen, die Mama muß dich hierlassen, und es war ein braves Kind. Beim Hinuntergehn drehte ich mich immer wieder um und sagte, Schön sitzenbleiben, bis die Mama wiederkommt. Unten sah ich das weiße Köpfchen schimmern, es hatte schönes, silbernes Haar, das ihm bis auf die Schultern hing, und dazu die schönen veilchenblauen Augen. Meine besorgten Augen waren immer nur bei ihm. Niemand sah auf mich, die Leute hatten ihre Kohlen, jeder sein Häufchen. Hier unten waren auch Frauen mit, die dann zusammen mit dem Mann den vollen Handwagen nach Hause schafften. Aber es kam auch vor, daß die Leute mit leeren Handwagen zurückfahren mußten. Auf dem einen Arm hatte ich das Kind, mit der anderen Hand zog ich den Wagen. Ich war von Kopf bis Fuß schwarz wie die Kohlen, und wenn ich durch die Mühlstraße fuhr, schämte ich mich. Wenn ich dem Gust über mein Erleben auf den Halden erzählen wollte, machte er ein spöttisches Gesicht und sagte, Denkst wohl, ich soll Mitleid haben, dadrauf kannst du lange warten.

Meine Stub hatte graue, verschmutzte Dielen, und weil ich sie scheuerte, beklagte sich die Hausbesitzerin, daß ich zuviel Wasser vermanschen und außerdem die Dielen faulen würden. Ich hatte alle Tage zu waschen, ich hatte keine Windeln und nichts zum Anziehn, es ging ja alles ins Bett, und an den Topf konnte ich das Kind auch nicht gewöhnen. Wenn ich Wasser holte, stellte sich die Hausbesitzerin auf ihre Schwelle und wollte wissen, Zu was brauchst du denn nur so viel Wasser, kaa Mensch off do gonzen Welt wäscht su viel wie du, und sie hatte sich alle Tage bei den Hanls und der Mutter zu beschweren, daß ich Wäsche im Hof hängen hatte. Die Mutter war darüber nicht böse und meinte zu allem im verständigen Ton, Wasch nur nicht zu viel, wenn sie es nicht haben wollen, und dann sagte sie, Weißt du, die Menschen sind halt sehr garstig, wie man es macht, ist es falsch, sieh nur zu, daß es in Frieden bleibt. Es tat mir gut, daß die Mutter nicht auf mich einhackte. Ich klagte der Mutter, daß im Haus kein Elektrisch war und ich kein Bügeleisen hatte. Da erlaubte sie mir, bei ihr zu bügeln, und von hier an hatte die Mutter über mich keine verleumderische Zunge mehr, und weil ich der Mutter gefiel, wollte sie sich um mich annehmen und mir zeigen, wie man schöne Wäsche bekam. Laß dir von mir Lehren geben, deine Mami hat sich von mir nichts sagen lassen, die hat einen eigenen Kopf, und du hast von ihr nichts lernen können. Die Wäsche spülte die Mutter mit mir in der Biela, und das war das einzige, was ich von ihr für mich erfahren konnte. Der Wäschekorb kam in den Handwagen, und während der Fahrt zur Biela erzählte sie jedem Menschen, der seinen Kopf aus dem Fenster steckte oder an der Haustür stand, daß sie mir beibringen müßte, wie Wäsche gewaschen wird. Die kann ja nichts, die hat ja nichts gelernt! Das beleidigte mich, doch ich schwieg. An der Biela lag ein flacher Stein, dort konnte man sich ohne Gefahr draufstellen, der Fluß war hier schmal und das Wasser so klar, daß man die kleinen Steinchen auf dem Grund sehn konnte. Siehst du, so mußte es machen, sagte die Mutter und zog die Wäsche im Wasser hin und her. Als sie weggegangen war und ich weiter die Wäsche im Fluß spülte, stand auf einmal meine Mutter hinter mir, ich hörte in ihrer Stimme Spott und Neid und Haß, als sie sagte, Ich wollte mich nur mal überzeugen, ob du dir von dere wirklich was vormachen läßt, und sie begann zu lachen, daß es kein Ende nahm. Mich beleidigte ihre Unehrlichkeit, die sie bis hierher trieb, und ich konnte darauf nur antworten, Von heute an geh ich nur noch meine Wäsche hier spülen, ich bin froh, daß mir die Mutter die Stelle gezeigt hat. Damit verging meiner Mutter ihr Huchehachhaa, sie verzog ihr Gesicht schräg und fuhr mir über den Mund, Meinetwegen, mach doch, was du willst, ich hab mir von dere nichts vormachen lassen und bin weitergekommen. Da ich aber nicht auf sie hörte, drehte sie sich um und ging weg. Nur das eine ärgerte mich, daß die Mutter jedem Menschen hatte sagen müssen, daß ich erst waschen lernen mußte, und das klagte ich dann meiner Mutter. Hierüber hatte sie keine Schadenfreude, sie sagte ruhig und verständig, Na, da werd ich halt der Mutter sagen, daß du beleidigt bist und nicht haben willst, daß sie sich um dich kümmert. Die Mutter zeigte mir hierauf keine Bösigkeit, sie ließ nur ein wenig den Kopf hängen, und bügeln durfte ich zu ihr weiter kommen.

Als der Winter kam, konnte der Gust nicht mehr mit dem Fahrrad zur Arbeit fahren, er hätte alle Tage laufen müssen. Für mich war es auch ein Glück, daß auf dem Meierhof ein Raum frei wurde, nicht im Arbeiterhaus, sondern neben dem Pferdestall, so wurde für mich das Leben leichter. Jetzt brauchte ich nicht mehr zu den Halden, ich durfte mir von dem Kohlenhaufen vor der Molkerei wieder Kohlen nehmen. Es war eine schöne Stub, in die wir zogen. Aber in dieser Wohnung mußte ich auch wieder die schlimmsten Erfahrungen machen. Seit wir auf dem Meierhof wohnten, trug der Gust den Kleinen zu seiner Mutter, sogar Weihnachten blieb ich allein. In meiner Wohnung stand kein grüner Zweig, und das Stückl trocken Brot, das hatte ich mir von ihm stehlen müssen, und ich hatte immer noch keinen Mantel, mußte mich mit dem schwarzen Samtjäckchen behelfen. Weh tat mir nur, daß er mir den Kleinen wegschleppte, und als ich ihn nach dem Grund frug, sagte er darauf, Ich will, daß er sich an meine Mutter gewöhnt. Wenn er das Kind nach paar Tagen wiederbrachte, hatte es sich seiner Mama entfremdet, es lief nur dem Gust nach und wollte nur bei ihm sein, und wenn der Gust zur Tür ging, schrie es ihm hinterher. Mit mir war es nicht zufrieden, es wollte keine Liebe und Umarmung, es konnte sich jedesmal schlecht eingewöhnen, und es brauchte den Lärm um sich herum, wie es bei den Krovs war, denn dort durfte es das Geschirr aus dem Schrank räumen, daß es nur so klirrte, und zu Hause mußte ich ihm diesen oder einen anderen unmöglichen Willen lassen. Die Krovin freute sich immer, wenn der Kleine so etwas tat, und sie jauchzte und sprach dann immer von ihrem Bruder, der Franz hieß, und behauptete immer ganz stark und mit Jubel, daß der Junge nach ihrem Bruder käme, und sie ließ mich wissen, daß der durch und durch ein Taugenichts gewesen wäre, und sie zählte alles auf, ein Raufer in der ersten Klasse, ein Säufer, ein Lump, ein Strolch, es fehlte nur noch, daß sie ein Mörder sagte, ihr Bruder hätte sich vor nichts gefürchtet, jeder fürchtete sich vor ihm, und niemand würde mit ihm fertig. So erzählte sie und zeigte auf den Kleinen. Na, mit dem Jungen werdet ihr mal ein Abenteuer erleben! Ich dachte darüber nicht nach, was die Krovin über meinen Sohn sagte, aber der Gust war sehr stolz darüber, was seine Mutter prophezeite. Däs werd mul ä Raafo, sagte er groß mit Angeberei, und die Krovin freute sich und kreischte vor Lachen. Dem Jungen seine Liebe war der Aschenkasten. Er faßte mit den Händen hinein und warf die Asche auf die Dielen, und ich hatte immer große Bange, daß er sich mal die Hände verbrannte, was hätte ich dann anhören müssen. Ich hatte den Gust gewarnt, daß er mir keine Schuld geben dürfte, wenn was passierte, aber im gleichen Moment schrie der Junge schon auf, er hatte sich verbrannt, und weil ich es ihm abgewöhnen wollte, gab ich ihm ein Tatschel auf die Hände, es tat ja nicht weh, aber ich mußte es mal tun. Der Gust sprang wie wild geworden auf mich zu und brüllte, daß es wakkelte, Von dir laß ich den Jungen nicht schlagen, und er schlug mir mit dem Handrücken ins Gesicht, daß ich gleich rückwärts gegen die Tür fiel. Du hast kein Recht über den Jungen, dir werd ich schon zeigen, wem der Junge gehört, bei dir laß ich ihn nicht mehr! Mit langen, derben Schritten trug er den Jungen auf dem Arm hinaus und kam nach geraumer Zeit allein wieder zurück und sagte, So, ich war jetzt in Seestadtl auf der Gendarmerie, die werden gleich hiersein. Ich dachte doch nicht wirklich daran, daß der Gust zur Gendarmerie gegangen war, und ich staunte, als es klopfte und ein großer starker Gendarm zur Tür reinkam und der Gust gleich auf ihn zuging und mit ihm tschechisch sprach. Er wollte nicht, daß ich was verstand, und er sah dem Gendarm dabei nur ins Gesicht, und ich stand da und wußte nicht, was gesprochen und geantwortet wurde, und weil ich nichts sagte, wandte sich der Gendarm in tschechischer Sprache an mich. Ich hob meine Schultern, daß er auf deutsch sagte, Verteidigen Sie sich, was Ihr Mann von Ihnen sagt. Ich hob wieder meine Schultern und sagte, Ich versteh kein Wort von dem, was er über mich sagt. Der Gust ließ dem Gendarmen keine Zeit, er redete und redete und sah ihm nur ins Gesicht, und der Gendarm sagte in deutsch zu mir mit finsteren Augen, Sie können Tschechisch, sagt Ihr Mann, er sagt, daß Sie lügen, ich soll Ihnen nicht glauben. Und dann frug er, Ihr Mann sagt, daß Sie Ihr Kind mißhandelt haben, ist das wahr? Ich ließ ihn über den Vorgang wissen und sagte dann, Das Tatschel hat dem Kind nicht weh getan, ich werde von meinem Mann mißhandelt, nur weil ich mich von meinem Kind nicht trennen kann, es fällt mir schwer zu gehen, ich hab es schwer tragen und schwer gebären müssen, er will mich quälen und nimmt mir alles Recht, nur wegen dem Kind halte ich bei dem Mann aus. Der Gust sprach lebhaft und in tschechisch dagegen. Hätte der Beamte für mich ein Bedauern gehabt, hätte er verlangt, daß der Gust deutsch redete, aber damals war eine Zeit, daß der Deutsche bei einem Tschechen unterlag, es war also gut, wenn man Tschechisch konnte, und da war der Gust im Vorteil, weil er die tschechische Sprache beim Militär hatte lernen müssen. Beim Hinausgehn sagte der Gendarm zum Gust, Wenn wieder mal was vorkommt, dann melden Sie es uns, und er ging, ohne mich zu beachten, und sein Gruß galt nur dem Gust. Als der Gendarm hinaus war, ging der Gust ohne ein Wort weg, sicher zu seiner Mutter, denn dort mußten sie von ihm alles erfahren. Die Nachbarin erzählte mir am andern Tag, daß drei Gendarmen noch draußen vor der Tür gestanden hätten. Ich wand mich vor Verzweiflung, ohne Tränen und ohne einen Ton, und das schlimmste noch dazu, ich war wieder schwanger.

Ich hatte nur einen Gedanken, der mich tröstete, wenn es soweit war, wollte ich ins Findelhaus, das weit hinter Prag war, und dort entbinden, dann würde dieses Kind immer bei mir sein. Bei meiner ersten Geburt wollte ich an kein Findelhaus denken, mein Kind sollte dort nicht zur Welt kommen. Ins Findelhaus gingen nur solche Mädchen, die nicht mehr wußten, wo sie hingehen sollten. Es wurde viel über das Findelhaus erzählt, wie es solchen Mädchen dort erging, daß an ihnen während der Zeit der Schwangerschaft gelernt wurde, und sie mußten alles mitmachen, und sie wurden schlecht behandelt und mußten schwer arbeiten. Heute schreckte mich kein Findelhaus ab, ich wollte auch für wenig Geld arbeiten, nur das Kind sollte mir niemand wegnehmen. Ich wollte diese Gegend nie wiedersehn! Keiner sollte von meinem Weggehn erfahren! Aber ich hatte ja nicht mal Paar Schuhe zum Anziehn. Ich mußte mir Geld verdienen, und deshalb wollte ich im Monat Januar und Februar, als auf dem Teich Eis gebrochen wurde, in den Eisbunker gehn. Pferdegespanne brachten die großen Eisschollen vor den Bunker, wo sie von einem Mann abgeworfen wurden. Das war für den Mann und auch für die Frauen im Eisbunker eine sehr schwere Arbeit, aber dem Gust war das recht. Ich zog von ihm Paar abgetragene Schuhe an und dazu von mir eine ganz verbrauchte Jacke, die der Gust nicht mal mehr zur Arbeit anzog. Ich war im zweiten Monat schwanger. Jetzt hatte ich keinen Krampf von den Füßen bis über die Hüften, wie es beim erstenmal war, aber ich fühlte mich schwerkrank, mir war es schlecht und schwindlig, ich hatte schwarze Wolken vor den Augen, aber ich konnte auf mein Unwohlsein heute keine Rücksicht nehmen. Im Bunker zeigte ich allen ein fröhliches Gesicht. Aber dann versagten meine Kräfte, ich sah nichts mehr und mußte schnell wieder aus dem Bunker und blieb draußen auf den Holzstufen stehn, um zu mir zu kommen. Der Adolf, mein Halbbruder, war gerade dabei, die schweren Eisschollen vom Wagen abzuladen, und er wunderte sich, Walli, du bist auch hier, was willst denn du hier machen, das ist doch gar keine Arbeit für dich? Er besah sich mein Gesicht und sagte, Oh, wie schlecht du aussiehst, geh ja nach Haus, ach, was haben die Krovs nur mit dir gemacht, jee, jee, wie kann man nur einen Menschen so zugrunde richten. Ich sagte, Adolf, mir ist so schlecht, mir ist so schwarz vor den Augen. Die Arbeit im Eisbunker konnte ich nicht machen, ich mußte nach Hause gehen. Noch vor dem Mittag kam der Gust, er machte mir Vorwürfe, und in seinem Ton war Wut, Ich denk, du bist im Eisbunker, derweil sitzt du zu Haus. Sein Ton wurde noch gröber. Äh, das ist nicht wahr, was du da redest, hast halt keine Lust, hast dich nur mit meinen Schuhen und meiner Jacke geschämt. Ich sagte, Du kannst den Adolf fragen, und die Frauen im Eisbunker kannst du auch fragen. Ach die, die wissen grad son Dreck wie euer Adolf, wehrte er ab und griff nach seinen Schuhen und sagte, Dir werd ich schon helfen, dir zeig ich noch was. Als ich zu meiner Mutter klagen kam, wußte sie schon alles besser. Ich sah in ihrem Gesicht Schadenfreude, und trotzdem klagte ich über meine Ehe und daß an allem die Schwiegermutter schuld hätte.

Der kleine Ernst mit seinen großen Buttermilchaugen und dem fahlen Gesicht war gerade herinnen. Ernst, sagte sie, geh mal zur Krovin und sag, daß die Walli hier ist, sie soll gleich mal rüberkommen, und sie zwinkerte dem Ernstl zu. Mein Kopf war so voll von Sorgen, daß ich mir im Moment keine Gedanken machte. Die Krovin kam hereingehuscht, ich kannte es an ihr nicht anders, und die Tür wurde leise zugemacht. Meine Mutter blieb am Herd, mir den Rücken zugewandt, und ich stand an der Kommode. Wenn ich nicht auf dem Sofa saß, stand ich dort, denn über der Kommode hing der Spiegel, und es war mir so angeboren, daß ich am liebsten an diesem Platz stand und hineinsah, wenn ich meiner Mutter mein Leid klagte. Sie sprach jetzt mit der Krovin, Horch, die Walli beschwert sich, daß du schuld bist, daß ihre Ehe nicht geht. Die Krovin schob die Augenbrauen zusammen, aber das machte mir nichts, weil ich mich bei meiner Mutter geschützt fühlte, und ich ließ die Krovin jetzt paar Worte hören, ließ sie hören, daß sie einer verheirateten Frau mit vielen Kindern den Mann weggelockt hätte, denn so hatte mir meine Mutter selbst mal erzählt, und das sagte ich ihr jetzt ins Gesicht, ohne daß ich sie wissen ließ, daß ich das von meiner Mutter hatte. Meine Mutter sagte, Walli, du hast nicht frech zu sein, wirst du wohl deine Gusch halten, dazu hast du kein Recht! Der Krovin ihre zusammengeschobenen Augenbrauen wurden immer drohender für mich, es sah aus, als wollte sie mir paar runterhauen, sie war näher gekommen, hin und mal machte sie einen Blick auf meine Mutter, die nicht vom Ofen wich und mir den Rücken zugedreht hatte. Ich sagte der Krovin, daß sie für ihre Kinder keine Windeln gewaschen hätte, daß sie die beschissenen Windeln hätte trocknen lassen und dann abgebürstet hätte, denn solche Sachen hatte ich von meiner Mutter, ich sagte es aber nicht, weil ich wußte, daß meine Mutter es nicht zugeben würde. Die Krovin kam Schritt um Schritt näher, ich merkte, was in ihr vorging, aber ich fühlte mich stark, und ich faßte nach der Porzellanschüssel. Da schrie meine Mutter, Laß mir fei meine Schüssel stehn. Ich stellte die Schüssel wieder hin, zitternd vor Erregung und Unglück, und dabei sah ich durch Zufall in den Spiegel und sah, wie die beiden stumm mitnander sprachen und meine Mutter hinter meinem Rücken die Faust ballte, um der Krovin zu zeigen, daß sie mich prügeln durfte. Ich erschrak. Oh, ist denn das die Mami? Ich sagte kein Wort, nahm den Kleinen auf den Arm, meine Mutter stand links am Herd und die Krovin rechts an der Türklinke, und ging zwischen beiden hindurch. Wenn ich auch geradeaus sah, merkte ich doch meiner Mutter ihre Schadenfreude, ich wußte nicht, ob ich träumte oder wachte. Als der Gust an diesem Tag nach Haus kam, wußte er schon alles, sein erstes war, Hättest du heute meine Mutter angerührt, da wäre es dir schlecht ergangen, du kriegst von niemandem Hilfe, von dir will niemand was wissen, und den Jungen werde ich jetzt noch öfter zu meiner Mutter geben. Aus meinen verzweifelten Augen kam keine Träne, und ich sah nur auf die Heilige Madonna, aber ihr Gesicht sah zur Seite.

Von da ab wollte ich nicht mehr zu meiner Mutter, aber das war ihr wieder nicht recht, sie wollte mich ja in ihrer Gewalt haben, und wenn ich nicht kam, konnte sie sich nicht mehr an meinen

Klagen erfreuen, sie sah mich nicht gerne kommen und sah mich auch wieder gerne kommen, nur quälen, das machte ihr Freude, und sie kam immer auf neue Ideen. Neuerdings tat sie, als würde sie mich nicht kennen, und wenn sie mit jemandem im Kaufladen zusammenkam oder woanders, dann sprach sie immer nur von der Frau. Dä Frau, nannte sie mich, in unserem Dialekt hieß Frau Fraa, aber sie nannte mich Frau, dä Frau. Die Leute im Kaufladen frugen, von welcher Frau sie denn redete, und sie dann, Na, holt von dä Frau, die im Meierhof drinne wohnt, kennt ihr sie denn nicht, die, die wie eine Henne unterm Schwanz aussieht, die müßt ihr doch kennen? Und sie machte mich schlecht, wo es nur ging, daß die Leute mit Verachtung auf mich guckten.

An einem Tag kam ich aus meiner Haustür heraus, um aus dem Ochsenstall Wasser zu holen, da stand Frau Schumann, die unten am Eck ihre Wohnung hatte, mit dem Zimmermann in Unterhaltung. Der Zimmermann war immer ein freundlicher Mann, ich durfte in seiner Werkstatt Holzspäne holen, er hatte seine Werkstatt hier oben am Pferdestall. Ich wunderte mich, daß mein Gruß nicht erwidert wurde. Ist was passiert, frug ich, weil es danach aussah, und Frau Schumann fuhr mir über den Mund, Äh, Sie alte Kellnerin, Sie, Sie waren doch nur ein gewöhnliches Strichmensch, machen Sie, daß Sie reinkommen, es will Sie niemand sehn. Ich dachte, ich müßte vor Schreck umfallen, aber ich stand da, wie zu einem Stein geworden, daß die Frau wegging und der Zimmermann in seiner Werkstatt verschwand. Was hab ich denn der Frau Schumann getan? Ich dachte, ich könnte sie zur Rechenschaft ziehn, ich hatte ja einen Zeugen, und ging dem Zimmermann in die Werkstatt nach und sagte, Sie haben doch gehört, was Frau Schumann gesagt hat. Sie verraten sich doch selbst, gab er mir zur Antwort, was wollen Sie denn. Ich starrte den Mann an, ohne ein Wort ging ich aus der Werkstatt, es war zuviel, was über mich kam. Frau Schumann wurde vom Himmel bestraft, denn einige Tage danach wurde sie vom Schlag gerührt, ihre Zunge und Hände waren gelähmt und ihr Sprechen nur noch ein Lallen, und wenn sie mich jetzt sah, tat sie freundlich. Ich hatte ihr nichts Böses gewünscht, ich hatte mich nur in meiner Verzweiflung vor das Bild der Madonna gekniet und ihr mein Leid geklagt, den Menschen was Böses wünschen, darauf wäre ich nie gekommen, ich wollte mit ihnen immer nur versöhnt sein. Was hatte ich den Leuten nur getan? Ich wußte ja, daß diese Verleumdungen von meiner Mutter kamen, sie verbreitete sie überall, brachte sie mit ihrer häßlichen Zunge unter die Leute. Auch unsere Stubennachbarn Zenker, die die gewöhnlichsten Menschen waren, wurden ausfallend. Wir wohnten eng zusammen, unsere Stuben waren durch einen schmalen dunklen Flur getrennt, und dieser wurde von uns immer abwechselnd gekehrt und einmal in der Woche gewischt. An der Decke baute ein Schwalbenpaar ein Nest. Von mir aus hätten die Schwalben ihr Nest bauen können, auch wenn paar Halme herunterfielen, das störte mich nicht. An einem Nachmittag, ich kam grad aus meiner Tür raus, sah ich, wie die Frau das Nest herunterstocherte und der Mann mit noch einem Besen dazukam und auch stocherte, aber nur, weil ich mit dem Saubermachen dran war. Ich sagte ganz friedlich, Die Schwalben bauen doch wieder ein Nest. Zur Antwort brüllte er mich an, Halt deine elende Schnauze, sonst hau ich dir eine nei, daß du dein letztes Dreckl geschissen hast! Ich ging in meine Tür zurück. Was ist denn das nur? Warum erlaubt sich dieser Kerl das? Alles wagte, mich mit Füßen zu treten. Und an einem Abend konnte ich nicht anders und klagte es dem Gust, ich dachte ja an keine Verteidigung, aber der Gust fuhr hoch, Was, das hat der zu dir gesagt, dem werd ich es jetzt mal zeigen, meine Frau zu beleidigen, und er rannte hinaus, riß bei dem Nachbarn die Tür auf und zog ihn aus seiner Wohnung heraus auf den Hof und verprügelte ihn wie einen Hund, und der Mann ließ sich verprügeln. Von diesem Tag an blieb das Nest oben, und dieses beschränkte Ehepaar ging mit eingezogenem Kopf an mir vorbei. Ich hab ja über den Gust meine Augen aufgerissen, das hätte ich von ihm nicht erwartet.

Daß ich überall verleumdet wurde, merkte ich, als ich zwei Frauen kennenlernte, etwas älter als ich, die eine hatte ein Töchterchen im Alter wie mein Junge, die andere war ohne Kind, ihre Männer arbeiteten auf dem Schacht, ich lernte sie kennen, als ich mit meinem Kleinen auf dem Arm spazierenging. Ich war von ihnen freundlich angesprochen worden, und so ging ich mit diesen beiden Frauen alle Tage spazieren. In meine Wohnung waren sie nicht gekommen, man sah sich auch mal einen oder zwei Tage nicht, und an einem Tag kamen sie an meinem Fenster vorbei und sahen hinein, und die eine, die ohne Kind, konnte ihre Überraschung nicht zähmen, sie guckte, daß ihr die Augen bald aus dem Kopf fielen, und ihr erstes Wort war, Oh, haben Sie es aber schön, oh, und wie sauber es bei Ihnen ist, jetzt sieht man erst, wie schlecht die Leute reden, so blitzsauber, wie Sie es haben, wo ist denn bei Ihnen Dreck und Unsauberkeit? Die zwei Frauen waren empört und meinten, Nur gut, daß wir Ihre Wohnung gesehn haben.

Der Gust ging jeden Sonntagnachmittag mit den jungen Burschen nach Görkau tanzen und kam erst in der Nacht nach Haus. Der Albert holte ihn ab, er klopfte immer an unser Fenster und rief mit seinem derben Organ, Gust, komm, und der Gust rannte hin und her und rief mit seiner hohen Stimme, Jo, ich komm. Ich ließ ihn gehn, ich war ja nicht böse, daß der Albert ihn zum Tanzen mitnahm. Aber warum behandelte er mich wie eine Fremde, nein, wie eine Ausgestoßene, und das ohne Grund? Als ich von ihm einen freundlichen Blick haben wollte und ans Fenster trat und zu ihm hochschaute, da sah er kalt an mir vorbei und ging vom Fenster weg zu den Burschen hin, die auf der anderen Straßenseite auf ihn und den Gust warteten. Der Gust mußte immer mit, und auch in der Woche waren sie zusammen, und in der Nacht kam er dann besoffen nach Hause. Ich rührte mich mit keinem Wort, ich wollte ihm gut entgegenkommen, als wäre nichts gewesen, so ein gutes Leben hätte er sich ledig nicht erlauben können. Der Franz gehörte auch immer mit dazu, sie waren alle die besten Freunde, und der Albert, mein Bruder, war ihr Anführer. Vom Franz wurde ich Hure und Sau genannt und daß der Gust mich erschlagen sollte, ja, es kostete nicht viel, ihn zu verhetzen, er schrie nur noch mit mir herum, Für dich hab ich schon lange nichts mehr übrig, ich hab dich satt, als Sklavin bist du mir gut genug. Ich war eine verheiratete Frau, und mir war es, als hätte ich einen Strick um den Hals, seine Sklavin für immer, bis meine Kräfte versagten und ich dahinschied. Aber warum ließ sich der Albert so verhetzen? Und woher nahm er das Geld? Aber so war die Mami, sie hungerte lieber noch mehr, wenn es nur nach ihrem Willen ging und sie ihre Freude hatte, und daß die Kinder Hunger hatten, damit durften sie ihr nicht kommen. Und der Albert und die kleinen Geschwister machten ja auch alles gerne mit, und im Albert steckte es schon so mit drin.

Der Gust wollte mich los sein, und ich konnte nicht, und meine Schwangerschaft ging in den siebten Monat, und ich war schwerkrank, ich hatte oft schwarze Wolken vor den Augen und fiel um und mußte selbst wieder zu mir kommen und mich von den Dielen aufheben. Wenn er mich brauchte, ließ ich ihn mit anhaltenden Kräften über mich ergehn. Das Findelhaus hatte ich mir aus dem Kopf geschlagen, keinen Heller Geld und nicht eine Windel und selbst auch nichts zum Anziehn und so weit fahren, weit hinter Prag. Ich bekam es mit der Angst, und ich konnte mich nur noch damit befassen, nach Seestadtl zu der alten Hebamme Hawelka zu gehn und mir die Schwangerschaft abbrechen zu lassen. Ich werde sterben, das weiß ich, aber das wird gut für mich sein! Ich werde der Frau dankbar sein, wenn ich von allem erlöst bin! Aber ich hatte ja kein Geld, die Hebamme zu bezahlen. In meinem Leib bewegte es sich, es tat mir weh, daran zu denken, daß es nicht leben durfte. Es muß aber sterben, es muß sein! Wenn ich meinem Kind kein glückliches Leben geben kann, dann soll es lieber von allem Leid verschont bleiben.

Ich ging nach Seestadtl, von der Tanti wußte ich, daß die Frau in der Brüxer Straße am Stadtende wohnte, und von weitem sah ich schon die Villa mit den frischgestrichenen grünen Zaunlatten. Als junges Mädchen war ich hier jedesmal vorbeigekommen, wenn ich nach Brüx zum Arbeitsamt laufen mußte. Die Frau wußte sofort, was ich wollte, und ohne ein Wort von mir führte sie mich in die Stub, und ich hatte Vertrauen zu ihr, ich wußte, sie verstand meinc Not. Von der Tanti hatte ich erfahren, daß sie sich oft deswegen einsperren ließ, wenn sie verraten wurde, aber sie war nie lange im Gefängnis. Vielleicht, wenn eine durch ihre Finger starb, länger, denn manchmal, weil so viele Dicke rumliefen, hörte ich die Leute sagen, Die Hawelka ist bestimmt wieder eingesperrt. Die Frauen kamen immer wieder zu ihr und wichen nicht, und heute hatte es mich auch zu dieser Frau geführt, aber meine Kräfte versagten, mir wurde schwarz vor Augen, ich fiel sofort in Ohnmacht, und als ich meine Augen aufmachte, lag ich auf einem Diwan und sah der Frau ihr Gesicht mit den großen runden Augen darin. Sie war sehr besorgt um mich, sie sagte, daß sie es heute nicht machen könnte, Sie müssen sich in der Gewalt haben, sonst geschieht Ihnen was! Sie wollte nicht sterben sagen und sagte immer wieder, Sie sind noch jung und wollen was von Ihrem Leben haben. Ja, die Frau war sehr verständig. Wenn es auch Mord war, was die Frau Hawelka tat, aber die Not trieb die Frauen dazu. Ich sollte wiederkommen, aber ich brachte den Mut nicht wieder auf und ging nicht nach Seestadtl. Es war dann auch nicht mehr nötig.

Alle Tage machte der Gust mir das Leben zur Hölle, er spuckte mich an und drohte, mich zu zertrampeln. Pfui, in was für eine Familie bin ich reingetorkelt! Ich gab ihm Antwort, daß ich eine saubere Jugend hinter mir hätte, und als Frau könnte mir auch niemand was nachreden. Ich hab dir noch keinen Vorwurf gemacht, was ihr für Leute seid. Da drehte der Gust auf, Halt deine Gusch, du hast nichts über meine Familie zu sagen! Aber eins muß ich dich jetzt wissen lassen, gab ich zurück, weil ich trotzdem Mitleid mit deiner Mutter habe und daß ihr mal kennenlernt, wie falsch meine Mutter und der Albert sind. Und ich erzählte von dem Einbruch beim Kaufmann Winkler, den der Franz und der Albert gemacht hatten und von dem ich durch meine Mutter wußte. Die Strickjacke, die deine Mutter anhat, die ist gestohlen! Der Gust sprang hoch und schrie, Sag noch mal, was du gesagt hast, dann stehst du nicht mehr auf. Ich sagte, Da mußt du zum Albert gehn, er wird es dir erzählen, meine Mutter, die wartet mit dem Albert nur darauf, daß sich deine Mutter auf der Straße mit der Strickjacke blamiert. Der Gust rannte zur Tür raus und schrie, Ich geh und frag, aber wenn das nicht wahr ist, gnade dir Gott, was ich dann mit dir mache! Der Franz stritt alles ab, der Albert auch, beide schrien, der Gust soll mich erschlagen, meine Mutter stimmte in allem ein, besonders der Albert drohte, daß er mir die Knochen zusammenschlagen würde, wenn er mich noch einmal in der Wohnung anträfe, und meine Mutter sollte mich ja nicht in die Wohnung lassen. Der Gust drohte mir mit Anzeigen, und ich meinte dazu, Tu es, dann wird es zuwenigstens rauskommen, wer lügt. Er schlug mir mit dem Handrücken ins Gesicht, und ich schrie Hilfe, Hilfe! Du kannst ruhig Hilfe schrein, es wird niemand kommen, kein Mensch ist da, der zu dir hält, mit dir kann ich machen, was ich will, ich kann dich sogar erschlagen, wenn ich will, da bekäm ich nicht einmal Strafe dafür. Dieser Satz! Er darf mich erschlagen und wird dafür nicht einmal bestraft! Dieser Satz traf mich schlimmer als alles, was ich in meinem Leben durchgemacht hatte. Ich wurde vor Verzweiflung rasend und schrie, schrie, schrie und wälzelte mich auf den Dielen und hatte mich an den Haaren. Es kann doch nicht wahr sein, es kann doch nicht möglich sein, es kann doch nicht möglich sein! Der Gust trampelte mit Hohngelache zur Tür hinaus. Ich warf den Tisch um, die Stühle, die Betten riß ich auseinander, die Tür warf ich auf, daß sie nur noch in den Angeln baumelte, ich schrie, schrie, und hinter meiner Stirn tickte es wie ein Wecker. Da kam ich vor Schreck wieder zur Besinnung, oh, bin ich irre. Angst überfiel mich, wenn jetzt jemand käme und sähe, was ich angerichtet hatte. Aber wie soll ich denn aushalten, was sie mir antaten? Ich weinte wieder auf. Ach, sollten sie nur kommen und mich als verrückt wegholen. Der Gust kam herein und sagte, Dich hören sie auf dem ganzen Hof, und deine Mutter freut sich, die läuft im Dorf rum und sagt zu jedem, daß du närrisch bist und daß sie dich wegholen sollen. Er ging mit Hohn wieder hinaus, er verließ sich auf meine Mutter, daß ich weggeholt würde und er mich dann vom Halse hätte. Darüber warf ich mich wieder auf die Dielen, wälzte mich und schrie verzweifelt. Aber dann riß ich mich wieder zusammen, weil ich Angst hatte, der rote Wagen stände vor der Tür, und wer ins Irrenhaus kam, wurde immer nur als Verrückter behandelt. Später erfuhr ich, daß meine Mutter tatsächlich auf der Gemeinde gewesen war, aber der Sekretär hatte sie hinausgewiesen. Wic geistesabwesend saß ich auf dem Bettrand, und noch immer tickte es wie ein Wecker in meiner Stirn. Am Abend kam der Gust ohne Vorwurf oder Hohn zur Tür herein, und ich sagte zu ihm, Wenn du verlangst, daß ich dich überzeuge, geh ich zum Winkler. An seinem Gesicht erkannte ich, daß er die Wahrheit wußte. Unterdes hatte der Krov-Adolf den Franz am Schlips genommen und zu

Hause bei seiner Mutter aufgeräumt, und die Krovin ging zum Kaufmann Winkler und bezahlte das Gestohlene.

In der Nacht begann ich zu stöhnen. Ich hörte dem Gust seine tiefen Atemzüge. Am Morgen ließ er mich allein. Ich wollte in den Stall zum Albert gehen und mit ihm reden, aber mir war es zu schlecht, ich mußte mich ins Bett legen und konnte an diesem Tag nicht mehr aufstehn. Mein Jammern mußte bis in den Hof gehört worden sein, denn auf einmal kam der Gust. Ich sagte ihm, daß die Frau Uher, was die Hebamme im Dorf war, mal kommen sollte. Sie kam und sagte, Das wird eine Frühgeburt. Aber sie ging wieder, weil es noch eine Weile dauern würde, wir sollten Bescheid geben. Ich schrie, daß ich weit gehört wurde, und obwohl mir meine Mutter soviel angetan hatte, ließ ich ihr über den Gust sagen, daß sie zu mir kommen soll. Der Gust kam zurück und sagte, Deine Mutter will von dir nichts wissen, und er schickte mir den Seff, der sollte sich nebenan im Pferdestall aufhalten, wenn ich ihn brauchte, sollte ich an die Wand klopfen. Der Seff war um mich sehr besorgt, er kam von selbst herum und frug, Walli, soll ich jetzt die Frau Uher holen? Nein, Seff, wir müssen noch warten. Er zog seinen Kopf wieder zurück, aber es dauerte nicht lange, da steckte er wieder seinen Kopf in die Tür. Walli, soll ich jetzt jemanden holen? Nein, Seff, wir müssen noch warten. Der Seff machte die Tür leise zu, aber wenn er den Kopf reinsteckte, war er immer in Sorge und Angst. Ich dachte an meine Mutter, die nicht bei mir sein wollte, sie kannte keine Sorge um mich, war nach Seestadtl zu der Miez gefahren. In meinem Leiden dachte ich an Pürstein, als sie im Armenhaus mit dem Ernst zum Entbinden kam und ich für sie aus dem Haus in die gruslige Nacht hinausging, um die Hebamme zu holen. Neben mir an der Wand hing das Madonnenbild, und ich sah ihr mit all meinem Leiden ins Gesicht, und mit den Füßen trampelte ich vor Schmerz gegen die Wand, und als es Abend geworden war und draußen schon dunkel, schrie ich ohne Rückhalt. Walli, ich geh jetzt und hol jemanden!

Unterdes kam der Gust rein, unhöflich, wie es seine Art war, sagte er, Ist es denn noch immer nicht anders. In diesem Moment kam die Frau Uher und sagte, Frau Krov, man hört Sie ja von weitem. Frau Uher, ich halte es nicht mehr aus! Die Fenster waren ohne Gardinen, nur von weißem Leinenstoff hatte ich Übergardinen zum Zuziehen, und Frau Uher schimpfte auf den Gust, daß er die Gardinen richtig zuziehen sollte, und zu mir meinte sie verwundert, Es ist noch immer nicht weiter, die Öffnung ist noch nicht größer geworden, Sie haben krampfhafte Wehen, Gebärmutterkrampf, eigentlich muß jetzt ein Arzt her, aber wir wollen sehen, daß wir ihn nicht brauchen, der überweist Sie nur in ein Krankenhaus, mit solchen Sachen gibt der sich nicht ab, und dort kümmert sich niemand um Sie. Ja, da hatte die Hebamme recht, wem es im Krankenhaus schlecht ging, den stellte man im Waschraum ab und überließ ihn dem lieben Gott. Ach, wäre meine Mutter auf mein Verlangen hin zu mir gekommen, wäre es für mich nicht so schwer gewesen, ich hatte so großes Verlangen nach ihr! Derweil machte die Hebamme dem Gust Strafpredigt, weil er mich ins Gesicht geschlagen hatte, und der Gust hing den Kopf und schielte mit unzufriedenen Augen hin und her. Ich lag immer nur schräg im Bett und sah der Heiligen Madonna ins Gesicht, daß die Frau Uher besorgt war, daß ich aus dem Bett fallen könnte, aber als sie merkte, daß meine Augen nicht von der Heiligen Mutter Gottes wichen, hielt sie mich fest, und auch der Gust sollte mich halten, daß ich zur Mutter Gottes hochsehn konnte.

Das Kind lebte noch. Es lag auf dem Stuhl, mitten in der Stub. Ich sah, wie es mit weitgeöffnetem Mund atmete, die kleine Brust ging auf und nieder. Es war wieder ein Junge, und seine Haare waren dunkel wie dem Gust seine, auch die Haut war dunkel, die schmale Stirn, auf den Augenbrauen die Beulen, als ob Hörner herauswachsen wollten, ganz wie beim Gust. Ich beobachtete das arme Geschöpf, wie es mit seinem Ende kämpfte. Ich wandte mein Gesicht weg und sah zur Heiligen Madonna auf, und wieder sah ich auf das Kind, sah seinen weitgeöffneten Mund, und das Atmen wurde immer schwächer. Etwa reichlich dreißig Minuten lebte es noch, und dann hatte es ausgelitten. Der Gust hatte bisher keinen Blick auf das Kind gemacht. Das ist ja wieder ein Junge, hatte er nur gesagt. Herrgott, die Wahrsagerin hat mir doch was ganz anderes gesagt, ich werde einen Jungen und ein Mädchen haben, das ist ja wieder ein Junge. Er hatte vor Enttäuschung ganz vergessen, daß wir nicht allein waren. Ich wollte ihm gerne sagen, daß es sein Ebenbild sei, Sieh dir doch mal das Kind an, wollte ich sagen, aber ich wagte es nicht, ihn zu stören, denn seine Augen und Gedanken irrten in die Ferne. Als die Hebamme gegangen war, sprachen wir kein Wort.

Die Nacht gab mir keinen Schlaf. Am Morgen stand der Gust wie immer auf, und als er sich zum Gehen aufmachte, sagte ich, Sag dem Albert, daß ich zu ihm in den Stall komme, ich muß mit ihm reden. Da kicherte der Gust wie eine alte Hexe auf, Du wirst dem Albert seine Antwort schon hören, was der für dich übrig hat. Ich setzte vorsichtig meine Füße auf den Boden herunter, um meinen Kopf band ich ein weißes Kopfkissen, weil ich nichts anderes hatte, und ich hielt es mit beiden Händen unterm Kinn zusammen, so tapste ich langsam und vorsichtig über den Hof, und je näher ich der Stalltür kam, um so deutlicher hörte ich dem Albert sein derbes, kräftiges Organ. Die Stimme hatte er von den Eltern, und wenn er sprach, war es wie beim Vater nicht die Hälfte Wahrheit, sie unterhielten sich wohl über ihre Vergnügen. Mich kränkte ihre Unterhaltung und gute Laune nicht, ich wollte vom Albert nur ein bißl Gerechtigkeit, ein klein bißl Schutz, ein klein bißl Versöhnung hören. Nun stand ich auf der Schwelle, sie hatten mich ja schon von weitem kommen sehn. Der Gust hatte sein Gespann gleich vorn links an der Tür und der Albert seins rechts, sie hatten vor Unterhaltung vergessen weiterzuputzen, und der Gust stand im Gang und kratzte sich gerade, solange ich ihn kannte, kratzte er sich vorn und hinten, er hatte immer zu kratzen. Ich sah von einem auf den andern, aber sie erzählten und lachten und achteten nicht auf mich. Da öffnete ich den Mund, Albert! Weiter kam ich nicht, er brüllte, Ich will von dir nichts mehr wissen, geh mir aus den Augen, halt deine elende gottverfluchte Gusch, schau, daß du von hier wegkommst, ich will dich nicht mehr sehn! Aber Albert, laß doch nur mal mit dir reden. Das Brüllen aus schlechtem Gewissen heraus, das hatte die Mami ebenso wie der Vater an sich. Geh mir aus den Augen, ich will dich nicht mehr sehn, ich will von dir nichts mehr hören! Albert, kam es flehend aus meinem Mund, und seine brüllende Antwort, Ich weiß nicht, wer du bist, du bist nicht meine Schwester, schau, daß du jetzt verschwindest, wenn du mich nicht noch anders kennenlernen willst! Mir war zum Ohnmächtigwerden, schutzsuchend sah ich auf den Gust, der hinter den Pferden verschwunden war und sie eifrig putzte und kein Wort zu allem sagte. Und dann ging ihre Unterhaltung weiter wie vorher. Ich verließ den Platz, auf dem ich gestanden hatte, und mit starren Augen auf meinem Bettrand sitzend, fand ich mich wieder, ich weiß nicht, wie lange ich so saß, und das Blut lief an meinen Beinen entlang, über meine Füße auf die Dielen, und mein Gesicht war eiskalt. Eine Stimme mahnte mich, Leg dich ins Bett, bevor du auf den Dielen liegst, es ist niemand, der dich aufhebt, es ist niemand, der zu dir hält, du mußt sehn, wie du mit deinem Schicksal allein fertig wirst. Allein, allein, allein, schrie es in meiner Brust. Aber ich kann nicht allein sein, ich brauche einen Jemand, der mich an die Hand nimmt. Und wieder die Stimme, Es ist niemand, der dich an die Hand nimmt und dir den Weg zeigt, den du nicht weißt, du wirst immer allein sein, du mußt deinen Weg ganz allein finden. Es tat weh zu wissen, daß ich allein bin, alles ist so bös, und ich kann mich nicht dagegen wehren. Aber warum ist denn das nur? Warum , warum? Ich hielt mit beiden Händen meinen Kopf. Ich wußte nicht, träumte ich, oder war das die Wirklichkeit? Es war die Wirklichkeit. Aber was habe ich denn getan? Ich will gern so sein, wie es euch recht ist! Eine Stimme gab mir die Antwort, Du mußt damit fertig werden, gib auf dich acht, daß du nicht verzweifelst und irre wirst. Bei solchen Gedanken bekam ich einen Schreck, ich hob meine Beine schwerfällig ins Bett, ich lag still und starrte der Heiligen Madonna ins Gesicht, so lag ich in Gedanken versunken in diesen meinen schweren Stunden. Mitmal machte es einen Klopfer an der Tür, wie wenn einer rechte Eile hat, es war meine Mutter, die über die Schwelle gehopst kam. Walli, du hast abgetrieben, nowwo, das ganze Dorf sagt es, daß du abgetrieben hast! Ich sagte, daß die Frau Uher Zeugin wäre, daß das nicht wahr wäre, und der Doktor Steiner käme auch noch. Meine Mutter wußte sehr wohl, wie es zur Frühgeburt gekommen war, aber sie wollte sich vor den Leuten reinwaschen, und ihr zweites Wort war auch gleich, Du wirst fei eingesperrt, wenn dich jemand anzeigen tut, das wird fei bestraft. Das war also ihre Sorge, sie rechnete damit, daß ich hilflos war und vor Angst verzweifelte. Ich sagte in aller Ruhe, Die Hebamme und der Doktor Steiner bezeugen es. Na, denn ist es ja gut, wenn es so ist, da kann dir ja auch nichts passieren, sagte sie. Bis jetzt war meine Mutter noch nicht mal ans Bett gekommen. Jesses Mariä, wie du aber aussiehst, kam es erschreckt aus ihrem Mund, warum hast du denn nicht deine Gusch gehalten, hättest dem Gust nichts von der Jacke sagen brauchen, der Albert hält mit dem Krov-Franz zusammen, da eher tritt er dich ins Grab, gestern konnte ich nicht kommen, ich war bei der Tanti saubermachen. Meine Mutter log schon wieder, sie mußte nach Seestadtl, um der Tanti Neuigkeiten zu berichten. Der Albert darf es gar nicht wissen, sagte sie, daß ich zu dir hergegangen bin, er hat es mir streng verboten, mich um dich zu kümmern. Sie erzählte, wie sie gestern abend von Seestadtl zurückgekommen war und die Leute vor meinem Fenster versammelt standen, sie hätte sich nicht getraut zu fragen, und heute würde das ganze Dorf kopfstehen. Walli, es hätte nicht brauchen sein, wenn du deine Gusch gehalten hättest! Ich sagte, Ich hab mir mein Leben nichts zuschulden kommen lassen, ich habe eine traurige Kindheit und eine harte Jugend gehabt, und alle Tage muß ich mir vom Gust anhören, daß er sich mit meiner Familie Schande bereitet, er spuckt mich an und sagt pfui Teufel. Hierüber konnte mich meine Mutter nicht ansehn, sie schämte sich wohl in diesem Moment und sagte, Na ja, was kann ich denn dafür, was wir für Leute sind, reg dich jetzt nicht auf, wie du aussiehst, Jesses Mariä und Joseff. Und dann konnte sie ihre Neugier nicht mehr zurückhalten, ihre Augen irrten umher. Wo hast du denn das Kind, ich möcht gern sehn, wie es aussieht? Hier auf dem Stuhl in dem weißen Tuch, sagte ich. Der Stuhl mit dem Kind stand wie am gestrigen Abend mitten in der Stub. Im stillen wunderte es mich, daß es sie nicht gruselte, wie es sonst ihre Art war. Sie wickelte das Kind aus und beguckte es mit gierigen Augen. Jesses, das arme Kind, wie es sein Guschl aufhält, man sieht, daß es erstickt ist. In diesem Ton klang Mitleid für das Kind. Zuerst machte sie Feuer, dann eilte sie fort, um von ihrem wenigen Geld paar Eier zu kaufen, sie kochte mir Eierflockensuppe und sagte, Du mußt fei jetzt kräftig essen. Ja, es gibt nichts Schöneres, als wenn eine Mutter für einen da ist. Die Eierflockensuppe blieb mir im Hals stecken, weil es von ihrem wenigen Geld war, nur ihre guten Hände brauchte ich. An diesem Tag kam dann noch der Doktor Steiner. Bei jeder Fehlgeburt mußte er benachrichtigt werden, und für mich war es höchste Zeit gewesen, wäre er zwei Stunden später gekommen, wäre ich für immer eingeschlafen, wenn einmal das Herzblut weggeht, ist keine Hilfe mehr. Der Gust kam, und der Doktor Steiner mahnte ihn, Erregung könnte jetzt mein Tod sein, und er sollte auf mich achtgeben, und dann sagte er als letztes, Das Kind können Sie verbrennen. Am Abend kam der Gust früher nach Hause, kann sein, daß seine Mutter wollte, daß er mich nicht allein läßt. Ich werd jetzt das Kind in Ofen stecken, sagte er. Er machte erst viel Glut, wickelte das Kind in ein Stückl Papier und schob es in das Ofenloch und machte das Ofentürl zu. In diesem Moment begann es in dem Ofen zu weinen, so ein sehr hoher, weicher Ton, es war schauerlich, wenn man weiß, was in der Glut liegt, und es hielt lange an, es war, als gäbe es aus der Glut noch ein letztes Zeichen. Ich hielt mir mit dem Kopfkissen die Ohren zu, ich wollte auch nicht zusehn, wenn der Gust hin und wieder das Ofentürl aufmachte und mit dem Feuerhaken drin rumstocherte. Der Gust sagte, Der Ton kommt, weil es naß ist. Es war ja kein kleines Kind mehr, es ging in den siebten Monat.

Am nächsten Vormittag kam meine Mutter, wie sie es versprochen hatte, sie meinte sofort, daß sie viel Arbeit hätte und nur jetzt käme, um mich auf die Beine zu bringen, sie kochte mir Eierflockensuppe. Weil sie mit ihrem wenigen Geld nicht immer für mich einkaufen konnte, redete sie mit der Krovin, daß der Gust mir Geld geben sollte, das half auch. Am dritten Tag kam meine Mutter nicht mehr zu mir, sie mußte dem Albert gehorchen, ich mußte zusehn, daß ich selbst auf die Beine kam. Mein erster Weg war zur Hebamme, die noch vierzig Kronen bekam. Der Gust war dagegen gewesen, aber ich ging trotzdem, dafür hätte er mich beinahe geschlagen, und er schimpfte, Hätte ich das gewußt, hättest du nicht einen Heller von mir gekriegt, hättest im Bett verrecken können. Er verlangte, daß ich die vierzig Kronen zurückholen sollte. Ich sagte, Die Frau hat es zu kriegen, ich laß mir nicht nachsagen, daß ich Schulden mache. In den ersten Tagen mußte ich noch im Bett bleiben, aber dann wollte mich der Gust nicht länger im Bett liegen sehn und forderte alle Tage Essen. Ich gab mir Mühe, das Essen stand fertiggekocht auf dem Ofen, der Gust stocherte manches Mal darin herum, und manches Mal guckte er nur in den Topf, ob ich gekocht hätte, er aß aber nicht, weil er es schon bei seiner Mutter getan hatte, aber wehe, es wäre nichts gekocht gewesen. Ich staunte, als er mir den Jungen ins Haus brachte, gerade jetzt, wo ich ihn gerne entbehrt hätte. Er sagte, Damit du nicht denkst, du kannst den ganzen Tag im Bett bleiben. Der Junge war jetzt elf Monate alt. Ich mußte ihn immer tragen, denn laufen wollte er nicht, er machte es mir nicht leicht, er schrie fortwährend und wich nicht von der Tür, weil es ihm bei mir nicht gefiel, und ich konnte mich nicht mit ihm abgeben, so krank und schwach, wie ich war. Ich ging jetzt wieder zu meiner Mutter, auch wenn sie mir sagte, daß ich nicht reinkommen sollte, der Albert würde es nicht erlauben, ich war so einsam und suchte sie. Ich kann den Jungen nicht leiden, sagte sie. Es störte sie jeder Atemzug an ihm, sie hantierte dann nervös hin und her, und ihre falschen Augen ließen von dem Kind nicht ab. Ich ließ es auf der Kommode sitzen, das machte sie nervös, und sie schimpfte, Laß den Jungen nicht alles anfassen, ich weiß gar nicht, du läßt ihm allen Willen. Nur wenn die Krovin dabei war, wollte sie das Kind am liebsten auffressen, das war ja dann ein Getue, sie hopste vor Freude in die Höh und sagte, Jässes, do klaane Gun. Gun heißt in unserm Dialekt Junge, und sie nannte ihn nicht Gustl, sondern Gun, und wenn sich meine Mutter recht lieb zeigen wollte, nannte sie ihn Gungerle, was soviel wie Jungerle heißt. Aber kaum war die Krovin aus der Tür, hieß es von ihr, Gieh naus mit dem Gun, iech koo den Gun nich leidn. Einmal sah mich die Hebamme auf der Straße das Kind tragen, und sie sagte es meiner Mutter, daß ich das nicht machen sollte, und außerdem wäre ich zu leicht angezogen und hätte nichts auf dem Kopf, sie sollte dafür sorgen, daß ich mich schonte. Aber wen kümmerte das schon. Ich hing nur noch meinen Kopf, weil ich von niemandem angeguckt werden wollte. Im Kaufladen stand ich allein. Hier ließen sich die Leute immer viel Zeit, es wurde erzählt und gelacht, nur ich stand allein, wartete, bis ich an die Reihe kam, ja, unter den Frauen war ein Leben, aber ich sah nur dorthin, wo ich niemandem ins Gesicht sehn brauchte.

Der Gust sprach jetzt alle Tage von Trennung, Ich brauch dich nicht, ich hab schon längst eine andere, die besser ist als du, aber ich krieg dich nicht vom Hals, bei mir kannst du nicht bleiben, ich will dich nicht mehr. Und das Kind brachte er mir nur noch, wenn seine Mutter ausruhen wollte, und den Anzug hatte er bei seiner Mutter hängen, und er ließ sich nur kurz bei mir sehen, wenn er zum Tanzen ging, und er schlug mich mit dem Handrücken ins Gesicht und freute sich, daß niemand zu mir hielt. Oh, diese Einsamkeit, dieses Alleinsein! Es trieb mich immer wieder zu meiner Mutter hin, und sie hatte immer nur Verachtung und sagte, Was willst du denn schon wieder, du weißt doch, daß du nicht reinkommen sollst, wie du aussiehst, jetzt scheißt dich kaa ollo Hund meh o, huch, huch, huch, und sie tat, als fürchtete sie sich vor mir, und dabei verzog sie das Gesicht, als ob sie Essig gekostet hätte. So wirst du immer aussehn, dein Gesicht wird jetzt immer so bleiben, mit deiner Schönheit ist es vorbei! Ich schwieg und ließ sie reden, sie konnte meinem Herzen nicht weh tun, meine Häßlichkeit tat mir nicht im geringsten weh. Ich verstand mehr und mehr, meine Fügungen in der Ehe hatten nichts geholfen, ich wurde von ihm wie ein Tier behandelt, aber ich war ein Mensch. Ich hatte mein Kind zum letztenmal auf dem Arm, und weil er das Kind nicht mal auf meinem Arm leiden konnte, schlug er mich ins Gesicht und schrie, Her den Jungen! Ich wollte ihn nicht gleich hergeben, aber das Kind streckte beide Arme nach dem Vater aus, es wollte selbst von mir weg, und da war ich über mein kleines Kind enttäuscht. Wie weh das tat, meine große und einzige Hoffnung und mein Halt auf Erden wollte von mir nichts wissen! Von mir weg auf seinem Arm hatte es sich sofort beruhigt, und der Gust trug es hinaus mit den Worten, Den Jungen siehst du nicht wieder. Ich stand da und wußte, daß ich nichts mehr in dieser Wohnung zu suchen hatte, ich wußte nicht, wohin. Für mich gab es nur einen Weg, in den Elli-See zu springen. Ja, nur dort gehöre ich hin. Der Elli-See hat schon so manchen aufgenommen, ich bin doch nicht die erste, die dort Ruhe findet.

Bei diesem schweren Entschluß kam mir ein Gedanke. Oh, warum hatte ich den nicht längst gehabt. Meine Augen wurden hell, die Sonne begann mit mal für mich zu scheinen. Und jetzt möchte ich erzählen, was mich vor dem Elli-See bewahrt hat. Als ich mit achtzehn Jahren das erstemal in Brüx-Saaras ins Josephsheim kam, waren dort Seestadtler Mädchen und unter ihnen eine, die Anne Koschinek hieß. Sie hatte schöne braune Augen, dunkles Haar und wie alle Mädchen außer mir viel Temperament und war immer zum Lachen aufgelegt. Lange Zeit sah und hörte ich nichts von ihr. Bisher hatte ich nur gewußt, daß sie am Stadtrand an der Bartelsdorfer Straße in einem Eisenbahnwaggon eine Wohnung hatte, als ich zum erstenmal vorbeikam, wollte ich es nicht glauben, daß dort drin Leute wohnten, und dann dachte ich, daß es nur Zigeuner sein könnten. Die Familie Koschinek hatte vier Kinder, zwei ältere Mädchen und zwei Jungen, die noch zur Schule gingen, die Anne war die Älteste, und die zweite hieß Berta und war achtzehn Jahre alt und war von vierzehn Jahren an Kellnerin. Ich wußte über die Koschinek bisher wenig. Nur einmal vor zwei Jahren, das war neunzehnhundertvierunddreißig, als ich hochschwanger war, sah ich die Anna ganz verhärmt. Sie hatte mit dem Kulb-Franz, der in der Mühlstraße wohnte, viel Pech, es ging ihr bei ihm ebenso wie mir in meiner Ehe auch.

Später hörte ich, daß die Anna nach Sachsen gemacht ist und dort beim Bauern arbeitet, und es hieß, es geht ihr gut, und es gefällt ihr, und seitdem hatte ich nichts mehr von ihr gehört und dachte auch nicht im Traum an sie zurück. Ich wäre nie auf den Gedanken gekommen, nach Deutschland zu gehn, aber heute war für mich dieser Gedanke die Zukunft, für mich gab es keinen anderen Weg, als in Deutschland mein Glück zu suchen, weil ich nicht mehr hierbleiben konnte. Und so kam es, daß ich in meiner allergrößten Not an die Anna Koschinek dachte, ich machte mich gleich auf den Weg nach Seestadtl, um bei der Mutter von der Anna um Auskunft zu bitten.

Ich kam heute zum erstenmal in die Koschinek-Wohnung, mir fiel sofort auf, daß in dem Waggon alles sehr sauber war, weiße Gardinen und hinten im Schlafzimmer die Betten weiß bezogen und gut gemacht. Frau Koschinek war zu mir sehr freundlich, vor allem als sie meinen Grund hörte. Da haben Sie recht, sagte sie, ich habe manches Mal an Sie gedacht, was Sie in Ihrer Ehe so durchmachen, es wäre gut für Sie, wenn Sie auch nach Sachsen machen, die Arbeit ist halt schwer, es bleiben die meisten nicht lange draußen, aber der Anna gefällts, sie hat einen Freund, der sie heiraten will, und ein Kind hat die Anna. Dann frug mich Frau Koschinek besorgt, Werden Sie denn auch die schwere Arbeit leisten können? Ach, das macht mir nichts, ich kann arbeiten, mir ist die Hauptsache, daß die Leute gut sind. Die Leute sind dort sehr gut, sagte Frau Koschinek, dort sind die Leute viel liebevoller als bei uns hier, Sie werden dort bestimmt ihr Glück machen. In meiner Brust wurde es immer leichter, und trotzdem sah ich starr auf eine Stelle, daß mich Frau Koschinek besorgt und stumm beobachtete und dann mit warmem Ton zu mir sprach, Sie werden mit anderen Menschen zusammenkommen und vergessen. An diesem Tag also wurde besprochen, daß ich von Frau Koschinek nach Sachsen gebracht werden soll, und es ergab sich, daß grade eine Frau aus Sachsen für ein paar Tage zu Besuch war, sie hieß Frau Wodabeck, sie wohnte in Seestadtl im Meierhofhaus, ihr Mann arbeitete dort mit dem Ochsengespann, den Sohn hatte er bei sich zu Hause, sie besuchte oft ihre Familie. In den nächsten Tagen wollte sie wieder weg, Frau Koschinek wollte mit ihr zusammen nach Sachsen, um ihre Tochter zu besuchen, sie wollten den Weg zu Fuß machen und mich mitnehmen. Zu meiner Beruhigung wußte ich, daß ich eine neue Heimat finde, ich frug mich immer wieder, warum ich nicht schon längst daran gedacht hatte. Frau Koschinek klärte mich auf, wie ich zu einem Paß komme. Den Paß müßte ich in Komotau beantragen, er würde vier Wochen später bereitliegen, darum brauchte ich als erstes einen Grenzüberschritt, den ich sofort bekam, er hätte drei Tage Gültigkeit, Hauptsache, ich war erst einmal in Deutschland.

Gleich am nächsten Tag ging ich nach Komotau. Als ich abends zurückkam, suchte mich schon meine Mutter, sie war an dem heutigen Tag schon paarmal an meiner Tür gewesen. Ich wollte, ohne sie zu achten, an ihr vorbei, da rief sie, Walli, ihr seid auseinandergegangen, was wirst du jetzt machen? Ihr Ton klang wie in Sorge, und das versöhnte mich sofort. Ich mach nach Deutschland, kam es befreit aus meinem Mund. Das gab meiner Mutter wie einen Schlag, denn damit hatte sie nie gerechnet, sie schrie auf, Jesses, da hast du recht, daß du nach Deutschland machst. Wie so ein Häufchen Unglück stand sie da und sprach über ihr verdorbenes Leben, das sie zurückrufen möchte und gutmachen, was nicht recht war. Ach, wenn ich noch so jung wäre wie du, ach, Deutschland, da ist es schön, dort ist es uns so gut gegangen, und ich hab es nicht geschätzt, und was hab ich hier? Tränen liefen über ihre welken Wangen, aber im gleichen Moment hatte sie ihren Schmerz vergessen, sie war mit ihren Gedanken schon wieder woanders. Was ich dir noch sagen wollte, ich hab mit der Mutter geredet, was mit dem Zeug werden soll, die will es nicht mehr zurück, was machst du denn jetzt damit? Das will ich verkaufen, ich brauche ja fünfzig Kronen für den Paß, und leben muß ich ja auch, bis ich an Ort und Stelle bin. Meiner Mutter fiel sofort ein Käufer für das Möbelzeug ein, aber als erstes suchte sie sich aus, was sie haben wollte, die Federbetten, die Wäsche. Gib mir den Wäschetopf, ich hab keinen mehr, gib mir den Kohlenkasten, den brauch ich, du hast noch genug, was du verkaufen kannst. Ich ließ sie wegschaffen, was sie wollte. Es blieb nur noch das Gerümpel stehn, das nicht viel wert war. Der Wäschetopf hatte grade einen neuen Boden vom Klempner bekommen, was fünfzehn Kronen gekostet hatte. Da meine Mutter wußte, daß ich nichts zum Leben hatte, war sie verständig und gab mir die fünfzehn Kronen. Frau Rudolf aus Seestadtl kam gleich mit ihrer Tochter, die heiraten wollte, das Möbelzeug ansehn, sie standen lange mitnander davor und zweifelten, ob sie die Sachen nehmen, fünfzig Kronen war viel Geld, aber was noch hier stand, war nichts wert. Ich stand paar Schritte hinter ihnen und betete leise zum Himmel, daß sie die Sachen nehmen. Dann hatten sie es sich überlegt, ich war froh und atmete auf, als sie sagten, daß sie es am nächsten Morgen holen wollten, aber das Geld bekam ich nicht gleich, so daß ich in Zweifel und Sorge war, ob sie es wirklich holen.

Seit unsere Ehe endgültig aus war und der Gust mit dem Kind von mir gegangen war, schlief ich hier allein. Da meine Mutter so viel Gutes von mir genommen hatte und ich jetzt keine Wohnung hatte, hatte ich gedacht, daß ich in diesen letzten Tagen zur Familie gehöre und bei ihnen schlafen kann, aber meine Mutter sagte, Walli, bleib draußen, der Albert will es nicht haben, ich darf dich nicht reinlassen, also richte dich danach. Ich stand ruhig auf und ging. In diesen Nächten fand ich keine Ruh, ich lag auf den Dielen, und bei jedem Geräusch erschrak ich zu Tode, weil ich Angst hatte, daß der Gust die Tür einbricht. Am letzten Abend war ich leichtsinnig oder hatte wohl vergessen, die Tür abzuschließen, denn es lag schwer auf meiner Brust, auf einmal kam der Gust reingetrampelt. Was willst du hier, sagte ich. Das ist meine Wohnung, brummte er, ich will hier schlafen, und er tat, als würde er mich hier dulden. Wo willst du schlafen? frug ich. Das ist meine Wohnung, hier schlafe ich! In meiner Brust war Verzweiflung, ich ahnte, daß er sich nur noch eine gute Nacht bei mir holen wollte! Ich wußte, daß ich nicht an ihm vorbei aus der Stub käme, ich mußte zusehen, daß ich mit ihm in Frieden blieb, damit er nicht noch das Möbelzeug zerhackte, das morgen abgeholt wird. Oh, wie er an diesem letzten Abend zur Tür hereinkam, in all seinem Schmutz, die Hände in den Hosentaschen, den Bauch vorgeschoben, kein Hintern und keine Hüften, nur das Kreuz wie ein Sack. Das ist meine Wohnung, ich will hier schlafen! Zum letztenmal sein Opfer, auf den blanken Dielen, er blieb in den stinkigen Lumpen, seine Mütze behielt er auf dem Kopf. Die Zähne zusammenbeißend, ließ ich alles über mich ergehen, es ist ja die letzte Nacht mit ihm, dachte ich, nie im Leben werde ich diese Folter vergessen können. Am Morgen, als es für ihn Zeit wurde, ging er wie ein geistesgestörtes Vieh, und ich wälzte mich hin und her, ich wußte nicht, ob ich am Leben bleibe, nur die Scham vor den beiden Frauen, die das Gerümpel abholen wollten, brachte mich auf die Beine. Zum Glück kamen die beiden Frauen pünktlich, und ich bekam die fünfzig Kronen. Der Doktor Steiner schickte mich an diesem Tag ins Krankenhaus, aber ich ging nicht, weil ich keine Zeit hatte. Ich mußte von hier fort! Wenn ich erst einmal in Sachsen bin! Ich stand mit all meinem Leben allein unterm Himmel, aber ich hatte eine Zukunft und eine andere Heimat vor mir, und das stärkte mich von neuem. Am fünften Juli 1936 machte ich mich mit Frau Koschinek und Frau Wodabeck in Marienberg über die Grenze nach Deutschland. Das weiße Grenzhaus hatte ich schon einmal gesehen. Ganz deutlich sah ich mich als siebenjähriges Kind, als meine Eltern 1920 hier schon einmal mit uns Kindern und dem Handwagen nach Deutschland geflüchtet waren.

4

Bobritsch war ein sehr großes, langes Dorf mit einer sauberen Asphaltstraße. Hier kam mir alles so freundlich vor, sogar der Himmel war blauer als in Böhmen, Bobritsch hatte sogar zwei Bahnhöfe, einen in Oberbobritsch und einen in Niederbobritsch, aber das weiß ich heute noch nicht, ich weiß nur, daß das Dorf meine Heimat werden sollte, und ich sah, daß alles so sauber und in Ordnung war, wo ich hinsah, ich merkte keinen Geruch von Stallungen, ich sah keine Gespanne auf der Straße, nur Jugendliche auf sauberen, blitzenden Fahrrädern.

Frau Koschinek und ihre Tochter Anna gingen hinter mir her, sie wollten mich zu einem Bauern, der Jünger hieß, bringen, wir gingen jetzt auf einem vergrasten Weg, hin und mal kamen wir an einem Haus vorbei, und danach kamen viele Gärten, rechts lag dann ein offenes Gehöft mit einer Mühle, links rauschte der Fluß Bobritsch, durch das Gestrüpp sah ich den Bauernhof schimmern, wir gingen über eine Brücke und dann über eine Asphaltstraße direkt auf meinen Arbeitsplatz zu. Wir kamen auf einen sauberen Hof, links stand das Wohnhaus mit Kuhstall, rechts hinauf war der Pferdestall und dann noch die Scheune, dort sah ich den zweiten Ausgang, der zu den Feldern hinausführte, und neben dieser Tür sah ich einen offenen Schuppen mit Holz und Geräten drin, und zwischen Kuhstall und Schuppen waren noch der Schweinestall und der Hühnerstall, die Gebäude standen ringsherum aneinandergemauert. Ganz still war es, ich hörte nicht mal einen Hund bellen. Von der Haustür an ließ ich die Anna vorneweggehen, sie ging, als wäre sie hier zu Hause, wir kamen in die Küche, gingen um den großen Küchenherd zu einer Tür, an die die Anna klopfte. In dem kleinen Wohnstübchen trafen wir nur die Bäuerin an, sie stand vor dem Spiegel und kämmte sich ihr langes, dickes Haar, das dunkelblond, leicht gekräuselt und sehr schön war. Die Bäuerin hieß uns setzen, sie sah ohne Sympathie und mit Enttäuschung auf mich, als die Anna sagte, Hier bringe ich das Mädchen. Der Bauer war heute am Sonntag nicht zu Hause, er war mit dem Sohn, der Werner hieß, nach Dresden gefahren, zum Pferderennen, sie hatte auch noch eine Tochter Irmgard. Uns ließ die Bäuerin wissen, daß ihr Mann dreizehn Jahre älter ist, er war fünfundfünfzig Jahre alt, und sie war zweiundvierzig, als Dienstleute hätten sie einen Knecht, der Gottfried hieß, der auch mit zum Pferderennen war, und ein Dienstmädchen mit Namen Gretl, mit der nicht viel anzufangen war, sie wäre schwach und begriffe schlecht, aber sie hätten sie hergenommen, weil ihre Mutter Witwe war und auf dem Feld aushalf. Und dann sprach die Bäuerin immerfort von einer Hertha, die drei Jahre hiergewesen wäre und dann geheiratet hätte, die Bäuerin bedauerte es, daß es schade um das Mädchen wäre, sie meinte immer, Ja, die Hertha, das war ein gutes und dischsches Mädl, sie tat, als hätte die Hertha mit dem Mann und der Heirat einen Fehler gemacht. Ich saß still, hörte mir mit ein bißl Gekränktsein ihr Gerede an, ich verstand ihr Mißtrauen, ich sah ja krank und nicht stark aus. Es war gut für mich, daß Frau Koschinek sich um mich sorgte und für mich das gute Glück wollte, für mich war sie heute eine Beschützerin. Es sah so aus, als wollte mich die Bäuerin nehmen, denn sie fing an, von Lohn zu sprechen, daß sie mir fünfundzwanzig Mark im Monat geben wollte. Darüber streckte sich die Anna, weil es ihr zuwenig war, und sie sagte halblaut und empört zu ihrer Mutter, Fünfundzwanzig Mark, ich habe fünfunddreißig Mark, die kriegen hier überall fünfunddreißig Mark, aber da murmelte die Frau Koschinek was mit der Anna, und dann sahen beide auf mich. Ich weiß nicht, ob die Frau Jünger was verstanden hatte, denn sie sagte, Die Hertha hat fünfunddreißig Mark bekommen, weil sie ein dischsches Mädl gewesen ist, das Mädl hat können arbeiten. Die Anna sah beleidigt auf ihre Mutter, aber mich beleidigte nicht, was die Bäuerin sagte, wenn die Hertha so tüchtig gewesen war, dann hatte sie es auch verdient, und ich war mit fünfundzwanzig Mark zufrieden und dachte bei mir, Hauptsache, ich hab ein Bett zum Schlafen, eine andere Welt mit andern Gesichtern und Arbeit, heute, zum erstenmal, sollte es mein Geld sein, denn als junges Mädchen gehörte mein Geld der Mami, und in der Ehe gehörte es dem Gust. Als Frau Jünger frug, Sollen wir ihr das Geld in der Kasse liegenlassen, sagte Frau Koschinek laut und derb, Nein, nein, das Mädchen muß ihr Geld jeden Monat kriegen, sie braucht ihr Geld, sie muß sich was schaffen. Die Anna mochte ihre Mutter schon eingeweiht haben, daß die Jüngers keinen Lohn auszahlen, aber ich wußte von allem nichts und ließ nur die Frau Koschinek für mich sprechen, und die Frau Jünger wandte sich auch nur an sie, und ich saß versunken da und zuckte nur zusammen, wenn sie mich anstieß und Walli sagte. Und jetzt war Frau Jünger endlich mit ihren Haaren fertig, mit mal machte sie ein anderes Gesicht, rannte hin und her, daß sie bald ihre Latschen verlor, sie war auf einmal eine ganz andere. Sie kam mit einem weißen Tischtuch, daß sie vor uns auf dem Tisch ausbreitete, darauf kamen die besten Kaffeetassen, Sammeltassen waren gerade in Mode, ein Gedeck war schöner als das andere, sie lachte und war gesprächig, wir guckten und guckten und wußten nicht, was das alles bedeutet. An einen Kaffeetisch hatten wir nicht gedacht, auch nicht davon geträumt, die Anna flüsterte, So etwas gibt es nirgends. Ich hatte noch nie in meinem Leben vor einer Kaffeetasse gesessen, das war nur was für die Reichen, und dazu Tortenteller, die ich auch nicht kannte, ich kam mir wie ein guter Besuch vor. Frau Jünger hatte mir beim Tischedecken immer nur ins Gesicht gesehen, und ihr Sprechen galt nur noch mir, aber ich konnte nicht lächeln und mußte mich immer nur zur Antwort zwingen. Uns wurde guter Kaffee vorgesetzt, frische Sahne und Würfelzucker, wie für die allerfeinsten Leute und wie ich es nur im Kino gesehen hatte, und zum Schluß brachte Frau Jünger eine Apfelsinentorte. Ich wußte nicht, wie Apfelsinentorte schmeckte, na, so ein Empfang war für mich wie ein Märchen, und Frau Koschinek machte Augen, und die Anna machte Augen und meinte flüsternd zu ihrer Mutter, Oh, das macht kein Bauer, so was gibt es nirgends, und Frau Koschinek sagte zu mir, Walli, hier werden Sie es aber gut haben. Frau Jünger wollte, daß ich zugriff, die Torte wäre für mich gebacken, aber ich wagte mir nur, ein Stück wegzunehmen, und aß die Torte mit dem Löffel, so wie ich es von der Bäuerin sah, aber die beiden anderen ließen sich nicht lange bitten und packten ungeniert zu, sie nahmen die Torte in die Hand und stopften sich die Backen voll, und Frau Koschinek meinte immer, Na, Walli, hier werden Sie aber oft was zum Lekken kriegen, und sie blickte schmeichelnd auf Frau Jünger, die mit gestrecktem Kreuz dasaß und von einem zum andern sah, weil sie unseren Dialekt nicht verstand, es sprachen ja auch nur die Anna und ihre Mutter. Ich sah in die großen blauen Augen der Frau Jünger, und ich merkte im stillen, daß diese Augen das Leben leicht nahmen, dabei wußte ich bis jetzt noch keine Silbe über ihr ruiniertes Gut. Da hörte ich auf einmal, wie Frau Koschinek zu der Frau Jünger sagte, Ich will mir doch auch paar Kreuzer verdienen. Die Frau Jünger hatte sofort verstanden, sie ging hinaus, und nach einer Weile kam sie wieder und legte der Frau Koschinek ein Dreimarkstück auf den Tisch. Das gefiel mir von der Frau Koschinek nicht, aber es war gut von ihr, daß sie der Frau Jünger ans Herz gelegt hatte, daß ich mein Geld jeden Monat kriegen sollte. Als sich die beiden verabschiedeten, war es mir wieder von neuem im Herzen bange, aber Frau Koschinek tröstete mich beim Weggehen, Walli, Sie werden nicht allein sein, die Anna wird sich um sie kümmern, und meine Berta schicke ich hier auch her zum Arbeiten, dann haben Sie immer jemanden. Ich begleitete sie zum Tor und hörte ihren Trost, ohne Antwort zu geben, und konnte mir nicht mal ein Lächeln abzwingen, und meine Augen waren feucht.

Frau Jünger ging mit mir eine Holztreppe hinauf, sie gab sich Mühe mit munterem Sprechen, wir gingen über einen langen schmalen Flur mit weißen Dielen, sie machte eine Tür auf, dort war die Schlafkammer mit je einem Bett links und rechts an der Wand. Frau Jünger sagte, daß rechts der Gretl ihr Bett und links das meine wäre, die Betten waren sauber und weiß bezogen. Dann machte sie noch eine Tür auf, im Raum stand nichts weiter als zwei Schränke, sie machte eine Schranktür auf und sagte, Hier können Sie Ihre Sachen reinhängen. Ich erschrak, ich hatte ja nur eine Handvoll, ich guckte in dem großen Schrank hin und her und sah die vielen Stäbe, an die man Kleidungsstücke hing, und in diesem Moment schien in mein Herz der erste Sonnenstrahl, ich dachte an Arbeiten und Geldverdienen, und das gab mir Kraft und ließ mich vergessen, endlich würde ich mir schöne Kleider kaufen können, und ich sagte munter, Oh, an jedem Stäbchen wird ein Kleid hängen, ich werde mir nur schöne Kleider kaufen, und die hängen dann alle im Schrank. Bei meinen Worten sah ich Frau Jünger ins Gesicht und merkte dabei, wie ihr Lächeln verging und ihr Mund stumm blieb, meine Meinung gefiel ihr wohl nicht, und sie ließ mich allein, schlurfte über den Onkel langsam den Gang vor, aber in meinem Herzen blieb trotzdem der Sonnenstrahl.

Am sechsten Juli neunzehnhundertsechsunddreißig begann meine Arbeit. Ich fühlte mich heimisch und hatte sofort Lust zum Arbeiten, und deshalb ging ich gleich wieder hinunter, klopfte an die Tür und frug, Frau Jünger, haben Sie für mich was zu tun, ich möchte arbeiten, denn ich kannte es ja auch nicht anders, als daß bei jedem Arbeitsantritt sofort gearbeitet wurde. Frau Jünger meinte, ich wäre doch müde und sollte mich ausruhen. Ich sagte, Ach, ich bin nicht mehr müde, ich möchte gern etwas tun. Du kannst Wäsche plätten, wenn du unbedingt willst, aber heute ist Sonntag. Ich begann mit dem Bügeln, als wäre ein Motor in mir, und das war das Leben, was ich hinter mir hatte, das Panorama meines Lebens wich nicht vor meinen Augen und nicht aus meinem Herzen, nur durch die Arbeit hatte ich keine Gelegenheit, meine Hände vors Gesicht zu halten, das war gut so, ich wollte nicht hinunterfallen in mein Alleinsein, ich hatte immer große verzweifelte Angst vor der Tiefe. Ein alter Mann steckte seinen Kopf in die Tür, mit einem frechen Lächeln sah er in mein Gesicht, er wartete auf einen Gruß von mir, aber für so ein Lächeln hatte ich meinen Stolz, wir guckten uns einen Moment an, dann bügelte ich weiter und kümmerte mich nicht mehr um ihn. Da begann er mit einer lauten Sprache, Ich wollt mir nur mal das bäihmsche Mädl ansähn, äben sochte es mir Frau Schinger, das ein bäihmsches Mädl hier ist, Sie sind aber fleißig, am Sonntag wird doch nicht gearbeitet. Das tut doch nichts, sagte ich, ohne aufzusehn, ich wußte doch gar nicht, wer er war, und weil er von mir keine Beachtung bekam, machte der Alte die Tür wieder zu, doch vorher hatte er mich wissen lassen, daß er hier beim Bauern Jünger alle Tage in Arbeit war, des Sonntags nie, nur heute mal, weil er im Stall aushelfen wollte. Als ich mit dem Bügeln fertig war, kam Frau Jünger ins Zimmer, ihr Gesicht strahlte, und der Alte ließ sie begeistert wissen, Frieda, däs Mädl sieht nich aus wie äne Bäihmsche. Ich fühlte mich jetzt schon recht wohl, und Stallarbeit mit allem Drum und Dran war mir nicht fremd. Ich machte mit der Frau Jünger zusammen den großen Kuhstall, achtzehn Melkkühe standen in einer Reihe, und die andere Seite war mit einer Stalltür geteilt, zu beiden Seiten war etwas Jungvieh. Mit Frau Jünger trug ich auf einer Trage den Mist hinaus. Frau Jünger ließ mich vorn gehen, damit sie mich mit guter Laune von hinten den hohen Misthaufen hinaufschieben konnte, aber mir war nicht zum Lachen. Den frischen Klee mußte ich mit der Gabel in die Futterkrippen werfen, der harte Gabelstiel drückte in die Achsel, und die Gabel vor und zurück und nach der Seite zerren und anstemmen und hochheben, das war schwer, die Hälfte Klee fiel immer von der Gabel, auf meiner Achsel war schon keine Haut mehr. Vor Schmerz und Überanstrengung hämmerte es in meinen Schläfen, und viel Schweiß lief über mein Gesicht, aber ich biß die Zähne aufeinander, der Mensch kann Eisen brechen, wenn es nicht anders geht. Der Alte machte den Pferdestall, und von der Stalltür aus sah er zu und merkte, daß es trotz meines festen Willens schlecht ging, er kam rübergeschaukelt und sagte, Ich will nur beim Füttern mithelfen, das ist zu schwer, wenn man es noch nicht gemacht hat. Dann frug ich Frau Jünger, unter welche Kuh ich mich setzen sollte, dabei hatte ich vor so großen Tieren immer Angst, und beim Zugehen streichelte ich die Kuh erst, dann setzte ich mich vorsichtig drunter und faßte die Striche an. Neugierig, das Maul voll Klee, drehte die Kuh ihren Kopf zurück, ich streichelte ihr Gesicht, so was Zärtliches mag ihr gefallen haben, denn die Milch strahlte nur so in den Eimer. Frau Jünger war außer sich vor Freude, Däs Mädl, das kann doch alles, Mädl, das hab ich dir nicht zugetraut, Korl, kumm ner mull riebo, däs Mädl kann sogar melken. Der Alte kam, blieb stehen und guckte und staunte, Was, das Mädchen kann sogar melken, und vor Begeisterung brüllte er, Da fällt ja der Himmel ein, das hab ich dem Mädl nicht zugetraut, Frieda, da habt ihr ein gutes Mädl erwischt, das sieht man ja auf den ersten Blick! Als wir so unter den Kühen saßen, kam die Gretl zum Stallmachen und staunte, daß es schon fertig war, und Frau Jünger rief ihr gleich entgegen, Gräitl, schau, wir haben ein bäihmsches Mädl. Die Gretl stand auf den Fersen, die Beine auseinander und guckte mit zugekniffenen Augen und leichtem Lächeln und sagte, Bäihm, hm, das war alles, was sie sagte. Sie war ein schwaches, kleines Mädchen, auch im Geist etwas zurückgeblieben, aber nicht dumm, sie war schön, hatte ein längliches Gesicht und weiße, zarte Haut, runde rote Backen, rote Lippen, braune Augen und zwei dicke, braune Zöpfe, die am Hinterkopf zu einem Kranz zusammengelegt waren. Die Gretl wirkte unbeholfen und sehr langsam, so als ob sie träumte, das sah ich, als sie, in jeder Hand einen Eimer, wie eine Ente über den Hof zum Schweinestall schaukelte. Nach der Stallarbeit saßen wir beim Abendbrot im Stübchen zusammen, mein Platz sollte in der Gesindestube sein, aber heute gehörte ich zum Familienanschluß, und die Tochter, die Irmgard, zehn Jahre alt, kam auch mit dazu, und der Karl gehörte auch mit zum Familienanschluß, er galt nur als Karl, und am Tisch führte er das große Wort. Nach dem Abendbrot ging die Gretl zu ihrer Mama, und ich war froh, endlich allein und ungestört zu sein. Ich war sehr eingeschmutzt, ich hatte mir zehn Tage lang nur mein Gesicht abwischen können, und gestern der weite Weg in Hitze und Staub und dann noch der Mist an meinen Beinen, und da es oben zum Waschen keine Gelegenheit gab, frug ich nach einer Schüssel. Frau Jünger bot mir eine kleine Holzwanne an, und ich nahm mir von der Wasserleitung die Kernseife und wusch mir allen Schmutz ab, war das nach dem Waschen ein wohliges Gefühl, und meine Haut sah jetzt noch weißer aus, daß mich Frau Jünger erschrocken ansah. Endlich die ersehnte Stunde nach den vielen Tagen! Ich zog mir das Deckbett über den Kopf und konnte meiner schweren Brust Luft machen, und ich sah das Panorama meines Lebens vor meinen Augen, ich sah mein Kind, das die Arme nach dem Vater ausstreckte, ich sah den Gust, der mich mit dem Handrücken ins Gesicht schlug, und ich schrie und weinte, bis ich in Schlaf versank.

Am Morgen erwachte ich und wußte im Moment nicht, wo ich war, ich hatte geschlafen wie eine Tote. Ich sprang sofort aus dem

Bett und war gleich unten im Stall bei der Arbeit wie am gestrigen Abend. Die Gretl sorgte für den Tisch, sie trug eine große Schüssel dampfender Pellkartoffeln rein und einen eisernen Topf mit Brotsuppe, sie legte Teller, Bestecke und Brot auf den Tisch, und weil ich an der Tür stehenblieb, sagte sie, Komm rein. Ich setzte mich geradezu an den Tisch, da sagte die Gretl, Dein Platz ist hier, dort gehörst du hin, und sie wies mir den Platz an der schmalen Tischseite an, wo immer die Großmagd sitzt. Das war mir eine Ehre. Der Knecht Gottfried hatte seinen Platz an der anderen schmalen Tischseite auf der Bank, aber bis jetzt war er noch nicht da. Die Gretl brachte mir einen Teller mit Butter und sagte, Das ist dein Stück Butter, jeden Dienstag kriegen wir ein ganzes Stück und am Freitag ein halbes. Das kannte ich ja auch nicht, Butter, ich kannte bisher kaum die billigste Margarine, und Brotsuppe und Pellkartoffeln gab es jeden Morgen und Abend und außerdem Brot, soviel man essen wollte, bei anderen Bauern wurde das Brot für paar Tage abgeteilt, und auch das Frühstück für das Feld mußte man davon wegnehmen, und mit der Butter war es ebenso, aber der Bauer Jünger ließ uns Brot essen, soviel wir wollten, und für das Frühstück aufs Feld bekamen wir Brote mit Wurstfett beschmiert. Die Brotsuppe erinnerte mich an meine Kindheit und an die Bettelsuppe in den Baracken von Saaras, ich kannte sie nur mit Wasser, Salz und Kümmel, diese Brotsuppe war mit Mehl angequirlt und gute Milch drin. Der Knecht Gottfried, sechzehn Jahre alt, kam in die Gesindestube, und ohne einen guten Morgen zu sagen, setzte er sich. Er war ein großer, starker Kerl, man konnte ihn für zehn Jahre älter halten, er kam von einem Bauernhof aus dem Nachbardorf, seine Mutter war gestorben, sein Vater hatte eine andere Frau geheiratet, und da der Gottfried diese Frau nicht leiden konnte und schlecht zu ihr war, mußte er bei einem anderen Bauern als Knecht arbeiten. Beim Essen hing der Gottfried den Kopf, daß er bald mit der Nase im Essen war, als wollte er mich nicht sehen, er unterhielt sich nur mit der Gretl. Ich gab mir Mühe und sah ihm freundlich ins Gesicht, doch er brummte zu der Gretl, Zu was brauchen wir eine Großmagd, die sollen erst einmal unsern Lohn auszahlen, eine Bäihmsche haben sie genommen, weil sie keine andere kriegen, und sie unterhielten sich nur mitnander, beschwerten sich über den Lohn, der ihnen schuldig geblieben war. Der Knecht war seit einem Jahr hier, und jetzt war es schon Monat Juli, und nichts hatte sich getan, und die Gretl jammerte mit, daß ihre Mama noch vom vorigen Jahr ihr Geld zu kriegen hätte und daß sie ihre zwei Mark fünfzig monatlich auch nicht bekam. Die Tür ging auf, und ich sah den Bauern, einen kleinen, sehr schlanken Mann mit welker Gesichtshaut, er kam mit strammem Schritt und lautem Willkommensgruß an unseren Tisch, er sagte, Ich will unser neues Mädchen begrüßen und Sie herzlich willkommen heißen, und er streckte den Arm schon von weitem aus und sagte, Fühlen Sie sich recht wohl bei uns. Ich stand auf und nickte dem Bauern zu und lächelte ihm ins Gesicht, ich fand keine Worte, seine Ehre tat mir sehr wohl, und ich bekam neue Kraft, und die beiden am Tisch waren eben das, was sie waren.

Mein erster Arbeitstag begann mit Unkrautjäten. Frauen aus der Nachbarschaft waren dabei, sie kamen, wenn sie gebraucht wurden, und auch Frau Jünger war unter den Frauen und der alte lange Karl als einziger Mann. Er war groß, aber nur Haut und Knochen, seine Knochen waren nicht allzu stark, und die Knie waren spitz, vielleicht hatte er immer nur schwer gearbeitet. Der Bauer Jünger hatte viele Felder und große Felder, sie waren übersät mit Quecken und Steinen, und alles war verludert. Einst war der Jünger mal Großbauer gewesen, und heute konnte er sich kaum eine Magd oder einen Knecht leisten. Als der Jünger-Kurt noch ein Kind war, hatten sie fünf Mägde und ebenso viele Knechte, der Kurt kannte keine Arbeit, er hatte zwei linke Hände und hielt sie am liebsten tief in den Hosentaschen, und seine Frau, die Frieda, war seine Cousine und stammte aus Dresden aus einem Restaurant. Als sie sechs Jahre alt war, starb ihre Mutter an Leberkrebs, und ihr Vater war ein Luftikus und kümmerte sich nicht um seine Tochter, so daß die Jüngers die Frieda zu sich nahmen. Im ersten Weltkrieg heiratete der Jünger-Kurt seine Cousine Frieda. Die Frieda war keine Bäuerin, sie war fürs Festefeiern und nahm das Leben gerne leicht, und der Kurt sah und hörte nicht gern etwas von Arbeit. Sie hatten den gutgehenden Hof sehr schnell mitnander heruntergewirtschaftet. Bei meinem Arbeitsantritt ging es ihnen noch besser, aber kurze Zeit später ging es immer mehr bergab. Aber so wie ich die Frau Jünger kennenlernte, machte sie alle Arbeiten mit. Zusammen mit dem alten langen Karl führte sie den Hof, und der Alte fühlte sich dafür wie der Herr und konnte sich der Frieda gegenüber was erlauben, sie konnten froh sein, daß sie ihn hatten, er war sehr tüchtig und hielt alles mit seinen Kräften hoch. Unter lebhaftem Geschwabber ging es aufs Feld, ich ging still nebenher und beobachtete die neue Umgebung. So weit meine Augen sahen, waren nur Felder und Wiesen, mehrmals ein kleiner Busch, alles grün und zu beiden Seiten am Feldrain bunte Blumen und über uns der blaue Himmel, der Feldweg ging geradeaus, vorerst ein wenig bergan, und dann konnte ich die ganze Umgebung mit ihrer Romantik übersehen. Das tat gut! Auf dem Feld sah ich hohes, dichtes Unkraut und dazwischen kleine, dünne Kohlrabipflanzen. Ich kauerte mich neben Frau Jünger auf die Erde, jede Frau hatte einen Korb fürs Unkraut, die Erde war weich, und das Unkraut ließ sich leicht herausziehn, bei der Arbeit wurde auf Knien gerutscht, deshalb hatten alle Frauen Sackschürzen um. Es ging sehr lebhaft zu, und der Karl war der einzige Mann und benahm sich wie ein losgerissener Bulle unter lauter Kühen, er griff den Frauen unter den Rock, und das mit der ganzen Hand. Ich machte mich schnell vorneweg und ließ sie hinter mir kälbern und kümmerte mich nicht und dachte bei mir, Der soll mich nur anfassen, ich werd's ihm aber sagen. Von der Frau Jünger wurde ich bewundert, und der alte lange Karl sagte, Guckt euch nur mal däs Mädl an, wie macht denn die das nur, daß es bei ihr so hatsch geht, Mädl, mach nich so hatsch, wir kommen dir doch gar nicht nach, und Frau Jünger meinte, Wir wollen nur mal hochdeutsch reden, damit das Mädchen was versteht. Ich sagte, Sie brauchen wegen mir nicht hochdeutsch sprechen. Beim Frühstück oder der Vesper auf dem Feld wurden von der Frau Jünger Kaffeetippl ausgeteilt, das waren die allergräulichsten Scherbeln, und meins sah am schlimmsten aus, und alle tauchten ihr Brot, das leicht mit Fett beschmiert war und überhaupt keinen Geschmack hatte, mit schmutzigen Fingern in ihre Kaffeetippl und bissen davon ab, und dabei lief ihnen die Nässe über Kinn und Finger. Somit verging mein erster Arbeitstag. Die neue Welt mit der frischen Luft, dem frischen Grün und den bunten Blumen bekam mir sehr gut, aber ich sehnte mich den ganzen Tag nur nach dem Abend und dem Alleinsein, jeden Abend zog ich mir das Deckbett über den Kopf, damit mich niemand in meiner Verzweiflung hörte, ich weinte jeden Abend, und am Tag waren meine Augen mit Wasser gefüllt. Das durfte niemand merken und merkte auch niemand, sie waren mit ihrem Leben viel zu heiter, sie kannten nur ihr Leben, wo sie es immer gutgehabt hatten. Hier beim Bauern Jünger war es auch schöner, daß zeitig Feierabend war und sich alle gegenseitig halfen. Der alte lange Karl trug mir den Klee in den Stall und meinte, Däs Mädl muß sich erst an die schwere Arbeit gewöhnen, und er beugte sich vor, um mir ins Gesicht zu sehn, damit ich merkte, wie gut er es mit mir meinte. Beim Kleereintragen halfen auch die Frau Jünger und der Werner, das gab es nicht bei allen Bauern, wo ich hinsah, gab es keinen Feierabend. In dieser Zeit wurde Mist gefahren, und zum Miststreuen war ich allein auf dem Feld, das war das Schönste, was es für mich geben konnte, allein sein, und das Miststreuen fiel mir nicht schwer, das kannte ich von Westfalen her, und trotz aller körperlichen Schmerzen machte ich jede Arbeit gern.

Meinen Reisepaß bekam ich nach einem Monat nachgeschickt. Ich mußte wie alle Böhmischen zum Impfen, das kostete drei Mark, der Arzt meinte, daß die Arbeit in der Landwirtschaft für mich zu schwer wäre, aber es wäre schließlich meine Sache, und ich war froh, auf eigene Gefahr hierbleiben zu können. Die ersten Monate, etwa ein halbes Jahr lang, kam ein Beamter und holte sich zwei Mark ab und später sechs Mark, und zum Schluß mußte ich noch achtundzwanzig Mark Strafe zahlen, sonst hätte ich für eine Woche ins Gefängnis gemußt, in dem Schreiben vom Finanzamt stand drin, daß ich nicht um Arbeit und Aufenthalt in Deutschland gebeten hätte und deshalb die Geldstrafe zahlen müßte. Von so einem Bittschreiben hatte mir niemand etwas gesagt, aber ich war mit allem einverstanden. In Böhmen wäre ich nicht am Leben geblieben, es war gut so, daß ich in eine andere Welt gekommen war. Zum erstenmal gehörte mein Geld mir, zum erstenmal konnte ich mich sauber und anständig kleiden, was das für ein Gefühl war, anständig und sauber gekleidet zu sein, das gab mir zu meinem Leben Kraft. Die Arbeiterfrauen, die zum Jünger kamen, sahen mich nicht gerne, ich sah ja aus, als wäre ich zu Besuch hier, denn diese Frauen waren nicht anders als unsere Arbeiterfrauen auf dem Meierhof, aber unsere Frauen trugen nicht mal solche Sackschürzen zur Arbeit. Ich kaufte mir von meinem ersten Lohn eine halbe Schürze aus Wollstoff, hinten zum Binden, sie war dunkel und hell gestreift. Ich kaufte mir auch Unterwäsche und ein Nachthemd, ja, ich wollte jetzt wie ein Mensch leben, auch wenn Frau Jünger mit so komischer Miene frug, Na, schläft es sich gut im Nachthemd? Mein Körper streckte sich, ich brauchte nicht schmutzig und zerrissen wie früher als Mädchen in Dienst gehen, jetzt wußte ich, daß ich allein war und selbst auf mich aufpassen mußte, es war so ein wohliges Gefühl, anständige Unterwäsche anzuhaben und jeden Morgen frische anzuziehen. Der Frau Jünger gab ich Seife und Waschpulver zurück, ich entschuldigte mich, und sie nahm es, ohne ein Wort zu sagen. Die Gretl hatte mir geklatscht, daß alle drüber lachten, daß ich mich mit Kernseife wusch. Ich kaufte mir auch gute Seife, aber nicht, weil sie mich verspottet hatten, ich konnte es mir jetzt erlauben. Und jeden Abend ging ich mit der Wanne in den Stall, jeden Abend das körperliche Säubern, und sogar ein Badetuch hatte ich mir gekauft.

Ich kam mir hier in Deutschland wie zu Besuch vor, die gute Luft und das Essen. Und jeden Sonntag wurde eine Torte für den Nachmittagskaffee gebacken. Die Torte mußte ich backen, Frau Jünger gab mir das Kochbuch und die Küchenwaage und sagte, Walli, hier hast, und alle Zutaten, die du brauchst, stehn im Kühlhaus, und das Rezept such dir selbst raus, und ich buk die Torte, wog jedes Gramm ab, und nur gute Butter nahm ich, dazu hatte ich das Küchenwunder, und im Kochbuch stand sogar, wie stark die Gasflamme brennen mußte. Frau Jünger lobte meine Torte, ja, ich hatte gute Leute gefunden. Und Brot durften wir drei ein ganzes auf einmal essen, und das kam der Frau Jünger nur zum Lachen, sie konnte es nicht fassen. Der Gottfried war ein starker Esser, morgens mußte die Gretl ihn mit Leinöl versorgen, das er mit Brot und auch mit Pellkartoffeln aß, wenn er was wollte, jagte er immer nur die Gretl hinaus, und die Gretl gehorchte und hatte

Herzklopfen vor der Frau Jünger, und außer der guten Brotsuppe war noch eine große Schüssel Pellkartoffeln auf dem Tisch, früh und abends das gleiche, nur daß es am Abend eine kleine Zugabe gab, Stückl Wurst oder Quark oder Stückl Speck, ja, hier war es ganz anders. Weil ich mir die Schnitten gut beschmierte und zu den Pellkartoffeln auch viel Butter nahm, kam ich mit ihr nicht aus, und ich kaufte mir Margarine dazu, und darüber wurde gesprochen, das ließ mich die Gretl wissen, daß sie spotteten. Ich sagte zu der Gretl, Meine Margarine kaufe ich, aber für den Gottfried mußt du Leinöl stehlen, damit er sein Brot eintauchen kann, und stinken tut das Öl auch. Da hatte die Gretl Angst und bettelte mich, ich sollte es ja nicht der Frau Jünger sagen. Ich wollte darüber nicht empfindlich sein, mich nicht stören lassen, am Tag sprach ich nur, was sein mußte, und dann am Abend das Alleinsein und Weinen, bis ich einschlief. Innerlich war ich ja noch wund, immer wenn ich ein Kind sah, drehte ich meinen Kopf zur Seite, um es nicht zu sehen, es riß mir bald mein Herz raus, und manches Mal rannte ich die Treppe hinauf in meine Kammer und warf mich aufs Bett und weinte, ich wußte ja über meine Mutter, daß sie mir tatsächlich ganz das Recht über meinen Jungen nehmen wollten.

Frau Jünger redete mir zu, daß ich was von Böhmen erzählte, am Abend drängte sie, daß ich mit ins Stübchen kommen sollte. In ihren Augen war für so ein Leben, wie ich es gelebt hatte, kein Verständnis, es war nur die große Neugier zum Weiterklatschen, ihr Gesicht konnte gut lächeln und schmeicheln, und auch auf dem Feld wollte sie mich nicht in Ruhe lassen und rief den anderen Frauen zu, Häi, ihr Frauen, däs Mädl will uns enfoch nichts erzähln. Ich sagte nur, In Böhmen ist es wie überall, hielt mich abseits und sehnte mich nach dem Abend. Ich gab mich zu keinem Mißbrauch her. Nicht vergessen will ich die Freier, die am Abend in die Gesindestube kamen, ich dachte zuerst, sie kämen zum Gottfried, weil es hiesige Burschen waren, ich nahm es für einen Scherz, daß sie meinetwegen kamen. Bis der Gottfried in seiner frechen, kindlichen Art schrie, Mensch, was wollen die alle hier, die kommen alle zu der Bäihmschen, und der alte lange Karl, der sich gerade unter der Wasserleitung gewaschen hatte und dem das

Wasser vom Gesicht tropfte, lachte im Spott und schrie mit seinem frechen Organ, Walli, Pudl, beiß, und dabei machte er die Oberschenkel krumm auseinander. So hätte er es bei den bäihmschen Frauen im ersten Weltkrieg kennengelernt, meinte er, Walli, so haben die bäihmschen Frauen eine wie die andere dagestanden, Pudl, beiß, haben sie geschrien, die haben es gerne gehabt, wenn sie vom Pudl gebissen wurden, und der Gottfried, vom Alten angesteckt, schrie immerzu, Die Bäihmschen sind bucksche Hunde. Ich achtete nicht darauf, und die Gretl sagte mir mit zugekniffenen Augen, Walli, ai jehoo, die kommen alle wegen dir rein, ich hab sie hier nie gesähn, es kom ke äno räin, zum Gottfried kommen die nich. Einer aus der Nachbarschaft frug mich, ob ich am Sonntagnachmittag mit ihm spazierengehen könnte, aber ich kümmerte mich nicht weiter drum und ließ ihn draußen vorm Fenster stehen. Da kam der Bauer Jünger zu mir in die Gesindestube und meinte, daß es von mir nicht richtig wäre, das wäre ein anständiger Bursche aus gutem Hause, ich dürfte ihn nicht zum Gespött draußen warten lassen. Ich sagte, Ich bin eine verheiratete Frau, wie sieht das aus, wenn ich mit einem Bekanntschaft mache. Der Bauer sagte, Er will doch nur mit dir gehn, er stößt sich nicht daran, daß du eine Frau bist. Oh, ich werde nicht zu dem nausgehn, sagte ich empört, und außerdem, wie ist der angezogen, was der für einen Mantel anhat und dazu so eine alte Mütze! Das ist gut angezogen, behauptete der Bauer, und ich sagte, Mit so einem möchte ich am Sonntag nicht unter die Leute. Da war der Bauer entrüstet. Du kannst froh sein, wenn so einer mit dir geht, es sind genug Mädchen, die auf so einen warten, möcht wissen, was für Ansprüche du stellst. Der Bauer hätte mir wohl gerne noch mehr gesagt, weil ich seinen Landsmann beleidigt hatte, doch dann schluckte er es lieber hinunter. Dann sah ich ihn draußen bei dem Burschen stehen, und der stieg gleich auf sein Fahrrad, er sah mich nie wieder an. Und als dann Frau Jünger wieder bettelte, daß ich was erzählen sollte, schüttelte ich über ihre Aufdringlichkeit den Kopf und sagte, Ich bin doch kein Tageblatt. Die Arbeiterfrauen guckten mit dunklen Augen auf mich, aber das vom alten langen Karl mit den Böihmschen, die wie bucksche Hunde wären, beleidigte mich. Der alte lange Karl griff den hiesigen Frauen schamlos überall hin, und sie machten alles mit, mich wagte er nicht anzufassen, er ließ es bei seinen Redensarten. Oftmals bot er mir einen Taler an und sagte, daß die Hertha sich so manchen Taler verdient hätte. Ich gab ihm Antwort, Das ist ja auch eine Deutsche, ich bin eine Böhmische und bin mir für euch Kaffeesachsen zu schade. Das wollte der Karl gar nicht hören. Bisher hatte er mich zuwenigstens nicht angefaßt, aber an einem Mittag wollte er es dem Gottfried zeigen, er kam vom Mittagstisch in die Gesindestube und fiel ganz plötzlich über mich her und rief, Das wollen wir doch mal sähn, ob wir nicht der Böihmschen die Hummel rausholen, willst du denn eine Ausnahme sein, ihr Böihmschen habt es doch so gerne. Und der Gottfried hopste auf der Bank vor Freude, weil ich von dem Alten aufs Kanapee gedrückt wurde, ich hatte meine Beine fest übereinander und biß mich in seine Achsel, daß er bald am Ende war und wütend von mir abließ, er tat, als wollte er mir paar runterhauen, und schrie mich an, Mußt du so beißen, ist denn da was bei, wenn man mal deine Hummel rausholen will, du tust ja gerade so, als ob du eine Ausnahme wärst. Ich sagte, Ich zeig Ihnen, was eine böhmische Frau ist, und spuckte ihm ins Gesicht, dann ging ich zum Bauern Jünger mich beschweren, ich sagte, Ich geh hier weg, ich hab hier Schande, so wie es hier in Deutschland zugeht, solche Sachen erlaubt sich in Böhmen kein Mann. Der Alte mußte zum Arzt, aber er vergaß schnell, und es war mit ihm immer das gleiche, nur daß er mich nicht mehr anfaßte. Einmal nannte ich ihn ein zweibeiniges Schwein, und er darauf, Mädl, es ist doch nur Spoß, darfst nicht immer so empfindlich sein, wir machen doch nur Spoß. Wenn der alte lange Karl von mir nicht beachtet wurde, wurde er ganz unruhig, als fehlte ihm was, und manches Mal beobachtete er mich und seufzte, Mädl, ich wünschte, ich könnte dreißig Jahre jünger sein, dann müßtest du mein sein. Ich sagte, Wenn ich Sie halt möchte. Da fuhr er in die Höh, Ich war auch einmal jung, ich war ein feiner Kerl, hättest mich mal sähn solln. Darum hätte ich Sie auch nicht gewollt. Er guckte beleidigt auf mich und fand keine rechte Antwort, und manches Mal sagte er betrübt, Du hast so schöne Augen, in deine Augen muß man sich verlieben, und ich dann zu ihm, Ein alter Knopf hat nicht auf Augen zu sehen. Die Gretl erzählte mir, daß die Hertha ganz anders gewesen wäre und alles mitgemacht hätte. Wenn sie auf dem Feld waren, kamen beim Kaffeetrinken allerhand Schweinereien vor, dann hielt der alte lange Karl die Hertha fest, und der Knecht zählte bei der Hertha die Haare, und sie hätte immer ruhig dagelegen und gelacht, und in der Gesindestube wurde sie vom Knecht auf die Bank gelegt, es konnten alle mit dabeisein, er deckte sie auf und machte mit ihr alles mögliche, und die Hertha lag still und lachte, und der Alte immer mit, und dann gingen sie Hände waschen, vorher rochen sie an ihren Händen und meinten, Pfui Teufel, meine Hände stinken, und sie hielten sie sich an die Nase, und die Hertha lachte dazu. Aber der alte lange Karl war sonst wie ein guter Vater zu mir, durch ihn wurde ich sehr geschont, er wußte, was man von einer Frau verlangen konnte, ich mußte mich nur gegen alle Belästigungen wehren, wenn er rumseufzte, Dreißig Jahre jünger sein und ein Stück Land und dich zur Frau, das wäre ein Leben. Einmal frug er ganz ernst, Mädl, was hast du eigentlich für einen Mann gehabt, das kann ich nicht verstehn, du bist so ein schönes Weib, keinen Tadel findet man an dir, wie konnte es dazu kommen, daß deine Ehe nicht ging, an dir, Walli, hat es bestimmt nicht gelegen, da hab ich zu viele Frauen kennengelernt, wer dich zur Frau kriegt, hat das große Los gezogen. Ich ging, ohne ihn anzusehen, vorbei in die Küche und dachte bei mir, daß das große Los den häßlichen Kerl nicht überzeugt hatte. Aber was verstehn die Leute schon!

Der Sommer war vorbei, die Ernte auch, während der Getreideernte war ich in der Scheune bonzeln, das hatte mir Frau Jünger zeigen müssen. Dann kam das Erntedankfest, überall war Tanz, und bei den Bauern wurden runde Kuchen, wie eine Tischplatte so groß, gebacken, Früchtekuchen aller Art, Streuselkuchen, Quarkkuchen, Marmeladenkuchen, Zuckerkuchen, alles von allem, und jeder bekam von jedem Kuchen einen halben ab, das war ein hoher Berg. Die Gretl nahm ihren mit zu ihrer Mama, und der Gottfried wußte auch, wo er damit hinging, und ich trug meinen Berg Kuchen hinauf in die Kammer und legte ihn in meinen Kleiderschrank. In meinem Leben kannte ich bisher nur Hunger, und heute aß ich immer nur, hielt das große ganze halbe Stück in der

Hand und biß mit vollen Backen nur so hinein, und dabei liefen mir die Tränen über die Wangen. Ich sah meine Mutter und meine Geschwister, wie schön es wäre, wenn ich ihnen den Kuchen geben könnte, aber da liefen meine Tränen noch mehr, denn eine Stimme war in mir, Walli, hab mit ihnen kein Erbarmen, denk, was du durch sie gelitten hast, und ich biß noch tiefer in den Kuchen hinein.

Der Bauer Jünger wollte, daß ich zum Erntedankfest tanzen ginge, aber ich hatte für Vergnügungen kein Interesse, mit meinen dreiundzwanzig Jahren kam ich mir sehr alt vor, und zu den böhmischen Mädchen hatte ich wenig Verbindung. Die Töchter von Frau Koschinek waren nicht mehr in Bobritsch, zwei andere hatte ich kennengelernt. Die eine hieß Maria Reisig, war achtundzwanzig Jahre alt, ein großes, starkes Mädchen, sie war schon länger in Sachsen, sie hatte nur noch einen Vater und einen Bruder, der politisch eingesperrt war, sie wußte nicht, wo er war und ob er noch lebte, und in der Liebe hatte sie in Böhmen eine große Enttäuschung hinter sich. Die Maria war keine Schönheit, aber auch nicht häßlich, sie hatte ein lautes Geschrei an sich und unruhiges Blut. Gleich als wir uns zum erstenmal sahen, schrie sie aus vollem Halse, als ob wir uns schon ewig kannten, Was, du liegst im Bett, wo der Abend am schönsten ist, los, wir gehen bummeln. Aber ich war nur ein Stückl Weg mitgegangen, sie war mir zu abenteuerlich vorgekommen, und als ich sie dann mehr kennengelernt hatte, war es auch so, sie nahm alles mit, was sich ihr bot, und wenn sie sich im Dorf sehen ließ, lachten und spuckten die Burschen vor ihr aus und riefen Schwutt, Schwutt hinter ihr her. Da half auch nicht, daß die Maria mit dem Friedensrichter drohte. Durch die Maria Reisig lernte ich noch einige andere Böhmische kennen. Auch ein tschechisches Mädchen, die immer sagte, sie wäre keine Tschechin, sie wäre eine Tschechoslowakin, sie hieß Schyha-Anna und kam aus Seestadtl und heiratete einen Deutschen, der als Schmied arbeitete. Ich wollte mein Vorhaben wahrmachen und sparen, Möbel kaufen und eine Stub einrichten, nur so viel, daß ich ein Zuhause hatte und wußte, wo ich hingehörte. Der Bauer Jünger redete mir zu, daß ich zu jung wäre, um mich vom Leben zurückzuziehn, das wäre verkehrt, ich sollte mein Leben genießen, und die Frau Jünger meinte, Du siehst ganz anders aus als die Böhmischen, du hast was an dir, du bist ein deutsches Mädchen, und wenn sie alle sitzenbleiben, du wirst Verehrer haben, du bist ein schneidiges Mädchen. Ich ließ mich überreden und kam so zum erstenmal hier in Sachsen auf einen Tanzsaal, es war ein großer Saal und nicht überfüllt, und als erstes sah ich den alten langen Karl, der mit seinen Angehörigen und Bekannten zusammensaß. Wir Mädchen setzten uns gleich neben die Tür an einen Tisch und verhielten uns ruhig. Der alte lange Karl saß wie ein anständiger Mann da und machte hin und mal einen fremden Blick zu mir herüber, und es kam nicht einer an unseren Tisch. Ich sagte zu den Mädchen, Was ist das für eine Schande. Sie meinten, Hier ist es halt so, mit uns Böhmischen will niemand tanzen, wir sind für sie keine Menschen. Der alte lange Karl hatte es gewollt, daß ich zum Erntedankfest gehe, er wollte mit mir dort eine Ehrentour drehen, hatte er gesagt, nun tanzte er einige Male mit den Frauen an seinem Tisch, beim Vorbeitanzen machte er ein fremdes Gesicht, daß ich merkte, wie er sich mit einer Böhmischen scheute. Mit Enttäuschung verließen wir den Saal, und als am Morgen Frau Jünger wissen wollte, ob ich tüchtig getanzt hätte, sagte ich, Uns Böhmische will niemand achten, wir sind hier nur gut für die Arbeit, hier wird getan, als ob wir nur für die Nacht da sind.

Dann kam der kalte Herbst mit dem Dauerregen, in dieser Zeit wurde auch wieder Mist gefahren, der Regen ging in Strömen nieder, und dann die Einsamkeit, die Stille. Ich sah in der Gegend umher, hier und dort merkte ich in der Ferne eine Gestalt die gleiche Arbeit machen, es waren böhmische Mädchen wie ich, es ging mir nicht allein so, und das tröstete mich. Der Mist und der Lehm klebten an den Sohlen fest, daß man sich bald die Beine brach, und ich fror an den Füßen und klagte. Der alte lange Karl legte mir Zeitungspapier in die Stiefel und meinte, das würde wärmen, und es war mir auch wirklich wärmer an den Füßen, sogar zu warm. Beim Mistladen war die Frau Jünger dabei, der Bauer saß im Stübchen und guckte mit dummen Augen, die wie Trotz und Vorwurf aussahen. Am Abend nach der Stallarbeit stellte sich Frau Jünger immer ans Hoftor und guckte, und die Tochter Irmgard stand mit dabei, und manches Mal hielt sie auch die Gretl zurück. Als die Frau Jünger einmal vom Tor in die Küche zurückkam, sah ich, daß sie in ihren Strümpfen Löcher hatte, und meinte dazu, ohne mir Böses bei zu denken, Oh, die neuen Kartoffeln werden reif. Bei uns in Böhmen war es ein Scherzwort, man lachte darüber, aber hier kannten sie es nicht. Der Bauer war gerade in der Küche, und beide guckten und wußten nicht, was ich meinte. Ich lachte. Ach, bei uns heißt das so, wenn man Löcher in den Strümpfen hat. Frau Jünger bekam einen roten Kopf, ihr Mann wußte vor Wut nichts zu sagen, dann fuhr er in die Höh und schrie seine Frau an, So etwas mußt du dir von so einer sagen lassen, zieh die Strümpfe aus. Wütend rannte er aus der Küche, die Tür krachte hinter ihm zu. Ich sagte zu der Frau Jünger, daß es doch nicht schlecht gemeint wäre, aber sie ging ihm wie geschlagen nach.

Das Jahr neunzehnhundertsechsunddreißig ging zu Ende, der Winter stand vor der Tür. Selten blieb eine Böhmische über den Winter hier, und auch mir wurde von der Frau Jünger gesagt, daß ich bis zum Frühjahr nach Hause könnte. Ich war ganz verlegen, ich konnte doch nicht sagen, daß ich kein Zuhause hatte, und ich frug, ob ich hierbleiben dürfte. Wir haben im Winter schwere Arbeit im Busch, sagte Frau Jünger, wir wollten dich davon verschonen. Ich hatte von Winterarbeit noch keine Ahnung und nahm es nicht allzu schwer, ich durfte es nicht schwernehmen. Aber vorerst wurde in der Scheune tüchtig Getreide gedroschen, mein Platz war an der Strohpresse. Der alte lange Karl gab sich Mühe, mir zu zeigen, wie ich das Stroh binden mußte, ich hatte es noch nicht verlernt. Wenn die Scheunen bis zum dreißigsten Dezember leer waren, waren Knecht und Magd stolzer als der Bauer, aber beim Bauern Jünger war alles im Rückstand und die Scheune noch fast voll, und die Bunde waren schwer und feucht. Aber ich hatte auch Freude, die Jünger hatten sich ein Radio gekauft, und Frau Jünger frug mich, ob ich ihr Grammophon für sechs Mark kaufen wollte, Platten wären auch mit dazu. Ich nahm es mit Freude und stellte es in der Gesindestube auf den Tisch vor dem Kanapee und war stolz auf mein erstes Eigentum.

Mit all diesem bekam ich im Dezembermonat an einem Abend

unverhofften Besuch von böhmischen Mädchen. Ich wußte nicht, wer sie waren und was sie von mir wollten, nur eine darunter kannte ich, es war die Türsch-Resi aus Neudorf, und hier in Bobritsch arbeitete die Türsch-Resi im Oberdorf. Sie erzählten mir, daß meine Mutter im Dorf umherlief und um mich weinte, weil ich nichts von mir hören ließ und sie nicht wüßte, wie es mir ginge, sie hätte sehr gebettelt, daß sie mir Bescheid sagen sollten, ich möchte gleich schreiben, sie wüßte meine Adresse nicht. Die Türsch-Resi hatte die ganze Zeit zu kichern, und dann hörte ich sie sagen, Deine Mutter war jetzt auch eingesperrt. Ich tat, als hätte ich nichts gehört. Eingesperrt, dachte ich mit Schreck und schämte mich vor diesen Mädchen und hatte Angst, daß es sich herumsprechen würde. Was mag sie nur angestellt haben? Die Mädchen klagten über die schwere Arbeit, die sie nicht aushielten, sie würden nicht hierbleiben und nie mehr nach Sachsen kommen. Das erleichterte mich sehr. Dann wollten sie wissen, wie es bei meinem Bauern wäre, und ich sagte, daß es mir in meinem Leben noch nie so gut gegangen wäre. Die Mädchen machten Augen, als ich meinen Bauern lobte und die Arbeit nicht schwer fand. Wie es in meiner Brust aussah, konnten sie nicht wissen, was diese Mädchen nicht aushielten, mußte ich leichtnehmen. Als die Mädchen gegangen waren, beschäftigte ich mich nur mit dem, was ich von ihnen erfahren hatte. Was mag sie nur wieder angestellt haben? Ihre Sorge um mich, die kannte ich. Ich schrieb ihr einen Brief, daß es mir gut ginge, ich schrieb ihr zweimal, daß sie es auch verstand, und ich ließ sie wissen, daß mich nur eins quälte, daß ich so viel hatte durchmachen müssen. Ich bekam von ihr gleich Antwort, es war ein großer Brief mit vielen Neuigkeiten. Ich ging in die Kammer und setzte mich zum Lesen aufs Bett. Sie schrieb, daß sie mal wieder eine schlechte Zeit hinter sich hätte, und sie würde mir das alles genauer erzählen, wenn ich sie besuchte, sie dachte wohl, daß ich schon am nächsten Tag vor ihrer Tür stände, aber heute war es, als wäre eine Wand zwischen uns. Sie schrieb weiter, daß der Albert beim Militär wäre und daß sie ihn bedauerte, weil er dort hungern müßte und sie ihm kein Päckchen schicken könnte, das täte ihr leid, und wenn ich was übrig hätte, sollte ich es an sie schicken, sie würde es dem Albert hinschicken, sie würde mit den Kindern große Not leiden, da der Albert, ihr Ernährer, nicht mehr für sie sorgen könnte, und der Winter stände vor der Tür, die Kinder hätten nichts an den Füßen und keine Hemden zum Anziehn. Über ihre Not kamen mir die Tränen, aber es war, als drückten mich zwei Hände sanft auf meinen Platz. Sie schrieb auch noch über den Gust und was die Krovin jetzt mit ihren Kerlen durchmachte. Der Gust hatte sich Dauerwellen ins Haar machen lassen und sah jetzt aus wie ein Reisigbesen, und der Verwalter wäre darüber so empört gewesen, daß der Gust bei der Arbeit seine Mütze nicht vom Kopf nehmen durfte, und besoffen wäre er auch meistens, daß die Krovin keine Freude an ihm hätte, und das Kind hielten sie immer nur versteckt, sie bekäme es nicht zu sehen. Auf meinen Brief, daß ich über mein Durchgemachtes nicht hinwegkäme, schrieb sie, Wenn du nicht darüber wegkommst, kann ich es nicht ändern, ich habe ja auch durchmachen müssen und muß allein damit fertig werden. Dieser Satz war für mich wie eine Ohrfeige. Hätte sie ein einziges gutes Wort über ihre Schuld geschrieben, wäre alles gut geworden, aber dieses eine Wort vergönnte sie mir nicht. Es täte mir leid, schrieb ich ihr, daß sie mit den Kindern Not litte und der Albert hungerte, aber ich könnte ihr nicht helfen, sie hätte ja gewollt, daß ich arm wie eine Kirchenmaus aus dem Hause ging, jetzt müßte ich mir erst die nötigen Sachen schaffen, später vielleicht würde ich sie unterstützen, so leid es mir täte, ich müßte jetzt zuerst an mich denken. Ich bekam von ihr gleich wieder Antwort, und in diesem Brief stand nichts von ihrer Not und auch sonst keine Silbe, sie ließ mich nur wissen, daß der Albert sich über einen Brief von mir freuen würde, und ich sollte mich wegen des Kindes nicht grämen, wer weiß, was aus dem Jungen würde, alle Leute sagten, ich sollte mich nicht um das Kind kümmern. Das tat sehr weh und war rücksichtslos von ihr. Was wußten die Leute, wie mein Kind war.

Mit diesen beiden Briefen kam Weihnachten, hier beim Bauern Jünger wurde tüchtig Stollen zum Bäcker gebracht. Die Kühe bekamen am Heiligen Abend eine Nachspeise, rohe oder gekochte Kartoffeln waren es, und als alles getan war, wurden wir in die gute Stube eingeladen, die sonst immer abgeschlossen war. Ich machte Augen, es kam mir wie ein Fürstenzimmer vor, grüngepolstertes Sofa und Sessel, Gardinen am Fenster, und mitten im Zimmer ein langer Tisch, auf dem die Weihnachtsgeschenke lagen. Die Irmgard, die Gretl und der Werner, der sich wie sein Vater für nichts interessierte, waren schon im Zimmer, und auch der alte lange Karl saß im Sonntagsanzug am Tisch, nur der Gottfried war nach Hause gefahren. Am einunddreißigsten Dezember wollte er ganz weg. Unter dem Christbaum lagen die Geschenke, Frau Jünger stand am Baum und erwartete uns. Für mich lagen unterm Christbaum ein brauner gestrickter Unterrock, eine blaue Strickjacke, ein Badetuch und ein Schlafanzug und ein großer bunter Teller, die Geschenke waren von den Jüngers reichlich gegeben, aus dem Grunde, weil es keine Erntegeschenke gegeben hatte. Ich ging an diesem Abend früh zu Bett, die Gretl war ja auch schon zu ihrer Mama gegangen. Am ersten Feiertag früh legte mir die Gretl zwei große Stollen, eine mit Rosinen und eine mit Mandeln, auf den Tisch und sagte, daß sie mit zu den Weihnachtsgeschenken gehörten.

Frau Jünger wollte, daß ich tanzen gehe, sie sagte, Wenn man jung ist, muß man was vom Leben haben, zu Hause bleiben kann man, wenn man alt ist. Sie gingen selbst zu Besuch, und der Bauer gab mir vorher meinen Monatslohn. Ich hatte es mit der Maria Reisig ausgemacht, daß sie mich abholte, aber ich konnte mich nicht überwinden, so daß den nächsten Tag die Jüngers wieder drängten und mir noch mal ans Herz legten, Walli, daß du aber heute wirklich fortgehst. Ja, sie meinten es gut mit mir, aber ich wollte mich an meinen Plan halten, ich wollte sparen, wollte mir eine kleine Stub einrichten, bei einem Tischler hatte ich mich schon erkundigt, was ein Küchenbüfett kostete, fünfundvierzig Mark, da mußte ich noch viel sparen, aber zuerst wollte ich mir Kleidung anschaffen. Am zweiten Weihnachtstag ging ich mit zum Tanz. Ich war früh mit der Stallarbeit fertig, ich wusch mir mein Haar, damit es nicht nach Stall roch, und dann gingen die Maria und ich nach Oberbobritsch ins Gasthaus »Zum wilden Mann«. Das Dorf zog sich in die Länge, und die Straße war lang, und der Schnee schnurpste beim Gehen. Der Saal war klein und überfüllt. Wir setzten uns nicht weit von der Tür unter die Galerie, und als die Musik begann, blieben wir sitzen, aber es blieben ja viele sitzen, daß es nicht weiter auffiel. Da hieß es plötzlich von der Maria, Oh, Walli, guck mal, dort ist ein schööner Kerl, ist das aber ein schööner Kerl! Ich sah einen Mann im eleganten schwarzen Anzug aus Wollstoff, elegante Figur und Haltung, und ich dachte, daß das kein Sachse sein konnte. Der Schöne hatte einen schwarzbraunen Lockenkopf, braune Haut mit roten Wangen, er hatte sehr schöne Augen in einem ernsten Gesicht. Von den Mädchen hatte die Maria erfahren, daß der Mann Ludwig hieß und beim Bauern Knecht war. Die Maria flüsterte, Walli, die Mädchen sagen, das ist ein Bayer, die sind ganz närrisch auf ihn. Und gerade dieser schöne Bayer machte vor mir, als die Musik zu spielen begann, eine vornehme Verbeugung. Vor Schüchternheit wagte ich kaum, meine Hand auf seinen Arm zu legen, wir sahen aneinander vorbei, es wurde kein Wort gesprochen, und wir gaben immer nur auf unsere Füße acht, und weil er nicht nach der Musik tanzte, war die erste Tour mit ihm nicht leicht. Von hier an tanzte ich jede Tour mit dem Schönen, und die Maria meinte, Seid ihr ein schönes Paar, und jedesmal, wenn er mich zum Platz brachte, guckten die Mädchen auf uns. Dann sah ich, wie zwei Burschen aus Bobritsch auf ihn einredeten, unglücklich dachte ich, daß sie ihm jetzt gesagt hatten, daß ich eine verheiratete Frau bin. Als die Musik begann, kam der Bayer gleich auf mich zu, und bei diesem Tanz kamen wir zum erstenmal ins Gespräch. Stimmt das, daß Sie eine verheiratete Frau sind und ein Kind haben? Ich konnte weiter nichts antworten, als daß es wahr wäre. Wie kommt es dann, daß Sie hier sind? Ich sagte, daß ich darüber nichts erzählen könnte, er würde es ja sowieso nicht verstehen. Weil die Maria und ich vor den Kerlen nicht sicher waren, ließen wir uns vom schönen Bayern nach Hause begleiten, hierbei erfuhren wir von ihm, daß er seit Oktober in Oberbobritsch lebte, vorher wäre er paar Jahre in Brand-Erbisdorf bei einem Großbauern gewesen, sein Zuhause wäre Regen bei Passau an der blauen Donau, dort hätten seine Eltern Landwirtschaft und Kurbetrieb, mit fünfzehn Jahren hätte er sein Elternhaus verlassen, darüber wäre sein Vater sehr böse, er würde sich immer mit den Bauern, wo er gerade arbeitete, in Verbindung setzen. Ich merkte, wie betrübt er war, und frug nach nichts. So kam ich mit dem schönen Bayern in Freundschaft. Nicht ganz drei Jahre blieben wir beinander, und für mich war diese Zeit das größte Glück auf der Welt, und das Zusammensein im guten kann ich bis heute nicht vergessen. Die Maria hatte sich von uns verabschiedet, und wir blieben unter dicken, uralten Bäumen stehen, er sprach vom Wiedersehen, aber ich hatte Ausreden, daß ich noch nicht geschieden wäre und bis dahin keine Bekanntschaft möchte. Dazu meinte er, Wenn Sie sich scheiden lassen wollen, dann sind Sie auch schon jetzt frei. Ich dachte bei mir, daß er eigentlich recht hätte, beim Auseinandergehn ließ ich mir von ihm einen Kuß auf die Wange geben, es war so ein komisches Gefühl, eine verheiratete Frau zu sein und vom Liebhaber einen Kuß zu bekommen.

Der Bauer Jünger freute sich, daß ich doch noch zum Tanzen gegangen war, aber als ich über meinen Begleiter erzählte, machten sie beide komische Augen, daß ich nicht wußte, was in ihnen vorging, sie wollten doch immer, daß ich zum Vergnügen ging, Frau Jünger hatte sogar gemeint, daß ich ruhig einen haben könnte, damit ich nicht so allein wäre, und plötzlich hatten sich ihre Gesichter verändert. Ich ließ sie wissen, daß ich mir auf den schönen Bayern nichts einbildete, er wäre als Mann viel zu schön. Ich bin doch eine verheiratete Frau, aber nicht, daß ich zu meinem Mann zurück möchte, o nein, o nein, in drei Jahren bin ich geschieden, dann bin ich frei! Silvester war ich wieder vom schönen Bayern in den Gasthof »Zum wilden Mann« zum Tanz bestellt. Heute sagte niemand, daß ich fortgehen und lustig sein sollte, und Frau Jünger ging herum und tat, als wäre ich ihr was schuldig, und weil ich ihre Veränderung merkte, bekam ich Angst vorm Alleinsein und war froh, daß ein guter Freund an diesem Tag auf mich wartete. Der Saal war übervoll, und als ich auf der Schwelle stand, kam der Ludwig mir entgegen, so, als gehörten wir fest zusammen, er hatte auf mich gewartet und führte mich in den Saal zu einem Tisch, an dem ein Mädchen saß. Ich wunderte mich, daß er mit ihr paar kurze Worte sprach und dann vom Tisch wegging, ich hatte gedacht, er bliebe mit mir am Tisch sitzen. Das Mädchen hieß Paula und stammte aus Bartelsdorf. Vielleicht vergönnte sie mir den Ludwig nicht, sie hatte für mich so falsche Augen, oder vielleicht kam ich ihr eingebildet vor, weil ich nichts sprach, bei mir war es immer so, daß ich nicht von selbst Anschluß fand, ich war immer nur still und zurückhaltend und heute erst recht, wo ich hier allein und fremd war. Ich bereute schon, daß ich hergekommen war, denn der Ludwig holte mich nicht die erste Tour und nicht mal die zweite und auch nicht die dritte, ich kam mir wie eine Verkaufte vor. Die Paula beobachtete mich, ob ich litt, aber ich sah an den Tanzenden vorbei und sagte mir, daß es mich nichts anginge, aber in meiner Brust tat es doch weh, wenn ich ihn tanzen sah. Dann wurde ich vom Ludwig geholt, beim Tanzen wurde kein Wort gesprochen, aber meist tanzte er mit der Paula, ich blieb am Tisch sitzen, und wenn sie mit ihm tanzte, verstand sie es, ihre dicke Brust an ihn zu drücken, und wie sie an ihm dranhing und mit weichen Augen in die seinen sah, und was sie für ein Mündchen machte, wenn sie mit ihm in Unterhaltung war, und sie hatten ununterbrochen Unterhaltung. Der Ludwig und noch einer waren ihre Tänzer, der andere war ihr Freund, wie ich später erfuhr. Ich hatte mich damit abgefunden, daß ich für ihn gar keine Reize hatte und nicht zum Tanz geholt wurde, und damit kamen drei Touren Damenwahl. Ich blieb sitzen, und das hatte ihn wohl enttäuscht, denn als nach der Damenwahl die Damen erst wieder revanchiert wurden, holte er mich gleich. Ich tanzte mit ihm wie eine Fremde, und als dann wieder Damenwahl kam, holte ich einen andern und noch einen andern, und bei der dritten Tour ging ich langsam über den Saal und machte mit dem Kopf eine Verbeugung zu ihm hin. Da blitzten seine Augen wie bei einem Teufel, er wurde noch röter, und die schmalen Lippen zusammengepreßt. Für Sekunden sah er mir ins Gesicht, dann immer wieder nur auf die Erde, es sah aus, als möchte er weinen, denn so etwas war ihm zum erstenmal passiert. Als ich wieder Platz nahm, war die Paula sprachlos, dann wurde ich von ihr ausgefragt, sie meinte, daß der Ludwig doch ein schöner Mensch wäre und es bestimmt ehrlich mit mir meinte. Findest du was Schlechtes an ihm? Ich sagte, Der Ludwig ist ein schöner Mensch, aber ich will ihn nicht, er ist nicht der Mann, wie ich ihn mir wünsche. Aber Walli, warum willst du ihn nicht? Nein, für mich ist er nichts, er will alle haben und kann sie auch alle kriegen, so einen will ich nicht, ich will einen, der nur mich haben will, ich kenne ihn ja auch gar nicht. Die Paula machte große Augen und frug mich verwundert, Da willst du wohl gar nicht mit ihm gehn, Walli? Nein, ich habe nichts für ihn übrig. Es wurde zwölf Uhr, das Jahr neunzehnhundertsiebenunddreißig begann und eine kleine Tanzpause dazu, daß alles zur Tür hinausströmte. Die Paula griff meine Hand und zog mich die Treppen hinunter, Sekunden später standen wir draußen, ich sah den Ludwig aus der Haustür kommen und schnurstracks auf uns zugehen, und die Paula entfernte sich gleich. Er grüße mich mit einer Kopfverbeugung und wünschte mir ein gutes Jahr und entschuldigte sich, daß er nicht so war, wie ich es wünschte, er sagte noch allerlei von Nichtbösesein und Niewiedervorkommen, ich mußte mich versöhnen. Und zum Schluß ging ich wieder mit ihm nach Hause, er schob sein Fahrrad nebenher, nur daß er heute still und gedrückt war, und beim Auseinandergehn ließ ich mir wieder zaghaft einen Kuß auf die Wange geben. Als ich mich an diesem Neujahrsmorgen ins Bett legte, wünschte ich mir, daß es der schöne Bayer mit mir ehrlich meinte und mich liebhätte und bei mir bliebe, damit ich nicht allein sein brauchte, und ich schlief mit Wohltun ein.

Am Morgen erzählte ich alles den Jüngers, weil sie immer alles wissen wollten, und als ich ihr Stummsein bemerkte, wünschte ich mir noch mehr, daß es der schöne Bayer mit mir außen und innen gut meinte, ich wünschte mir mit mal so sehr einen Jemand. Am Neujahrsabend saß ich mit dem Ludwig ohne Liebelei auf dem Kanapee in der Gesindestube, es gefiel ihm hier, und besonders das Grammophon hatte es ihm angetan, er liebte Musik und war gerne lustig. Mit dem Ludwig wurde es so, daß er mit verliebten Augen für alle dasein wollte, und deshalb hatte es eigentlich keinen Sinn mit ihm, aber er kam immer wieder zu mir und versprach mir alles Gute und Schöne und streichelte mein Gesicht, daß ich immer wieder nachgab. Auf dem Tanzsaal wollte er ein freier Vogel sein, er ledig und ich eine verheiratete Frau, und er sagte zu mir, Du darfst nicht böse sein, wenn ich andere habe, die sollen mich alle haben, die verklapse ich nur, du sagst ja, daß du von dem Lump ruiniert worden bist, ich habe dich trotzdem lieb, es ist nur schade, daß wir uns nicht früher kennengelernt haben. Wenn ich mit anderen tanzte, wurde er eifersüchtig, und mit der Zeit wagte es sich keiner mehr, und so saß ich vereinsamt am Tisch und schämte mich. Er gehörte mir nur, wenn er zu mir in die Gesindestube kam.

Es kam zu manchen Abenteuern mit dem schönen Bayern. Im Winter mußte er mit dem Fahrrad durch hohe Schneewehen, und wenn er in die Gesindestube trat mit rotem Gesicht vor Kälte und Wetter, dann blieb er an der Tür stehen und sagte, Glaubst du es mir jetzt, daß ich dich liebhabe, denkst du vielleicht, ich würde dir so nachlaufen, ist das nicht Beweis genug? Ich nahm mir vor, ihm zu glauben, es war so ein schönes Gefühl, wenn man auf jemanden warten konnte. Als ich Frau Jünger mal erzählte, daß der Ludwig den weiten Weg meinetwegen durch Schneegestöber machte, hörte es der alte lange Karl und lachte und meinte mit lautem, frechem Organ, Ein guter Bock läuft meilenweit. Aber sein Lachen war Neid und Eifersucht, denn die Jüngers und der Alte vergönnten mir den Ludwig nicht, der Alte meinte, Was hast du denn von dem, ich kann es auch noch, wenn du es brauchst, da hast du mehr davon, ich geb dir einen Taler. Frau Jünger meinte immer, Walli, was soll denn das bei euch einmal für eine Ehe werden, der Ludwig paßt nicht zu dir, du bist ein so gutes, ruhiges Mädchen, du brauchst einen lieben Mann. Das war von ihr sogar ehrlich gemeint, aber ich brachte ihn nicht los, am liebsten wäre ich von hier weggegangen, doch woanders ging es den böhmischen Mädchen nicht besser, Bauer war eben Bauer.

Im Monat Januar mußte ich in den Busch. Die Jüngers hatten sehr große Felder mit einem runden Busch, hier ein Busch, dort ein Busch, und mit einer einfachen Handsäge wurden die Bäume umgemacht, die zersägten Stämme mußten aus den Kuhlen getragen werden, und wenn ich Stämme hochtragen mußte, ging mir der Schnee bis zu den Hüften. Diese Arbeit im Busch machten der alte lange Karl, der Bauer Jünger, der Sohn Werner und ich, und zwischendurch wurde mal Getreide gedroschen. Frau Jünger, die Gretl und ihre Mutter, die Hulda hieß, und noch paar Frauen saßen indessen in der warmen Gesindestube und flickten Säcke und knoteten Bänder, die ich an der Strohpresse zum Strohbinden brauchte. Dann wurden Stämme und Gestrüpp auf den Hof gefahren und abgeladen, und im März wurde angefangen, die Stämme auf einem Sägebock zu zersägen. Das war meine Arbeit zusammen mit dem alten langen Karl. Der Bauer hielt sich im Stübchen auf, und der Sohn Werner war vielleicht mit dem Gespann auf dem Feld, und Frau Jünger harkte mit der Gretl das Gestrüpp, das dann von mir mit Draht gebündelt wurde. In der Zeit wußte ich nicht, wie ich mich im Bett drehen sollte, wenn ich morgens geweckt wurde, konnte ich kaum raus. Zwischendurch hatten wir auf Vorrat gesägt, und die Gestrüppbündel wurden in einem hohen runden Heukorb auf dem Rücken in den Schuppen getragen und dort aufgeschichtet. Auf die Gretl wurde auch keine Rücksicht genommen, Frau Jünger sagte in barschem Ton zu ihr, Dann mußt du dich auch anstrengen, wenn du mehr Geld verdienen willst, und ihr Monatslohn war nur zwei Mark fünfzig.

Von meiner Mutter kamen jetzt häufiger Lamentierbriefe, die lauteten immer nur, daß sie kein Geld hätte, und jedesmal hatte sie was Neues, was ich wissen mußte. Sie schrieb, daß sie den Ernst zum Bürgermeister nach Pürstein geschickt hatte, damit der ihr in der Not half. Sie war ja immer in starker Einbildung gewesen, daß der Ernst das Patenkind vom Bürgermeister wäre und der Ernst von ihm ein Sparbuch zu erwarten hätte, aber bis heute war nie etwas gekommen, da war sie auf diesen Einfall gekommen. Bei ihr war alles ganz einfach und sicher gedacht. Sie schickte die drei Kleinen nach Pürstein mit einem Bittbrief, das konnte sie sehr gut, sie schilderte ihre Not und vor allem, daß er ein sehr armes Patenkind hätte, daß er nicht vergessen sollte, und wer weiß, was sie dem Bürgermeister noch alles in den Brief hineingeschrieben und was sie von ihm verlangt hatte. Barfuß hatte sie die Kinder losgeschickt, es war sehr, sehr weit, sie hatte ihnen viel Gutes ins Herz geredet, daß sie sich mit hungrigen Augen und im Geist das Tischlein-deck-dich auf den Weg machten. Der kleine Ernst hatte gleich schlappgemacht, die anderen waren weitergegangen. Mit einem Bäckerwagen kamen sie in der Nacht nach Pürstein, der Bäkker ließ sie bei sich übernachten, am Morgen, als die Gemeinde offen hatte, übergaben die Kinder dem Bürgermeister den Brief, und als der ihn las, sprang er wütend in die Höh und brüllte, Ihr Lumpengesindel, was fällt euch ein, was wagt ihr euch, so eine Unverschämtheit, hinaus, so eine Frechheit, und wütend streckte er seinen Arm zur Tür. Die Kinder wußten nicht, wie schnell sie zur Tür wieder nauskamen, wütend folgte ihnen der Bürgermeister und warf ihnen den Brief hinterher. Laßt euch nicht mehr hier sehn! So kamen sie am dritten Tag zu Tode ermattet und mit Enttäuschung nach Hause, paar Tage hatten sie geweint wie junge Hunde, sie konnten sich gar nicht beruhigen.

In einem anderen Brief erzählte sie vom Päppi, daß der im Herbst aus der Schule gekommen war und nicht auf dem Meierhof arbeiten wollte, er wollte was lernen. Da hatte sie ihn zum Patja nach Seestadtl gebracht, Patja, das war ein reicher Jud, der in jedem großen und größeren Ort ein Schuhgeschäft hatte. Für diesen Beruf hatte der Päppi auch große Lust, und zu der Tanti durfte er jeden Mittag zum Essen kommen. Das war von der Tanti gut getan, aber wenn wir etwas von ihr annahmen, mußten wir viel Geduld haben, heute versprach sie, und morgen tat es ihr schon wieder leid, oder wie meine Mutter sagte, mit der einen Hand gab sie, und mit der anderen schlug sie. So mußte sich der Päppi viel Geschimpf von ihr anhören, daß er zu spät zum Essen käme, dabei konnte er nicht früher dasein, aber darauf nahm die Tanti keine Rücksicht, sie war immer schon fertig angezogen und wollte fortgehen und schimpfte, daß sie nur seinetwegen wartete. Und dann konnte er ihr nicht schnell genug essen, daß der Päppi das Essen stehnlassen und sagen mußte, er wäre schon satt, oder er verbrannte sich die Zunge beim Schlingen. So ging er bald ohne Essen zum Patja und wurde vor Hunger ohnmächtig. Es blieb ihm dann nichts anderes übrig, als auf dem Meierhof zu arbeiten. Der Päppi hat Tag und Nacht geweint, bis er sich dazu überreden ließ. Das war alles schlimm, was ich in ihren Briefen las, aber ich konnte ihr nicht helfen.

An meinem Geburtstag, am sechsten März neunzehnhundertsiebenunddreißig, ich wurde vierundzwanzig Jahre alt, bekam ich von meiner Mutter einen Brief, der so begann, Denk dir, der Adolf ist in der Nervenheilanstalt. Ich hatte sonst immer Irrenhaus oder Narrenhaus gehört, aber heute schrieb sie Nervenheilanstalt. Und was meine Mutter mich wissen ließ, das konnte ich niemandem sagen. In dieser Zeit legte Frau Jünger noch Wert auf mich und gab sich Mühe um meinen Geburtstag, ich mußte mit ihnen im Wohnstübchen frühstücken, sie stellte mir zu Ehren das Radio an. Plötzlich weinte ich verzweifelt auf, daß Frau Jünger ihrem Sohn Werner, der immer in der Sofaecke am Radio saß, zurief, Werner, mach das Radio aus. Sie frug, Walli, was hast du denn, du hast doch Geburtstag, mußt dich doch freuen, deinen Ludwig hast du, was weinst du denn noch, hast keine Sorgen, dir geht es gut, die Hauptsache ist, daß du mit dem Ludwig mal eine gute Ehe haben kannst. Ich sagte, Mein Bruder ist krank. Aber Walli, das brauchst du dir doch heute an deinem Geburtstag nicht so zu Herzen nehmen, verdirb dir deinen schönen Tag nicht. Aber mein Bruder ist schwerkrank, sagte ich und weinte heftig. Was verstehn und wissen denn die Leute über unsere Familienverhältnisse! Was der Adolf angestellt hatte, stand nicht im Brief, aber ich wußte ja, er hatte kein Zuhause, die Landstraßen waren seine Heimat, niemand konnte ihm helfen. Ich wollte von der Mami genauere Auskunft, und sie schrieb daraufhin, daß der Ort Wiesengrund hieß, und dort wurden solche unglücklichen Menschen wie der Adolf mit Gummiknüppeln geschlagen und in Gummizellen geworfen, was ich heute über den Adolf erfuhr, war noch schlimmer, als was sie über mein Kind schrieb. Dem ging es ja gut, auch wenn es wie ein verkommener Zigeuner aussah. Hierbei kam die Maria, sie kam immer mit einem besoffenen Humor und mit viel Lärm und Geschrei und Gelache, mein Weinen rührte sie nicht, sie meinte, daß sie auch einen Bruder hätte und um ihn weinen könnte, er wäre politisch eingesperrt, und sie wüßte nicht, wo er war und ob er noch lebte, aber sie würde sich deshalb nicht das Leben schwer machen. Was verstehst denn du von meinem Bruder, sagte ich, wie krank der ist.

In einem der nächsten Briefe schrieb meine Mutter, daß der Gust vom Verwalter hinausgejagt worden war, weil er die Pferde immer so peinigte, es hatte niemand mehr in ihre Nähe kommen dürfen. An einem Morgen war der Verwalter plötzlich in den Stall gekommen und hatte gesehen, wie der Gust die hilflosen Tiere quälte, da hatte er tüchtig gebrüllt. Aus Gnade und Barmherzigkeit gab er ihm ein Ochsengespann, und als der Verwalter mit seinem neuen Kutscher auf die Felder kam, sah er von weitem ein Ochsengespann mitten auf dem Feld stehen, der Verwalter suchte den Kutscher und fand den Gust schlafend in einer Strohfinne. Da hatte ihn der Verwalter mit einem Getön vom Feld gejagt, und das Ochsengespann mußte er gleich auf dem Feld lassen. An diesem Tag jagte der Verwalter alle Krovs vom Meierhof, und sie mußten die Wohnung räumen und in Neudorf eine kleine Stub nehmen. Von hier an mußte der Gust zum Bauern arbeiten gehen, aber nirgends war er lange, weil er überall die Tiere weiterquälte, und bei jedem Bauern schlief er mit der Magd, es liefen acht Schwangere von ihm herum. Meine Mutter dachte wohl, sie könnte mir mit dieser Neuigkeit Freude machen, aber der Gust war für mich schon lange ein Fremder. Hierauf antwortete ich ihr, so wie er es mit den Tieren gemacht hat, so hat er es mit mir gemacht, und ich verlangte von meiner Mutter, daß sie ihre Briefe an mich mit meinem Mädchennamen adressierte, aber sie schrieb weiter meinen Familiennamen Krov, sie vergönnte mir meinen Mädchennamen nicht. Dafür schrieb sie immer wieder mit Genuß, daß der Gust mir nie den Jungen überlassen würde, sie wußte, wie ich um das Kind litt und daß ihre Meinung wie Messerstiche in meiner Brust waren. Am Abend saß ich versunken auf dem Kanapee und vergaß dabei den Ludwig. Der ballte die Fäuste, und seine Augen blitzten, er drohte dem Gust Prügel an, aber dann, als ob er es sich anders überlegt hätte, legte er liebevoll seinen Arm um meine Schulter und meinte, Walli, wir werden mitnander selbst Kinder haben, wart nur, wenn wir erst einmal verheiratet sind, dann hast du alles vergessen. Dabei sah er sehnsüchtig, traurig in die Ferne, ich wußte, er hatte selbst Herzenskummer. Was war das für ein Gefühl für mich, wir würden mitnander verheiratet sein und selbst Kinder haben. Ich konnte dem Ludwig nicht sagen, daß das nicht möglich war, aber ich war so gerne mit ihm zusammen, er war lustig, mit Temperament, und das Grammophon, das ich vom Bauern Jünger abgekauft hatte, war für ihn das richtige, und die Gesindestube war groß, wir tanzten, und wenn die Maria dazukam, tanzte er auch mit ihr, dabei kam er oft auf tolle Sachen, wir rannten über Tische und Bänke, die Maria und ich mußten alles mitmachen, und ich wurde jung dabei, dachte nur mit Traurigkeit, daß ich nie so glücklich auf dem Tanzsaal sein kann.

Das Frühjahr hatte begonnen. Der Ludwig und ich gingen am Abend hinaus auf die Felder. Es roch nach frischer Erde oder nach Heu, und am Himmel stand der helle Mond, der uns begleitete und mich an Pürstein erinnerte. Wir beide besahen uns sein Gesicht und waren über ihn so glücklich, wir hatten Freude an der Natur, an den bunten Feldern wie ein Bild, oder wenn am Horizont die Sonne unterging, war der Himmel rot, und von den Feldern aus war der Himmel bis ans Ende der Welt zu sehn. Wenn der Ludwig am Abend bei mir war, da ließ er mich seine Liebe wissen, und auf den Feldern wurden wir zu Kindern, wir warfen uns einander in die Heuhaufen, die ich am Tag zusammengeharkt hatte, oder in die Garben, die in Puppen standen, wir fingen uns wie Katz und Maus. Das war eine glückliche Zeit, ich habe in meinem Leben immer daran denken müssen, daß sie für mich die glücklichste meines Lebens war. An einem Abend, als wir auf dem Feldweg hinausspazierten, da war der Himmel voller Sterne, daß der Ludwig sagte, Wie schön die Sterne sind, du wirst einmal nicht Frau Mayer heißen, du wirst einmal Stern heißen. Ich sagte, Oh, Stern möchte ich einmal nicht heißen, das ist doch gar kein schöner Name. Aber Walli, schau nur mal am Himmel, wie schön so ein Stern ist. Ja, schön sind die Sterne am Himmel, aber Stern möchte ich nicht heißen, außerdem, wie soll ich einmal Stern heißen, wenn du Mayer heißt? Ich wußte nicht, was das heißen sollte, nur weil der Stern am Himmel so schön aussah, sollte ich so heißen? Stern ist ein Judenname, sagte ich. Wie kommst du denn darauf? In Westfalen gab es einen Fleischerladen, der Besitzer hieß nur der Stern-Jud. In nachdenklich ruhigem Ton sagte er, Stern ist ein rein arischer deutscher Name, ich hab gedacht, ich kann dir eine Freude machen, dann mußt du eben einmal Mayer heißen, wenn dir Stern nicht gefällt. Es fiel mir auf, daß er still und betrübt war, aber ich ahnte nicht, daß der Ludwig etwas verborgen hielt und daß er nicht wagte, mit mir darüber zu sprechen, später, als er im Krieg war, hieß er beim Militär Stern, aber ich hab mich mit ihm nie darüber ausgesprochen, was es mit seinem Namen auf sich hatte. Ich merkte nur, daß er oft Kummer hatte und im Innern sein Geheimnis trug, und davon wußte ich nur, daß er mit fünfzehn Jahren sein Elternhaus verlassen hatte und daß ihm seine Eltern nicht verzeihen wollten. Er sehnte sich nach einem ernsten Mädchen, und manches Mal sagte er, daß er auch sein Leid hätte, wir uns darum gefunden hätten und wir beinander bleiben müßten. Und oft meinte er, daß wir uns einander ähnlich sähen, ich hätte seine Augen und seinen Blick und seine Lippen, wir wären wie Geschwister, und wenn man sich einander ähnlich sähe, käme man immer zusammen, es ginge gar nicht anders, als daß wir beide einmal heirateten. Solange es Erdbeeren gab, brachte er sie mir, wir aßen sie mitnander mit Zucker, und er küßte dann meinen Mund und sagte, Du hast so einen schönen Mund, dann kam es auch mal beim Tanz vor, daß er mich in seine Arme nahm und mich vor allen küßte und sagte, Meine Püppi, ich versprech dir, heute bleib ich nur bei dir sitzen, ich geh nicht von deiner Seite, wir beide gehören zunander. Und dann saßen wir wirklich nebennander am Tisch, und er tanzte jede Tour mit mir, aber er hatte kein Sitzfleisch, und deshalb sagte ich, Ich erlaub es dir, du kannst aufstehn. Ach, Püppi, du bist ja so gut! Er gab mir vor allen einen Kuß auf die Wange. Ja, von so einer Liebe wollten die Leute nichts verstehn, sie hatten nur spöttische, schiefe Augen, an uns war alles schlecht. Aber meist war es so, daß ich beim Tanz allein saß und allein nach Hause ging. Es hätte vielerlei Gründe gegeben, mit ihm Schluß zu machen, aber wenn ich soweit war, ließ er alles stehn und liegen und kam mit dem Motorrad angeprasselt und sagte, Komm, Püppi, wir fahren etwas spazieren. Er raste um die Straßenbiegungen, daß wir schief lagen, und er war guter Laune, und Frau Jünger war jedesmal froh, wenn wir wieder in den Hof reinfuhren, und meinte, Mädl, setz dich nicht mit ihm aufs Motorrad, das sieht ja gefährlich aus, man steht ja eine Angst aus.

Seit dem Frühjahr war ein neuer Knecht bei den Jüngers, Willi Nebel hieß er, vierundzwanzig Jahre alt, dünnes, blondes Haar, nach hinten gekämmt, und wasserblaue Augen, er war arbeitsam und verträglicher als der Gottfried und hatte einen Sprachfehler. Dieser Knecht wußte viel über Ludwig, und wenn wir beim Essen am Tisch saßen, frug er manches Mal so komisch, Walli, hat dir der Ludwig schon was gesagt? Was denn? wollte ich wissen. Dann lächelte er. Na, wenn er dir noch nichts gesagt hat, dann wird er es dir schon noch sagen. Ich dachte bei mir, daß es nur etwas mit seinem Zuhause zu tun haben könnte, und ließ den Ludwig nichts wissen, ich merkte ja, daß er oft rote Augen hatte, und wenn ihm die Tränen über die Wangen liefen, sagte er, daß er mit Dünger gearbeitet hätte. Der Willi saß auch manches Mal mit am Tisch, sie unterhielten sich mitnander, und wenn ich den Ludwig bedauerte und seinen Kopf streichelte, wenn ich ihn auch sonst nicht anfaßte, aber hierbei streichelte ich ihn, da streckte er seine Arme nach mir aus und sagte, Püppi, ach, komm her, laß mich mein Gesicht an deins legen, dann wird es gleich besser. Der Ludwig hatte in der letzten Zeit sehr oft in Freiberg zu tun, er sagte zu mir, daß er zum Zahnarzt führe, dabei hatten wir in Bobritsch einen guten Zahnarzt. Ich glaubte ihm, und wenn er von Freiberg kam, waren alle Tage seine Augen entzündet, und der Willi saß am Tisch und sah und hörte alles mit und wußte alles. Der Ludwig kam jetzt nur noch die Abende zu mir, wir waren mit dem Stall noch gar nicht fertig, da stand er schon in der Tür und sagte, Es zieht mich zu dir, wenn ich bei dir bin, fühle ich mich wohler. Einmal erzählte er mir, daß er von den Leuten viel belästigt würde und daß sie ihm, wenn sie ihn mit dem Fahrrad wegfahren sähen, nachrufen, Na, gehst du wieder zu deiner verheirateten Frau. Aber mich stört es nicht, ich habe dich rasend lieb, sieh zu, daß du die Geschichte mit deiner Scheidung in Ordnung machst, dann können wir gleich heiraten! Ich gab ihm in allem recht und sagte nur zu allem ja, vielleicht wäre es wirklich anders geworden, hätten wir heiraten können. Und dann kam das Reiterfest im Niederdorf. Freudestrahlend legte der Ludwig mir die Kunstblumen um den Hals und schenkte mir einen Affen am Gummibandl, den er als guter Schütze gewonnen hatte. Ich staunte, was für ein guter Schütze er war, und er nahm mich auf seinen Schoß und drückte und küßte mich, und der Willi saß am Tisch und sah und hörte alles mit. Am andern oder übernächsten Tag sagte er zu mir, daß der Ludwig keinen einzigen Schuß getroffen hätte, daß er die Burschen so lange gepeinigt hätte, bis sie ihm die geschossenen Blumen verkauften. Ich merkte, daß der Willi Schadenfreude über den Ludwig hatte, und sagte zu allem nichts. Und dann waren wir wieder mal tanzen, ich erinnere mich, daß der Ludwig bei einem

Tango mitsang, »Lebe wohl, du kleine Frau, lebe wohl, du schöne Frau, in fernem Land im Süden, wo die Zitretten blühn, da denk an mich zurück, ich war dein Glück ...« So war der Text des Liedes, und dabei blickte er mich mit zugekniffenen Augen an. Ich hielt meinen Kopf stolz, auch wenn er wiederholte, »In fernem Land, im Süden, da denk an mich zurück, ich war dein Glück, lebe wohl, du kleine Frau, lebe wohl, du schöne Frau, ich war dein Glück.« Er hatte jetzt manchmal solche Ideen und phantasierte, daß er über die Alpen gehn möchte. Dazu sagte ich kein Wort, dachte nur, warum er dabei nicht an mich dachte. Der Knecht Willi sah mich mitleidig an und frug, Walli, weißt du denn noch immer nichts, hat es dir der Ludwig noch immer nicht gesagt? Was meinst du eigentlich, wollte ich wissen. Weißt du denn, warum der Ludwig immer nach Freiberg fährt? Na, zum Zahnarzt, sagte ich. Walli, das erzählt er dir, und dann erfuhr ich, daß der Ludwig am sechsten Juni Vater geworden war und jetzt im Gerichtsstreit lag, weil er es nicht zugeben wollte. Der Willi sagte, Der Ludwig will es nicht sein, aber er kommt nicht davon weg. Nun konnte ich dem Ludwig seine Nervosität verstehen. Ich staunte, daß es hier beim Jünger alle wußten, Frau Jünger wollte es mir nicht glauben, daß ich von nichts eine Ahnung hatte. Trotz Enttäuschung und Herzweh wollte ich es ihm nicht noch schwerer machen, ich wollte nur erfahren, wie er zu solch einem Mädchen gekommen war, denn vom Willi wußte ich, daß es ein dummes Mädchen war, und ich frug den Ludwig, ob ihm denn alle gleich wären. Da erzählte er mir, daß er betrunken gewesen wäre, sie hätte beim Tanz immer nur an der Tür gestanden, und es wären noch andere beigewesen, aber ihm wollte das Mädchen alles in die Schuhe schieben, und die anderen könnten sich freuen, er hätte ihnen ja immer die Mädchen weggenommen, keiner gab es zu, daß er auch mitgemacht hätte. Ich konnte nichts dazu sagen und nicht viel machen, außerdem hatte ich mit mir selbst alle Tage Sorgen, die Entkräftung, die ich von Böhmen mitgebracht hatte, ließ sich nicht aufholen, ich hatte schon lange eine Überweisung vom Arzt, und dann wurde es so schlimm, daß ich mit einer Trage aus meiner Kammer geholt werden mußte, ich hatte mit Zähnezusammenbeißen weitergearbeitet, die Kartoffeln wurden gerade rausgemacht, Mist wurde gefahren, und dann hatte ich bei Wind und Wetter im strömenden Regen den Mist auf dem Feld ausbreiten müssen, und dann kam ich nicht mehr auf die Beine.

Fünf Wochen behielten sie mich im Krankenhaus Freiberg, und sie konnten mir nicht helfen, die Entzündungen gingen nicht weg, und deswegen konnten sie mich nicht operieren. Der Ludwig saß still an meinem Bett, seinen Kopf legte er auf meine Brust und stöhnte, Ach, ich bin so einsam. Ich streichelte über seinen Kopf und sagte, Du kannst tanzen gehn. Er hob seinen Kopf. Du erlaubst mir, daß ich tanzen geh? Er küßte stürmisch mein ganzes Gesicht ab. Ach, du bist ja so gut! Der Sohn vom Bauern Jünger, das der Werner war, hat den Ludwig beschlichen, Frau Jünger sagte es mir. Ich habe es ihm erlaubt, sagte ich, wir können uns nur freundschaftlich liebhaben, ich kann einem Mann nichts geben. Sie fuhr mir über den Mund, Das glaubst du doch selber nicht. Weil ich mir wie ein Waisenkind vorkam, wollte ich unbedingt vom Bauern Jünger fort, woanders hin, wo ich fremd bin. Die Jüngers kümmerten sich um meine Verhältnisse, als hätten sie das Recht über mich. Als ich aus dem Krankenhaus kam, wurde ich weiter krank geschrieben. Mein Krankengeld hatte ich der Frau Jünger gegeben. Am Morgen wurde ich von der Gretl geweckt, und als ich dann liegen blieb, stand die Frau Jünger in der Tür und sagte, Walli, komm, melk paar Kühe mit, und es blieb nicht nur beim Kühemelken, für sie war ich vom ersten Tag an wieder arbeitsfähig. Der alte lange Karl war der einzige, der mit besorgten Augen guckte. Von meiner Mutter erhielt ich einen Brief, in dem stand, daß sie heiraten will und mich einlädt. Was soll ich denn machen, schrieb sie, ich muß heiraten, ich kann nicht so weiterleben, so habe ich zuwenigstens einen Ernährer. Es war eine Jugendliebe von ihr, er war fünfzehn Jahre älter und ein Tscheche, der kein Wort Deutsch konnte, er war Witwer und hatte viele Kinder, die aber schon versorgt waren. Sie schrieb, daß er sehr gut mit ihr wäre und auch mit den Kindern, er hieß Cadeck und arbeitete auch auf dem Meierhof. Es war mir, als ob mir ein Stein vom Herzen fiel, und als Hochzeitsgeschenk schickte ich ihr zwanzig Mark, das waren im Umtausch zweihundert Kronen.

Am Heiligabend bekam ich wieder einen Brief von meiner Mutter, es war mir das schönste Geschenk, aber es war auch zum Irrewerden. Sie schickte mir ein Foto von meinem Jungen. Was fiel der Mami ein, mir so ein Bild zu schicken? Auf dem Foto sah ich ein verkommenes Kind an einer grauen Hauswand stehen, an der der Putz fehlte, und das Kind glich der Hauswand. Es stand grad so da, wie ich es vom Gust her kannte, schräg und krumm, den Bauch rausgedrückt, die Jacke war mit einem Knopf zugeknöpft, grad so, wie der Gust zu mir auf Heirat gekommen war, und die Schuhe waren ohne Schuhbänder, auf dem Kopf eine Mütze mit Ohrenklappen, wie sie in Sibirien getragen wurden, und die Ohrenklappen standen breit vom Kopf ab, und seine weißen Haare hingen unter der Mütze hervor. So wie der Junge dastand und von unten heraufguckte, sah er gar nicht wie ein Geistesgesunder aus, kein Lächeln, kein freundlicher Blick. Auf der Rückseite des Fotos hatte meine Mutter geschrieben, So sieht dein Junge aus, zerlumpt, zerrissen, nirgends einen Knopf dran. Ich zerriß das Foto sofort, und meine Stallarbeit verrichtete ich wie eine Maschine, hinter meiner Stirn tickte es, es war nur mein Trost, daß ich für den Abend mit dem Ludwig versprochen war.

Alle waren am Heiligabend freudig erregt, und als wir zusammen waren, kam der Ludwig. Er hatte seinen guten Anzug an und war ruhig und gelassen, er sagte, Komm, Püppi, schau dir deinen Weihnachtstisch an. Frau Jünger sah ihm mit falschem Gebiß allerliebst entgegen und meinte, er soll doch mit oben bleiben, aber er sagte nein, legte seinen Arm um meine Hüfte und führte mich aus dem Zimmer. In der Gesindestube sah ich einen buntgedeckten Tisch mit vielen Päckchen, mit roten Schleifchen und grünen Zweigen geschmückt, in der Tischmitte ein kleiner Christbaum mit Watte wie Schnee. Ein Hut lag da, und er paßte mir sogar, Paar rote Hausschuhe mit dicken Bommeln, Ferse frei und schmale hohe Absätze, und sie paßten auch, aber ich hätte sie nur in einem gepflegten Haushalt tragen können. Ich kann gar nicht aufzählen, was in den vielen Päckchen alles drin war. Dem Ludwig sein Gesicht war traurig und nachdenklich, ich wußte, was ihn bedrückt, es war sein unversöhntes Elternhaus. Als dieser Abend vergangen war, legte er seine schwere Stirn auf meine Schulter, es war Heiligabend, da mochten solche Menschen mit den Lieben versöhnt sein, und sagte, Walli, ich halte das Leben nicht mehr aus, ich will mich erschießen, du hast keine Ahnung, wie es in mir ist. Ich sagte, Ludwig, mir geht es ebenso wie dir, ich bin auch nicht glücklich und kann niemandem sagen, wie es in mir ist, vom Brief und dem Foto ließ ich ihn nichts wissen, ich sagte, Ludwig, ich habe auch kein Zuhause, keine Mutter oder Geschwister, ach, es tut so weh, ich weiß nicht, ob ich vergessen kann. Walli, wenn du denkst, dann will ich auf dich hören, wir haben uns ja auch gefunden, weil jeder ein Leid in sich hat, später sollst du einmal alles von mir wissen, jetzt kann ich es dir nicht sagen, und er streichelte mein Gesicht. Ach, Walli, du bist ja so gut!

Als von meiner Mutter wieder ein Brief mit Einladung kam, hielt ich es vor Sehnsucht nicht mehr aus. Sie waren von Neudorf weg und lebten jetzt in Kostenblatt auf einem Meierhof, meine Mutter schrieb, daß der Tata mich gerne kennenlernen wollte und der Adolf aus der Nervenheilanstalt wäre und große Sehnsucht nach mir hätte. Der Ludwig wollte nicht hören, daß ich nach Hause wollte, vielleicht wollte er mit eingeladen werden, aber zu meinen Angehörigen konnte ich keinen fremden Menschen reinbringen, und so fuhr ich an einem Februartag nach Hause. Ich nahm den Affen mit, den der Ludwig mir im Sommer vom Reiterschießen mitgebracht hatte. Die Zollbeamten hatten Freude an ihm, und der eine frug, zu was ich den mitnähme, und baumelte mit dem Affen herum. Ich sagte, daß ich noch kleinere Geschwister hätte. Erst nach einer Weile gaben sie mir den Affen zurück, und ich mußte drei Kronen Zoll dafür bezahlen. Die Grenzstadt war Moldau, und von Moldau fuhr ich in meine alte Heimat, meine Fahrt ging nach Teplitz-Schönau. Von dort aus war es bis Kostenblatt eine Stunde Fußweg. Zu beiden Seiten nichts als Felder, am Straßenrand Obstbäume, die Gegend hier war mir fremd, in der Ferne sah ich ein Dorf. Unweit von der Straße war ein Silohaufen, der stank, und davor stand ein Wagen mit Ochsengespann, und ein kleines schwaches Bürschl warf mit einer Gabel eiligst paar Halme auf den Wagen. Es war so klein und schmal, daß es mir leid tat und ich ihm am liebsten meine Schnitten von der Reise gegeben hätte, aber ich war ja fremd, das Bürschl hätte es mir verübeln können. In Kostenblatt angekommen, sah ich ein schönes großes Dorf mit schönen breiten Straßen und schönen Häusern, und den Meierhof, wo meine Familie arbeitete, fand ich bald. Es war ein sehr großer Hof, daß ich nicht gleich die Arbeiterwohnungen fand. Erst als ich von weitem eine Stimme hörte, wußte ich, daß ich richtig war. Das konnte nur die Mami sein, so hatte ich sie immer gefunden, ich brauchte nur der Stimme nachzugehen, je näher ich dem Gebäude kam, um so lauter hörte ich sie schimpfen, Ihr elenden, gottverfluchten Hunde, ich reiß euch dä Keehlen raus. Sie war gerade beim Treppenscheuern, oh, ihr Schimpfen war immer nur Brüllen gewesen. Ich rief, Ich seh dich nicht, aber ich höre dich. Meine Stimme traf sie wie ein Blitzschlag. Meine Walli, meine Walli, meine Walli! Sie weinte und schrie nichts weiter, und die Kinder kamen heruntergesprungen, als hätten sie Flügel, und auch sie riefen, Die Walli ist hier, die Walli ist hier, und sie sprangen an mir hoch, klammerten die Arme wie Äffchen um meinen Hals, und der Hermann war der Wildeste, der hatte seine Beine um meine Hüften. Ich ging die Treppe hinauf, meine Mutter lag dort und hatte die Schürze vors Gesicht geschlagen und schluchzte, Meine Walli, daß du nur mal gekommen bist. Ihr Gesicht hatte den Ausdruck, als hätte sie viel gelitten, und die Kinder konnten sich vor Freude gar nicht beruhigen. Ich will nur schnell die Treppe machen, sagte sie. Die Kinder aßen die mitgebrachten Brotschnitten mit vollen Backen, es hätte ein ganzer Koffer voll sein können. Dann kam der kleine, schwache, verarmte Junge, den ich mit dem Ochsengespann gesehen hatte, es war der Päppi. Ich sagte ihm, daß ich ihm mein Päckchen Brotschnitten rüberbringen wollte, weil er mir so leid getan hätte, und er sagte, Oh, Walli, hättest du es mir doch gegeben, ich hab soo Hunger, daß ich die Gabel gar nicht mehr hochkriege. Aber nun hatten die drei Kleinen das Brot schon verzehrt, der Hermann, die Mausi und das Ernstl. Unterdes kam auch der Adolf, na, der hatte ja auch eine Freude, er schüttelte meinen Arm, und die Kinder nannten mich meistenteils Tanti, sie hatten ganz vergessen, daß ich ihre Schwester war. In dem Adolf sein Gesicht war kein Lächeln, er sah unglücklich aus, als er sagte, Walli, warum hast du denn so lange auf dich warten lassen. Ich verstand. Die Mami hatte keinen Sinn für ihn, der Adolf mußte sehr, sehr schwer arbeiten und hatte sein Leiden, er mußte Säcke schleppen, sein Gesicht sah ganz dunkelrot aus, und als ich ihn frug, wie es in der Anstalt gewesen war, sagte er, daß er nicht gerne daran zurückdenke, es wäre eine Quälerei gewesen, keinem Menschen wünsche er das. Wie ein Verschüchterter kam dann der Mami ihr Mann zur Tür rein, deutsch grüßen konnte er ja nicht, er setzte sich gleich an den Tisch, mit dem Rücken gegen die Wand, und saß da mit hängendem Kopf, er verstand unsere Sprache nicht und war traurig. Die Mami stand am Herd und ließ ihre Augen nicht von mir, sie war neugierig, ob er mir gefiel. Ich behielt für mich, was ich dachte, daß dieser Mann besser als der Tati zu ihr paßte, so ungepflegt, wie er aussah. Er hatte einen dicken, wulstigen Schnurrbart, und seine dunkelblonden Haare waren verfilzt, und von seiner Statur mit all seinem Aussehn war er ein ganz einfacher Mann, so ein richtiger Kutscher. Wenn ich ihn mit meinem Vater verglich, mit seinem schnurgeraden Scheitel und seinem Schnurrbart, den er gekämmt und nach oben gezwirbelt hatte, der Vater war schlank gewesen, hatte eine saubere Haut gehabt, weil er sich gerne gewaschen und auf sich gehalten hatte, dieser Mann da war ihr Ebenbild. Als der Tata mittags wieder zur Arbeit mußte, hielt er die Türklinke in der Hand und wartete wie ein kleines Kind. Mama, gäi mie Pussor, sagte er. Ich weiß nicht, wie es tschechisch geschrieben und gesprochen wird, aber ich verstand, daß es hieß, Mami, gib mir einen Kuß. Meine Mutter machte einen Schritt vor und reichte mit gestrecktem Hals ihren Mund hin, und es knallte. No, do hoste aan, sagte sie, und dan machte es meine Mutter zu mir, Jässes, der will holt immo ä Schmotz hom, der geht nich ohne Schmotz. Ich fand das Ganze kurios, sie küßten sich in einer Art, als wüßte keiner, wo es hingehörte, aber ich nickte meiner Mutter zu, als hätte ich nichts an ihm auszusetzen. Den Nachmittag war ich mit ihr und den drei Kleinen allein, ich wollte erfahren, wie es mit dem Adolf stand, ob es sich mit ihm gebessert hatte. Sie winkte ab und meinte, Ach wo, der ist immer so, wie er war. Das zu hören tat mir leid. Der arme Junge! Meiner Mutter war nur wichtig, über ihren Mann zu reden, hin und mal klagte sie, daß er im Essen bevorzugt sein wollte, er aß so gerne Apfelknödel mit brauner heißer Margarine und Zucker und Zimt, aber sie machte es ihm nicht, wenn einer, dann alle, meinte sie, und er würde immer nur betteln, daß sie mit ihm auf den Tanzsaal gehen sollte, aber das wollte sie auch nicht, und heilig wäre er, am Karfreitag wollte er nicht, daß sie sänge, und weil sie wußte, wie heilig er war, machte sie es ihm zum Trotz und dröhnte und jubelte. Und wenn er sagte, Weißt du denn nicht, wer heute gestorben ist, dann stellte sie sich ganz dumm und neugierig und frug, Wer ist denn heute gestorben, und er ganz ernst und heilig, Pan Jääsu ist heute gestorben, und dazu meine Mutter, Was, das weiß ich doch gar nicht, ach so, der ist heute gestorben, und dann jubelte sie erst recht weiter. Und wenn der Todestag seiner Frau war oder er sich am Totensonntag zwei brennende Kerzen aufstellte und davor kniete und betete und sie bat, still zu sein, dann freute sie sich, ihn zu quälen. In der Nacht schliefen wir alle in einem Raum, der Tata schnarchte wie ein Löwe, und am Morgen frug mich der Hermann lachend, Walli, hast du heute nacht das Holzsägen gehört? Der Hermann war immer gerne spaßig, und der Tata machte mit den Kindern auch viel Spaß, sie wälzelten sich mit ihm in den Betten herum, kampelten sich wie junge Hunde, und der Tata machte mit. Es war für den Mann nicht leicht, denn es wurde nur Deutsch gesprochen, Tschechisch konnte nur die Mami, er tat mir leid, wenn ich ihn so ruhig am Tisch sitzen sah und sie sich unterhielten und er nichts verstand und dann bettelte, daß sie ihm auch was sagen sollte. Einmal unterhielten sich meine Mutter und er tschechisch über mich, und meine Mutter guckte auf mich und sagte, Weißt du, was er sagt, er sagt, du siehst ganz wie ich aus, und dann sprachen sie noch einiges über mich, das sich wie leichter Wortwechsel in Unzufriedenheit anhörte. Es war noch immer Sonntagvormittag, meine Mutter wollte auf dem Hof mit mir einen Rundgang machen, daß mich die Leute zu sehen bekämen, und während wir so gingen, meinte ich, Mami, du bist aber dick geworden, und dazu meinte sie, daß sie jetzt auch nicht mehr hungern brauchte. Aber das Dicksein stand ihr nicht, sie legte auch keinen Wert auf ihr Äußeres, aber heute sagte ich nicht mehr, wenn ich was auszusetzen hatte, ich sah, daß man ihr nicht helfen konnte, und wenn man ihr was gab, war es soviel wie aus dem Fenster geworfen, und mit Worten mußte man sich hüten. Sie lobte immer nur ihren Mann, der so gut wäre, und ich sagte, Wenn er gut ist, dann kannst du ihm doch die Freude mit den Apfelknödeln machen. Hoo, das fällt mir nicht ein, Wünsche kann der von mir nicht kriegen, und beim Gehen sah sie immer nur zur Erde, mit ihrem Handstock stocherte sie, sah hin und mal sinnend an mir herunter, den Mund ein wenig geöffnet, und dann fing sie auf einmal an zu klagen, daß er ihr gesagt hätte, sie sollte mitarbeiten. Was sollst du denn arbeiten? Das Viehzeug füttern, das könnte ich machen, meint er. Ich sah meine Mutter groß an. Und sie ganz traurig, Das hätte unso Olto von mir nie verlangt, mit meinen beiden Beinen hätte der mich nie arbeiten lassen, unso Olto, der wor nich su schlecht, ich bin an allem selbst schuld, ich hätte mit ihm anders sein müssen. Meine Mutter gab sich heute über ihre erste Ehe allein die Schuld, aber daß sie allein schuldig war, das kann ich nicht finden, nur was sie in den letzten Jahren mit ihm gemacht hatte, war von ihr mehr als schlecht gewesen. Am Montagmorgen machte ich wieder weg, ich war gerne wieder mal zu Hause gewesen, aber mit traurigem Herzen sah ich, daß ich hier nicht mehr zu Hause war, und im Zug saß ich versunken da. Von meiner Mutter bekam ich dann gleich nach meinem Besuch in Kostenblatt eine neue Adresse, und dann hörte ich lange nichts mehr von ihnen, und auf meine Briefe bekam ich keine Antwort.

Der Ludwig und ich sprachen in der letzten Zeit oft über meine Scheidung, daß ich deswegen noch mal zu Ostern nach Hause fahren wollte, weil ich dazu meine Mutter brauche. Der Ludwig sprach immer davon, daß er zur Polizei gehen wollte und ich es als seine zukünftige Frau gut haben soll. Am frühen Ostermorgen fuhr ich, und ich fuhr aufs Geratewohl, verreisen, das tat mir gut, auf der Bahn sah man andere Gesichter und vergaß für Minuten das schwere Leben und alle Enttäuschungen. Im Koffer hatte ich meinen Kuchen von den Feiertagen. Spätnachmittags kam ich in einem tschechischen Dorf an, in dem meine Familie wohnen sollte, aber was ich hier suchte, war nicht mehr hier. Ich war zum Sterben erschrocken, es wollte mir nicht in den Kopf, daß sie hier schon wieder weg waren, und wohin sie gemacht hatten, darüber wußte keiner, und ihre neue Adresse hatten sie mich nicht wissen lassen. Da fiel mir die Tanti in Seestadtl ein. Sie machte Glotzaugen, als ich am Ostersonntag vor ihrer Tür stand, ihr Blick sah nicht nach Willkommen aus. Und als ich erfahren wollte, wo meine Mutter und meine Geschwister geblieben waren, schimpfte sie gleich tüchtig auf meine Mutter und auf meine Leute, daß sie alle nichts taugten, und für den Mann hatte sie rein gar nichts übrig. Am liebsten wäre ich gleich wieder gegangen. Da gab es mir einen Stich, als die Tanti plötzlich sagte, daß sie auf den Jungen wartete, den die Irma, dem Gust seine Halbschwester, bringen wollte, sie hätte die beiden herbestellt, weil sie für sie was zu Ostern hätte. Aber ich konnte mir schon denken, daß sie einen von ihren Männern mit dem Fahrrad nach Neudorf geschickt hatte. Immerfort lief sie in die Schlafstub und guckte zum Fenster naus, sie war ungeduldig und verärgert, daß sie nicht kamen. Nebenbei ließ sie mich wissen, was der Junge antwortete, wenn sie ihn nach mir ausfrugen. Die Tanti machte es kräftig vor, Wo ist denn dä Walli? Sie sagte Walli, dabei war ich seine Mutter. Und der Junge würde dann antworten, Hox Orsch nei, Ux elendo. Ich sagte darauf in aller Ruhe, Das macht nichts, was der Junge sagt, das wird ihm vorgesprochen, er ist noch klein und versteht nichts, aber wenn er mal groß sein wird, dann versteht er es und macht es mit denen, die ihn mit solchen Sachen gegen seine Mutter verhetzt haben. Das hörte die Tanti nicht gerne, sie hätte mich lieber gebrochen dasitzen sehn, aber ich tat ihr den Gefallen nicht, ich wußte jetzt, wie ich ihr antworten mußte, wenn es auch in meiner Brust weh tat, aber meinem Gesicht war nichts anzumerken. Jässes, jetzt kommt der Junge, rief sie, und gleich am Fenster ließ sie hören, Die Walli ist hier! Ich merkte, daß die Irma vor Schreck und Angst ausreißen wollte und daß die Tanti viel Mühe hatte, die Irma zu halten. Die Walli nimmt den Gustl mit, ich muß ihn wieder mit nach Hause bringen, ich krieg Prügel, wenn die Walli ihn wegnimmt, weinte sie. Mitleidig sagte ich, Irma, hab nur keine Angst, ich nehm ihn euch nicht weg, ich bin froh, daß er bei euch sein kann, ich weiß, daß er es bei euch gut hat. Die Irma setzte sich auf den Stuhl, wie es sie die Tanti hieß, und der Junge blieb mit dem Rücken angelehnt an der Tür stehn. Seine Kleidung war die gleiche wie auf dem Foto, nur daß er eine andere Mütze aufhatte, so eine mit blauschwarzem Schild. Er hatte sie tief in die Stirn gezogen und stierte mit bitterbösem Blick darunter hervor, und ich beobachtete ihn im geheimen und lächelte, ihn anzufassen hätte ich nie gewagt. Im Innern hatte ich mir den Jungen ganz anders vorgestellt. Das soll mein Junge sein? Wie konnte ich es wagen und auf ihn zugehen und ihm sagen, Guten Tag, mein Kleiner, gib deiner Mami die Hand, ich hätte ihn in die Arme schließen und ihn trotz allem Schmutz küssen und sagen wollen, Du bist doch mein Junge und ich deine Mama. Aber ich saß still und lächelnd da und dachte bei mir, wie er aussieht. Die Tanti brachte sich vor Wichtigkeit bald um, nur um mir zu zeigen, daß ich nichts galt. Einen Osterhasen hatte sie den beiden gegeben, der nicht der Rede wert war, und der Junge griff mit steifen Armen danach, seine Augen ließ er dabei nicht von mir, sein Gesicht veränderte sich nicht, kein Lächeln, keine Freude oder mal einen Augenblick freundlich, nein, nicht einmal Dankeschön sagte er. Die Tanti hätte ihm jetzt gerne mehr geschenkt, ihr fiel ein, daß sie in ihrem Büfett noch ein großes Osterei, in Silberpapier eingewickelt, liegen hatte, doch das Ei mußte schon viele Jahre in ihrem Glasschrank gelegen haben, denn als der Junge das Silberpapier heruntergerissen hatte, war es vor Schimmel ganz grün. Da jammerte die Tanti, Schade um das Ei, siehste, mei Jungerle, jetzt wollte ich dir was Schönes schenken, und jetzt ist es schimmlig, wie kann denn das nur passieren. Die beiden Kinder hielten sich nicht lange auf, ungebildet, ohne guten Tag zu sagen, gingen sie zur Tür hinaus. So hatte ich heute neunzehnhundertachtunddreißig meinen Jungen zum erstenmal wiedergesehen. Er sah gut gefüttert aus, aber diese Figur, grad so wie sein Alter, und fortwährend hatte er die volle Nase hochgezogen, grad wie ich es an seinem Alten kennengelernt hatte, es hörte sich immer an, als ob ein Pferd schnaubte, und sein Gesicht war voll gelben Ausschlags gewesen. Die Tanti konnte keine Ruhe geben, sie mußte sich was ausdenken, um mein Herz zu brechen, sie sagte, Walli, der Junge wird dich einmal nicht kennen, er wird groß werden, er wird verheiratet sein und wird gar nicht mal wissen, wer seine Mutter ist, er wird gar nicht mal nach dir fragen. Da sagte ich, Das tut mir nicht weh, die Hauptsache ist mir, daß es ihm einmal recht gut geht, er soll eine gute Frau haben, ich wünsche ihm ein gutes und glückliches Leben, wenn es ihm schlecht geht und er kein Glück hat, dann ist es immer noch Zeit, daß er seine Mutter kennenlernt, die Hauptsache, es geht ihm gut, dann braucht er nicht nach mir fragen. Meine Antworten paßten ihr nicht, aber ich hatte heute keine Angst mehr vor ihr, ich dachte so bei mir, was man von ihr alles hatte aushalten müssen.

Am zweiten Osterfeiertag fuhr ich nach Deutschland zurück, ich war froh, daß ich wieder in Bobritsch aussteigen konnte. Dem Ludwig gab ich nur zur Antwort, daß ich mich damit abfinden müßte, später geschieden zu werden. Dann endlich erhielt ich von meiner Mutter ein Lebenszeichen, aber als ich den Brief öffnete, erschrak ich. Im Brief lag eine Postkarte, die ihr die Tanti geschickt hatte, und auf der Postkarte stand geschrieben, Das elende Mensch ist hiergewesen, ich ärgere mich, daß ich sie nicht mit dem Besen nausgejagt habe, und weiter hieß es, daß ich eine Bestiä sei und ihr ja nicht mehr über die Schwelle kommen sollte. Darauf schickte ich meiner Mutter keine Antwort, und so kam es, daß ich ein ganzes Jahr nichts mehr von ihr hörte. Es war auch ein Jahr, in dem ich genug mit mir zu tun hatte, es gab nur schwere Arbeit, und ich hatte nicht die Gesundheit dazu. In dieser Zeit wurde auch noch der alte lange Karl krank, er fehlte mir sehr, er fehlte auf dem ganzen Hof, und krank war er doch nur geworden, weil er über seine Kräfte gearbeitet hatte. Jetzt mußte die Haustür bei den Jüngers immer verschlossen sein, damit der Karl nicht zu ihnen reinkam, weil er seinen ganzen Lohn hier hatte, er kam mehrere Male, ehe er merkte, daß die Haustür seinetwegen abgeschlossen wurde. Und der Knecht Willi mußte zum Militär, einen neuen Knecht stellten die Jüngers nicht ein, für fünfundzwanzig Mark Lohn mußte ich ihn auch noch ersetzen. Die einzige Freude war, daß ich mir im Frühjahr ein Fahrrad auf Teilzahlung geholt hatte, eine Victoria mit Vollballon und einem Gepäckträger und einer Dynamolampe. Ich war überglücklich über mein Eigentum und polierte mein Fahrrad und konnte mich an ihm nicht satt sehn. Der Ludwig und ich fuhren viel Fahrrad und auch oft nach Freiberg ins Kino. Auf der Landstraße gab es einen sehr hohen Berg, den der Ludwig, ohne abzusteigen, ganz leicht hinaufschaffte, und er war immer wütend, wenn ich vom Fahrrad abstieg. So war es auch an dem Tag, wo es mir besonders schlecht und schwindlig war, daß ich am liebsten zu Hause geblieben wäre, aber der Ludwig kannte kein Pardon, Sieh zu, daß du da raufkommst, aber obwohl er mich mit einer Hand schob und mir auch mal einen Stoß gab, wenn der Berg steiler wurde, mußte ich absteigen. Im Kino sah ich nicht auf die Leinwand, ich hatte vor Erschöpfung Nebel vor den Augen und in der Schenke, wo wir noch ein Eis aßen und ich Limonade trank, sah ich ganz blaß aus, daß der Ludwig frug, Was ist mit dir, wie siehst du aus? Ich sagte, Wir wollen uns nicht lange aufhalten, und als ich aufstehen wollte, brach ich zusammen und wurde von hier aus gleich ins Krankenhaus gebracht. Das war für das Dorf wieder ein Aufsehn und Klatschen. Wegen dem Klatsch traute ich mich nicht unter die Leute und wollte schon weit fortmachen, wo niemand wußte, daß ich eine verheiratete Frau war, aber davon wollten die Jüngers nichts hören, sie sagten, Wenn du mit dem Ludwig Schluß machst, wird es auch keinen Klatsch mehr geben.

Und dann kam es im Jahr achtunddreißig zu einer großen Gefahr. Durch einen Boten wurde mir an einem Mittag bestellt, daß ich um dreizehn Uhr in der Gemeinde sein sollte. Ich fuhr mit dem Fahrrad. Ich konnte mir keinen Grund denken und hatte nicht das geringste Gefühl von Unruhe. Vor dem Gemeindehaus lehnte ich mein Fahrrad gegen den Zaun, klopfte an die Tür und ging in den Gemeinderaum. Aus dem Nebenzimmer kam ein großer, starker, älterer Herr. Ich kannte damals noch keine Polizei in Zivil, meine Mutter hatte manchmal von solchen Polizisten gesprochen, daß sie gefährlich wären, weil man von ihnen beobachtet würde, ohne was zu merken, aber von so einer Polizei verstand ich nichts. Dieser strenge Herr zeigte mir eine Karte, die er gleich wieder einsteckte, daß ich gar nicht wußte, was er mir gezeigt hatte und was das bedeuten sollte, er verlangte von mir, daß ich mit ihm in das Nebenzimmer kommen sollte. Dort stand ein Schreibtisch und ich mußte mich davorsetzen. Er hatte vor sich einen Brief liegen, der mit einer Scheibe verdeckt war, über diesen Brief beugte er sich und begann mich auszuhorchen, er behauptete, daß ich vor kurzem eine Fehlgeburt gehabt und abgetrieben hätte. Ich sagte ihm, daß in der Nähe mein behandelnder Arzt Doktor Sieber wohnte, der ihm sagen könnte, daß ich nicht mal Geschlechtsverkehr hätte, und ich ließ ihn von meiner Ehe wissen, wie ich damals in Neudorf zu der Fehlgeburt gekommen war und daß ich immer eine kranke Frau bleiben würde. Der strenge Herr meinte, daß ihm aber zu Ohren gekommen wäre, daß ich fünfmal abgetrieben hätte. Darüber mußte ich lachen, denn ich nahm es nicht für ernst, was er mir zumutete, in Böhmen hatte ich Zeugen, den Arzt und die Hebamme. Ich ließ ihn wissen, daß ich von der schweren Landarbeit krank bin, daß es für uns Böhmische nur die schwerste Landarbeit gibt. Der strenge Herr merkte, daß ich vor seinen strengen Augen keine Angst hatte, er wollte von mir wissen, wann ich das letztemal nach Hause gefahren wäre. Ich ließ ihn von meiner Scheidung wissen, daß ich den Rat meiner Mutter brauchte, daß ich ein Attest hätte und sofort geschieden würde. Und dann ließ ich ihn alles von meinem Besuch in Seestadtl bei der Tanti wissen und sagte, Sie haben da einen Brief, das ist ein Brief von meiner Tanti, die macht immer so etwas, meine Mutter ist ihre einzige Schwester und bekommt von ihr auch keine Ruhe, ich habe mir in meinem Leben nichts zuschulden kommen lassen, ich weiß, daß sie auch mich nie in Ruhe läßt. Der strenge Herr sprach immer nur von Abtreibungen und drohte mir, daß mich die Polizei an die Grenze bringen und die böhmische Polizei mich verhaften würde. Damit konnte er mich nicht erschrecken, ja, ja, wer weiß, was dort alles in dem Brief über mich stand, es war ein sehr langer Brief. Als der strenge Herr mich genug ausgehorcht hatte, verließ er mit mir zusammen das Gemeindeamt, um mit mir zu den Jüngers zu gehen. Da war es ja ein Glück, daß ich ein Fahrrad mithatte, sonst hätte ich wirklich am hellen Tag vorneweg gehen müssen, und jeder hätte gesehen, daß hinter mir ein Polizist ging, aber es war dann trotzdem so, daß alle Leute in dem Mann in Zivil den Polizisten erkannten, nur gut, daß die Jüngers auf dem Feld waren, denn wenn er mit Frau Jünger gesprochen hätte, das wäre nicht gut für mich gewesen, aber Gott sei Dank hatte ich ja Doktor Sieber als Zeugen. Ich habe nie wieder was von dem Polizisten gehört, gewiß war er beim Arzt gewesen, und der wußte ja alles. Darauf hätte ich mich gerne von dem Ludwig getrennt, ich schämte mich, wenn er kam, und ich sagte auch der Frau Jünger, daß ich nichts mehr von ihm wissen und sie ihm das Haus verbieten möchte. Aber Frau Jünger meinte dazu, daß sie das nicht könnte, der Ludwig wäre so einer, der würde ihnen Haus und Scheune anzünden, dem würde nichts dran liegen, eingesperrt zu werden, ich müßte schon selbst zusehn, wie ich ihn loskriegte.

Ich könnte noch so vieles über unsere Bekanntschaft mit Abenteuern erzählen, aber für mein Schicksal war wichtig, daß im Herbst achtunddreißig Böhmen Sudetenland wurde. Ich hörte den Trubel im Radio, aber darauf achtete ich nicht, dabei wäre es wichtig gewesen, denn in dieser Zeit durfte alles aus der Landwirtschaft raus, das wäre eine große Hoffnung für mich gewesen, und das gerade erfuhr ich nicht, weil ich ja mit niemandem zusammenkam. Ich hörte zwar den Bauern Jünger schimpfen, Ja, unsere Kinder sind nur für die Landwirtschaft da, daß sich die anderen ein schönes Leben machen. Ich merkte wohl, daß der ganze Schimpf auch mir galt, weil sie damit rechnen mußten, daß ich wegging. Unsere Kinder sollen in der Landwirtschaft arbeiten, daß die andern fressen können, aber da wird nichts draus, unsere werden für euch nicht arbeiten, unsere Kinder werden in der Stadt arbeiten, euch werden wir schon helfen. Ich dachte nur, was der nur meint? Um so härter traf es mich ab ersten Januar neununddreißig, denn es hieß, Wer jetzt noch in der Landwirtschaft arbeitet, muß bleiben. So ging es mir, jetzt hatte der Bauer das ganze Recht über mich und durfte mich behandeln, wie er wollte.

Von meiner Familie hatte ich lange kein Lebenszeichen bekommen, ich wußte nicht, wo sie waren und ob sie noch lebten, bis dann im Monat Januar ein Brief von meiner Mutter kam. Meine Leute lebten wieder in Kostenblatt, aber der Tata war nicht mehr bei ihnen, er wäre vor dem Hitler geflüchtet, schrieb meine Mutter, wie so viele andere Tschechen auch, er hätte um meine Mutter Sorgen gehabt, daß sie seinetwegen in Gefahr kommt, weil sie mit einem Tschechen verheiratet ist. Der Albert wäre vom Militär an der ungarischen Grenze zurückgekommen und wäre wieder ihr Ernährer. Komm nur mal nach Haus, bettelte meine Mutter, wir haben alle so große Sehnsucht nach Dir. Das schrieb mir meine

Mutter paarmal, bis ich dann zu ihnen fuhr. Heute war ja keine Grenze mehr, und so fuhr ich ganz unverhofft im Februar neunzehnhundertneununddreißig an einem Samstag nach Haus. Zuvor kaufte ich aber erst viele gute Butter bei den Bauern ein, und in Teplitz-Schönau kaufte ich noch einen Guglhupf. Den weiten Weg nach Kostenblatt mußte ich wieder laufen. Jässes, dä Walli, du bist die feine Dame! Die Walli ist hier! Die Geschwister stürzten sich gleich freudig auf mich, der Hermann hatte sich mit beiden Beinen um meine Hüften geklammert und beide Arme um meinen Hals geschlungen, er küßte und küßte mich, der Hermann war der Wildeste von allen. Der Adolf stand da und wartete, bis sie mich freigaben, er sagte, Seid ihr denn noch nicht bald fertig, daß ich der Walli auch einen guten Tag sagen kann, laßt sie nur schon mal endlich los, und dann drückte er mit beiden Händen meine Hand und sagte, Walli, gut, daß du wieder mal gekommen bist, wir haben immer alle so große Sehnsucht nach dir. Der Albert hatte sich die ganze Zeit über nicht vom Platz gerührt, er blieb am Tisch sitzen bei Pellkartoffeln und Zichorienkaffee, er war ganz schweigsam, sein Gesicht war starr und fremd. Er hatte schon immer wenig gelacht, aber ich merkte, daß die letzten Jahre sein bißchen Lachen auch noch genommen hatten, er sah wie ein frühzeitig gealterter Mann aus und war erst fünfundzwanzig. Stumm griff er immer nur nach den kleinen Pellkartoffeln, die er sich schälte und in den Mund steckte. Ich ging zu ihm, als wäre niemals etwas zwischen uns gewesen, und sagte, Was, ihr eßt trokkene Pellkartoffeln, und dann legte ich die viele frische Butter auf den Tisch, und den Guglhupf stellte ich dazu und sagte, Albert, nimm doch Butter, und noch einmal, Albert, nimm doch Butter. Aber er nahm weiter Salz. Erst als meine Mutter ihn aufforderte, griff er zögernd nach der Butter, er saß da mit hängendem Kopf und wich meinem Blick aus, es schien, als quoll ihm die Butter im Mund. Ich sagte, Albert, du siehst aber schlecht aus. Er hob seinen Kopf und antwortete, Du owo fei a. Ich sagte, Wir müssen sehr schwer arbeiten, das hält nicht jede aus, aber ich habe gute Leute, und da merk ich es nicht so. Das war alles, was ich mit dem Albert an diesem Mittag sprach, und meine Mutter machte zu allem mit der Hand eine lässige Bewegung und sagte, Äh, der tut zuviel mit dä Maad draußn rumjohn. John heißt jagen, ach, der soll mir nicht die halbe Nacht mit den Weibern rumjagen, der braucht nicht schlecht aussehn. Das hörte sich an, als wäre sie eifersüchtig.

Diesmal war die Freude über mein Kommen so groß, daß meine Mutter große Lust hatte, zum Tanz zu gehen. Meine Mutter zog ihr Hochzeitskleid an, weil sie nichts anderes hatte. Das war ein sommerliches Jackenkleid, das sie abgetragen von der Miez geschenkt bekommen hatte. Im Tanzsaal sah ich nur verarmte Menschen herumsitzen, jung und alt, alles war hier. Wir nahmen Platz an einem Tisch unterhalb der Galerie, wo uns niemand sehen konnte. Gegenüber war eine lange Bank, auf der Ältere und Alte saßen, die mal Abwechslung haben und was sehen wollten, und über uns saß die Blaskapelle. Der Albert hatte seine Tänzerinnen und besonders eine Frau mit schönen schwarzen Haaren und schwarzen Augen, sie hatte eine volle Figur und war gut gekleidet, sie war schön und sah anständig aus. Meine Mutter haßte wohl diese Frau, denn sobald der Albert mit ihr tanzte, fletschte sie ihre drei langen Zähne und meinte, daß doch so viele junge Mädchen hier wären, aber der Albert antwortete ihr, daß diese Frau eine gute Tänzerin wäre, und er ging trotz ihrer Lamentiererei quer über den Saal, diese Frau zum Tanz zu holen. Es hieß, daß sie mit einem Juden verheiratet gewesen war, von Hitler waren die Juden in Haft genommen und auf ein Nichtmehrwiedersehn verschickt worden, die Frau war von dem Juden geschieden, sie hatte zwei Kinder von ihm, die nicht in die Schule gehen durften, und meine Mutter nannte diese Frau nicht anders als olte geschiedene Frau. Es war gar kein Leben unter den Leuten, die Kapelle war faul und spielte hin und mal ein Stück und machte lange Pausen. Die Leute riefen der Kapelle zu, sie sollte den Jägermarsch spielen, denn der Jägermarsch war so etwas wie ein lustiges Potpourri, ich nenne das so, weil viele Tänze darin vorkommen, alle kennen ihn und haben ihn gern. Da blies der Kapellmeister plötzlich aus, daß die Kapelle keine Lust zum Spielen hätte, weil sie nichts zu trinken bekäme, und dann lief einer von der Kapelle mit einem Teller herum, um Geld zu sammeln. Viele Leute gingen in dieser Zeit hinaus, damit sie nichts geben brauchten, und viele warfen statt Geld Knöpfe auf den Teller. Darüber war die Kapelle beleidigt, und die Leute bettelten umsonst. Mir tat das leid, und ich frug meine Mutter, wieviel Musiker denn da oben säßen, ich würde jedem ein Doppelbier bringen lassen. Meine Mutter rief den Ober heran und sagte zu ihm, Meine Tochter ist aus dem Altreich, Sachsen hieß ja nicht mehr Sachsen, es hieß jetzt Altreich, meine Tochter ist aus dem Altreich zu Besuch hier, sie will jedem Musiker ein Doppelbier geben, damit sie den Jägermarsch spielen. Aach, das ist Ihre Tochter, sagte der Ober erstaunt, weil niemand wußte, wer ich war, und als er mit dem Tablett und den großen Bieren auf die Galerie ging, sah er mit Achtung zu mir her, denn schon allein daß ich aus dem Altreich kam, war für diese Menschen eine große Verehrung, und noch dazu daß die Kapelle von mir Bier bekam. Der Jägermarsch wurde gleich gespielt, und er wollte kein Ende nehmen. Der Albert tanzte mit mir. Beim Jägermarsch verlor man sich, und ich lag allweil bei einem andern in den Armen, mal alt, mal jung, oder mit Frauen zusammen, man erwischte sich eben, alles war wie im Wirbel, und sogar die Ältesten wurden da hineingezogen, sie warfen sich über den Haufen und kugelten übers Parkett, und andere fielen obendrauf, und weiter ging es, und alles lachte und schwitzte und hascherte und jauchzte, das war ein Leben, alles war auf den Beinen, und es gab viel Spaß für mich. Meine Mutter war als einzige auf ihrem Platz geblieben, aber auch ihre Beine zuckten hin und her. Als die Kapelle verstummt war, ging allen die Brust auf und nieder, sie hatten rote Gesichter und wischten sich den Schweiß ab. Da blies der Kapellmeister wieder von der Galerie, und er rief, Ihr Kostenblatter, hört jetzt einmal her, was ich euch zu sagen habe, eine Dame aus dem Altreich ist hier, schämt euch, ihr Kostenblatter, und dann warf er den Leuten vor, daß sie beim Geldeinsammeln Knöpfe gegeben hätten, daß das eine Schande vor der Dame aus dem Altreich wäre, diese Dame hätte der Kapelle jedem ein Doppelbier gegeben, und ihr Wunsch wäre ein Jägermarsch für die Kostenblatter gewesen. Die Leute guckten jetzt verlegen herum und frugen sich, wer die Dame aus dem Altreich wohl wäre. Da blies der Kapellmeister noch einmal in seine Trompete, daß alle die Köpfe hoben und horchten, der Kapellmeister rief, Zu Ehren der Dame aus dem Altreich geben wir eine Ehrentour. Sie spielten den schönsten Wiener Walzer. Alles drehte die Köpfe und war auf die Dame aus dem Altreich gespannt. Der Albert stand auf und wollte unseren Tisch verlassen, aber ich sagte, Albert, bleib doch hier, wir tanzen mitnander. Dann stand ich mit dem Albert auf dem Parkett, und wir tanzten in dem sehr großen Saal, und nicht einer von den Leuten blieb sitzen, von den Jungen bis zu den Ältesten, alle machten um uns zwei Kreise, und der Albert und ich tanzten darinnen, und als der Tanz zu Ende war, wurden wir mit einem Hoch in die Luft geworfen. Hoch, hoch! schrien alle Stimmen, und die Kapelle sah mit Achtung auf mich herunter, es ging von Mund zu Mund, daß ich die feine Dame aus dem Altreich war. Das ist der Frau Wirth ihre Tochter! Meine Mutter war stolz wie noch nie. Der Kapelle ließ ich insgesamt für jeden vier Doppelbiere hinauftragen, und der Ober ging mit einer Achtung vorbei, und die Kapelle spielte eins nach dem anderen, und ich wußte nicht, mit wem ich zuerst tanzen soll, alle kamen geeilt, jeder wollte der Dame aus dem Altreich die Ehre geben. Bis morgens um sechs Uhr wurde getanzt. Am Sonntagvormittag, als meine Mutter noch was einkaufen wollte, das gab es damals, daß man auch am Sonntag an der Ladentür etwas bekommen konnte, begleitete ich sie. Es war ein schöner Vormittag mit Sonne, Schnee lag keiner. Meine Mutter wünschte, daß ich mit ihr ging, alle anderen mußten zu Hause bleiben, sie sagte, Ihr bleibt hier, wenn euch die Leute sehn, macht ihr der Walli Schande. So gingen meine Mutter und ich langsam zusammen durchs Dorf, unterwegs wurden wir vornehm gegrüßt, und meine Mutter meinte, Heute grüßen die Leute, sonst scheißt einen niemand an, und heute grüßen sie, aber sie grüßen nur dich. Hier und dort standen junge Männer zusammen, die uns nachsahen und untereinander flüsterten, Das ist die Dame aus dem Altreich von gestern abend. Und meine Mutter war stolz. Am Montag früh nahm ich zeitig Abschied, auch wenn meine Mutter und meine Geschwister bettelten, daß ich noch länger bleiben sollte, ich wollte zurück, ich hatte mir den Hals erkältet, ich konnte nicht mal flüstern, und als ich gehen wollte, sagte meine Mutter traurig, Für dich ist Deutschland eine zweite Heimat geworden, du wirst dich bei uns nicht mehr wohl fühlen. Der Adolf drückte mir zum Abschied mit beiden Händen die Hand und sagte, Walli, laß dich nur bald wieder sehen, es ist so schön, wenn du da bist, das ist ein ganz anderes Gefühl, und er sah mich betrübt und mit feuchten Augen an. Frau Jünger war sehr neugierig und ließ sich von mir alles über die Dame aus dem Altreich erzählen. Da haben sie gelauscht! Und für meinen Hals bekam ich heiße Milch, und der Ludwig nahm mich auf seinen Schoß und guckte mich immerzu ganz weich und lieb an, und ich ließ ihn wissen, wie die Dame aus dem Altreich gefeiert wurde.

Im Januar, Februar gab es wieder nur schwere Buscharbeit für mich, wie ich sie schon geschildert habe, und der Bauer Jünger zeigte, daß er der Bauer war, er sah zu, daß er aus mir das Geld rausholte, er forderte sogar, daß ich Säcke tragen soll. Er hatte mich jetzt in der Hand, und zum Schluß drohte er mir sogar, daß er mich wegen Arbeitsverweigerung verhaften lassen könnte, dabei verweigerte ich keine Arbeit, nur die schweren Säcke konnte ich nicht tragen. Es wurde von mir verlangt, daß ich wie ein Mann arbeite, und bald war ich wieder krank. Dann kam ein Beamter von der Arbeitsfront, der Bauer Jünger hatte sich dorthin gewandt und behauptet, daß ich nur im Bett liegen und krank machen würde, und Frau Jünger bestand immer darauf, daß ich mit dem Ludwig Schluß machen sollte. Der Beamte meinte, daß er den Ludwig kennen würde, das wäre kein Guter, er würde mit meinem Einverständnis ihm polizeilich verbieten, zu mir zu kommen. Der Beamte von der Arbeitsfront wollte nicht einsehen, daß ich von der Landarbeit krank war, er meinte, daß niemand von der Arbeit krank wird. Frau Jünger stand mit einem spöttischen Lächeln neben dem Beamten. Ich lasse es nicht zu, sagte ich, daß Sie mir so einfach von Polizei reden, und ich gab keine Einwilligung, dem Ludwig seine Besuche bei mir polizeilich zu verbieten. Da wollte der Beamte auch noch bestimmen, wie ich mich zu kleiden hätte, ich sollte bei der Arbeit eine Sackschürze vortun, das wäre gut genug, ich sollte mich nicht so aufputzen. Ich sagte, Wie ich mich anziehe, das geht keinen was an, da möchte ich mir Ihre Belehrungen verbieten. Frau Jünger stand daneben und verdrehte schadenfroh die Augen, es gefiel ihr, daß ich dem Mann von der

Arbeitsfront nicht recht war. Ich fuhr zum Doktor Sieber und wollte ein Attest, daß ich von der schweren Landarbeit befreit wurde, aber der Doktor sagte mir, daß es den Ärzten verboten wäre. Sein Gesicht war ehrlich und gut, daß ich verstand, als Arzt durfte er nicht gegen das Gesetz handeln. Ich versuchte es in Freiberg bei einem Chefarzt für Frauenleiden, seine Sprechstunden waren nur privat, und es kostete mich jedesmal fünf Mark, nur die Medikamente und die weitere Behandlung gingen auf Kosten der Krankenkasse, diesen Arzt frug ich, ob er mich von der schweren Landarbeit befreien könnte, und zur Antwort bekam ich, Dazu sind Sie viel zu groß und stark, aus der Landwirtschaft kommen Sie nicht raus. Der Arzt war in Uniform, war Hauptmann und hatte in Freiberg das Lazarett unter sich.

Von meiner Mutter kamen in dieser Zeit Klagebriefe, daß der Albert sie schlecht behandelte und morgens beim Wecken mit ihr herumbrüllte und mit den Füßen nach ihr trat, daß sie hinstürzte und ihr der Magen seitdem weh täte, der Albert würde mit ihr streiten, daß die Wände wackelten, es wäre seine Wohnung, und sie könne ja gehn, wenn es ihr nicht paßte. Es ging um ein Mädchen, das meiner Mutter nicht recht war. Ich fuhr sofort nach Hause, aber meiner Mutter war nicht zu helfen, ich sollte mich nicht einmischen, hieß es da von ihr, und ich mußte mir sogar noch anhören, daß ich alles noch schlimmer machte. Und diese paar Tage hatten die Jüngers gegen mich ausgenutzt. Ich fuhr schon mit einem bangen Gefühl zurück nach Deutschland, ich wagte mich kaum zur Tür rein, als ich sah, wie der Bauer Jünger mit strammem Schritt an mir vorbeiging und geradeaus guckte und die Frau Jünger in der Küche verschwand. Ich ging die Treppe zur Kammer hinauf und dachte bei mir, wie ich das weiter hier aushalten sollte. Dann sah ich den Ludwig über den Hof kommen, er hatte seinen besten Anzug an und eine Zigarette in der Hand. Ich wollte zu ihm und ihn freudig begrüßen, aber er sah mich befremdet an und ging an mir vorbei und zur Frau Jünger hin, die ihn lächelnd in die Stub führte. Nanu, dachte ich erschrocken, ich konnte mir nicht denken, warum der Ludwig so fremd tat. Ich schrieb ihm noch am selben Abend einen Brief, daß ich wissen möchte, was vorgefallen war. Darauf bekam ich von ihm Antwort, daß mir die Haare zu Berge standen, er sprach mich mit Sie an und nannte mich eine ausgesprochene Hure, die man nur anspucken könnte, und so eine Hure hätte er geliebt, jetzt endlich wären ihm die Augen geöffnet worden, pfui, pfui, ins Gesicht spucken müßte er mir, seine Ehre hätte er durch mich verloren, er könnte nur den Leuten danken, die ihm die Augen geöffnet hätten. Ich konnte mir nur denken, daß ihn die Jüngers verhetzt hatten, denn die hatten anonyme Briefe von meiner Tanti in der Hand, und meine Mutter konnte es auch immer gut. Darauf bat ich den Ludwig um eine Aussprache, und er kam wirklich und saß mit mir auf dem Kanapee, ernst und fremd, er frug mich, ohne mich anzusehen, Hast du mir was zu sagen? Ich bin dem Ludwig in allen Einsamkeiten gut Freund gewesen, und er kann mich heute so einfach auf die Erde treten, darum konnte ich ihm nur mit einem leisen krampfhaften Nein antworten. Na, wenn du mir nichts zu sagen hast, dann werde ich dir was sagen, ich werde nicht mehr lange in Bobritsch bleiben, ich hab mich in Dresden bei der Polizei beworben, hier bleib ich nicht länger. Dann ging er, und ich hielt ihn nicht zurück. Mein Trost war, daß ich mit meinem Vorhaben wegzugehen Ernst machen wollte, und ich sagte den Jüngers, daß ich nur noch bis zum einunddreißigsten Dezember bleibe.

Mit all diesem kam der Heilige Abend. In diesem Jahr wurde nicht in der schönen Stub gefeiert. Ein sehr kleines Bäumchen stand auf dem Radio in der kleinen Stub, jeder hatte seine alltägliche Kleidung an, und Pellkartoffeln und Brotsuppe wurde wie alle Abende gegessen. Der Tisch wurde abgeräumt, und alles ging langsam und stumm herum. Wir Mädchen wußten nicht, ob für uns ein Weihnachten sein sollte, und die Gretl war ganz unruhig, sie hatte große Sorge um ihr Weihnachtsgeschenk, daß ihr fast die Tränen kamen. Da ging die Tür auf, und die Irmgard brachte für jeden einen Teller mit ein wenig Gebäck und Obst drauf und einen halben Stollen, und als die Irmgard ohne ein Wort wieder draußen war, frug die unglückliche Gretl, Soll denn das unser ganzer Heiligabend gewesen sein? Ich lachte, daß mir die dicken Tränen liefen, ich glaube, es war ein verzweifeltes Lachen, und die Gretl hatte vor Geiz Tränen in den Augen. Ich lachte und lachte und sagte immerfort, Sollen sie es doch behalten, und zu der Gretl sagte ich, Geh zu deiner Mama, hast doch dein Weihnachtsgeschenk, was willst du denn noch, was auf meinem Teller drauf ist, schenk ich dir. Aber die Gretl wich nicht, bis nach langer Zeit die Irmgard wieder zur Tür reinguckte und sagte, Ihr sollt rüberkommen, euer Weihnachtsgeschenk holen. Ich blieb auf dem Kanapee sitzen, die Gretl stand sofort auf, dann holte mich die Irmgard. Im Wohnstübchen war eine traurige Stimmung, als wäre jemand gestorben. Der Bauer saß aufrecht am Tisch, sie schlurfte über ihren Onkel hin und her, der Werner lag wie ein fauler Sack in der Sofaecke. Heute waren sie noch alle zusammen, aber beim nächsten Weihnachtsfest war ihr einziger Sohn Werner nicht mehr unter ihnen, da war er schon für Führer und Reich gefallen. Hier ist euer Weihnachtsgeschenk, sagte der Bauer. Auf dem Tisch lagen für jeden ein Monatslohn und etwas mehr, für mich vierzig Mark. Am dreißigsten Dezember legte mir der Bauer Jünger mein Arbeitsbuch ohne ein Wort auf den Tisch, und ich fuhr sofort nach Freiberg aufs Arbeitsamt.

Es war nicht viel Auswahl, denn im Winter sparten die Bauern gerne Arbeitsleute ein, ich wollte ja auch nicht von Bobritsch weg, so kam es, daß ich mit meinen neuen Stellen kein Glück hatte. Erst beim drittenmal, als ich mich beim Bauern Wolf-Ulmann in Niederbobritsch bewarb, wurde es für mich besser. Ich sagte nicht, daß ich beim Bauern Jünger in Dienst gewesen war, und zeigte auch nicht mein Arbeitsbuch, ich dachte, daß sie mich nicht nehmen. Der Bauer Wolf war ein sehr großer, knochiger Mann mit vollen roten Wangen, er ging leicht nach vorn gebeugt, dabei war er noch jung. Frau Wolf war eine sehr kleine, schwache Frau, sie sah wie ein Schulmädchen aus. Drei Kinder hatten sie, der Junge ging zur Schule, das Mädchen war vier Jahre alt, das Jüngste war noch im Kinderwagen, und das vierte war unterwegs. Als ich mit meinem Koffer zur Mittagszeit kam, war die Bäuerin beim Melken. Ich brachte meinen Koffer in die Kammer und zog mich um. Ich hielt mich zuerst an die alte Frau Ulmann, die gerade beim Geschirrwaschen war, und ich ging ihr gleich zur Hand. Die alte Mutter von dem Bauern Wolf war eine große, dicke Frau mit runden Hüften, sie trug ein schwarzes Kopftuch, und ihre

Kleidung war dieselbe, wie sie die Ungarfrauen trugen. Ihr Gesicht wirkte ruhig und still. Sie war wohl nicht die Gesündeste, das merkte ich an ihren schwerfälligen Bewegungen. Die alte Mutter gefiel mir, wir lächelten uns mal leicht an, gesprochen wurde nichts. Dann suchte ich mir selbst Arbeit, räumte die Gesindestube auf, nahm Besen und Schrubber und wischte die Küche, der Fußboden hatte weiße und schwarze Fliesen. Ich griff zu wie eine Maschine, im Nu war alles blitzsauber, daß die alte Frau mir ihr gutes Gesicht zeigte. Der Bauer ging auffallend langsam durch die Küche, dann in die Wohnstub, es sah aus, als wollte er was sagen und überlegte noch. Schnell nahm ich das Mittagessen ein, vor Unruhe hatte ich gar keinen Geschmack, und machte mich gleich wieder an den Abwasch. Die alte Mutter guckte immer nur, wenn alles schon weg war, jeder Topf und jeder Teller. Da kam der Bauer langsam aus der Wohnstub und auf mich zu und sagte, Na, eigentlich möchten wir Sie nicht hierbehalten, es ist uns über Sie so viel erzählt worden, daß wir zu Ihnen kein Vertrauen haben, was machen wir denn jetzt? Ich wußte ja, daß es so kommen mußte, und gab ihm auf seine Zweifel Antwort, Sie dürfen nicht glauben, was Ihnen gesagt wird, und er antwortete, Meinen Sie, na, dann können wir es ja mal mit Ihnen versuchen. In seinem Ton und im Gesicht merkte ich Mißtrauen, ich wußte, daß ich nur nicht weggeschickt wurde, weil die alte Mutter vom ersten Augenblick an Vertrauen zu mir gehabt hatte. Jetzt erkannte ich noch deutlicher, was für eine Stelle das beim Bauern Jünger gewesen war, ich bereute sehr, daß ich dort so lange ausgehalten hatte. Ich durfte hier sehr selbständig arbeiten. Der Bauer Wolf hatte die Scheune noch voll Getreide, es wurde jetzt tüchtig gedroschen, und ich an der Strohpresse. Mit der jungen Frau machte ich den Stall zusammen. Als der Bauer mir meinen ersten Lohn gab, sah ich ihn groß an, weil er mir fünfzig Mark gab und sagte, Walli, das verdienst du, beinahe hätten wir dir unrecht getan.

Im Februar neunzehnhundertvierzig bekam ich von Brüx eine Scheidungsklage zugestellt, seit neunzehnhundertsechsunddreißig lebte ich von Gustav Krov endgültig getrennt, und jetzt sollte ich die Angeklagte sein. Das hörte sich nicht gut an. Als Scheidungsgrund wurde vom Gust angegeben, daß ich ihn vom ersten

Tag an grundlos verschimpft und ihn Judas genannt hätte, deshalb mußte er von mir weggehen. Ich las weiter, daß die Angeklagte von einem fremden Mann ein Kind gehabt hätte und aus der Ehe mit dem Kläger ein Sohn hervorgegangen wäre, der beim Vater lebe und ihm zugesprochen werden solle. Mein Herz klopfte mir bis in den Mund. Niemals hatte ich dem Gust ein böses Wort gesagt, ein Kind sollte ich von einem fremden Mann haben, was gar nicht möglich sein konnte, dann sollte mein Sohn dem Vater zugesprochen werden, das war ein hartes Wort. Ich wußte ja, daß ich das Kind nicht zu mir nehmen konnte, aber es war ein hartes Wort für mich! Der Krov-Gustav ging mit seinen Scheidungsgründen nur so draufzu, er frug nicht, ob er sie auch verantworten konnte.

Am achtundzwanzigsten Februar neunzehnhundertvierzig, nachmittags um siebzehn Uhr, war in Brüx die Verhandlung. Von der Gemeinde besorgte ich mir ein Armenattest, damit ich kostenlos geschieden wurde, dann fuhr ich nach Hause. Ich verließ mich auf meine Mutter, daß sie mir aufschrieb, wie meine Ehe wirklich gewesen war, sie tat sich doch immer damit wichtig, daß an ihr ein Advokat verlorengegangen wäre, sie schrieb für fremde Leute an Hitler, schrieb Bittbriefe, daß die Leute arm wären und ihre Kinder gerne in die Hitlerjugend möchten, und so schaffte sie es, daß die Leute von der Gemeinde Kleidung für ihre Kinder, die Hitlerkluft hieß, erhielten. Ich bettelte sie lange, und erst als ich mit Vorwurf sagte, Für andere schreibst du alles, und für mich willst du nichts schreiben, da tat sie mir den Gefallen. Ich verhielt mich ganz andächtig, um sie nicht beim Schreiben zu stören, sie schrieb einen Brief von zwei Seiten. Dann schob sie ihn mir zum Lesen hin, und schon beim ersten Satz merkte ich, daß er überhaupt keinen Stil hatte, und als ich den letzten Satz gelesen hatte, schien es mir, als hätte ihn ein Besoffener geschrieben. Meine Mutter saß am Tisch und beobachtete mich, und als ich nichts zu sagen wagte, fuhr sie auf, Hast doch gewollt, daß ich schreiben soll, was weiß ich, wie ihr mitnander gelebt habt. So einen Bericht konnte ich unmöglich abgeben. Ich schrieb selbst, wie meine Ehe begann und endete. Ich fuhr nach Brüx und gab beim Gericht meinen Brief ab.

Am Tag der Scheidung kam meine Mutter auf mein Betteln hin mit. Der häßliche Gust fuhr im selben Bus, er kam zur Haltestelle mit einer ganzen Schar Begleitung. Ich saß mit meiner Mutter ganz vorn im Bus und er ganz hinten, und als der Bus abfuhr, hörte ich, wie seine neue Freundin, die Helene Januschek hieß und hochschwanger war, und die anderen ihm zuriefen und nachwinkten, und er trampelte am Rückfenster und brachte sich mit dem Winken bald um. Mir wurde es vor Erregung ganz schlecht. Mit der Scheidung ging es schnell, in fünfzehn Minuten war alles vorbei, und ich war froh, daß es keinen Streit gegeben hatte, ich wollte zu allem nur ja sagen, nur kein Streiten. Als erstes wurde der Gust hineingerufen und dann erst ich, nach der Scheidung verließ der Gust eiligst das Gericht. Ich sprach noch einiges mit dem Richter über unsere Ehe, und er sagte mir, Seien Sie froh, daß Sie jetzt geschieden sind, und dann meinte er noch, daß ich mir für die nächste Ehe den Mann richtig ansehen und nicht heiraten sollte, nur weil meine Mutter es so wollte. Zu meiner Mutter sagte ich, daß ich erleichtert bin und mich zum erstenmal wieder wohl fühle, denn jetzt wüßte ich zuwenigstens, daß ich den alten Kerl vom Halse hatte. Ich fuhr gleich wieder nach Sachsen zurück, ich hatte es beim Bauern Wolf-Ulmann gut, und Frau Wolf hatte mir gesagt, daß ich, wenn die alte Mutter mal nicht mehr wäre, die Wohnung von ihr haben und bei ihnen bleiben könnte.

Zum Frühjahr kam zu den Wolf-Ulmanns ein Pflichtjahrmädchen aus Freiberg, sie hieß Maria, ihre Eltern besuchten sie öfter mal, ihr Vater war Leutnant. Die Maria sah wie der Vater aus und war ein sehr schönes Mädchen. Ihre Eltern musterten mich auffallend, aber ich ließ mich mit ihnen weiter nicht ein, weil ich merkte, daß sie keine Sympathie für mich hatten, ich war für sie eine Böhmische, die keine Kultur kannte. Dann hatten wir noch ein Polenmädchen und einen belgischen Gefangenen, die mir überlassen waren. Der Belgier wurde morgens gebracht und abends abgeholt, er hieß Leo und war vierundzwanzig Jahre alt, er war groß und ganz abgemagert, mit starken spitzen Knochen, seine Gesichtshaut war grau. Später, als wir uns deutsch verständigen konnten und er Vertrauen zu mir hatte, ließ er mich wissen, daß er viele Wochen in einem Lager gewesen war, ohne Essen. Die

Wache, ein Deutscher, hätte sie immer getröstet, daß sie aushalten sollten, sie kämen bald zum Bauern in Arbeit, dort würden sie Essen haben, sie sollten immer viel Wasser trinken, damit der Magen nicht leer wäre, andere Kameraden wären kaputtgegangen, aber er hätte viel, viel, viel Wasser getrunken. Sein Gesicht hatte beim Erzählen einen schmerzlichen Ausdruck bekommen. Der Leo war von Beruf Gärtner und hatte zu Hause eine Braut, die Gabriele hieß. Als das Polenmädchen auf den Hof kam, war es ganz verängstigt, es hieß Dorka und war zwanzig Jahre alt, sie hatte so meine Größe und war mollig. Ihre Kleidung sah sehr verarmt aus, der Mantel zu kurz und zu eng, der halbe Ärmel rausgerissen, sie konnte nicht Deutsch, sie wußte nur, daß sie als Gefangene nach Deutschland gekommen war. In ihren Augen war große Angst, sie hatte schlimme Erfahrungen mit den Deutschen hinter sich, die sie mich später wissen ließ. Beide waren gutwillige Menschen, und ich nahm mich ihrer an.

Wir drei saßen in der Gesindestube beim Essen am Tisch, die Maria hatte Familienanschluß, wie es ihre Eltern verlangt hatten, aber sie wäre lieber bei uns am Tisch gewesen. Wenn wir drei uns auch nur mit den Händen verständigten, hatten wir viel Spaß. Am Anfang hatte der Bauer zu mir gesagt, Walli, die beiden geb ich dir, du wirst sie anrichten, sieh zu, wie du mit ihnen fertig wirst, und er gab mir die Arbeit auf, wir drei gingen zusammen, die beiden wie zwei verängstigte Hündchen neben mir her. Die Leute im Hof lachten über uns, wenn wir zusammen arbeiteten und uns mit den Händen und mit Kopfnicken und Kopfschütteln verständigten. Wenn wir auf dem Feld beim Frühstück saßen, hatte die Dorka keinen Hunger, sie wollte immer nicht ihr Brot essen, in ihren Augen standen Tränen, und weil sie nicht essen wollte, streichelte ich sie und gab ihr zu verstehn, daß sie essen müßte. Dorka, wenn du nicht essen, dann du krank und nix mehr Mutter nach Haus! Sie horchte, was ich meinte, und verstand und griff nach ihrem Brot, und wenn sie wieder nicht essen wollte, dann mahnte ich sie, Dorka, essen! Und wenn ich mit ihr so redete, dann verfolgte es der Leo mit, er wußte, daß es ihm mit galt. Die beiden begriffen sehr schnell die nötigen deutschen Worte. Ich ließ sie wissen, daß ich als Deutsche auch schwer arbeiten muß.

Die Dorka stammte aus sehr armen Verhältnissen, sie hatte in einer Hütte an der russischen Grenze gelebt. Sie hatte noch einen Bruder, der siebzehn Jahre alt war und der sie nicht leiden konnte, er schlug sie sehr, ihre Mutter konnte nichts dagegen tun. Als die Dorka die Nachricht bekam, daß sie mit dem Transport nach Deutschland muß, hatte sie unmögliche Angst, ihr böser Bruder rieb sich vor Freude die Hände und lachte über sie. Er machte es ihr mit dem Messer vor, wie ihr der Hals durchgeschnitten wird. Dann kam für sie die letzte Nacht, am Morgen mußte sie vor dem Bahnhof sein. Die Dorka wollte ins Wasser springen, weil sie so große Angst vor Deutschland hatte, aber sie tat es dann doch nicht, weil sie es ihrer Mutter nicht antun konnte. Zu mir sagte sie, Ich Mutter viel lieben! Auch ihr böser Bruder fand in dieser letzten Nacht keine Ruh, er ging allweil naus und blieb auf der Schwelle stehn, sie beobachtete ihn im Dunkeln und hatte ohne Versöhnung bei sich gedacht, Ha, er kann auch nicht schlafen, jetzt tut es ihm leid, daß er mich immer nur mit beiden Fäusten geschlagen hat. Am Morgen nahm sie von ihren Leuten Abschied, nur von dem Bruder nicht. Als sie schon im großen Haufen vor dem Bahnhof stand, viele, viele, viele waren im Haufen und mußten mit dem Transport nach Deutschland, da wurde sie von ihrem bösen Bruder gesucht. Auf einmal stand er vor ihr und weinte und gab ihr die Hand und bat sie, daß sie gut sein soll. Du mich nicht mehr wollen schlagen, hatte die Dorka ihm geantwortet. Und da kam auch schon der Zug. Sie stieg in den Zug ein, ohne sich weiter um ihn zu kümmern, sie konnte ihm nicht ganz verzeihen. Sie fuhren in dem Viehwagen Tag und Nacht und fast ohne Pause, sie hatten alle großen Durst, und als der Zug nach langem auf einem Bahnhof hielt, sah die Dorka eine Wasserleitung. Dorka wußte, daß niemand heraus durfte, trotzdem wagte sie es. Sie hielt ihren Mund unter den Wasserhahn, da hörte sie Schritte, aber sie hatte so einen Durst, daß ihr alles egal war. Da wurde ihr mit einem Gewehrkolben auf den Hintern geschlagen, daß sie zusammenbrach, aber weil sie Angst hatte, erschlagen zu werden, raffte sie sich auf, krumm und humpelnd, im Zug hatten die Leute Angst ausgestanden und schimpften sie aus, sie hatte geweint und geweint und konnte nicht laufen, das Rückgrat tat so weh. Dann erzählte die Dorka noch, daß sie gesehn hätte, wie es die deutschen Soldaten mit den Juden machten, die Juden rutschten auf den Knien vor ihnen und bettelten, sie sollten ihnen nichts tun, aber sie wurden an den Koteletten gepackt und ins Wasser geworfen. Die Dorka sagte, Walli, alles Judich Wasser, sie meinte, alle Juden hätten sie ins Wasser geworfen, und dabei lachte die Dorka und hatte ihre Freude daran, was die deutschen Soldaten mit den Juden gemacht hatten. Ich sagte, Dorka, du nix lachen, deutsch Soldat nix gut. Dorka sagte, Walli, deutsch Soldat gut, Judich nix gut. Ich sagte, Jude ist auch Mensch, deutsch Soldat nix gut, wenn das machen, ich nicht wollen, du lachen, was machen mit Judich. Die Dorka zog den Kopf ein und hatte ein ernstes Gesicht. Als es sich herumgesprochen hatte, daß beim Bauern Wolf-Ulmann ein Polenmädchen war, sah ich viele Jungen auf dem Hof, die die Dorka umzingelten und mit Ruten auf sie einschlugen und mit Steinen bewarfen. Auch der Junge vom Bauern Wolf war dabei, und der Bauer und seine Frau lachten über die wilden Jungen, von ihnen aus hätten sie das Mädchen mit Steinen bewerfen können. Die Dorka stand da wie ein geopfertes Geschöpf, die Arme über ihr Gesicht haltend. Ich riß den Jungen die Ruten aus den Händen, verschimpfte sie, gab ihnen Kopfstücke und jagte sie vom Hof. Und dazu kam es öfter. Ich sagte der Dorka, wenn ihr jemand was tut, soll sie gleich nach mir rufen. Ein wilder Junge wagte sich bis in den Stall, er sprang herum wie ein Affe und verzog sein Gesicht und war zu allem fähig, daß sogar die Ochsen scheuten. Der Leo wagte kein Wort zu sagen, bis die Dorka mich holte, und als ich den Jungen sah, griff ich den Reisigbesen voll von Jauche und Mist und drosch den Jungen damit zum Stall raus. So bekamen die beiden Hilflosen Vertrauen zu mir. Ich galt für sic mehr als der Bauer, und trotzdem sah ich in ihren Augen immer viel Angst und Heimweh. Das tat mir leid, und ich wollte sie mit meinem Vertrauen aufmuntern und sagte zu ihnen, Hitler ist nicht gut, Hitler machen Krieg. Da sahen sich die beiden erschrocken an und arbeiteten wie Gefangene weiter. Ihr nicht Angst haben, ich gute Deutsche, sagte ich. Die Dorka hatte bald Vertrauen, bei dem Leo dauerte es etwas länger, er hatte zuerst die Dorka gewarnt, daß sie sich vor mir in acht nehmen soll. Die Dorka erzählte mir das, und ich antwortete, Sag dem Leo, ich bin gute Deutsche, er braucht vor mir meine Angst haben.

Der Dorka wäre der Anfang ganz gewiß schwerer gefallen, wenn ich nicht dagewesen wäre. So war ihr die Arbeit mit dem Reinemachen im Haushalt unbekannt, am Samstagnachmittag wurden immer in der Gesindestube alle Stühle, Bänke und Tisch mit Seife und Bürste abgescheuert, in der Küche das gleiche. Ich ließ die Dorka immer die Gesindestube machen, und am Anfang stand sie da und wußte nicht, wie. Ich merkte es und zeigte ihr, wie alles abgescheuert wurde und daß sie die Stuhlbeine nicht vergessen sollte. Sie begriff noch nicht richtig und stellte sich unbeholfen an, aber ich streichelte sie und meinte, daß es beim nächstenmal schon besser ginge, und ich machte die Tür zur Gesindestube zu, damit ihr niemand beim Reinemachen zuguckte und über sie lachen konnte. Und an jedem Sonntagvormittag wusch ich meine Sachen. Die Dorka guckte. Am nächsten Sonntag hatte sie schon begriffen, warum ich das tat, und als ich dann beim nächstenmal an der Wanne stand, lief sie und holte ihre Sachen. Ich gab ihr mein Waschpulver, und sie machte es, wie sie es von mir abgeguckt hatte, und von diesem Sonntag an wusch sie ihre Sachen und wechselte sie. Die Dorka lernte viel von mir. Ihre große Brust und ihr Bauch war alles eins, sie hatte eine Brust wie zwei schwere Euter, sie schämte sich immer, wenn die Männer ihr auf die Brust guckten, und hielt beide Arme darüber. Ich sagte ihr, daß sie sich einen Büstenhalter kaufen soll und einen Hüftgürtel, daß der dicke Bauch verschwindet, ich ging mit ihr in den Kaufladen, damit sie das Richtige bekam. Als sie es am Körper hatte, strich sie sich mit beiden Händen über Brust und Hüften. Walli, das guut! Sie fühlte sich in der Ordnung, ebenso wie es bei mir auch war. Ich half ihr in allem, weil ich merkte, daß es ihr grad so ging wie mir als Mädchen auch. Als dann die Dorka so richtig Vertrauen zu mir hatte, sagte sie, daß sie nach dem Krieg in Deutschland bleiben will, ihr gefiel es hier besser als in Polen, ich soll einen Bauern heiraten, dann will sie bei mir in Arbeit bleiben.

Einen Tag im Sommer bekam ich ganz unverhofft vom Ludwig eine Ansichtskarte aus Komotau, Sudetenland, er hatte dort seine

Militärausbildung. Auf der offenen Karte stand, Gib Deinem Herzen einen Stoß, und vergiß, was gewesen ist, ich sehe heute alles ein, daß ich Dir viel Unrecht getan habe. Ich sagte dem Bauern Wolf, daß ich ein paar Tage nach Hause möchte. Die kleine Lieselotte, die vier Jahre alte Tochter vom Bauern Wolf, bettelte, daß ich sie mitnehmen sollte. Ich war im heimlichen nicht erfreut darüber, denn niemand konnte sich mein Zuhause vorstellen, aber ich fuhr dann zusammen mit der Lieselotte. Sie begann sich schon im Zug zu fürchten, die Leute im Sudetengau waren ganz anders als in Deutschland, sie waren hier sehr verarmt und einfach, die Frauen mit ihren Röcken bis auf die Schuhe und ihren hellen weißen Schürzen und ihren Kopftüchern, unter dem Kinn gebunden, und dazu immer die laute Unterhaltung, hier war es so ungewöhnlich. Ich hatte meine liebe Not mit dem Mädchen und mußte sie immerfort aufmuntern, weil sie fast in mich hineinkroch. Frau Wolf hatte uns eine dicke Jagdwurst und Butter mitgegeben, und als wir zu Hause ankamen, hörte und sah meine Mutter nur die Wurst und meinte gleich, Ah, da weiß ich zuwenigstens, was ich koche, ich hab gar nicht gewußt, was ich heute kochen soll, und so wurde die ganze Wurst sofort in Würfel geschnitten und Soße draus geschmort und Knödel dazu. Das Mädchen konnte es nicht essen, weil es das nicht kannte und sich immerzu fürchtete, sie guckte nur mit Angst auf das Treiben und den Lärm mit Geschrei und dazu das dröhnende Geschimpf meiner Mutter. Keiner von der Familie hatte ihr ein Willkommenslächeln gegönnt oder ein Wort an sie gerichtet, sie waren alle wie die Mami, und die störte sich daran, daß ich mit dem Kind gut war, und sagte mit verzerrtem Mund, Du machst aber Geschichten mit dere. Die Wurst und alles hatten sie am ersten Tag aufgegessen und frugen nicht nach dem Kind, dem es gehörte. Ich schlief mit der Lieselotte mit in den beiden Ehebetten, in denen meine Mutter schon mit dem Ernst und der Mausi lag. In der Nacht konnte das Kind nicht schlafen, fortwährend zuckte es zusammen, weil es von Wanzen und Flöhen gestochen wurde, und ich war froh, als die Nacht rum war. Am Morgen hatte meine Mutter böse grimmige Augen, und die Kinder so wie sie, ja, Butter und Wurst waren aufgezehrt, jetzt hätten wir gleich wieder gehen können. Die Lieselotte weinte immerfort, daß wir wieder nach Hause fahren, und ich versprach es ihr. Aber an diesem heutigen Tag wollte ich nach Komotau zum Ludwig. Den Kindern legte ich es ans Herz, daß sie das Mädchen auf den Hof mit zum Spielen nehmen sollen.

Der Ludwig war erst vier Wochen in Komotau und hatte schweren Ausbildungsdienst, er war gerade nicht in der Kaserne, daß ich zwei Stunden in der Dienststube warten mußte. Dann hörte ich sie mit dem Lied »Edelweiß« einrücken. Der Offizier sagte mir, daß der Ludwig in Dienst bleiben müßte, aber ich könnte vor in den Hof gehn und mich vor das Tor stellen, da würde ich zuwenigstens den Ludwig zu sehn bekommen. Ich sah, wie die kleinen Soldaten kamen, in der Mitte des Hofes stand der Spieß und brüllte, daß sie rannten und sich schnell aufstellten, in dieser Zeit hatte der Untertan Angst, so standen sie da, und ich stand zehn Schritt vom Spieß entfernt. Der Ludwig machte mit dem Kopf eine kleine Bewegung zu mir hin, daß ich weggehn sollte, und dann kam er mit steifem Hals und unsicherem Gefühl ans Tor und sagte, Du darfst hier nicht stehn. Ich sagte, daß es mir aber vom Offizier erlaubt wäre. Ja, ja, geh aber gleich von hier weg, das darf nicht sein! Seine Stimme war leise und warnend, und er ging sofort zurück. Er war mager geworden, weg waren die roten Backen. Wieder saß ich zwei Stunden und wartete, und danach war erst noch mal was, und dann endlich war der Ludwig für kurze Zeit frei. Wir gingen zusammen durch die Stadt, es wurde kaum ein Wort gewechselt, dabei hätte es viel zu sprechen gegeben, aber keiner brachte es zu einer richtigen Unterhaltung. Wir liefen auf einer breiten Straße, die Häuser wurden immer weniger. Es gingen viel Spaziergänger, denn es war Sonntagnachmittag. Wir kamen in einen Wald, dort setzten wir uns nieder, aber keiner konnte das richtige Wort sprechen. Dann nahm er mein Gesicht in seine Hände und sagte, Komm, schau mich ruhig an. Ich wehrte seine Hände ab und sah auf die Erde, und um etwas zu sprechen, sagte ich, Ich bin jetzt geschieden, im Februar war meine Scheidung. Er sagte kein Wort darauf, und wir blieben nicht lange sitzen, weil er sich in der einfachen Uniform neben mir schämte, er brachte mich zum Omnibus und ging in die Kaserne zurück, denn er hatte noch einmal Exerzieren. Ich fuhr zurück nach Neudorf, und als ich auf den Hof kam, lief mir die Lieselotte weinend entgegen, Walli, warum hast du mich nicht mitgenommen, und meine Mutter schimpfte mit ihrer bösen häßlichen Zunge, Was du nur das alte Mensch mitgebracht hast, däs is jo a bleedes Mensch, die hat ja was gebrüllt, wie du fort warst. Mir tat das Kind leid, und ich bereute, daß ich es hiergelassen hatte, ich nahm das Kind auf den Arm, es hatte immer nur beide Arme um meinen Hals liegen. Meine Mutter war froh, als wir wieder wegfuhren, weil die Anhänglichkeit des Kindes sie nervös machte, sie konnte das, was ein Herz brauchte, nicht ertragen. In Bobritsch wieder angekommen, atmete die Lieselotte auf. Ich war sehr verlegen und mußte mich schämen, denn sie war am ganzen Körper zerstochen, dicke rote Beulen hatte sie. Das sind Wanzenstiche, sagte sie in der Küche. Die alte Mutter drohte, Sofort wirst du ruhig sein, und das Mädchen sagte kein Wort mehr.

Nach meinem Besuch in Komotau kam kurz der Ludwig auf Urlaub, er hatte die Ausbildung beendet und sollte danach in den Krieg. Der Ludwig wollte, daß ich für diesen Tag freinahm, er wollte mich zu einer bestimmten Zeit abholen. Ich wagte es nicht, dem Bauern Wolf zu sagen, denn die Frau Wolf war schwanger und die Maria in Freiberg bei ihren Eltern, die Dorka konnte es nicht allein machen, und außerdem hatten die Wolfs Besuch. Und so kam es, daß ich noch unter den Kühen beim Melken saß, als der Ludwig kam. Er war in Uniform, heute war es eine bessere als in Komotau, heute trug er eine gute Uniform und eine schöne Mütze mit Schild. Schlecht gelaunt sagte er, Warum bist du denn nicht fertig? Ich antwortete ihm mit guter Laune zurück, daß ich gleich fertig wäre. Er drehte sich um, sprang auf sein Motorrad und rief, Ich komme später und hol dich ab, und fort war er zum Tor hinaus. Ich wartete den ganzen Abend, machte mich recht schön, mein Gesicht glühte vor Erregung. Es wurde immer später und dunkler. Dann saß ich auf meinem Bett in der Kammer, der volle Mond schien herein, der Mond erinnerte mich an die schönsten, glücklichsten Abende, ich war verzweifelt und einsam, ich konnte es nicht ertragen und verhängte die Fenster, ich verhängte den kleinsten Spalt, aber so dunkel die Decke auch war, ich sah den Mond. Am nächsten Morgen sagte die Bäuerin zu mir, daß der Ludwig tanzen gewesen war, er hätte mit ihrer Nichte jede Tour getanzt und sie auch nach Hause begleitet.

Der Montag war für mich ein schwerer Tag, weil der Ludwig wieder nach Komotau zurück mußte, ich wartete zuwenigstens auf einen Abschied. Wir drei, der Leo, die Dorka und ich, waren an diesem Nachmittag auf dem Feld, das gegenüber vom Bahnhof lag, ich wollte den Ludwig sehn, aber soviel ich Ausschau hielt, es kam keiner in Uniform vorbei, erst als der Zug einfuhr, sah ich einen in Uniform zusammen mit einem Mädchen gehen. Der Ludwig stieg in den Zug und winkte aus dem fahrenden Zug dem Mädchen zu. Die Dorka ließ den Kopf hängen, es war eins der Polenmädchen, das beim selben Bauern wie der Ludwig arbeitete. Ich war sehr traurig, weil ich doch mit ihm die schönsten Erinnerungen hatte, es blieb mir weiter nichts übrig, als mich mit allem abzufinden. Aber dann kam nach paar Wochen ein Brief vom Ludwig aus Frankreich mit einem großen Brustbild, in dem Brief stand, daß er mir oft weh getan hätte, jetzt fühle er erst, was ich seinetwegen ertragen hätte, jetzt litt er um meine Liebe. Geb Gott, schrieb er, daß ich noch einmal in deine guten Augen sehn kann, was ich Dir angetan habe, darüber weine ich alle Tage. Ich schüttelte beim Lesen den Kopf und sagte, Nein, nein, ich will nicht mehr.

Es war beim Bauern Wolf eine gute Stelle, aber halt für mich sehr einsam, ich hatte niemanden, und weil ich die Einsamkeit nicht mehr ertragen konnte, sagte ich zu der Bäuerin, daß ich nach Hause wollte, und sie bat mich, daß ich bis Oktober aushalten sollte, bis sie ihre Schwangerschaft hinter sich gebracht hätte. Ich war froh, daß ich mein Arbeitsverhältnis ändern konnte, dabei wußte ich noch gar nicht, was ich anstellen würde, es beruhigte mich, daß ich im Friedlichen weggehn konnte. Ich hatte meiner Mutter geschrieben, was ich tun sollte. Da war sie wieder einmal Mutter und schrieb, Komm nur nach Haus, wir werden schon was finden. Darauf fuhr ich erst einmal zu Besuch nach Hause und wollte wissen, ob es für mich wirklich eine Möglichkeit gäbe. Als ich nach Neudorf reinkam, die bergige Straße hinauf, sah ich gerade meine Mutter vom Kaufladen Görk über die Straße zum Fleischer gehn, mir fiel auf, daß sie sehr langsam ging, beide Hände auf die Brust haltend. Was ist denn mit der Mami, dachte ich erschrocken, hat ihr denn wieder jemand was getan? Ich rief nach ihr, und erfreut warf sie ihren Kopf herum, und ihr leidendes Gesicht hellte sich auf, sie rief, Die Walli kommt, es ist gut, daß du da bist, komm nur nach Haus, du bist doch immer nur unter fremden Leuten, komm nur jetzt mal nach Haus, ich kann dich jetzt gut brauchen, bleib hier, ich muß so viel an dein Leben denken, immer nur in der Welt draußen. Das waren einmal Worte von meiner Mutter. Sie sah nicht gut aus, ihre Gesichtshaut hatte eine dunkelgraue Farbe, ihre Augen waren wie Kristalle. Daß ich von der Landwirtschaft wegkonnte, dazu meinte sie, Komm nur nach Hause, wenn du hier angemeldet bist, gehst du zum Gemeindeamt und läßt dir ein Arbeitsbuch geben, von dem alten läßt du nichts wissen.

Ich fuhr nach Bobritsch zurück, um meine Sachen zu holen. Die ganze Fahrt über dachte ich mit Sorgen an Leo und Dorka. Der Bauer Wolf machte mir keine Schwierigkeiten. Nur Dorka und der Leo machten große, unglückliche Augen, sicher frugen sie sich, wie es ohne mich weitergehen sollte. Die Dorka sagte mir beim Auseinandergehn, Walli machen nach Hause, das gut so. Der Leo arbeitete gerade an der Stalltür, es sah aus, als wollte er von mir keinen Abschied nehmen, die Dorka mußte erst brüllen, Leo, komm, Walli machen nach Hause! Dann kam er mit hängendem Kopf, sein Gesicht war ganz blaß, ihn rührte das Heimweh, die Dorka kam mit ihrem Leben leichter zurecht, sie war robust. Wir umarmten uns, ich wäre mit diesen beiden gern bis an mein Ende zusammengeblieben. Beide versprachen mir, daß sie mich nie vergessen wollten, und ich tröstete sie, daß der Krieg einmal aus wäre. Wir hätten uns gerne geschrieben, aber wie sollten wir uns verständigen, ich versprach ihnen, daß ich sie besuchen wollte, den beiden lief das Wasser über die Wangen, beim Auseinandergehn winkten wir einander zu.

5

Seit Ende neunzehnhundertvierzig war ich wieder zu Hause. So wie es meine Mutter gesagt hatte, bekam ich auf mein Verlangen mein Arbeitsbuch. Ich war überglücklich, daß ich jetzt wieder in einer Fabrik arbeiten konnte. In der Baumwollspinnerei in Görkau hätte ich es sehr bequem gehabt, etwa eine Stunde Fußweg, es fuhr auch ein Omnibus, aber meine Mutter wollte das nicht, ich sollte mir weiter weg eine Arbeit suchen, damit die Sache mit dem Arbeitsbuch nicht herauskäme. Es tat ihr wohl schon wieder leid, daß sie mir geholfen hatte. Ich ging dann nach Oberleutensdorf in eine hochmoderne Baumwollspinnerei, die einmal einem Juden namens Pick gehört hatte. Die ganze Fabrik war aus Glaswänden, von draußen konnte man alles in der Fabrik übersehen, es waren schöne und gute Maschinen, und der Fußboden war helles Parkett. Hier war eine saubere und schöne Arbeit. Ich hatte eine Meisterin, von der ich und andere Frauen angelernt wurden. Ich kam auch sehr bald an eine Maschine. Meiner Mutter hatte ich versprochen, daß ich ihr jede Woche mein verdientes Geld geben würde, denn ich wollte ja viel verdienen, und wenn meine Mutter von mir Nutzen hatte, war ich gerne gesehen.

In unserer Wohnung stank es nach Franzbranntwein, schon an der Haustür roch man es. Meine Mutter hatte Einreibungen vom Doktor Steiner verschrieben bekommen, weil sie ihm ihre Schmerzen in der Brust geklagt hatte, sie rieb sich am Tage viele Male ein. Sie war im letzten Jahr immer sehr müde gewesen, sie wollte nichts mehr hören und nichts mehr sehen und sich mal so richtig ausschlafen. Das kannte ich von meiner Mutter nicht, daß sie sich für paar Minuten aufs Sofa legte, die Augen zumachte und sagte, Ach, so möcht ich es halt haben, liegenbleiben und schlafen, das würde mir guttun. Aber dann erhob sie sich schwerfällig, sie konnte nicht zugeben, daß sie krank war, und vor allem nicht wegen der Miez, über die sie spottete, weil die so viel Medikamente nahm. Wenn sie von der Miez kam, ekelte sie sich davor und spuckte, weil sie immer glaubte, ihren Mund voller Katzenhaare zu haben, und sie ging gleich zum Kaufmann Görk, sich Sauerkraut holen, damit sie die Katzenhaare aus ihrem Hals kriegte. Bisher hatte sie nicht viel von den Ärzten gehalten, aber weil sie so ein unbehagliches Gefühl hatte, war sie doch in die Praxis von Doktor Steiner gegangen, der hat es sehr leicht genommen und gemeint, Das sind Nervenschmerzen, jetzt im Krieg haben das sehr viele. Weil meine Mutter wußte, wie die Miez die Ärzte mit Geschenken überhäufte, wollte sie es auch so machen und versprach dem Doktor eine Gans. Als ich die ersten Tage zu Hause war, war mir schon ihre Zunge aufgefallen, die graublau und wie ein alter zerlöcherter Hader aussah. Ihre Schwester, die Miez, hatte meine Mutter ja, solange ich denken kann, verwünscht und beschimpft, es hatte von ihr immer geheißen, Dere soll die Zunge in der Gusch verfaulen! Verwünschungen mit allem Bösen waren in unserer Familie keine Seltenheit, aber meine Mutter hatte heute eine Zunge, als ob sie von ihrer Schwester gewünscht worden wär.

Meine Mutter wollte immer die Gesündeste von der Welt sein, es ging ihr sonst auch gut, sie litt heute keine Not mehr, sie bekam volle Lebensmittelkarten, und der Meierhof behielt bis 1942 sein ganzes Deputat. Auch mit dem Geld stand sie sich nicht schlecht. Weil der Tata ein Tscheche war und 1939 wie so viele vor Hitler ins Protektorat geflüchtet war, war diese Ehe Cadek ungültig gemacht worden, sie hatte ihren Namen Wirth aus erster Ehe zurückbekommen und bekam ihre Witwenrente weiter und für ihre deutschen Kinder eine Waisenrente, und sie bekam eine Unterstützung für den Albert, weil der ihr Ernährer und jetzt im Krieg Soldat war. Ich weiß nicht, wieviel sie hatte, aber es war im Monat ganz gutes Geld, mit dem sie hätte leben können, vor allem brauchte sie nicht zu hungern. Sie hatte Mehl und Brot, so viel, daß sie noch gegen Fleisch eintauschen konnte, auf Kinderkarten bekam sie Südfrüchte, die sie sonst nur im Schaufenster gesehen hatte, Bananen, Apfelsinen, aber den Kindern, die vorher kaum ein Stückl Brot kannten, teilte sie grad eine halbe Apfelsine oder Banane zu, heute im Krieg trug sie alles nach Seestadtl. Mit großen Tüten im Arm eilte sie zu der Miez und fühlte sich, daß sie auch einmal obenauf sein konnte.

Zum erstenmal essen und noch verschenken können – das viele Gute konnte ihr nur in den Kopf gehen, meine Mutter war heute zum erstenmal in der Partei, in allem, was es heute gab, war sie drin und machte sich wichtig. Und wenn die Sondermeldungen im Radio nacheinander bekanntgegeben wurden, war meine Mutter so begeistert, daß sie die Fenster aufriß, die Tür mußte weit aufstehn, denn im Arbeiterhaus hatten nur wir ein Radio, das meine Mutter von der Miez abgelegt bekommen hatte. Mit hochgestrecktem Arm rief sie, Eine Sondermeldung, eine Sondermeldung! Sie war dann schon vor Begeisterung ganz außer sich, wenn die paar Takte Musik vorher gegeben wurden, keiner kannte den Text, aber meine Mutter meinte, ihn erraten zu haben. Das ist ein Lied von Prinz Eugen, dem edlen Ritter! Der Prinz Eugen hatte im Krieg, ich weiß nicht, welchen meine Mutter nannte, der hatte im Krieg viele Divisionen mit Mann und Pferd ins Moor getrieben, und mit dieser Sondermeldung machte sie alle rebellisch und jubelte, Prinz Eugen, der edle Ritter, Prinz Eugen, der edle Ritter, ja, unsere Soldaten, das sind Soldaten, die können was, Prinz Eugen, der edle Ritter. Und alle Leute versuchten es mit ihr im guten und im Frieden, vor allem wenn sie herumdröhnte, Ja, die Kommunisten, die haben die Gewehre in den Händen, wie können die nur denen die Gewehre geben, wenn mal was ist, drehn sie sie um und schießen auf uns, Kommunisten laufen noch herum, die müssen sie alle einsperren! Einem Kommunisten hatte sie in ihrem Leben viel zu verdanken gehabt, aber daran dachte sie nicht.

Ich hatte es schwer, alle Tage zu meinem Arbeitsplatz zu kommen. Als erstes mußte ich mit dem Zug fahren. Die kleine Haltestelle lag weit aus dem Dorf, und zu beiden Seiten freies Feld, dreißig Minuten mußte ich schnell laufen. Der Zug fuhr morgens früh um vier Uhr, eine Minute nach vier, er hielt kaum an, und in der frühen Stunde war ich immer nur der alleinige Fahrgast. Ich stand um ein Uhr in der Nacht auf, denn es lagen hohe Schneewehen, die ich durchkämpfen mußte, und trotzdem kam es vor, daß ich ganz außer Atem die Haltestelle erreichte und nur noch die roten Punkte sah, und der Zug mit anhaltendem Huuu aus meinen Augen verschwand. Ich blieb stehn und sah erschrocken um mich, Dorf und Straße und Haltestelle waren ohne Licht, und ich stand hier und mußte mich bei der Kälte die lange Zeit in die kleine dunkle Wartehalle setzen, bis der nächste Zug um sechs Uhr fünfundvierzig kam. Mit schweren Gliedern kam ich von der Arbeit nach Hause. Das Essen, was mir meine Mutter weggestellt hatte, war unappetitlich und ohne Liebe für mich zubereitet. Mit schweren Augenlidern saß ich am Tisch und stocherte in den Bratkartoffeln herum, die von alten Pellkartoffeln zubereitet waren, die paar Wurstwürfel suchte ich heraus und schob die Pfanne weg. Alle Tage hatte ich meine Mutter gebettelt, daß ich gerne mal Knödel essen möchte, aber sie stellte mir immer dieselbe Pfanne auf den Tisch, dabei hatte sie Mehl und von allem genügend, und wenn ich von der Frühschicht kam, war noch der Duft von gutem Braten in der Wohnung, Kotelett und Schnitzel, so groß wie Teller, ich sah ja oft, daß es die Leute brachten und sich dafür Mehl geben ließen, und ich merkte es auch an ihren Gesichtern, das Schmatzen nach den guten Happen, gerade wie wenn sich eine Löwenfamilie nach der Mahlzeit den Mund leckt. Mehr bekam ich nicht zu sehn, und meine Mutter blickte mit falschen Augen zur Seite. Frau Hildebrand, die von meiner Mutter eine Bekannte aus der Jugend war, sie war Witwe und Hausbesitzerin, aber sehr verarmt, sie hatte viele Kinder, saß meist hier auf dem Sofa und sah mir beim Essen zu, und wenn ich nicht mehr essen wollte, sagte sie, Fräulein Walli, Sie essen wohl nicht, geben Sie es mir, ich esse. Oh, Frau Hildebrand, das können Sie doch nicht, ich hab doch schon drin rumgestochert. Ach, geben Sie es nur her, Sie sind doch nicht giftig, von Ihnen kann man alles annehmen. Nur wenn meine Mutter für mich mal eine gute Minute hatte, richtete sie es so ein, daß sie für mich die frisch gekochten Knödel aus dem Topf rausnahm, dazu von Extrawurst, was die einfachste, billigste Wurst war, eine Gulaschsoße.

Einmal kam mein Junge herein, er blieb an der Tür angelehnt stehn und sah verschüchtert auf mich, diesmal nicht mit bösen Augen, er wußte, wer ich war. Ich ließ ihn in Ruhe, weil ich wußte, ich hatte ja kein Recht über ihn. Ich war gerade dabei, mir etwas Unterwäsche zu waschen, und ging damit zur Tür hinaus, um sie auf den Boden zu hängen. Da kam der Junge eilig hinterher und frug, Wo gehst du hin? Zum erstenmal wurde ich von ihm angesprochen, war das nach alldem ein Gefühl, und dann sagte er noch, Mami, Mami. Du sagst Mami zu mir? Die Mutter hat gesagt, damit meinte er die Krovin, was seine Großmutter war, die Mutter hat gesagt, du bist meine Mami, ich soll Mami zu dir sagen. Vergnügt sprang er neben mir die Treppen hinauf und unterhielt mich immerfort und sah mich dabei so hell an und wich nicht von meiner Seite. Er setzte sich sogar mit mir auf das Sofa. Die Frau Hildebrand, die auch da war, wischte sich die Tränen ab und seufzte, Ach, wie Sie jetzt den Jungen angesehn haben, was das für ein Bild ist, wenn man das hätte fotografieren können, das ist rührend. Ihr ging das Bild zu Herzen, aber meine eigene Mutter verstand davon nichts, sie meinte, Da kann man doch mal sehn, wie sich Blut zu Blut findet. Am andern Tag war der Junge wieder hier und setzte sich zu mir aufs Sofa und sagte, Mami, ich soll dich mal fragen, ob du den Tati wiederhaben willst. Ich streichelte den Jungen. Nein, deinen Tati will ich nicht mehr haben, der war sehr garstig zu mir, aber dich will ich haben, willst du bei mir bleiben? Er schüttelte den Kopf. Nein, nur wenn du den Tati auch haben willst, dann kannst du mich kriegen. Nein, deinen Tati will ich nie mehr haben. Dann kannst du mich auch nicht haben, sagte der Junge mit rotem Gesicht. Ist denn dein Tati gut mit dir, wollte ich wissen. Hm, der Tati ist mit mir gut. Hast du deinen Tati gern? Hm, ich hab den Tati gern. Da bleibst du wohl lieber bei deinem Tati und kommst nicht zu mir? Ich komme nur zu dir, wenn du den Tati auch haben willst, der Tati gibt mich nicht her. Sag nur deinem Tati, daß ich ihn nie mehr haben will, ich habe nur dich lieb. Ich täte gerne mit dir gehn, sagte der Junge, aber der Tati gibt mich ja nicht her. Wenn dich der Tati nicht hergeben tut und er ist gut mit dir, dann kommst du halt zu mir, wenn du mal groß bist, ja? Seine Augen wurden ganz hell, und er sagte, Wenn ich mal richtig groß bin, dann komme ich zu dir. Mein Junge war wieder mein Einundalles, und die Hoffnung, daß er einmal bei mir sein würde, behielt ich in mir. Er hatte es so fest versprochen, daß ich dann mein Leben lang auf ihn gewartet habe.

In dieser Zeit war ich mit dem Ludwig in Verbindung, er

schrieb mir oft, und wie früher wurden meine Briefe von meiner Mutter geöffnet und mit Mehlkleister wieder zugeklebt, ich sagte kein Wort dazu. Der Ludwig schickte mir Päckchen, er schickte lange Stücke Butter, wie ein Zweipfundbrot so groß, und er schrieb, daß er die für sich organisiert hätte, und ich dachte bei mir, wer weiß, wie er das gemeint hat, Schokolade war auch mit dabei und verschiedene kleine Leckereien. Wenn ich nach Hause kam, hatte das Päckchen jedesmal ein Loch, und meine Mutter stritt alles ab, Das waren fei wir nich, daß du nicht denkst, wir haben es gemacht, das hat die Briefträgerin so gebracht. Meine Mutter konnte mich nicht dumm machen, doch ich sagte kein Wort und teilte mit ihnen alles. Heute war ich für den Ludwig immer noch die Püppi, er schrieb mir, Du weißt gar nicht, wie ich mich nach dir sehne, Du bist mir der allerliebste Mensch auf der Welt, Deine gute Stimme möchte ich wieder hören, und nach Deinen schönen Augen habe ich große Sehnsucht. Dazu meinte meine Mutter, der ich die Briefe vorlas, Jesses Mariä, ob er nur auch so ist, wie er schreibt?

Zu Hause blieb es nie lange in Friedlichkeit, ich war immer nur in den ersten Stunden gerne gesehen, aber dann war ich ihr ein Dorn im Auge. Aber das lag vor allem daran, daß sie damit gerechnet hatte, mehr Geld von mir zu bekommen. Ich brachte es zu keiner Leistung, daß mir die Meisterin eine kleine Maschine gab. Ich mußte sie vertrösten, Mami, wenn ich ausgelernt habe, geb ich dir, und so versprach ich ihr jedesmal, Mami, das nächstemal werde ich dir bestimmt mehr geben, ich muß mich erst einrichten. Aber das Geld wurde nicht mehr, sie dachte, ich würde sie belügen und viel Geld für mich behalten, sie sagte in mißtrauischem Ton, Ich weiß gar nicht, daß du so wenig verdienen tust, die Frau Schmootz von nebenan verdient so viel Geld, und du willst nichts verdienen, das kann ich nicht verstehn. Die Frau Schmootz arbeitete schon viele Jahre in der Baumwollspinnerei in Görkau, sie war so gut in ihrer Arbeit, daß sie auch in schwerster Arbeitslosigkeit arbeiten durfte. Mir tat mein Herz weh, daß meine Mutter so unverständig sprach und mir mißtraute, aber ich war ja meist so matt, daß ich mich kaum auf den Beinen halten konnte.

Die Mausi war in diesem Jahr dreizehn Jahre alt und ich siebenundzwanzig, ich hatte meine kleine Schwester sehr gern, aber sie hatte sich verändert, sie war so böse geworden. Meine Mutter hatte mit der Mausi große Pläne, sie sprach immer von einer weitläufigen Verwandten mütterlicherseits, Hilde Hildebrandt, der Schauspielerin. Die Hilde Hildebrandt sollte in Brüx wohnen, dort, wo früher die Armenbaracken gestanden hatten, in denen wir bis neunzehnhundertzwanzig gewohnt hatten, jetzt standen dort die feinsten Villen, in denen nur reiche Leute lebten. Die Hilde Hildebrandt hatte vier Kinder, die von ihrer Mutter betreut wurden, und nur einmal im Jahr kam sie zum Urlaub nach Hause, verheiratet sollte sie nicht sein, so hörte ich es von meiner Mutter und der Miez. Von Kindheit an kannte ich die Geschichte von der Hilde Hildebrandt. Durchreisende hatten die Hilde mit zum Film genommen, sie sollte aus einer sehr großen kinderreichen Familie sein und sehr verarmt, sie hätten zu Hause nur auf den Dielen und auf Stroh geschlafen, und sie wäre so eine große Künstlerin geworden. Heute schwärmte meine Mutter mit Begeisterung, daß sie sich mit der Hilde Hildebrandt verständigen wollte, dabei hatte sie sie nur als Kind in Erinnerung. Die Mausi muß unbedingt zum Film, meinte sie immerfort, die muß zum Film, die muß zum Film, dafür sorge ich! Ich hörte es von meiner Mutter und war deswegen nicht böse, die Mausi konnte zu meinem Erstaunen schon als Schulkind alle Handarbeiten, mit der Mausi hatte sie sich Mühe gegeben, und ich durfte ihr noch nicht einmal beim Strümpfestopfen zugucken. Eines Tages rückte meine Mutter mit der Sprache heraus, sie stand am Tisch und trommelte mit allen zehn Fingern wild hin und her, ihr Mund hatte sich geöffnet, daß ihre drei langen Zähne noch mehr zum Vorschein kamen. Ich möchte halt so gerne die Mausi Klavier spielen lernen lassen, sie kann so schön singen, aus der könnte was werden, wenn ich nur das Geld dazu auftreiben könnte, und während sie vom Klavierspielen sprach, trommelten ihre zehn Finger auf den Tisch, und sie sah mich dabei an und wartete auf Antwort, vielleicht erwartete sie, daß ich sagen würde, O ja, Mami, du hast recht, sorge dafür, daß die Mausi Klavier spielen lernt, ich werde arbeiten und mein ganzes Geld dafür geben. Ich sah ihr nur zu, wie sie auf dem Tisch hin und her fingerte und auf meine Antwort wartete. Ich nickte und dachte traurig, wie groß sie mit der Mausi hinaus möchte, und dafür wollte sie meine letzten Kräfte ausnützen, ich hatte keinen Neid, ich hätte es der Mausi vergönnt, wenn sie mehr Glück als ich hätte. Damals, als ich das letzte Jahr zur Schule ging, wurde mir versprochen, daß ich bei den Schulze Steinen kochen lernen sollte, das war ja mein heißer Wunsch gewesen, aber was blieb dann für mich übrig, ich mußte arbeiten und Geld verdienen, so hatte das Urteil meiner Mutter für mich gelautet. Daran dachte ich und nickte zu ihrem Vorhaben nur traurig. Da sie mit meiner Hilfe nicht rechnen konnte, sprach meine Mutter bald kein Wort mehr vom Klavierunterricht, ich hörte nur manches Mal, wie sie die Mausi tröstete, Wart nur, Mausi, ich kümmer mich schon, daß du zum Film kommst, wenn die Hilde Hildebrandt mal zu Haus ist, erkundige ich mich, oder ich kann ihr ja auch mal schreiben, werde nach ihrer Adresse fragen, kannst dich schon drauf verlassen. Aber meine Mutter kam nicht dazu, sicher fehlte ihr der Mut, die Hildebrandt hätte ja auch Augen gemacht, wenn sie es gewagt hätte.

Ich hatte unter der Mausi sehr zu leiden und mußte noch mit ihr in einem Bett schlafen, wir schliefen zu viert in den Ehebetten, meine Mutter, der Ernst, die Mausi und ich. Ich ging ja früh ins Bett, aber ich konnte nicht schlafen, mein Herz war überanstrengt, und wenn noch dazukam, daß die Mausi im Übermut ins Bett gesprungen kam und sich auf mich draufplumpsen ließ, erschrak ich und sagte paar Schimpfworte. Die Mausi begann beleidigt laut zu weinen und zu klagen, daß bis jetzt immer Ruhe gewesen wäre, aber seitdem ich zu Hause wäre, gäbe es sie nicht mehr. Die säll schaue, daß se nauskimmt, ich will die bei uns nich mehr sehn, sonst geh ich! Auf der Seite lag sie, die Beine angezogen, schimpfte und weinte bitterlich, daß die Mami aufgeregt wissen wollte, was denn passiert wäre. Ach, die elende Sau soll schaun, daß sie wieder nauskimmt, die hat hier nichts zu suchen! Die Mami erhob ihre Stimme zum Brüllen, die elende Kanalliä, die soll ja machen, daß sie wieder nauskommt, ich werd dere helfen, die große Gusch haben. Wenn ich die Gründe erklären wollte, brüllte sie um so mehr. Ich hielt mir meine Ohren zu, den Atem hielt ich an, denn in meiner Brust hopste das Herz, daß es weh tat. In der Fabrik schaffte ich nichts, auch an der kleinen Maschine kam ich nicht nach. Mein Körper war wie Blei so schwer, meine Augenlider wollten zufallen, ich war unbeschreiblich erschöpft. Und nach der Spätschicht kam ich nachts durchgefroren zu Hause an, Regen, Wind und Kälte hatten mich durchgepeitscht, zähneklappernd zog ich mich aus, fühlte mich erlöst von Strapazen und Angst, und weil mein ganzer Körper so ausgefroren war, suchte ich im Bett die Wärme, und das war das Gute, daß ich nicht allein im Bett war. Ich kuschelte mich an den Ernst ran, oh, wie gut tat doch die Wärme, ich legte mich sogar halb auf ihn drauf, weil ich dachte, er würde schlafen und nichts merken, aber am Morgen hörte ich ihn sagen, Die Walli legt sich immer halb auf mich drauf und wärmt sich. Alles lächelte. Böse war der kleine Ernst nicht, er war jetzt im Dezember neunzehnhundertvierzig elf Jahre alt geworden.

Den Adolf sah ich alle Tage bei uns, er hatte die Wanderschaft satt. Er hätte auch gerne gearbeitet, aber was gab es denn für solche Menschen. Er saß da, den Kopf in beide Hände gestützt, und in seinen Augen das große Unglück. Von siebenunddreißig bis vierzig war er dreimal in der Nervenheilanstalt gewesen, dazwischen immer auf Wanderschaft, er war sogar nach Österreich gekommen, bis nach Wien, in Bayern und sonstwo war er gewesen, dann wieder zu Hause. Für die Mutter und die Tanti war sein Besuch wieder neu, er hatte viel zu erzählen, und das gefiel ihnen. Seine traurigen Abenteuer machten ihnen Spaß, sie konnten über ihn lachen, was er zu leiden hatte, das verstanden sie nicht. Auf der Wanderschaft war er mal mit einem jungen Mädchen zusammengewesen, die wie er vom Betteln lebte und sich ihr tägliches Brot mit Singen verdiente, sie soll eine gute und schöne Stimme gehabt haben, der Adolf lernte ihre Lieder, und eine Mandoline hatte das Mädchen bei sich, sie kamen mitnander nach Prag, von Prag nach Neudorf waren es zweiundneunzig Kilometer. Als sie in Prag waren, gingen sie in ein Schallplattenhaus, dort sangen sie mitnander auf Platte. Als sie zur Tanti kamen, ließen sie die Platte auf einem Grammophon abspielen. Über diese Platte waren alle begeistert, besonders von dem Liedende, denn da kamen vom Adolf Grüße an die Tanti, an den Onkel, an die Mutter und den

Wenzel nicht vergessen, hieß es zum Schluß. Da lebte der Wenzel noch, neunzehnhundertvierzig sollte er sich im Schacht eine Gasvergiftung holen und im Krankenhaus sterben. Der Adolf hatte das Mädchen mit der Mandoline weggejagt, weil es Filzläuse hatte, unsere ganze Familie bekam Filzläuse, die Kinder sogar in den Augenwimpern. Sau, elende Sau, elende, schimpfte der Adolf, du hast nur Schand gemacht, und das Mädchen hat immer nur gesagt, Aber Adolf, aber Adolf. Nun war noch etwas anderes zugekommen, was dem Adolf seine Nerven angriff. Wie es beim Hitler vielen andern auch genommen wurde, so sollte auch er entmannt werden, das nahm er sich so zu Herzen, daß er Selbstmord machen wollte. In Neudorf gab es einen Hundeschlächter, der einen Revolver besaß, und diesem Mann sagte der Adolf, er hätte einen Hund zu erschießen. Der Mann gab ihm seinen Revolver, und der Adolf machte sich damit auf den Weg, aber zu seinem Vorhaben fand er keinen Mut, und so kam er in seiner Verzweiflung wieder auf die Wanderschaft. Es trieb ihn immer weiter, immer weiter, fort, fort, fort, bis er Hamburg erreichte. Er befaßte sich damit, so erfuhr ich es vom Adolf selbst, daß er sich in Hamburg auf einen Dampfer schleichen wollte, er hatte ja kein Geld, und wollte ins Ausland, einerlei, wohin, aber es gelang ihm nicht, er wurde zurückgewiesen, auch wenn er noch so bettelte. Mit schweren Gedanken setzte er sich in ein Gasthaus, vielleicht war es eine Hafenkneipe, es saßen viele Menschen drin, keiner achtete auf den armen Verzweifelten. Da kam er auf einen Einfall, er wollte seinen Spaß haben und nahm den Revolver in die Hand, stellte sich auf und rief, Alle die Hände hoch! Die Menschen erschraken und hielten auf Befehl ihre Hände in die Höh, und dann befahl er, daß sie im Kreis hintereinanderlaufen sollten, und ohne ein Wort folgten sie ihm. Dies erzählte mir der Adolf selbst. Und als er die Menschen genug in Angst und Folter getrieben hatte, legte er den Revolver ganz friedlich auf den Tisch und sagte, So, jetzt könnt ihr euch wieder auf eure Plätze setzen, ich wollte euch gar nichts tun. Da stürzten sich die Menschen auf den Adolf und verprügelten ihn erbärmlich, sie traten ihn mit Füßen, sie wollten ihn tottreten. Mir ging es beim Zuhören durch und durch, und ich klagte mitleidig, Oh, Adolf, du armer Kerl. Na, Walli, was denkst du denn, wie ich geschrien hab. Oh, Adolf, du armer Junge! Nur gut, sagte er, daß die Polizei dazugekommen ist, die haben mich mitgenommen, aber die Leute konnten sich nicht beruhigen, sie haben mich angespuckt und wollten immer wieder über mich herfallen. Die Polizei behielt ihn auf der Wache und verständigte meine Mutter, dann kam er in Hamburg in ein Krankenhaus, weil sie ihm paar Rippen gebrochen hatten, nun war er wieder zu Hause.

Unterdes kam Weihnachten neunzehnhundertvierzig. An einem Abend kam Albert auf Urlaub nach Haus. Der Albert war im Krieg, er hatte mir öfter mal geschrieben und mir sein Herz ausgeschüttet, daß es ihm am besten in den Kämpfen gefiele, denn in den Kämpfen gäbe es Kameradschaft, aber wenn sie in Ruhestand lägen, wär keine Kameradschaft mehr, und das fiele ihm so schwer. Wenn ich ihm schrieb, legte ich ihm eine Wiesenblume ins Kuvert, und bei der ersten Blume schrieb er, er hätte geweint. Der Albert war kein Soldat, er verdiente sich nicht einmal das einfachste Eisenkreuz und war doch die ganze Kriegszeit an der Front. Das war eine Wiedersehensfreude! Wenn ich zu Besuch gekommen war, da war auch am ersten Tag große Aufregung gewesen, und alles, was ich mitgebracht hatte, wurde von allen Augen bestaunt und bewundert. Es mußte sofort alles aufgeteilt werden, das war meiner Mutter ihre aufregendste Beschäftigung, der Besucher hatte sich noch gar nicht ganz ausgezogen, da gingen ihre flimmrigen Augen schon hin und her, und jetzt beim Albert war es ebenso. Sie starrte alle mit großen Augen an, keiner durfte nach dem Mitgebrachten greifen, sonst schlug ihm die Mami auf die Hände. Der Albert zog sich derweil in aller Ruhe aus, kümmerte sich um nichts, er hatte eine weite Reise von der Front bis hierher hinter sich. Er hatte verschiedene Fischkonserven mitgebracht, das war seine Verpflegung, eine Fischdose mußte sofort geöffnet werden, man sah eine dunkelblaue Tunke. Das war ja ein Aufschrei von allen, meine Mutter griff mit spitzen Fingern hinein und machte mit ekligem Gesicht, Äh, pfui Teifl, wos is däs fier Zeich, Albert, was hast du denn mitgebracht? Was sie mit zwei Fingern in die Höh hielt, sah aus wie ein Schwanz, sie untersuchte jedes Stück. Pfui Teifl, Albert, solches Zeig geben die euch zu fressen, das sind ja Schnecken mit Schwänzen! Der Albert wandte sich in aller Ruhe an mich und sagte, Walli, Tintenfisch ist alle Abend unser Essen. Das konnte die Mami vor Ekel nicht begreifen. Die Katze unterm Tisch schrie sich bald die Kehle aus, und als meine Mutter ihr zur Kostprobe etwas auf die Dielen legte, verschlang sie es im Nu, leckend, mit langem Hals und Miau sah sie zu uns hoch und wartete, bis meine Mutter ihr wieder von dem Fisch gab. Es war nur noch wenig in der Dose drin, da griff der Adolf in die Dose und meinte, Ich muß nur mal kosten, der Katze schmeckt es gar so gut, und vorsichtig steckte er es sich in den Mund, schluckte und meinte, Schmeckt nicht schlecht, und er probierte ein zweites Stück und meinte, Das schmeckt sehr gut, hm, das ist doch was Feines. Und er sah empört auf die Katze, die es sich schmecken ließ.

Am ersten Tag bekam der Albert viel Bier zu trinken, am andern Tag schon weniger, daß er zu mir sagte, Walli, so ist es nun mal, am ersten Tag krieg ich nur Bier, am zweiten Tag die Hälfte, und am dritten Tag gibt es nur noch Kaffee. Wir lachten darüber, weil der Albert im Spaß die Mami hänseln wollte, sie zog den Kopf ein. Erst am andern Tag bemerkte sie, daß der Albert vom Gefreiten zum Obergefreiten befördert worden war. Oh, Albert, du bist ja Obergefreiter geworden, das hab ich noch gar nicht bemerkt! Ihre Augen blickten verliebt, stolz, glücklich wie bei einem jungen Mädchen, sie strich mit beiden Händen an seinem Arm herunter, nahm seine Hand und sagte, Albert, ich gratuliere dir zum Obergefreiten. Zum Heiligen Abend waren wir alle zu Hause, sogar der Adolf war nicht bei der Mutter und der Tanti. Solange ich meine Kinderstub kannte, wurde auf den Heiligen Abend kein Wert gelegt, ein Baum stand heute auch nicht hier, sie hatte schon immer für nichts Lust, aber der heutige Heilige Abend war trotzdem anders. Nicht, daß meine Mutter glücklicher war, sie war stumm, ließ den Kopf hängen, mit traurigem Gesicht ging sie sehr langsam hin und her, zuckte hin und mal mit den Schultern und meinte, Ich hab so ein komisches Gefühl, ich weiß nicht, was das ist. Ich sagte, Sei doch froh, daß wir einmal alle am Heiligen Abend zusammen sind. Ich bin doch auch froh, meinte sie, noch nie waren wir so zusammen, in meiner Mädchenzeit war ich kaum zu Hause, es war nur dann, wenn ich ohne Dienst war, und am Heiligen Abend saßen wir nur bei mattem Petroleumlicht, nur im Herzen wußte man, daß Heiligabend war. Meine Mutter tat, was sie konnte, sie bediente uns, legte uns alles in die Hände, sie war ruhig, und doch war Unterhaltung, es war wie ein Abschied.

Der Albert hatte hier in Neudorf ein Mädchen, die Pauline Herzig hieß. Sie trug ein kleines Töchterchen auf dem Arm, aber das Kind störte den Albert nicht, er hatte mit der Line ernste Absichten, die Hochzeit war für den Februar bestimmt. Er schickte ihr in dieser Zeit viele Päckchen, und der Neid war bei meiner Mutter groß, weil er niemals ein Päckchen an sie schickte, und der Line ihre Mutter tat sich damit groß, das Brautkleid hätte sie auch schon von ihm, es wäre feine grüne Seide, und auch die Esserei für die Hochzeit hätte er schon geschickt. Ich lernte die Line erst heute kennen und hörte ihren Namen zum erstenmal, sie war die mittlere von drei Schwestern, sie war blond und hatte wie ihre Mutter etwas vorstehende Zähne. Die Mutter von der Line war in der Untreue bekannt, und die Line kam nach der Mutter, darum wollte der Albert, daß wir tanzen gehn und die Line mitnehmen. Paßt mal auf sie auf, sagte der Albert.

Ich ging paarmal mit tanzen, aber das tat ich nur wegen dem Päppi, der in die jüngste Schwester von der Line, die Hilde hieß, sehr vernarrt war. Der Päppi konnte noch nicht tanzen, er freute sich, wenn ich mitging und ihm das Tanzen beibrachte. Der Päppi war meist still, seine großen Augen sahen sinnend aus, sein Gesicht war ohne Lachen oder Lächeln, und wenn er mal lachte, dann laut und derb, und dann war er wieder still, ging wie im Traum. Der Päppi war der einzige, der ruhig war, der Hermann war dagegen wie ein Fegefeuer, der Päppi sah dem Vater ähnlich, auch das sinnende Umhergehen und wie er sich ein ruhiges Liedchen pfiff, er sah auch gerne in den Spiegel, strich sich über die Haare, ob der Scheitel gut lag. Auf dem Saal saß er still neben mir, und wenn ich mit ihm tanzte, ließ er sich gut und leicht führen, er nahm gerne Belehrungen an, ich fühlte aber, daß er kein Tänzer wird. Er wagte keine Annäherung an die Hilde, bei ihm mußte sich ein Mädchen selbst anbieten. Er sagte, Weißt du, Walli, ich möchte gerne die Hilde haben. Der Päppi hatte sich schon jetzt viel vorgenommen, er wollte sich freiwillig zum Militär melden, er dachte, vom Arbeitsdienst freizukommen, er sagte, Dort will ich sehn, daß ich hochkomme, wenn ich es nur erst bis zum Leutnant gebracht habe, dann werde ich auch Oberleutnant, denn die Hilde will nicht jeden. So vertraute sich der Päppi mir an. Die Hilde war ein sehr schönes Mädchen, weiße zarte Haut, schwarze Augen und schwarze Naturlocken bis auf den Rücken, sie wurde oft zum Tanzen geholt. Sie war in einem Kontor von einem Möbelgeschäft in Brüx beschäftigt, dort machte sie die Buchführung. Ich mußte den Päppi auch paarmal zu den Herzigs begleiten, weil er sich nicht allein getraute. Die Hilde machte sich nichts aus dem Päppi und ging gleich aus dem Zimmer, es hieß, der Chef vom Möbelgeschäft wäre in sie verliebt. Der Päppi meinte dazu, Wenn ich erst einmal was geworden bin, dann wird sie schon von mir was wissen wollen. Zu einer Bekanntschaft ist es zwischen den beiden nie gekommen, die Hilde war schwer herzkrank und ist bald gestorben, zum Tanzen war sie höchstens zweimal mit.

Dann mußte der Päppi trotzdem zum Arbeitsdienst. Darüber war er sehr traurig. Beim Kofferpacken pfiff er leise sein Lied, »Hörst du mein heimliches Rufen«, und nur ich ahnte, was in seinem Herzen vor sich ging. Seinen Koffer mit den Zivilsachen schickte er zurück, seine Sachen waren sehr sorgfältig hineingelegt, besonders sein dunkelblauer Hut, den er gern vor dem Spiegel probiert hatte, der Hut war sein ganzer Stolz. Der Päppi war ein schöner, ruhiger Bursche, und er war auch nicht dumm. Als der Meierhof den ersten Traktor bekam, bekam ihn der Albert, der Fürst bezahlte die Prüfung, und der Päppi hat als dem Albert sein Beifahrer das Fahren auf dem Traktor so nebenbei gelernt, und als der Albert zum Militär mußte, konnte der Päppi die Prüfung machen, und dann war der Hermann sein Beifahrer und lernte es auch nebenbei, und als dann der Päppi zum Arbeitsdienst mußte, blieb der sechzehnjährige Hermann mit dem Traktor allein. In der Arbeit waren die Wirths ja beliebt. Als der Albert zum Militär ging, bekam er vom Fürsten Lobkowitz ein Buch über Landwirtschaftliches geschenkt, mit bunten Bildern, Feldern und Weiden, ich habe nicht gehört, daß jemand anders diese Anerkennung vom Fürsten bekommen hat. Der Hermann war der Lustigste von allen, er war jetzt sechzehn Jahre alt. Er hatte sich freiwillig zur SS gemeldet, mit Begeisterung schwärmte er.

Die Line, was meine Schwägerin werden sollte, arbeitete in Görkau in der Baumwollspinnerei, meiner Mutter war es nicht recht, daß sie sich dort schon Frau Wirth nennen ließ. Und dann passierte es, daß ich zur Frühschicht ging und mich ein Rascheln an der Tabakbude, an der ich vorbei mußte, erschreckte. Ich drehte mich um und erkannte die Line mit einem Mann. Zu Hause erzählte ich meiner Mutter, was ich am Morgen gesehen hatte. Das war ja was für meine Mutter, das mußte sie sofort der Line ihrer Mutter hintragen. Von dem, was ich am Montagmorgen gesehn hatte, wurde nichts zugegeben, der Line ihre Mutter bat uns, daß wir ja nichts dem Albert schreiben, weil doch alles ein Irrtum wäre. Meine Mutter sagte aber, daß ich es dem Albert schreiben soll, ich tat es auch aus meiner Pflicht, weil er mein Bruder war, ich schrieb ihm, Du kannst sie ruhig heiraten, ich schreibe es nur aus dem Grund, daß du mir nicht einmal Vorhaltungen machst. Auf meinen Brief kam keine Post, und er kam nicht auf Heiratsurlaub. Die Line und ihre Mutter waren sehr bedrückt, schon der Leute wegen, und meine Mutter war traurig und aufgeregt, daß der Albert nicht mehr nach Hause schrieb, sie machte mir sogar Vorwürfe, daß ich dem Albert alles geschrieben hatte. Das schrieb ich dem Albert, und er antwortete, daß er sehr froh wäre, daß ich ihn die Wahrheit hatte wissen lassen.

Und jetzt will ich erst wieder einmal etwas über mich erzählen. Der Ludwig schrieb mir in jedem Brief, Wenn es Gott gibt, dann läßt er mich noch einmal Deine gute Stimme hören, aber wir sehen uns nicht mehr wieder, und dann schrieb er, daß er auf Urlaub käme und wir uns verloben wollten. Beim Hitler war es so, daß ich nicht heiraten durfte, weil ich keine Kinder mehr bekam. Meine Mutter wußte ja von allem nichts, und als ich von Verlobung sprach, meinte sie mit breitgezogenem Mund, Warum will er sich erst verloben, wenn er will, kann er doch gleich heiraten? Ich sagte, Ich möchte gerne mal eine Verlobte sein, zum Heiraten kommen wir noch früh genug. Aber ich hatte einen Schrecken in mir, daß der Ludwig hierher auf Urlaub kommen wollte. Über meine Gedanken sprach ich mit niemandem, und so schwer es mir fiel, ich schrieb ihm den Abschiedsbrief, daß meine Mutter die Heirat nicht will. Im Bett wand ich mich vor Verzweiflung, daß ich ihm abschreiben mußte, und in der Stub dieser Lärm und dieses Kreischen, sie durften nicht ahnen, wie es mir ging und wie ich litt. Wie hätte ich hier einen Menschen hereinbringen können! Ich schickte ihm zum Andenken ein neues Foto von mir, meine Brust zersprang vor Verzweiflung über unsere Familienverhältnisse.

Etwa im Monat März kam der Albert wieder auf Urlaub, da lief ihm die Line vorn und hinten nach, am Abend stand sie draußen vor dem Haus. Der Hermann, der, wie ich schon erzählte, der Lustigste von allen war, zog sich vom Albert die Uniform an und die Stiefel und ging hinaus, vor an die Hecke, wo die Line auf der Lauer stand. Er tat, als wollte er an ihr vorbeigehn, da fiel die Line ihm um den Hals und jammerte, Albert, Albert. Was willst du denn von mir, antwortete der Hermann, daß die Line zurückfuhr und schimpfte, Ach, das ist doch der Hermann, du Luder, du! Lachend ging der Hermann zurück. Der Albert hatte Mitleid mit der Line und ging zu ihr, aber von Heirat wollte er nichts mehr wissen, die Line nahm er nur zum Zeitvertreib. Während einer Einquartierung in Schlesingen hatte er eine Lehrerin kennengelernt, von der er mir ein Foto zeigte, sie saß mit ihrer Schulklasse auf der Wiese, es war ein hübsches blondes Mädchen. Ich frug den Albert, Weiß sie denn, was du von Beruf bist? Ja, ich habe es ihr gesagt, daß ich Kutscher bin, und da hat sie gesagt, was du in Zivil bist, interessiert mich nicht. Ich sagte, Albert, laß sie doch mal herkommen, ich möchte sie gerne kennenlernen. Der Albert sah mich groß an. Walli, hierher, wuh! Ich verstand ihn, hier konnte man keinen fremden Menschen hereinbringen, und ich sah den Albert traurig und nachdenklich an und dachte, daß es ihm so wie mir erging. Dem Ludwig hatte ich mit schwerem Herzen einen Abschiedsbrief geschrieben, dabei wäre ich stolz auf einen Verlobungsring von ihm gewesen, aber wo sollte ich ihn hinführen, ich mußte ihm die Enttäuschung und mir die Verlegenheit ersparen. Das war für mich ein sehr schwerer Entschluß gewesen, und im Bett lag ich mit Weinen und verzweifeltem Leid, mit dem ich ganz allein fertig werden mußte, viele Jahre kam ich nicht drüber hinweg. Mochte der Ludwig sein, wie er wollte, aber er war doch gut. Der Albert blieb nur kurze Zeit, dann wollte er zu seiner Lehrerin, und das war meiner Mutter nicht recht, sie schimpfte, Was hat der früher wegzumachen, der hat im Urlaub zu Hause zu sein und nicht bei seinen Menschern. Als die Postbeamtin, das die Schubert-Emmy war, am Sonntagvormittag ein wichtiges Telegramm für den Albert brachte, daß seine Einheit verlegt worden war und er sich auf einen bestimmten Bahnhof bei der Auskunftstelle zu melden hätte, gab ich der Beamtin dem Albert seine Adresse, damit sie ihn auch rechtzeitig erreichte, aber da brüllte meine Mutter mich an, daß mich das nichts anginge. Am liebsten hätte sie der Beamtin das Telegramm aus der Hand gerissen und zerrissen, aber ich sorgte dafür, daß der Albert die Nachricht bekam. Er ließ dann lange nichts mehr von sich hören, und meine Mutter rannte alle Tage selbst zur Post, und dann schrieb sie an sein Wehrkommando, daß sie von ihrem Sohn keine Post bekäme. Da mußte der Albert zu seinem Vorgesetzten und bekam zur Strafe paar Tage Bunker.

Da dem Päppi sein Bett frei geworden war, schlief der Adolf öfter bei uns. Eines Tages sah ich ihn an der Kommode sitzen und schreiben. Adolf, was schreibst du? Er saß vor seinem Schreibpapier und blickte mit traurigen Augen und sagte, Das Gesundheitsamt will von mir meinen Lebenslauf wissen, wie ich von Kindheit an gelebt habe. Viele Seiten schrieb der Adolf, und als ich später mal wissen wollte, was aus dem Lebenslauf geworden war, erzählte er, Na, Walli, ich kann dir sagen, die haben geweint, als sie den Brief gelesen haben, ich hab der Frau den Brief gegeben und dagesessen, und sie hat gelesen, und das Wasser ist ihr dabei über das Gesicht gelaufen, sie frug mich immerfort, ob das alles wahr wäre, was ich da geschrieben hätte. In seinem Lebenslauf hatte der Adolf die Mißhandlungen durch den Stiefvater aufgeschrieben, ich erinnere mich, daß meine Mutter, als der Adolf den Brief schrieb, langsam hin und her ging, mit dem Gesicht zur Erde, als sollte es heißen, was sie dafür könnte, wenn der Olte so schlecht war, sie wollte niemals hören, daß sie an irgend etwas Schuld trug.

In dieser Zeit fing meine Mutter oft mit mir an, über ihr verdorbenes Leben zu reden, als ahnte sie, daß ihr Leben nur noch Monate dauern würde, sonst immer nur lärmend und polternd, gab es jetzt für sie auch mal ruhige Tage. Wenn meine Mutter über ihr verdorbenes Leben nachdachte, saß sie am Büfett, mir den Rükken zugewandt, und ich auf dem Sofa. Ich erinnerte sie an so vieles, wie er sie geschlagen hat, dann drehte sie mir den Kopf zu, als wäre sie aus dem Schlaf erwacht, so blickte sie mich an, und sagte, Ich hab ihn halt so gern gehabt, und immer wieder, Ich hab ihn halt so gern gehabt, das hat er gewußt, darum hat er mit mir gemacht, was er will. Und ich erzählte, erzählte, als lese ich aus einem Buch, sie sagte dann weiter nichts als nur, Was, das weißt du noch, das weißt du noch, aber damals warst du doch noch so ein kleines Kind, du warst gerade drei Jahre alt, und hast dir das so merken können, so hat er dich geschlagen, das kannst du dir doch gar nicht gemerkt haben, oh, wie du dir das hast merken können. Aber diese ruhigen Stunden mit ihr hatte ich zu bezahlen, sie wartete auf viel Geld von mir, aber sie brüllte auch viel mit den Kindern. Den Hermann schlug sie mit einem Kaffeetippl auf den Kopf, da sprang der wie eine Spirale hoch und hielt sich mit beiden Händen den Kopf und rannte um den Tisch. Ich wollte ihn streicheln und bedauern, da wurde ich von ihm angespuckt, er haxte mit den Füßen nach mir und schlug mit den Fäusten. Gieh weg, gieh weg, bleede Gons! Ich wußte keinen Morgen mehr, wie spät es ist, meine Mutter weckte mich nicht, ich verpaßte den Zug und mußte mit dem nächsten fahren. In der Fabrik verdiente ich nichts, ich konnte mich vor Erschöpfung kaum auf den Beinen halten und dann das Stechen in der Brust. Ich ging zum Arzt, und der sagte mir, Es ist noch kein Herzfehler, aber es kann einer werden. Es ging nicht mehr weiter so, ich bemühte mich um eine Kündigung, aber diese von der Fabrik zu bekommen war nicht leicht. Ich ging zum Arbeitsamt und ließ sie wissen, wie es mir zu Hause erging und daß ich schon Stechen in der Brust hätte und es ein Herzfehler werden könnte, daß meine Mutter mir alle Tage am liebsten den Stuhl vor die Tür stellen würde und daß ich mich schon gar nicht mehr nach Hause traute. Da sahen sie es im Arbeitsamt ein, und ich kam von der Fabrik weg und erhielt eine Zuweisung als Zimmermädchen im Café »Panorama« in Marienbad (Egerland), was mein Wunsch war. Als meine Mutter von der neuen Arbeitsstelle erfuhr, hätte sie das zweite Arbeitsbuch am liebsten verschwinden lassen oder mich angezeigt, aber sie hatte mir ja selbst dazu verholfen und mußte deshalb schweigen. Außerdem war sie für mich wieder mal auf Freiersfüßen, diesmal sollte ich nicht wählerisch sein und einen Bauern heiraten, damit ich schalten und walten könnte, wie sie es sich dachte, aber dieser Bauer hatte einen Buckel, meine Mutter dachte wieder mal nur an ihren Vorteil. Es hielt mich nichts mehr. Mein Junge, der am Anfang immer neben mir war und mich liebevoll angesehen und Mami gesagt hatte, machte heute Reißaus, wenn er mich auf der Straße sah. Meine neue Arbeit gefiel mir, aber ich hatte sie nicht lange. Nach paar Wochen kam zum Arbeitsamt Marienbad eine Aufforderung, daß ich zur Aussprache verlangt würde, es hieß, ich müßte zurück auf meine letzte Arbeitsstelle. Die Beamtin hielt eine Postkarte vom Arbeitsamt Görkau in der Hand, sie schüttelte den Kopf und konnte sich nicht genug über diese Karte wundern. Ich mußte wieder zurück, als ich zu Hause ankam, lachte meine Mutter sich den Buckel voll, Ich hab es eben probiert, mir ist's egal, hab gedacht, gelingt es, ist es gut, kommen sie dahinter, red ich mich eben raus, und voller Schadenfreude ließ sie mich wissen, daß sie auf die Karte, die mir vom Arbeitsamt Görkau nach Hause geschickt worden war, einfach paar Zeilen draufgeschrieben und sie nach Marienbad geschickt hätte, wer weiß, was sie geschrieben hatte.

Nun hatte mich meine Mutter wieder unter ihrer Fuchtel und konnte ihre Pläne mit mir weiter machen. Aber dann ging es ihr so schlecht, daß sie bettlägerig wurde. Ich sollte in ihrer Nähe sein, und so nahm ich eine Stelle in einer Fleischerei in Görkau an. Dort wohnte ich und fuhr immer mit dem Fahrrad nach Hause, um nach meiner Mutter zu sehen. In unserer Wohnung stank es nach ihrer Krankheit, aber meine Mutter behauptete, daß die Leute den Gestank reinbrächten. Da war eine Frau mit einem hohen Leib, sie hieß Frau Bröschel, die klagte über ihre inneren Leiden und über ihren Unterleib, und deshalb sah meine Mutter sie nicht gerne kommen, sie spuckte und ekelte sich vor ihr. In Wirklichkeit roch sie ihren eigenen Geruch. Der Adolf war noch gedrückter als zuvor, er saß wie gebrochen da, die Ellbogen auf die Knie gestützt und den Kopf in beiden Händen. In der letzten Zeit war er mehr bei meiner Mutter, als gehörte er zu der Frau, die ihn geboren hatte, aber sie war für keine Wärme. So passierte es, daß sie mitnander ganz derb zusammenstießen. Der Adolf hatte ihr vorgeworfen, daß sie schuld hätte an seinem Leiden, sie hätte einfach Kinder in die Welt gesetzt und sich dabei nichts gedacht. Soweit ich meine Mutter kannte, ließ sie sich keine Vorwürfe machen, und noch das. Als sie mitnander stritten, saß sie gerade auf dem Kohlenkasten und machte Feuer, da hatte sie auf einmal unter den Rippen einen Stich wie mit einem Messer, daß sie aufschrie und nicht vom Kohlenkasten hoch konnte, mit beiden Händen hielt sie die schmerzende Stelle und schrie, daß der Adolf sich nicht mehr blicken lassen sollte. Der Adolf raste in seiner Aufregung aus der Wohnung hinaus. Von hier an war sie schwerkrank, ihre Galle war geplatzt, die Galle war ins Blut gelaufen, daß es eine Blutgelbsucht wurde. Sie hatte eine unvorstellbare Gesichtsfarbe, laufen konnte sie nicht mehr, sie lag nur noch im Bett, und der Adolf ließ sich von dem Tag an nicht mehr sehn.

Ich blieb oft zwei oder drei Tage zu Hause, um sie zu unterstützen. Die Mausi konnte es nicht leiden, wenn die Mami meine Unterstützung verlangte. Dabei bekam die Mami von ihr auch garstige und freche Antworten, so wenn sie Makkaroni kochte und die zu hart waren, die Mami jammerte, daß sie sie nicht essen könnte, weil sie ihr im Magen drückten, da hieß es von der Mausi, Koch sie dir doch selber, wenn ich dir nichts rechtmachen kann, ich bleibe nicht mehr zu Hause, ich gehe in Dienst. Die Mami saß im Bett und jammerte, Jesses, Mauserle, bist du aber garstig zu mir, schau, ich bin krank, aber das Mauserle hatte nur herzlose Antworten. Meine Mutter wurde jetzt noch nervöser, sie sah immer nur Gespenster, sogar bei einem Vogelpiepsen schrak sie zusammen und meinte, Horcht, das ist doch ein Totenvogel. Aber Mami, hier gibt es doch keinen Totenvogel, wie soll denn ein Totenvogel aussehn? Nein, nein, sagte sie mit äußerster Angst im Gesicht, das ist er. Was du nur hast, sagte ich, die Vögel zwitschern wie immer. An der Gallen- und Leberseite zeigte sie mir eine Geschwulst, die so dick wie ein Arm war, aber der Doktor Steiner nahm es leicht, das wäre weiter nichts, hatte er gesagt, das vergingе wieder, sie sollte sich warm halten. Meine Mutter schickte die Kinder zu der Miez, weil sie Wärmflasche und Heizkissen hatte, aber die Miez borgte nichts, sie ließ bestellen, sie hätte beides nicht, und meine Mutter stöhnte, Ach, was hab ich für eine herzlose Schwester, so ist sie immer mit mir gewesen, und sie hatte ein ganz verzagtes Gesicht, weil sie Verlangen nach ihrer einzigen Schwester hatte. Auf die geschwollene Leber legten wir warme Tücher, ihre Füße und Beine waren dick, wenn man draufdrückte, blieben Löcher. Ich zeigte es dem Doktor Steiner, aber der winkte ab und meinte, daß das kein Wasser wäre, das wäre von der Anstrengung geschwollen. Dabei lag sie doch nur im Bett. Fleisch essen hatte er ihr verboten, sie wünschte sich so gerne wieder einmal ein Kotelett. Ich sagte, Wenn du Appetit drauf hast, dann iß es doch. Ich wußte, daß sie sterben muß, sie hatte braune Augenränder, ich hatte mir erzählen lassen, daß das ein Anzeichen von Magenkrebs sei und der Tod dann sicher, aber ich behielt es für mich. Sie hatte sich von einer Frau aus dem Ort ein Doktorbuch ausgeborgt, damit saß sie im Bett und blätterte darin herum, las hier und las dort und blätterte weiter, und es kamen die Krebskrankheiten. Huch, na, däs is Krebs, rief sie und blätterte schnell die Seite um. Nein, nein, das hab ich nicht, nein, nein, das guck ich mir nicht an, ich hab eine andere Krankheit, lamentierte sie und konnte sich doch mit nichts zufriedenstellen und frug immer nur, Was mag ich für eine Krankheit haben? Und dann erinnerte sie sich, daß vor sechs Jahren, das war neunzehnhundertfünfunddreißig, in Brüx ein Hellseher aufgetaucht war. Zu ihm war sie auch gegangen, weil sie wissen wollte, ob es ihr im Leben auch einmal gut gehen kann. Er hatte ihr gesagt, daß sie vom fünfzigsten bis zweiundfünfzigsten Lebensjahr eine schwere Krankheit durchmachen wird, und wenn sie diese schwere Krankheit hinter sich hat, wird es ihr immer gut gehn, und sie wird ein hohes Alter erreichen. Meine Mutter hatte dem Hellseher damals nicht geglaubt und hatte zu ihm gesagt, Mir kann es nur gut gehn, wenn ich tot bin. Aber jetzt war sie einundfünfzig Jahre alt, und da sie im dicken Doktorbuch nichts gefunden hatte, tröstete sie sich mit dem Hellseher, denn sterben wollte sie nicht. Kinder, wenn ich sterbe! Sie sah mit Angstaugen und Verzweiflung von einem auf den andern. Auf ihren Armen sah man große schwarze Flecke. Das sind Totenzwicker, sagte sie, und ihr Gesicht verzog sich vor Angst, wenn man solche Flecke kriegt, dann muß man sterben, das sind Totenzwicker. Und jeden Tag hatte sie mehr solche großen schwarzen Flecke auf den Armen und Oberbeinen.

Unterdes hatte ich mich zum Roten Kreuz gemeldet, die Wehrmacht brauchte Sanitäter, ich besuchte neben der Arbeit in der Fleischerei einen Kursus. Im Dezember neunzehnhunderteinundvierzig sollten wir nach dem Süden kommen. Der Albert sagte, Willst du uns auch verlassen, dann haben wir niemand mehr? Da blieb ich bei meinen Geschwistern, ich wollte ihnen das Zuhause erhalten. Wenn ich mal nach Hause kam, sah ich meine Mutter weinen, sie hatte Verlangen nach der Liebe ihrer Mutter und ihrer Schwester, sie hatte eines von den Kindern zu ihnen geschickt, daß sie doch mal kommen sollten, sie hätte mit ihnen zu sprechen. Darauf sah ich die Miez an ihrem Bett, und sie tat, als würde sie ganz für ihre Schwester dasein. Die Miez befahl, daß sie nach Brüx ins Krankenhaus sollte, das war Ende Oktober, und meiner Mutter tat es gut, daß ihre Schwester sich ihrer annahm.

Im Krankenhaus bemühten sich alle Ärzte um sie, aber sie konnten nicht feststellen, was ihr fehlte, der eine behauptete, sie hätte es mit dem Herzen, der andere meinte, Nein, die Frau hat ein gesundes Herz, eins wie aus Stein. Sie wurde viermal geröntgt, sie bekam alle Tage den Schlauch zum Schlucken, dann wieder mußte sie Zucker essen, fünf Ärzte standen um ihr Bett, untersuchten sie und rätselten, und ein Arzt drückte auf ihrem Bauch herum und stellte viele kleine Klümpchen fest, was er in seiner Praxis noch nie kennengelernt hatte. Was sie nun wirklich hatte, wußte keiner.

Wir besuchten sie alle zusammen. Sie lag in keinem schönen Zimmer, von der Tür weg war es wie ein schmaler Gang, und zu beiden Seiten fünf Betten, dicht nebeneinander. Ich sah die graue Bettwäsche, und das ganze Zimmer so dunkel, und die schlechte Luft herinnen. Als wir das erstemal kamen, sah sie nur ihr Mauserle, sie jammerte, Mauserle, Mauserle, mei armes Mauserle, wirst du denn mit der ganzen Arbeit fertig? Das Mauserle ließ den Kopf fallen, als ob sie weinen möchte, und ihr Unterkinn schob sich dabei wie geschwollen vor, so stand sie vor dem Bett der Mami, Mauserle, Mauserle, du wirst auch mal Wäsche waschen müssen, ich hab doch so lange nicht waschen können, soll dir die Walli mit dabei helfen, sag, Mauserle? Das Mauserle hatte bis jetzt kein Wort gesprochen, nur von unten her guckte sie schräg, mit der Hand machte sie eine wegwerfende Bewegung und brummte, Die brauch ich nicht. Soviel sich die Mami auch Mühe gab, das Mauserle wollte von mir nichts wissen, und ich wagte nicht dazwischenzureden, seit meine Mutter nicht mehr zu Hause war, traute ich mich nicht nach Hause. Der Adolf kam seit dem letzten Streit mit der Mami auch nicht mehr. Ich stand an ihrem Bett auf der einen Seite ganz allein, die andern standen auf der gegenüberliegenden Seite, und meine Mutter drehte mir den Rücken zu, als wollte sie von mir nichts wissen. In meiner Brust tat es weh, ich liebte meine Mutter und meine Geschwister, und ohne sie war ich einsam. Ich wurde von einer Frau herübergerufen, sie lag im ersten Bett links von der Tür, die Frau hatte sehr große schöne helle Augen und dunkles, lockiges Haar, meine Mutter hatte schon von ihr erzählt, daß sie Beine hätte wie zwei Stecken und am Darm eine Geschwulst und daß sie sterben würde, aber nichts davon wüßte. Diese Frau flüsterte mir leise zu, Ich will es Ihnen sagen, Ihre Mutter muß sterben, sie weiß es nur nicht. Ich hatte Mitleid mit beiden, dachte bei mir, daß eine von der anderen weiß, daß sie stirbt, aber beide nichts ahnen, daß sie selbst nur noch Stunden vor sich haben. Von meiner Mutter hatte ich erfahren, daß die Frau mit den großen schönen hellen Augen mit einem Mann unverheiratet zusammengelebt hatte, seitdem ihr Ehemann blind geworden war. Als sie krank wurde, besuchte sie aber nur ihr blinder Ehemann, er tastete sich an der Wand entlang und rief nach ihr, Emmerle, wo bist du, Emmerle, mei Emmerle, wo bist du! Die Türen von den Krankenzimmern standen offen. Emmerle, bist du hier? Hier bin ich, sagte die Frau, komm her, hier bin ich. Emmerle, sag, wo bist du, daß ich dich finden kann. Dann ging der blinde Mann auf sie zu, er fiel auf ihr Bett, umarmte sie, und beide weinten. Das war ein trauriges Bild. Meine Mutter hatte dieser Frau eine Ente versprochen, sie wollte ihr mit dem Geschenk noch eine letzte Freude machen. Überhaupt sprach sie jetzt immer viel vom Enten- und Gänsehalten, was sie alles machen wollte, wenn sie wieder gesund wäre.

Hiernach kam meine Mutter auf eine andere Station. Der Primarius, ein großer, starker, weißhaariger Mann, saß auf ihrem Bettrand und bettelte sie, daß er sie operieren will, er redete vertraulich mit ihr und daß ihr nur durch eine Operation geholfen werden kann. Seine Hoffnungen gefielen ihr, sie war einverstanden, auch wenn ein anderer Arzt, so ein kleiner Ausgewachsener, gegen die Operation war. Auf diesen Arzt schimpfte sie während der ganzen Besuchszeit, Der bucklige elende Hund, der will ja nur, daß ich sterben soll, der drückt am meisten auf meinem Bauch herum und versteht überhaupt nichts, sie war nur für den Primarius eingenommen, daß sie auf keinen anderen mehr hörte.

An ihrem Operationstag, das hatten wir ihr versprochen, wollten die Mutter, die Tanti und ich frühmorgens nach Mariaschein fahren. Mariaschein war eine Wallfahrtsstadt, dort soll manches Wunder passiert sein, Blinde hatten dort die Heilige Maria oder Mutter Gottes gesehn und hatten von diesem Moment an ihr Augenlicht wieder, oder kranke Leute kamen in die Stadt, um sich ihre Gesundheit zu erbeten, sie taten Opfer und Buße und gaben Spenden. Es machte meine Mutter sehr glücklich, daß wir für sie in die Kirche gehen und den Heiligen Opfer bringen wollten. Ich kam zum erstenmal in diese ruhige Stadt, von der mir meine Mutter als kleines Kind manche Wunder erzählt hatte. Die Kirche war leer. Gleich am Eingang waren an den hellen Wänden Bilder und darunter Tafeln, auf denen geschrieben stand, wie und was sich zugetragen hatte. Ich lief immer nur der Tanti und der Mutter hinterher und tat, was sie auch taten, sie kannten hier alles, sie waren oft in Mariaschein gewesen. Es wurde vor jeder steinernen Figur gekniet, die Mutter wußte ja die Namen und flüsterte mir jedesmal zu, Walli, das ist der heilige Soundso, Walli, das ist der heilige Soundso, auch Christus wurde angebetet, dann legte die Mutter Geld vor die Bilder, auch einen Rosenkranz legte sie einer steinernen Figur um, und am Kircheneingang stand ein Tisch mit verschiedenen heiligen Sachen, die man kaufen konnte. Ich hatte auch einen Rosenkranz gekauft, hatte mit ihm jede Figur berührt, wie ich es bei der Mutter sah, und ihn dann einer heiligen Figur gelassen. Ich sah den Heiligen fest und fromm ins Gesicht, denn es war ja meine Bitte, daß meine Mutter am Leben bleiben soll, warum sollte dann die Mami nicht durch ein großes Wunder gesund werden. Als alles zum Gebet und Opfer getan war, wurde die Kirche wieder verlassen. Die Tanti hatte die ganze Zeit kein Interesse gezeigt, denn der Besuch in dieser heiligen Stadt und Kirche war ja nicht ihr gewidmet. Wir saßen auf dem Bahnhof allein, es war ebenso still wie in der Kirche. Der Mutter sah ich es an, daß ihre Gedanken nicht leicht waren, aber die Tanti war wie ein kleines Kind, das nichts verstand. Sie blätterte in liegengebliebenen Zeitschriften und amüsierte sich über Heiratsannoncen, sie hatte zu lachen, als säße sie in einer lustigen Stammtischrunde. Mutter, du bist Witwe, such dir einen aus, du mußt an einen schreiben! Die Mutter hatte keine Lust, aber die Miez verlangte es, und so blieb der Mutter nichts übrig. Walli, du mußt auch schreiben, komm, komm, das macht Spaß! Ich sagte, Ich denke an die Mami, die wird heute operiert, wer weiß, wie es ihr geht. Äh, um dere brauchst du dir keine Sorgen machen, dere geht es nicht schlecht, wir waren ja in der Kirche. Damit sie ihren Willen hatte, schrieb ich auch auf ein Inserat, das hieß, Ich bin ein Spitzbub und suche eine Lebensgefährtin, und da er sich einen Spitzbub nannte, schrieb ich, Ich bin auch ein Spitzbub wie Sie, und darum möchte ich Sie gerne für meinen Lebensweg, die Mutter schrieb, daß sie eine lustige Witwe wäre, die Tanti wollte es so geschrieben haben, aber die Mutter schrieb es ohne Lächeln.

Als wir an diesem Tag von Mariaschein zurückkamen, waren der Adolf und der Päppi schon im Krankenhaus. An den Päppi und den Albert waren Telegramme geschickt worden, der Päppi war als erster hier. Vom Primarius hatten wir die Erlaubnis, meine Mutter alle Tage zu besuchen. Jetzt lag sie in einem großen hellen Zimmer, gleich rechts von der Tür im ersten Bett. Sie war noch in der Narkose und schimpfte immerfort etwas von der elenden buckligen Sau, die sie sterben lassen wollte, damit meinte sie den Arzt, der ihr von der Operation abgeraten hatte. Die Mutter hatte dem Adolf alle Tage Vorwürfe gemacht, wie schlecht es um die Mami stünde, daß er an ihrem Leiden schuld sei, weil er sie aufgeregt hatte, daß ihre Galle platzen mußte, deshalb kam der

Adolf heute an ihrem Operationstag an ihr Bett. Wenn der Adolf auch nicht Mutter oder Mami zu ihr sagen konnte, so fühlte er doch, was eine Mutter ist. Er hatte im Gesicht abgenommen, ich merkte, daß er litt. Der Adolf ging zu ihrem Bett und warf sich weinend auf ihre Brust, daß die Mami die Augen aufmachte und sagte, Adolf, wir sind halt beide sehr nervös, nicht wahr, und der Adolf weinte auf ihrer Brust, daß sein Körper auf und nieder zuckte. Wir andern standen an ihrem Fußende. Die Tanti war in der Zwischenzeit allein zum Primarius gegangen, und so hatte sie erfahren, daß die Siedl, meine Mutter, den Magen-Gallen-Leber-Krebs hatte. Als sie mit dieser Neuigkeit ins Zimmer kam, war sie ganz außer sich, Guckt euch einer dere an, mir hat sie immer den Krebs gewünscht, zu allen Leuten hat sie es gesagt, ich hätte den Krebs, derweil hat sie ihn, die elende Kanalliä, da kann man mal sehn, sie hat ihn selber, der liebe Gott hat sie bestraft. Ich sagte, Wir wollen es sie nicht weiter wissen lassen. Da krallten mich der Tanti ihre Glotzaugen an. Warum soll sie es denn nicht wissen, was sie hat, das muß sie wissen! Sie rannte aus dem Zimmer und kam lange nicht wieder. Da wir mit der Tanti kein vernünftiges Wort sprechen konnten, meinte der Päppi, Walli, komm, wir reden selbst mit dem Primarius. In dem Moment, als wir Kinder mit dem Primarius sprachen, war die Miez an das Bett meiner Mutter gegangen und hatte ihr gesagt, Siedl, du hast Krebs. Eines von den Kindern hatte es mir danach erzählt. Wenn es nach mir gegangen wäre, ich hätte die Tanti nicht über die Schwelle gelassen, aber ich allein konnte nichts tun, und meine Geschwister kümmerte nichts. Der Primarius war zu uns unfreundlich und abweisend, er sagte, Ich habe es ja schon Ihrer Tante gesagt, was Ihre Mutter hat. Ich sagte, Herr Primarius, es ist aber unsere Mutter, und wir möchten es gerne von Ihnen selbst hören. Ihre Mutter hat den Magen-Gallen-Leber-Krebs, den hat sie schon als junges Mädchen mit sich rumgetragen, er sagte weiter, daß bei ihr schon vor zwanzig Jahren eine Operation zu spät gewesen wäre. Ihre Mutter kann ab heute noch drei Wochen leben, der Krebs glüht bis hinauf zum Schlund, der Krebs hat die Gallenblase durchgefressen, sie kann noch drei Wochen leben, wäre die Galle nicht geplatzt, wäre sie eingeschlafen, aber so muß sie bis zu ihrem Tod leiden.

So sagte es der Primarius und verschwand hinter einer Tür. Als wir nach Hause machten, hatte die Tanti weiter nichts zu tun, als zu schimpfen, daß ihr die Luft wegblieb, nur die Mutter hing ihren Kopf und schwieg, sie dachte an die Leiden ihrer großen Tochter und daß der Siedl ihr Vater am gleichen Leiden gestorben war.

Weil die zwei Soldaten jetzt zu Hause waren, mußte ich mich um den Haushalt kümmern, die Mutter wollte es so. Auf dem Nachhauseweg war ich allein, die Geschwister blieben noch in Brüx bei der Tante Hedwig. Die Tante war eine Stiefschwester von unserem Vater, die ich kennengelernt hatte, als wir aus Westfalen zurückgekommen waren. Als der alte Vater neunzehnhundertsechsunddreißig starb, wurde meiner Mutter altes Möbelzeug zur Vererbung angeboten, aber ihr lag nichts an Möbeln, obwohl sie mit diesen guterhaltenen schönen Sachen ihre Wohnung hätte verschönern können, aber so war sie nicht, sie konnte nur mit Geld zufriedengestellt werden. Und diese Tante Hedwig hatte in Brüx in der Marktgasse einen Gemüseladen, und mit ihr hatte sich meine Mutter in der letzten Zeit angefreundet. Das wunderte mich sehr, weil diese Verwandtschaft nichts von uns wissen wollte, aber das mochte sich geändert haben, seitdem meine Mutter Mehl und Brot im Überfluß hatte. Besonders der Ernst hatte schnell das Vertrauen der Tante Hedwig, er half ihr und trug ihr das Gemüse an den Ladentisch, er lief und bediente die Kundschaft, es hieß von ihm immer, Was wünscht die Dame, und beim Rausgehen hieß es, Auf Wiedersehn, die Dame. Das gefiel der Tante Hedwig, das gefiel den Kunden, darum sah die Hedwig den Ernst gerne im Laden, sie wollte ihn nach der Schule zu sich nehmen, weil er es so gut mit den Kunden konnte. So kam es, daß der Ernst die Hosentaschen voller Klimpergeld hatte, ich dachte, daß die Hedwig bald selbst draufkommen wird, so war es auch. Aber in diesen Tagen war der Ernst nur bei der Tante Hedwig, der Albert und der Päppi auch. Die Tante Hedwig hatte zwei Töchter, eine achtzehn Jahre und eine sechzehn Jahre alt. Der Albert und der Päppi waren sehr vernarrt in sie, ihre Unterhaltung mitnander ging nur über diese beiden Mädchen, sie hielten sich meistens bei ihnen in Brüx auf, manches Mal schliefen sie dort, manchmal kamen sie spät in der Nacht wie glückliche Männer nach Hause.

Ihre Lebensmittelkarten hatten sie behalten, wenn sie bei der Tante waren, konnten sie damit groß angeben, und waren sie zu Hause, dann frugen sie nach nichts, ich mußte alle Tage Essen auf den Tisch stellen, was ich von meinem Geld nahm.

Meine Geschwister kamen jetzt auch viel mit der Tanti zusammen, oder noch anders gesagt, die Tanti versuchte, die Geschwister an sich zu halten, sie nahm auch alles in ihre Hände. Das tat sie, weil Kinder und Jugendliche eine bessere Lebensmittelkarte hatten, und dann das Deputat und die Waisenrente, umsonst hätte sie die Kinder nie bei sich behalten. Nur ich gefiel ihr nicht. Meine Geschwister überließen alles der Tanti, sie verstanden mich nicht, daß ich ihnen ihre Heimat, ihr Zuhause erhalten will, ich wagte nicht, mit ihnen darüber zu sprechen, weil ich wußte, daß sie es nicht verstanden. Die Mausi hielt sich meist bei der Tanti auf, und am Abend kam sie nach Hause, schlich umher und brummelte, Die elende Sau, soll schaun, daß sie rauskommt, wir brauchen die nicht! Mausi, sei nicht so garstig, sagte ich. Leck mich in Arsch, schau, daß du rauskommst, wenn ich morgen nach Hause komm, will ich dich nicht mehr sehn. Wirst du deinen Mund halten und nicht Sau zu mir sagen! Du bist doch nichts weiter als eine alte Sau, Sau, und sie spuckte mich an. Da wollte ich ihr eine hinanhaun, aber sie sprang mich wie eine wilde Katze an. Wir rauften uns, und ich war die Unterlegene, ich mußte noch froh sein, daß sie mir keinen Schaden zugefügt hatte. Den Mund hielt sie nicht, und den Ernst nahm sie für sich ein, zum Schlafengehen nahm sie ihn mit fort in die Pferdekrippe, damit die Leute dachten, daß ich sie rausgejagt hätte. In der Nacht ließ ich die Tür offen, und spät in der Nacht hörte ich die Mausi mit dem Ernst kommen, sie hatten keine Ruhe vor den Ratten gefunden. So erzählte es mir am andern Tag der Ernst. Wenn die Mausi gar so garstig war, tröstete ich mich immer, es würde sich schon alles zum Guten ändern. Meine Mutter hatte mir gesagt, daß ich eine Gans schlachten soll, da ja die beiden Soldaten in Urlaub waren. Sie wurde geschlachtet und gerupft, aber dann war die Gans fort, die Mausi hatte sie einfach mit nach Seestadtl genommen. Auch den Leuten im Haus fiel auf, wie böse die Mausi zu mir war, und sie sagten, Mausi, sei doch nicht so garstig zu deiner Schwester, seid froh, daß ihr sie habt. Aber die Mausi sagte, Wir brauchen die alte Gork nich, und sie hielt zur Tante und machte alles, was die verlangte, sogar das Viehzeug ging sie versorgen, mit dem Buckelkorb holte sie Grünzeug von den Feldern, wie eine alte Frau, die Mausi war der Tante zugetan. Sie kam auch immer nur für paar Stunden, und da fürchtete ich mich vor ihr und ging ihr aus dem Weg. Bei dem Albert in der Wäsche hatte ich dicke schwarze Läuse gefunden. Ich guckte gleich seinen Kopf nach, ich wusch und reinigte ihn, das tat ihm so gut, daß er jedesmal auf mich wartete und sagte, Walli, komm, wasch du mir meinen Kopf, du kannst es so gut, ich weiß gar nicht, was du für Hände hast, das ist so schön. Ich hatte viel Arbeit, von meiner Mutter war alles liegengeblieben, ich suchte die schmutzige Wäsche ein und warf sie auf einen Haufen, nur dem Albert seine verlauste Wäsche, die kochte ich sofort aus, ich hatte so viel zu tun, daß ich in den letzten Tagen nicht mehr mit ins Krankenhaus gegangen war.

An einem Tag ließ die Tanti mir bestellen, daß wir alle ins Krankenhaus kommen sollen, unserer Mutter ginge es sehr schlecht. Die Geschwister waren schon alle fort. Sie lag allein im Zimmer, es war groß und hell mit zwei Fenstern, zu beiden Seiten Betten. Meine Mutter war kaum wiederzuerkennen, ihr Gesicht war eingefallen, die Farbe braungelb, die Haut wie Glas, die Augen waren die einer Sterbenden. Sie bewegte den Kopf kaum, und wenn sie was gefragt wurde, war ihre Stimme leise. Es schien so, als sähe sie nichts mehr. Ich war ja bei ihrem Anblick erschrocken und sagte leise, Mami, aber sie hörte meine Stimme nicht. Am Krankenbett sah ich auch meine Schwiegermutter, die Krovin, und meinen Jungen. Bei meinem Reinkommen stellte sie sich ganz vom Bett weg, und mein Junge stand still neben ihr. Ich stellte mich ans Kopfende, alle anderen standen im Gang. Jetzt hatte ihre Uhr geschlagen. Ich sah zu meinem Jungen hin und dachte, daß sie sich bestimmt freuen würde, wenn der Junge zu ihr Guten Tag, Mutter! sagen tät, und so ging ich, beugte mich zu ihm und sagte leise, Gustl, komm, geh mal mit zu der Mutter rüber, daß sie dich sieht, und der Junge kam auch. Ich faßte ihn unter die Arme und hob ihn hoch, damit meine Mutter ihn sehen konnte, und sagte, Mami, der kleine Junge ist hier. Es kam wehleidig aus meinem Mund, weil ich daran dachte, daß es mein Kind war und es von ihr noch kein gutes Wort bekommen hatte. Da begann sie plötzlich mit beiden Ellenbogen hin und her zu stoßen und den Kopf unwillig rum und num zu werfen. Weg, weg von mir, ich will niemanden sehen! Aber Mami, schau doch, der kleine Junge? Ihre Stimme wurde heftiger und heiser. Weg von mir, weg von mir, ich will niemanden sehen! Der Junge begann zu weinen, daß ich ihn herunterlassen mußte, er hielt sich beide Handrücken an die Augen und lief zur Krovin zurück. Ich war erschrocken, daß ich gar nicht wußte, wo ich hinsehen sollte. Die Krovin hatte mich beobachtet, sie hatte für mich Mitleid und ein warmes Herz und vergönnte mir mein Kind gern. Ich mußte von dem Bett meiner Mutter weichen, sie hob ihre großen derben Finger und stieß mit beiden Ellenbogen rum und num, wie ein Vogel, der mit seinen Flügeln schlug. Weg von meinem Bett, ich will niemanden haben! Das sollte heißen, sie will mich nicht bei sich haben, und der Junge gehörte dazu. Wie verlassen ging ich von ihrem Bett.

Die Tanti nahm sich allem an, und sie besprach ihre Vorhaben nur mit den Geschwistern, sie vergönnte mir als Ältester nicht, daß ich den Geschwistern die Mami vertrat. So hatte sie auch befohlen, daß die Mami mit dem Krankenwagen nach Hause gebracht werden sollte, sie bestimmte, daß der Albert mit ihr im Krankenwagen fuhr. Meine Mutter lag nun zu Hause, und ihr Anblick war erschreckend. Meine Brüder saßen mit den Töchtern von der Tante Hedwig im Nebenzimmer und amüsierten sich, kicherten und hatten keine Sorgen. Mir tat es leid, daß auf die Mami keine Rücksicht genommen wurde, ich trat über die Schwelle und sagte, daß sie sich doch leise verhalten möchten, dann hörte ich nur Kichern mit Zurückhaltung. Gegen Abend verabschiedeten sich die Mädchen von meiner Mutter, der Albert und der Päppi gingen mit ihnen fort, der Ernst wurde von der Mausi mit nach Seestadtl genommen, sie befahl, und er gehorchte. An diesem ersten Abend kam der Pfarrer mit zwei Ministranten, meine Mutter bekam das letzte Sterbesakrament. Jetzt hatte sie ausgeschlafen und war mit ihrem Geist ganz da, nun auf einmal der Pfarrer mit seinen Ministranten an ihrem Bett, sie erschrak und drehte ihren Kopf zur Seite und stöhnte, Ach je, ach je, da muß ich wohl doch sterben, und während der Handlung blieb sie so liegen. Der Hermann und ich knieten vor ihrem Bett und beteten, und als der Pfarrer mit seinen Ministranten gegangen war und meine Mutter immer noch mit Angst in den Augen dalag, sagte ich, Mami, von dem heiligen Sakrament ist schon mancher gesund geworden. Sie gab keine Antwort und sprach an diesem Abend nichts mehr. In der Nacht lief ich im Dunkeln von der Schlafstub in die Küche hin und her, und meine Mutter klagte und wimmerte, Kinder, Kinder. Aber die Kinder waren nicht da, sie alle hatten es gewußt, daß am Abend der Pfarrer mit den Sterbesakramenten zu ihr kam.

Mitten in der Nacht ging die Sirene. Fliegeralarm. Der Mond stand in voller Größe am Himmel, so daß es hell draußen war. Die Sirene heulte, und die Flieger brummten schon über unsere Dächer, Christbäume fielen, sie umkreisten den Meierhof, suchten was. Ich dachte, daß der Meierhof mit den vielen großen Gebäuden und der großen Esse vom Brauhaus eine Zielscheibe wäre. Ich sah Menschen rennen, hörte das Getrappel und den Lärm, sie eilten in den Luftschutzkeller, nur wir blieben oben, der Hermann schlief, und die Mami merkte nichts, ich sah die feindlichen Flugzeuge, sah die Christbäume fallen, sah, wie die Flugzeuge ganz tief über die Dächer und Bäume flogen, und spürte, wie Wände und Fußböden zitterten. Nur in unserem Haus war es still geblieben, ich hörte es am andern Tag, daß sie alle wie die alte Frau Drechsler geblieben waren, damit wir Kinder mit der sterbenden Mutter nicht allein sein brauchten. Gegen Mittag kamen der Albert und der Päppi von Brüx zurück, sie frugen nicht, wie es der Mami ging, seelig waren sie, murmelten mitnander, fuhren mal mit Lachen laut auf, ich wußte nicht, was ich davon halten sollte. Die Mami begann zu wimmern, ihr taten die Beine weh und der Rücken, sie wollte hochgehoben werden, weil sie nicht mehr liegen konnte. Der Albert und ich versuchten es. Ein schlechter Gestank strömte aus ihrem Mund und vom Unterleib hoch, wenn sie sich die Decke wegschob, weil es ihr zu heiß war, der Geruch hatte sich in der ganzen Wohnung verbreitet, wir hatten ja nur zwei Räume, und dazu die Wärme vom Ofen und die Gerüche vom Kochen. Der Albert und ich versuchten sie zu heben, der Albert faßte sie unter den Achseln und ich an den Beinen, wir brachten sie unmöglich hoch. Ihre Beinen waren gefüllt mit Wasser und ganz leblos, die Oberbeine klebten fest zusammen und waren steif und tot. Mir ist es schlecht, sagte ich und taumelte rückwärts an den Schrank. Da willst du Krankenschwester werden und kannst nicht mal so viel machen, schimpfte der Albert. Ich sagte, Solche Kranke gehören ins Krankenhaus, dort ist Linderung für sie. Wir mußten sie liegenlassen, und wenn sie der Albert mal anrückte, schrie sie auf.

Am Abend kam die Tanti, um mit bei der Mami zu wachen. Der Päppi und der Albert waren am Nachmittag wieder ohne ein Wort gegangen, nur der Hermann blieb. Die Tanti legte sich neben ihre Schwester, ich legte mich auf das Sofa in der Stub. In der Nacht klagte meine Mutter, ich stand auf und ging an ihr Bett. Mami, was hast du? Meine Beine tun so weh, jammerte sie. Ich streichelte ihre Beine. Sie frug leise, Kannst du mir meine Beine reiben? Ich tat es sofort, und sie stöhnte vor Wohltat auf, Oh, tut das aber gut, reibe, fest, fest, du mußt fester aufdrücken, das ist so schön. Mit aller Kraft rieb ich ihr den einzigen steifen Fuß mit den Fußzehen. So ist es gut, ist das gut, reibe, fest, fest, das ist gut! Die Tanti hatte sich im Bett erhoben und wollte wissen, was ich da machte. Ich reibe der Mami die Beine, sagte ich. Da wirst du so eine Wirtschaft machen, hör auf! Die Mami will es ja haben, sagte ich, und meine Mutter, Walli, reibe, das tut so gut. Die Tanti langte rüber und haute mir auf die Hände und schimpfte, Laß sein, hör jetzt auf und geh schlafen. Ich merkte, daß die Hände naß wurden, und hörte von alleine auf. Frühmorgens ging die Tanti zurück nach Seestadtl. Tagsüber ging ich oft zu meiner Mutter ins Zimmer, sah in ihr Gesicht, sagte liebevoll Mami, ich merkte, daß sie mit mir sprechen wollte, so wie es immer war, wenn sie über ihr verdorbenes Leben klagte, sie wußte, daß in solchen Momenten nur ich sie verstand, aber heute wich sie meinen Augen aus, still lag sie, sah durch die offene Tür und hörte auf die Unterhaltungen und Geräusche in der Stub. Ich wollte mich schon vor ihr Bett knien, meine Arme um sie legen und sagen, Mami, so red doch etwas, aber ihre Augen wurden plötzlich abweisend.

Mit diesem Tag sah meine Mutter noch schlechter aus, das Wasser drückte ihr das linke Auge heraus, daß es zum Erschrecken aussah, manches Mal lag sie still, sah durch die offene Tür und hörte auf die Unterhaltung, helfen konnte ich ihr nicht, ich stellte mich dann an das Fenster und sah zu ihr rüber, in meiner Brust weinte es, Mami, wenn du doch ein gutes Wort mit allen reden tätest, es würde so gut sein, die Geschwister, die es heute nicht verstehn, sie werden älter, und im Alter wird bestimmt die Stunde kommen, wo sie sich an die letzten Worte ihrer Mutter erinnern, es wird ihnen im Leben helfen, wir Geschwister müssen zusammenhalten, wir müssen beinander bleiben, wir brauchen uns! Während ich so in Gedanken versunken dastand, drehte meine Mutter langsam ihren Kopf herum, riß mit mal ihre Augen weit auf, so ein mit starrem Blick, daß ich vor Angst zusammenfuhr. Wer ist denn das dort? frug sie. Sofort ging ich vom Fenster weg und zu ihrem Bett hin und sagte, Ich bin es, Mami, Wo, wo, machte sie es angestrengt, und ich ging noch mehr auf sie zu und sagte, Na ich, Mami. Ach, du bist es, sagte sie und drehte ihren Kopf zur Seite und starrte durch die offene Tür. Am Abend ließen wir den Doktor Steiner kommen. Meine Mutter wollte von ihm verbunden werden, doch er meinte, daß das nicht nötig wäre. Meine Mutter wehrte sich mit dem Oberkörper und weinte, Ich will verbunden werden, ich will wieder nach Brüx ins Krankenhaus, dort werde ich verbunden. Der Doktor Steiner sah sich den Verband an und konnte sie beruhigen, daß alles gut wäre, und beim Weggehen gab er ihr die Hand und sagte, Schlaf wohl, mein Kind. Ich weiß nicht, ob er älter oder jünger gewesen ist als meine Mutter, sie hatte bei ihm den Adolf entbunden, und den Vater hatte er auch auf seinem letzten Weg begleitet. Meine Mutter war sehr unruhig und klagte an diesem Abend ununterbrochen, Der Albert, der Albert, der arme Junge, der Albert! Die Mutter war gekommen und hatte sich mit ihrem Strickzeug an ihr Bett gesetzt, sie versuchte sie zu beruhigen. Sei nur ganz still, daß dir der Hals nicht weh tut. Alles, was wir hatten, mußten wir ihr hinter den Rücken legen, damit sie im Bett sitzen konnte. Die Medizin vom Doktor Steiner konnte sie nicht erlösen, sie schrie und jammerte, wir wußten uns nicht zu helfen und mußten den Albert mitten in der Nacht zum Doktor Steiner schicken. Als er wiederkam, erzählte er, daß der Doktor sich gewundert hätte, er hatte gesagt,

Wie ist denn das möglich, daß die arme Frau immer noch lebt. Meine Mutter hatte ein sehr starkes und gesundes Herz, und dann ihre Energie, sie wollte am Leben bleiben. Ich fühlte den Puls, wie ich es im Rot-Kreuz-Kursus gelernt hatte, ihr Puls stand eine Weile still, dann hämmerte er wieder im Galopp. Die Arznei, die der Albert mitgebracht hatte, konnte ich ihr nicht geben, ich bat den Albert und sah zu, wie er es ihr mit dem Löffel in den Mund gab, sie konnte gar nichts mehr schlucken. Kinder, Kinder, Mutter, Mutter, Mutter, der Albert, der arme Junge! Es kamen für sie noch schwere Stunden, sie hielt sich im Sitzen taumelnd hin und her, dann merkte sie wohl, daß ihr nichts anderes übrigblieb als zu sterben, sie zeigte mit der Hand, daß wir die Stützen hinter ihrem Rücken wegnehmen. Sie fiel zurück, lag flach da, und in diesem Moment schwappte das Wasser zum Herzen. Von ihren Lippen kam immerfort, Siehst, siehst, siehst. Ich verstand, daß sie mit ihren letzten Flüsterworten beim Hellseher war, ihr Glaube an ihn war immer Zweifel gewesen, aber in diesem Moment fühlte sie, daß es ihre letzten Atemzüge sind. Ich wollte beten, aber ich kam zu keinem Beten, ich wollte sie noch für mich behalten, denn wenn eine Mutter geht, ist alles weg, ich sah auf ihre Hände, jetzt konnte ich noch Mami sagen, jetzt rührte sie sich noch. Die Mutter legte ihr Ohr auf ihren Mund und horchte gespannt, es war nichts zu verstehen, nur Flüstern kam noch von ihren Lippen, sie bewegte sie bis zum Schluß. Dann lag sie ganz still mit offenen Augen. Wir Kinder standen da und sprachen kein Wort. Der Hermann war im Hemd, er war von der Mutter aus dem Schlaf gerissen worden, damit er in der letzten Sekunde noch bei ihr war. Die Mutter drückte ihr die Augen zu und sprach dabei, Jesses, das arme Luder, was hat sie denn alles durchgemacht, was hat sie für ein Leben gehabt!

Die Mami war nun tot, und die Tanti nahm sich um alles an. Sie sprach von Trauerkleidung kaufen, sie sprach von Sarg kaufen, Beerdigung besorgen, eine Kapelle sollte dabeisein, weil meine Mutter sehr musikliebend gewesen war. Die Tanti schrie es weit und breit herum, daß die Leute es alle wußten, was sie sich für Ausgaben macht und sich um alles kümmert. Der Albert schlich in der Zeit mit traurigem Gesicht herum, aber nicht, weil er keine Eltern mehr hatte, sondern weil er an sein Geld dachte, daß er der Mami alle Monate zum Aufheben nach Hause geschickt hatte, er sagte, Das Geld muß doch dasein, weiß denn niemand was, wo die Mami mein Geld hingetan hat? Vom Ernst erfuhr der Albert, daß die Mami der Tanti das Geld in Aufbewahrung gegeben hatte. Der Albert fand es von der Tanti unerhört, daß sie kein Wort davon gesagt hatte. Er ging nicht selbst zu ihr, sein Geld verlangen, die Kinder sollten es mitbringen, aber die Tanti wollte es nicht hergeben. Der Albert schickte die Kinder wieder, und diesmal brachten sie es mit. Tüchtig böse soll sie gewesen sein und gesagt haben, Da habt, gebt ihm sein Geld, seht nur, wie ihr mit allem fertig werdet, das ist der Dank, was man für euch tut, ihr seid genau wie eure Olte. Der Albert hatte nun sein Geld, aber es fehlte sehr viel, daß er in traurigem Ton sagte, Ich habe der Mami jeden Monat mein ganzes Gehalt geschickt, sie soll es mir aufheben, wenn der Krieg aus ist, daß ich was habe, die Mami hat so viel Geld gehabt und hat noch von meinem genommen. Der Albert tat mir leid. Von seinem Geld hatte die Tanti auch schon den Sarg bezahlt, und es war von ihr ein teurer Sarg gekauft worden. Der Albert erledigte nun von dem übriggebliebenen Geld alles, was zu tun war. Er fuhr mit dem Hermann und dem Ernst nach Komotau, kaufte dort Schuhe für sie, Anzüge brachten sie aber nicht mit, kann sein, daß der Albert von seinem Geld noch was behalten wollte, für die Mausi gab er nichts aus. Für die soll die Tanti aufkommen! Und mit dem teuren Sarg, das war ihm nicht recht, er klagte, daß der Sarg so viel Geld kostete, sie bekam einen weißen, den besten, den sie hatten. Den Abend nach ihrem Tod blieb ich mit dem Hermann und dem Ernst allein, der Albert und der Päppi waren in Brüx die Verwandtschaft benachrichtigen. Ich wagte nicht, mich schlafen zu legen, es war so unheimlich, es war grad so, als ob das Licht dusterer brannte. Drin in der Schlafstube lag die Mami unter einem Leinentuch, die Tür war zu, aber es war trotzdem ein komisches Gefühl, daß ich kaum wagte, mich zu bewegen. Ich wollte nicht hier schlafen und ging rüber zu unseren Nachbarn, die Weinert hießen. Sie hatten fünf kleine Kinder, der Mann verdiente allein, in der Wirtschaft war Sauberkeit und Ordnung, Herr Weinert war beim Militär. Aber auch der Hermann und der Ernst wollten nicht in unserer Wohnung schlafen. Es war eine Wohltat bei den Weinerts, die saubere Luft und im sauberen Bettzeug zu liegen.

Am zweiten Tag kam der Sarg, die Betten wurden auseinandergerissen, die Strohsäcke wurden mit dem Stroh gleich auf dem Misthaufen verbrannt und die Bettstellen zusammengestellt, in die Mitte des Zimmers kam der Sarg. Der Päppi rührte keinen Finger, ich machte alles mit dem Albert, wir mußten sehn, wie wir sie in den Sarg reinbrachten. Vorher kämmte ich noch ihr Haar, versuchte einen Mittelscheitel und machte ihr zwei kleine Zöpfe, die ihr bis auf die Schultern hingen. Ihr blondes Haar, das bisher noch kein Weißes hatte, war in den letzten Tagen schneeweiß geworden, und obwohl die Mutter ihr die Augen zugedrückt hatte, standen sie weit auf, als verfolgten sie jeden Schritt. Am vierundzwanzigsten November neunzehnhunderteinundvierzig war meine Mutter gestorben, und am sechsundzwanzigsten sollte sie beerdigt werden. Vor sieben Jahren wurde mein Sohn am gleichen Tag geboren, und ich sagte zum Albert, Es ist doch so früh, sie ist doch erst Donnerstag gestorben, und am Samstag soll es schon sein? Ich bekam einen Blick von ihm, als wollte er sagen, was mengst du dich ein, das ist unsere Sache. Die Mutter wollte, daß sie nach Seestadtl auf den Friedhof kam, sie hatte dort drei Gräber, in dem einen lag schon der Wenzel, neben ihn sollte sie hinkommen und neben ihr die Miez, denn sie wollten auch in der Erde beinandersein. Aber jetzt wollte es die Mutter anders, daß die Siedl neben ihr zu liegen kam, sie meinte, Die Miez muß sich halt einen anderen Platz kaufen. Paar Jahre später, als die Mutter starb, ließ die Miez sie verbrennen, sie vergönnte der Siedl nicht mal in der Erde den Platz neben der Mutter.

Am Beerdigungstag kam die Tante Hedwig aus Brüx mit ihren beiden Mädchen. Es waren zwei schöne Mädchen und stolze Mädchen, aber sie waren sehr ungebildet, ich wurde von ihnen nicht mal begrüßt. Der Albert und der Päppi gesellten sich sofort zu ihnen, um mich kümmerte sich niemand. Ich hatte ein schwarzes Samtkleid an, eine Nachbarin hatte mir einen Flor geborgt, den ich mir als Turban um den Kopf machte. Turban war damals in Mode, die beiden Mädchen aus Brüx hatten auch einen Turban, und da war ich ganz gut angezogen. Für das Grab hatte keins von den Kindern einen Kranz, nicht mal eine Blume, und ich gab mir dazu keine Mühe. Wenn ein Mensch mit so viel Bösem aus der Welt schied, das war schlimmer, als wenn er lebte und weiter Böses tat, aber so aus dem Leben gehen und so viel Böses und Trauriges zurücklassen, da konnte ich nicht anders, und meine Gedanken waren, Ich bin dir nichts mehr schuldig. Aus dem Arbeiterhaus ging alles mit, und während wir hier standen, kam die Mausi. Sie ließ den Kopf hängen, als sie zum Sarg ging und die Mami mit unzähligen kleinen Heiligenbildchen übersäte. Was meine Schwester anhatte, verwunderte mich sehr, weil ich dachte, die Tanti würde sie wie eine Dame ausstaffieren, aber sie sah ja aus wie eine kleine Slowakin, an den Füßen paar gebrauchte altmodische Stiefel, sie gehörten der Tanti, und die hatte dicke Beine, so steckten der Mausi ihre Stuhlbeinchen in diesen viel zu breiten Stiefelschäften, und dazu hatte sie ein selbstgenähtes Kostüm, das wunder wie aussah, daß sich sogar der Hermann darüber lustig machte, und auf dem Kopf hatte sie einen schwarzen Hut so wie ein flacher Teller. Die Mutter und der Adolf waren auch schon hier, und als letztes kam die Tanti herbeigeeilt. Albert, wie konntest du das Geld von mir zurückverlangen, schrie sie gleich beim Hereinkommen, und der Albert gleich mit seinem derben Organ zurück, Ihr habt für sie nichts übrig gehabt, als sie am Leben war, und mit meinem Geld kann ich selbst einkaufen. Was hat die elende Sau gesagt, die hat von uns nichts gehabt! Die Mami hat oft genug lamentiert, daß ihr euch um sie nie gekümmert habt! Was hat die elende Sau gesagt, so eine gottverfluchte Kanalliä, und mit diesen Worten sprang sie zum Sarg hin und schrie ihren Haß hinein, Du elende Bestie, du sollst dich im Sarg umdrehn, Lügen, du hast nichts von uns gehabt, denn in ihren Teufeleien hieß es, daß der Tote jedes Wort hört, bis der Pfarrer sein Amen gesagt hat. Sie guckte, wartete, daß die Tote sich bewegt, aber die lag still. Ich sah auf den Albert und den Päppi, warum sie so was zuließen, aber beide Soldaten zogen ihre Köpfe ein. Weil die Tote sich nicht bewegte, stellte sich die Tanti wieder mit zurück, sie stand bei der Mutter und weinte viel Wasser und schimpfte immerfort, daß die Mutter mummelte, Miezi, sei nur still, beruhige dich nur. Is doch auch wahr, da soll ich mich nicht aufregen, wo ich mich doch um alles gekümmert habe und kriege jetzt keinen Dank dafür! Dann wurde der Deckel auf den Sarg gelegt, zugenagelt und hinausgetragen. Frau Hildebrand, unsere Nachbarin, war auch eingetroffen, es war mit ihr verabredet worden, daß sie in der Wohnung bleiben sollte.

Es hatte sich nun alles auf dem Hof versammelt. Der Albert und der Päppi standen zuerst mit den beiden Mädchen an der Haustür, und dann standen sie zusammen hinter dem Leichenwagen. In meiner Brust tat die Beleidigung weh, ich stellte mich zurückgezogen unter die Leute. Vor dem Abgang fuhr plötzlich die Mutter aus der Reihe und rief, Walli, wo bist du denn? Hier bin ich! Walli, du gehörst gleich hinter den Sarg, du gehst mit dem Albert und dem Päppi, die müssen dich in die Mitte nehmen, mit diesen Worten ging sie auf die beiden zu und befahl, Albert und Päppi, ihr habt fei mit der Walli zu gehn, die Walli gehört zu euch! Die Mädchen stiegen wie zwei Bachstelzen nach hinten, und in meiner Brust lief es wie warmes Wasser, weil die Mutter sich für das Gerechte eingesetzt hatte. Gleich hinter dem Sarg ging mein Junge, dann der Hermann, der Ernst und in ihrer Mitte die Mausi und dann der Albert, Päppi und ich. Als ich mit den Soldaten auf den Abmarsch wartete, sagte ich zu ihnen, Warum ist die Kapelle noch nicht hier?, und ihre Antwort war nur ein gleichgültiges Achselzucken. Was soll denn das heißen, sagte ich, warum sind die denn noch nicht hier? Der Albert meinte, Zu was denn eine Kapelle, hat der Sarg nicht schon Geld genug gekostet? Und dann begann der Abmarsch, die Mutter ging mit dem Adolf und der Tanti, von ihren zwei Männern war keiner mit dabei, hinter ihnen ging die Hedwig mit ihren beiden hochaufgerichteten Mädchen, das war so ein richtiger Trauermarsch von Neudorf nach Seestadtl zum Friedhof. Ich konnte auf den Sarg nicht sehen, wenn ich einen Blick dorthin tat, sah ich das Bild, meine Mutter auf den Knien rüber- und nüberrutschend, weinend, schreiend, verzweifelt die Arme nach uns ausstreckend und rufend, Kinder, Kinder, ich will nicht fort von euch, Kinder, Kinder, ich will bei euch bleiben! und immer wieder nach uns verlangend, Kinder, Kinder, meine armen Kinder, ich will bei euch bleiben! Dieses

Bild sah ich den ganzen Weg über, es war schauerlich, ich sah nur zur Erde und führte mit ihr ein Zwiegespräch, Du hast kein gutes Wort für uns Kinder gehabt, es wäre doch so wichtig für uns alle gewesen, und aus ihrem Munde kam, Ich habe einen Fehler gemacht, Kinder, ich habe einen Fehler gemacht, ich will nicht fort von euch. Jetzt ist es zu spät, antwortete ich. Damit kamen wir zum Friedhof. Walli, so hörte ich ihre Stimme, Walli, kümmer dich um die Kinder, Walli, bleib bei den Kindern, ich hörte nur noch Walli, Walli, Kinder, meine armen Kinder, und ich antwortete ihr, Mami, ich bleib bei den Kindern, ich will alles versuchen, daß ich mit ihnen auskomme. Ich habe später mal mit christlichen Leuten darüber gesprochen, ob es so etwas geben kann. Sie sagten, der Tote hat Kraft über so schwache Naturen.

Der Friedhof in Seestadtl lag außerhalb der Stadt, und das Grab war nicht weit vom Eingang. Wir Kinder hatten uns zuerst weitab vom Grab gehalten, und die Leute standen zerstreut abseits. Wir waren eben in allem unerfahren, aber als ich sah, daß der Pfarrer sich an das Grab stellte, ging ich auch näher, und meine Geschwister folgten mir langsam. Der Pfarrer hielt einen langen Brief in der Hand und guckte verdutzt auf uns Kinder, auf die beiden Soldaten und wieder mal auf seinen Brief, es sah so aus, als wagte er nicht zu lesen, endlich begann er. Der Brief war so geschrieben, als wäre er von der Mami, und wir Kinder waren nicht in die Beileidsworte eingeschlossen, der Brief galt nur allein der Tanti, und es hieß immerfort nur, Meiner Schwester, meiner Schwester verdanke ich alles, meiner Schwester schulde ich vielen Dank, meine Schwester ist gut zu mir gewesen, meiner Schwester danke ich für all ihre Liebe und Unterstützung, und so ähnlich ging der lange Brief weiter und kein Wort über uns Kinder. Der Brief endete mit den letzten Grüßen und noch einmal, Hab Dank für alles, liebe Schwester, was du für mich in meinem ganzen Leben Gutes getan hast … Der Pfarrer faltete den Brief zusammen und sah nachdenklich auf uns, und zum Schluß gab er die Erde. Wir taten das gleiche.

Wir Kinder gingen alle zusammen zum Tor hinaus, sogar der Adolf war bei uns, nur die Mausi hielt sich an der Tanti ihrer Seite. Die Tanti hatte von Neudorf bis jetzt mit ihrem Wutweinen keine Pause gemacht, wir hörten sie auf uns schimpfen, Die elenden Griebeln, die gottverfluchten Hunde, das ist der Dank, daß ich mich um sie gekümmert hab, aber der liebe Gott wird schon dafür sorgen, daß sie ihre Strafe kriegen, und auf den Soldaten Albert hatte sie eine Wut. Der Adolf hatte darüber seinen Spaß, er lachte, als wäre es weiter nichts, und sagte im Lachen und Spaß, weil er sie gut kannte, Ja, wenn es nicht nach ihrem Kopf geht, da könnt ihr sie kennenlernen, und er lachte wieder. Wir gingen dann etwas schneller, damit wir ihnen aus den Augen kamen. Dann trennten sich der Albert und der Päppi von uns, sie wollten mit der Tante Hedwig und den Mädels gehen, der Hermann, der Ernst, der Adolf und ich gingen nach Neudorf zurück. Der Hermann und der Ernst froren, sie hatten weiter nichts an als ihre einfachen Anzüge.

Als wir zu Hause die Tür aufmachten, saß die Frau Hildebrand auf dem Sofa mit rotem Gesicht, sie weinte laut auf, Ach, das arme Luder, daß sie hat gehen müssen, und sie warf sich mit dem Oberkörper vom Sofa und weinte, weinte sehr. Mir tat die Frau Hildebrand leid, weil sie die Mami sehr gerne gehabt hatte. Ich sah, wie sie öfter mal zur Tür rausging, aber nicht lange, und wieder reinkam und sich wieder auf das Sofa warf und weinte, Ach, das arme Luder tut mir so leid. Als dann die Frau Hildebrand wieder raus mußte, ging ich, ohne was zu ahnen, auch raus, dabei stießen wir zusammen, und mir kam Schnaps ins Gesicht, jetzt merkte ich auch, daß ihr Gesicht vom Suff geschwollen war. Sie wischte sich schnell mit dem Handrücken über den Mund und ging wieder hinein, wir beide waren verlegen, und wieder sah ich sie auf dem Sofa hin und her torkeln und weinen. Ich frug so nebenbei die Geschwister, Die Frau Hildebrand ist doch betrunken? Ich habe ihr die Weinflasche gegeben, sagte der Hermann, weil sie die Wohnung behüten sollte, die trinkt nämlich gern. Der Adolf stellte das Radio ein, er sagte, Äh Scheiß, wir können doch das Radio einstellen, das tut niemandem weh, hier ist so eine Stille, das hält man ja nicht aus, und das Radio lief auf Lautstärke, daß ich nicht wußte, was ich denken sollte. Am Abend war ich mit dem Hermann und dem Ernst allein, zum Schlafen war in der Stub nur das Bett und das Sofa. Ich wollte zu Weinerts schlafen gehen, der Hermann und der Ernst gingen mit mir.

Nun war dem Päppi sein Urlaub zu Ende gegangen, und er machte wieder fort, es gab kein Händedrücken, er ging zur Tür naus wie alle Tage, und der Albert blieb auch nur noch paar Tage. Ich wartete darauf, daß wir Geschwister uns zusammensetzten und uns über das Weitere berieten. Am letzten Abend vor seiner Abreise sagte der Albert zum Hermann, Komm mal her, ich hab jetzt mit dir was zu reden, und dann saßen sie lange und so im leisen und tuschelten. Der Hermann saß aufrecht und nickte kräftig mit dem Kopf und sagte, Jawohl, Albert, jawohl, Albert. Ich wollte sie nicht stören und wartete, daß ich mit dazu gehörte, aber ich gehörte nicht dazu, ich brauchte nicht wissen, was sie besprachen. Am andern Tag reiste der Albert ab, ohne mit mir ein Wort gesprochen zu haben, und vor dem Hinausgehen sagte er noch, Hermann, das machen wir so, wie wir es besprochen haben. Du kannst dich drauf verlassen, Albert, sagte der Hermann. In den nächsten Tagen kam von dem Albert ein Brief, gerichtet an die Familie Hermann Wirth. Spätestens jetzt war mir klar, daß ich dem siebzehnjährigen Hermann unterstehen sollte.

Meine Mutter hatte mit dem vollen Deputat und den Lebensmittelkarten gut leben können, aber ab Januar zweiundvierzig gab es für Deputatarbeiter keine Lebensmittelkarten mehr. Aus der Mühle hatte die Mausi den Rest weggeholt und zur Tanti geschafft. Es kamen jetzt Frauen, eine nach der anderen, und behaupteten, daß sie meiner Mutter, der Frau Wirth, Fleischmarken gegeben hätten, sie wollten das versprochene Mehl abholen kommen. Ich konnte den Frauen nur sagen, daß in der Mühle nichts mehr zu holen war. Ich mußte in meiner Not zur Volkswohlfahrt gehen. Dort gab man mir noch mal für den Monat Januar die vollen Lebensmittelkarten. Der Hermann holte sein Monatsgehalt und behielt das Geld für sich, und auch die zweiunddreißig Mark Waisenrente brachte mir der Postbote nicht, die behielt wohl auch der Hermann ein. Die Mausi war bei der Tanti geblieben, sie wollte, daß der Ernst mitging, weil sie es nicht gerne sah, wenn er bei mir blieb. Sie kam alle Tage und schimpfte wie ein böse Alte. Sie holte auch die letzten Gänse und auch einen Teil der Einkellerungskartoffeln. Nur eine Häsin mit ihren drei Jungen ließ sie im Stall zurück, aber nur, weil sie zu jung waren. Ich wunderte mich, daß der Hermann kein Wort sagte. Den beiden Brüdern gab ich ihre Rationen im Ganzen, das war Marmelade, Zucker, Butter, damit sie wußten, was sie hatten. Sie aßen gleich alles auf einmal auf, weil sie es nicht anders kannten. Der Ernst machte sich die Marmelade dick auf und obenauf noch Zucker. Im übrigen waren sie mit meinem Essen zufrieden. Bei mir konnten sie kein Schnitzel essen, aber sie bekamen dicke Backen. Morgens aßen wir Pellkartoffeln, weil wir ja nicht viel Brot hatten, und mittags kochte ich Eintopf, also, es schmeckte ihnen. Meine Mutter hatte im Küchenbüfett viele Tüten Nährmittel aufgeschichtet, soweit ich sie kannte, wußte sie nur, wie man Knödel macht, mit den anderen Nährmitteln hatte sie bestimmt nichts anzufangen gewußt. Heute kochte ich alle Tage davon, und ein Glück, denn der Kartoffelvorrat ging zu Ende, und das Viehzeug zum Schlachten war auch weg. Wegen der Gänse, die die Mausi weggeholt hatte, gab es noch mit der alten Frau Drechsler Haderei. Als meine Mutter schon krank war, konnte sie sich nicht mehr darum kümmern, Grünes zu holen, das konnte sie nicht mehr, und von ihren Kindern durfte sie es nicht verlangen. Da holte die Frau Drechsler mit ihrem Pflegesohn Oskar das ganze Jahr über Futter herbei, und meine Mutter gab ihnen dafür eine Schütte Brot, das sie dankbar annahmen. Und heute nach meiner Mutter Tod verlangte die Frau Drechsler die Gänse. Sie saß auf dem Sofa und schimpfte, daß die Mausi die Gänse nach Seestadtl geschafft hatte, sie fuchtelte herum und leerte den Mund aus, daß ihr das Viehzeug gehörte und nicht der Tanti, sie hätte sich das ganze Jahr mit dem schweren Buckelkorb abgeschleppt, sie wäre ja schon mit einer Gans zufrieden, aber nicht mal diesen Dank bekam sie für ihre schwere Arbeit. Die Frau Drechsler, die immer zu meiner Mutter kam, war eine alte verachtete Frau, und ich will nur mal schnell ihre Geschichte erzählen. Sie hatte selbst keine Kinder, sie war Witwe, aber sie hatte in ihrem Leben dreizehn Kinder aufgezogen und war ihnen eine gute und treue Mutter gewesen, und Oskar, den sie Osl nannte, war ihr letztes Pflegekind. Ich weiß nicht mehr genau, wie alt er war, kann sein, siebzehn Jahre alt. Jedem war der Osl im Weg. Er hatte einen starren, unklaren Blick, vor allem die stechenden Pupillen, der Mund stand immer offen, grad so wie bei der Frau Drechsler auch. Wenn der Osl neben ihr herlief, gingen beide leicht nach vorn gebeugt, die Frau Drechsler hatte ihre Arme über dem Magen liegen, und der Osl ging, die Achseln hochgeschoben, den Kopf eingezogen, die langen Arme an der Seite herunterbaumelnd und die langen Finger gespreizt. Dem Oskar seine richtigen Eltern lebten in Brüx, zu ihnen sollte er nach der Schule wieder zurück. Aber er blieb bei seiner Pflegemutter. Er sagte zu der Frau Drechsler Mutter, und sie behütete ihn wie ihren Augapfel. Sie hatte den Oskar gut erzogen, und er hatte ihre guten Belehrungen angenommen. Wenn jemand einen schweren Handwagen zu ziehen hatte, half er mit. Aber oft wurde er von den Menschen mit bösen Augen und Schimpf davongejagt. Im Februar zweiundvierzig hielt eines Tages vor der Frau Drechsler ihrem Häusl ein Auto mit paar SA-Männern, sie wollten den Oskar holen, er würde ja doch zu nichts was taugen, der muß weg. Frau Drechsler wehrte sich, Laßt den Jungen hier, er tut doch niemandem was, und der Oskar hielt sich schützend hinter seiner Pflegemutter und schrie, Mutter, Mutter, hilf mir, ich will bei dir bleiben! Die SA-Männer packten den unglücklichen hilflosen Jungen und schleiften ihn und prügelten ihn mit Gummiknüppeln hinaus, und die Frau Drechsler rannte weinend, schreiend hinterher, Laßt den Jungen gehen, laßt den Jungen gehen, er hat doch niemandem was getan, was hat euch denn der Junge getan, daß ihr ihn nicht leiden könnt! Der Junge blutete von Kopf bis Fuß, und als er sich am Auto festklammerte und Mutter, Mutter! schrie, wurde ihm mit dem Gummiknüppel auf die Finger geschlagen, daß die Finger abfielen. Er wurde in das Auto geworfen, die Tür zugeschlagen, und weg waren sie. Frau Drechsler war zusammengebrochen, sie wurde in diesem Augenblick irrsinnig, und nach ein paar Tagen starb sie im Irrenhaus. Und von dem Oskar hat niemand mehr was gehört.

Vom Jugendgericht Komotau wurde ich bestellt, dort lag ein Brief von der Tanti vor, daß sich bei mir die Männer die Türklinke in die Hand geben, dabei hatte ich keine Männerbekanntschaft, seit meine Mutter tot war. Nachdem ich dem Ludwig die Absage gegeben hatte, hatte ich paarmal auf Annonce geschrieben und mehrere kennengelernt, und ich schrieb mich mit ihnen, weil ich nicht allein sein konnte, einen Jemand haben gibt Trost und Kraft. Mich kamen auch Bewerber besuchen, meine Mutter hatte sie gekannt, und übriggeblieben war der Edi Kratzer, der gerade vorher anderthalb Tage hiergewesen war. Ich sagte beim Jugendgericht, daß ich nur einen habe, und sie sagten, daß das nichts Schlechtes wäre, einen dürfte man haben. Ich ließ die Leute vom Jugendgericht wissen, wie schwer meine Aufopferung für die Geschwister war und was ich für eine Tante hatte. Der Edi Kratzer aus Friedland, als er paar Tage Urlaub hatte, kam mich besuchen, in einer guten Eisenbahneruniform. Ich ließ ihn auf dem Sofa schlafen, und ich schlief bei den Weinerts. Wir wollten nach Komotau fahren, weil er mir ein Geschenk machen wollte, doch vorher kam es zu einem Auftritt zwischen mir und dem Adolf. Nach dem Tod meiner Mutter war auf mich die Vormundschaft für den Adolf übertragen worden. Und im nachhinein ist mir auch klar, daß ich in Gedankenlosigkeit gehandelt habe, die ich mir nicht verzeihen kann, ich hatte mir eben nichts dabei gedacht. Der Adolf war hereingekommen, und ich sagte im Beisein vom Edi Kratzer, Adolf, ich habe die Vormundschaft bekommen. Ich hatte ja keine Ahnung, wie das ist, wenn ein Mensch entmündigt wird und doch denken kann. Der Adolf fuhr in die Höh und brüllte auf mich ein, Ich brauche über mich keinen Vormund, und ausgerechnet du willst mein Vormund sein, kümmer du dich lieber um dein Kind, was du im Stich gelassen hast, und noch mehr und ähnliches brüllte der Adolf, und dann stürmte er mit langen, heftigen Schritten zur Tür hinaus. Ich hatte während des Auftritts dagestanden und kein Wort herausgebracht, und der Edi hatte auf dem Sofa gesessen und getan, als hörte er nichts, er hatte ja auch die Zusammenhänge nicht verstanden und nicht gewußt, daß ich geschieden war und ein Kind hatte, er schüttelte über den Adolf nur den Kopf, wie er sich so aufführen konnte. Der Edi hielt sich sehr zurück, er frug mich nichts und machte keine Bemerkungen, er war ja nur anderthalb Tag hier, und weil ich die Erregung über den Adolf hatte, war der Edi Kratzer mit mir sehr lieb. Am andern Vormittag fotografierte er mich hinterm Arbeiterhaus, und am Abend fuhr er nach Hause. Ich brachte ihn zum Bus, und vorher gab er mir fünfzig Mark, schon in der Zeit, als meine Mutter krank war, hatte er mir oft im Brief zwanzig Mark zugeschickt, und die hatte ich zu Hause mit zum Leben verbraucht. Zwei Tage nach der großen Aufregung kam plötzlich der Adolf wieder zur Tür rein, ganz ruhig und zurückhaltend. Er setzte sich auf einen Stuhl neben der Kommode und frug, Wo ist denn dein Besuch? Er ist wieder fort, sagte ich und machte meine Arbeit weiter, und der Adolf saß still und etwas unruhig. Ich hatte Striezel gebacken, weil es auf Weihnachten zuging, und nur mit Mühe hatte ich mir diese Striezel leisten können. Ich schnitt eine breite Scheibe ab und legte sie dem Adolf zum Essen hin, und er griff sofort zu und aß mit vollen Bakken und sagte, Hm, das schmeckt aber gut, was du nur hast, das schmeckt doch gut. Nein, das schmeckt nicht, sagte ich, weil mir die Zutaten für richtige Striezel gefehlt hatten. Oh, Walli, wenn wir alle so gut wirtschaften könnten wie du, könnten wir mitnander froh sein, mit dir kann sich niemand vergleichen, drum können sie dich nicht leiden. Ich legte dem Adolf noch ein Stück hin, weil es ihm so gut schmeckte. Er nahm es aber nicht mehr an und sagte, Nein, danke, ich hab genug, ich möchte nicht euer Zeug wegessen, ihr habt ja selbst nicht viel, aber deine Striezel schmekken sehr, sehr gut. Damit war ich mit dem Adolf wieder versöhnt, er erinnerte nicht mehr an das Vorgefallene, er stand auf und sagte, So, jetzt werd ich wieder gehen. Ich sagte, Du kannst doch noch hierbleiben. Nein, Walli, ich muß jetzt fort, ich komm ein andermal. So war der Adolf, mein Bruder. Für den Adolf waren die Leiden längst nicht zu Ende. Dreiundvierzig kam er wieder in die Anstalt nach Wiesengrund (Sudetenland), und dreiundvierzig wurde er nach Eger zur Operation gebracht, er ließ sich entmannen, weil er den Verlockungen glaubte, daß er dann ein gesunder Mensch werden würde und leben und arbeiten könnte, das war für ihn das wichtigste. Die Tanti holte ihn im selben Jahr zu sich nach Hause, er mußte viel Gespött erdulden, aber das war immer noch besser als in der Anstalt. Als der Umsturz kam, war der Adolf plötzlich verschwunden, und man fand seine Leiche in einem Wehr bei Teplitz-Schönau. Niemand weiß, wie es zu diesem tragischen Ende gekommen ist, ich denke, daß er sich selbst von all seinen Leiden befreit hat. Der Adolf ruht auf dem Friedhof in Teplitz-Schönau, auf dem auch sein Stiefvater neunzehnhundertdreiunddreißig begraben wurde.

Weil ich kein Geld zum Leben hatte, ging ich jetzt arbeiten, die Waisenrente von den zwei Jüngsten bekam ich nicht zu sehen, die schaffte die Mausi der Tanti hin, und der Hermann behielt seinen Arbeitslohn, so ging ich nach Görkau in die Spinnerei, zweischichtig arbeiten, ich hatte die Frau Schmootz gefragt, ob für mich in der Baumwollspinnerei Arbeit wäre. Es war Winter, und wir konnten hin mit dem Bus auf Arbeiterfahrkarte fahren, und zurück mußten wir laufen, eine dreiviertel Stunde bei Kälte und viel Schnee. Mir gefiel die Arbeit, wenn es mir nur meine Geschwister nicht so unmöglich gemacht hätten. Mit der Mausi, die mir zeigen wollte, daß ich hier nichts zu suchen hätte, war nicht zu reden. Einmal, als ich zur Schicht war, kam sie zusammen mit der Krovin Fenster putzen, sie tat, als ob ihr die Krovin helfen müßte, aber sie mußte nur etwas haben, um es den Leuten zu zeigen. Und wenn die sagten, Seid nur nicht so garstig mit eurer Schwester, seid froh, daß ihr sie habt, dann fuhr die Mausi den Leuten über den Mund, Ich kann die alte Sau nicht leiden! Aber ich wollte mit meinem Schwesterchen Geduld haben, ich hoffte, daß es ihr auf Dauer bei der Tanti nicht gefiel und wir uns eines Tages verstehen würden. Der Ernst wollte nicht auf mich hören. Wenn ich zur Spätschicht mußte, legte ich ihm ans Herz, daß er am Abend die Hasen füttern sollte, ich hatte das Futter fertiggemacht, Kartoffeln mit Kleie und warme Milch dazu, die Tiere waren ja noch klein. Wenn ich von der Schicht kam und den Ernst frug, ob er gefüttert hätte, zog er nur eine Fratze, und ich mußte mit der Taschenlampe über den Hof in den Schuppen zu den drei hungrigen Tieren. Der Hermann ließ sich von dem Ernst bedienen, und der Ernst mußte immer rennen, und dafür wurde er von ihm noch angespuckt, dann wischte sich der Ernst mit dem Handrücken übers Gesicht, aber sie hielten zusammen, auch wenn der Hermann den Ernst ohne Grund prügelte, nach Lust und Laune. Ich hätte nicht gewagt, dazu was zu sagen, denn mit mal hielten sie wieder zusammen. Der Hermann war der allerschlimmste. Als er noch ein Kind war, hatte meine Mutter immer gemeint, das wäre ihr Sargnagel. Den Hermann bekam ich morgens nicht aus dem Bett, es war mit den Kindern immer dasselbe, sie wurden grob und schlugen mit den Armen um sich. Und wie der Hermann die Mietzekatze quälte! Sie war noch jung, hatte schönes dunkles Fell mit hellen Streifen und war schlank und sehr lustig, aber sie war nicht stubenrein, immer pullerte sie unters Bett vom Hermann. Wenn der Hermann im Bett lag und es unter ihm prasselte, fuhr er in die Höh, und er schrie, Die Katzensau her, die Katzensau her, ich bring sie um! Der Ernst mußte sich nach ihr bücken, und der Hermann nahm sie an ihren dünnen Hals und drückte mit ausgestrecktem Arm zu, daß der kleine hängende Körper sich zu einer Kugel zusammenzog. Als der Hermann dachte, sie wäre tot, schleuderte er sie auf die Dielen, aber die Katze erhob sich taumelnd. Gib her, das Viech, gib her das Viech! brüllte er, und der Ernst wollte sich wieder nach der Katze bücken. Doch da eilte ich schon hinzu und riß ihm die Katze aus der Hand und trug sie hinaus und setzte sie im Vorderhaus auf einem Wäschetrog ab und stellte ihr warme Milch hin. Ihre Augen sahen so gelb aus, und sie konnte nicht schlucken, daß ich dachte, sie würde eingehen. In der Wohnung brüllte der Hermann, Gib her, die Sau, daß ich sie umbringen kann! Ich sagte zu ihm, Du wirst die Katze in Ruh lassen, ich sorg dafür, daß sie wegkommt. Darüber kam die Frau Hildebrand zur Tür rein, und ich sagte, Gut, Frau Hildebrand, daß Sie kommen, ich möcht Ihnen was geben, tun Sie mir den Gefallen und nehmen Sie die Katze mit. Sie setzte sie gleich in ihre Tasche, und ich legte der Katze zum Abschied ein großes Stück Wurst dazu. Frau Hildebrand beugte sich über sie, und es sah aus, als möchte sie ihr vor Appetit die Wurst wegnehmen. Was die Frau Hildebrand mit der Katze gemacht hat, weiß ich nicht, ich kann mir nur denken, daß es für sie ein guter Sonntagsbraten war. Ich war froh, daß die Katze aus dem Haus war, und an das andere durfte ich nicht denken.

Mich belästigte der Hermann mit Redensarten, er nannte mich Sau, so mit scharfem S, Sau, Sau. Ich gab ihm keine Antwort und sah ruhig in sein häßliches, spöttisches Gesicht und dachte bei mir, daß er gerade so wie der Vater aussah, wenn der besoffen war und Lust hatte zu streiten, wie ein böses falsches Tier, das auf der

Lauer lag und nur den Moment abpaßte. Was mußte ich mir als Neunundzwanzigjährige von dem kaum Siebzehnjährigen alles sagen lassen, von ihm hieß es immer nur, Schau, daß du rauskommst, was willst du eigentlich bei uns, dir gefällt es wohl, weißt wohl nicht, wohin, aber wir wollen dich nicht, mach, daß du rauskommst, sonst geschieht noch ein Malheur. Und wenn der Hermann das alles paarmal durchhatte, ohne daß ich ihm eine Antwort gab, begann er den Gust zu bedauern, daß der ihm leid täte, mit so einer Sau verheiratet gewesen zu sein. Dem Hermann mögen die Briefe vom Päppi aus Eger, wo er seine Fallschirmjägerausbildung hatte, in den Kopf gestiegen sein. Der Päppi prahlte mit seinen Liebesabenteuern, Mensch, Hermann, schaff dir doch auch so eine Pflaume an, was glaubst du wohl, wie schön das ist, wie gut das tut, du kriegst nie genug davon, die Mädchen machen alles selbst, wenn du es erst mal probiert hast. Der Päppi schrieb nur an den Hermann, und mir ließ er über Hermann sagen, daß er großen Hunger litte und ich ihm Kuchen backen und schicken sollte. Wenn der Päppi auch niemals an mich schrieb und auch heute kein Gruß für mich dabei war, tat er mir doch leid, und ich schickte ihm von meiner Lebensmittelkarte eine Zehntageration, das war das Brot, die Butter, die Wurst, die Marmelade, der Zukker. Er schrieb mir nicht, ob er es bekommen hatte, und ließ mir auch keinen Dank ausrichten. Ich aß in diesen Tagen gefrorene Kartoffeln, die ich mir vor der Spätschicht abkochte, und wenn ich in der Nacht kam, aß ich kalte Pellkartoffeln.

Der Hermann wollte mit gleichaltrigen Burschen und Mädchen zusammensein, und draußen war es ihm zu kalt, und am liebsten hätte er alle in unsere Wohnung geholt, aber da störte ich. Wenn ich von der Frühschicht kam, hatte er die Stub voll, und ich bekam mit, daß er die Jungen ausfrug, wie sie es machten, wenn sie ein Mädchen nach Hause schafften, und wenn ich nachts kam, war die Stub voller blauer Rauchwolken, aber ich tat, als würde ich nichts sehen und nichts hören. Der Hermann hatte sich freiwillig zur SS gemeldet, und er wartete mit großer Begeisterung auf seine Einberufung. Er lachte spöttisch auf, Hooo, wenn ich erst mal bei der SS bin, komm ich auf dem ersten Weg zu dir, du mußt in meine Hände dein Blut vergießen, haaa, das wird für mich ein Genuß sein, tot sein darfst du nicht gleich, du mußt zermetzelt werden, hooo, das wird schön sein, ie, ie, ie wird es die Walli machen. Dabei tänzelte er wie ein Pferd auf den Fußspitzen, wackelte mit dem Kopf hin und her und wieherte. So wird es die Walli machen, so wird sie schreien, oh, wart nur, bis ich bei der SS bin, ich kann den Tag schon gar nicht erwarten! Der Ernst saß mit den Knien auf dem Stuhl und hatte die Ellenbogen auf dem Tisch liegen, es gefiel ihm, was der Hermann tat. Darauf sagte ich in ruhigem Ton, Wenn du zum Hitler kommst, sollst du kein Glück in deinem Leben finden, es soll dir schlecht gehen, solange du lebst! Darüber machte sich der Hermann lustig. Ha, schlecht soll es mir gehn, das ist aber gut, das ist aber guut, guuut, ach, wie mich das freut, daß es mir schlecht gehen soll, du hast ja nur Angst! Und wieder tänzelte er auf den Fußspitzen und wieherte wie ein Pferd, und dann fuchtelte er mit den Armen rum, als hätte er ein Messer in der Hand. Ich sagte immer nur, Du wirst an meine Verwünschungen denken. Ich habe keinem Menschen was Schlechtes gewünscht, der Hermann war der erste, weil ich mich nicht anders wehren konnte. Über das Leben meines Bruders habe ich nie was Richtiges erfahren, schon weil ich mit den Geschwistern nicht zusammen war, aber wie ich so hörte, hatte er keine gute Stunde gefunden. Die Geschwister lassen mich bis heute nichts über ihn erfahren, weil es der Hermann nicht haben will. Mir tut es leid, daß ich ihm Schlechtes gewünscht habe, wir Kinder sind schon so zum Bedauern genug gewesen, haben immer nur Hunger und Not gelitten, unsere Eltern haben uns keine guten Erinnerungen zurückgelassen.

Meine Sorge war nur die eine, daß ich nicht länger bei meinen Geschwistern bleiben konnte, es war mit ihnen kein Zusammensein möglich, sie wollten ohne mich sein und meine Aufopferung nicht sehen, und da mir die Meisterin auch noch gekündigt hatte, blieb mir nichts anderes übrig, als mich von ihnen zu trennen. Ich suchte in der Zeitung nach Stellenangeboten. Da war auch gleich etwas in Kaditsch, Post Grimma, in einer Gastwirtschaft wurden zwei Küchengehilfinnen gesucht. Für Gastwirtschaft war ich nicht ganz zu haben, aber heute freute ich mich und schrieb sofort hin und schrieb für mich das Wichtigste hinzu, daß ich nicht nach Lohn frug, daß ich gute Behandlung wünschte. Ich hätte laut aufjubeln können, als ich den Brief mit dem Angebot in der Hand hielt. Es hieß, daß mir gute Behandlung zugesichert würde, und das war für mich die Hauptsache, und von diesem Tag an lebte ich wieder auf, weil ich sah, daß es so am besten für mich war.

Am Tag vor meiner Abreise schaffte ich Koffer und Fahrrad zur Haltestelle. Dann war es soweit, im April zweiundvierzig verließ ich meine Geschwister. Das Elektrisch in der Stube kam mir so duster vor, es sah aus, als hingen graue Wolken an der Decke. Seit dem Tod meiner Mutter hatte ich mich hier gefürchtet, auch am Tag war es so ein eigenartiges Gefühl, daß ich immer froh war, wenn ich nicht allein im Hause war, ich fürchtete mich vor den Toten und fürchtete mich vor den Lebendigen. Ich hatte daran gedacht, zu meiner Mutter ans Grab zu gehen und von ihr Abschied zu nehmen, denn seit der Beerdigung war ich nicht hingekommen, ich dachte an einen Kranz mit Stiefmütterchen, weil sie immer sagte, Stiefmütterchen wären ihre Lieblingsblumen, weil sie keine Mutterliebe hätte. Aber ich konnte ihr nicht verzeihen, daß sie auf ihrem Sterbebett für die Geschwister keine gute Aufklärung gehabt hatte. Meine Mutter nahm ihre Flüche und Verwünschungen mit ins Grab, sie vergönnte ihren Kindern keinen Frieden, weil sie selbst ohne Frieden gelebt hatte. Ich löschte das Licht im Zimmer und machte die Tür hinter mir zu, und ohne einen Gruß und ohne ein Wort ging ich. Im Stockdunklen stand ich eine Weile im großen Vorderhaus, es war nicht so leicht für mich, von den Geschwistern zu gehen, aber was blieb mir denn übrig. Ich ging über den stillen Hof auf die Straße zur Haltestelle, ich fühlte mich so unglücklich, so einsam, so verlassen, so allein auf der weiten Welt. Über mir sah ich den hellen Mond in seiner vollen Größe, er gab mir das Geleit zur Haltestelle, und ich dachte, daß der Mond immer da war, wenn ich unglücklich oder einsam war. Heute konnte mir der Zug nicht vor der Hand wegfahren, heute hatte der Beamte mein Fahrrad und meinen Koffer aufgegeben. Auch als ich aus dem fahrenden Zug sah, war der Mond noch da, und in meiner Einsamkeit und Not freute ich mich darüber.

In Oberleutensdorf mußte ich umsteigen und hatte zwei Stunden Aufenthalt. Es kamen verschiedene Leute in den Bahnhof, auch ein Soldat, ein Obergefreiter, der wohl auf Urlaub gewesen war. Mit ihm kam sein altes Mütterchen, sie war eine große wacklige Frau mit breiten Hüften. Ich merkte, daß sie nur die schwerste Arbeit gemacht hatte, ihre Kleidung sah sehr verarmt aus, sie trug lange weite Röcke und Bluse mit halber Schürze, wie sie von den einfachsten Tschechinnen getragen wurden, Kopftuch unterm Kinn zusammengebunden, die Schuhe sahen sehr verbraucht aus, und sie war bestimmt jünger, als sie aussah. In ihrem Gesicht und in ihren Augen war Sorge um den Sohn, weinend stand sie bei ihm und sah ihn immerfort an. Der Soldat zeigte sich mürrisch, vielleicht, weil er sich mit seinem alten Mütterchen schämte, ihm wäre es wohl lieber gewesen, wenn sie gegangen wäre, und sie ging dann auch, kurz bevor der Zug kam. Der Abschied war so, wie kein Abschied sein sollte, ohne Händegruß ging sie weg, und er guckte ihr nicht einmal nach. Es dauerte nicht lange, da kam sie zurückgehetzt, sie hielt ein großes Vorhängeschloß in der Hand, ich hörte sie sagen, Du hast dein Schloß liegenlassen. Der Soldat winkte ab und sagte, Ich brauch es nicht. Das Mütterchen stand ratlos da und wischte sich den Schweiß aus dem Gesicht, und dann ging es wieder zurück, ohne daß sie mehr zunander gesprochen hätten. Der Zug kam, und ich saß in der Ecke des Abteils gleich an der offenen Tür, daß ich die Soldaten vorbeispazieren sah. Der Soldat, der so herzlos mit seiner Mutter gewesen war, kam mit seinem Gepäck und sah mich und setzte sich in mein Abteil. Eine Weile saßen wir so, und dann fing er an zu sprechen. Er wollte wissen, wo ich hinfahre, und so kamen wir in Unterhaltung. Der Soldat mußte an die Front. Er war ein großer, kräftiger und schöner Bursche, er gefiel mir, und so besprachen wir uns, daß wir uns schreiben wollten. In Roßwein mußte ich umsteigen und er weiterfahren. Diese Bekanntschaft hatte mir gutgetan, doch wieder allein, drückte es in meiner Brust. Was werden sie ohne mich machen? Gestern abend war ich noch bei ihnen, und heute bin ich schon weit weg. Ich gehöre nicht zu ihnen, ich muß allein bleiben. Ich stöhnte, es war so schwer in meiner Brust, weil mich die Sehnsucht nach einer Heimat und meinen Geschwistern unglücklich machte.